# 转型中的困境

## 民国时期的乡村教育

◎朱汉国　姜朝晖　刘晓云
李自典　庄秋菊　白　杨　著

北京师范大学出版集团
BEIJING NORMAL UNIVERSITY PUBLISHING GROUP
北京师范大学出版社

# 内容提要

民国时期是中国社会由传统向现代急剧转型的重要阶段。这种转型表现在乡村教育上出现了许多现代的因子。大量新式学校的出现，教育目标、教育内容随之发生变化。与此同时，大量的传统私塾依然存在。新旧教育并存的二元格局，导致了乡村新旧教育的抗衡与冲突，以私塾为代表的传统教育体制与以学堂为代表的新式教育体制在生源、教学内容、方法、组织形式等方面都存在着诸多的矛盾。

针对民国时期乡村教育发展面临的困境和存在的问题，社会各界从不同的角度，提出了解决问题的对策与举措。尤其是一些致力于乡村建设的知识分子从改造社会的视角，提出了发展乡村教育的种种途径，并付诸实践。本书旨在系统地论述转型中的民国乡村教育的发展历程和问题，从理论层面上总结民国乡村教育的特点，探究民国乡村教育发展的经验与教训。

# 目 录

# 绪　论

## 一、为什么要研究乡村教育

教育是人类智慧的传递，是人类知识的汇集，集中反映了社会的发展程度与人们对社会的认知。乡村教育是教育的重要组成部分，尤其对农民数量占人口总数绝大多数的中国而言，更是如此。乡村教育关系到农民素质的提升，乡村的发展，社会的稳定。可以说，没有乡村教育的现代化，就没有中国教育的现代化；没有农民素质的全面提高，就不是真正意义上的国民素质的全面提高。从这个意义上说，乡村教育水平是衡量中国教育发展水平的一个重要指标。直至如今，乡村教育问题仍是全社会非常关注的一个话题。

民国时期是乡村教育发生急剧变迁的时期。这一时期，乡村教育在内容、形式、目标等方面，都发生了重大变化，同时，也遇到了很多问题。本书以民国时期的乡村教育为研究对象，对民国时期乡村教育中存在的问题展开系统研究，对民国乡村教育问题作了客观而深入的分析，总结其间的经验与不足，希望能为解决今天我国乡村教育中存在的问题提供历史的依据。

1. 乡村教育的研究有助于深化我们对乡村教育的认识，促进乡村教育的发展。

在“现代化”成为时代发展主题的现代社会，乡村教育往往因为不够“现代”，而被看作是社会中的落后因素。然而，深入进行反思就会发现，在社会变迁的进程中，乡村教育不仅仅是作为现代化进程中的落后者的身份出现的，它首先是现代教育的前身。现代教育是在乡村教育的基础上发展起来的。乡村教育在社会发展以及教育发展中的基础性、重要性是不可忽视的。同时，我们也得承认，乡村教育的落后是一种现实。与发展迅速的城市教育相比较，乡村教育在设施、师资、经费等方面确实明显处于弱势地位。需要指出的是，占全国人口绝大多数的农民的教育水平落后，全国的教育都要受很大影响。因此，要提高中华民族的教育水平，最重要的是提高乡村教育的水平。我们一方面要注意教育向上发展的直线；另一方面也要注意到它水平发展的横线。中国教育的现代化不仅要造就攀登科学尖端的精英人才，同时还要注意提高大多数人的教育水平，这样，在21世纪的竞争中，中国才能立于不败之地。所以，如何促进乡村教育的发展成为时代给我们提出的一个重要问题。目前，国家已经把乡村教育作为教育工作的“重中之重”，乡村教育在社会发展中的基础性、全局性作用日益凸显，办好乡村教育成为时代的迫切要求。本书试图在现代化的语境下，分析社会变迁中的民国乡村教育存在的问题，并对之做立体的考察与分析，力求探索出现这些问题的深层社会原因，从而深化我们对乡村教育的认识。具体来讲，本书一方面试图从理论层面上推进对乡村教育的探讨和研究；另一方面试图从实践层面上总结民国时期乡村教育问题留给我们的经验教训，从而引发人们对乡村教育的重视，促进乡村教育的发展。

2. 乡村教育的研究可以为更好地解决今天乡村教育所面临的问题提供历史借鉴。

教育的发展是一个连续的过程，从教书育人、提高国民素质这一层面上来说，教育的变迁是长期而又缓慢的。在这个过程中，潜移默化的成分远远大于一蹴而就的成分。因此，教育的发展似乎很难用“日新月异”一词来形容。民国时期乡村教育中存在的一些问题，也同样是今天我们面临的问题。例如，如何在农民中真正普及教育，提高农民的精神文明程度；如何使教育适应农民需要，使教育能够为农村服务；如何解决农村中原有的教育理念瓦解而新的教育理念又未能建立，农民教育理念呈现“真空状态”的问题；如何解决城乡差距明显，农村教育面临着“边缘化”的问题。这些问题从民国时期一直延续到今天，有志于乡村教育的学者一直在寻求答案。民国时期，乡村教育家们在这些方面进行了各种有益的探索和试验，有成功的经验，也有失败的教训。本书将立足于总结历史，观照现实，试图客观地分析民国时期乡村教育问题，总结民国乡村教育的经验、教训，可以为我们在解决今天乡村教育所面临的问题时，尽可能多地提供历史上的借鉴。

3. 乡村教育的研究可以促进教育与社会发展之间的良性互动。

任何教育都是存在于一定的社会环境中，教育与社会二者间是相互制约、相互促进的关系。社会中的政治、经济、文化等问题会对教育产生重要影响，反之，教育也在很大程度上影响着社会的政治、经济和文化。当教育与社会变迁步调一致、发展和谐时，二者之间表现为一种良性互动，可以相互促进；反之，就表现为一种相互掣肘。在这种情况下，教育问题就会凸显。民国乡村教育中所存在的问题集中反映了教育发展与社会变革不和谐的这一方面，而这些问题又带有明显的时代特色，对当时的历史发展产生了一定影响。本书将立足于民国乡村教育问题，但是又不仅仅限于教育本身的问题研究，而是在了解乡村教育基本状况的基础上，从教育与社会互动的角度，深入剖析教育问题产生的社会根源，探求教育与社会互动之间的关系，力图寻找实现二者良性互动的路径。从某种程度上来说，实现乡村教育与社会发展之间的良性互动是发展乡村教育的重要目标。这对于我们今天发展乡村教育具有重要的导向作用。

4. 乡村教育的研究对推进中华民国史及其教育史的学科建设和发展有重要意义。

在中华民国史的研究中，长期以来，政治史、经济史、文化史占据了研究的主流地位。而教育史的研究，很长时间内是作为文化史研究的一部分，没有形成独立的学科，研究工作的开展受到很大程度的限制。特别是在已有的研究成果中，出自教育学专业或背景的研究人员的成果还占了相当大的部分。在具有历史学科背景的研究人员视野里，教育史研究，特别是民国教育史研究还未引起足够的关注与重视。

具体到民国乡村教育史的研究，由于受英雄史观和宏大叙事的影响，较多成果集中在有关教育的领袖人物如陶行知、梁漱溟、晏阳初等人的研究上，或者集中在教育思潮的研究上。这两方面发表的相关论文在民国乡村教育史的论文中占了相当大的比重。对于民国乡村教育中自身存在的问题，史学界则很少涉及。就目前所取得的研究成果看，概述性的研究较多，深入研究的成果较少。很大一部分研究仅仅停留在民国时期教育本身的问题以及问题表面这一层次上，缺乏对民国教育史的深入分析，缺乏将民国教育放在当时社会中的考查。本书以民国乡村教育问题为研究对象，把研究的视角延伸到乡村教育内部，让乡村教育进入历史，让历史关注乡村教育，从而拓宽了民国史、民国教育史研究的领域，丰富了它们研究的内容。在理论与方法上，本书也试图综合历史学、教育学、社会学、人类学等多学科的理论与方法，力求在研究方法上进行创新。研究领域的拓展、研究方法的创新，势必为中华民国史以及教育史的研究开拓新的视角，推动其学科的建设和发展。

## 二、学术界研究现状

关于民国时期的乡村教育，教育学界和历史学界的专家学者从不同的角度、就不同的问题进行过一些研究，并取得了一定的成果。

### （一）民国年间的相关研究

民国时期，中国社会动荡不安，内忧外患交织。一批有识之士为了解决中国面临的问题，开始从乡村中寻找出路。乡村教育因此成为时人关注的热点。当时有志于乡村教育的教育家，如梁漱溟、陶行知、余家菊、傅宝琛、黄质夫等人，在理论与实践层面对乡村教育进行了探索，留下了很多有关乡村教育的著作。这些著作代表了他们在当时的历史条件下对乡村教育所进行的思考。综观这一时期有关乡村教育的论著，它们所讨论的问题大致集中在以下几个方面：

1. 有关乡村教育理论的探讨

20世纪20年代，一些奔走于乡村教育实践的教育家们，开始对乡村教育进行理论上的探讨。比较重要的著作有：邰爽秋的《乡村教育之理论与实际》、方兴严的《乡村教育》、刘百川的《乡村教育的经验》、龙发甲的《乡村教育概论》、易克相的《乡村教育改进丛谈》、杨效春著的《乡村教育纲要》、余家菊的《乡村教育通论》等。这些著作从不同的角度，对乡村教育作了比较系统的理论上的探讨。虽然有些观点在今天看来不免显得幼稚，甚至不太准确，但这些著作代表了中国乡村教育研究的起步阶段，其重要性是非常明显的。它一方面为我们今天的研究提供了一些有价值的理论与方法，更重要的是，它为我们今天研究民国乡村教育提供了素材，也是我们今天能够进行民国乡村教育研究的基础。

2. 有关乡村教育实践的论述

20世纪二三十年代，乡村建设运动开展得轰轰烈烈，它为乡村教育从理论转向实践提供了一个平台。在乡村建设运动中，乡村教育是重要内容之一。从某种程度上说，当时乡村教育开展得最好的地方是乡村建设试验区。因此，乡村建设试验区的教育代表了当时乡村教育的发展水平，成为当时教育界关注的地方，留下了一些著作。代表性著作有：吴雨农的《定县牛村的平民教育》、梁漱溟的《乡村建设理论》、唐现之的《梁漱溟先生教育文录》、汤茂如的《定县农民教育》、姜书阁的《定县平民教育视察记》、毛应章的《定县平民教育考察记》等。这类著作把乡村教育放在了特定的空间进行考察和描述，展示了在乡村建设试验区中，乡村教育的实践情形。这些著作，在他们出版的年代来看，并不属于乡村教育史研究，而是当时人对当时教育状况的记载。但是，对于今天的我们来说，它就是历史。而且，更为重要的是，它们构成了乡村教育发展史上的一个阶段。从这个意义上说，这些著作既为我们认识民国乡村教育提供了一定的社会、文化背景，也为我们今天的研究提供了重要史料。

3. 有关乡村教育问题研究的文章

民国时期，乡村教育面临着各种各样的问题，其发展过程可以说是举步维艰。这些问题在当时困扰着乡村教育实践者，他们试图对这些问题进行分析，并找到解决办法。因此，乡村教育家们留下了一些有关乡村教育问题研究的著作或文章。其中，比较重要的著作是赵德柔的《乡村教育问题》。在这本书中，作者分专题对民国乡村教育发展过程中所遇到的问题进行考察，分析较为深刻。① 还有一些著作对民国乡村教育中的某个问题进行研究，如廖泰初的《动变中的中国农村教育——山东汶上县教育研究》一书。该书借用人类学的社会调查方法，从文化冲突的角度，分别从“洋学”和“汉学”即学校和私塾两部分，对山东汶上县的教育状况作了系统的考察和分析，从而找到“洋学”不能打入老百姓的种种现实原因。这部书虽是一个区域性的个案研究，但为我们从整体上认识和研究乡村教育提供了宝贵的思路和可资借鉴的视角。② 除专著之外，很多教育家就民国乡村教育问题发表论文，阐述自己的看法。比较重要的有：余家菊的《乡村教育的危机》、何有文的《关于乡村小学几个特殊问题之商榷》、古棋的《发展乡村教育的中心问题》、李楚才的《小学教师的生活问题》、傅葆琛的《我国乡村小学课程的几个缺点》、《乡村小学教师的进修问题》、厚之的《中国农村经济的衰落与乡村教育》、杨效春的《普及农村教育的困难和我们的做法》、王丙辰的《乡村小学儿童缺席的原因》等。这些文章从不同侧面对当时乡村教育所存在的问题进行了分析，一方面展示了当时乡村教育存在的问题，为我们今天的研究留下了丰富的史料；另一方面，表明了民国时期教育家对乡村教育问题的认识程度，有助于我们对民国时期乡村教育的了解。

诚然，综观民国年间有关乡村教育的论著，由于作者本身大多是乡村教育的实践者，所以，在进行论述时，大多带有较强的主观色彩。这些论著的很多认识仅是对当时教育问题的披露，还说不上是严格意义上的研究。

### （二）新中国成立后的相关研究

新中国成立后的一段时期，民国乡村教育史研究一度中断。当时出版的近代教育史著作，都很少涉及乡村教育问题。20 世纪 80 年代后，随着乡村社会研究的开展，乡村教育史的研究也逐渐展开。就民国乡村教育史而言，取得了不少成果。这些成果在广度和深度、高度

---

① 赵德柔：《乡村教育问题》，济南：东方书社，出版年不详。

② 廖泰初：《动变中的中国农村教育——山东汶上县教育研究》，山东省汶上县教育研究院，1936 年。

和力度、思想和视角等方面，都有很大推进。从总体上说，这些研究成果主要有以下几个方面：

1. 对民国乡村教育家的研究

无论是教育学界，还是历史学界，他们都对民国教育家研究表现出极大的关注。在新中国成立后进行的民国乡村教育的研究中，有关民国乡村教育家的研究取得的成果最多。

首先，学术界整理出版了一批有关民国乡村教育家的材料。如窦克武主编的《王拱璧文集》(河南大学出版社 1991 年出版)，宋恩荣编辑的《晏阳初全集》(湖南教育出版社 1992 年出版)，马秋帆、熊明安主编的《晏阳初教育论著选》(人民教育出版社 1993 年出版)，韦善美、马清和主编的《雷沛鸿文集》(3 册，广西教育出版社 1989 年至 1993 年出版)，田正平、李笑贤编辑的《黄炎培教育论著选》(人民教育出版社 1993 年出版)，陈侠、傅启祥编辑的《傅宝琛教育论著选》(人民教育出版社 1994 年出版)，杨秀明、安永新编辑的《黄质夫教育文选》(贵州教育出版社 2001 年出版)。在此期间，四川教育出版社出版了《陶行知全集》，山东人民出版社出版了《梁漱溟全集》。这些材料的整理出版为对民国乡村教育家进行深入研究提供了基础。

其次，有关民国乡村教育家的研究专著相继出版。代表性的论著有马勇著的《梁漱溟教育思想研究》、中国陶行知研究会主编的《陶行知教育思想研究文集》、湖南省武冈师范编写的《晏阳初教育思想研究》、肖云慧著的《黄质夫乡村教育思想研究》、章开沅主编的《余家菊与近代中国》等。

综观近三十年有关乡村教育家的研究，可以发现，学术界对民国乡村教育家的研究主要集中在以上所提到的这些人身上，对于其他教育家，则少有涉及。从这一方面看，研究还有待进一步深入；另一方面，学术界对民国乡村教育家的评价虽然越来越趋于客观，但是在某些问题上，还值得进一步思考。事实上，我们在评价乡村教育家时，应该在掌握材料的基础上，把乡村教育家放在当时的社会条件下进行历史的考察，不仅仅要看到他们的不足，更重要的是要分析他们对历史的超越。只有这样，我们的研究才能逐渐靠近历史的真实，得出全面而客观的结论。

2. 对民国乡村教育思潮的研究

民国时期，正是中国近代教育初创时期，各种理论、方法竞相提出。有关这一问题，几乎所有论及民国教育史的专著都会提到。吴洪成的《中国近代教育思潮研究》一书，探讨了乡村教育思潮产生的社会根源及经验教训，认为在当时的历史条件下，乡村教育思潮存在着局限，但是又有不容忽视的重要意义。① 王炳照、阎国华主编的《中国教育思想通史》第七卷第三章“乡村教育思潮”中，对乡村教育思潮的形成与演进、中华职业教育社、陶行知、晏阳初、梁漱溟等人的乡村建设理论与实验、乡村教育思潮的性质与地位等都有述及。著者认为乡村教育思潮的兴起，是中国教育史上一次前所未有的重视并实践乡村教育的教育运动，有重要意义。② 董宝良、周洪宇主编的《中国近现代教育思潮与流派》一书中的“乡村教育思潮”一章，对乡村教育思潮的产生与发展、生活教育派、平民教育派、职业教育派及乡村建设派对乡村教育的主张都有论述。③ 苗德春的《中国近代乡村教育史》一书，通过对著名乡村教育家及乡村教育流派的个案研究，论述了乡村教育运动发展中的共同特征和个性特色，是比较系统、全面论述近代乡村教育思潮的专著。④ 从以上研究中可以看出，民国乡村教育思潮的研究正在走向深入，研究越来越细化。但是，对于乡村教育思潮在当时社会中的定位及其与当时社会的互动这方面的研究，还有待进一步展开。

3. 对民国乡村教育问题的研究

由于多种原因，民国乡村教育在发展过程中遇到了各种各样的问题，这些问题造成了民国时期乡村教育发展的滞后。学术界对此问题有一定程度的研究，发表的论文主要集中在以下几个方面：

---

① 吴洪成：《中国近代教育思潮研究》，重庆：西南师范大学出版社，1993 年。

② 王炳照，阎国华：《中国教育思想通史》，长沙：湖南教育出版社，1994 年。

③ 董宝良，周洪宇：《中国近现代教育思潮与流派》，北京：人民教育出版社，1997 年。

④ 苗春德：《中国近代乡村教育史》，北京：人民教育出版社，2004 年。

（1）私塾与现代学校之争的问题。

在中国古代社会，私塾在乡村教育中占有重要地位。近代以后，尤其是科举制度取消之后，私塾逐渐走向衰落。但是，这并不等于说，私塾在近代乡村中彻底消失。事实上，私塾有强大的“惯性”。直到民国时期，私塾在乡村中仍然存在，并发挥着不小的作用。在以前的研究中，一般都突出私塾的落后色彩，否认其传统作用及现代价值。如王天奖的《近代河南的旧式学塾》等。① 在近年来的研究中，学者们对私塾的作用的认识也有所改观。熊贤君的《如何正确评价私塾问题》一文认为，私塾在传授基本文化知识，甚至是扫盲破蒙中，仍起了举足轻重的作用。② 在他的另一篇文章《私塾教学方法的现代价值》中，他认为私塾教育方法也有其现代价值。从教学内容到教学方法都体现了因材施教的特点，不能一概否定其作用。③

（2）教育经费与教师待遇问题

教育经费是教育发展的保障。民国时期，教育经费缺乏的问题尤显突出。熊贤君在《论民国时期教育经费的困扰与对策》一文中，以大量史实说明教育经费充足与否与教育发展的关系，提出了解决教育经费问题的思路与对策。④ 张元隆《民国教育经费制度述论》一文，从中央教育经费制度的演变、地方教育经费的筹措与整理两个角度进行论述，认为民国时期，教育经费无论是数额确定、筹措清理，还是管理使用、监督体制，都在很大程度上制约着教育的建设规模和发展走向。⑤

教师待遇是教师能否专心投入教育工作的重要因素。吴琼《民国

---

① 王天奖：《近代河南的旧式学塾》，《黄淮学刊》（社会科学版）1995 年第 1 期。

② 熊贤君：《如何正确评价私塾问题》，《河北师范大学学报》（教育科学版）2000 年第 1 期。

③ 熊贤君：《私塾教学方法的现代价值》，《课程・教材・教法》1999 年第 9 期。

④ 熊贤君：《论民国时期教育经费的困扰与对策》，《湖北大学学报》（哲学社会科学版）1996 年第 5 期。

⑤ 张元隆：《民国教育经费制度述论》，《安徽史学》1996 年第 4 期。

时期教师薪俸的历史演变》一文总结了民国时期教师薪俸的若干特点。① 曾崇碧，王勇《20世纪30年代四川小学教师待遇状况》一文揭示了四川小学教师待遇低下的各种原因。② 刘华在《中国近代师范教育及教师待遇问题初探》一文中指出，近代以来历届政府提高教师待遇的一些措施、方案收效甚微。③

从整体上看，民国乡村教育问题的研究还非常薄弱，相关专著尚付阙如，发表的论文数量较少。有些问题，如乡村师范问题、乡村社会教育问题，尚缺乏研究力作。因此，这一问题还有很大的研究空间。

4. 新的研究视角的出现

目前，受后现代史学的影响，民国乡村教育史的研究也逐渐摆脱了宏大叙事的束缚，研究逐渐走向微观。丹麦学者曹诗弟在《文化县——从山东邹平的乡村学校看二十世纪的中国》一书中，通过在山东邹平县的田野调查和民间收集的大量文献资料基础上，采取一种"自下而上"研究视角，生动地展现了20世纪山东邹平县乡村教育变迁图景。④ 张济洲的博士论文《文化视野中的村落、学校与国家——一个县教育的历史人类学考察》，以山东省汶上县为中心，以历史人类学的视角，考察了汶上县教育与社会变迁之间的关系。⑤ 司洪昌的博士论文《嵌入村庄的学校——仁村教育的历史人类学探究》，选择华北平原一个村落社区作为研究对象，利用人类学和社会文化学研究方法，试图为百年来村落中的教育和学校变迁提供一个微观的个案景观。⑥ 这些新的研究视角的出现为我们考察民国乡村教育提供了新的思考角

---

① 吴琼：《民国时期教师薪俸的历史演变》，《教育评论》1999年第6期。

② 曾崇碧，王勇：《20世纪30年代四川小学教师待遇状况》，《西南交通大学学报》(社会科学版) 2003年第1期。

③ 刘华：《中国近代师范教育及教师待遇问题初探》，《内蒙古师大学报》(哲学社会科学版) 1995年第3期。

④ [丹麦] 曹诗弟：《文化县——从山东邹平的乡村学校看二十世纪的中国》，泥安儒译，济南：山东大学出版社，2005年。

⑤ 张济洲：《文化视野中的村落、学校与国家——一个县教育的历史人类学考察》，华东师范大学博士学位论文，2007年。

⑥ 司洪昌：《嵌入村庄的学校——仁村教育的历史人类学探究》，华东师范大学博士学位论文，2006年。

度，推动了民国乡村教育史研究的发展。

**（三）存在的问题**

由上述可见，目前，对民国乡村教育史的研究已经取得了一定成绩，但同时也存在不少问题。主要表现在以下几个方面：

1. 对乡村教育内容的研究尚欠深入。以对民国乡村教育家的研究为例，如前所述，发表的文章和出版的专著数量很多，但是，我们也应该看到，真正有深层次分析的论著并不多见。如在目前对民国时期一些乡村教育家的研究成果中，大都是涉及晏阳初、梁漱溟、陶行知、黄炎培、余家菊、黄质夫等几个著名的教育活动家，对其他人物的研究较少。另外，在研究成果中，介绍性、回忆性的成果占了很大一部分，有很多研究成果属于重复性研究。再如对20世纪30年代的乡村建设中的教育问题研究，长期以来都成为教育史与民国史研究学者的关注点，学术界成果很多，但是缺乏深入的研究，特别是民国史研究的学者，一般都是在研究乡村建设的框架内研究乡村教育问题，专门的研究比较鲜见。

2. 对民国乡村教育的评价尚欠全面。研究民国乡村教育的成果结论大同小异：民国时期的乡村教育十分落后。可以说，当时乡村教育落后是事实，但是，我们不能把实施乡村教育的成效与乡村教育家们个人的努力之间画等号。在历史发展的过程中，一种思想它本身所具有的价值，与它所产生的社会效应并不完全是一回事。我们不能因为民国乡村教育发展的滞后而对乡村教育家以及乡村教育的其他方面都作否定判断。作为研究者，我们没有必要再打“死老虎”，做事后诸葛亮。我们只能够按照历史发展的本来顺序，探求前人之所以这样做的原因，从而获得“同情之了解”。这才是史学工作者应有的态度。就乡村教育而言，我们不应该指责前人做了什么，而是应该在基本事实的基础上，客观地再现历史场景，分析前人为什么这样做，这样做的结果是什么，我们应该从中吸取什么经验，接受什么教训，这才是我们应有的态度。

3. 对民国乡村教育研究的理论深度需要进一步发掘。由于学科之间的界限，民国乡村教育史的研究长期都是教育学专业研究的内容，历史学者涉猎不多。教育史学科必须打破史学、教育学的界限，从教育学中走出，进入历史学，在教育学、历史学之间寻找跨越的桥梁，确立全面的教育史观以促进教育史学的理论更新。对于教育史研究而言，教育学、历史学二者缺一不可，没有教育学做指导的教育史研究可能比较盲目，而没有历史学作基础的教育史学则必然流于空洞。在民国乡村教育史的下一步研究中，我们应该打破历史学、教育学、社会学、人类学、文化学等学科之间的界限，整合各学科的力量，共同研究，以期取得进一步的进展。

## 三、概念界定与研究思路

要研究乡村教育，首先要界定清楚什么是乡村教育。教育的定义，有广义与狭义之分。“从广义上说，凡是增进人们的知识和技能、影响人们的思想品德的活动，都是教育。狭义的教育，主要指学校教育，其含义是指教育者根据一定社会（或阶级）的要求，有目的、有计划、有组织地对受教育者的身心施加影响，把他们培养成为一定社会（或阶级）所需要的人的活动。”① 本书所研究的教育，是狭义上的学校教育。其他形式的教育如家庭教育就不在研究范畴之内。本书所指的乡村教育包含以下几种形式的学校教育：

我们认为，乡村教育首先是近代以来在乡村地区以学堂教学为形式、以西学（包括近代社会科学和自然科学知识）为教学内容的国民教育。第二，乡村教育也包括清末遗留下来的私塾教育与改良后的私塾教育。第三，乡村教育还包括广泛意义上的在乡村中的社会教育、职业教育等多种形式的教育。第四，乡村教育还包括在城市（县及其以上）中的一些主要目的为培养乡村教育人才的教育形式（如乡村师范学校等）。

本书旨在梳理民国时期乡村教育中所存在的问题，分析导致这些问题的各种因素，探讨乡村教育的滞后对中国社会的影响，总结政府和社会各界在发展乡村教育中的经验与教训。为此，本书主要从以下

---

① 董纯才，等：《中国大百科全书·教育卷》，北京：中国大百科全书出版社，1985年，第1页。

四个方面，对民国时期的乡村教育问题展开论述：

1. 民国时期乡村教育的转型及新旧冲突。

民国时期是中国社会由传统向现代急剧转型阶段。这种转型表现在乡村教育上出现了许多现代的因子。一是大量新式学校的出现，并逐渐取代传统的乡塾、村塾，成为乡村学校教育的主要形式；二是教育内容的更新，由传统的讲授四书五经，逐渐转向讲授近代的人文知识和自然科学知识；三是教育的目标发生了根本性的变化。在传统社会，中国读书人的信条是“学而优则仕”，但随着科举制的废除和新式教育的发展，一些有识之士提出教育为乡村服务的主旨，并发起了轰轰烈烈的乡村教育运动。

与此同时，民国时期乡村新旧教育并存的二元格局，必然导致地方乡村新旧教育的抗衡与冲突，以私塾为代表的传统教育体制与以学堂为代表的新式教育体制在生源、教学内容、方法、组织形式等方面都存在着诸多的矛盾，这成为此时期教育发展状况的鲜明特征。

2. 民国时期乡村教育面临的困境及存在的主要问题。

由于种种原因，乡村教育的发展在民国时期举步维艰，面临着诸多的问题，如师资与教师待遇、学生招生与管理、课程与教学、办学经费等。这些问题都是影响民国时期乡村教育发展的迫切而现实的问题。本书通过利用多方资料，全面而系统地梳理民国乡村教育发展中的种种问题，并分析其内在的原因和外在的因素。实际上这些问题一直到目前为止都是我国乡村教育中存在的突出问题。本书通过对这些问题的研究，希冀为今天乡村教育所面临的问题提供历史借鉴。

3. 社会各界对发展乡村教育的认知与实践。

针对民国时期乡村教育发展面临的困境和存在的众多问题，社会各界群体站在不同的角度，形成了不同的认知。以一些教育家为代表的知识分子从公平与救亡的高度出发，提出了发展乡村教育的对策，并进行了乡村教育的实验，引人注目；民国历届政府在推动乡村教育方面，也是有所作为；身处乡村教育一线的乡村教师，对乡村教育有何认知与期望，都是本书要回答的问题。此外，本书还选择一些具有代表性的发展乡村教育的案例，结合当时社会发展的场景，对社会各界种种发展乡村教育的方案和实践作出较为客观而科学的评价。

4. 民国时期乡村教育的特点、经验教训及现代启示。

本书力图在系统地梳理和分析民国乡村教育发展的历程、问题等基础上，从理论层面上总结民国乡村教育的特点，探究民国乡村教育发展的经验与教训，并从实践层面上揭示了民国乡村教育对我国当下农村教育的启迪。

# 第一章 乡村教育的近代转型与发展

乡村教育在中国历史悠久，但是在漫长的传统社会中，乡村教育并没有作为一个专门的社会问题被提出，它真正被人们重视是民国之后的事情。之所以会出现这种情况，主要是因为民国时期的乡村教育与传统的乡村教育已经大有不同，此“乡村教育”已非彼“乡村教育”。实际上，鸦片战争之后，中国的教育经历了一个由传统向现代、由封闭到开放的转型过程。沿袭了几千年的中国传统教育在这一时期受到了前所未有的冲击，新式的教育在这一时期逐渐兴起。经历了转型的乡村教育，有了新的教育理念、新的教育内容、新的教学形式。这些“新”的东西，大多借鉴了近代西方的教育模式。民国时期，这种新的乡村教育得到了一定程度的发展，造就了乡村教育在中国发展的新阶段。

## 第一节 乡村教育近代转型的历史条件

教育是具有非常强的“延续性”的事业。民国时期的“乡村教育”在传统乡村教育的基础上发展起来，它的发展不可避免地受到原有教育模式的影响和制约，同时伴随着社会的近代转型，乡村教育的发展也发生了一些变化，逐渐带有新式教育的“痕迹”。因此，要对民国时期中国的“新乡村教育”有所了解，首先要追根溯源，了解中国传统乡村教育的基本模式。

### 一、中国传统乡村教育模式

中国自古以来是以农业为主的国家，农村在中国占有举足轻重的地位。从春秋时期孔子兴学开始，中国就有了真正意义上的教育。在这种教育中，城乡呈现出一体化的状态。城乡之间教育差别并不明显。因此，在漫长的中国传统社会，乡村教育并没有作为一个专门的社会问题被提出，而是“消融”在社会的整个大教育背景中。所以，要想弄清传统乡村教育的基本模式，首先要弄清楚传统社会教育的基本模式。

中国传统社会教育的基本模式大致可以从教育宗旨、教育制度、教育内容三个方面来进行分析。

首先，从传统社会教育的教育宗旨来说，中国封建教育绵延两千多年，其间虽有改良和发展，但总体宗旨和模式没有本质的变化，即一直隶属于封建政治，以儒家经典为主体教学内容，培养恪守封建伦理纲常和通晓儒家经学的士大夫阶层，以之作为统治阶级的后备力量，并通过选士制度（隋唐以后改为科举制度）选拔政府官员。简言之，即“旧教育依据专制政治，家庭经济，宗法社会和旧文化，而以养成孝子忠臣为主要宗旨”①。以清代为例，当时清政府对一般人民的圣谕十六条，已将这种宗旨明白说出一部分，引证如下：

“敦孝悌以重人伦，笃宗族以昭雍睦，和乡党以息争讼，重农桑以足衣食，尚节俭以惜财用，隆学校以端士习，黜异端以崇正学，讲法律以儆愚顽，明礼让以厚风俗，务本业以定民志，训子弟以禁为非，息诬告以全良民，戒窝逃以免株连，完钱粮以省催科，联保甲以免盗贼，解雠忿以重生命。”②

回顾中国传统教育的发展历程，自西汉时期汉武帝采纳董仲舒的建议，确立“罢黜百家，独尊儒术”之后，数千年来几乎一直处于一种“超稳定”的状态，虽然形式上会有些变化，但是，万变不离其宗，儒家正统教育为维护封建统治服务的核心几乎没有变化。因此，以上引文虽反映的是清朝一朝之教育宗旨，但是从中却可窥见中国整个传统教育的教育目的——维护社会需要的伦理纲常及正常的社会秩序，使社会保持正常的发展。这种教育宗旨，决定了传统的教育制度和教

---

① 陈启天：《最近三十年中国教育史》，台北：文星书店，1962 年，第 9 页。

② 同上。

育内容。

其次，就中国传统社会教育的教育制度而言，大致可以分三方面来讲。第一是教育行政制度。在中国传统社会中，一般在中央设有礼部，专管全国教育行政事宜及典礼，在各省由中央简派提督学政主考小试与乡试，在府州县设有教官管理府州县文武士子。第二是学校制度。中国传统社会中的学校大致可分为三大类：一为官学，专为宗室和八旗子弟设的有宗学、觉罗学、景山官学、咸安宫官学、八旗教场官学、盛京官学、黑龙江官学，尽属贵族学校。二为公学，为进士设的有翰林院，近于各国的大学研究院，为生员设的有国子监，近于清季设的京师大学；兼为生员和童生设的，各省有书院，各府有府学，各州有州学，各县有县学；为寒士设的在各乡有义学与社学。府、州、县学构成了地方学校教育的主体。这些官办学校统称为“儒学”。三为私塾，即由私家自行设立的学校。儒学和书院是较高层次的教育机构，容纳的人员有限，真正起到“基础教育”作用的是大量存在于民间的“学塾”。学塾包括社学、村学、族学、家塾、义学，等等。按照设学方式不同，学塾可分为三类：一类是有钱人家聘请教师在家里教授子弟，称为坐馆或教馆；一类是教师在自己家里设馆教学，称为家塾或私塾；一类是由地方上出钱聘请老师，在公共场所设塾教学，一般称为村塾、义塾。① 这些统称为私学教育。

我国教育制度中最重要的是科举制度。科举制在隋唐时期诞生后，一直延续到清末，在传统教育中居于中心地位，引领着传统教育的发展。科举制度分为文考与武举。文考有数级：一级为考举生员的小试或小考，应试者为童生，分县试、府试（或州试）、院试三场，除遇乡试的年份外，每年举行一次。二级为考举举人的乡试，应试者均为生员，每三年在各省举行一次。三级为考举进士的会试与殿试，分为三甲，第一甲三名，号称状元榜眼探花，赐进士及第，第二甲赐进士出身，第三甲赐同进士出身，而无定额，每三年在京师举行一次。另有与三级相当的特科，以考授职官为目的，应试者均为举人，每二十年

---

① 赵承福主编：《山东教育通史·近现代卷》，济南：山东人民出版社，2001年，第5页。

举行一次。但此种特科，实际并未按期举行。武举的考试级数与文考略同。① 明清时期，科举已与学校教育紧密衔接，只有府、州、县学的生员才有参加科举考试的资格，而通过科举做官进仕又是士人唯一的前途，于是除少数坚持钻研学问的私学和书院外，学校完全成为科举的附庸和预备场所。这样一种从上而下的教育行政制度及学校制度，再加上横贯其中的科举制，共同构成了中国传统教育的基本制度。

最后，传统教育的内容可从学校教育与科举教育两方面来说。先看学校教育，虽然传统社会中的学校分为官学与私塾两大类，但是，在官学方面，“府州县学只考课，沿袭官场具文，并不讲学，几乎不与教育发生关系。书院的课程稍涉及经史子集，而特重时文诗赋与小楷。国子监虽分经义治事两门，希望生员能极深研几，也只是有名无实。翰林院为半学半官的机关，间有极少数人从事高深的研究，然其范围也不出于经史子集之外”②。可见，传统官学教育内容较为单一，其主要功能重在谋取进仕做官的资格。对此，时人有评论说“盖官学自州郡学起，以讫太学国子监，皆徒具其名，为诸生取得资格之地。当时真真实实读书做学问，仍在私家的学塾”③。就私塾的教学内容来说，“私塾的课程最低为《三字经》、《千字文》、《百家姓》、《幼学琼林》；最高为《四书》、《五经》、《纲监》、《唐诗》以及时文小楷”④。就教学方式来说，私塾注重的是识字与背诵，不问其意义。“生子至三四岁时，口角清楚，知识稍开，即用小木板方寸许，四方者，千块，漆好。朱书《千字文》，每块一字，盛以木匣，令其子每日识十字或三五字，复令其凑集成句读之。或聚或散或乱或齐，听其顽要，则识认是真。如资质聪慧者，百日可以识完。再加以《三字经》、《千家诗》等书，一年可识一二千字，然后从师入塾。”“此虽言入塾以前之教学，有家中无人教者，初入塾其师亦如此教之。惟字块或用纸骨不一定用小木板。《当涂崔学古蒙学录》更云：五六岁儿童初入塾，率先令习坐习

---

① 陈启天：《最近三十年中国教育史》，台北：文星书店，1962年，第12页。

② 同上。

③ 陈东原：《中国科举时代之教育》，上海：商务印书馆，1934年，第47页。

④ 陈启天：《最近三十年中国教育史》，台北：文星书店，1962年，第12页。

静，识字。此为蒙塾最低年之教学。再进一步，便读小书。所谓小书，是《三字经》、《百家姓》、《千字文》之类。”① 小书读完之后，就开始读《论语》、《孟子》之类的儒家经典著作。

科举制度诞生后，以制义、经义、策论、诗赋和小楷取士，政府重科举而不重学校，因此官学、公学类多被忽视，私塾则在教育内容上以应科举成为重心。约在唐代时期，“《论语》已为人人必读之书。宋代以后，益以《大学》、《中庸》，盖此为应试之重要科目，故为人人所必读。其次逐及诸经”②。元代程端礼曾经对读书的日程进行了整理，记载如下：

“八岁未入学之前，读性理子训。八岁入学之后，读小学书正文。小学书毕，次读大学经传正文。次读论语正文。次读孟子正文。次读中庸正文。次读孝经刊误。次读易正文。次读书正文。次读诗正文。次读仪礼并礼记正文。次读周礼正文。次读春秋经并三传正文。”③

按照这样一个“日程表”，一个人从八岁入学算起，大约用六七年的时间，在十五岁之前，“小学书、《四书》、诸经正文，可以尽毕。自十五志学之年，即当尚志。为学以道为志，为人以圣为志。依朱子法读《四书》注，及本经传注，性理诸书。约用三四年之功，昼夜专治”。等到读完《四书》，大概是十八九岁，“自此日看史。看《通鉴》，次读《韩文》，次读《楚辞》。仍五日内专分二日倍温玩索《四书》经注或问本经传注。倍温诸经正文”。“《通鉴》、《韩文》、《楚辞》既看既读之后，约才二十岁，或二十一二岁。遂以二三年之功专力学科举文字。然每日早饭前仍须循环倍温玩索《四书》经注或问本经传注，诸经正文。温看史，温读《韩文》、《楚辞》。至专力科举文字之法，则读看近经问文字九日，作一日。读看近经义文字九日，作一日。读看古赋九日，作一日。读看制诰表章九日，作一日。读看策九日，作一日。专以二三年功力学文之后，才二十二三岁或二十四五岁，自此可以应

---

① 陈东原：《中国科举时代之教育》，上海：商务印书馆，1934 年，第 49—50 页。

② 同上，第 51 页。

③ 同上，第 52—53 页。

举矣。”①

由上可见，一个儿童从入私塾开始，就从《三字经》等启蒙读物开始，先读与识字相配合的《三字经》、《四字鉴》、《百家姓》、《千字文》、《千家诗》等书。读书时，先由塾师“正书”，即塾师把书文朗读一遍，然后学生循声随诵。等学生读到可以朗诵的程度，便转入背书。以上算是启蒙教育，大约需一到两年。接着，便开始读《四书》、《五经》。一般是《四书》和《诗经》同时读，以后是《春秋》、《左氏传》和《礼记》，最后读《书经》和《周易》。对于这些儒家经典，学生也必须达到能背诵的程度，这大约又需四到五年的时间。学生对于以上诸书达到背诵程度之后，塾师就要“开讲”，即把学生以前读过的书，逐字逐句地进行解读。塾师解读完后，学生需要“回讲”一遍，这一阶段也要三到五年的时间。经历了以上两个阶段之后，学生就要准备“开笔”写作文。所作的文章大体分为两类：一是经义（不是八段文），是从《四书》、《五经》上找题目，阐述经文的含义；一是论说，是从子、史等书上出题目，先作一段，渐进到“起、承、转、合”四段，便算是“满篇”。②

这样一种传统的教育模式，在中国传统社会中延续了上千年。到清朝时，教育内容仍没有超出传统儒学的范畴，而且范围更加狭窄，将程朱理学列为儒学正宗，成为贯穿于学校教育和科举考试的统治思想。一直到民国初年，这种教育模式依然存在。据白至德回忆其父史学家白寿彝1916年年初入学堂时的经历，其中记载到：“父亲那时的启蒙老师是郭先生，开封东乡阮楼村人，开始时他只教《三字经》。后来又请来邓先生，他是朱仙镇人，秀才出身。父亲便开始跟他读《四书》、《书经》、《诗经》、《春秋左传》、《论语》、《大学》，等等。邓先生要求我父亲先要会读、读好，然后会背诵。背诵时的熟练程度要达到先生读出书中的某一句后，父亲马上要接着这一句背诵下去，不得有

---

① 陈东原：《中国科举时代之教育》，上海：商务印书馆，1934年，第53—54页。

② 赵承福主编：《山东教育通史·近现代卷》，济南：山东人民出版社，2001年，第7—8页。

误，但邓先生不要求父亲会讲解清楚古文句词的含义。"① 由此可见，传统教育模式的生命力之强，即使到了民国时期仍然顽强延续。但是，无论如何，自鸦片战争之后中国社会的近代化进程起步了，传统的乡村教育模式也不可避免地逐渐受到了冲击，并开始发生改变。

## 二、近代社会转型与传统乡村教育

教育的发展与社会变迁有着不可分割的联系。社会的各种变迁会"映射"在教育上，并影响着教育的发展。近代中国的社会变动之巨大，其变化速度之快，超过了历史上的任何一个朝代。对于近代社会的剧烈变化，李鸿章曾用"三千年之大变局"来形容。伴随近代中国的社会变动，社会对教育的要求也不同以往，传统的教育模式已不能再适应这一时期社会变迁的需要。于是，近代社会变迁下，教育就面临着艰难转型了。

在传统封建教育体系中，儒学是正统意识形态，儒家思想成为教育的指导思想，传统的教育观念也趋于道德化、功利化。传统教育的基本功用也旨在进行人文教化，同时培养选拔官吏以佐统治。近代之后，中国社会在中西文化不断地冲突与融合过程中逐渐发生转型。教育的近代转型与社会的转型有着直接的关系。随着西学东渐的推进，人们对西学的认识逐步加深，西方的教育观念逐渐被人们所接受。一些先进的中国人开始主张用西方的教育理念、教育模式、教育内容来办中国的教育。

从鸦片战争开始，一批先进的知识分子如林则徐、魏源等人逐渐认识到西方的"船坚炮利"，反思中国的传统儒学教育，他们提出了"师夷长技以制夷"的主张。这可以说是传统教育在近代受到的最初的冲击。到了 19 世纪 60 年代洋务运动时期，李鸿章等人认识到中国正面临"数千年未有之强敌"，开始办起了一些洋务教育事业，试图寻求一种既能保护中国文化之本体，又能吸取西方文化中有用成分的方法。这种"中体西用"的文化观，指引了中国教育新的出路。最基本上讲，

---

① 白至德：《彰往知来：父亲白寿彝的九十一年》，北京：中国工人出版社，2008 年，第 8 页。

它使西学进入中国处于了一种公开而且合理的状态。虽然这只是对西方知识皮毛的学习，却是中国传统教育改革的第一步。在这一时期，洋务派开办了一些洋务学校，引介西方近代教育制度，如1862年创办了以通识外国语言为目的的京师同文馆，随后1863年又开办了上海广方言馆，1866年创办了福建船政学堂等各类新式学堂。这些新式学堂在课程设置上除去外国语、算学、汉语外，还逐渐包括了化学、医学、生理、天文、物理和万国公法等。同时还出台一些新的教育措施，如派遣留学生等。这些措施对中国传统教育产生了或多或少的冲击，中国真正的新教育开始启动。

甲午中日战争后，中国民族危机日益严重。面对这种形势，一些知识分子再次提议效法列强，以求挽救中国“亡国灭种”的危机。在此情形下，康有为、梁启超等人开始了维新变法运动的筹备，力图通过改革维护清朝统治，实现国富民强的理想。在教育方面，他们也提出了新的要求。康有为曾就此问题指出，“泰西之所以富强，不在炮械军兵，而在穷理劝学”①，我国旧有的教育制度不能养成制造枪炮机器轮船的科学人才，为图自强，“守旧不可，必当变法”，主张以德国和日本学制为蓝本进行系统的教育改革。要求朝廷“远法德国，近采日本，以定学制。乞下明诏，遍令省府县乡兴学。乡立小学，令民七岁以上皆入学；县立中学；其省府能立专门高等学大学。各量其力，皆立图书仪器馆。……若其设师范、分科学、撰课本、定章程，其事至繁，非专立学部，妙选人才，不能致效也”②。此外，他还就派遣留学生、翻译西书等方面提出了许多具体改革措施。可见，维新派在对中国传统教育制度进行反思的基础上，把中国近代新式教育的发展往前又推进了一步。只是由于当时历史条件所限，康有为等人的主张并没有真正得到实施。

维新变法失败后，清王朝统治江河日下，内忧外患不断加剧，义

① 康有为：《公车上书（节选）》，见陈学恂主编：《中国近代教育文选》，北京：人民教育出版社，1983年，第97页。

② 康有为：《戊戌奏稿·请开学校折》（1911年刊本），见陈学恂主编：《中国近代教育文选》，第109页。

和团反帝运动和八国联军侵华接踵发生，结果清王朝被迫签订最丧权辱国的《辛丑条约》。面对这种社会境况，救国当以改革教育为要，“兴教育才”的呼声日益高涨。无奈之下，清廷于 1901 年发布上谕，推行新政，其中包括多项教育内容。1901 年 9 月 14 日，慈禧太后在西安发布了兴学诏书，拉开了清末教育改革的序幕。该诏书规定：“除京师已设大学堂，应行切实整顿外，著各省所有书院，于省城均改设大学堂，各府及直隶州均改设中学堂，各州县均设小学堂，并多设蒙养学堂。其教法当以四书五经纲常大义为主，以历代史鉴及中外政治艺学为辅，务使心术纯正，文行交修，博通时务，讲求实学，庶几植基立本，成德达材，用副朕图治作人之至意。”① 此后先后颁布“壬寅学制”和“癸卯学制”，进行教育改革。自此，新式学堂和新式学生逐渐增多。据统计，全国学生数 1902 年为 6912 人，1903 年为 31428 人，1904 年为 99475 人，1905 年发展为 258876 人。② 由此可见，这一时期新式教育发展之快。另据 1904 年《东方杂志》第 5 期刊载：当时长沙城内有师范馆、高等学堂、将弁学堂、蒙师讲习所、医学堂、中小学堂等 34 所，其中高等普通学堂 19 所。③ 同年，《东方杂志》第 10 期刊载：当时江苏省有高等专门学堂 8 所，中学堂 4 所，小学堂 24 所，蒙养学堂 63 所，全省共有学堂 99 所。④

随着新式学校的发展，新旧教育制度之间的矛盾日益尖锐，旧有科举制的存废问题成为矛盾的焦点。1905 年，各省督抚会奏“立停科举以广学校折”，称“科举一日不停，士人皆有侥幸得第之心，以分其砥砺实修之志。民间更相率观望，私立学堂绝少，又断非公家财力所及，学堂决无大兴之望。……拟请……停罢科举，庶务广学育才，化

---

①　朱寿朋编：《光绪朝东华录》（第四册），北京：中华书局，1958 年，第 4719 页。

②　周予同：《中国现代教育史》，上海：良友图书印刷公司，1934 年，第 137 页。转引郑登云编：《中国近代教育史》，上海：华东师范大学出版社，1994 年，第 157 页。

③　同上。

④　同上。

民成俗，内完国势，外服强邻，转危为安，胥基于此”①。此奏既上，得旨照行，于是科举制的命运遂完全结束。科举废除之后，新式教育的发展更为迅速。从1906年到辛亥革命前的五年间，各地各级各类学校都有很大发展，中国近代的学堂系统基本建立。据《清朝续文献通考》记载：1910年，全国学堂数为42696所，全国学生共1300739人。② 当时新式学堂开办较早、发展较快的地区，情况如下：上海，1906年新开办的初等小学堂有34所，两级小学14所，高等小学堂3所，中等以上学堂7所，女子学堂6所，幼稚舍1所，教会学堂1所，共66所；到1911年，上海设有初等小学堂112所，两级小学堂36所，高等小学堂13所，中等以上学堂36所，女子学堂19所，幼稚舍7所，教会学堂27所，共有学堂250所。③ 1906年，安徽全省有小学堂53所，中学堂13所，师范学堂2所，蒙学堂12所，农业学堂1所，共有学堂81所。④ 又根据1907年第11期《东方杂志》载：直隶省有小学堂4287所、学生77445人，中学堂28所、学生1708人，高等学堂7所、学生1161人，师范学堂89所、学生4335人，女子学堂52所、学生821人，简易小学堂等22所、学生1389人，警务学堂、电报学堂等21所，学生1269人。全省共有学堂4506所，学生88128人。⑤

1911年辛亥革命爆发后，推翻了清王朝的统治，建立了中华民国。1912年和1913年相继颁布了壬子—癸丑学制，一改清末原有教育制度中“忠君、尊孔”的宗旨。在学制上继承和保留了许多自清末

---

① 陈启天：《最近三十年中国教育史》，台北：文星书店，1962年，第24页。

② 刘锦藻编：《清朝续文献通考》，上海：商务印书馆，1936年，第8634页。转引郑登云编：《中国近代教育史》，上海：华东师范大学出版社，1994年，第158页。

③ 《上海续志》卷10、卷11，上海：南图志局，1918年刻本及民国修编《上海县志》中的材料合计。转引郑登云编：《中国近代教育史》，上海：华东师范大学出版社，1994年，第158页。

④ 刘锦藻编：《清朝续文献通考》，第8610页。转引郑登云编：《中国近代教育史》，上海：华东师范大学出版社，1994年，第158页。

⑤ 转引郑登云编：《中国近代教育史》，上海：华东师范大学出版社，1994年，第158页。

壬寅—癸卯学制以来已经发生的向西方近代教育制度转变的内容，同时进一步向国民和人才教育并举的方向推进。壬子—癸丑学制中进一步增加了实用和技能性课程，以及加强实业教育，以此推进教育与社会发展需求的更好结合。只是在实施过程中，这些改革还是受到旧有教育制度和“学而优则仕”理念，以及缺乏诸如教授新课程的师资、教材、经费和设备的极大制约。袁世凯掌握政权后，为复辟帝制，在教育领域掀起了一股“尊孔读经”逆流，并颁布了一系列旨在推翻民初资产阶级教育的“教育改革令”，但未几便寿终正寝。1915 年，一场以“打倒孔家店”为口号，以“民主”、“科学”为旗帜的新文化运动蓬勃兴起，在此推动下，文化教育领域掀起了一场思想解放运动。1922 年政府颁布了新的教育学制规定，即壬戌学制，确立了由小学、中学（初、高中）到大学，分别为六年、三年、三年、四年的学制。其中通过在中学阶段实行分科制和选课制，设立普通学校、职业学校和师范学校，兼顾人才教育和就业教育的社会需要。壬戌学制的制定成为中国教育步出以往清末新教育“中体西用”范畴，较为牢固地确立其现代民主教育体制的标志。自此而后相当一段时间，中国教育改革运动继续深入。

1928 年南京国民政府时期，蒋介石在宣告军政告终、训政开始的同时，为稳固统治，强调思想控制，加强党化教育，确立“以三民主义为唯一教育之旨”。自此，教育界自新文化运动以来一度呈现的活跃、开放气氛被横加阻遏，思想受到禁锢。当局的教育政策越到后期越趋反动，强化文化专制，致使民国教育进程在这段时期内出现徘徊、迟滞、甚至倒退的局面，中国教育向现代推进的步伐虽然没有完全停止，但受到严重阻遏。尽管教育内容受到限制，但这一时期在学制、教育体制以及机构设置上还是向前发展了，日臻完善。在民国时期，对推进中国现代教育发展产生重大影响的还有一些民间教育家积极倡导进行的教育，如晏阳初、陶行知、梁漱溟等倡导的平民教育、职业教育、乡村教育等，他们所倡导的教育思想和实践均不同于“学而优则仕”的精英教育，而是以改造乡村、改造社会为目的，与社会需要紧密结合。这些教育虽不占主导地位，实际收效也不尽相同，但却是中国近代教育尝试、探索的重要内容。另一方面，在共产党领导的红色政权地区，实施“新民主主义教育”，强调教育要面向大众，面向工农，特别是注重发展农村的农民教育，这种教育适应了中国国情，从一开始就体现了其强大的生命力，后来随着社会变动转型，最终取代了国民党的专制教育。

综上，近代中国坎坷曲折的社会变迁，直接影响着中国传统教育逐步向近代转型的历程。为挽救清朝统治，自鸦片战争开始，一些先进的中国人即开始了向西方学习，探索救亡之路的艰辛过程。经过洋务运动、维新变法、清末新政等一系列的社会改革，新式教育在清末获得较大发展，传统的科举制为中心的旧教育不能再适应社会的需要，寿终正寝。辛亥一役结束了清王朝的统治，建立起中华民国。民主政治制度的确立，更加推动了文化教育领域的变革。虽有袁世凯短暂的“尊孔复古”逆流影响，但很快随着新文化运动的开展，教育领域出现发展的新气象。教育由传统向近代的转变，是中国社会政治、经济、文化向近代转型的必然结果。相对于旧有的教育体制，新式教育也可说是一种“教育革命”。从其产生原因来看，新教育为抵制列强的侵略，改造中国社会而设。就教育宗旨来说，新式教育主要为建设民主政治、国家社会，促进国民经济和新文化发展服务，其培养人才不重在官吏，而重在能担任外交政治、农工商业、交通、教育等专门事业建设。在教育内容上，新式教育的课程设置不仅局限在文字，还有科学、军事、外交、体育等多方面。有关新式教育变革的问题，民国教育家陈翊林曾论述道：“从政治层面看，清末之后，中国社会第一个大变的趋势，由专制政治变到民主政治。戊戌以前的中国纯属专制政治，所以戊戌以前的中国教育，乃立基于专制政治之上。戊戌以后到现在的中国政治，由专制过渡到民主，所以教育也是由专制政治的教育过渡到民主政治的教育。在过渡时期中，政治发生一次变化，教育也随着发生一次变化。中国政治不变到民主，不能稳定，中国教育不变到民主政治的教育，也不能大进。”① “从经济上来说，在中国传统社会，

① 陈启天：《最近三十年中国教育史》，台北：文星书店，1962年，第2—3页。

一般经济事业的范围，均不出家庭，纯然是一种家庭经济。……五口通商之后一直到现在，外国工商业侵入各国通商口岸，中国有的手工业与农业无一不受压迫。……因此近三十年来的中国教育，由非正式的家庭经济教育，一变而为正式的国民经济教育。清季所谓实业学堂，民国六年以后所谓职业教育，以及最近所谓经济教育与生产教育，那是中国经济状况转变后的产物。”① “从中国的社会结构上来看，民国之后，中国社会逐渐由宗法社会变到国家社会，教育也由宗法社会的教育变到国家社会的教育。所谓孝子忠臣和贤妻良母的教育，便不能完全适用，而无分男女以养成爱国国民为教育上的中心思想。”② “从新旧文化的更替上来说，清末民初，中国的文化由旧文化变到新文化。中国的文化变了，培养文化的教育也不得不变。”③ 可见，有什么样的时代需求，就会有什么样的教育。教育的发展正是社会转型在教育上的表现，也是社会转型对教育冲击的结果。

## 三、科举制废除对乡村教育的影响

科举制是我国传统教育制度的核心。科举考试在中国的传统社会占有举足轻重的地位。中国传统乡村教育是围绕着科举展开的。在传统社会中，科举考试由低到高分为三级：第一级是乡试，第二级是会试，第三级是殿试。科举制上通国家政教，下连黎民百姓，在传统社会中，起到了桥梁的作用。对于一般老百姓而言，参加科举考试是唯一能够改变其身份地位的途径。因此，虽然科举的道路非常坎坷，每次能中举的幸运者总是少数。但是，它却有一种巨大的吸引力，始终为莘莘学子留下了中举的念想。在这样一种为“理想”而奋斗的过程中，很难形成群体性对社会的不满，很难形成对固有统治秩序的压力与威胁。这样，国家收获了“安定与秩序”，读书人收获了“希望与地位”，整个社会也就可以运行正常而平稳。由此可见，科举制在中国传统社会存在一千多年自有其道理。然而，科举制存在时间久远并不等

---

① 陈启天：《最近三十年中国教育史》，台北：文星书店，1962年，第3—4页。
② 同上，第6页。
③ 同上，第6—7页。

同于说这种制度是完美无缺的，只不过其在传统的农业社会中适应了封建统治的需要。到了近代，随着国门被列强打开，向西方学习成为爱国志士寻求救国之路的一个主要方向，而随着西学东渐的深入，中国传统文化开始了缓慢的变迁过程。另一方面，随着列强对中国侵略的一步步加剧，中国社会不管是主动还是被迫都开始了向近代转型的艰难历程，社会的转型也要求文化教育随之变迁，同时社会转型更直接冲击了原有的旧文化旧教育。

科举制走到清末，即遭遇了近代社会转型对其强烈的冲击。一方面科举取士培养出来的孝子忠臣型人才不能适应社会的需要；另一方面，受西方影响的新式教育体制注重发展学校教育，教学内容除了识字之外，更注重科学技术、军事外交等专门知识的传授，而这些专门型人才正是社会转型后急需的人才。科举制的固有社会功能不能再充分发挥其作用，在新教育的冲击下，科举制的废除成为一种时代发展的要求。1905 年，袁世凯、张之洞、周馥、端方等人联名上奏，建议清政府废科举兴学堂。在《奏请立停科举推广学校折》中，指出："科举不停，学校不广，士心既莫能坚定，民智复无由大开，求其进化日新也难矣。故欲补救时艰，必自推广学校始，而欲推广学校，必自先停科举始。拟请宸衷独断，雷厉风行，立沛纶音，停罢科举，庶几广学育才，化民成俗，内定国是，外服强邻，转危为安，胥基于此。"① 不久，清政府正式下令停废科举。这给当时的学子以非常大的震动。罗志田就此问题曾指出，"科举制是一项集文化、教育、政治、社会等多方面功能的基本建制，上及官方之政教，下系士人之耕读，使整个社会处于一种循环流动之中，在中国社会结构中起着重要的中介和维系作用。这样一种基本建制的废除，不啻给与其相关的所有成文制度和更多约定俗成的习惯行为等都打上一个难以逆转的句号，也产生了

---

① 袁世凯等：《奏请立停科举推广学校折》（光绪三十一年八月初二），《故宫文献特刊第一集·袁世凯奏折专辑（七）》，台北：台北"故宫博物院"，1970 年，第 1992 页。

涉及各层面的广泛社会后果”①。科举制的废除在当时的社会中是一个大问题，因为科举制从来就不是一个单纯、孤立的教育制度，而是一个完整的，由相互之间密切联系的政治、经济和文化制度构成的封建社会体系中的一个相应的制度。它的废除一方面与政治、经济、文化（包括意识形态）的变迁有着密切的关系，反过来也对这些领域有着巨大影响和冲击。科举制在被废除之前已施行了一千三百多年，长期以来是封建教育的中心，它的废除对传统教育制度有颠覆性的作用，对整个社会尤其是广大农村的教育产生了重大而深远的影响。

首先，科举制废除导致“读书无用论”兴起，对新教育的不了解使得乡村人对新式教育颇有怀疑之心，乡村人受教育的愿望因此而降低。从隋唐时期科举制兴起开始，读书然后参加科举考试成为一代代士人奋斗的目标。读书在人们的心目中和做官之间有密不可分的联系。而科举制为人们读书然后实现做官梦想搭建了一个桥梁，正是这个桥梁支撑着读书人奋斗不息，也支撑起了中国几千年的传统教育。尽管通过科举取士的概率是比较低的，读书人在科举的道路上不知要吃多少苦，但是中举的希望总是存在的，而且，一旦中举，不仅可以实现自己从社会下层向上层的蜕变，更是光宗耀祖的事情，这在农村社会更是改庭换面的变革。正是因为存在这样一个大的吸引力，所以，虽然每次中举的人只是少数，却给予了所有的读书人以希望，这个希望就足以支撑他们一次次的失败之后仍然坚持下一次的科举，甚至为之奋斗终生。1905年科举制废除，读书与做官之间的关联被切断。随之而来的问题就是，没有了“做官”这样一个目的，没有了“科举”这种实现理想的途径，读书又有何用？其出路何在？这个问题成了当时读书人以及整个乡村中的读书人家庭所关心的事情。在读书不能做官的情况下，“读书无用”论也就产生了。反映到对乡村教育的影响上，就表现为乡村人对于受教育的积极性降低，不愿意把子女送到学校读书。时人曾对科举废除后内地办学情形进行了实地考察，深感其办学之难，其中一个主要原因即是乡村人受教育的意愿降低，而进一步考

① 罗志田：《科举制废除在乡村中的社会后果》，《中国社会科学》2006年第1期。

究其内因，则谓："一曰科举已废，吾家子弟可不必读书也。一曰君等开设洋学堂，殆将引诱我家子弟，使吃洋教也。一曰今年虽不收学费，殆以甘言诱我，明年将令我出学堂捐也。此三种人之口吻，一鄙、一陋、一过虑，而其不愿子弟就学则尽同。"① 不止乡村人对新教育认识不多，有怀疑抵触心理，即使梁漱溟这等教育家当时对科举制废除后实行新教育也进行了批判，他指出："旧教育无论如何缺憾不足，究为其社会自然演来者；没用处，亦多少有点用；即不然，亦绝无扞格刺谬之苦剧，为庸俗之所便安。唯此外来之教育，复以官力督行之，乃真无一点是处，害煞了人！"② 梁漱溟对新教育无用的批判是否科学合理，我们姑且不论，但是废除科举泯灭了乡村人读书的希望，而新教育不能弥补这个希望的缺失，确是废科举对乡村教育最为直观的打击，其影响又远非教育本身这么简单。正如时评所言："社会行科举之法，千有余年，其他之事，无不与科举相连。今一日举而废之，则社会必有大不便之缘。……今一旦废科举，则彼之希望绝，绝则不可以久。虽曰国家为其妥筹出路，然所谓出路者，必不能敌其所希望之物，而不足以宽其生也。夫天然淘汰者，造化之公例。此辈之归于淘汰，更何待言。然独至国家之政教，万不能以此念置之。胸中当轴者，固宜有策以处之。"③

第二，科举制废除导致乡村受教育的人数减少。科举废除后，兴办新式学校，讲授新式科学教育知识，需要购置新的教学设备，延聘新式的教师来教授学生，教师薪俸又是一笔不菲的开支，所有这一切使得新办教育的成本大大增加了，而经费的来源却没有着落，一方面当时政府的财政开支没有更多的余款可以支持教育；另一方面乡村经济的不景气使得农民没有财力支撑更为昂贵的教育负担。于是，科举废除后，乡村学校却没能大兴，能够入学受教育的人数自然减少。对

---

① 陈元晖主编：《中国近代教育史资料汇编·普通教育》，上海：上海教育出版社，2007年，第143页。

② 中国文化书院学术委员会编：《梁漱溟全集》（第五卷），济南：山东人民出版社，1992年，第254页。

③ 《论废科举后补救之法》，《东方杂志》第2卷第11期，第251—252页。

此，时人曾有评论："中国之民素贫，而其识字之人所以尚不至绝无仅有者，则以读书之值之廉也。考试之法，人蓄《四书合讲》、《诗韵》并房行墨卷等数种，即可终身以之。由是而作状元宰相不难。计其本十金而已。以至少之数而挟至奢之望，故读书者多也。然识字之人尚居各国之至少数。今一旦废科举而兴学校，其所学者，必科学也。一器之费千万金，一师之俸数千金，此断非数家之力所能及。不能不合一县之力成之。而今之县，稍有余力均已尽于赔款。盖有欲兴一小学堂而不可得者。况即兴一小学堂而其力亦不足以养多人。即以官力助之，今之官力，亦能有几。是一废科举设学堂之后，恐中国识字之人必至锐减，而其效果，将使乡曲之中，并稍识高头讲章之理之人而亦无之。遂使风俗更加败坏。……"① 因办学经费竭蹶，阻碍乡村学校建设，进而直接导致乡村受教育人数减少，这在当时已引起有识之士注意，然而又无力解决，只能无奈叹息。曾有学者 1908 年亲自到内地某县乡中进行社会调查，真正体会到乡间设学之难，真有非一言所能尽者。其总结有三点："一筹款难；一招生难；一延聘教习难。"② 1909 年 5 月 24 日，《申报》也刊发文章，指出科举废除后学校不发达的一个重要原因即是办学经费无从筹措，直接影响到受教育人数的发展。③

第三，科举制废除导致乡村中的私塾没有了合理地位，而学校又不兴，乡村教育出现断层，城乡教育差距拉开且越拉越大，最终造成乡村教育的落后，乡村逐渐远离了"文化"。学者张鸣指出，"传统的农村是一个礼俗社会，礼俗既是农村日常活动，也是农村人的基本行为准则。但是，无论是婚丧嫁娶的各种礼仪，还是年节庆典的各色风俗活动，都离不开知书达理的读书人参与其间，既要主持喊礼，又要从事各种文字事务。显然，这种文字和礼仪的传承，都要靠私塾这种

① 《论废科举后补救之法》，《东方杂志》第 2 卷第 11 期，第 252 页。

② 问天：《述内地办学情形（节录）》（1909 年），《教育杂志》第 1 卷第 7 期。转引陈元晖主编《中国近代教育史资料汇编·普通教育》，上海：上海教育出版社，2007 年，第 142—143 页。

③ 《论我国学校不发达之原因》，《申报》1909 年 5 月 24 日，第 1 张第 3 版。

旧教育，新学堂是不沾边的”。“传统的农村，没了传统的读书人，就等于没有了乡村文化的灵魂，而没有了私塾，传统的读书人也就没了传承的渠道，终有一天会有油尽灯枯的时候……民国以来，虽然乡村的风俗还在延续，但灵魂却已丧失，日见零乱和无文，乡村的组织，从宗族到乡社，无不处于风雨飘摇之中。中国的农村至少在文化层次上已经陷入了现代化变革的深渊。”① 民国时期任山东省教育厅厅长的何思源看到山东乡村的衰落，在对这一问题进行思考时，他很自然的首先从教育的角度进行思考。他认为，“中国现在是农村经济破产，社会秩序紊乱，政治组织分崩离析，固然是很多的因子所结合而成的结果，从教育上看，不能不承认过去教育的错误是主要的而含有决定性质的因素”②。何思源认为新教育造成了乡村秩序的紊乱，最明显的是，新教育造成了乡村人才的流失，“受教育既是为的做官，但乡村没有官做，县城的官不如省城多，省城又不如京城多。学校毕业后，最好的京城谋事，京城谋事不到，再往省城，最不得已也得在县城中谋事，没有一个大学毕业生愿在乡村住的，在县城中也不乐意久居”③。在《乡村教育之重要》一文中，何思源再次指出：“我国过去之教育，最大弊病，就是不重实际，而忽略了下级乡村基础工作……在这种情形之下，一方面是都市知识分子大聚集，而发生失业的恐慌，因为饭碗的争斗，而引起了许多小团体小组织的组合；另一方面是乡村人才缺乏，一切农业生产及社会教育，无人促其改进。故学校愈发达，学生愈众多，而都市间之争斗愈烈，政治上之纷乱亦愈剧！而乡村的改良，亦遂无着手之一日，长此以往，社会上的危机，实非浅鲜！”④ 当然，乡村教育衰落，文化出现断层是一个逐步的过程，并不是随着新

---

① 张鸣：《教育改革视野下的乡村世界——由“新政”谈起》，《浙江社会科学》2003 年第 2 期。

② 何思源：《什么是求生教育》，马亮宽编：《何思源文集》（第二卷），北京：北京出版社，2006 年，第 762 页。

③ 何思源：《士大夫教育之恶果及教育改造途径》，马亮宽编：《何思源文集》（第二卷），北京：北京出版社，2006 年，第 733 页。

④ 何思源：《乡村教育之重要》，马亮宽编：《何思源文集》（第二卷），北京：北京出版社，2006 年，第 760 页。

教育制度建立一蹴而成的。有资料显示，1898 年，新教育制度建立以后，旧者于数年之内被推翻，在法制上，书院制与私塾制不能存在，然而实际上，私塾仍遍国中。据安徽、广东两省统计，私塾数远过小学数，私塾生远过小学生。从另一方面看，自宣统年间提倡普及义务教育以来，除山西外，其他各省进行甚缓；甚至义务教育的附税被代表人民的省议会反对（如江苏、浙江、湖南），这证明民众对于学校教育的不信任。此种民众信仰问题，在表面上似乎是一个知识问题，而实际上则有文化的条件在背后支配一切。①

## 第二节 民国乡村教育的发展概况

民国时期，乡村教育的发展经历了一个新旧交替的过程，政府和社会各界对乡村教育的关注度也更强烈。在这种形势下，政府相继出台了一系列的教育方针政策，在政府政策的影响下，乡村教育在新式学校与改良私塾的共同作用下艰难发展。

### 一、国家乡村教育政策与规定

中华民国成立后，历届政府都专门针对教育制定了一系列的政策和法律规定。其中在乡村教育方面，政府的政策和相关法规主要围绕发展新式学校教育和改良私塾两大方面展开。

#### （一）发展乡村新式教育

清末以来，发展新式学校教育已成为中国教育现代化的方向。在清末最后的十年间，中国已经开始出现兴办新学堂的潮流。1902 年 8 月，清政府颁布了第一个学校系统文件《钦定学堂章程》，又称“壬寅学制”。后未及施行，即被废止。1904 年 1 月 13 日，清政府批准颁布了第二个学校系统文件《奏定学堂章程》，又称“癸卯学制”。该学制将全国学校系统分为三等六级，在初等教育方面，分为两级，初小修业年限为五年，高小修业年限为四年。该学制突出体现了“中学为体，

---

① 舒新城：《近代中国教育史稿选存》，上海：中华书局，1936 年，第 6 页。

西学为用”的思想，与“壬寅学制”比较，整个制度更为周密、完备。学部成立后，1906 年 3 月 25 日奏准宣示教育宗旨为“忠君、尊孔、尚公、尚武、尚实”①。1907 年，清政府颁发了《强迫教育章程》十条，其中有“各村须设蒙学一所”、“幼童至七岁须令入学”、“幼童及岁，不令入学者，罪其父兄”等项。② 1910 年 1 月，学部颁发《简易识字学塾章程》。1911 年，通过《试办义务教育章程》、《国库补助初等小学经费案》等议案，规定了小学四年为义务教育。这样，实行义务教育逐渐由思想主张付诸法律实践，为在乡村推进新式学校教育提供了法律依据。

民国成立后，在初期专门针对乡村教育制定的政策和法规比较少，更多的关注点在义务教育方面，而义务教育的政策和乡村教育是息息相关的，因为中国是个农业大国，全国百分之八十的人口在乡村，义务教育的重点和难点都在乡村教育的普及，所以，政府有关乡村教育的态度基本包含在当时出台的有关义务教育的政策里。因此，了解民国时期的乡村教育政策，从民国政府的义务教育政策中可见一斑。

民国成立伊始，政府便开始在义务教育方面进行改革，颁行法令，督促实行。1912 年 1 月 19 日，教育部颁发《普通教育暂行办法》，规定：“一、从前各项学堂，均改称为学校。一、各府州县小学校，应于元年三月初四日（阴历壬子年正月十六日）一律开学。一、初等小学校，可以男女同校。一、特设之女学校章程，暂时照旧。一、凡各种教科书，务合乎共和民国宗旨。”③ 1912 年 7 月，全国临时教育会议讨论通过了教育方针为：“注重道德教育，以实利教育、军国民教育辅之，更以美感教育完成其道德。”④ 9 月 2 日该方针公布实施。民国教育方针充分体现了资产阶级教育关于人的德、智、体、美和谐发展的

---

① 郑登云编著：《中国近代教育史》，上海：华东师范大学出版社，1994 年，第 169 页。

② 朱有瓛主编：《中国近代学制史料》（第二辑上册），上海：华东师范大学出版社，1987 年，第 372 页。

③ 陈学恂主编：《中国近代教育史教学参考资料》（中册），北京：人民教育出版社，1987 年，第 166—167 页。

④ 同上，第 229 页。

思想，是中国近代第一个实行了的资产阶级国民教育宗旨，它对民国初年普通教育的发展起了积极的作用。9 月 10 日，教育部颁布实行《学校系统令》（即“壬子学制”），其后又陆续公布了《小学校令》、《中学校令》等，1913 年将这些法令、规程和“壬子学制”综合成为一个新的学校系统，称之为“壬子癸丑学制”，并公布施行。这个学制规定：“普通学校教育系统纵向方面（直系）分为三段四级，共 17 至 18 年。初等教育阶段，分为两级，初等小学四年，定为义务教育，儿童六周岁入学，实行男女同校；高等小学三年，男女分校。中等教育阶段一级，为中学校四年。高等教育一级，大学本科三至四年、预科三年。学制的横向（旁系）有师范教育、实业教育的系统。”① “壬子癸丑学制”是民国初年教育改革的一项重要成果，其缩短了学生修业年限，由“癸卯学制”的 25 年或 26 年缩减为 17 至 18 年，在学校系统中废除了毕业生奖励科举出身的制度，设立了女子高等小学、女子中学、女子师范和女子实业学校，使女子教育在学制中占了一定地位，体现了一定的民主精神和男女平等受教育的精神，实现了由传统教育向近代教育的转化。

袁世凯掌握北京政权以后，掀起了一股尊孔复古的逆流。1913 年 6 月 22 日，发布《尊孔祀孔令》。1915 年 1 月 22 日，袁世凯特订《教育纲要》，“教科书”项内规定“中小学均加读经一科，按照经书及学校程度分别讲读”，初等小学讲读《孟子》，高等小学讲读《论语》，中学校节读《礼记》和《左氏春秋》。② 1915 年 2 月，袁世凯颁定了《教育要旨》，提出了“爱国、尚武、崇实、法孔孟、重自治、戒贪争、戒躁进”的要求。③ 这股尊孔复古逆流随着袁世凯短命帝制的结束很快消失。1916 年 9 月 7 日，北洋政府教育部通知各省区：经国务会议议

---

① 转引郑登云编著：《中国近代教育史》，上海：华东师范大学出版社，1994 年，第 184 页。

② 陈学恂主编：《中国近代教育大事记》，上海：上海教育出版社，1981 年，第 264 页。

③ 转引郑登云编著：《中国近代教育史》，上海：华东师范大学出版社，1994 年，第 190 页。

决，撤销1915年袁世凯颁行的《教育纲要》，同时撤销1915年11月颁布的《预备学校令》。1916年10月9日，教育部公布了“教育部令”第17、18、19、20号令，修正1915年7月31日颁布的《国民学校令》、《高等小学校令》和1916年1月8日颁布的《国民学校令施行细则》、《高等小学校令施行细则》，删去“读经”及有关内容。

尽管袁世凯统治时期，在教育内容上出现了尊孔复古逆流，但是在义务教育发展方面，重点推进乡村教育，开始在县以下划分学区，并且开始确定推行义务教育的年限，这对推动义务教育的发展有一定积极意义。1914年2月，教育部颁布半日学校规程，以便贫苦子弟读书，同年3月3日，教育部训令各省初等小学宜与高等小学一律注重。① 1914年12月，教育部颁布了《整理教育方案草案》，提出整理义务教育的方案二十则，“确定义务教育年限，明白宣示，使地方知建学为对于国家之责任；各县暂就原有区划，分为若干学区，于一定期限内必须设置学校……”② 1915年2月，颁布《特定教育纲要》，提出“施行义务教育，宜规划分年筹备办法，务使克期成功以谋教育之普及”③。同年7月，又对义务教育的组织形式提出了改革主张，把初等小学校改称国民学校；同时公布国民学校令及其施行细则，规定国民学校的修学年限，即为义务教育年限；并附带规定蒙养园（即今幼儿园）及盲哑学校的设立。高等小学校，亦改订其学校令及施行细则。④

袁世凯帝制复辟被推翻后，1919年教育部通咨各省制定义务教育分期进行规划，决定自1920年起分为八年，至1928年止办理完竣。1922年，由教育界参与制定了“壬戌学制”，将初等小学四年定为义务教育。但是，这个时期军阀混战，社会动荡不安，军阀政府并没有系统的文化方面的打算，各地方上对义务教育的重视程度则各有不同，

---

① 陈元晖主编：《中国近代教育史资料汇编·普通教育》，上海：上海教育出版社，2007年，第488页。

② 《教育部公布学校系统令》，《中华民国史档案资料汇编》（第三辑“教育”），南京：江苏古籍出版社，1991年，第30页。

③ 同上，第43页。

④ 乐嗣炳编：《近代中国教育实况》，上海：世界书局，1935年，第28页。

例如，山西省在义务教育的普及方面做了许多工作，乡村教育也随之有些成绩。山西省从1918年开始厉行义务教育，全省计划分七期，每半年为一期，用三年半时间将义务教育普及全省。根据其颁布的《全省施行义务教育规程》，山西义务教育的重点在乡村，第一期办理区域在省城，第二期为县城，第三期为各县乡镇及300家以上之村庄，第四期为200家以上之村庄，第五期为100家以上之村庄，第六期为50家以上村庄及不满50家毗连之村庄能联合设学者，第七期为凡人家过少之村庄而附近又无村庄可联合者。① 据教育专家袁希涛于民国九年(1920年)的调查，山西全省入学儿童占全省儿童总数的60%。② 在山西的示范效应下，江苏、山东、浙江等省也纷纷规定各省兴办义务教育的程序，务期在一定时限内将新教育由都市推进到最基层的乡村。但是，由于这一时期各省政局不宁，教育经费匮乏，许多政策很难落实。

南京国民政府建立后，乡村教育成为国家建设事业的一部分，乡村教育在国民政府的义务教育、国民教育政策的推进中得以发展。1928年5月，第一次全国教育会议，通过了《厉行全国义务教育》案，会议还通过了陶行知提出的《乡村小学师范学校标准案》和《推广乡村幼儿园案》等一些有关乡村教育的议案，使得之前主要由民间社会力量推动的乡村教育运动，进入政府执政的考察范围内。南京国民政府把三民主义作为立国的根本思想，这也体现在教育的各个方面。1929年4月26日，南京国民政府教育部颁布了教育宗旨："中华民国之教育，根据三民主义，以充实人民生活，扶植社会生存，发展国民生计，延续民族生命为目的，务期民族独立，民权普遍，民生发展，以促进世界大同。"③ 此外，教育部还制定了《三民主义教育实施原则》。其中，规定初等教育的目标是"一、使儿童整个的身心融育于三民主义教育中。二、使儿童个性、群性，在三民主义指导下平均发展。

① 《山西国民教育计划》，《申报》1918年12月20日。

② 袁希涛：《民国十年之义务教育》，《新教育》第4卷第2期。

③ 《中华民国教育宗旨及其实施方针》，宋恩荣，章咸主编：《中华民国教育法规选编(1912—1949)》，南京：江苏教育出版社，1990年，第45页。

三、使儿童于三民主义教导之下，具有适合于实际生活之初步的知能”①。1930年，全国第二次教育会议审议通过了《改进全国教育方案》一案，拟就了“实施义务教育计划”专章，规定“义务教育普及期限为20年，在这20年中拟造就师资148万人、扩充教室100万间、筹集经费398.607万元……”② 1931年，国民政府公布的《中华民国训政时期约法》中还设“国民教育”专章。义务教育进入国民党训政的内容当中。由此，使义务教育受重视程度进一步提高，义务教育的发展得到有力推动。

1932年，国民政府颁布了《小学法》，规定小学教育的目标是：“遵照中华民国教育宗旨及其实施方针，以发展儿童之身心，培养国民之道德基础，及生活所需之基本知识技能。”③ 同年6月，教育部订定《短期义务教育实施办法》及《第一期实施义务教育办法大纲》，同时推行一年制和四年制普及义务教育。《第一期实施义务教育办法大纲》，其中容许各省市自订简易课程，呈部核准施行，这种简易课程，可仅授国语、算术、体育等科，减少图画、音乐、劳作等学习时间。④ 同时提出了分期办理短期小学。1933年，国民政府教育部颁布的《小学规程》规定，为了弥补普通小学的不足，各地可以设简易小学和短期小学。“简易小学招收不能入初级小学之学龄儿童。其修业期限，以授课时间折算，至少二千八百小时。短期小学招收十足岁至十六足岁之年长失学儿童。其修业期限为一年，以授课时间折算，至少五百四十小时。”⑤ 简易小学和短期小学的设立对于在乡村推进义务教育是一个务实而灵活的变通方式，对于推进乡村教育起到了积极作用，也使得普及教育的成效日益显著。1935年5月，教育部重订《实施义务教育

---

① 《三民主义教育实施原则》，教育部训育委员会编：《训育法令汇编》，1943年，第2页。

② 教育部教育方案编制委员会编制：《改进全国教育方案》，1930年，第1页。

③ 《小学法》，教育部编：《教育法令汇编》（第一辑），上海：商务印书馆，1936年，第267页。

④ 邰爽秋，黄振祺等编：《中国普及教育问题》，上海：商务印书馆，1938年，第64页。

⑤ 《第一次中国教育年鉴》（乙编教育法规第一·中央教育法规），第27页。

暂行办法大纲》，此后又出台了一系列相关法令，如《义务教育暂行办法大纲施行细则》、《市县划分小学区办法》、《二年制短期小学规程》、《全国义务教育委员会规程》、《二年制短期小学规程》、《全国义务教育委员会规程》，等等，开始推行两年制短期小学，并计划分三期实现全国普及四年制义务教育，为适应一些贫困偏远乡村的需要，在教学组织方式上更灵活变通，例如，采用二部制和巡回教学法，等等。1936年5月5日，国民政府公布的《中华民国宪法草案》中，"教育"专章规定"中华民国人民受教育之机会，一律平等"；"六岁至十二岁之学龄儿童，一律受基本教育，免纳学费"①。1938年4月，国民党临时全国代表大会通过了《战时各级教育实施方案纲要》，要求利用现有的教学设备与社会教育的组织，在五年内普及初等义务教育。这些法令的颁布，为义务教育的推广实施提供了法律保障，也直接推动了义务教育在全国的开展。

另一方面，南京国民政府时期乡村教育的发展还得益于其推行国民教育的方针政策。1940年，教育部制定了《国民教育实施纲领》，推行国民教育制度。国民教育的原则是将义务教育与民众补习教育合并进行。纲领规定，县设教育科主管全县教育，下设乡镇中心学校、保国民学校。校内分设小学部和民教部。另外，还规定了义务教育年限及其分期普及义务教育的程序，办法如下："全国自6足岁至12足岁之学龄儿童，除可能受6年制小学教育者外，应依照纲领受2年或1年之义务教育。全国自15足岁至45足岁之失学民众，应依照纲领分期受初级或高级民众补习教育。其12足岁至15足岁之失学儿童得视当地情形及其身心发育状况，施以相当之义务教育或失学民众补习教育。""国民教育之普及以五年为期。自民国二十九年（1940年）八月起至三十四年（1945年）七月止，分三期进行。"② 1944年3月，国民政府公布了《国民学校法》，此法规定"国民教育，为六岁至十二

① 宋恩荣，章咸主编：《中华民国教育法规选编（1912—1949）》，南京：江苏教育出版社，1990年，第64页。

② 南京国民政府教育部教育年鉴编纂委员会编：《第二次中国教育年鉴》（第三编初等教育），上海：商务印书馆，1948年，第183页。

岁之学龄儿童，应受之基本教育”，“国民学校，应每保设置一所，但地方有特殊情形者，得增设之，或联合数保共设一所。一乡镇内之国民学校，应以一校为中心国民学校，设于乡镇适当地点，兼负辅导各保国民学校之责。乡镇区域辽阔，或国民学校校数较多者，得增设中心国民学校”①。为了促使国民学校得以贯彻实行，1944 年 7 月，国民政府又颁布了《强迫入学条例》，条例规定：学龄儿童强迫入学，县、乡、镇分别设立强迫入学委员会，核查学龄儿童人数，登记造册，督令入学；凡应入学而未入学儿童的父母或监护人分别给予劝告、警告和罚款处分，儿童不经允许中途退学或缺课者也要处罚其父母或监护人；患病或残疾儿童经指定医生证明方可准其免学。② 同年 12 月，教育部又制定了《普及失学民众识字教育计划》，提出三到五年普及识字教育。这些政策的实施，将初等教育的普及与民众教育的推广结合起来，整体上推动了教育的普及。

抗战胜利后，1946 年 11 月 22 日，教育部颁布《实施国民教育第二次五年计划》。计划规定，自 1946 年 1 月起，于五年内“使全国各地所有学龄儿童和成年失学民众，均能分别受相当时期之义务教育与补习教育”。已实施国民教育的四川等 19 个省市，另订第二次实施国民教育五年计划。尚未实施国民教育的江苏等 23 个省市及台湾省拟定第一次实施国民教育计划。在此期间，以教育部为核心的教育行政机关也积极进行政策实施工作，在具体措施上，由教育部拨发专业补助款，充实国民学校设备；改善和提高国民学校教师及师范生的待遇。但是由于内战的爆发，政府的人力、财力、物力都用于内战，关于发展义务教育、乡村教育的计划就此中断。

### （二）改良私塾

私塾是中国传统的教育方式，从春秋时期孔子兴私学开始，私塾在中国延续存在了几千年时间。清末办学校之风兴起，私塾开始受到

---

① 宋恩荣，章咸主编：《中华民国教育法规选编（1912—1949）》，南京：江苏教育出版社，1990 年，第 292－293 页。

② 王炳照主编：《中国近代教育史》，台北：五南图书出版有限公司，1994 年，第 439 页。

冲击，但一直到民国时期，私塾仍大量存在。民国成立后，私塾因为其教学内容陈旧，不符合现代民主教育观念，一度被看成与“现代”相悖的“落后”事物而遭到批判。国家也曾试图用行政力量来取缔私塾，“这种办法，自从开办新式学校以来就施行过了，可是，在乡村里，私塾与乡村小学却新旧杂陈着，这和猫与老鼠存在这世界上是一样有趣”①。当取缔之路走不通时，国家把对私塾的政策改为以“改造”为主，试图通过改良旧式私塾教育，使之最终与乡村小学日趋并轨。

改造私塾，在清末（1910 年）学部就出台了《改良私塾章程》二十二条，各地政府也有相应的政策出台，但清末改良私塾主要以奖励劝导为主，以使之与学校趋同，来弥补新式教育的不足。民国时期，政府对私塾的改造政策主要是通过种种改良和培训活动，使塾师们在教学上逐渐趋向小学校。为此，也出台了一系列的政策和法律规定。1912 年教育部定出整理京师私塾的四条办法，行知京师学务局切实实行，对于各省私塾，教育部也督促地方长官予以整理，但未对地方整理私塾颁布严格办法。教育部对于改良私塾的原则持“奖进主义”，以弥补学校不足。“盖当兹小学尚未遍设之时，自应依据经验纲要，对于私塾必取奖进主义，乃于事实适相应也。”② 1914 年 12 月，教育部颁布《教育部整理教育方案草案》，规定“对于私塾采奖进主义，期渐同化于学校”③。草案认为当时社会对于私塾的两种态度——放任和排斥，都偏于极端，主张改良私塾，将考试合格的塾师甄录为小学代用教员，成绩不合格者入塾师传习所学习。1915 年 2 月颁布的《特定教育纲要》中，重申对“私塾取奖进主义，得就其程度高下，受两等小

---

① 赵立齐：《塾师精神与乡村教育》，山东省立滋阳乡师编辑委员会编辑：《乡村教育》第 3 期。

② 《教育部整理私塾》（1912 年），见舒新城编：《中国近代教育史资料》（上册），北京：人民教育出版社，1979 年，第 113—114 页。

③ 《教育部整理教育方案草案》，陈学恂主编：《中国近代教育史教学参考资料》（中册），北京：人民教育出版社，1987 年，第 214 页。

学同一之待遇，期于同化于学校”①。民国初年，无论是中央还是地方出台改良私塾的政策，对于私塾科目、设备、塾师培训等有所整理，但政府以私塾作为学校补充的政策由于军阀混战、政局混乱，许多未能认真实行。以民国初年的山东省改良私塾为例，“省、道两级教育行政机构，在1915—1917年间频繁视察各地学务，对私塾改良工作很重视……1923年以后，山东省对普及初等教育，基本没有什么作为。对私塾的取缔、改良工作也基本处于停顿状态”②。从山东私塾改良的挫折和反复中，我们也可以看到全国改良私塾工作的一斑面貌。

南京国民政府成立后，改良私塾工作进入比较实质性的阶段，比如塾师培训、塾师的资格检定、取缔不合格私塾等工作广泛开展。1931年，南京国民政府教育部颁发《乡村小学充实儿童学额办法》，规定：“乡村小学学额不足时，其附近一公里内，不得另设招收九周岁以上儿童之私塾。其有设塾影响于学校招生时，得由校长呈请主管教育行政机关勒令停闭之。”③ 1935年6月14日颁布的《实施义务教育暂行办法大纲施行细则》中，规定“限令各地将原有私塾整理改良，一律依照短期小学或普通小学课程办理，改称改良私塾；其较优者，得径改为短期小学或普通小学”④。1937年6月1日，教育部颁布《改良私塾办法》，规定“私塾在不妨碍公私立小学招生范围之内，得招收学龄儿童或年长失学之儿童，参照短期小学或普通小学课程教学”。《办法》还规定，“行政院直辖市及县市教育行政机关为私塾之主管机关，应负责直接监督管理私塾之责”。“现有或新设立之私塾，均须于每学期开学前，填具‘设立私塾表’，请求主管机关核准设立发给设塾许可证。”“许可设立私塾，以具备下列各项条件为原则：（一）不违背

① 《特定教育纲要》，宋恩荣，章咸主编：《中华民国教育法规选编（1912—1949）》，南京：江苏教育出版社，1990年，第37页。

② 转引王翠红：《近代山东私塾改良研究》，山东师范大学硕士学位论文，2007年，第24—25页。

③ 《乡村小学充实儿童学额办法》，宋恩荣，章咸主编：《中华民国教育法规选编（1912—1949）》，南京：江苏教育出版社，1990年，第218页。

④ 《实施义务教育暂行办法大纲施行细则》，宋恩荣，章咸主编：《中华民国教育法规选编（1912—1949）》，南京：江苏教育出版社，1990年，第302页。

中华民国教育宗旨及其实施方针者。（二）塾师文理清通，常识丰富者。（三）塾舍宽敞，光线空气充足，并有空场足资学生活动者。（四）能遵用教育部审定之教科书者。（五）收容学龄儿童及失学儿童，不妨碍当地小学学额之充实者。”“主管机关对于所辖私塾，除已核准改称改良私塾者外，其成绩较优者得酌改短期小学、简易小学或代用小学。”“主管机关应依照上项基本课程及补充课程，并斟酌当地情形，订定课程简表，发交各私塾实施。”“主管机关应于寒暑假或相当时期，举行塾师训练班或讲习班。其讲习学科，除国语、算术、常识外，并须注重公民训练、科学常识与各科教学法之实际研究。”“主管机关对于所辖私塾，应随时加以辅导，由主管人员、教育委员、中心小学或优良小学教职员等组织辅导网；其辅导方法，由主管机关订定实施，在县市并应呈报省教育厅备案。”① 《改良私塾办法》对私塾改良的各种方法做了详细规定，充分体现了政府对改良私塾的重视力度。但随着抗战的爆发，私塾改良的进程被打断，私塾又重新回到“遍地开花”自发状态，一度有增无减。

总之，由于历史和现实多种因素的作用，私塾在民国时期始终保持着一定的生命力，但国民政府改良私塾的力度也在不断加强，因为改造私塾以使其与乡村小学趋同，成为国民政府推动乡村义务教育的重要方式之一。

## 二、乡村学校和改良私塾的数量与规模

考量民国时期乡村教育的发展概况，了解乡村中学校和私塾的数量与规模是很有必要的，因为私塾与新式学校并存是民国时期教育的二元格局。这两方面的调查统计数据，可以为整体认识乡村教育的状况提供直观的感受。

### （一）乡村学校的数量与规模

民国时期，乡村学校主要包括两部分，一是发展义务教育的小学校；一是发展国民教育的国民学校，这两者共同构成乡村教育发展的

① 《改良私塾办法》，宋恩荣，章咸主编：《中华民国教育法规选编（1912—1949）》，南京：江苏教育出版社，1990年，第317－320页。

支柱机构，在前期以义务教育的小学校为主。

首先，看发展义务教育的小学校的状况。据统计，从1912—1916年间，各省市初等小学的学生和学校数量都有很大增加，这从表1.2.1可见。1918—1919年，各省小学校学生数统计见表1.2.2。

表1.2.1　1912—1916年各省市小学幼儿园统计表

| 年度<br>种类 | 1912 | | 1913 | | 1914 | |
|---|---|---|---|---|---|---|
| 数量<br>省市 | 校数 | 学生数 | 校数 | 学生数 | 校数 | 学生数 |
| 总计 | 86318 | 2795475 | 107286 | 3485807 | 121081 | 3921727 |
| 江苏 | 5245 | 226815 | 5447 | 230445 | 5880 | 258554 |
| 浙江 | 6103 | 262295 | 6609 | 287902 | 6905 | 297587 |
| 安徽 | 1430 | 48375 | 993 | 32764 | 1109 | 38613 |
| 江西 | 3107 | 109357 | 4270 | 148930 | 3925 | 131936 |
| 湖北 | 7239 | 196918 | 9639 | 255812 | 8992 | 231277 |
| 湖南 | 4001 | 206625 | 5474 | 202782 | 7024 | 270519 |
| 四川 | 11885 | 328577 | 14088 | 416109 | 14789 | 456203 |
| 福建 | 954 | 53443 | 1113 | 58675 | 1513 | 58370 |
| 云南 | 3920 | 165287 | 4714 | 197663 | 5219 | 210673 |
| 贵州 | 1025 | 35965 | 1326 | 50503 | 1562 | 59017 |
| 广东 | 3197 | 143753 | 3326 | 189227 | 4987 | 210544 |
| 广西 | 1504 | 57113 | 1997 | 78868 | 1950 | 73399 |
| 陕西 | 2004 | 52541 | 3095 | 82191 | 4547 | 114959 |
| 山西 | 5715 | 154881 | 7730 | 209452 | 9235 | 280587 |
| 河南 | 4606 | 111259 | 6100 | 158855 | 6279 | 159517 |
| 河北 | 12488 | 304488 | 13319 | 357080 | 14492 | 420852 |
| 山东 | 5155 | 114367 | 10056 | 239827 | 13454 | 323241 |
| 甘肃 | 1033 | 27568 | 1154 | 28389 | 1288 | 33688 |
| 新疆 | 60 | 1802 | 72 | 2205 | 80 | 2477 |
| 辽宁 | 4381 | 151782 | 5232 | 204966 | 5641 | 218832 |

续表

| 年度/种类 | 1912 | | 1913 | | 1914 | |
|---|---|---|---|---|---|---|
| 数量/省市 | 校数 | 学生数 | 校数 | 学生数 | 校数 | 学生数 |
| 吉林 | 451 | 20313 | 517 | 23939 | 652 | 28827 |
| 黑龙江 | 320 | 10692 | 374 | 13835 | 958 | 28621 |
| 绥远 | 89 | 2575 | 150 | 3890 | | |
| 热河 | 406 | 8684 | 491 | 11498 | 471 | 11250 |
| 察哈尔 | | | | | 129 | 2184 |

| 年度/种类 | 1915 | | 1916 | |
|---|---|---|---|---|
| 数量/省市 | 校数 | 学生数 | 校数 | 学生数 |
| 总计 | 128525 | 4140066 | 120097 | 3843454 |
| 江苏 | 6390 | 393081 | 6704 | 322026 |
| 浙江 | 7429 | 322732 | 8233 | 329607 |
| 安徽 | 1410 | 51999 | 1526 | 76010 |
| 江西 | 3458 | 111728 | 3968 | 127210 |
| 湖北 | 9353 | 233206 | 9273 | 221469 |
| 湖南 | 4244 | 144403 | 4785 | 142145 |
| 四川 | 14841 | 485597 | | |
| 福建 | 1666 | 66665 | 1791 | 76276 |
| 云南 | 5038 | 191163 | 5102 | 187883 |
| 贵州 | 1652 | 65085 | | |
| 广东 | 5205 | 207506 | 4845 | 207968 |
| 广西 | 1844 | 61784 | | |
| 陕西 | 5077 | 129938 | 5261 | 133016 |
| 山西 | 11103 | 320402 | 11615 | 310080 |
| 河南 | 7604 | 200498 | 9065 | 240430 |

续表

| 种类＼年度 | 1915 | | 1916 | |
|---|---|---|---|---|
| 省市＼数量 | 校数 | 学生数 | 校数 | 学生数 |
| 河北 | 16991 | 523862 | 19323 | 598177 |
| 山东 | 14851 | 380504 | 17080 | 452642 |
| 甘肃 | 1554 | 38763 | 1752 | 49553 |
| 新疆 | 98 | 3774 | 113 | 3955 |
| 辽宁 | 5853 | 216688 | 6415 | 252593 |
| 吉林 | 858 | 35901 | 1054 | 49200 |
| 黑龙江 | 1057 | 32177 | 1197 | 37693 |
| 绥远 | 269 | 6299 | 261 | 5835 |
| 热河 | 485 | 11593 | 513 | 14045 |
| 察哈尔 | 195 | 4718 | 221 | 5641 |

资料来源：《第一次中国教育年鉴》（丁编教育统计），第 171—173 页。

**表 1.2.2　各省小学校学生数**

| 学校性质＼年份＼省别 | 公私立 | 基督教立 | 总数 |
|---|---|---|---|
| | （1918—1919） | （1918—1921） | |
| 直隶 | 539331 | 11742 | 551073 |
| 山东 | 503946 | 10365 | 523311 |
| 山西 | 316888 | 3973 | 320861 |
| 陕西 | 146884 | 2223 | 149107 |
| 江苏 | 353165 | 16565 | 369730 |
| 浙江 | 348536 | 4618 | 353154 |
| 安徽 | 65506 | 5334 | 20840 |
| 江西 | 129376 | 4296 | 134172 |
| 河南 | 241694 | 6832 | 248526 |
| 湖北 | 222383 | 10234 | 232617 |

续表

| 学校性质 / 年份 / 省别 | 公私立 (1918—1919) | 基督教立 (1918—1921) | 总数 |
| --- | --- | --- | --- |
| 湖南 | 236730 | 8026 | 244756 |
| 福建 | 109157 | 30180 | 139337 |
| 广东 | 245049 | 23567 | 268616 |
| 广西 | 167052 | 1486 | 168538 |
| 甘肃 | 69400 | 486 | 69886 |
| 四川 | 517814 | 17789 | 535603 |
| 贵州 | 62340 | 1798 | 64138 |
| 云南 | 190921 | 2006 | 192927 |
| 新疆 | 4247 | 74 | 4321 |
| 黑龙江 | 44523 | 7078 | 363274 |
| 奉天 | 259422 | | |
| 吉林 | 52251 | | |
| 热河 | 15002 | 873 | 26900 |
| 绥远 | 4921 | | |
| 察哈尔 | 6104 | | |
| 总数 | 4852642 | 179045 | 5031687 |

资料来源：舒新城编：《中国近代教育史资料》，北京：人民教育出版社，1962年，第378页。

将我国学龄儿童入学数与人口略作比，列为表1.2.3，可以进一步考察义务教育施行的实际情况。从所列各省来看，最高者为山西，为57.37%，最低者安徽仅为2.27%，尽管数据误差较大，但也可窥见一斑。

**表1.2.3　学龄儿童入学数与我国人口的比例**

| 中国各省区 | 人口 | 学龄儿童数1/10 | 入学儿童数 | 百分比（%） |
| --- | --- | --- | --- | --- |
| 京兆及直隶 | 20930000 | 2093000 | 489396 | 23.38 |
| 山　东 | 38247900 | 3824790 | 476182 | 12.45 |

续表

| 中国各省区 | 人口 | 学龄儿童数 1/10 | 入学儿童数 | 百分比（%） |
|---|---|---|---|---|
| 山　西 | 12200000 | 1220000 | 699913 | 57.37 |
| 河　南 | 25317000 | 2531700 | 223383 | 8.82 |
| 陕　西 | 8400000 | 840000 | 136756 | 16.28 |
| 甘　肃 | 10386000 | 1038600 | 60503 | 5.25 |
| 四　川 | 68780000 | 6870000 | 470213 | 6.84 |
| 湖　北 | 35280000 | 3528000 | 280358 | 5.9 |
| 湖　南 | 22169000 | 2216900 | 204349 | 9.22 |
| 江　西 | 26532000 | 2653200 | 112819 | 4.25 |
| 安　徽 | 23670000 | 2367000 | 53672 | 2.27 |
| 浙　江 | 11580000 | 1158000 | 282510 | 24.39 |
| 福　建 | 22870000 | 2287000 | 87169 | 3.85 |
| 广　东 | 31865000 | 3186500 | 167950 | 5.2 |
| 广　西 | 5140000 | 514000 | 144357 | 28.09 |
| 云　南 | 12720000 | 1272000 | 166961 | 13.12 |
| 贵　州 | 7650000 | 765000 | 50129 | 6.55 |
| 东三省 | 15000000 | 1500000 | 325835 | 21.72 |
| 江　苏 | 23980000 | 2398000 | 320436 | 13.36 |
| 新　疆 | 1200000 | 120000 | 2988 | 2.49 |

资料来源：陈元晖主编：《中国近代教育史资料汇编·普通教育》，上海：上海教育出版社，2007年，第794页。

注："人口数"据《中华大地志》约为民国五年（1916年）的调查。"入学儿童数"据民国八年（1919年）教育部统计，唯山西省用本省九年统计（《义务教育》第18号，1923年8月；又见《新教育》第6卷第4期；《近代中国教育史料》（二），第156—161页）。

考察义务教育的实施状况，从一个省各县市的具体情况也可见一斑，例如，表1.2.4就反映了20世纪二三十年代山东乡村小学的数量有了明显增长。

**表 1.2.4　1929—1931 年山东各县市义务教育实施状况**

| 年度 | 1929 | | 1930 | | 1931 | |
|---|---|---|---|---|---|---|
| | 初级小学 | 高级小学 | 初级小学 | 高级小学 | 初级小学 | 高级小学 |
| 校数 | 25987 | 954 | 28723 | 1188 | 31810 | 1288 |
| 班数 | 45032 | 2033 | 52738 | 2695 | 57588 | 2542 |
| 学生数 | 387371 | 65326 | 974492 | 77957 | 1127732 | 81819 |

资料来源：教育部：《民国二十二年十月教育部视察员视察各省市教育报告汇编》（山东省），1933 年，第 11 页。转引自袁滢滢：《民国时期山东乡村小学教育研究（1928—1937）》，北京师范大学博士学位论文，2011 年。

实业部中央农业实验所于 1935 年 9 月进行乡村教育调查，根据各地调查员填报的 22 省 961 县 3146 份调查表，整理出表 1.2.5 和表 1.2.6。可见，从全国来看，公立学校与私塾所占百分比，公立学校只是略占上风而已，这还是从已报告的县份得出的数据。

**表 1.2.5　各种乡村教育机关占总数之比例**　（%）

| 省名 | 报告县数 | 公立小学 | 私立小学 | 私塾 | 社会教育机关 | 职业教育机关 | 中学 |
|---|---|---|---|---|---|---|---|
| 察哈尔 | 8 | 79.5 | 0.8 | 7.0 | 12.6 | 0.1 | |
| 绥远 | 10 | 49.7 | 13.1 | 36.7 | 0.5 | | |
| 宁夏 | 5 | 70.6 | 21.0 | 6.8 | 1.6 | | |
| 青海 | 9 | 78.0 | 15.9 | 1.7 | 4.3 | 0.1 | |
| 甘肃 | 23 | 40.9 | 15.8 | 35.6 | 5.7 | 0.3 | 1.7 |
| 陕西 | 45 | 47.0 | 29.5 | 19.0 | 3.6 | 0.3 | 0.6 |
| 山西 | 89 | 73.8 | 15.1 | 3.6 | 6.9 | 0.2 | 0.4 |
| 河北 | 118 | 67.9 | 8.9 | 12.1 | 10.6 | 0.2 | 0.3 |
| 山东 | 91 | 52.1 | 20.0 | 21.5 | 5.4 | 0.3 | 0.7 |
| 江苏 | 52 | 38.5 | 6.3 | 50.5 | 3.7 | 0.4 | 0.6 |
| 安徽 | 42 | 17.6 | 7.2 | 73.1 | 1.2 | 0.3 | 0.6 |
| 河南 | 84 | 40.7 | 15.6 | 38.5 | 4.1 | 0.3 | 0.8 |
| 湖北 | 33 | 19.1 | 15.6 | 63.0 | 1.6 | 0.2 | 0.5 |
| 四川 | 69 | 37.7 | 11.7 | 47.2 | 0.9 | 0.9 | 1.6 |

续表

| 省名 | 报告县数 | 公立小学 | 私立小学 | 私塾 | 社会教育机关 | 职业教育机关 | 中学 |
|---|---|---|---|---|---|---|---|
| 云南 | 35 | 75.0 | 10.9 | 9.8 | 1.6 | 0.2 | 2.5 |
| 贵州 | 22 | 33.8 | 14.7 | 49.4 | 0.7 | 0.4 | 1.0 |
| 湖南 | 32 | 32.1 | 33.8 | 31.8 | 1.6 | 0.4 | 0.3 |
| 江西 | 27 | 25.2 | 29.4 | 42.5 | 2.7 | 0.1 | 0.1 |
| 浙江 | 54 | 40.6 | 28.0 | 23.6 | 7.3 | 0.1 | 0.4 |
| 福建 | 28 | 26.9 | 13.9 | 49.9 | 8.1 | | 1.2 |
| 广东 | 45 | 21.3 | 39.2 | 36.7 | 1.7 | 0.3 | 0.8 |
| 广西 | 40 | 66.4 | 19.1 | 6.8 | 6.8 | 0.2 | 0.7 |
| 平均 | 961 | 47.0 | 17.5 | 30.0 | 4.2 | 0.3 | 0.7 |

资料来源：《乡村教育调查》，《农情报告》1936 年第 4 卷第 9 期，第 236—238 页。

注：上表所列的百分数，“系按各区报告之教育机关数量，按县算成百分率，再平均而得一省之百分率”。其推算方法中的误差应该是很大的。

**表 1.2.6　各种乡村教育机关之学生数占学生总数之比例**　(%)

| 省名 | 公立小学 | 私立小学 | 私塾 | 职业教育机关 | 中学 |
|---|---|---|---|---|---|
| 察哈尔 | 93.6 | 0.5 | 5.5 | 0.4 | |
| 绥远 | 62.6 | 14.5 | 22.9 | | |
| 宁夏 | 79.0 | 16.8 | 4.2 | | |
| 青海 | 87.9 | 11.6 | 0.4 | 0.1 | |
| 甘肃 | 57.3 | 15.3 | 24.3 | 0.6 | 2.5 |
| 陕西 | 56.8 | 28.5 | 12.3 | 0.4 | 2.0 |
| 山西 | 82.7 | 13.5 | 1.9 | 0.3 | 1.6 |
| 河北 | 83.2 | 8.1 | 6.9 | 0.3 | 1.5 |
| 山东 | 63.9 | 19.9 | 13.5 | 0.3 | 2.4 |
| 江苏 | 59.5 | 7.4 | 30.0 | 0.7 | 2.4 |
| 安徽 | 38.0 | 12.4 | 45.7 | 0.5 | 3.4 |
| 河南 | 58.0 | 14.1 | 24.3 | 0.4 | 3.2 |
| 湖北 | 33.6 | 16.8 | 48.0 | 0.2 | 1.4 |

续表

| 省名 | 公立小学 | 私立小学 | 私塾 | 职业教育机关 | 中学 |
|---|---|---|---|---|---|
| 四川 | 51.6 | 12.0 | 30.5 | 1.3 | 4.6 |
| 云南 | 76.6 | 11.0 | 5.7 | 0.2 | 6.5 |
| 贵州 | 49.9 | 18.2 | 28.7 | 0.5 | 2.7 |
| 湖南 | 42.9 | 37.6 | 17.2 | 0.7 | 1.6 |
| 江西 | 42.8 | 31.9 | 24.3 | 0.2 | 0.8 |
| 浙江 | 55.5 | 31.3 | 12.2 | 0.3 | 0.7 |
| 福建 | 44.5 | 18.9 | 36.8 |  | 0.8 |
| 广东 | 28.0 | 44.3 | 25.5 | 0.2 | 2.0 |
| 广西 | 77.3 | 17.8 | 3.1 | 0.1 | 1.7 |
| 平均 | 60.2 | 18.3 | 19.2 | 0.4 | 1.9 |

资料来源：《乡村教育调查》，《农情报告》1936 年第 4 卷第 9 期，第 236—238 页。

抗战期间的乡村教育，可参考 1938—1945 年国民学校和小学校等的发展状况统计，见表 1.2.7 和表 1.2.8。

**表 1.2.7　1938—1945 年国民学校及小学校数**

| 年度 | 共计 | 中心国民学校 | 国民学校 | 小学 | 初级小学 | 短期小学 | 简易小学 | 幼儿园 | 其他 |
|---|---|---|---|---|---|---|---|---|---|
| 1938 | 217394 | — | — | 16693 | 168247 | 28124 | 3473 | 857 | — |
| 1939 | 218758 | — | — | 19288 | 168752 | 26900 | 744 | 574 | 2500 |
| 1940 | 220213 | 16627 | 112792 | 7440 | 74870 | 5212 | 953 | 302 | 2017 |
| 1941 | 224707 | 19692 | 140119 | 6140 | 54892 | 2096 | 322 | 367 | 1079 |
| 1942 | 258283 | 25154 | 184682 | 23248 | 23934 | 421 | — | 592 | 252 |
| 1943 | 273443 | 27419 | 208781 | 36721 | — | — | — | 441 | 81 |
| 1944 | 254377 | 26949 | 199350 | 27650 | — | — | — | 428 | — |
| 1945 | 269937 | 32015 | 214658 | 22236 | — | — | — | 1028 | — |

资料来源：王炳照主编：《中国近代教育史》，台北：五南图书出版有限公司，1994 年，第 441 页。

表 1.2.8　1938—1945 年国民学校及小学校学生数

| 年度 | 共计 | 中心国民学校 | 国民学校 | 小学 | 初级小学 | 短期小学 | 简易小学 | 幼儿园 | 其他 |
|---|---|---|---|---|---|---|---|---|---|
| 1938 | 12281837 | — | — | 2836052 | 7530881 | 1699336 | 174243 | 41324 | — |
| 1939 | 12669976 | — | — | 3201188 | 7697357 | 1589885 | 35468 | 30479 | 105599 |
| 1940 | 13545837 | 2615510 | 6008267 | 1048643 | 3491683 | 254548 | 26721 | 28517 | 71948 |
| 1941 | 15058510 | 3219555 | 8264647 | 920473 | 2456083 | 90375 | 17280 | 58339 | 31299 |
| 1942 | 17721103 | 4572920 | 10556503 | 1504105 | 1010353 | 16242 | — | 51749 | 9231 |
| 1943 | 18602239 | 4931509 | 11364669 | 2256210 | — | — | — | 46202 | 3649 |
| 1944 | 17221814 | 5172807 | 10186553 | 1811963 | — | — | — | 50491 | — |
| 1945 | 21831898 | 6201634 | 13247992 | 2276024 | — | — | — | 106248 | — |

资料来源：王炳照主编：《中国近代教育史》，台北：五南图书出版有限公司，1994 年，第 441 页。

其次，看发展国民教育的国民学校的状况。1912—1916 年各省开展通俗社会教育活动，开办了一些学校，其具体情况参见表 1.2.9。

表 1.2.9　1912—1916 年各省通俗教育各项学校统计

| 公众补习学校 | | | | 半日学校 | | | | 简易识字学校 | | | |
|---|---|---|---|---|---|---|---|---|---|---|---|
| 省别 | 校数 | 每校班数 | 每班学生平均人数 | 省别 | 校数 | 每校班数 | 每班学生平均人数 | 省别 | 校数 | 每校班数 | 每班学生平均人数 |
| （京师） | （6） | （2） | （不详） | （京师） | （55） | （2） | （不详） | （京师） | （23） | （1） | （不详） |
| 直隶 | 1 | 2 | 30 | 京兆 | 3（4） | 2 | 40 | 京兆 | 248 | 2 | 40 |
| 奉天 | 1 | 2 | 30 | 直隶 | 118（420） | 2 | 40 | 直隶 | 1511 | 2 | 40 |
| 黑龙江 | 1 | 1 | 20 | 奉天 | 1 | 3 | 30 | 奉天 | 5（257） | 3 | 30 |
| 河南 | 1 | 2 | 30 | 吉林 | 13 | 2 | 30 | 吉林 | 86 | 2 | 30 |
| 山西 | 5 | 2 | 30 | 山东 | 29 | 3 | 30 | 黑龙江 | 4 | 1 | 20（30） |
| 江苏 | 9 | 3 | 40 | 河南 | 17 | 3 | 30 | 山东 | 73 | 3 | 30 |
| 江西 | 2 | 2 | 30 | 山西 | 314 | 2 | 20 | 河南 | 932 | 2 | 30 |

续表

| 公众补习学校 | | | | 半日学校 | | | | 简易识字学校 | | | |
|---|---|---|---|---|---|---|---|---|---|---|---|
| 省别 | 校数 | 每校班数 | 每班学生平均人数 | 省别 | 校数 | 每校班数 | 每班学生平均人数 | 省别 | 校数 | 每校班数 | 每班学生平均人数 |
| 浙江 | 5 | 3 | 40 | 江苏 | 17 | 3 | 40 | 山西 | 260 | 2 | 20 |
| 湖北 | 2 | 3 | 40 | 安徽 | 10 | 2 | 20 (30) | 江苏 | 33 | 3 | 40 |
| 四川 | 2 | 2 | 40 | 江西 | 42 | 2 | 30 | 安徽 | 69 | 2 (3) | 20 |
| 广东 | 1 | 3 | 30 | 福建 | 21 | 3 | 30 | 江西 | 108 | 2 | 30 |
| 广西 | 45 | 1 | 20 | 浙江 | 28 | 3 | 40 | 福建 | 13 | 3 | 30 |
| 云南 | 1 | 1 | 30 | 湖北 | 73 (58) | 3 | 40 | 浙江 | 84 | 3 | 40 |
| | | | | 湖南 | 29 | 2 | 30 | 湖北 | 165 | 3 | 40 |
| | | | | 陕西 | 6 | 2 | 30 | 湖南 | 8 | 2 | 30 |
| | | | | 甘肃 | 33 | 1 | 20 | 陕西 | 14 | 2 | 30 |
| | | | | 新疆 | 11 | 1 | 20 | 甘肃 | 230 | 1 | 20 |
| | | | | 四川 | 345 | 2 | 30 | 新疆 | 20 | 1 | 20 |
| | | | | 广东 | 53 | 3 | 40 | 四川 | 160 | 2 | 30 |
| | | | | 广西 | 28 (227) | 2 | 20 | 广东 | 54 | 3 | 40 |
| | | | | 云南 | 7 | 3 | 30 | 广西 | 224 | 2 | 20 |
| | | | | | | | | 云南 | 28 | 3 | 30 |
| | | | | | | | | 贵州 | 6 | 2 | 20 |
| | | | | | | | | 热河 | 264 | 1 | 20 |

资料来源：陈元晖主编：《中国近代教育史资料汇编·普通教育》，上海：上海教育出版社，2007 年，第 1049—1051 页。

注：凡（　）内数字，均为《第一次中国教育年鉴》丙编记载 1916—1918 年各省通俗教育各项学校统计。

到 1936—1943 年，全国重要社会教育机关的统计见表 1.2.10。

**表 1.2.10 1936—1943 年历年度全国重要社会教育机关数**

| 机关别＼年度 | 1936学年度 | 1937学年度 | 1938学年度 | 1939学年度 | 1940学年度 | 1941学年度 | 1942学年度 | 1943学年度 |
|---|---|---|---|---|---|---|---|---|
| 民众教育馆 | 1509 | 828 | 774 | 836 | 909 | 995 | 1059 | 1148 |
| 图书馆 | 1848 | 1123 | 1178 | 1002 | 872 | 1066 | 1135 | 940 |
| 公共体育场 | 2865 | 1090 | 1296 | 1695 | 925 | 1350 | 1313 | 1498 |
| 电化教育机关 | 39 | 165 | 159 | 179 | 1137 | 858 | 1270 | 805 |
| 民众学校 | 67803 | 63489 | 52403 | 79551 | 67621 | 40377 | 38533 | 36039 |
| 各种补习学校 | 2184 | 1878 | 408 | 613 | 466 | 1995 | 2840 | 1094 |

资料来源：王燕来选编：《民国教育统计资料汇编》（第四册），北京：国家图书馆出版社，2011 年，第 95 页。说明：社会教育机关共有三十余种，本表所列系较为重要者。

1928 年后，全国失学民众接受补习教育的统计见表 1.2.11。

**表 1.2.11 1928—1943 年历年全国失学民众受补习教育人数**

| 学年度 | 每学年度受教人数 |
|---|---|
| 累计数 | 69327395 |
| 1928 学年度 | 206021 |
| 1929 学年度 | 887642 |
| 1930 学年度 | 944289 |
| 1931 学年度 | 1062161 |
| 1932 学年度 | 1109857 |
| 1933 学年度 | 1292672 |
| 1934 学年度 | 1353668 |
| 1935 学年度 | 1446254 |
| 1936 学年度 | 3121820 |
| 1937 学年度 | 3937271 |
| 1938 学年度 | 2815608 |
| 1939 学年度 | 5399235 |
| 1940 学年度 | 8109498 |
| 1941 学年度 | 8603558 |
| 1942 学年度 | 9021851 |
| 1943 学年度 | 10407612 |
| 1944 学年度 | 9608378 |

资料来源：王燕来选编：《民国教育统计资料汇编》（第四册），北京：国家图书馆出版社，2011 年，第 96 页。

### （二）乡村私塾的数量与规模

民国时期，私塾仍大量存在，尤其在乡村中，历史和社会现实的共同作用下，私塾在乡村教育中仍占重要地位，其数量和规模一定程度上还要高过小学，这从一些时人的观察和调查统计直观可见。俞子夷即曾对清末民初的小学教育发展状况指出，“忽忽十六年大家也不好算没有努力，办小学的成绩也不好算完全失败，不过离开普及的程度却是离得很远很远。并且一到乡僻，私塾要比小学多；有时私塾的成绩还可以在小学之上”①。据教育部 1915 年年底的统计，全国初等小学性质的私塾共有 29425 所，而同年公立小学总数为 69357 所，私塾几乎占公立小学的一半。高等小学性质的私塾总数为 1904 所，而该年公立高小总校数为 5459 所，私塾占高小总数的 30%～40%。私塾存在的绝对数量之大，其影响之巨，从学者单维藩的研究中可见一斑。他通过研究，指出“全国的私塾数目说出来很可惊人，例如上海南京汉口天津重庆北平诸大埠，私塾数常三倍于小学，甚至五倍，私塾儿童的数目竟在小学生数一倍至二倍以上……城市是如此，若在乡村私塾便如蔓生的苜蓿，到处皆是。据民国十九年（1930 年）安徽潜山等 12 县的调查，共有私塾 2586 所，学生共有 23508 名，平均每一私塾有 9 名，而同年潜山等 12 县只有小学校 726 处，学生有 31896 名，从此可见私塾的数目与学校是伯仲之间耳”②。此外，教育部 1935 年统计全国各省市私塾状况，见表 1.2.12，该次调查还把调查结果与 1933 年度全国初等教育统计数字做了对比，得出结论：“以二十四省市私塾各项数字，以与最近年度（1933 年）全国初等教育统计相比，则私塾数约当小学校数三分之一，塾师数约当小学教职员数六分之一，学生数约为八分之一，学费数约为二十分之一，如各省报齐，其数量当不止此。”③ 由此可见，乡村私塾数量规模之大。对此，金陵大学农业经

① 俞子夷：《一笔教育上的旧账》，载董远骞，施毓英编：《俞子夷教育论著选》，北京：人民教育出版社，1991 年，第 230 页。

② 单维藩：《北平私塾研究》，《新北辰》1936 年第 2 卷第 10 期，第 1063 页。

③ 《教育统计·全国各省市私塾概况》，《教育杂志》1936 年第 26 卷第 12 期，第 137 页。

济系也曾调查指出：“直到抗战前，我国农村教育属于旧式的占65.1%，属于新式的占29.7%，属于半新半旧的（即改良私塾）占5.2%。华北的旧式教育占53.9%，新式教育占44%，改良私塾占2.1%；华南农村旧式私塾占75.6%，新式教育占19.1%，改良私塾占5.3%。”①

**表1.2.12 教育部统计1935年全国各省市私塾概况**

| 省市别 | 私塾数 | 塾师数 | 学生数 | 全年所收学费数 |
|---|---|---|---|---|
| 江苏 | 24259 | 24299 | 436647 | 1493212 |
| 浙江 | 4609 | 4634 | 88360 | 281130 |
| 江西 | 2652 | 2658 | 38957 | 226248 |
| 福建 | 3018 | 3167 | 55944 | 179896 |
| 广东 | 6109 | 6440 | 143703 | 711763 |
| 广西 | 651 | 651 | 13047 | 37935 |
| 湖北 | 6651 | 6680 | 134418 | 527475 |
| 四川 | 13924 | 14044 | 246874 | 783100 |
| 贵州 | 1480 | 1481 | 24675 | 101188 |
| 云南 | 869 | 872 | 10585 | 34230 |
| 河北 | 4287 | 4313 | 65520 | 267678 |
| 河南 | 8952 | 8952 | 152219 | 380099 |
| 山东 | 3588 | 3588 | 40211 | 176538 |
| 山西 | 628 | 628 | 9111 | 28481 |
| 甘肃 | 1411 | 1411 | 34305 | 59261 |
| 宁夏 | 11 | 11 | 206 | 718 |
| 绥远 | 333 | 333 | 5663 | 18317 |
| 察哈尔 | 127 | 127 | 2016 | 8942 |
| 青海 | 8 | 8 | 203 | 366 |
| 安徽 | 14388 | 14424 | 188935 | 946281 |
| 陕西 | 1348 | 1355 | 25118 | 81754 |
| 南京 | 577 | 580 | 14645 | 78933 |

① 乔启明：《中国农村社会经济学》，上海：商务印书馆，1946年，第292页。

续表

| 省市别 | 私塾数 | 塾师数 | 学生数 | 全年所收学费数 |
|---|---|---|---|---|
| 上海 | 235 | 239 | 5669 | 30428 |
| 北平 | 481 | 491 | 10527 | 48430 |
| 青岛 | 40 | 41 | 491 | 6680 |
| 天津 | 386 | 386 | 8967 | 48650 |
| 全国合计 | 101027 | 101813 | 1757014 | 6557733 |

资料来源：《教育统计·全国各省市私塾概况》，《教育杂志》1936 年第 26 卷第 12 期，第 136 页。

抗战开始之后，据观察和推测，私塾的数量当有所增加，“因为自抗战以来，大小都市，有许多都遭到敌机的狂炸，人民大都疏散在乡村，因之私塾在近两年来，数量一定较前更多；并且在沦陷区内，因为原来有些小学都停办了，私塾当然是应运而生；所以私塾在近几年来，一定比以前更多，这里虽无统计，但是可以想象得到的”①。

综上可见，民国时期乡村私塾仍大量存在是不争的事实，其与新式小学并存构成了乡村基础教育的总体格局。

① 吴鼎：《推广国民教育与私塾改良》，《教育通讯周刊》1940 年第 3 卷第 5 期，第 13 页。

# 第二章　乡村新旧教育的冲突

民国时期乡村中的所谓新教育，又称新学，是指以学堂教学为形式、以西学（包括近代社会科学和自然科学知识）为教学内容，在教学方法和教育功能等方面都几乎完全不同于旧式乡村教育的新教育模式。而乡村所谓旧教育，是指以私塾教学为形式、以儒家经典和伦理为教育内容的、包括与之相适应的教学方法和教育功能的教育模式。民国时期的私塾指的是“凡不违背中华民国的教育宗旨，及其实施方针的，未经呈准立案的私立小学，以教读为目的，自行设塾；由私人延师在家教授的，都叫作私塾”①。“凡私人联合设立不能完全依照现行学制办理之教育组织，向以教育应受义务教育之儿童为目的，均为私塾。”②

民国时期，乡村教育中最显著的特征就是新旧教育并存，并且从外在教育模式到内在文化内涵，二者都处于对立和冲突当中。

## 第一节　乡村新旧教育的并存格局

民国时期，虽然从国家政策到主流社会舆论都扶植新式学校教育在乡村的发展，但乡村私塾不仅在数量上，而且在规模上都足以与新式学校抗衡。所以，关于私塾在民国教育史上的地位，有人做过非常贴切的描述，“说到私塾，真可说是我国教育上的一个古董。它虽具有

---

① 梅焕涞：《闲话私塾》，《江西地方教育》1941年第215—216期合刊，第33页。

② 《苏省取缔私塾规程》，《安徽教育行政周刊》1932年第5卷第35期，第15页。

两千多年的历史，并且在兴学以前，它是我国唯一的国民教育的机构；但自兴学数十年以来，它却受尽了新教育的冷淡和奚落，然而它还是屹然地存在，它虽被摈弃于正式教育系统以外，然而在事实上却比正统的教育更发达；更占着优越的地位”①。只是，由于民国时期各类调查统计资料往往比较概况笼统，所以对于民国时期新式学校与旧式私塾实际上各自占有多大规模，至今还没有一个比较全面系统的呈现。本章通过从全国到基层区乡的各种教育统计数字进行归纳梳理，力争最大可能地还原20世纪30年代中期基础教育领域新旧并存的实际状况。

由于各类调查所调查的内容项目不一，论者主要撷取各种调查中比较普遍、又有代表性的两项内容——私塾与小学校的数目和学生数量来做对比分析。

## 一、乡村新旧教育的抗衡

### （一）民国时期私塾的繁盛与统计问题

一般来说，从清末兴学到民国建立，政治的变迁为新式现代教育的发展开辟了广阔道路。但廖泰初则指出这样一个怪现象，其实清末民初一系列政治变迁却意外地造成了私塾的繁荣，“清末民初恐怕是私塾的黄金时期了”②。

廖泰初以汶上县为例指出，自光绪二十七年（1901年）上谕令各县多设蒙养学堂和初等小学以来，“其实当时的蒙养学堂和初等小学都是私塾的变形”，所以各地闻风增设了许多私塾。后来由于经济窘迫，清政府又下令改良私塾为学校，“这样私塾的存在，更是认为公开的一件事情”。再加上民初政局的巨变，使一大批受旧式教育的士子一下子失去了政治前途，“乡间回来了一大批失业而富有塾师资格的人物，不能下地耕种的人物，结果自然是私塾在数量上的增加”。而且这批人物

① 吴鼎：《推广国民教育与私塾改良》，《教育通讯周刊》1940年第3卷第5期，第12页。

② 廖泰初：《动变中的中国农村教育——山东汶上县教育研究》，山东省汶上县教育研究院，1936年，第13页。

政治和社会能量很大，私塾因而更加繁荣。总之，“民国以后，洋学似乎还是没有在汶上打出一条正确路线的可能，私塾就这样蔓延生长下来”①。一直到南京国民政府成立以后，政府才注意到私塾“横行无忌”的严重性，所以汶上县开始“严禁私塾以振党化教育”。但私塾的势力太大了，许多基层教育委员可能本身就是塾东，所以取缔私塾的法令都成为一纸空文，无济于事。“一次一次的取缔，一次一次的不能严厉执行，结果人民对于县府的信心一天不如一天，私塾也就一天多似一天了。”② 只不过汶上县的私塾从公开转为隐蔽，几乎成为一种秘密结社性的组织了。廖泰初考察了汶上私塾的结构、性质、类型、目的，指出汶上乡村私塾已经自成系统，“使我们充分觉到一个教育制度，隐藏在汶上县的乡间，我们知道‘六三三’，却不知道在乡间占用极大势力的无名学制”③。

所以，整个民国时期，无论政府对乡村新式学校采取何种扶植政策，对私塾采取何种限制或改良措施，乡村私塾无论在数量还是规模上都是可以与乡村学校分庭抗礼的，只不过是一种“隐藏的学制”、“无名的学制”而已，新式学校也从没有在乡村生活站稳脚跟。在许多地方，乡间私塾的规模数量是超过学校的。

虽然整个民国时期乡村教育领域始终是学校、私塾新旧并存的二元格局。但是，对于民国时期在乡村中新式学校与旧式私塾具体各占多大规模，是一个很难准确回答的问题，各类教育文献统计资料所载数字，都很难直接反映乡村新旧教育的数量比。原因在于：

首先，民国时期各类教育统计资料，很少是专门针对乡村教育情况的统计，所以缺乏针对乡村教育的全面而准确的数字统计。民国时期的各类教育调查多数以县、省或全国为单位，统计在某一特定时间内的私塾与学校数量比，很少以乡村为单位的统计。而一县、一省之内的学校与私塾的数量是包括设在县城或各类城市内的学校的，而且

---

① 廖泰初：《动变中的中国农村教育——山东汶上县教育研究》，山东省汶上县教育研究院，1936年，第13页。

② 同上，第16页。

③ 同上，第23页。

城区内无论新旧教育的规模和数量都是比较大的，但这类城区内的小学和私塾严格来说不属于乡村教育。

其次，各类教育统计数字的准确性有待商榷，一些杂志报刊上所载统计数字，无论是来自一些学者专家私人的研究，还是政府相关机构的调查，由于受主客观条件的限制，调查人员很难得到比较准确的结果。尤其是在对私塾的调查方面更是如此。这主要是因为民国时期私塾处于被政府取缔或半取缔的状态，在乡村，设塾“几事同犯科，类多隐隐藏藏，惧干法纪”①。所以调查所得结果往往比实际的私塾数量要缩水很多。就以廖泰初对山东汶上县私塾的调查来说，廖泰初自认为自己选择汶上县做研究对象有研究上的便利，因为他是汶上县政府的视学员，但在实际的调查中，他还是常感到困难。一个原因是因为“私塾在政府的禁令之下，早已入于秘密结社的状态”，尽管廖反复解释自己的工作对被调查者是绝对无害的，但当地人仍然不敢坦白公开当地私塾的实情，“明明是远远传着朗诵的声音，而当地人却委婉地声辩这里的确没有私塾”②。另外，还有诸多原因造成调查结果不准确。调查者往往通过通信的形式进行调查，下发的调查表能够完整准确填写并寄回的很少，这都给调查结果的代表性和准确性方面造成困扰。廖泰初曾经给汶上县十个区的乡农学校发送调查表，请乡农学校帮助调查各区乡村私塾情况，因为“调查表发下不久就是私塾放假结账的日子（阴历十月一日），得到的数目自然更是不准确，各乡校又只拿这种表格当公事敷衍，是以材料的可靠性甚微，只能作为一点小参考”③。与此形成对比的是，由于民国时期新式学校教育的发展往往列入地方长官的考绩内容，所以许多官方调查统计结果中，新式学校的数字资料可能比实际情况要夸大，一些半新半旧的私塾也被列为学校了。

---

① 辛润堂：《安徽和县第二区乡村教育初步调查》，见李文海主编《民国时期社会调查丛编·文教事业卷》，福州：福建教育出版社，2004 年，第 75 页。

② 廖泰初：《动变中的中国农村教育——山东汶上县教育研究》，山东省汶上县教育研究院，1936 年，第 10 页。

③ 同上，第 11 页。

尽管如此，通过对各类调查统计的对比印证，仍然可以反映民国乡村教育领域私塾与学校相抗衡的情况。

### （二）全国范围内乡村新旧教育的抗衡

下面各表是能够反映民国时期全国乡村教育状况的调查统计结果。

实业部中央农业实验所于民国二十四年（1935年）九月拟定乡村教育调查表，分寄全国各地的农情报告员调查填写。这一调查是专门针对较大区域内的乡村教育状况的，这种专门调查极其少见。“调查方法，系规定每一报告员，调查当地一区之教育情形，将当地一区内之学校数目，学生人数，教育经费，教育机关之种类等，一一分别查明填报。”下面三表，是根据各地调查员填报的22省961县3146份调查表，整理出来的。

**表2.1.1　各省乡村教育机关占总数之比例**　（%）

| 省名 | 报告县数 | 公立小学 | 私立小学 | 私塾 | 社会教育机关 | 职业教育机关 | 中学 |
|---|---|---|---|---|---|---|---|
| 察哈尔 | 8 | 79.5 | 0.8 | 7.0 | 12.6 | 0.1 | |
| 绥远 | 10 | 49.7 | 13.1 | 36.7 | 0.5 | | |
| 宁夏 | 5 | 70.6 | 21.0 | 6.8 | 1.6 | | |
| 青海 | 9 | 78.0 | 15.9 | 1.7 | 4.3 | 0.1 | |
| 甘肃 | 23 | 40.9 | 15.8 | 35.6 | 5.7 | 0.3 | 1.7 |
| 陕西 | 45 | 47.0 | 29.5 | 19.0 | 3.6 | 0.3 | 0.6 |
| 山西 | 89 | 73.8 | 15.1 | 3.6 | 6.9 | 0.2 | 0.4 |
| 河北 | 118 | 67.9 | 8.9 | 12.1 | 10.6 | 0.2 | 0.3 |
| 山东 | 91 | 52.1 | 20.0 | 21.5 | 5.4 | 0.3 | 0.7 |
| 江苏 | 52 | 38.5 | 6.3 | 50.5 | 3.7 | 0.4 | 0.6 |
| 安徽 | 42 | 17.6 | 7.2 | 73.1 | 1.2 | 0.3 | 0.6 |
| 河南 | 84 | 40.7 | 15.6 | 38.5 | 4.1 | 0.3 | 0.8 |
| 湖北 | 33 | 19.1 | 15.6 | 63.0 | 1.6 | 0.2 | 0.5 |
| 四川 | 69 | 37.7 | 11.7 | 47.2 | 0.9 | 0.9 | 1.6 |
| 云南 | 35 | 75.0 | 10.9 | 9.8 | 1.6 | 0.2 | 2.5 |
| 贵州 | 22 | 33.8 | 14.7 | 49.4 | 0.7 | 0.4 | 1.0 |
| 湖南 | 32 | 32.1 | 33.8 | 31.8 | 1.6 | 0.4 | 0.3 |

续表

| 省名 | 报告县数 | 公立小学 | 私立小学 | 私塾 | 社会教育机关 | 职业教育机关 | 中学 |
|---|---|---|---|---|---|---|---|
| 江西 | 27 | 25.2 | 29.4 | 42.5 | 2.7 | 0.1 | 0.1 |
| 浙江 | 54 | 40.6 | 28.0 | 23.6 | 7.3 | 0.1 | 0.4 |
| 福建 | 28 | 26.9 | 13.9 | 49.9 | 8.1 |  | 1.2 |
| 广东 | 45 | 21.3 | 39.2 | 36.7 | 1.7 | 0.3 | 0.8 |
| 广西 | 40 | 66.4 | 19.1 | 6.8 | 6.8 | 0.2 | 0.7 |
| 平均 | 961 | 47.0 | 17.5 | 30.0 | 4.2 | 0.3 | 0.7 |

资料来源：《乡村教育调查》，《农情报告》1936 年第 4 卷第 9 期，第 236—238 页。

上表所列的百分数，“系按各区报告之教育机关数量，按县算成百分率，再平均而得一省之百分率”。其推算方法中的误差应该是很大的。

**表 2.1.2 各种乡村教育机关之学生数占学生总数之比例** （%）

| 省名 | 公立小学 | 私立小学 | 私塾 | 职业教育机关 | 中学 |
|---|---|---|---|---|---|
| 察哈尔 | 93.6 | 0.5 | 5.5 | 0.4 |  |
| 绥远 | 62.6 | 14.5 | 22.9 |  |  |
| 宁夏 | 79.0 | 16.8 | 4.2 |  |  |
| 青海 | 87.9 | 11.6 | 0.4 | 0.1 |  |
| 甘肃 | 57.3 | 15.3 | 24.3 | 0.6 | 2.5 |
| 陕西 | 56.8 | 28.5 | 12.3 | 0.4 | 2.0 |
| 山西 | 82.7 | 13.5 | 1.9 | 0.3 | 1.6 |
| 河北 | 83.2 | 8.1 | 6.9 | 0.3 | 1.5 |
| 山东 | 63.9 | 19.9 | 13.5 | 0.3 | 2.4 |
| 江苏 | 59.5 | 7.4 | 30.0 | 0.7 | 2.4 |
| 安徽 | 38.0 | 12.4 | 45.7 | 0.5 | 3.4 |
| 河南 | 58.0 | 14.1 | 24.3 | 0.4 | 3.2 |
| 湖北 | 33.6 | 16.8 | 48.0 | 0.2 | 1.4 |
| 四川 | 51.6 | 12.0 | 30.5 | 1.3 | 4.6 |
| 云南 | 76.6 | 11.0 | 5.7 | 0.2 | 6.5 |

续表

| 省名 | 公立小学 | 私立小学 | 私塾 | 职业教育机关 | 中学 |
|---|---|---|---|---|---|
| 贵州 | 49.9 | 18.2 | 28.7 | 0.5 | 2.7 |
| 湖南 | 42.9 | 37.6 | 17.2 | 0.7 | 1.6 |
| 江西 | 42.8 | 31.9 | 24.3 | 0.2 | 0.8 |
| 浙江 | 55.5 | 31.3 | 12.2 | 0.3 | 0.7 |
| 福建 | 44.5 | 18.9 | 36.8 |  | 0.8 |
| 广东 | 28.0 | 44.3 | 25.5 | 0.2 | 2.0 |
| 广西 | 77.3 | 17.8 | 3.1 | 0.1 | 1.7 |
| 平均 | 60.2 | 18.3 | 19.2 | 0.4 | 1.9 |

资料来源：《乡村教育调查》，《农情报告》1936 年第 4 卷第 9 期，第 236—238 页。

**表 2.1.3　各种乡村教育机关之平均每校学生数**

| 省名 | 公立小学 | 私立小学 | 私塾 | 中学 |
|---|---|---|---|---|
| 察哈尔 | 40 | 28 | 24 |  |
| 绥远 | 35 | 27 | 14 |  |
| 宁夏 | 40 | 24 | 15 |  |
| 青海 | 45 | 35 | 16 |  |
| 甘肃 | 64 | 56 | 35 | 81 |
| 陕西 | 52 | 32 | 18 | 150 |
| 山西 | 39 | 28 | 13 | 133 |
| 河北 | 38 | 29 | 14 | 137 |
| 山东 | 53 | 46 | 15 | 175 |
| 江苏 | 75 | 76 | 24 | 198 |
| 安徽 | 65 | 52 | 15 | 172 |
| 河南 | 64 | 45 | 18 | 147 |
| 湖北 | 68 | 48 | 23 | 129 |
| 四川 | 60 | 58 | 23 | 181 |
| 云南 | 47 | 46 | 18 | 135 |
| 贵州 | 58 | 58 | 17 | 103 |
| 湖南 | 44 | 35 | 14 | 160 |

续表

| 省名 | 公立小学 | 私立小学 | 私塾 | 中学 |
|---|---|---|---|---|
| 江西 | 61 | 39 | 12 | 80 |
| 浙江 | 72 | 53 | 22 | 185 |
| 福建 | 68 | 55 | 24 | 82 |
| 广东 | 72 | 57 | 25 | 176 |
| 广西 | 67 | 44 | 19 | 187 |
| 平均 | 56 | 44 | 19 | 119 |

资料来源：《乡村教育调查》，《农情报告》1936 年第 4 卷第 9 期，第 236—238 页。

按照调查结果得出结论是：1935 年全国乡村私塾的平均数占全国乡村教育机关总数的 30.3%；乡村私塾学生人数占乡村所有教育机关学生总数的 19.2%；每塾学生人数平均为 19 人。这里所谓“乡村教育机关”是包括旧式私塾、新式小学和乡村社会教育机关、乡村职业教育机关及乡村中学在内的所有乡村教育机关。显然乡村新式教育的主要部分是大量的公立和私立小学，如果据上述调查结果计算乡村私塾与乡村新式小学的直接数量比的话，可得乡村私塾与乡村新式小学的数量之比大约为 1∶2；计算私塾学生数与小学学生数之比大约为 1∶4 或 1∶5。这里要注意的是，实业部的调查统计方法非常粗略，而且还要考虑到私塾数目被隐瞒的情况，所以私塾实际数目当比统计数字高很多。

1936 年教育部统计 1935 年的“全国各省市私塾状况”，可以与实业部的统计作参照。它是对各省所属县市教育状况统计的汇编，据称：表中二十二省（连新疆）所填报的县市约占全部县市的“百分之八十二强”，应该说具有一定的覆盖率，可以代表全国的情况。

**表 2.1.4　1935 年全国各省市私塾统计表**

| 省市别 | 私塾数 | 塾师数 | 学生数 | 全年所收学费数 |
|---|---|---|---|---|
| 江苏 | 24259 | 24299 | 436647 | 1493212 |
| 浙江 | 4609 | 4634 | 88360 | 281130 |
| 江西 | 2652 | 2858 | 38957 | 226248 |

续表

| 省市别 | 私塾数 | 塾师数 | 学生数 | 全年所收学费数 |
|---|---|---|---|---|
| 福建 | 3018 | 3167 | 55944 | 179896 |
| 广东 | 6109 | 6440 | 143703 | 711762 |
| 广西 | 651 | 65 | 13047 | 37935 |
| 湖北 | 6651 | 6880 | 134418 | 527475 |
| 四川 | 13924 | 14044 | 246874 | 783100 |
| 贵州 | 1480 | 1481 | 24675 | 101188 |
| 云南 | 869 | 872 | 10585 | 34220 |
| 河北 | 4287 | 4313 | 65520 | 267678 |
| 河南 | 8952 | 8952 | 152219 | 380099 |
| 山东 | 3588 | 2588 | 4021 | 178528 |
| 山西 | 628 | 628 | 911 | 28481 |
| 甘肃 | 1411 | 1411 | 34205 | 59261 |
| 宁夏 | 11 | 11 | 206 | 718 |
| 绥远 | 323 | 333 | 5662 | 18317 |
| 察哈尔 | 127 | 127 | 2016 | 8942 |
| 青海 | 8 | 8 | 203 | 366 |
| 安徽 | 14388 | 14424 | 188935 | 946281 |
| 陕西 | 1348 | 1355 | 25118 | 81754 |
| 南京 | 577 | 580 | 14645 | 78933 |
| 上海 | 235 | 239 | 5669 | 30428 |
| 北平 | 481 | 491 | 10527 | 48430 |
| 青岛 | 40 | 41 | 491 | 6680 |
| 天津 | 386 | 386 | 8967 | 48650 |
| 全国合计 | 101027 | 101813 | 1757014 | 6557733 |

资料来源：《教育统计·全国各省市私塾状况》，《教育杂志》1936 年第 26 卷第 12 期，第 136 页。

这次的统计数字中需要注意的是：县市教育包括乡村教育无疑，但也包括大量都市城区教育在内，所以，只能曲折地反映乡村教育状况。①

该次调查还把调查结果与1923年度全国初等教育统计数字做了对比，得出这样的结论："以二十四省市私塾各项数字，以与最近年度（1933年）全国初等教育统计相比，则私塾数约当小学校数三分之一，塾师数当小学教职员数六分之一，学生数约为八分之一，学费数约为二十分之一，如各省报齐，其数量当不止此。"② 即全国私塾与小学数量之比为1∶3，塾生与小学生的数量比为1∶8。这是包括城区教育在内的全国新旧教育对比情况，与实业部专门针对乡村教育的统计结果（乡村私塾与乡村新式小学的数量之比大约为1∶2；计算私塾学生数与小学学生数之比大约为1∶4或1∶5）。做对比，至少可以看出，民国时期乡村中私塾的数量和规模要大大超过城市。再考虑到上述统计中私塾数量被缩水、学校数量被夸大的因素，可以断定民国时期全国乡村私塾规模远远超过政府统计，乡村学校规模要远远小过政府统计。

上述政府部门对20世纪30年代中期全国新式小学与私塾的调查统计结果虽有差异，但也有一致之处，即私塾数量虽多，但新式小学的数量和规模还是超过私塾的。而一些非官方研究者对私塾的调查结论则有所不同，他们一般均认为私塾数量和规模要大大超过官方的统计，尤其是在乡村。

1936年有人观察到："全国的私塾数目说出来很可惊人，例如：上海南京汉口天津重庆北平诸大埠，私塾数常三倍于小学，甚至五倍，私塾儿童的数目竟在小学生数一倍至二倍以上……城市是如此，若在乡村私塾便如蔓生的苜蓿，到处皆是。据民国十九年（1930年）安徽潜山等十二县的调查，共有私塾二千五百八十六所，学生共有二万三千五百零八名，平均每一私塾有九名，而同年潜山等十二县只有小学校七百二十六处，学生有三万一千八百九十六名，从此可见私塾的数

① 《教育统计·全国各省市私塾状况》，《教育杂志》1936年第26卷第12期，第136页。

② 同上，第137页。

目与学校是伯仲之间耳。"① 金陵大学农业经济系对乡村教育的调查结果也与此差不多，金陵大学农业经济系的调查，"直到抗战前，我国农村教育属于旧式的占 65.1%，属于新式的占 29.7%，属于半新半旧的（即改良私塾）占 5.2%。华北的旧式教育占 53.9%，新式教育占 44%，改良私塾占 2.1%；华南农村旧式私塾占 75.6%，新式教育占 19.1%，改良私塾占 5.3%"②。

关于全国范围内乡村私塾与新式小学的情况，还有这样一个估计的数字可以作为参考。据陶行知估计民初中国大约有 100 万个村落③，梁漱溟估计全国有"九数十万农村"④，而据《第二次中国教育年鉴》统计 1922 年全国国民学校及小学校有 177751 所；1931 年全国国民学校及小学校 259863 所，中等学校 3026 所，全国中小学合计 262889 所。当然所有这些中小学数不仅包括乡村学校在内，还包括相当数量的城市学校在内。即使以这种不准确的学校数目估算，1922 年大约每 6 个村落才有一所学校；1931 年每 4 个村落才有一所学校。新式学校在乡村如此稀少，私塾必然充斥其间。民国时期每个村庄几乎都是有私塾的，如廖泰初对汶上县的实地调查，"县境内无论哪一个村庄，只有三四十户的小庄也算在内，最少也有一个私塾"；"全县一千三百多村庄，大的村庄，每个就有几处私塾"⑤。

上述这些都还只是抗战之前的统计，抗战开始之后，据观察和推测，私塾的数量当有所增加。"因为自抗战以来，大小都市，有许多都遭到敌机的狂炸，人民大都疏散在乡村，因之私塾在近两年来，数量一定较前更多；并且在沦陷区内，因为原来有些小学都停办了，私塾当然是应运而生；所以私塾在近几年来，一定比以前更多，这里虽无

① 单维藩：《北平私塾研究》，《新北辰》1936 年第 2 卷第 10 期，1063 页。

② 乔启明：《中国农村社会经济学》，上海：商务印书馆，1946 年，第 292 页。

③ 陶行知：《中国教育改造》，合肥：安徽人民出版社，1981 年，第 81 页。

④ 《梁漱溟全集》四，济南：山东人民出版社，1991 年，第 877 页。

⑤ 廖泰初：《动变中的中国农村教育——山东汶上县教育研究》，山东省汶上县教育研究院，1936 年，第 14、37 页。

统计，但是可以想象得到的。”①

总之，政府统计乡村私塾与新式小学的数量之比大约为1∶3或1∶2，塾生数量大大少于小学生；民间调查估计乡村私塾与小学的数量之比则反过来，至少为3∶1或5∶1，塾生与小学生数量相当，或超过小学生数量一倍。

## 二、地方乡村新旧教育的抗衡

关于新旧教育的对比，也有一些地方性和非官方的统计资料可供参考。比起一些全国性的调查数据来说，越往基层，其统计数字可能更贴近事实一些。

### （一）省域范围内的新旧教育并存

对于省域范围内私塾与学校的规模，可以把教育部汇总的1935年全国各省私塾情况与同一时期的当地新式教育统计资料做对比分析。

1933年，江西全省六十一县所列私塾情况，除去“缺略未报者”、“填报不全者”、“严厉取缔者”、“指导改良者”及“所报可疑者”之外，余下约二十六县数字比较可靠，据此作者推测出“本省各县私塾的数量”，得出结论是私塾无论在数量还是教师和学生数量上都超过学校。“就六十一县中以所报比较真实可靠的，如南昌、新建、进贤、丰城、清江……赣县等二十六县，统计有私塾六千六百七十所，塾师六千七百四十八人，学童八万零七百六十三名，每县平均有私塾二百五十七所，塾师二百五十九人，学童三千一百零六名，以此类推，六十一县当有私塾一万五千六百七十七所，塾师一万五千七百九十九人，学童一十八万九千四百六十六名，以视二十二年度六十一县之学校数五千二百零四所，教师数一万零七百一十三人，学校学生数一十八万九千二百九十六名，均有过之。”② 以上述数字做推论，江西61县私塾与学校数量比约为三比一，但私塾与学校学生人数比较相当。

---

① 吴鼎：《推广国民教育与私塾改良》，《教育通讯周刊》1940年第3卷第5期，第13页。

② 曾国权：《从二十二年度江西各县均有概况谈到改进私塾问题》，《江西教育旬刊》1934年第10卷第2期，第16页。

安徽省在1930年的情况也差不多。“据民国十九年（1930年）安徽潜山等十二县的调查，共有私塾二千五百八十六所，学生共有二万三千五百零八名，平均每一私塾有九名，而同年潜山等十二县只有小学校七百二十六处，学生有三万一千八百九十六名，从此可见私塾的数目与学校是伯仲之间耳。”① 即私塾与小学数量之比大约为3∶1或4∶1，小学生人数稍微超过塾生一点。

1935年，江苏省有24259所私塾，塾师数为24299人，学生数为436647人，全年所收学费数为1493212.8元。② 而同年教育部对江苏初等教育的统计，各类小学校数为10223校，教职员人数为24795人，入学儿童数为973034人，岁出教育经费数为6959241元。③ 二者相比较，私塾与小学在设置数目上大约为2∶1，但小学生人数要超过塾生很多，塾生与小学生人数之比约为1∶2；塾师与教师数量基本相当；小学全年经费数量也要大大超过私塾。上述数字反映出在江苏，私塾虽然数量很多，但在学生人数与经费规模上却并不太大，这似乎反映出私塾的日渐没落和新式学校教育的勃兴，这种情况与江苏作为教育先进省份的地位正相当。

国民政府力图推进义务教育，但又受制于经费和师资，所以大力督促地方开办一些短期小学，此举使乡村小学数量一时之间有所增加，但私塾仍然保有相当的规模。

1935年，河北省天津等九十县的短期小学数和私塾数量的调查统计显示，“短期小学数，天津等九十县共1894校，其中半日二部制为1164校，全日时间二部制为582校，全日半日班混合二部制为108校，余之40校，据称为普通编制。就此种分配小学说，半日二部制占全数61.42%，全日时间二部制占全数30.72%，全日半日班混合二部制占全数5.71%，普通编制占2.11%”。这九十县的私塾数量，调查者认为“私塾数，各县多有未报者，非该县无私塾也。就已填者论，

---

① 单维藩：《北平私塾研究》，《新北辰》1936年第2卷第10期，第1063页。

② 《苏省义教之别动队——全省私塾统计》，《江苏教育》1936年第5卷第9期，第178—179页。

③ 《第二次中国教育年鉴》，上海：商务印书馆，1948年，第231页。

天津县达367处，赵县仅2处，余亦参差不齐。斯该调查不确之故，未可据以为准也”①。若仅以填报私塾数量的县份论，所得各县短期小学与私塾数量统计见表2.1.5。

**表2.1.5　河北省天津等九十县1935年短期小学数和私塾数量的调查统计表**

| 县别 | 短期小学数 | 私塾数 |
|---|---|---|
| 天津 | 18 | 367 |
| 盐山 | 15 | 48 |
| 南皮 | 34 | 14 |
| 静海 | 20 | 114 |
| 献 | 22 | 59 |
| 阜城 | 14 | 42 |
| 宁津 | 41 | 30 |
| 景 | 15 | 18 |
| 故称 | 15 | 39 |
| 文安 | 15 | 20 |
| 清苑 | 57 | 36 |
| 满城 | 15 | 17 |
| 新城 | 30 | 13 |
| 唐 | 52 | 17 |
| 完 | 26 | 11 |
| 蠡 | 23 | 60 |
| 东鹿 | 20 | 30 |
| 正定 | 20 | 15 |
| 获鹿 | 16 | 14 |
| 井阱 | 28 | 6 |
| 乐城 | 20 | 35 |
| 晋 | 20 | 7 |
| 藁城 | 21 | 6 |
| 新乐 | 23 | 5 |

① 《河北省天津等九十县短期小学数及私塾数统计表》，《冀察调查统计丛刊》1936年第12卷第5期，第39页。

续表

| 县别 | 短期小学数 | 私塾数 |
| --- | --- | --- |
| 涞水 | 36 | 2 |
| 涞源 | 15 | 30 |
| 武强 | 12 | 8 |
| 安平 | 29 | 10 |
| 清风 | 20 | 39 |
| 濮阳 | 16 | 22 |
| 长垣 | 28 | 38 |
| 邢台 | 25 | 75 |
| 任 | 10 | 5 |
| 邯郸 | 26 | 24 |
| 成安 | 15 | 4 |
| 南宫 | 9 | 12 |
| 赵 | 18 | 2 |
| 柏乡 | 35 | 8 |
| 大兴 | 6 | 32 |
| 武清 | 20 | 134 |
| 固安 | 15 | 73 |
| 永清 | 16 | 22 |
| 安次 | 16 | 37 |

资料来源：该表根据“河北省天津等九十县1935年短期小学数和私塾数量的调查统计”所制。见《冀察调查统计丛刊》1936年第12卷第5期，第39页。

总计42县所报短期小学数共1193所，私塾数共计1688所，超过小学数量。虽然调查者认为各县所填报私塾数目“不准确”，但显然作者认为各县所报私塾数据的不实之处在于对私塾数量有所保留，也就是说，1688所私塾只是最保守的估计数字。

其实，国民政府推进义务教育的政策并未断绝私塾的生路，因为为弥补义务教育的不足，国民政府当局极力改良私塾。在这种政策下，各地许多旧式私塾在改良的旗号下仍然可以名正言顺地存在着。

比如1935年江苏省的24259所私塾中就包含有6905所已经改良的私塾，大体情况是这样的：“教育厅根据二十四年度各县之报告，而统计全省私塾数二四、二五九所，已改良者六、九零五所，未改良者一七、三五四所，塾师共二四、零三九人，曾受师范教育者八五一人，内已改良者六零八人，未改良者一八三人，曾受中小学教育者二、七七七人，已改良者一、八零三人，未改良者九七四人，私塾出身者二零、四一一人，已改良者四、五四九人，未改良者一五、八六二人，学生数四三六、六四七人，已改良者一三五、六八零人，未改良者三零零、九六七人，全年所收学费数为一、四九三、二一二、三元，已改良之收入为五五三、三三六、七元，未改良之收入为九三九、八七五、六元云。”① 从这份统计资料来看，改良私塾无论从数量还是规模（学生数、学费数）上，都远远不及未改良者，私塾总体仍然是传统教育的领地。而且按照江苏私塾改良的标准，所谓改良私塾，只是在不同程度上采纳教科书，教授一些与小学相同的科目而已，其实主要还是以旧式的识字教育、经学教育为主的传统教育。

总之，从省域范围来看，仍然是私塾超过小学的格局，只是稍有地区差异；私塾与小学的数量比在 1∶4 到 1∶2 之间；塾生与小学生数量有的基本相当，有的小学生数稍超过塾生，有的塾生稍超过小学生数；政府在改变私塾与学校对抗这种格局方面政策乏力。

**（二）县域范围内的新旧教育并存**

具体考察各地方教育，特别是基层行政区、县，可能更能准确地反映民国乡村教育领域中的新旧抗衡的真实水平。一方面是因为县级教育中绝大部分都属于乡村教育，所以考察县地方的私塾与学校状况更接近乡村新旧教育并立的现实。另一方面，可能对于较小地域范围的调查统计更容易，因而也可能更加接近事实一些。

这里有山东汶上县和江苏丹阳县两个例子。

廖泰初对于 20 世纪 30 年代汶上县“洋学是在政府的严令下挣扎维持着，私塾则在百姓们的拱托里枝叶繁生”② 的现象有比较详细的

---

① 《苏省义教之别动队——全省私塾统计》，《江苏教育》1936 年第 5 卷第 9 期，第 178－179 页。

② 廖泰初：《动变中的中国农村教育——山东汶上县教育研究》，山东省汶上县教育研究院，1936 年，第 3 页。

调查研究。

以汶上县的私塾来说，“从量上研究私塾，我们发现它分布的广阔，数目的众多，几乎无处无之”①。私塾的准确数目虽然由于乡村社会的故意隐瞒而无从得知，但据他观察，“县境内无论哪一个村庄，只有三四十户的小庄也算在内，最少也有一个私塾；在我们曾经经过的村庄上，从不曾证明这个说法的错误，这样拿汶上县村庄的数目（汶上县大小村庄1336个）作比例，私塾的总数目在一千以上；此外较大的村庄，私塾的数目总在一个以上”②。根据廖泰初1935年12月对汶上县各区、各村私塾分布所做的不完全的调查，得出的结论也很相似，即私塾的分布很广、很平均。具体调查结果见表2.1.6。

**表2.1.6 汶上县各区、各村私塾分布表**

| 区别 | 1 | 2 | | | | 3 | | | | | | 4 | | 5 | |
|---|---|---|---|---|---|---|---|---|---|---|---|---|---|---|---|
| 村庄名 | 黄花巷 | 崔家村 | 西李尹 | 西尚庄 | 徐家街 | 次邱 | 鹿角庄 | 杨家村 | 徐老庄 | 天齐庙 | 寅阳寺 | 林家楼 | 泗涿 | 火屯庄 | 续家村 |
| 私塾数目 | 2 | 3 | 2 | 2 | 2 | 5 | 4 | 2 | 2 | 2 | 5 | 2 | 3 | 3 | 2 |
| 5 | | | | | | | | 6 | | 8 | | 9 | | | |
| 郭家仓 | 李官集 | 路家海子 | 黄庄 | 杨庄 | 白店 | 军屯 | 于夹河 | 受乡 | 大北屯 | 郭堂 | 蔡林 | 李楼 | 彭营 | 山营 | 总数 |
| 2 | 2 | 2 | 2 | 2 | 2 | 2 | 2 | 2 | 2 | 2 | 3 | 3 | 3 | 69 | |

资料来源：廖泰初：《动变中的中国农村教育——山东汶上县教育研究》，山东省汶上县教育研究院，1936年，第38页。

对汶上县新式学校的情况，廖泰初也有一个统计如下：

---

① 廖泰初：《动变中的中国农村教育——山东汶上县教育研究》，山东省汶上县教育研究院，1936年，第38页。

② 同上，第37页。

**表 2.1.7　汶上实验县小学校概况统计表**

| 区别 | 人口数 | | | 学校数 | | | 教职员数 | | |
|---|---|---|---|---|---|---|---|---|---|
| | 男 | 女 | 共计 | 县立 | 区立 | 共计 | 县立 | 区立 | 共计 |
| 1 | 10692 | 8767 | 19459 | 6 | 4 | 10 | 7 | 4 | 11 |
| 2 | 25616 | 19218 | 44834 | 11 | 12 | 23 | 11 | 14 | 25 |
| 3 | 29601 | 22264 | 51865 | 6 | 7 | 13 | 6 | 7 | 13 |
| 4 | 31995 | 25177 | 57172 | 11 | 8 | 19 | 12 | 8 | 20 |
| 5 | 33339 | 24872 | 58211 | 7 | 9 | 16 | 7 | 9 | 16 |
| 6 | 15825 | 11329 | 27154 | 6 | 5 | 11 | 6 | 5 | 11 |
| 7 | 25673 | 18658 | 44331 | 5 | 13 | 18 | 5 | 12 | 18 |
| 8 | 21024 | 16363 | 37387 | 2 | 5 | 7 | 2 | 5 | 7 |
| 9 | 29695 | 19952 | 49647 | 4 | 8 | 12 | 4 | 8 | 12 |
| 10 | 17864 | 13111 | 30975 | 1 | 0 | 1 | 1 | 0 | 1 |
| 共计 | 241324 | 179711 | 421035 | 59 | 71 | 130 | 61 | 71 | 132 |
| 完全小学 | | | | 县立 | 私立 | 共计 | 县立 | 私立 | 共计 |
| | | | | 5 | 1 | 6 | 24 | 9 | 33 |
| 统计 | | | | 64 | 72 | 136 | 85 | 80 | 165 |

资料来源：廖泰初：《动变中的中国农村教育——山东汶上县教育研究》，山东省汶上县教育研究院，1936 年，第 48 页。

注：民国二十四年（1935 年）十一月三十日统计。

汶上县各区新式学校学生数量情况如下：

**表 2.1.8　汶上县各区学生数量统计表**

| 区别 | 学生数 | | | | | | | | |
|---|---|---|---|---|---|---|---|---|---|
| | 县立 | | | 区立 | | | 共计 | | |
| | 男 | 女 | 共计 | 男 | 女 | 共 | 男 | 女 | 共计 |
| 1 | 184 | 25 | 209 | 103 | 10 | 113 | 287 | 35 | 322 |
| 2 | 315 | 9 | 324 | 329 | 23 | 352 | 644 | 32 | 676 |
| 3 | 171 | 9 | 180 | 282 | 6 | 288 | 453 | 15 | 468 |
| 4 | 385 | 16 | 401 | 264 | 28 | 292 | 649 | 44 | 693 |
| 5 | 195 | 2 | 197 | 231 | 2 | 233 | 426 | 4 | 430 |
| 6 | 132 | 14 | 146 | 155 | 10 | 165 | 287 | 24 | 311 |
| 7 | 149 | 1 | 150 | 360 | 41 | 401 | 509 | 42 | 551 |
| 8 | 66 | 1 | 67 | 140 | 1 | 141 | 206 | 2 | 208 |
| 9 | 166 | 3 | 169 | 173 | 7 | 180 | 339 | 10 | 349 |
| 10 | 25 | 0 | 25 | 0 | 0 | 0 | 25 | 0 | 25 |
| 共计 | 1788 | 80 | 1809 | 2037 | 128 | 2165 | 3825 | 208 | 4033 |

续表

| 完全小学 | 县立 | | | 私立 | | | 共计 | | |
|---|---|---|---|---|---|---|---|---|---|
| | 男 | 女 | 共计 | 男 | 女 | 共 | 男 | 女 | 共计 |
| | 393 | 131 | 524 | 137 | 5 | 142 | 530 | 136 | 666 |
| 统计 | 2181 | 211 | 2392 | 2174 | 133 | 3307 | 4355 | 344 | 4699 |

资料来源：廖泰初：《动变中的中国农村教育——山东汶上县教育研究》，山东省汶上县教育研究院，1936 年，第 38 页。

从上述统计中可以看出“实在的情形学校只有一百三十六处，四千多学生；平常以少报多，随便上课，随便放假的情形看，实在到校的学生，最多也只及十分之七，约三千人的样子”。136 个小学中，6 个是完全小学（1 个私立，5 个县立），其中 2 个在乡村；其他 130 个初级小学基本都在乡村。① 总之，通过廖泰初的实地考察和调查统计，汶上私塾与学校的大体情况是这样的：“汶上县的私塾约在一千五百至二千间，这个数目是不会大错的；这样如以一千八百为准确的数目，又以每塾八生为平均数（一九七份调查表中，塾生共一五六二人，平均每塾约八人），则全县有塾生一四四零零人，与不及五千的洋学生比较，约为三与一比，而且塾生数目的可靠性大得多，洋学随便虚报名额，缺课旷课也多。”② 全县私塾与学校数量之比大约是一千八百比一百三十六，即约为十三、四比一。私塾多过学校的数量显然大大超出了实业部和教育部在 1935 年的统计，而且与掺杂了过多水分的政府统计数字相比，廖泰初对汶上县的统计更令人信服。

分布广、数量多、塾生数量远超过新式学校的学生，这种现象绝不仅仅是山东汶上县的个别现象，廖泰初认为他在汶上所见到的现象“在相当程度之下有它的普遍性”③。事实上，在对其他地方的研究中也能见到类似情况。以地处现代教育比较发达的江苏丹阳县为例，据观察统计，“现在各县的私塾数目都超过学校数的好几倍，单就我

① 廖泰初：《动变中的中国农村教育——山东汶上县教育研究》，山东省汶上县教育研究院，1936 年，第 49—51 页。

② 同上，第 38 页。

③ 同上，第 9 页。

邑——丹阳来说，学校仅有一百五十余所，而私塾反在千所以上”。作者所列丹阳县私塾与学校数量之比与廖泰初对汶上县的调查结论很接近。作者还列举了丹阳县私塾与学校的学生数的统计表。其调查所得私塾与学校学生人数各为 5144 人和 1808 人，二者之比大约也接近三比一，与廖泰初对汶上县的调查结果也很接近。见表 2.1.9。

**表 2.1.9　丹阳县学龄儿童入学数统计表**

<table>
<tr><th>学区别</th><th>第一学区</th><th>第二学区</th><th>第三学区</th><th>第四学区</th><th>第五学区</th><th>第六学区</th><th>总计</th><th colspan="2">备注</th></tr>
<tr><td>学龄儿童总数</td><td>9795</td><td>16318</td><td>16047</td><td>23720</td><td>15269</td><td>14560</td><td>95772</td><td rowspan="2">入学儿童数</td><td rowspan="2">失学儿童数</td></tr>
<tr><td>学校学生数</td><td>2195</td><td>1334</td><td>1540</td><td>2768</td><td>1760</td><td>1808</td><td>11405</td></tr>
<tr><td>私塾生徒数</td><td>3548</td><td>8463</td><td>5916</td><td>8547</td><td>4716</td><td>5144</td><td>36334</td><td rowspan="2">47739</td><td rowspan="2">47970</td></tr>
<tr><td>失学儿童数</td><td>4052</td><td>6521</td><td>8591</td><td>12405</td><td>8793</td><td>7608</td><td>47970</td></tr>
</table>

资料来源：夏雨农：《私塾与地方教育》，《中华教育界》1932 年第 20 卷第 3 期，第 12 页。

显然，在县域范围内，私塾超过学校的规模要远远超出政府的统计，甚至也超出了一些非政府机构对全国私塾规模的估算。虽然不能就这两县的情况来推断全国乡村私塾与小学的实际规模，但是微观的小社区研究，并且是非官方研究，比政府的宏观统计数字更有说服力。

## 三、乡村新旧教育并存格局的特点

虽然具体到各地方，乡村私塾与学校并存的格局差异很大，但从前面一系列的梳理中，虽然不能得出私塾与新式小学各自的确切数量和规模，但基本可以得出如下结论：

一是从全国范围的统计数字到基层区乡的调查统计对比来看，越是基层社区，私塾所呈现的规模就越大。之所以出现这种状况，一个直接原因，可能是因为全国性或省域范围内的调查统计都是包括大量城市教育在内的，而县区乡教育的主体属于乡村基础教育。这证明民国时期一个惯常的判断是准确的，即城市里新式教育比较发达，越往乡村，私塾的数量规模越大，私塾与小学的对抗局面更加严重。

二是政府对于私塾规模的统计数字，要比民间人士的调查或观察结果保守很多。其中的原因也不难理解，这主要是因为民国时期私塾处于被政府取缔或半取缔的状态，“私塾在政府的禁令之下，早已入于秘密结社的状态”。在乡村，设塾“几事同犯科，类多隐隐藏藏，惧干法纪”。所以呈报给政府部门的调查结果往往比实际的私塾数量要缩水很多。廖泰初在调查山东汶上县私塾的情况时，尽管他反复解释自己的工作对被调查者是绝对无害的，但当地人仍然不敢坦白公开当地私塾的实情。“明明是远远传着朗诵的声音，而当地人却委婉地声辩这里的确没有私塾。”与此形成对比的是，由于民国时期新式学校教育的发展往往列入地方长官的考绩内容，所以许多官方调查统计结果中，新式学校的数字可能比实际情况要夸大，反而是一些非官方的研究和对小社区的微观研究所得出的结果更贴近事实一些。

所以，关于民国时期私塾与学校二元并存的局面，如果单纯以教育部 1935 年所做的全国私塾调查做依据的话，应该是有问题的，政府对私塾问题的严重性可能有些低估。1935 年基础教育领域，私塾的总体规模一定超过新式小学，私塾与小学校数量之比在 2∶1 以上，有些区乡甚至是十几比一的局面；塾生的总体规模也要超过小学生，但不排除个别地方小学生的数量超过塾生。

另外，全国乡村私塾与学校并存分布的格局还存在一些总体特点：

首先，私塾的势力不仅在于它数量多，还在于它的分布比学校要广。一般来说，新式小学大多集中于城市及附近之乡村或大市镇，偏远的区域则绝无仅有，私塾则散布各地，无论城市与乡村都有它的足迹。

“穷的区份，找不到教员，找不到地方，老百姓连吃饭都惶恐叫苦，学校自然不成。”① 越是偏远落后的乡村，私塾越比学校发达。“私塾的设立与地域的关系是这样：私塾数的多少与地方的偏僻成正比例，因为偏僻的地方学校少，并且在另一方面讲，居住在偏僻地方的

① 廖泰初：《动变中的中国农村教育——山东汶上县教育研究》，山东省汶上县教育研究院，1936 年，第 51 页。

住户，贫穷的劳动者为多，其附近虽设有新式学校，因费用昂贵的关系——像学费、杂费、制服费，无法进入。而私塾收费较少，又可分期交纳，又无制服其他等费，故多乐于送其子弟到私塾里去。”① 林茂在考察济南的私塾情况时，指出这样一个现实，私塾在城市里已然衰落，但到郊区一带情况就有很大不同了。他借一位老塾师之口指出城市私塾的衰落，塾师说现在的私塾不如以前好教，以前的世家主和公馆待塾师很好，学生少、待遇高，“而现在呢，却是大大不然了。绅商之家（世家主）（老公馆）也渐渐觉悟，指导单单读四书，不能够升学，是无用的，所以也知道叫他的子弟入实验小学吧！入市中吧！都不以聘请塾师为原则”。过去的塾师自己开办的私塾人满为患；“而现在呢，私塾门前挂上一个牌子，竭力招徕，而学生仍裹足不前”。而济南市近郊段店一带的私塾与学校情况则与市区内不同，林茂指出“段店是市立第十一小学的所在地，人烟稠密，村落汇集，且处半郊半郭之区，（离商埠仅四五里）宜乎教育普及，学生发达，而事实上则大谬不然！我曾记得，去年六年级毕业，仅仅六个学生，其余四班只有一百四五十人。张庄营立小学三班，仅有学生九十几名，私塾却有三四个之多。而南北大槐树庄，私塾有二十处以上”②。城市近郊的情况都如此，更何况那些偏远的乡村呢？

其次，还有这样一种情况，历史上文教事业比较发达、比较重视教育的区域，不仅学校数量多，私塾数量也多，私塾总体规模也超过学校。这从一个方面反映出，悠久的历史传统造就了私塾具有比较持久和强韧的生命力，使它在一定程度上能够经受时代的冲击。

根据江西省教育厅 1933 年的教育统计数字，有人指出这样一个现象，凡私塾比较多、私塾学生比较多，甚至超过小学生的县份，“在江西大都是文化比较发达的区域”③。有人在 1934 年曾说过：“我在南京

---

① 单维藩：《北平私塾研究续》，《新北辰》1936 年第 2 卷第 10 期，第 1170 页。

② 林茂：《谈一谈济南市的私塾问题》，《基础教育》1936 年第 12 期，第 711 页。

③ 蔡孟华：《江西私塾的严重性及管理之我见》，《江西教育》1934 年第 1 期，第 66 页。

曾亲见在教育部的后面十余丈远的将军巷有一家私塾在公开的活动着，甚至于新式小学更多的区域里，私塾的数目并不见减少及而大有可观——比新式小学更多，我们从后面的统计数字可以看出省会所在的南昌新建以及临川等十余县的私塾，不仅数目比新式小学多，就是在私塾中的学生数也超过了在新式小学中的学生数。"① 作为国民政府首都的南京市内，就在教育部附近，私塾都如此活跃，边远乡村的情况可想而知。

即使在 1941 年抗战爆发后，国民政府强力推行战时国民教育的时期，旧式私塾仍然很有市场。有人考察江西地方教育状况时，就失望地发现："这一次，参加集中视察泰和、吉安两县普遍教育的设施情形，在那崇山峻岭，穷乡僻壤，发现者许多平时不易看到的病症，最使人触目惊心的，即是蒙馆的健在。在这青天白日之下，冬烘先生仍然强迫着可怜的学童，在那监狱般的馆舍里，读三字经、幼学、鑑略、四言杂字、百家姓、教儿经、东莱博艺、四书。明目张胆，不尊法令规定，擅设私塾的固有，即少数学校，除了教室之外，还有自习室。在教室里，当然上战时小学课本，在那带着神秘性质的自习室，则点读不合儿童心理的杂书，养成了'双重学生'。"② 私塾的生命力真可谓顽强。

当然，从整个民国时期来看，政府推广新式教育的努力也不是白费的，旧式私塾势必越来越少。一位在民国接受过乡村私塾教育的老先生回忆说："民国以后，初因小学尚不普遍，加之一些人对'新学'缺乏正确认识，所以入私塾读书的人还很多，但实际上都只是读初级性质的私塾，教儿童读点杂书，学认字写字而已，教学生读经做诗文、老师比较有学问的高级专馆私塾，为数已经不多。即使有财力延请老师在家设专馆的人，他们的子女在学习一段时间之后，也大多要求去考中学大学，研习科学新知，不愿埋首家园，青灯黄卷，穷年兀兀，

① 蔡孟华：《江西私塾的严重性及管理之我见》，《江西教育》1934 年第 1 期，第 63 页。

② 梅焕涞：《闲话私塾》，《江西地方教育》1941 年第 215－216 期合刊，第 31 页。

只听一个老师谈经论古了。随着小学、中学增设日多，私塾的数字逐年更少。解放前夕，乡村接近绝迹，城市虽有，也廖若晨星。私塾逐渐成为历史陈迹了。”①

## 第二节　乡村新旧教育文化的冲突

民国时期，乡村私塾与新式学校之间的冲突严重制约着乡村教育的发展。

中国近代新式教育最早发生于19世纪下半期的教会学校和洋务学堂中，因为这类学校多属于比较高层次的教育，主要设置在沿海开放的城市，而乡村教育主要承担着初级或蒙学教育任务，所以最初的新式教育对内地乡村旧教育的冲击很小。但随着清末政府主导的教育改革的深入，特别是清末新政时期，清政府先是改良科举制，到1905年清政府最终正式废除了科举取仕的制度，乡村教育受到的冲击也越来越大了。因为科举制是中国传统教育的指挥棒，几乎是读书人实现自身社会地位上升的唯一正规出路，如果说在科举制的彻底废除之前，乡村教育由于它所处环境的闭塞，还能保持其传统面貌，没有太大变化的话。科举制的正式废除则会极大地触动乡村教育的基础，因为它已经从制度上彻底断绝了旧式教育的上升之路。所以，兴办新式学堂不再仅仅是政府的导向，而且也逐渐成为乡村社会无可奈何的选择了。

但是，毕竟清末教育改革是由政府主导的，对于基层社会来说难免会跟不上政府的改革速度。特别是乡村社会的经济基础、文化环境、社会结构还停留在几个世纪之前，像学堂教育这种近代元素都是外来的，是强行切入乡村社会的，所以难免与乡村原有文化生态不兼容，遭到乡村原有教育传统的自觉或不自觉的抵制是很自然的事。清末新政时期所谓乡民毁学现象就时有发生，到民国时期无论政府对旧式私塾教育采取严厉的取缔政策，或是引导其改良，新式学校教育与旧式

---

① 米庆云：《私塾的回忆》，《龙门阵》1984年第6期。转引自蒋纯焦：《一个阶层的消失：晚清以降塾师研究》，上海：上海书店出版社，2007年，第161页。

私塾教育的明争暗斗仍没有停止，新式学校也从没有在乡村生活站稳脚跟。

民国时期乡村新旧教育的冲突主要涉及以下几个方面：现实利益之争、两种教育模式的互不认同、新旧教育文化的冲突等。

## 一、新旧教育在乡村中的竞争

民国时期的乡村，私塾与新式学校不仅在数量、规模上相抗衡，而且双方之间存在着现实利益之争，彼此之间围绕着有限的教育资源展开争夺。乡村教育领域内，新旧两种教育的二元并立并不是和谐共荣的局面，而是充满了生存竞争。私塾的存在限制着学校的发展，学校的发展反过来又会威胁到私塾的生存。为争夺有限的乡村教育资源，双方之间明争暗斗不断。

### （一）私塾对新式学校的冲击

私塾和学校这两种教育组织的兴废直接关系到塾师与教员这两个群体的生计，所以新旧教育由于现实利益之争而造成的冲突持续不断，有时甚至会发展成行为上的直接冲突。这种情况在清末最为严重，清末正式废科举兴学校以来，各地新旧教育势力的冲突不断，所谓“毁学”事件屡有发生，有些甚至演变成为暴力事件。进入民国以后，政府对私塾和学校的态度更趋明确，取缔和改良私塾的呼声此起彼伏，教育主管部门的实际措施也不断强化，给塾师阶层造成很大的压力。虽然像清末那样大规模的、公开的毁学事件不再那么多，但是由于现实利益之争的存在，所以在乡村，塾师比较隐蔽的反抗还是客观存在的。

1917 年南京市传言教育主管部门要严厉取缔私塾，多数塾师坚决反对，甚至成立组织——“南京私塾联合改进会”、“下关私塾改进中山小学联合会”等，其实质就是“多数塾师们深自危惧，起而号召同业，联合群力，以谋反对改良私塾，检定塾师的机关”，他们甚至发动示威游行，“当他们游行示威，高呼口号，声势汹汹，大有深闭固拒，政府不得顾问之慨”。塾师之所以有这种行为，无非是为了生计，“盖彼等，除最少数外，设立私塾，重在谋生；所以只知塾师自身之利益，而忽于儿童教育之重要。今忽闻从严取缔私塾之言，为维持生活计，安得不出死力以图反抗?”① 像上述塾师直接反抗政府命令的事件在民国时期并不多，特别是国民政府建立以后。取而代之的是一些比较隐蔽的对抗，对生源的争夺成为私塾与学校竞争的焦点，同时也是民国乡村新旧教育冲突的一个主要表现。

因为民国政府对乡村小学的设置是有一定标准的，只有学生数量达到一定标准才能从政府领到补助费。比如山东省教育厅就规定一个小学最少得有二十五个学生，不然就得停办、解散。② 塾师的收入更是与塾生数量直接成正比。所以，生源的多少直接关系到学校或私塾的现实利益，双方必然在这个问题上各不相让了。私塾在乡村是得势的，主要原因在于塾师多数是不离乡的，他在乡村是一种很有社会根基的势力，所以在争夺生源、取得地方人士的信任方面，塾师比学校教师有优势。廖泰初论及汶上县的私塾情况时，指出“塾师多就是本村本庄人，和塾东的关系密切，许就是他们的亲戚爱好，有因看见朋友失业才替他设法办个私塾教教也说不定的；在这种情形下，关系自是更复杂，去对付地方的力量也更丰富，遇事办事，遇问题解决问题”③。“塾东塾师邀东们全是一个鼻孔出气的，我们说过，这些人又是地方上有钱有势的，豪绅，地主，失业的，乡学究，建筑起社会层次，把持一切，洋学要在乡间站得稳，凑足学生，真不是件容易的事。”④ 这是一种普遍现象，是私塾成为一种潜在势力的社会原因，“塾师当地人居多，学生父兄都知道底蕴，而且时为附近人家书写契据庚帖，和一般人容易接近，又带些感情用事，因为是就地的关系，有时还有一种潜势力，使一般人不得不信仰他”⑤。

① 蒋伯谦：《论坛：南京特别市内私塾的前途》，《教育月刊》1917 年第 1 卷第 6 期，第 1 页。

② 廖泰初：《动变中的中国农村教育——山东汶上县教育研究》，山东省汶上县教育研究院，1936 年，第 34 页。

③ 同上，第 31 页。

④ 同上，第 34 页。

⑤ 黄志成：《私塾在普及教育运动中之地位》，《中华教育界》，1935 年第 22 卷第 7 期，第 94 页。

或许正是由于私塾在乡村更有势力，迫于生计有些受过新教育的人也会改行做起私塾教师。廖泰初在汶上县就发现这样的一种怪现象："曾按受过新教育的人，甚有曾当过小学校长的人，也有回去当起私塾老师的。"他认为"曾和私塾血战沙场的人物，洋学的校长和教员们，终竟投到对方的旗帜下尽忠了，生活的鞭打许是其中最重要的原因"①。

私塾的存在成为妨碍新式乡村小学招生的一个直接原因，有人就指出这样一个难以理解的怪现象：由于乡村失学儿童多，照常理推断乡村小学的招生应该是不成问题的，生源应该供不应求、人满为患的。"孰料事实与理想却是大谬不然！事实告诉我们：多数乡村小学招生时，不但并不'人满'，而且也不'拥挤'！"导致出现这种悖论的一个直接原因就是私塾对生源的争夺，"因传统观念的力量，私塾比学校较为易得乡民的信仰，故附近有私塾设立着的学校，招生尤为困难，其门庭之冷落，实有出人意料之所及者"②。在这种情况下，围绕着争夺生源问题，私塾与学校的矛盾相当激化。

廖泰初曾经记载 1935 年的"（汶上）城内私立育德小学最好的几个学生给本街的一处私塾拖走了，经与街长交涉无效，校长始终摇头继则嗟叹；四区赵庄民国二十四年春天，乡长自办一私塾，附近高里小学学生减去四分之一；三区孙家庄小学，有来自邻村冯庄的学生，其中三个为该村塾师拦阻，不使其到孙庄上课；九区马村小学与一私塾同在该村阎氏祠堂授课，西屋为小学，东北屋为私塾；一方高诵'猫儿叫、狗儿说'，一方高诵'孔子曰、孟子说'。短刀相接，互争雄长"③。

### （二）新式教育的反击

新式教育方面也不时发起反击，反击的方式主要是借助政府的权威，直接下令取缔私塾或改良私塾（有关改良私塾的内容将在后面章

---

① 廖泰初：《动变中的中国农村教育——山东汶上县教育研究》，山东省汶上县教育研究院，1936 年，第 29 页。

② 陈志妫：《乡村小学招生的困难及补救的方法》，《基础教育》1936 年第 11 期，第 639、641 页。

③ 廖泰初：《动变中的中国农村教育——山东汶上县教育研究》，山东省汶上县教育研究院，1936 年，第 34—35 页。

节中有集中论述)。

比如民国十八年(1929年)十一月,国民党山东汶上县党务整理委员会就督促县政府“严禁私塾以振兴党化教育”,县教育局于是发布禁令“年关私塾正在组织,一般顽固劣绅,乘机勾结煽惑青年学子,以乱其志,实行去专制之教授,贻误青年之前途,丧失国家后盾,何堪设想……”等,取缔的借口虽然冠冕堂皇,但局外人却一眼看出私塾、学校双方的矛盾其实在于利益之争,“我们静心观察,私塾被取缔最重要的理由是学校招不到学生,找不到相当数目的学生,就是等于领不到钱,私塾的成立与他们的吃饭问题发生关系,是以非取缔不可,至于私塾的好好坏坏,在地方上有何用处等问题,是一概被疏忽的”①。在这一点上政府法令反不如学校教师们直接坦白,“二十三年十月汶上第一小学校长呈县长谓学校周围(城内)私塾林立,大多数儿童入私塾而不入学校,恳请取缔;十一月又有县督学赵逢召呈张科长究办私塾,云贻误儿童,影响学校,殊堪痛恨,……”② 新教育借助政府权威进行的反击,虽然貌似强大,但由于私塾在乡村社会得到民众的信仰,又受到地方势力的保护,所以效果有限,“几处太明目张胆的地方躲一躲,于全县私塾大体,无若何影响”③。真正在乡村里,由于旧势力的强大,新教育方面的不满也只是暗地里的,公开的批评反击是不敢的,“骂,也是只敢暗骂而已,心里恨,有时连说都不敢,害怕地方人士,害怕更深一层作难”④。

生源利益之争是新旧双方冲突的焦点,所以政府改良私塾举措中的一个要求就是私塾的设立须不妨碍学校招生。根据1937年教育部令《改良私塾办法》和江西教育厅核准的《江西省改进私塾暂行规程》,有人提出的具体改良私塾要点就包括,在私塾的设立方面“私塾的设立:在城市,不得设在小学附近一公里以内;在乡村,不得设在小学附近二

① 廖泰初:《动变中的中国农村教育——山东汶上县教育研究》,山东省汶上县教育研究院,1936年,第14页。

② 同上,第14页。

③ 同上,第15页。

④ 同上,第34页。

公里以内”。在招生方面，“私塾可在不妨碍小学招生的范围，招收学龄儿童，或年长失学儿童，参照短期小学或普通小学课程教学，……”① 私塾能够注册成功的首要条件是附近无小学，或是附近的学校数量不足。如江苏省规定：“私塾设立在乡村以在四周二里以内无学校为限，在城镇以小学一里以外或邻近小学每班儿童均已超过 50 人以上为限。”②

私塾与学校的冲突竞争，在城市与乡村中的表现是不同的。在城市或比较开放发达的地区，学校一般能在政府的辅助下逐渐占据上风。而在乡村或闭塞的内地，私塾还是具有较大势力的，学校在竞争中明显处于下风。

总之，民国时期的乡村教育存在这样一种矛盾现象，一方面政府（特别是南京国民政府时期）在极力取缔或改良私塾、推行新式学校教育，社会主流舆论层面对旧式私塾的批评和攻击十分尖锐。另一方面，旧式私塾却由于其对于乡村社会的适应性而顽强地生存下来。

## 二、新旧教育模式的冲突

民国时期的乡村，新旧两种教育组织在数量规模上的相互抗衡、及现实利益之争还只是表象。事实上，这两种教育模式从教学内容、教学方式、教学功能到学制体系等方方面面，都形成了鲜明对比。而这两种教育模式都有其各自的拥护者，他们双方彼此之间都相互看不惯。一般来说，乡村社会对新旧教育采取一拒、一迎两种截然不同的态度，而政府和来自城市的知识精英对新旧两种教育则正好采取相反的态度，两者之间也互不认同、互不相容。

乡村民众几乎不把新式学校视为“学”。“汶上县的乡间，你找不到学校学堂的说法，这不是日常用语，哪里知道有洋学。洋学也和洋人洋货一样，给予老百姓们一种古怪的观念。”而新式人物则“把私塾

---

① 梅焕涞：《闲话私塾》，《江西地方教育》1941 年第 215－216 期合刊，第 33 页。

② 《江苏省管理私塾实施办法》，见《第一次中国教育年鉴》，乙编，第 166－170 页。

视作‘反教育’的东西”①。在主流媒体和政府眼里，塾师形象也十分不佳：“今之所谓教育家，其视私塾教师也，辄曰彼学究也，冬烘先生也，三家村啾冷猪头者也。以为若辈蠢陋野悍，迂谬猥贱，不可向迩。”② 私塾更是该被时代淘汰的东西，“私塾之于今日，以一般现象观之，确为时代赘疣，无存在根据”③。具体说来，新旧教育模式的冲突表现如下方面：

**（一）教育内容和方法的冲突**

1. 新旧教育内容的冲突

随着现代国家政权的巩固，民国政府凭借政权的力量在乡村推行的“国民教育”使得与乡村社会生活很不相干的一些社区外的知识开始主导乡村教育。而传统乡村教育中的地方性知识、乡土性知识开始退居次席。一时之间，新式教育与乡村社会的隔膜是免不了的。

传统乡村私塾教学内容是单一的，偏重识字教育和经学教育，私塾的特征之一就是“课程为古典式，即诵读儿童不能理解之幼学、四书、五经等。或加诵杂字、百家姓、格言、小学、弟子规等书，亦不与以讲解”④。其知识结构显然不能适应现代社会的要求。虽然在学校不足的情况下，私塾的存在能够一定程度上发挥“识字教育”的功能，但“在现代社会上，只是识字而不注意公民常识的灌输，是不够应用的”⑤。

读经被认为是私塾最跟不上时代的缺陷。“吾对于私塾最不满意者，使年龄幼小之儿童，读不切实用之小书，与意义深奥之经书。今兹调查所得：凡用小书与经书者，皆过于半数。村塾中不用教科书者，仍用小书（三字经百家姓千字文最多）。此实造就跑帐与保正人材，而

① 廖泰初：《动变中的中国农村教育——山东汶上县教育研究》，山东省汶上县教育研究院，1936 年，第 3、9 页。

② 《调查本县私塾后之报告》，《金山县教育月刊》1924 年第 4 期，第 22 页。

③ 逊我：《论取缔私塾》，《新大声杂志》1934 年第 1 卷第 2 期，第 4 页。

④ 刘安国：《改进陕西各县私塾问题》，《陕西教育月刊》1935 年第 1 卷第 1 期，第 1 页。

⑤ 吴鼎：《推广国民教育与私塾改良》，《教育通讯周刊》1940 年第 3 卷第 5 期，第 14 页。

非教育之旨也。家塾中不用教科书者，仍读四书五经，未尝识字，即授之以经。未尝辨讯，未尝造句，即强之为文。读书不数载而大学之道在明明德之句，即琅琅上口。夫大学之道，至于平天下，中庸之德，极于无声臭，此岂年幼者所克有事也？明德二字，汉儒据尔雅，宗贤袭佛典，动辄数千言，犹未明了。此岂初学者所能解索也？”① 所以，在改良私塾问题上首先要改良的一点就是私塾的课程和课本。在课程设置上要求私塾教学必须符合国民教育的要求，公民训练、国语、常识、算术、体育等都是必修课；音乐等科目可以是随意科。在课本使用上，随着国家政治的日上轨道，乡村私塾也被要求采用越来越规范化的部审课本，“不得教百家姓，千字文，及其他不合儿童心理，和违反教育宗旨的杂书”②。但是由于观念落后或新式教材自身的缺陷等多重原因，乡村社会对新的教学内容却难以接受。

李纯仁在主办塾师暑期训练班时，调查塾师意见，归纳出改良私塾的难点问题 45 项，其中就实施新式教学内容方面，就有这样的难题：“家长有传统思想，赞成读论孟等书”、“家长都不愿更用新式教科书”、“家长多以审定教科书，不合社会需要”。新课程体系中的有些课程，比如音乐、体育是尤其遭到乡村社会排斥的，“家长见儿童游戏，极端反对”、“音乐艺术等科，家长认为无益”③。廖泰初在汶上所见到的情况与此差不多，“洋学的课程和地方是格格不入的，什么唱歌、游戏、旅行，老百姓看来都是胡闹，乱玩乱跑哪里是读书的，……此外课本上的容易看‘物语’，猫猫狗狗都会说话，老百姓们是最反对不过的”，乡村民众相信私塾教育才能培养出社会需要的技能和德性，至少不会把孩子教坏。“上几年私塾就能写个字，记个账，知礼义，识诗书，文言文是助人上进的，将来就是不做官，也是候补绅士，书香子

① 《调查本县私塾后之报告》，《金山县教育月刊》1924 年第 4 期，第 26 页。

② 梅焕涑：《闲话私塾》，《江西地方教育》1941 年第 215－216 期合刊，第 34 页。

③ 李纯仁：《改良私塾的难点及其补救方法》，《小学教师》1936 年第 3 卷第 9 期，第 45 页。

弟，表表人物。”① 林茂研究济南市近郊段店一带的私塾情况时指出："私塾所以如此之多皆因承办人在他们的脑筋中，以为私塾里读的是圣人的书，学校里念的书，净些白话，没有实学！他们又说：学堂里光玩，下了班一阵乱嚷，还能念出书来了吗？总之在他们的意思中，凡学校里一切游戏唱歌，他都认为不应该！总不如斯斯文文到有点古意。”②

2. 新旧教育方法的冲突

新旧教育在教学方法上的差距也是很明显的。

在新式人物看来，私塾教育方法的缺陷很明显，“私塾教法的陈旧，人人皆知，儿童整日枯坐塾中，死读书本，一概朗读背诵，既无其他方法指导儿童，足以促其进步，又无休闲活动机会，足以恢复儿童的疲劳，以致儿童在塾中，形同木偶，往往入塾数年，尚不能写明白一封白话信者，皆因为教法的不得其当的缘故”③。在有些比较激进的新式人物看来，私塾教学几乎就是一场闹剧，他们对私塾教育的态度是极其反感的。在某刊物的一篇题为《私塾怪现象》的文章，摘套空城计的唱词辛辣地讽刺了私塾教育的落后——“猴王高卧 猴子串戏”。全文如下：“我正在东门自在行，耳听得人声乱纷纷，鸟飞鹊噪不分明，却原来猢狲变成的精。看那猴王（塾师也指东门外下塘街之霍氏私塾）宰予书寝，一群猴子好起劲。有的你我捉盲盲，有的扭了辫儿臭汗淋，也有鼻涕拖三寸，也有的面涂黑墨，好比张飞活现形。我不免掩口胡卢轻轻笑，不笑别的，笑那先生：胡须翘得壁卓灵，口含了牛溲马勃（黄烟也）青天白日将尸挺。你这个先生太不兴，为什么，放任那那那猴子胡行。听我访员把话论，你这混蛋害人精，我劝你，从今把群猴散尽，休待保正到来临。你休要，诗云子曰骗钱文，

① 廖泰初：《动变中的中国农村教育——山东汶上县教育研究》，山东省汶上县教育研究院，1936 年，第 36 页。

② 林茂：《谈一谈济南市的私塾问题》，《基础教育》1936 年第 12 期，第 711 页。

③ 吴鼎：《推广国民教育与私塾改良》，《教育通讯周刊》1940 年第 3 卷第 5 期，第 14 页。

你就滚滚滚，免得青年，误了终身。”①

新式教法同样被旧式人物看不惯。比如新式教材教法往往注重趣味性、启发性，这在一些旧式塾师看来则是多此一举。一位乡村短缺小学教师曾记录这样“一个笑话”，“在第一册的练习里，有一句让学生改的错句子，原文好像是‘我买了二尺米三升布’。有一位老先生看到这句话，马上抱着书本跑到学校提出质问，说为什么用这样不通的书”。经教师解释以后，“但这位老先生是始终不以为然，他喟然太息说：‘这真是曹操作新书，自作聪明!’他气愤地出去了，一路走一面说‘当初一日……在以先……’”作者认为这是“许多念过旧书的老先生”对于新教育常采取的态度。② 传统教育观念上教和管是一回事，“管的目的是想教你好，教的本身也满含着管的意义，某生顽皮给他几行书背，某生不听说，叫他多写几页字，书本是管训孩子的一种工具，本身可以不成为目的”③。由于管、教合一，所以私塾里体罚学生就被家长和教师视为是正常的事。廖泰初指出汶上县的家长多是信奉“不打是教不出好孩子的”，“不怕打的孩子更认为一辈子没有出息”。所以“尤其在蒙学里，‘打’几乎成为老师最大的功勋了”。“在蒙学里，训育和教育完全是一个东西，要教一个孩子学好因之而伤害其身体是一件最正常的事。”④ 不仅汶上县的私塾仍然体罚学生，其他地方对私塾的体罚行为也抱有相同的观念。有人指出“训管严厉”是私塾得到乡村民众信仰的一个原因，“私塾老师对于训导的原理大都是不明白的，他们常用责骂和体罚训管学生。这也是从古传下来的训育方法，所谓‘扑作教刑’是也。这种办法一般私塾陈旧的人，却认为非常合理，非如此儿童是不会好的”⑤。体罚是与新教育非常难以兼容的观念，被认为是最为损害儿童身心健康的、非从速废除不可的恶行，也是旧式私

---

① 风凉：《私塾怪现象》，《饭后钟》1921年第9期，第5页。

② 陈剑恒：《乡村教育访问记》，《基础教育》1936年第1卷第6期，第333页。

③ 廖泰初：《动变中的中国农村教育——山东汶上县教育研究》，山东省汶上县教育研究院，1936年，第36页。

④ 同上，第31页。

⑤ 蒋品鋆：《改良私塾的必要和办法》，《小学教师》1936年第3卷第9期，第34页。

塾教育最显而易见的缺陷之一，但显然乡村民众对此有自己的看法。

教学内容、教育方法的差异，导致新旧师资队伍的互不认同，互相看不惯。新式学校教师批评乡村私塾先生的知识陈旧、教学方法落后；旧派人物指责新式学校教师浮夸无用、无学术根基、道德低下。

私塾教师本来的知识系统就很陈旧，到了民国时期，一些乡村塾师确实在学术素养方面较原来更有所下降。有人曾经调查济南市内的私塾，指出塾师当中除了少数有旧学根底的"教书的老手"之外，确实还存在一些"老腐败"，"因为他平素读书无多，不敢公然设教，或抽贴筮卜，或相面谈星，及至山穷水尽，乃僦屋僻巷，开馆教学，古言古语，记得两套，向东家谈一谈稗官，讲一讲野史，外行的东家便以为先生本领浩大，很能教人，乃送其子弟入学拜师"，结果教起书来，错字连篇，叫学生们学一些偏字背字，学一些荒诞不经的典故，来糊弄了事。作者曾经调查济南市里的一个私塾，六十来岁堪称老学究的塾师竟然连三字经是什么时候的书，战国七雄是谁都说不清楚，作者慨叹以此等塾师去教育儿童，岂不要误了儿童，害了青年！① 但对于乡村民众来说，新式乡村教员更让他们看不惯。"爱静不爱动的有教无育的老先生"，和"没经验没学识的爱打又爱吹的好动感情的轻浮的少先生"，就是乡村民众眼中的私塾先生和新式教员。② 显然，在塾师与教员的比较中，塾师更占上风。

廖泰初曾经分析乡村教员何以在乡村民众中的形象不佳，"小学教员大部分是高等小学毕业和师范讲习所毕业的，年纪轻，经验少，在乡间没有地位没有声望，老头子们看着他生，看着他长，他们眼中，还不过是个毛小子，谁拿他当老师看，连写个账都不会，一切应用的知识多半拿不出来，又谁敢把孩子送到他们那里学乖"③；也就是说，

---

① 林茂：《谈一谈济南市的私塾问题》，《基础教育》1936 年第 12 期，第 710 页。

② 韩学文：《一个需要觉悟的乡村小学教员》，《基础教育》1936 年第 8 期，第 459 页。

③ 廖泰初：《动变中的中国农村教育——山东汶上县教育研究》，山东省汶上县教育研究院，1936 年，第 36 页。

年轻和学识浅薄是乡村民众看不惯乡村教师的原因。当然，还有一个原因就是乡村民众评判教师的标准还是非常传统的，体现了转型时期衡量人才标准的时代差距。以旧派人物看来，“今之学校教员，其六艺未卒业，四史未上口，五洲之勿知，八星之勿辨者，亦十而八九也。以言道德，学校教员有惭色矣。今之学校，大都教者为薪水而教，读者为文凭而读。交易而退，各得其所。昔者徐明遵之授徒，利其脩脯。孙叔通之讲学，教以面谀。识者莫不腹诽之唾骂之，今竟见之于竟言新教育之学校教员。吾言至此，吾心滋痛矣”①。

### （二）教育组织形式的冲突

新教育学制长，在学校组织和管理方面体现出一种工业社会的规范化、严谨化的倾向，而旧式乡村私塾教育则适应乡村农业生活的节奏，表现出灵活、简便的特点。新旧教育模式两相对比，农民对新学制很不适应；而从新教育的角度看来，私塾的教学质量很难保证。

私塾教学环境之差、教学设施之简陋常被新教育方面所诟病。所以在改良私塾的建议中，就包括对教学硬件设施的改造工作，“私塾除了塾舍应宽敞，光线应充足，有空场足资学生课外活动外，还得要有左列的设备：1.‘表簿’，学生出席簿、教学日志、学生告假簿、家庭通讯簿、学业考查簿、操行考查簿、视导记载簿。2.‘图书’，各科教科书、字典、挂图、其他参考图书。3.‘器具’，黑板、粉笔、时钟、面盆、手巾、痰盂、高低适度之课桌椅，其他”②。

1928 年杭州市推出《改良私塾的计划》中，附设了一个“私塾改良之最低限度”，从中可以推测当时普通私塾在软硬件条件方面的实际状况。“甲、关于设备者：一、须有光线充足之教室；二、须有可供游散之场所；三、须备黑板粉笔；四、须有适宜之厕所；五、须备学生茶饮；六、须备学生分数簿。乙、关于教授者：一、必修科为三民主义、国语、算术、常识等；二、用书以本政府通告指定者为限；三、须讲解并令学生回；四、须令学生练习或作答案，并给予分数；五、

---

① 《调查本县私塾后之报告》，《金山县教育月刊》1924 年第 4 期，第 22 页。

② 梅焕湅：《闲话私塾》，《江西地方教育》1941 年第 215—216 期合刊，第 33 页。

须定日课表；六、绝对禁止饭后作字；七、须依照学生程度酌分班级；八、高级程度之学生须教翻字典。丙、关于训管者：一、绝对禁止体罚及帮理教师家务；二、须有休息时间，准学生做简单游戏，如拍球、踢毽子、滚铁环、打弹珠、捉迷藏；三、派值日生洒扫教室；四、须定上学及散学时间。”① 从这个私塾改良的最低标准中可以看出，私塾在方方面面都过于简陋，与现代教育标准之间存在相当大的差距。但是从乡村农民的角度看来，私塾自有它合理的一面，新式学校也有许多不适宜乡村的地方。

首先，农民感觉到新教育昂贵、不经济。“书籍用品方面，私塾中只要买一本书，和毛笔一支，砚田一方，几张描红纸，随时用完随时买，如三字经百家姓等，哥哥读了弟弟妹妹还可读，甚而有儿子孙儿读爷爷祖父的旧书的。而学校里呢？则教科书年年换，期期换，买起来不止一本，国语算术常识……不幸而留级重读的小孩子，也得再买一套新书。除了课本以外，还有毛笔铅笔石板和好几本簿子，乡村人家，钱的来路不易，一钱如命，那肯拿出这许多零钱？”

其次，学校教育的规范化也让农民觉得不适应。比如习惯了私塾弹性学制的农民对于新学制就很不明就里。什么初级小学、高级小学、毕业不毕业等资格问题，乡民有时是不懂的。“又有的学生家长不明现在的学制，只记得先前的学生是读书三年或五年，三年五年，好像一种自然之成数。因此学生每到第三年或第五年的终了，这便算是一段落，甚么差一年初级毕业或差一年高级毕业，全都抵不过他们老辈子规矩。乡村小学的学额，中级少于低级，高级少于中级，拢起来成为一种宝塔式，就是这种原因的实证。”因为对新学制不明就里，所以有些家长不等孩子从初级小学毕业，一有就业机会就让孩子离开学校了；而有些家长呢则只为了图学校离家近，所以让早该进高级小学的孩子，在初小读个八九年。② 而私塾在办学方面具有适应乡村民众生活实际的一些特有的灵活性，就很受农民欢迎。“塾生是无定期毕业的，亦无所谓升级降级，根本就没有所谓级，随来随读，岁数大了，就换个别

---

① 《附私塾改良之最低限度》，《市政月刊》1928 年第 1 卷第 4 期，第 7 页。

② 张镜：《乡村小学之学额问题》，《基础教育》1936 年第 7 期，第 418 页。

的私塾。”① 私塾“对于学科，取个别训练，没有班级之分，学生聪明的多读写，天资欠颖的少读些，没有留级降班这套玩意儿”②。应该承认，学校教育的规范化有它不适合乡村实际的死板的一面，以收费来说，“私塾学费无一定——穷照穷出，富照富出，家长无不胜担负的痛苦”③；“私塾论季节收，一年四季，大概是清明端午中秋冬至，那些时正式经济集中的时候，而且分期交，数目少，比较容易拿出。学校呢？在城镇是寒暑假开学时先交，在乡村是假期结束时交齐，一年两期，除年节外，正是青黄不接之时”④。

新旧教育在节假日安排上的差异所造成的冲突也很明显。农村学生有他们适应农业生活节奏的特有的生活规律，而新学制是以城市生活节奏为依归的，它不适应乡村的地方很多。以学校学生出勤到课率来说，“在城市大概天好学生旷课的少，天坏学生旷课的多。务滋的情形恰恰相反：每逢下雨刮风，学生到校的人数反而加多。因为晴明的时节，他们多半上山砍柴或在家帮助农事，便无暇来学空洞的文字教育了”⑤。因为农村生活有它自己的生活作息节奏，所以，许多农村家长对于新式学校每周末都固定地放假这件事也不接受。为避免他们的非议，许多乡村小学周末也不放假，但教师又不甘心放弃这个休息机会，于是“便形成了一种明不放假暗放假的情形。在星期天教师尽管不上课，儿童可以在教室里待坐一天”⑥。

私塾教育在假期这个问题上是很适应乡村生活节奏的，“私塾里面无例假——不论什么纪念日或星期日，照常上课，从不放假，家长对

---

① 廖泰初：《动变中的中国农村教育——山东汶上县教育研究》，山东省汶上县教育研究院，1936 年，第 32 页。

② 黄志成：《私塾在普及教育运动中之地位》，《中华教育界》1935 年第 22 卷第 7 期，第 94 页。

③ 高馨圃：《什么事改良私塾的有效办法》，《小学教师》1936 年第 3 卷第 9 期，第 41 页。

④ 黄志成：《私塾在普及教育运动中之地位》，《中华教育界》1935 年第 22 卷第 7 期，第 93 页。

⑤ 陈剑恒：《乡村教育访问记》，《基础教育》1936 年第 6 期，第 333 页。

⑥ 左绍儒：《乡村小学实际问题十四谈》，《基础教育》1936 年 12 期，第 702 页。

于此点最为高兴”①；而且私塾的假期设置非常灵活，学生放假可以“完全以老师和父母的方便为决断”，形成一种“不规则假期”，这是规划化、标准化的新式教育做不到的。除了春节、中秋、期末等固定的公共假期之外，每个私塾、甚至每个塾生的假期都是不一样的，农忙季节，贫寒点的孩子可以多帮家里的忙，少读一两个月的书；富裕点的孩子也可以随时随事请假，“塾生的迟到、早退、缺席、告假，却并不成为严重的问题，各个塾生读自己的书，写自己的文章，听自己的课，对他的同窗是无多大影响的，不上学只是自己吃一点亏而矣”②。这是私塾假期的特点，由于私塾采取个别授课法，所以它这种“不规则假期”对教学效果的影响降低一些，但对于实行班级授课、课业繁重的新式学校来说，缺一两个月的课就很难补了。

对于那些致力于在乡村发展现代教育的人来说，私塾无规范的学级标准、灵活的假期制度虽然适应乡村生活规律，但其教学效果还是很令人怀疑。廖泰初就质疑一个塾生到底一年能读几个月的书，他根据自己对汶上县塾生的观察，粗略估算了一下，“一年里头，剩下不了几天读书的日子，穷苦的孩子，读上七八个月的书，算是很好的了”③。

### （三）教育功能的冲突

私塾与学校两种教育机关的功能以及塾师与教师的社会身份事实上存在着一定的差距，对于乡村社会自身来说，私塾是服务于内的，而学校是服务于外的。塾师是乡村社会的文化导师，而新式教师则是游离于乡村生活的边缘人。

廖泰初说：“私塾组织不单是久已成为传统的识字中心，学而优则仕的台阶，而且在一个社区里，常常间接的占有了若干政治经济的力量，成为村活动的中心，对付一切日常或非常的事态。”④ 也就是说私

---

① 高馨圃：《什么事改良私塾的有效办法》，《小学教师》1936 年第 3 卷第 9 期，第 41 页。

② 廖泰初：《动变中的中国农村教育——山东汶上县教育研究》，山东省汶上县教育研究院，1936 年，第 32 页。

③ 同上，第 33 页。

④ 同上，第 11 页。

塾从教育功能上说，发挥着基础教育的职能；从社会功能上说，是乡村社会的文化中心。两方面的功能都不脱离乡村社会的需求，而新式教育在这两方面都不及私塾。

首先，由于乡村民众对教育的需求很低，很务实，所以私塾教人识字知礼对于大多数乡村民众来说就足够了，新式学校教育中那些音乐体育等课程对他们来说是奢侈多余的，继续升学对大多数贫困乡村民众来说也是很遥远的。廖泰初指出乡村民众之所以欢迎私塾，是因为私塾教育能够满足他们很质朴的“上进”的需要。“上几年私塾就能写个字，记个账，知礼义，识诗书，文言文是助人上进的，将来就是不做官，也是候补绅士，书香子弟，表表人物。”而新式学校所学的三角化学之类的知识在乡村却并没有用武之地，乡村生活所需要的技能，小学毕业生却不一定做得来，以至于“小学毕业了，一问三不知，写个字都扶不正，种田下地都懒起来”①。

乡村民众也并不是没有更高一点的教育需求，只是一方面受经济条件的限制，无力继续升学深造；另一方面，也是由于乡村民众的教育价值观是非常务实和理性的，农民受教育的目的可能比起其他社会阶层来说更加功利。如果新式教育不能给受教者带来实利——通过读书受教育实现乡村子弟社会地位的上升，改善其家庭的生活水平，那就很难让他们接受新的教育模式。应该说这是新教育最不能满足乡村民众的一点。“乡村小学有许多学生家长，遣子女入学的目的在使子女知识增加，将来容易混饭，什么陶冶德性，什么锻炼体格的种种教育意义，他们是一字不懂，他们从学生入学起，就时时不断的念着‘什么时候学生才能就业’。”所以，在当时就业紧张的局势下，许多家长就根本不管孩子是否即将毕业，一旦得到一个就业机会，就立刻让孩子“整装外出”，学校什么的就全不在意了。② 而新式学校在汶上乡间得不到信仰，最根本的原因就在于所学知识无处施展，最多“做个小

① 廖泰初：《动变中的中国农村教育——山东汶上县教育研究》，山东省汶上县教育研究院，1936年，第36页。

② 张镜：《乡村小学之学额问题》，《基础教育》1936年第7期，第418页。

学教员，月薪最多也是几元钱，精明的老百姓们已充分看透这套把戏了”①。

新式学校学生毕业以后并没有出路，是农民不信任学校、招生困难的一个直接原因。私塾教育之所以能够长久的在乡村保留一定的影响，首先是因为私塾教育意味着功名利禄、升官发财、光宗耀祖，即使不能得到功名，至少也可以作一个适应乡村基本文化生活的体面人。说到底是农民看到了可以从旧式教育里获得的实利。但是科举制废除以后，读书受教育与升官发财之间的直接联系被切断了，新式教育与社会地位上升之间的制度性联系一时之间还未显现，乡村民众对教育的兴趣可以说降低到了极点。“老百姓们对念书识字已是感不到兴趣，穷苦一点的更是如此，‘能者劳而智者忧，反不若无知无识无所求’，‘一天不吃饭不可以，一天不念书大可以’，‘不缺吃，不缺喝，念书干什么的’”；既然私塾和学校都不能满足人们向上流动的需要，两相比较，私塾既然早有了传统的历史背景，其胜利自属当然。②

当然也不是所有人都没有认识到新教育的功效，虽然还是有许多乡村家庭让子弟进入新式学校读书，但新式教育对于乡村民众来说是一种贵族教育，贫困的农村子弟入了初小、高小，再继续升学是很难的。倘若不能继续升学，继而在城市中就业，那就意味着在乡村生活中，他成了一个高不成低不就、不上不下的尴尬人。所以乡村小学中常会见到一些已经二十多岁，在学校已经读了十来年的学生，他们“始终不去”，甚至因此而影响招收新生，原因就是因为“他们既没钱升学，也不愿再种地”。所以有人建议“怎样利用年长的青年学生，使他们能在乡村服务有事可做，这是乡村教育者应当注意的问题”③。

对于乡村民众这种功利思想，从事新教育的人解决问题的思路是这样的：“第一是改变农民和学生的思想，使他们明白读书是在增长人的学识并非为增长人的身份。第二是提倡农村副业使农村青年有事可

---

① 廖泰初：《动变中的中国农村教育——山东汶上县教育研究》，山东省汶上县教育研究院，1936年，第37页。

② 同上，第3—4页。

③ 陈剑恒：《乡村教育访问记》，《基础教育》1936年第6期，第335页。

做。”从他的思路中可以看出一方面要适应农民子弟的务实性的需求，另一方面也要向农民解释新教育的目标上所具有的超越现实功利性的性质。总之，在有些新式知识分子看来，新教育比旧式科举教育所进步的一点就是它不那么功利，教育的目的主要在于培养人的健全独立人格、培养人的思维创新能力，只是这种性质能否被农民所了解和接受就很难说了。①

其次，旧式乡村私塾教育，特别是那些蒙学性质的私塾除了读书识字，还负有一定的保姆看护职责，这一点也是新式乡村小学教育所不及的。

廖泰初曾指出“蒙学的目的是‘管管孩子’，‘学学规矩’，‘孝顺父母’，‘尊君敬孔’，读书识字是管孩子的方法，只是一种工具，不是一种目的；这种年龄的孩子实在最难管了，有点钱的父母，乐得送上私塾去，省得自己操心；是以蒙学里老师优劣的标准，以其管教的严宽为依归，管得严，学生怕，不敢逃学，是唯一无上的好先生，最好的塾师应该是一个阎王爷，别的条件一概不论，由这里制造出来的小人物是‘品性高’，‘少年老成’，‘知礼义’”②。这是自古以来形成的民间社会对于蒙学保育功能的习惯认知。也有人就指出私塾屡禁不止的原因之一就是因为塾师比教师更“勤教守信”，“当着春水大涨，蝦蟆高歌的晨光，父兄恐怕子弟，因戏水捉蛙而遭灭顶的大祸，自己为了生计，无力照料，特请塾师来代为管教。南昌人交学生到私塾里去读书，为的是‘关关水’，泰和人叫私塾做‘蝦蟆学’。头戴瓜皮帽，身穿大布衫，唇边八字胡，眼架‘老花镜’，六根清净，道貌岸然的先生。他唯一的特长，即是‘坐性好’。一天到晚，谆谆教诲，以达成家长的希望。绝不会不顾及学生家长的物议，而赶圩当集，随便旷课。更不致眼见三五学生，教来无味，即宣布放学”③。所以乡村塾师除了

① 陈剑恒：《乡村教育访问记》，《基础教育》1936年第6期，第330页。

② 廖泰初：《动变中的中国农村教育——山东汶上县教育研究》，山东省汶上县教育研究院，1936年，第20页。

③ 梅焕涞：《闲话私塾》，《江西地方教育》1941年第215—216期合刊，第32页。

教育儿童之外，事实上还如同现代幼儿园教育那样，负有看护孩子的责任的，而一些新式教员往往不能很好地融入乡村社会，他们接受的教育使他们接近现代经济社会里的自由职业人，除了教书的本职之外对于乡村子弟的责任意识反不如塾师强，这也是一个事实。部分也是由于这个原因，新式学校教育放假比较多，也被村民不理解。

最后，传统私塾教育是以乡村生活为本位的，承担着乡村社会文化中心的功能，密切服务于乡村民众简单的社会生活；而新式教师和学校却是以城市文化、国家需求为依归的，体现出一种对乡村文化的排斥和批判。在乡村民众的生活结构几乎没有任何变化，而且也几乎看不到任何变化的希望的情况下，新式教育就表现得与乡村民众生活格格不入，完全像一个硬塞进来的东西。新式教育很难适应静止不变的乡村社会生活，乡村人民也很难接受焕然一新的新式教育。

廖泰初曾经指出私塾的功能绝不只限于教育范围内，“私塾存在的真价值”在于它承担着乡村社会活动中心的功能。他说“在地方上，有以塾师塾址为中心而形成一个近乎参议院雏形的说法，并不是过甚其词，一个私塾或许不是直接干预地方行政，间接活动的力量却是值得惊异的”。他具体分析了私塾所承担的主要社会活动如下：第一，乡村塾师承担着乡村一切对外交涉的事务。因为比起一般乡村老百姓来说，只有塾师见多识广，既懂得官场规则，又懂得乡村社会情形，会说话，会写官样文章，所以一切“对付上官”的事务，无论个人的、还是公共的，塾师自然都责无旁贷地承担起来。塾师的第二项工作就是“包揽诉讼”，廖泰初指出汶上民众好讼，所以乡村塾师多是“写状子的能手”，而且塾师们之间为此还有竞争，“谁的状子写得好谁吃香，谁占着重要位置”①。塾师的第三项工作就是适应乡村礼俗社会生活的那些文化工作，比如替人写家信，立契约，合婚，看日子，给孩子起名字等，“想乡间除了塾师外，别无合适的人物了”。廖泰初提出这样一个合理的问题，既然塾师这样全方位地服务着乡村民众，一个能干的乡村塾师的话在村民那里“差不多就是金科玉律”，所以谁家有钱会

① 廖泰初：《动变中的中国农村教育——山东汶上县教育研究》，山东省汶上县教育研究院，1936年，第20页。

不把孩子送到私塾，谁家会把不懂这些乡村重要事务的洋学教员放在眼里呢?①

民国乡村教育领域中，教师不如塾师受尊重的一个重要原因，就是因为新式教师不像塾师那样能够适应乡村民众基本文化需求，在实用性上不及私塾。“塾师先生在乡间很有地位。排难解纷，都要请先生到堂处理；婚丧喜庆，也要请先生亲临指导。写‘龙凤帖’，‘祭文’，‘春联’，‘家书’，‘契约’，也是促成塾师先生成为社会中心的条件。做保学教师，如不懂应用文，虽为学成归国的教育专家，精通一切理论，信仰当然也建立不起来了。”②

总之，民国社会主流舆论认为，旧式私塾教育不能承担起国民教育的重任，但在事实上它又受到乡村民众的信任。因为作为有悠久历史的乡村私塾，它对于乡村生活具有先天的、高度的适应性。被赋予了“现代化”合理性的新式学校教育即使在政府的强力支持下，也并不被乡村民众认可。因为新式学校完全是政府强行输入乡村的一个外来货，它是与城市、工业社会生活高度配合的产品，对农民来说，就很难将新式学校当作私塾的替代品，而顺利地接受下来。所以在民国乡村教育领域呈现出私塾对新式学校教育的强力竞争和抵触的局面。新教育批评旧式私塾陈腐落后，而拥护旧式教育的人们又认为新教育时髦浮夸，实际上，私塾与学校之争的本质在于它们二者在满足乡村民众的教育需求、适应乡村民众的文化心理、生活习惯方面所发挥的不同作用。

## 三、新旧教育文化的冲突

乡村民众对新式教育在习惯上、心理上的不认同，除了新旧两种教育方式显而易见的差别之外，在更深层次上还有新旧两种教育模式所代表的不同文化所造成的冲突问题。而且这种文化冲突是多层次的，

---

① 廖泰初：《动变中的中国农村教育——山东汶上县教育研究》，山东省汶上县教育研究院，1936年，第40页。

② 梅焕涞：《闲话私塾》，《江西地方教育》1941年第215—216期合刊，第32页。

就像廖泰初所说的“洋学”与“汉学”的对立，“官学”与“民学”等。具体说来，就是中西文化的冲突、官学与民学的冲突、近代文化与农民意识之间的冲突等几方面。文化冲突也是限制民国乡村教育发展的难题之一。

教育是文化的载体，二者之间关系密切。从文化视角来看，民国乡村教育的困境也与近代社会转型所带来的新旧观念与文化的冲突密切相关，而这种文化冲突在乡村的外在表现就是新式学校与旧式私塾的长期对立。几百年来由私塾教育、儒家思想、乡土文化、农民意识等有机组合而成的乡村教育小传统，到近代遭受到由新式学校所代表的近代文化的全方位冲击。但是无论政府扶持还是舆论呼吁，新式学校都很难撼动私塾在乡村的文化霸主地位，因而在民国时期的乡村教育领域就形成了长期的新旧并存对抗的局面。

**（一）洋学与汉学的文化冲突**

所谓洋学与汉学的对立反映了民国乡村教育问题上的中西文化之间的冲突。村民称新式学校为“洋学”，这意味着村民认为新式学校完全是一个外来的、甚至是与近代西方的文化侵略有关系的东西，将它强行注入到乡村社会，必然引起村民的抵触。

其实，清末新政时期乡村教育领域中的中西文化冲突更激烈一些，由于清政府借助国家的权力将新式学校教育推行于乡村，从而引发了严重的“毁学”风潮，民众甚至用暴力的方式来破坏学堂、攻击学董教员，当时就有人指出中西文化冲突是毁学风潮的起因之一。“1904年7月26日，《岭东日报》上刊载一篇题为‘论民智不进之可忧’的文章，作者对当年发生在江苏无锡和四川广安的两起毁学事件进行报道，指出这两次事件背后的原因是由于民智不开，乡民‘视学堂直与教堂无异’，由仇视外人而及于新式学堂。”有现代教育史专家也指出：虽然清末毁学风潮主要是由于新式教育引发乡村教育经费负担急剧增加而引起的，但近代特殊的中外关系氛围中，被扣上“洋学”帽子的新式学堂，很容易被村民视为是与教堂一体的、属于西方文化侵略性质的东西，因而遭到村民攻击，所以他认为清末的“教育冲突有时还受累于民教冲突"①。像这样的暴力毁学事件虽然到民国时期已不多见，但村民对"洋学"的隐性抵触还是难以消除的。

廖泰初在分析民国时期山东汶上县的新旧教育并存现象时，就指出私塾和学堂从根源上来说就是中西方两种不同文化的产物，二者之间在文化起源上各具底蕴，忽略二者之间的差异，将学堂教育强行注入乡村，效果必然不好。"'洋学'和'汉学'根本是两种最不相同的东西，一种是西洋文化的产物，从外国抄袭，用人工的方法栽培到乡间的，一种是根据乡间社会的需要和其他的一些理由自然演变的产物，两者是完全不同的。"② 而被称为"汉学"的私塾则是与中国长久以来的农业社会非常融合的制度，"私塾是中国传统的教育制度，同时教育制度是整个社会互相连系的社会制度之一。所以私塾的生长，发展，存在，变化，是无一不与整个社会互相关连的"。所以如果不实际理解中国乡村社会的情况，"而想在其他社会组织中去抄袭一个教育制度来，以'削足适履'的方式，强制加入传统组织尚强的社会，而忽略了中国现社会有它的特殊性和变异性，其得着与预期相反的结果，那也是必然的道理"③。

在普通村民的视野中，更是几乎不把新式学校当作教育，而是将它等同于洋教，所以，在乡村中设立学校有时反而会引起文化失传的恐慌。有人曾记载：在乡村，说让孩子去学校"读书"，村民是不信的。"所谓'书'在他们认为就是三字经，四书，五经，除此而外，世界上并没有书了，怎么又有所谓国语，自然呢？他们简直认为是洋教，所以竟有人说：'我们赶快念点中国国粹吧，不然，再过几年，就要失传了，没有会写好字的了'。"一些塾师往往也故意利用村民对西方文化的排斥心理来攻击学校，以维护自己的利益，"一个塾师说'你们没见洋学堂里的教员常有封闭私塾的说法么？这是给洋鬼子买通了，想

① 田正平：《清末毁学风潮与乡村教育早期现代化的受挫》，《教育研究》2007年第5期，第75—76页。

② 廖泰初：《动变中的中国农村教育——山东省汶上县教育研究》，山东省汶上县教育研究院，1936年，第57页。

③ 单维潘：《北平私塾研究》，《新北辰》1936年第2卷第10期，第1061页。

灭我们中原哪’”①。

对于传统文人来说，新学校舍、四书五经、纲常伦理，而教那些西洋来的知识就更是中国学术和文化的堕落。如刘大鹏慨叹：“天下学校全改为学堂，学堂者外洋各国之民也，其中一切章程全遵日本之所为，最重测算、技巧、格物一门工艺也。讲求工艺之精巧，非吾儒所谓格物，在即物而穷其理也。学术之坏不知伊于胡底耳。”② 他担忧西学的输入使传统伦理风俗随之败坏，中国传统社会结构也趋于瓦解，“自设学堂以来，毕业之学生车载斗量，不可胜数，到处皆是学生，而人情风俗竟被所扰，将古道指之为非，纲常伦理因之大坏，非但不知有君，而且不只有父，无父无君天下大乱”③。可以说，刘大鹏在某种程度上也说出了民国乡村教育领域中西文化竞争的事实。

在近代中国特殊的政治、文化环境中，洋学、洋教在乡村民众的观念里是带有贬义的词，一个乡村小学教师如果被村民冠以“洋书先生”，一般不会是好事情，会给这位教师带来无形的压力。有一位乡村小学教员曾这样记述自己的经历：“我初在甯乡某乡当教员的时候，被一般愚夫的蔑视，路旁也常留着‘洋书先生’的大名；所以不知不觉的生出一种忸怩的状态，其实我也不知道他们是褒我的还是贬我的，过了数星期以后，外面伟大的言词，才渐渐的传给我耳中来了；‘什么洋书先生，只晓得快快跑马来的一类的话，对于三字经百家姓天地古今……的正书；反置之不读，真是很奇怪的啊。’”④ 这一段叙述真实反映了乡村民众对西方文化的抵触和贬斥态度，以及在这样的环境中，一个新式乡村教师的惶惑心态，他们工作的艰难，我们可想而知。

**（二）底层民众的教育期待与国家意志的差距**

对于多数属于文盲或半文盲的普通村民来说，他们的教育目标很务实——“实利”——个人和家庭社会地位的上升；而新式学校教育

---

① 张士凯：《两个乡村教育问题的经验观》，《基础教育》1936 年第 1 卷第 2 期，第 69 页。

② 刘大鹏：《退想斋日记》，太原：山西人民出版社，1990 年，第 159 页。

③ 同上，第 291 页。

④ 《一个乡村小学教员的自述》，《湖南教育》1928 年第 3 期，第 9 页。

所体现的国家至上意识很明显，民国新教育的培养目标首先在于塑造适应共和政治的新国民。这对于村民功利性的教育目标来说，显得相当迂阔，他们只会觉得学堂的设立完全是政府的事，与他们自己的生活和需求毫不相干，甚至有时还会觉得学堂有损于自己的利益。总之，乡村教育需求的“草根性”与国家教育规划之间是有距离的。正如当时人所说的那样，“村民对于学校的信仰尚低。洋学堂既没有科举时代的功名作用，自然容易被乡人轻视”①。

自从新式教育起步以来，它的主要发动者和推动力均来自政府和少数思想意识超前的士大夫，推动新教育发展的内在逻辑是“教育救国”，甚至20世纪二三十年代兴起的乡村教育思潮，其内在逻辑也是首先从振兴国家民族为出发点的。“我国以农立国，农民人口几占全国人口百分之八十以上，所以欲振兴我国，必先唤醒农民，唤醒农民之道多端，而振兴乡村教育则为最大。……人民皆有自治自立的能力，虽有少数野心家，亦难逞其私图，如有违反民意者，立即群起而攻之。所以欲造成真正的民主国家，必先实施教育普及，欲达普及教育之目的，非先从乡村教育着手不可。”② 从民国政府先后推出的“五育并举”、“三民主义教育”等国家教育宗旨，到学校制度、课程设置、学科标准等教育制度，都是以取法西方先进国家的教育经验，改造本国小农社会原生态的传统教育，从而实现国家民族的振兴为目标的。而且，自清末新政以来至民国政府，国家权力都是推动基层社会进行新式教育改革的主导力量，是在政府的强制作用下，才实现了新式学校教育向乡村社会的渗透，原来由乡村社会自筹自办的传统教育被迫发生转变。所以，无论从教育目标，还是从实施主体和实施过程来看，新教育都体现出极强的国家意志。

对于仍然生活在传统农业社会中的乡村民众来说，他们远没有社会精英超越现实利益的眼界，生活环境的闭塞也使他们很难跟上国家意识形态转换的速度。新式教育所蕴含的新观念对于生活在温饱线上、

① 陈剑恒：《乡村教育访问记》，《基础教育》1936年第1卷第6期，第332页。

② 杨永颐：《中国乡村教育之锢疾及改进之方针》，《夜光》1931年第1期，第25页。

文化环境相对封闭的乡村民众来说往往是难以理解的，难免引发乡村社会的不适应，乃至对抗。

乡村子弟读书是为了“生利”，“乡村小学有许多学生家长，遣子女入学的目的在使子女知识增加，将来容易混饭，什么陶冶德性，什么锻炼体格的种种教育意义，他们是一字不懂，他们从学生入学起，就时时不断的念着‘什么时候学生才能就业’”①。事实上，许多新式学校毕业的学生由于各种原因并不能谋生，父兄花了钱培养子弟，却没有收到预期的“实利”，成为学校难以获得乡村社会认同的最重要原因。“因为学校里的课程，不能适合农民的需要，学校里的训练，复不十分严格，所造就的子弟只知分利，不知生利，提高其奢侈的欲望，而抛弃原有勤俭之美德，并且毕业后无一技之长，不能谋生，所以轻视学校。”② 既然新式学校对于改善农民的生活处境没有直接作用，农民难免会将它看作是一种与自己生活质量无关的东西。

就是在这样的观念差异下，一个本来准备回乡做教员的青年，被硬生生地改造成了塾师先生。当他回乡第一次上课时，发现没等他指导，学生们已经自动从家里带来了课本——从三字经、百家姓到论语，等他向村长反映，要求使用新式学堂里的新教材时，遭到了村长“严厉地拒绝”，村长说：“那些洋书好是好的，但是我们是乡下人啊！我们不配读这种洋书的。”从村长的话里，我们很难断定，村民对洋书的抵触源自对西方文化的抵触，村长强调的是“我们是乡下人”。后来这位青年教师渐渐悟出了洋书与村民思想之间的差距，“他们的父母送他来读书，并不抱什么大的希望，只要他们能认得几个字，会记账写信就好了”。而青年教洋书，目的是“灌输一点新思想给孩子们，为未来的这农村造下一点幸福”，这样的“高尚的理想”对于村民来说实在是太高远了。③ 所以，民国时期新式乡村学校竞争不过私塾，是与新式学校所代表的国家意志与村民的实用心理之间的矛盾有关系的。

---

① 张镜：《乡村小学之学额问题》，《基础教育》1936 年第 1 卷第 7 期。

② 束荣松：《中国农村教育的回顾与前瞻》，《小学教师》1936 年第 3 卷第 16 期，第 758 页。

③ 娴生：《私塾先生》，《读书月刊》1935 年第 2 卷第 9 期，第 406 页。

正是由于国家教育意图与村民教育价值观之间的这种差异，导致农民对学校教育的许多理念都根本看不懂，也看不惯。

现代学校教育中必不可少的发展学生活泼的天性、培养健康体格、理解乡村生产生活常识等课程，如体育、音乐、美术、自然，等等，在村民看来就是不必要的。“体育科在乡村小学里最为地方人士及家长反对的，但是我们站在教育立场上又认为体育是发展儿童身心最重要的一科”，家长的意见是“小孩子到学校里是念书的，将来出去做点事情，维持生活，学些立正，稍息，有什么用处呢……”？客气地说“低年级的小孩子，可以做做游戏，活动活动，三年级以上的儿童，可以把体育、音乐、美术等改为国语，珠算等有用的科目”①。受传统教化观念的影响，农民对学校教育的期望仍然是希望把孩子训练得更懂规矩，更加社会化，更加符合他们期待中的上等人的模样，在乡村习俗观念里，孩子入私塾读书，就被俗称为“买买凳子坐，压压脾气，还省得在家里做怪”②。所以私塾教育“用严厉的方法，不踢皮球，不去跑跳，鞋袜不易坏，衣服不易脏，儿童在私塾连笑一下也不可以”③。虽然这样压抑儿童天性，却反而得到家长的欢迎。

新式教育所带有的国家意志和官方色彩，也是造成乡村社会不信任新式学校的一个原因。在一些村民眼里，学校的衙门派头自动地与民众生出了一层隔膜。“学校非仅是教育儿童的场所，并且要当作改造社会的机关。乃现在一般乡村小学，仍保守着以前官厅衙门一样的森严，校门外挂的‘学校重地，闲人免进’的虎头牌，有的至今尚未摘去。寻常人不得不敢涉足其间，就是校门外都不敢探望一眼。学校与社会简直划然两途，毫无关系。”④ 同样，乡村教师的身份也受到这种官方色彩的影响，而使村民与之疏远。余家菊在 1921 年谈到乡村教育

---

① 《乡村教育观感记》，《乡村教育》1936 年第 1 卷第 4 期，第 40 页。

② 严济宽：《我的私塾生活》，《学校生活》1935 年第 103 期，第 95 页。

③ 黄志成：《私塾在普及教育运动中之地位》，《中华教育界》1935 年第 22 卷第 7 期，第 93 页。

④ 左绍儒：《乡村小学实际问题十四谈》，《基础教育》1936 年第 12 期，第 698 页。

问题时，谈到乡村民众信任私塾而不信任学校，原因之一在于“教员以教育为官僚性质的事业”。所以乡民对设立学校是不感兴趣的，“但是为了命令的强迫，事实上又不能不成立，而成立了不用说就是马马虎虎，敷衍塞责了事”①。

**（三）城市文化与乡土社会的疏离**

民国乡村学校教育还有一个很难获得乡民认同的特点，就是都市化，“现行教育的重要病态，就是乡村教育的都市化和乡村学生集中都市学校”。民国乡村学校教育无论在教育模式、还是在培养目标上都是与城市教育一体的，甚至是照搬欧美工业社会的教育模式，而乡村社会仍然保有自己的乡土文教习俗，因而都市化、工业化取向的乡村教育与乡村社会生活之间是很隔膜的，很难获得乡村民众认同。“因为都市教育是抄袭的欧美资本主义教育，而乡村教育又是抄袭的都市；辗转抄袭到乡村，教育设施和乡村需要简直成了风马牛不相及的形态。”这一点也是那个时代城乡分化日趋严重的一个表现。

民国都市教育与乡村教育的差距，从根本上来说是近代工商文明与传统农业文明的时代差距，“乡村教育和都市教育的差别，主要的是因于经济基础不同，都市是工商业生产，乡村是农业生产；经济基础不同，由是而决定的社会组织社会习惯亦必不同”②。而近代中国乡村教育改革是一场由单纯的乡村式教育到都市式、工商式教育的剧变，人为地将西方工业社会都市教育的“成法”照搬到尚处于农业社会的乡村，被人指责为削足适履，必然造成城乡文化融合的困难。“中国数千年来以农立国，历代传统的教育可说是纯粹乡村式而非城市式。自逊清末叶，始模仿欧美的工商本位的教育，识者早已认为削足适履，假使当年所模仿者是欧美的乡村教育制度，比较尚容易同化，因为中国现时仍在农业经济时代，农民实占全人口百分之八十三也。奈其所

---

① 余家菊：《乡村教育的实际问题》，《少年中国》1921年第3卷第6期，第30页。

② 高希斐：《乡村教育的初步认识》，《经世》1937年第1卷第8期，第48页。

仿者是欧美城市式的工商教育，所以同化上有两重困难。”①

都市化的乡村教育在乡村社会所遭受的抵触是多方位的。比如与工业社会相适应的学校教育十分注重规范化，而这就与乡村生活所需要的灵活性之间产生了冲突，像周假、寒暑假制度、修业年限等虽为教育法令所明文规定，但在乡村就多未执行，因为它们不合乡村农业生活的节奏；制度化、学制长的学校教育在村民看来也是一种贵而无用、华而不实的贵族性消费。甚至于从教者的穿衣打扮这种小事情，也存在城乡文化的冲突，甚至影响到开展乡村教育工作，邰爽秋曾说："记得今年春天我们有一部分同志到定县去参观教育。当时北平各大学有数百个热心乡村教育的男女青年，西装革履，装束入时，摩登头，高跟鞋，毛披肩，呢大衣，一阵阵的走上定县的乡间道，迎风招展，令人应接不暇！当时定县乡村一般民众的好奇心，顿被这班外来客引起。每到一个村庄，合村男女老幼都跑出来看把戏，屋顶上都站满了人。”作者通过这样一个生动的事例，让我们看到了民国乡村教育中的城市化倾向与乡村生活之间的隔阂——从事乡村教育的人和行为被乡村民众视为“把戏”，仅是一场热闹而已。农民在这类问题上心理更显见城乡文化的距离，“如果教师的服装太华丽奇异，农民便生一种见外的心理，对教师会见而远之不敢亲近。而讥诟你为‘洋化’‘烧包’‘二鬼子’等的评论”②。城乡文化冲突尤其以新式学校教师不善于应付乡村礼俗社会为典型，即城市毕业的乡村教师不通达乡村社会的人情世故，难以融入乡村社会，与村民打成一片。

有人指出影响乡村学校生源的因素之一是乡村民众“重意气而轻子女”，“乡村人的心理，感情盛于理知，往往以学校当局与教师之合否己意，为使学生上学与否之判断。……但确有许多学校并非当局办学不善或教师教学不良，只为办学者的意见与自己的或自己一派的意见不合；或教师未表体贴自己的心意，于是就甘心把自己的子女牺牲

---

① 《乡村教育的实际问题——雷通群教授讲演》，《龙溪教育月刊》1931年第1卷第7期，第65页。

② 邰爽秋：《念二运动——由提倡土货到民族复兴的一个具体方案》，《念二运动》1933年第1期，第17页。

上，不许他上学”。所以当时为解决乡村小学学额不足问题，许多人都主张乡村教师应该注重家访、恳亲会之类的活动，以便教师与乡村社会联络感情，消除隔阂。① 也就是说，作为小社区的乡土社会是种人情社会，乡村民众送子女上哪种学校有时也凭人情关系，乡村教师能否适应乡村社会礼俗文化，融入乡村社会生活，成为影响他们工作和生活的一个重要条件。

对于乡村教师应付乡村人情礼俗社会的能力，有人就指出：“乡村小学教师因功课而办学失败者可以说还比较少，十之八九是失败于缺乏适应乡村环境的品德。我说这话，并不是说乡村小学教师的品德怎样不端，怎样恶劣，而是说乡村与城市的环境不同，现在一般乡村小学教师又多毕业于城市的学校，受城市环境的熏染所养成的习惯与态度，往往有许多地方不适应乡村环境。因为这种原因，教师与农民间往往不容易互相接近，互相接近既感困难，要想获得农民的信仰自然更不容易，如失掉了农民的信仰，便是失掉农民的力量，甚至引起农民的反感，以致校务进行上发生种种的障碍。”② 所以，调和城乡文化冲突已经事关民国乡村教育的成败，对于一个乡村教师来说，正像上述作者所建议的那样，应该尽量除去自己身上沾染的城市气，不摆架子、不装腔作势，衣着朴素，尽量接近农民，接近乡村风俗，这样才能得到农民的信任，在此基础上才谈得上发展乡村教育。

至于乡村教师如何融入乡村社会生活，许多人建议乡村教师要发挥自己的文化上的优势，尽量满足乡村农民写算方面的需求，这样才能更好地与乡村社会打成一片。而在这一点上，旧式塾师可以说具有得天独厚的优势，塾师几乎是乡村社会文化的导师，排难解纷、婚丧嫁娶、写龙凤帖、祭文、春联家书、契约等日常生活事务都需要他，他们的工作方式往往更具乡土性；与之相比，新式学校教师对这种乡村礼俗生活往往是不堪其任或不乐为之，城乡文化的冲突在这方面表现的很明显。有人曾记述自己读私塾时，机缘巧合地代替先生“打”

① 张镜：《乡村小学之学额问题》，《基础教育》1936 年第 7 期，第 418 页。

② 刘凤翔：《乡村小学教师怎样去接近农民》，《基础教育》1936 年第 1 卷第 3 期，第 127 页。

的一次“课”：一位村民丢了“戒子”，来学塾打课，先生正巧不在，这位妇女就请坐在先生位子上的作者打个课，问能不能找得到，还请指一个方向，作者记述自己当时的心理是：“我想我又不是神仙，怎样知道这许多？但是回头一想，说‘不知道’，乡下人会说‘他读书连打课也不晓得’。好像是暴露了自己的弱点。”于是并不会“打课”的作者便效仿先生，胡乱打了一课，把她打发走了。结果歪打正着，这位村民在作者指的方向找着了戒指，于是全村皆知作者的“课灵”，都来请他打课，逼得作者不得不真跟先生学习打课。从这段故事中可见乡村教育中的城乡观念差异：以村民的普遍看法，一个乡村文化人如果不会“打课”，显然是个缺点；而最终“跑到城里去投考中学”的作者无疑是个新青年，他对自己这段兼职打课的私塾生活，却评价为“怪事多端的私塾生活”，显然认为有点荒诞。①

新式教师思想趋新，对于与乡村日常礼俗生活相关的一些技能不仅不懂，而且对于其中的迷信、落后成分常持一味批评的态度，这更会造成乡民对于他们抱有抵触情绪。一位乡村小学教师曾经记述自己在乡村初做教员时，曾经不断遇到村民来请他合婚、择日、写柬帖等事务，他都屡次拒绝，不仅拒绝，而且还规劝人家——“只要性情相合，那就算合，若性情不合，任你看婚书看得多么合，也是不合的”；他说的道理是不错，但在那个时代的乡村，其结果必然是引起村民的不快和怀疑，村民抱怨“我们现在立了学校，和不立学校不是一样的做难吗？这先生他会什么呢？既不会择日又不会合婚写帖，不但不会，并且说这没有什么用处，他简直和传耶稣的一样，这先生是来教书呢？还是来传耶稣呢”!② 所以，新式教育如何适应乡村习俗问题必须得到重视。

**（四）近代文化与农民观念的距离**

在任何社会转型的时代，相对于经济和制度层面的转型来说，文化、观念层面的转型历来都是缓慢和滞后的，更何况民国时期乡村民

---

① 严济宽：《我的私塾生活》，《学校生活》1935年第103期，第95—96页。

② 郭增美：《一位由乡民反对而又得着乡民信仰的小学教师》，《基础教育》1936年第1卷第9期，第525页。

众的生活环境仍然很闭塞，这就注定农民的文化心理更具保守性。所以，虽然从某种角度上说，农民对新事物的排斥是合乎理性的，是出自他们的生活经验的。但有些时候他们看不惯某些新事物，乃是由于他们对于传统习俗的执着，很难及时跟上近代社会转型的速度。

农村生活环境和风气的闭塞，往往造成农民保守心理和不思进取的个性，这是乡村新教育发展困难的一个重要原因。一个乡村师范生曾这样记述自己家乡新教育的发展情况，“我的故乡是个多山地带，因了交通不方便，自然风气闭塞不堪，所以一切都是守旧而不进取，因袭传统而不改善；尤其关于教育事业的推进，更是困难。他们（乡长）还在信仰圣人，崇拜偶像；他们不满意现在的教育，因为学校不允许念四书五经，就不肯把儿子送进学堂里去；因为不明白现行的小学课本，反说念了会把儿子念坏的；再说厉害点，他们更不就不把学校看做一种有意义的设施，既认为没有意义，当然他们就没有兴头去做，所以教育的前途就不堪设想了”①。有人指出民国在乡村普及教育所遇到的困难，除了客观物质条件（如穷乡僻壤、交通阻碍等）的限制之外，还有“民气顽固，旧教育积习太深，一时尚不易改掉”的原因。②廖泰初指出直到民国十七年（1928 年），汶上县的老百姓才渐渐知道新教育是怎么一回事了，之前清末民初几十年的洋学，在汶上县“守旧固执的”老百姓眼里，“只是一种风气一种玩意罢了”，“书院私塾洋学还是乱得糊涂，分不出显明的界线”③。

相应地，被新派人士视为“可笑的陈腐的疣物”的私塾，在乡村却能持久地存在，这也与乡村民众的守旧心理有很大关系。

守旧符合农民作为小生产者的经验主义逻辑。“他们，尤其是农人，总以为老的是好的，新牌是来路货，每逢乡人进城，见到有‘百

① 韩学文：《一个需要觉悟的乡村小学教员》，《基础教育》1936 年第 1 卷第 8 期，第 459 页。

② 左绍儒：《乡村小学实际问题十四谈》，《基础教育》1936 年第 12 期，第 697 页。

③ 廖泰初：《动变中的中国农村教育——山东省汶上县教育研究》，山东省汶上县教育研究院，1936 年，第 43—44 页。

年老店，只此一家，并无分出’的招牌，特别会引动他们，即使不买货物，也要止步盘桓。他们有了这种成见，就认定私塾是老牌，学校是新牌，因此不信仰。”① 有人分析，何以私塾学生纳费远比学校要高，而家长还是愿意送孩子进私塾呢？除了一些乡村小学教育自身存在不足的原因之外，还有一个重要原因就是历史悠久的私塾投合农民的保守心理。“尤其是在教育未能普及的我国，大多数的人们——农民，他们的思想，还是陈旧非常，塾师们迎合他们的心理，拿经书来投其所好，用极严酷的手段来剥夺儿童的自由，一般愚民们反极端信仰，忠诚的拥护。在乡村方面，这种情形。再普遍没有了。”② “住在乡村的人风气闭塞，知识幼稚，他们对于一切新的制度、新的改革，大都抱一种怀疑的态度，因此，学校里种种办法和他们顽固的头脑，常常扞格不入，同时私塾里的种种如用书、教法、以及训导，等等，几百年来一成不变，却很适合一般人守旧的心理。”③ “私塾历史的长久，是受顽固乡人欢迎的最大原因。”④

在村民一贯的观念里，一个文化人不仅要在学问上精通经史，而且在道德上还要成为乡村的道德表率，特别是要耻于言利。而在近代教育模式中，不仅知识结构是全新的，更重要的是新式教职员的社会身份逐渐世俗化，他们更接近于工商社会中的普通职业人、工薪阶层，这是时代造就的变迁。可是，对于乡村民众来说，一个教书“先生”不仅不懂经史，而且为“薪水”而教，这是非常令人不齿的行为，他们常常以此来诟病新教员。“今之学校教员，其六艺未卒业，四史未上口，五洲之勿知，八星之勿辨者，亦十而八九也。以言道德，学校教员有惭色矣。今之学校，大都教者为薪水而教，读者为文凭而读。交

① 黄志成：《私塾在普及教育运动中之地位》，《中华教育界》1935 年第 22 卷第 7 期，第 93 页。

② 夏雨农：《私塾与地方教育》，《中华教育界》1932 年第 20 卷第 3 期，第 13 页。

③ 蒋品鋆：《改良私塾的必要和办法》，《小学教师》1936 年第 3 卷第 9 期，第 35 页。

④ 梅焕涑：《闲话私塾》，《江西地方教育》1941 年第 215—216 期合刊，第 32 页。

易而退，各得其所。昔者徐明遵之授徒，利去束脩。孙叔通之讲学，教以面谀。识者莫不腹诽之唾骂之，今竟见之于竞言新教育之学校教员。"①

在思想观念非常守旧的乡村，一些新式教员要在乡村站住脚，最初往往不是凭借自身掌握的新知识、新技能，而是先得经历乡村旧观念、旧标准的衡量和考验。许多青年教员往往就跌倒在这一关上。冯汉臣在刚刚到邻村任教员的时候，就受到村里两位学董（一位入过多次考场；一位是秀才）的盘问，"那位秀才先生，对我谈话，都带着几分考试式的，甚么'洪范五福'、'期福、功福'这类话料来问我，我仅以没入私塾为对，上学校的不识字，不时地在他的谈话间眉目间现出来，便将我冷落一边，谈他们的话了"②。"一些家长如果发现新来的教师不教三字经、百家姓、四书五经，而教新式教科书的话，就会抱怨：'唉！今年的先生又是不行，学生又不会得到书念。'到这时学生的父兄对于学校先生的信仰上，就顿然改变消逝了一大半去，以后一天一天的对于先生就渐渐恶化了。"③

所以，民国乡村学校教育发展迟缓，多多少少会与乡村民众拘执于传统、不乐于接受新事物这个因素有关。比如新教育开展了几十年，在乡村中许多乡民甚至连最基本的学制期限也不明就里，"有的学生家长不明现在的学制，只记得先前的学生是读书三年或五年，三年五年，好像一种自然之成数。因此学生每到第三年或第五年的终了，这便算是一段落，什么差一年级毕业或差一年高级毕业，全都抵不过他们老辈子规矩"④。再比如，对于禁绝体罚这个本来应该比较容易被接受的问题，村民也保有自己的老看法。"一般乡民总以为老师对于学生有无

---

① 陈志端：《调查本县私塾后之报告》，《金山县教育月刊》1924 年第 2 卷第 4 期，第 22 页。

② 冯汉臣：《一个乡村小学教师的经过》，《基础教育》1936 年第 1 卷第 10 期，第 589 页。

③ 翟芝轩：《一般乡村小学的实际写真》，《基础教育》1936 年第 1 卷第 12 期，第 708 页。

④ 张镜：《乡村小学之学额问题》，《基础教育》1936 年第 1 卷第 7 期，第 418 页。

上尊严，每一个老师必需备一只戒尺。不开打的老师就不严，老师不严，学生就不才。”① 再比如，科举观念的影响力在乡村比在城市要持久得多，连带着私塾的影响力远远超过学校。“现在一般农民还受帝制余毒，梦想科举复活。而办学人员，又不肯改进环境，联络农民，以致农民学校，漠不相关，于是农民腐旧的观念，不周详的观察，两相混合，遂至大错而特错了，以为学校的课程，除唱了几句洋歌外，就是打球踢毽子，子弟误入之后，既不能求功名得富贵，反变为不耕不读的假先生，不是大受其害吗？所以农民培养子弟，都以私塾为神圣，有欲其子弟在政界立足者，则必命其研究四书五经。有欲其子弟略识文字者，则必命其专攻三字经百家姓，就是牺牲许多修金，也是不惜的。至于学校，却视之为害人坑，唯恐其子弟误入，因为办学者，每逢招生时，就是任他怎么劝导，怎么强迫，也是来者寥寥。”② 有些乡村家庭对教育很重视，开始对先生也很恭敬，但他们尊师重教却是出自老思想，他们“因为旧思想熏染已深，陶冶成性，总是愿意叫学生念念三字经，百家姓，日用杂字，四书五经的，预备着出了真朝廷，考中了什么秀才举人，可以做官发财”。如果发现先生是教教科书的新教员，学生家长就会慨叹“哎！今年的先生又是不行，学生又不会得到书念”③。

在保守的乡村文化风气制约下，新式教学法被迫进行着某些不甚合理的妥协。比如，在有些乡村学校，由于受私塾诵读背诵传统的影响，学校的自习时间，无论是国语还是社会、自然等课程，仍然都会让学生高声诵读或背诵，而不给时间让学生去理解思考，而学校坚持这种不合理教法的原因就在于对村民习惯的妥协。因为“乡民对于学校的批评，完全看儿童的行动老实（死板）与否，及校中早晚嚷嚷的背诵与否；只要是出来的学生死板板的老人气，校内按时念书背书，

---

① 王炳亮：《在乡村小学我所感到的三个难题》，《基础教育》1936 年第 1 卷第 11 期，第 653 页。

② 黄君实：《怎样去发展乡村教育》，《安徽教育》1931 年第 2 卷第 4 期，第 2 页。

③ 《一个乡村小学的实际写真》，《基础教育》1936 年第 12 期，第 708 页。

那即是好的学校，好的老师”①。有一个乡村师范生在考查了自己家乡的教育现状以后，劝村里那位私塾先生调整一下教育方法，照顾一下儿童活泼好动的心理，不要整天把学生关在屋里死记硬背，“先生虽也称视这是对的，当时自己没有照这样做的勇气，他答复我说‘你说的很对，不过一那样做，村里就会有说闲话’”。

乡村教育以“乡间一般无知者的心思而转移”②。这成为民国乡村保守的文化氛围中的一个很无奈现象。

总而言之，民国乡村教育的困境并不仅限于物质层面，文化层面的危机也很严重。新式教育的推行必然在一定程度上造成乡村原生态的教育传统遭到多重异质文化的冲击，但由于民国时期乡村农业社会的总体格局始终没有变，任何新的文化形态都会遭到乡村传统文化的抵制，从而造成民国乡村教育领域中文化对立现象的长期存在。

虽然从教育现代化的视角上看，私塾的缺陷显而易见，被认为是亡国灭种的教育，新教育寄托着救国救民的希望，但正像廖泰初所指出的那样，私塾的存在绝不仅仅是一个教育范围内的问题，私塾的存在就证明了有适合它生存的社会土壤，“一种组织假如失却了对方环境的力量，失却了国家的后盾，他自己就会发生变化的，汶上县私塾的尚未发生变化，是因为除了他以外还没有比他更能对付环境的任何组织，社会环境仍然赖他去对付”③。如果不从政治、经济、社会方面全方位入手，只从教育自身入手来解决乡村教育问题，这是行不通的。同样，新教育很难在乡村社会站稳脚跟，这对于整个乡村社会的现代转型也是有重大影响的。因为乡村文化本来应该是乡村社会的有机调和剂，可以促成乡村社会的和谐共荣，乡村教育乃是乡村文化建设的主要载体，但民国乡村教育改革却引发了长期的文化冲突，结果反而

---

① 王炳亮：《在乡村小学我所感到的三个难题》，《基础教育》1936 年第 1 卷第 11 期，第 653—654 页。

② 韩学文：《一个需要觉悟的乡村小学教员》，《基础教育》1936 年第 1 卷第 8 期，第 462 页。

③ 廖泰初：《动变中的中国农村教育——山东省汶上县教育研究》，山东省汶上县教育研究院，1936 年，第 42 页。

加速了乡村文化调节功能的丧失，造成了乡村文化危机，最终限制了乡村社会的现代转型，这一点发人深思。如何辩证地看待和解决乡村新旧文化二元对立的问题——沟通西方先进经验与中国传统文化、结合国家利益与基层农民阶层的需求、融合城市工商文明与农村乡土文化、带动保守的农民文化走出封闭落后状态，并探索出一条切实可行的乡村教育之路，不仅是民国乡村教育面临的艰巨任务，而且也是今天的农村基础教育所应该深入思索的问题。

# 第三章　乡村学校的师资

师资问题是教育发展中的核心问题，师资力量的状况可以说在很大程度上决定了教育发展的状况。要考察民国时期乡村教育的发展状况，师资问题是必须要考察的关键问题之一。民国时期乡村教师的来源、文化素养、后续培训以及薪俸待遇等问题，都与乡村教育发展状况密切相关，而且这些问题也是今天我们一些落后地区乡村教育发展中仍存在的问题。考察民国时期乡村教师群体的基本状况，对深入了解民国时期乡村教育发展状况有着重要作用，也对我们今天的教育发展有所启示。

## 第一节　乡村教师的构成与薪俸

乡村教师作为为乡村教育发展服务的社会群体，其来源构成、基本素养与薪俸待遇等问题是考察民国时期乡村教育中师资问题的主要指标。

### 一、乡村教师的来源

#### （一）教师来源的资格认定

民国时期历届政府还是比较重视教育的，多次颁布各种相关教育法令法规。对小学教师资格的认定有具体的规定。北京政府教育部整理教育方案草案中指出："小学教员必以曾受师范教育者充之。"①

① 李桂林，戚名琇，钱曼倩：《中国近代教育史料汇编·普通教育》，上海：上海教育出版社，2007年，第499页。

1912 年 9 月，教育部颁布《小学校令》中规定："小学教员须经检定合格，否则不准执教或只能代用为小学校副教员。"① 1916 年 4 月，教育部公布检定小学教员规程，其中第十条至第二十五条的部分条款对小学教员的检定有明确而详细的规定：

第十条　检定教员分无实验检定和实验检定。无实验检定，审查其毕业证书或办学经历，并就起品行身体检查之。实验检定，除检查其毕业证书及品行身体外，并加以试验。

第十一条　有下列情事之一者，不得受检定：一、被处徒刑以上之刑，未复权者。二、失财产上之信用，被人控实，尚未结清者。三、受褫夺许可状之处分，尚未满三年者。

第十四条　具有下列资格之一者，得受无实验检定：一、毕业于中学校，并充小学教员一年以上者。二、毕业于甲种实业学校，并积有研究者。三、毕业于专门学校，确适于某科目教员之职者。四、曾充小学教员三年以上，经地方最高级行政长官认为确有成绩者。具有第一款资格，经检定合格者，准充国民学校正教员、高等小学本科正教员。具有第二、第三款资格，经检定合格者，准充国民学校专科教员及高等小学校专科正教员。具有第四款资格，经检定合格者，准充国民学校正教员、助教员或专科教员并准充高等小学校本科、专科正教员或助教员。

第十五条　具有下列资格之一者，得受试验检定：一、曾在师范学校、中学校或其他中等学校修业两年以上者。二、曾任或现任国民学校、高等小学校教员满一年者。三、曾在师范简易科毕业，期限在六个月以上者。四、曾研究专科学术，兼明教育原理，著有论文者。

第十六条　高等小学校本科正教员之试验科目及其程度，应依照师范学校第一部课程，但在男子，得缺法制、经济、手工、农业、商业、外国语之一科目或数科目；在女子，得

① 陈景磐：《中国近代教育史》，北京：人民教育出版社，1979 年，第 224 页。

缺法制、经济、手工、家事、园艺、外国语之一科目。助教员之试验科目与前项正教员同，但其程度应分别酌减。

第十七条　国民学校正教员之试验科目及试验科目及程度，除农业、商业、家事、园艺、外国语可毋庸检定外，应比照前条第一项之规定，酌减其程度行之，但因特别情事，并得缺图画、唱歌、体操、缝纫之一科目或数科目。助教员之试验科目与前项正教员同，但其程度应分别酌减。

第十八条　专科教员之试验科目为图画、唱歌、体操、缝纫、手工、农业、商业、外国语之一科目或数科目，其程度与师范学校第一部课程相准，但无论试验何项专科，均须并试教育学及受验科目之教授法。毕业于陆军学校者，检定体操科时，得免试兵式体操。

第十九条　试验检定除用笔试，得兼用口试，并宜酌加史地演习。

第二十条　凡受正教员或助教员试验检定者，以各科目平均分数满六十分以上者为及格，但修身、国文、算术三科目之试验分数，非各满六十分者，仍作不及格论。

第二十一条　凡受专科教员试验检定者，以各科目满六十分以上者为及格。

第二十五条　凡经检定委员会检定合格者，授与教员许可状。

以上条款从教育程度、录用标准、在职年限等环节规定了教师资格认定的主要依据，可以说是在法令上规定了教师的来源途径与资格认定。

南京国民政府时期对教师来源与认定又做了新的要求。1930年，全国教育会议通过的改进初等教育计划中，有检定小学教师计划规定：对于现任小学教师一律举行检定，其教育方法过得去的一律给以一年教职员许可证；每年视其成绩如何，有进步的，改给三年许可证；连续进步得三次三年许可证者，给十年许可证；更有显著进步者，给终身许可证。又凡未曾毕业于专为养成师资而设的机关而愿做教职员者，得经过相当考试与实习，获得一年许可证；其以后升进，即照前办法，而获得最后之终身许可证。又师范毕业生及经考试及格之初被任用者，均须经过一定之试用期，其试用期：初中程度师范毕业及经考试及格者，为一年至二年；高中程度以上师范毕业者，暂定为一年。在试用期内，各给许可证。试用期满后，须经获得第一期三年许可证；第二期五年许可证，第三期十年许可证后，至第四期才可获得终身许可证。①“举行教师登记检定，如有资格不合，不谙教育，或精神萎靡者，应严密查明，予以淘汰。”② 可以看出，政府对于小学教员的资格是有严格的规定。

民国时期小学教员均由校长聘任，报县行政长官认可。教师则规定要在“师范学校或教育总长指定之学校毕业，或经小学教员检定委员会检定合格者”，即受有“许可状”者方可聘用，未受“许可状”者代用为副教员（助教员）。

如1927年，广东省规定教职员的任用资格，“须普通师范科毕业或高中毕业任教三年，取得检定资格或曾任教员三年以上者。简易师范毕业只能任初小教员，助教员须中等以上学校毕业或专门学识者”③。民国二十四年（1935年）十二月，广东省教育厅颁行《小学教员任用办法》，规定对小学教员须加以甄核，合格者方能聘用。有的县市为了选出合格教员，还设置教员检定委员会，合格者发给证书，并登报推荐。如开平县民国二十八年（1939年）九月四日，县政府举行了一次小学校长、教员考试。在十多位考试人员中选出四名合格者，发给证书，听候任用。④ 以下根据宁夏省教育厅1933年小学教育各种统计中对宁夏全省小学教员资格统计表或许为我们了解民国时期小学教员的教育程度提供直观的了解。

---

① 袁哲编述：《世界各国小学教育概观》，上海：儿童书局，1930年，第29—30页。

② 《视导鄱阳县教育报告》，《江西教育》1935年第9期，第46页。

③ 广东省地方志编纂委员会编：《广东省志·教育志》，广州：广东人民出版社，1995年，第81页。

④ 同上，第83页。

**表 3.1.1　宁夏全省小学教员资格统计表**

| 层次＼地区 | 宁夏 | 宁朔 | 平罗 | 中卫 | 金积 | 灵武 | 盐池 | 豫旺 | 磴口 | 省立附小 | 总计 |
|---|---|---|---|---|---|---|---|---|---|---|---|
| 大学毕业 | | | | | | 1 | | | | 1 | 2 |
| 大学肄业 | | | | | | | | | | 1 | 1 |
| 高中毕业 | | | | | 1 | | | | 1 | | 2 |
| 高中肄业 | 1 | | | | | 1 | | | | | 2 |
| 初中毕业 | 4 | 13 | 12 | 20 | 3 | 5 | 2 | 2 | 1 | 5 | 67 |
| 初中肄业 | | | 2 | 7 | | 2 | | | | | 11 |
| 师范毕业 | 24 | 17 | 13 | 22 | 6 | 7 | 2 | 4 | | 11 | 106 |
| 师范肄业 | 2 | | 2 | 2 | | 3 | | | | | 9 |
| 高小毕业 | 4 | 3 | 6 | 31 | 7 | 6 | 3 | 9 | | | 69 |
| 高小肄业 | | | | 5 | 1 | | | | | | 6 |
| 其他 | 11 | 7 | 5 | 24 | 5 | 12 | 4 | 2 | 8 | 3 | 81 |

资料来源：宁夏教育史志编纂委员会办公室编：《宁夏教育史志资料集》（上辑），内部资料，1996 年，第 90—91 页。

### （二）乡村教师的实际构成

根据上述教育部具体的规定，应该说民国以来，国家在制度层面上对于初等教育教师的选用还是相当严格的。但是，在近代中国贫穷落后的状态下，教育是不发达的，乡村社会的教育更是落后，乡村教师实际的选用远没有规定那样严格。迫于乡村教师缺乏的现状，各地不得不变通处理，尽力满足用人需求。总的来看，乡村教师主要由大学生、师范讲习所和师范学校的毕业生、中小学毕业者、清朝生员及塾师、还有部分职业学校毕业生和一些肄业者组成。“其中有懂得教育的，有不懂得教育的；有大学生；有中学生，有做过官儿的；有当过军人的；同时，还有清朝的遗老，举人秀才之类。因此把小学教育的成分，弄的形形色色，良莠不齐。”① 这是当时乡村教师构成的真实写照。全国各地虽有差异，但大致相同。

① 英武：《现在山西的乡村小学教育》，《新农村》1934 年第 18 期，第 7 页。

广西北流县“清宣统二年（1910 年），县内高级和初级小学堂教师，多为科举时期取得过功名的人。民国成立后，学校迅速增加，至民国十七年（1928 年），全县有中小学教师 559 人，除仍有少数清末廪生、秀才外，有高等师范毕业的 4 人，专科学校毕业的 3 人，师范学校毕业的 7 人，中学毕业的 150 人，师范讲习所毕业的 82 人，其余为小学毕业或塾师出身”①。

1934 年，英武在《现在山西的乡村小学教育》中指出：“查（山西）各县小学教师，毕业于后期师范者，约十分之零五；毕业于县立师范讲习所者，约十分之二三；毕业于六个月单级讲习所者，约十分之一；毕业于中学者，约十分之一；其余十分之四五，均高级小学毕业生。教授之不合法，办理之不完善，可以断言！平均每县生已设小学，约二百余校，欲将此教授不合之高小毕业生，尽行撤换，补充无人，亦极困难。”②

广西小学教师的主要来源：一是留用。民国时期小学堂改为小学校，原有教师大部留用。二是招收、聘请。民国时期，小学教师除留用书院、私塾、小学堂原有教师外，不足部分从社会上招收或聘请。民国二十八年（1939 年），全省有小学教师 69141 人，其中高级小学毕业的 26184 人，占 37.87%。初中或国民中学毕业的共 15712 人，占 22.73%。从民团干部学校毕业招收为小学教师的 13241 人，占 19.15%。其他为高中毕业或师范毕业生。三是师范毕业生。民国成立后，广西的师范教育不受重视，小学师资主要靠从社会上招聘知识青年。③

所以，在乡村教师人员实际构成中，多有不合格者充任的情况，这也是当时乡村教育发展的无奈选择。1930 年，广西全省小学教职员

---

① 北流市志编纂委员会：《北流县志》，南宁：广西人民出版社，1993 年，第 852 页。

② 相菊潭：《改进本省地方教育意见》，《山东教育月刊》1930 年第 1 卷第 3 期，第 4 页。

③ 广西壮族自治区地方志编纂委员会编：《广西通志·教育志》，南宁：广西人民出版社，1995 年，第 140 页。

中：师范大学、高等师范毕业者 18 人，旧制师范及高中师范科毕业者 952 人，中学毕业或肄业者 5866 人，短期师范毕业者 4006 人。当年，在省政府规定考核的教师中，合格者 2239 人；不合格者 1767 人，约占教师总数的 11.8%。1933 年后，广西实施普及国民基础教育，要求小学优先任用师范学校和民团干校毕业生，不够时再从初中以上毕业生中选任。各县每年举行师资登记审查，对不合格者举办短期讲习班、训练班培训。国民基础教育运动期间停办中等师范改用民团干校毕业生担任小学教师，因民团干校不是训练师资专门机构，训练时间仅 3～6 个月，其毕业生多数不合格。①

据《第一次中国教育年鉴》所载，1930 学年度江西对省会及 56 个县的调查统计，小学教师总数为 15431 人，其中师范大学、高等师范毕业者 40 人，旧制师范及高中师范科毕业者 2509 人，大学专门科毕业者 80 人，中学毕业者 5655 人，短期师范毕业者 1184 人，检定及格者 172 人，不合格者 436 人，资格未及调查者尚有 3804 人。1932 年，小学教师编制，规定每学级设级任教员 1 人，并可酌设专科教员或助教员，但平均每两学级人数至多以 3 人为限。教员仍由校长聘任，报主管教育行政机关备案。② 1935 年江西推行保学，规定“办有儿童及成人各一班者，设校长兼教员 1 人，每增加各 1 班者，增设专任教员 1 人。保学师资来源尽量派本省各师范学校、乡村师范学校、简易师范学校毕业生外，由省教育厅分区或分县举办师资训练班（所），经短期训练后派往各保学任教，解决保学师资的不足”③。以山西为例，我们也能看出当时乡村教师的教育程度。

---

① 广西壮族自治区地方志编纂委员会编：《广西通志·教育志》，南宁：广西人民出版社，1995 年，第 143 页。

② 《江西省教育志》编纂委员会编：《江西省志·教育志》，北京：方志出版社，1996 年，第 139 页。

③ 同上。

**表 3.1.2 山西乡村教育教师资格表（1934 年）**

| 教师资格 | 人数 | 百分比 |
|---|---|---|
| 女子高小毕业 | 2 | 19% |
| 前清生员 | 4 | 3.8% |
| 高小 | 38 | 37% |
| 六年师范 | 25 | 24% |
| 二年师范 | 12 | 11.6% |
| 中学 | 14 | 13.6% |
| 专门学校教育学院医农工商 | 7 | 6.8% |
| 大学 | 1 | 0.97% |
| 总计 | 103 | 100 |

资料来源：宋震寰：《山西乡村教育概况之调查》，《新农村》1934 年第 13—14 期合刊，第 18—19 页。

从表 3.1.2 中可以看出六年师范和两年师范生共 37 名，占 35.6%。专门学校和大学共 8 人，占 7.77%。这些乡村教师相对受过正规教育，知识储备和业务水平相对较高，但仅占 43.37%。大学专门毕业生，本应高就。但是，因为在农村破产，失业者众的今日山西，能得一小学教员位置，虽令人有“翰林院坐知县”，大材小用之憾，但也实属无奈。

另以廖泰初调查的山东汶上县为例，在所调查的五年当中，汶上县的乡村教师中绝大部分为师范毕业生，共 380 人。单级教员养成所、职业学校和警察学校以及党义教育训练班、农业学校的毕业生共 138 人。高中、初中和小学毕业生共 190 人。总的来说，该县的乡村教师的大部分受过专业的训练，在教学水平上应该还是不低的。但仍有很大一部分教师小学毕业后就任小学教师，把刚学的知识再教给小学生。无疑，这些教师无论在经验上，还是学识上都会在他们从教的过程中遇到很多难处。具体情况见表 3.1.3。

**表 3.1.3 汶上县历年教师资格表**

<table>
<tr><th>年度<br>资格</th><th>民国<br>十八年<br>（1929 年）</th><th>民国<br>二十一年<br>（1932 年）</th><th>民国<br>二十二年<br>（1933 年）</th><th>民国<br>二十三年<br>（1934 年）</th><th>民国<br>二十四年<br>（1935 年）</th></tr>
<tr><td>大学毕业</td><td></td><td></td><td></td><td></td><td>2</td></tr>
<tr><td>高中毕业</td><td></td><td></td><td rowspan="2">18</td><td rowspan="2">8</td><td rowspan="2">17</td></tr>
<tr><td>旧制中学毕业</td><td>3</td><td></td></tr>
<tr><td>后期师范毕业</td><td></td><td rowspan="3">57</td><td rowspan="3">15</td><td rowspan="3">22</td><td></td></tr>
<tr><td>前期师范毕业</td><td>2</td><td></td></tr>
<tr><td>旧制师范毕业</td><td>9</td><td></td></tr>
<tr><td>师范讲习所毕业</td><td>80</td><td></td><td>28</td><td>83</td><td>94</td></tr>
<tr><td>初中毕业</td><td>2</td><td></td><td></td><td>3</td><td></td></tr>
<tr><td>单级教员养成所</td><td>65</td><td></td><td>12</td><td>8</td><td></td></tr>
<tr><td>甲种职业学校毕业</td><td>15</td><td></td><td>7</td><td></td><td></td></tr>
<tr><td>乙种职业学校毕业</td><td>6</td><td></td><td></td><td></td><td></td></tr>
<tr><td>警察学堂毕业</td><td></td><td></td><td>1</td><td>1</td><td></td></tr>
<tr><td>小学毕业</td><td></td><td></td><td>53</td><td>59</td><td>27</td></tr>
<tr><td>党义教育训练班毕业</td><td></td><td></td><td>6</td><td>5</td><td>6</td></tr>
<tr><td>县立农业学校毕业</td><td></td><td></td><td></td><td>4</td><td>2</td></tr>
<tr><td>其他学校毕业</td><td></td><td>85</td><td></td><td></td><td></td></tr>
<tr><td>非学校毕业</td><td></td><td>3</td><td></td><td></td><td></td></tr>
<tr><td>其他</td><td></td><td></td><td>5</td><td>17</td><td>23</td></tr>
<tr><td>共计</td><td>181</td><td>145</td><td>145</td><td>210</td><td>171</td></tr>
</table>

资料来源：廖泰初：《动变中的中国农村教育——山东省汶上县教育研究》，山东省汶上县教育研究院，1936 年，第 67 页。

当然，到了 20 世纪 30 年代，一些地区的教育师资得到改善，以江苏铜山县的小学师资情况为例。1935 年的调查，半数以上的教师都来自于专科、师范本科、县立师范及甲种师范的毕业生，这也反映了师资力量的缓慢改善。

表 3.1.4 铜山县小学师资统计表

| 学历 | 人数 | 百分比（%） |
|---|---|---|
| 大学教育专修科 | 1 | 0.23 |
| 大学 | 2 | 0.46 |
| 专科 | 19 | 4.37 |
| 高中师范科 | 34 | 8.82 |
| 师范本科 | 23 | 5.29 |
| 乡村师范 | 3 | 0.69 |
| 县立师范 | 174 | 44.62 |
| 甲种师范 | 35 | 9.05 |
| 乙种师范 | 2 | 0.46 |
| 高中普通科 | 62 | 14.26 |
| 旧制中学 | 14 | 3.22 |
| 初级中学 | 14 | 3.22 |
| 高中师范科肄业 | 5 | 1.15 |
| 高中普通科肄业 | 7 | 1.16 |
| 初师肄业 | 5 | 1.15 |
| 检定合格 | 1 | 0.28 |
| 其他 | 7 | 1.61 |
| 总数 | 435 | |
| 经历 | 人数 | 百分比（%） |
| 未满一年 | 32 | 7.36 |
| 一年 | 56 | 12.87 |
| 二年 | 54 | 12.41 |
| 三年 | 82 | 18.85 |
| 四年 | 52 | 11.95 |
| 五年以上 | 103 | 23.67 |
| 十年以上 | 43 | 9.88 |
| 十五年以上 | 12 | 2.76 |
| 廿年以上 | 1 | 0.23 |

资料来源：《铜山教育概况》，《铜山教育》1935 年第 13—14 期，第 8 页。

民国时期，河北无极县教育局通过举办全县小学教师鉴定考试来选拔教师，参加者除现任教师外，另吸收高小以上文化程度的中青年人参加，合格者由县发小学教师鉴定合格证明，派往各村任小学教员，工资由村支付。①

还有的地区，小学教师多数为中学肄业生。有文章这样记载："除极少数之师范毕业生外，间有中学毕业生，其最大多数则为中学肄业生，或高级小学毕业，或清朝之秀廪生员。夫以未经师范训练之中学毕业生充任小学教师，已非良策，况余子乎！长此不改，其不至误尽天下苍生者几何！"② 如河北无极县抗日战争前的小学教师80%以上为高小文化，高初中毕业生或师范生很少。③ 时人认为："师范生不愿下乡到农村工作，因此在乡村从事教育的人多半是小学毕业生，虽然有县立师范讲习所，但是受此种训练的人数并不多。……我国乡村师资的缺乏和程度的低浅，已经造成了乡村教育衰落的现象。"④

一些教育界人士针对当时乡村教师人员构成的弊端予以尖锐抨击，甚至认为，"实际上乡村教师的无外乎这样两种人员：一种是不合格的人员，他们因为遭了时代的遗弃，跑不上都市，所以只得流落乡村，滥竽充数。一种是受过专业训练没有服务诚心的人员，他们因为暂时找不到出路，便借此以藏身，对于一切工作，只求敷衍了事"。总的来说，做乡村教师的有这样六种人：

第一种是暂时的谋职业的。这些人常说"当小学教师，是没有办法才走这条路"。乡村小学教师的位置，便成了人们的过渡桥了。凡是等机会的人，都在小学来挤。于是不管是学工学商学农……等毕了业，一时没有办法，便一齐跑在小学教师这条路上来拥挤。结果不管是不

---

① 无极县教育志编纂委员会编：《无极县教育志》，石家庄：河北人民出版社，2004年，第16页。

② 韦善美，潘启富编：《雷沛鸿文选》，桂林：广西师范大学出版社，1998年，第235页。

③ 无极县教育志编纂委员会编：《无极县教育志》，石家庄：河北人民出版社，2004年，第3页。

④ 陈侠，傅启群编：《傅葆琛教育论著选》，北京：人民教育出版社，1994年，第160页。

是内行，有无学识，只要有势力便上了台。反使那专为乡村小学培养出来的乡村师范生，没有事情可干。①

第二种是徒混日子的。“人浮于事”的现象，各地皆然，乡村小学的教师大多是仗着他人的力量才谋得的地位。他明知道自己的知识，势力，要谋别的事情，挤不赢别人，只想在小学里混一辈子罢了。

第三种是干投机事业的。最初尽量在城市挤，钻不进去。掉过身来，听见喊“乡村教育运动”这个口号倒很新鲜，于是摇身一变就来投机。乡村教育中别的事业，也不易干，只好钻营乡村小学，一面要求乡村教育家的美名，以后谈起乡村教育运动他可以自豪为其中“主角”之一。

第四种是用来装点门面的。乡村教育，一般人认为是很时髦的，多用他来点缀门面。借此可以拉拢官厅，可以增高自己的地位。

第五种是挂羊头卖狗肉的。中国乡村教育运动发生后，应运而生的便是乡村试验小学。这种学校，南北各省皆有，其中除了少数外，大多名不符实。照理讲所谓实验，一种为实际的实验，一种为科学的实验。如整个问题的开关和试办，是属于前一种，某项教育问题之科学的研究，是属于后一种。在中国现代乡村小学教育的实验应当着重前一种，然而现有的实验小学大多数既不属于前一种，也不属于后一种，徒挂了实验小学的招牌。

第六种是从中渔利的。随着乡村经济的破产，乡村小学是没有什么渔利可图的，但是借了学校的招牌，便可以从中渔利了。如新创办一所乡村小学之后，便可以四处募捐，所得的款子，大半入私囊，……然而在社会上还能博得能办学校的美名。②

当然，以上只是当时关心乡村教育的人士对时弊的尖锐抨击，并不真正意味着全部或大部分教师都是如此。在中国的广大乡村地区，还是有很多乡村教师受过正规的教育，具有很高的学识，并且愿意为乡村社会的发展贡献自己的力量，一些地区还是严格把关，选用优秀的乡村教师开展乡村教育。

---

① 吴可：《中国乡村小学教育的危机》，《新农村》1936年第29期，第16页。

② 同上，第18—19页。

以河北易县为例，易县农村小学教师以乡村师范，简易师范毕业者为最多，初中毕业，及高级小学毕业者次之。现任小学教员，大多数为民国二十三年（1934 年），县政府考试合格者，各地小学不得随意聘请教员，皆由县府直接委派，县府命令不经考试，或考试未及格者，不得充任。这种办法，无疑是淘汰一般滥竽充数的小学教师，而使一般精明强干的学者，得有用武之地；但是有的地方，因为经济非常困难，多由本村人白尽义务，所以派了外来教员，因着这种关系，也就自动的向后转了，在此情形之下，政府当局，亦无办法。校长多由本地知识分子，或村长代理，或校董等共同办理。①

**（三）乡村教师构成的特点**

从上述中国乡村教师的构成来看，中国乡村教师的整体成分比较复杂，教学水平较低，缺乏管理经验，服务精神欠缺。具体特点如下：

一是教师成分混杂。中国乡村小学供职的人物形形色色。师范学校毕业的，高级中学毕业的，或是肄业的，或是初中毕业生，或肄业生也未尝没有，还有小学本部毕业的。而地方绅士包办的，私塾老夫子独手经营的，更大有人在。有作者记载说“在高小念书时，有一位姓周的童子教我们国文，他自己的儿子——我们的级友——当然也在做其高足弟子，第二年他辞职后，便带了他的儿子到城之南乡去办小学，听说他自己教国文，修身和珠算，他儿子教算术，图画，手工和体操等”②。一个高级小学肄业生竟站在毕业班的大讲堂上大献其身手，其教学效果就可想而知了。

二是一些教师知识贫乏。教师授课不良的原因为：一种是教师程度太低。如一初级小学三年级主任教授国文，每天晚上总需费一点多钟翻字汇（考生字）。他的不苟且精神固令人钦佩，同时他的消耗光阴于查生字的这样久的时候，确实不值得提倡。另一种为教师经验缺乏。一位从农村小学回来的教师说：“说来真好笑，我去年毕业后到那个小学去做教师时，还辨不清楚大麦和小麦，后来当教授的前一天，我临

---

① 崔作林：《易县农村小学教育概况》，《津南农声》1935 年第 1 卷第 1 期，第 199 页。

② 王显恩：《怎样做一个农村小学教师》，《地方教育》1929 年第 9 期，第 6 页。

时抱佛脚地去请教……”①

三是一些教师缺乏管理经验。一些教师看见两个学生打架，不知是喝止之好还是力解之好，所以终于退入教员室去了，他们碰到学生在教室内不守规则，不知是教他面壁好，还是把他逐出课室外好，所以终于用藤条鞭下去了，学生打架打痛了，各家长来告诉，乃不知如何去应付；学生受鞭哭了，乃不知怎样去保持课室内的镇静，恢复秩序，这些虽是琐碎的事实，于农村的小学却十分有关系，因为农民本有不愿其子女入学的，现在学校让小孩子们任意打起架来，不是和留在家里扶助父母比较起来一举二失吗，真是如同给了他一纸请假证了。②

四是一些教师不求上进。他们在课余之下，不想着一点关于农村教育，关于党义，儿童心理，学校管理，教授法，中国农民概况和救济策略的书籍和杂志；不想大家讨论学术和其他社会问题；不想跑到农场去学习一点农业知识；不想和大自然界接近；不想到农家去访问，他们偏偏会含着香烟走入赌场，又偏偏会和地方流氓们胡闹。

五是教师与乡村社会疏远。按广义的农村教育说来，村务无异于农村小学的校务，就是退步，从狭义的农村教育着想，村务也是推广事业的借镜。小学教师是农村的一分子，也当积极参加，无奈不少的农村小学教师不察，把村务当做“人家事，空头过”，毫不关心，农村有什么集会，他们不去列席，农村有什么举办，他们不去过问，甚至农民来请教，也有忍心拒绝的……。③

六是一些教师缺乏奉献精神。农村小学教师的供职期短，直接后果是小学本身不能有什么革新，同时农村也鲜有得其改造的精力的。农村小学教师不以农村教职为其终身事业，而仅当过渡的小船。一旦找到较高的地位，便不告而辞了，五日京兆么，做官的习气惠及农村小学教师了。一名乡村学校的学生说有督学视察时的情景：“自督学来了以后，我们的老师也和以往不同了，从前上课的时候，总是打钟以

---

① 王显恩：《怎样做一个农村小学教师》，《地方教育》1929年第9期，第6页。

② 同上，第7页。

③ 同上，第7页。

后五分钟才到教室，督学来了，一打钟便到教室。”①

七是乡村小学教师没有地位。“吾川小学教师之地位素无保障可言，每遇校长更动，新任校长必将旧有教师换尽，其服务成绩之好坏，毫不过问。于是教师欲保持其地位遂不能不想方设法，另谋途径。”导致的后果：“结党营私，排除异己，把持一切者有之；东鐕西营，颠倒是非，趋之若鹜者有之；上谄下骄，奴颜婢膝，恬不知耻者有之；妒贤嫉能，人面兽心，蜚语伤人者亦有之。如此彼倾此夺，尔诈我虞，在神圣清高之教育界中，焉得不怪状百出？”②

上述特点是民国时期乡村教师整体存在的一种状况。当然，也有一些优秀的乡村教师赢得了乡村民众的认可。如广西一位叫丁兆麟的先生就很能赢得乡民信任，有文章记载：“原以为丁先生到乡村学校后定会劝导乡人不要相信私塾，并且把那三字经、千字文等一概抛去，而改用新出版的课本。可是这位丁先生第一步绝对不用这方法，非但不劝导，不抛却，反且对那些附近的乡人说：‘这些书——三字经……我亦很相信，我们学校里正要用这些书教学生。……’他把这些教儿童，并且非但读，还替儿童解释意义。原来乡人以为古书难教，学校教师所以不赞成，源于教师能力不能教，早存轻视学校教师的心，现在觉得丁先生非但能教，并且能讲，他的本领，比私塾教师好得多。……他的教法，完全注重实用，因此儿童还家帮助父兄写各项日用文，这些都是乡人本来要请人家的；现在可以无须请人，一时方便。至此时乡人对于学校，对于丁先生，最后提出古书收效慢，教科书收效快，试读教科书的计划。那时乡人说：‘听先生便，凡先生想的，都不错的。’于是大用而特用最近出版的教科书。”③

另外，乡人比较迷信，丁先生想方设法解除乡民的疑心，他非但不用劝导的方法，偏由他天天给偶像洗脸，乡人迷信根基已极深，以为偶像可以定一身一家，甚至一乡之祸福安危；平日教师骂偶像为泥

① 刘百川：《乡村教育实施记》，上海：黎明书局，1936年，第129页。

② 瓊玖：《为四川小学教师请命》，《教育谈》1937年第5期，第1页。

③ 李邦龢：《优良小学之举例》，《广西教育》1929年第1卷第18期，第44—46页。

塑木雕，乡人每认为最易侵犯神灵，降祸于村民，现在觉得丁先生也注重菩萨，不禁大喜过望，引为知己。于是丁先生再进行第二步的计划，和那些乡人说："我固然非常注重菩萨，不过这里小孩子太多，每出言侮辱菩萨，或者把皮球打到菩萨的身上面上，恐怕神灵要暗中生气，如何是好呢？"于是乡人商议把菩萨"迁地为良"。从此学校再没有麻木不仁的菩萨踪迹，更没有善男信女来捣乱；一面于儿童方面慢慢进行破除迷信的教育，以间接地，逐渐地，改革乡人根深蒂固心理。①

江西鄱阳县里景德寺初级小学"校长彭淑珩和蔼沉着，擘划经营，不遗余力，各教师亦均能通力合作，勤修厥职，以三人担任三班教学，刻苦自励，确属增进教育效率之良法，各处布置整洁，秩序井然，迁移不久，而能得到此种成绩，其穷干苦干精神，实有足多者"②。

乔启明在1930年到1931年江宁县淳化镇乡村社会做调查，发现宋野村有一位叫钱向志的青年教师，也是乡村教师的表率。钱向志是宋野村人，目睹儿童失学情形，有所不忍，遂毅然创办宋野小学。他注重"教学做"三方面，合而为一。"学校一切都由钱君主持，钱君忽而为校长，忽而为庖丁，忽而为校役。忽而为农夫，一日数变，总可谓辛苦耐劳了。"该校由民国十七年（1928年）开办仅有学生二十人，至民国二十年（1931年）已增至五十余人。③

## 二、乡村教师的文化素养

"农村教育是救国的灵魂，农村小学教师，便是灵魂中的灵魂。一方面谋学校的改进，同时谋社会的改造。"④ 农村小学既是农村和农村教育的中心，那么农村小学教师是农村教育及农村小学的中坚人物，

---

① 李邦龢：《优良小学之举例》，《广西教育》1929年第1卷第18期，第44—46页。

② 《视导鄱阳县教育报告》，《江西教育》1935年9期，第47页。

③ 乔启明：《江宁县淳化镇乡村社会之研究》，南京金陵大学农学院出版，1934年，第17—18页。

④ 魏延春：《农村教育与农村小学教师》，《教育与农村》1933年第30期，第7页。

是农村的发动机。[1] 而乡村教师所具有的文化素养则成为其能否胜任教职的基础条件。

### (一) 乡村教师的基本条件

近代中国乡村社会的改造，乡村社会的复兴，乡村教师肩负着重任，到底什么样的乡村教师才是合格的教师？有人说乡村教师必须有的三个条件：有农夫的身心；有科学的头脑；有改造社会的精神。有人说乡村小学教师应具的条件："身体强健，屏绝嗜好；兼备教育和农业的知识技能；有耐苦的精神，卓绝的毅力；容貌快活，情意诚恳，令人蔼然可亲；爱好自然，安于乡村生活；视改造乡村为最有乐趣的事业；了解农村社会情形，熟知农民习性，并富于社交才能。"[2] 有人说农村小学教师具有以下的几个条件，才算真正合格的师资：一是有纯熟的农事知识和技术；二是有农夫的身手；三是有科学的头脑；四是有不畏难的精神。[3] 也有人说乡村教师，合格者为：一是对于农民表同情者；二是三民主义的忠实信徒；三是能与农民共同甘苦者；四是身体强健无嗜好者；五是教育和农业知识技能兼备者；六是有耐苦精神卓绝毅力者；七是爱好自然，并乐于农村生活者；八是了解农村社会情形，熟知农民习性，并富于社会才能者[4]；等等。

从上述的论断中，可以得出合格的乡村教师，首先从知识储备上看，应有如下能力：

第一，应有普通的常识。对于一般乡村小学教师的学识要求并不是很高。但对于日常普通常识则不可不有，否则，教师胸无成竹，儿童或农民起立发问时，就会瞠目不知所对，失了自己面子事小，埋没了儿童与农民天性兴趣的事大，因此乡村小学教师也要了解国内外的重要时事，人民生活的现状等普通学识。另一方面，对于自然科学，

---

① 王显恩：《怎样做一个农村小学教师》，《地方教育》1929年第9期，第4页。

② 王晋三：《乡村小学教师应具的条件》，《广西教育》1929年第1卷第9—10期合刊，第44页。

③ 吴伯明：《农村衰落和农村教育问题》，《教育与农村》1932年第21期，第4页。

④ 黄从义：《都安县立文裕小学校一周年历史》，《广西教育》1929年第1卷第17期，第53页。

国家常识也应该有相当的认识，因为乡村民众缺乏自然科学知识，而环绕乡村的大部分为自然环境，所以主张乡村学校的课程应以生物及农事为中心，同时对于国学的基本常识，也要有充分的涵养，因为国学乃我国数千年积留的学问，即先哲精神荟萃的处所，不但取用无穷，而且为研习其他学科的基础。不然，自己国文欠通顺，不能很好地表达自己的意思，更不要说启迪儿童与教育农民。小学课程标准内所有其他各科的普通知识，都应该具备。

第二，应有专门的学识。乡村教师除了具有普通知识外，还要掌握一些专门知识，这些专门知识如：教育学、教育心理学、教学法、教育行政、儿童生理学、农业科学、社会学等。只有这样，如果有一般儿童好问、好奇、好游戏、好角逐，人们通常憎恶而讨厌这样的儿童，其实以教育的眼光来看，这就是儿童行为的表现，在教育上有很大的意义与价值。

第三，从精神上来说，应具备下列精神：一要有吃苦耐劳的精神；二要有谦和的态度；三要有勤俭的精神。① 农村小学教师是农村儿童的教师。他们不但是应该教学生识字，更应当指导学生阅读书报，使其有独立的思考，得以自动地研究学问；他们不但应该教儿童书算，更当灌输以常识，训练以生活技能；他们不但应该教授儿童以党义，更应当使儿童明了现在党务的进行，国家的要闻，以及世界的大势——随时随地供给实际的材料以与三民主义相阐明；他们不但应该教授儿童以八段锦，更当养成其卫生和娱乐习惯，使其不入迷途，少罹疾病；他们不但应该讲几个德育故事给儿童听，挂几张通俗教育书给儿童看，更当以身作则，随时随地实施训育，并组织自治会等以实现社会生活，所以农村小学教师是儿童的教师——一个活泼的教师。

农村小学教师还是农村民众的导师。一个好的小学教师同时也是民众的导师，民众的协助者。所以农民有什么文书的请求，小学教师应竭力相帮；农民有什么困难的问题，小学教师当为他们尽量解答；农民有什么争执的事情来请教，小学教师当善为和解，或公平裁判；

---

① 魏延春：《农村教育与农村小学教师》，《教育与农村》1933 年第 30 期，第 4 页。

农民有什么方法的错误，小学教师当力求纠正，妥谋改良；农民为什么迷信的地方，小学教师当设法破除。

同时，农村小学教师是农村改造的技师。一些乡村教师呼吁："我们是农村小学里头的教师，可以说是农村社会里的劈山开路者，大家应该抱着革命的精神，实验的态度，科学的头脑，劳动的身手，艺术的眼光，干我们今后所负的教育使命。"①

### （二）乡村教师的主要任务

乡村教师的任务，自然主要是实施与推进乡村教育。但是也肩负着改造乡村的重任。乡村教师在地方上较为优秀，其识见亦自高人一等，如果这些乡村教师能热心指导人民，能够很快得到乡民的信任。有了乡民的信任，工作起来自然就会得心应手。中国的乡村社会，贫穷落后，需要改进的地方非常多，如农事、卫生、治安、道路、娱乐等。这些都是与乡村人民生活关系最密切的，如果教师能因利乘便，指陈其弊，而另介绍新方法新设施，乡民会加以信任。

所以，作为乡村学校教师，一是要承担改造乡村的任务。改造乡村为乡村学校的任务，同时也是乡村小学教师的任务。因农民散漫，力量不足，教师首先应出而领导，促其互助团结；待农民中产生领袖，于是教师可处于协助的地位。凡农民所知者，教师开导之，农民力所不逮者，教师当协助之而促其成功。

二是复兴民族的任务。陶行知这样说："我们的新使命，是要征集一百万个同志，创设一百万所学校，改造一百万个乡村……叫中国一百万个乡村都有充分的新生命，合起来造成中华民国的新生命。"②"我们小学教员的任务，一方面当然是指导训练小学生的能力和品德，把必要的知识教授给学生，使小学生长大起来，成为一个有充分能力的好国民。另一方面我们还有把'近代文化'传播到乡村里，使乡村文化抬高起来的责任。小学教员不仅是做小学生的表率，而且要做全国民的表率；一举一动都代表着整个国家民族的伦理习尚等道德精神。

① 戴时敏：《改进农村小学的意见》，《教育与农村》1933年第27期，第4页。

② 陶行知：《中国教育改造》，华中师范学院教育科学研究所编：《陶行知全集》第2卷，成都：四川教育出版社，1991年，第337、340页。

总而言之，教育不是职业，教员不是伙计，在我们的背上，在我们的心里，必须负起那教和育的重任来。”①

沈西舟在《乡村教师应负的使命》中也认为，乡村教师的工作应该达到这样三种目的：一是增进农民生计；二是改造乡村社会；三是提高农民程度。在文章最后，他详细地强调：“农村教师最重要的责任和使命，是培养农民健全的精神，要谋农村文化上的向上，与农民自觉的机会，养成他们爱土乐农健全而丰满的信仰和人生观，并且要养成他们的创造精神，和热烈的革命性；所以农业教育的本义，可说是要养成适合农村环境，而养成社会生活健全的农民。这样，才能打倒以读书为升官发财的重要途径的恶习，才能打倒以读书为荣宗耀祖的不二法门陋见。这样，才能从农村新生命里来求中国的新生命，实现训政期内乡村教师重大的使命，伟大的事业。”②

### （三）乡村教师的业务素养

由上可见，一名乡村教师在乡村社会生活中应承担的责任之大。那么，乡村教师在业务素养上到底处于一种什么样的状态呢？时人记录了当时乡村小学教师服务的情形：今日乡村小学教师服务于乡村小学，因环境枯寂，不足激发其志气，所以时见神情怠废，容色惨沮之状；做事因循苟且，无一定之程序，对于怎样去做，怎样去学，怎样去教，完全不加研究；只亟敷衍了事，所谓不求有功，但求无过而已。或者谓现在一般乡村小学教师，生活单调，又少适当书籍，以供参考，故其精神不舒畅，服务不努力，是诚确论。教师容易见异思迁，教员肯以教职终其身者，直属百不数见。促成之原因，显有多端：或因教薪的低微，或因兴趣转移，或因专业精神的缺乏，或因其他特殊的原因。且见异思迁者，常为教员中之优秀份子。③

总的来看，民国时期的乡村教师确实为乡村教育做出了贡献，但

---

① 英武：《现在山西的乡村小学教育》，《新农村》1934 年第 18 期，第 5 页。

② 沈西舟：《乡村教师应负的使命》，《余姚教育行政半月刊》1933 年第 19—20 期，第 113 页。

③ 黄寿山：《河南教育改进的一个根本问题》，《教育平话》1935 年第 1 卷第 8 期，第 7 页。

是由于现实的状况，相当多的乡村教师的业务能力确实存在很大的问题。主要表现在以下几个方面：

第一，业务水平低。廖泰初在山东汶上县考察乡村教育时，记载了一次对乡村教师的现场考核。具体情况是：组织者以《我教小学的几个困难问题》为题，请受培训的乡村教师写作，时间为 1 小时，有些老师根本就没法写，交白卷或是只有一二十字。以下是一些教师的写作内容：

试卷一："我们教学困难的问题，最重要的是私塾破坏学堂的说不是圣人之学是洋学生。不能在乡应答事故。于是我们学不能昌盛是第一困难问题学校中之学生多有农暇之时在校至农忙之时多有下学助的亦诱别的学生多半下学然后之质恪学识不齐班次复杂亦教学困难也。"（五区陈允中）

试卷二："唉！看现在过去的人物，那（哪）一个不是从困苦得来的。象（像）总理中山先生，卉（奔）走十次革命，途中的困难，真是一言难进（尽），虽然是经过困难，终于达到革命的成功，真叫人敬仰钦佩呀！我们的困难问题，也随着那无有道德的人物，只说薪斤（金）减退，考查起本县来，受了黄水的灾害，人民痛苦很大，现在经济问题，只有教员教好儿童，自然政府有相当的办法，去提高薪费，现在我的问题只要有学识，就有多的经费，多数的教员，可把经费问题打消，只有求学识而已。"（七区刘绍伯）

试卷三："现在处在乡村旧环境的我，不知道世界潮流的沿进速率：'那么，只因乡村的旧人，旧道德的，旧环境的束缚着我们的沿进'而不能与新头脑的人们相接谈，那么知识不能增高，学术的思想：'就变成千里一日的'问题只怕将来：'一日千里的同胞们，思想，能力，技能，超到我的九仞'那么：'我便就成他的后盾'那么我的生活问题便无处解决了！但是乡村的父老：能使儿童：'忽作忽辍'流动不适宜的要点有二：1. 能教儿童办理家中事多 2. 教尊孔拜神了，尊守旧制的环境，而难转动他：'梗顽难化的性'我困难之点

请解决。”（七区马云龙）①

从上述三段文字中可以看出汶上县一些乡村教师的业务水平，一小时的写作，暂且不说其内容单薄，且乱用标点符号、语句不通、错别字等随处可见，意思表达不清，不知所云。可见其业务水平之贫乏了。《无极县教育志》中也记载了民国时期的教师，一部分钻研教学业务，对工作负责，课前做好准备，制订所任学科的教学计划和授课方案。但也有些教师，自恃才高不备课，不写课时计划，课前打牌，上课东拉西扯，学生受益甚少。②

此外，从20世纪30年代山西多个县的村庄调查来看，村民及村政机关对乡村教师的业务效能还是多有不满的。

表3.1.5可以看出，一是村民对教师的批评，好的占十八，不好的十九，原因是在这些乡民眼中，他们认为部分乡村教师或是程度不高，或是能力薄弱，或程度平常。村民虽然对他没有很坏的评论，但在实际的教学中如果他的教学水平不行，对儿童教育来说还是有很大影响。而那些以能吃苦耐劳，勤慎尽职的教师，还是能够赢得村民好感。二是受调查的教师能够帮助村办公的有十九校，不帮的则有二十九校。三是指导农事的三校，不指导的有四十四校，也就是说绝大部分学校的乡村教师没有真正参与到乡村建设中去。四是作政治建设宣传的有十校，不作宣传的有三十八校。五是做成人补习教育的有十校，不做的三十五校。总的来看，当时教师的业务水平与服务能力确实还是存在很大的问题的。

第二，教师自身不求上进。部分乡村教师自身知识基础缺乏，日常也不注意学习补充，思想意识、知识结构都很落伍。时人有评论道：“乡村小学教员中，不但很少有对于教育学识继续研究的现象，有的甚至连自身杂志报纸都懒得去读。因此，不仅是自身的学识思想永久停留

---

① 廖泰初：《动变中的中国农村教育》，山东省汶上县教育研究院，1936年，第70页。

② 无极县教育志编纂委员会编：《无极县教育志》，石家庄：河北人民出版社，2004年，第104页。

**表 3.1.5　山西乡村教育概况关于教师的效能调查表**

| 县名 | 村名 | 教师方面 | | | | | 学生方面 | | | | |
|---|---|---|---|---|---|---|---|---|---|---|---|
| | | 村民对教师评批 | 课余帮乡办公否 | 指导农事 | 政治建设之宣传 | 成人教育 | 入学后能力有否进步 | 习惯进步否 | 对教师亲爱畏惧 | 日常旷课人数 | 半途废学者 |
| 襄垣 | 郭庄 | | 否 | 不能有所指导 | 漠不关心 | 否 | 稍有进步 | 不见进步 | 渐渐亲爱 | 10 | |
| | 故县村 | 无坏行为 | 否 | 无所指导 | 否 | 否 | 进步 | 不进 | 亦畏亦爱 | 2 | 8 |
| | 范家岭 | 程度太低不能见效 | ,, | ,, | ,, | ,, | 不进步变呆板 | ,, | 畏惧 | 14 | 95% |
| 大宁 | 牧岭村 | 不好 | ,, | ,, | ,, | ,, | 不进步 | ,, | ,, | 1、2至3、4名 | |
| | 小冯村 | 极佳 | ,, | ,, | 有名无实 | 致力 | 有 | 有 | 亲爱 | | 以前有近年无 |
| 怀仁 | 兴旺庄 | 不好 | ,, | ,, | 否 | 否 | 无 | 无 | 畏惧 | 无 | 无 |
| | 何家堡 | 很好 | 帮助 | 有 | 作 | ,, | 有 | 有 | ,, | 3、4人 | ,, |

续表

| 县名 | 村名 | 教师方面 | | | | | 学生方面 | | | | |
|---|---|---|---|---|---|---|---|---|---|---|---|
| | | 村民对教师评批 | 课余帮乡办公否 | 指导农事 | 政治建设之宣传 | 成人教育 | 入学后能力有否进步 | 习惯进步否 | 对教师亲爱畏惧 | 日常旷课人数 | 半途废学者 |
| 怀仁 | 吴儿堡 | 不会教四书坏先生 | 否 | 否 | 否 | ,, | 无 | 无 | ,, | 3、4 | |
| | 大峪口 | 好 | 帮 | | ,, | ,, | 有 | 有 | ,, | 6 | 2 |
| 黎城 | 段家庄 | 不合民心无一说好 | 否 | ,, | 破坏村政 | ,, | 无 | 无 | ,, | 15—20 | 16 |
| | 西下庄 | 技能薄弱 | ,, | ,, | 否 | 支差式推过 | 稍有 | 稍有 | ,, | 20 | 4 |
| 平定 | 南寺乡 | 不错 | 帮 | ,, | ,, | 否 | 似乎好些实无进步 | 有 | ,, | 过半 | 1/4 |
| | 张家岭 | | ,, | | 作 | | ,, | ,, | 亲爱 | 3 | 2 |
| | 南嵩亭 | 程度深造吃苦耐劳 | 一切公文诸事皆办 | 有 | ,, | 有 | 有 | 有 | ,, | 无 | 无 |

续表

| 县名 | 村名 | 教师方面 | | | | | 学生方面 | | | | |
|---|---|---|---|---|---|---|---|---|---|---|---|
| | | 村民对教师评批 | 课余帮乡办公否 | 指导农事 | 政治建设之宣传 | 成人教育 | 入学后能力有否进步 | 习惯进步否 | 对教师亲爱畏惧 | 日常旷课人数 | 半途废学者 |
| 朔县 | 罗家町 | 大多数批评不尽责 | 否 | 否 | 否 | 否 | 稍有 | 无 | 和平 | 4 | 6 |
| | 马邑城 | 不能尽责 | ,, | ,, | ,, | ,, | 无 | 稍有 | 畏惧 | 3 | 7 |
| | 新磨村 | 甚好教学不遗余力 | ,, | ,, | ,, | 有 | 有 | 有 | 亲爱 | 4 | 2 |
| | 寺儿窑 | 能力薄弱 | ,, | ,, | ,, | ,, | 稍有 | 有 | 畏惧 | | 3 |
| | 莺房沟 | 不好 | ,, | ,, | ,, | ,, | 无 | 无 | ,, | 2 | 4 |
| 阳曲 | 赤泥社 | 程度平常能吃苦 | 帮 | ,, | ,, | ,, | 有 | 有 | 亲爱 | 5 | 7 |
| | 权家庄 | ,, | ,, | ,, | ,, | ,, | ,, | ,, | ,, | 5 | 10 |

续表

| 县名 | 村名 | 教师方面 | | | | | 学生方面 | | | | |
|---|---|---|---|---|---|---|---|---|---|---|---|
| | | 村民对教师评批 | 课余帮乡办公否 | 指导农事 | 政治建设之宣传 | 成人教育 | 入学后能力有否进步 | 习惯进步否 | 对教师亲爱畏惧 | 日常旷课人数 | 半途废学者 |
| 阳曲 | 思西村 | 好 | ,, | | 作 | | ,, | ,, | ,, | | |
| | 柏板村 | 平常 | ,, | ,, | ,, | 有 | ,, | ,, | ,, | 3—5人 | 10 |
| | 南白村 | 不行 | ,, | ,, | ,, | 不关心 | ,, | ,, | ,, | 10 | 14 |
| | 南路村 | 不胜欢迎 | ,, | 不若老农 | ,, | 有名无实 | 有 | 稍有 | ,, | 10 | 20 |
| | 高村 | 好 | ,, | 否 | 否 | 致力 | 有 | 有 | ,, | 14 | 9 |
| 静乐 | 南峪村 | 不好 | 否 | ,, | ,, | 否 | ,, | ,, | 畏惧 | 5 | |
| | 大夫庄 | 平常 | ,, | ,, | ,, | ,, | ,, | ,, | 亲爱 | 3—4 | 9 |

续表

| 县名 | 村名 | 教师方面 | | | | | 学生方面 | | | | |
| --- | --- | --- | --- | --- | --- | --- | --- | --- | --- | --- | --- |
| | | 村民对教师评批 | 课余帮乡办公否 | 指导农事 | 政治建设之宣传 | 成人教育 | 入学后能力有否进步 | 习惯进步否 | 对教师亲爱畏惧 | 日常旷课人数 | 半途废学者 |
| 清源 | 西马峪 | 处处谨慎吃苦耐劳 | 帮 | ,, | ,, | 去年有今无 | ,, | ,, | ,, | 20 | 10余人 |
| | 南云支 | 好 | ,, | ,, | 作 | | ,, | ,, | ,, | 2 | |
| | 北云支 | 不甚好 | ,, | ,, | ,, | 否 | ,, | 无 | 畏惧 | | |
| 山阴 | 王家涧 | 不好 | 否 | ,, | 否 | ,, | 无 | 稍有 | ,, | 8 | 4 |
| | 安祥寺 | 不好 | ,, | ,, | ,, | ,, | ,, | 有 | ,, | 5—10 | 10 |
| | 快乐村 | 可以 | 帮 | ,, | ,, | ,, | 稍有 | 稍有 | 亲爱 | | 5 |
| | 西沟村 | 勤能尽职 | 否 | ,, | ,, | ,, | 无 | 有 | 畏惧 | 4 | 2 |

续表

| 县名 | 村名 | 教师方面 | | | | | 学生方面 | | | | |
|---|---|---|---|---|---|---|---|---|---|---|---|
| | | 村民对教师评批 | 课余帮乡办公否 | 指导农事 | 政治建设之宣传 | 成人教育 | 入学后能力有否进步 | 习惯进步否 | 对教师亲爱畏惧 | 日常旷课人数 | 半途废学者 |
| 山阴 | 贺家窑 | 无正当批评 | ,, | ,, | ,, | ,, | 未必有 | ,, | ,, | 4 | 2 |
| | 八步堰 | 不好 | ,, | ,, | ,, | ,, | 无 | 无 | ,, | 3 | |
| | 安荣村 | 程度不高教授不得法 | ,, | ,, | ,, | ,, | ,, | ,, | ,, | 1 | 9 |
| 右玉 | 口前村 | | ,, | ,, | | | 有 | 有 | 亲爱 | 1 | 4 |
| 灵邱 | 下关 | 不热心 | ,, | ,, | ,, | ,, | 有进步者少 | 无 | 畏惧 | 8 | 5 |
| 保德 | 南河沟 | 好 | ,, | ,, | ,, | ,, | 有 | ,, | 亲爱 | 15 | 10 |
| 中阳 | 尚家峪 | 平常 | 帮 | ,, | ,, | ,, | ,, | 有 | ,, | 3—4 | 4 |

续表

| 县名 | 村名 | 教师方面 | | | | | 学生方面 | | | | |
|---|---|---|---|---|---|---|---|---|---|---|---|
| | | 村民对教师评批 | 课余帮乡办公否 | 指导农事 | 政治建设之宣传 | 成人教育 | 入学后能力有否进步 | 习惯进步否 | 对教师亲爱畏惧 | 日常旷课人数 | 半途废学者 |
| 安泽 | 唐城镇 | 能力太小无补于村 | 否 | ,, | ,, | ,, | 稍有 | ,, | 畏惧 | 16%—17% | 21% |
| 长治 | 南池村 | 优良 | | ,, | 作 | 努力办 | 有 | ,, | 亲爱 | 4 | 5 |
| 沁源 | 阎寨 | 很好 | 帮 | ,, | 否 | 否 | ,, | ,, | ,, | 6 | 15 |
| 太古 | 阳邑村 | 不错 | 否 | ,, | 否 | ,, | ,, | ,, | ,, | 4—5 | 20—25 |
| 祁县 | 东左墩 | 不好 | ,, | ,, | ,, | ,, | 无 | 无 | 畏惧 | 12 | 8 |
| 平遥 | 曹家堡 | 很好 | 帮 | 能 | ,, | ,, | 有 | 有 | 亲爱 | 无 | 7—8 |
| 文水 | 城子村 | | | | | | | | | 2 | 1 |

续表

| 县名 | 村名 | 教师方面 | | | | | 学生方面 | | | | |
|---|---|---|---|---|---|---|---|---|---|---|---|
| | | 村民对教师评批 | 课余帮乡办公否 | 指导农事 | 政治建设之宣传 | 成人教育 | 入学后能力有否进步 | 习惯进步否 | 对教师亲爱畏惧 | 日常旷课人数 | 半途废学者 |
| 应县 | 南上寨 | 师范生人民欢迎 | 否 | 否 | ,, | ,, | 有 | 稍有 | 畏惧 | 3—10 | 无 |
| 总计 | 好 | 18 | 帮 19 | 有 3 | 作 10 | 10 | 有 28 | 有 26 | 亲爱 23 | | |
| | 平常 | 8 | | | | | 稍有 6 | 6 | 2 | | |
| | 不好 | 19 | 否 29 | 否 44 | 否 38 | 35 | 无 15 | 无 16 | 畏惧 24 | | |

资料来源：宋震寰：《山西乡村教育概况之调查》，《新农村》1934 年第 13—14 期合刊，第 20—27 页。

注：“,,”表示“同上”。

在那里，甚而有向后退的危险。部分乡村教师，在教育上是受过一些训练，可这些训练至多不过是些文字和符号上的空洞之知识，而所谓农夫身手上之实际合理的陶冶，可云完全未曾得到，这些人才果然不得已而下到农村，莫说他们没有兴趣，不能久于其事，即令他们勉强支持些长的时期，也不过是照着传统教育实施的老套，多为农村制造些失业的农民，为农村减少些生利的分子。这是一般学校毕业出来的学生，不足以担任农教工作的明证。①

第三，部分乡村教师服务性差。一些乡村教师“其思想行为全已被传统观念包围了，他们的欲望总是提倡高尚的，自以为受教育，求学问都该为着升官发财而设，整日在热望着‘飞黄腾达’，幻想着‘光宗耀祖’，谁个想到农村吃苦力下力，度那最下等的简单物质生活呢?”“教员在一天中除了上午十时的时候来教授一班国语外，就是整天到邻家去玩，或是在他的床上睡，甚至去和一班不务正业的流氓去吃酒，打牌等事，把学生弃之脑后。”② 刘容亭对山西太原附近的几所乡村小学调查发现：“竟有到校不久，即离校家居者，学生名为入校，而实际无人教读，以致虽经教育当局力加整顿，然村民对于教师之不良印象，已难于在短期间内转移。”③ 浙江省平阳县各校，“教员上课未念分钟，即已讲完，不得不敷衍复讲，以延钟点……甚有教员讲说之难于敷衍，先将所课之书，重复写上黑板，延过半点钟，方始闻讲者，以此虚旷时间”④。山东省齐河县“乡村学校，多半不能准时上课”⑤。有些学校教员有晚开学，早放学，不安于教、常常缺席的情况时有发生。

第四，部分教师年轻无经验。一些乡村教员年龄尚小，难以服众，

---

① 蔡衡溪：《呜呼——中国农村教育之前途》，《教育平话》1935 年第 1 卷第 2 期，第 7 页。

② 陈鹤轩：《改良一个农村小学的经过》，《浙江教育行政周刊》1932 年第 3 卷第 46 期，第 2 页。

③ 刘容亭：《山西阳曲县三个乡村农田及教育概况调查之研究》，《新农村》1933 年创刊号，第 207－231 页。

④ 周继善：《平阳县改良初等小学通告》，《民国经世文编》（教育），近代中国史料丛刊，第 496 册，第 4375 页。

⑤ 《山东省教育厅视察报告》第一集，第 80 页。

工作开展较难。学校教员多为刚刚走出校门的毕业生，难以取得民众信任。如1928年李景汉所调查的河北定县62村的小学教员共68位，其中20岁以下的有10位，占总数的12.8%，20～29岁的有48位，占总数的61.6%。① 安徽省1930年度桐城县全县学校教职员年龄20～30岁的教职员有45人，达到了43.3%。② 年纪轻轻的小学教员，在人们眼里还是小孩子，“年纪轻，经验少，在乡间没有地位，没有声望，老头子们看着他生，看着他长，在他们眼中，还不过是个毛小子，谁拿他当老师看，连写个账都不会，一切应用的知识全拿不出来，又谁敢把孩子送到他们那里学乖”③。

由此可见，民国时期乡间师资力量既是缺乏，并且整体的素质不高。小学毕业就任小学教师，如果能有机会读两年讲习所的，就算是不错的老师了，就是这样的教师也不能适应地方的需要。

针对乡村教师的上述状况，政府还是想办法提高或激励乡村教育者认真工作的。如举办教师的训练班、完善乡村师范等，还派视导员定期检查监督。如民国十八年（1929年），岫岩县教育局训令第一〇五号，令县区村立各学校，指出：“教员白云奇、董家模等教学合法，均堪嘉许。教员张衍浩、赵玉良等教法稍差。于文治、闻鳳岐、洪汝连、金心田等教学成绩欠佳应饬，力图改进。教员苟华亭、马华山、杨长青、葛树润等教法既差，成绩亦劣，均应严于申斥。学董谢荣普废弛学务，关连昌、唐凤伦等敷衍职责。教员李树德服务疏忽，教学成绩低劣，应各记过一次。教员张维成、孟繁文、孙永超、唐英扬等学识浅陋，教学成绩低劣，均应撤换。”④ 力图加强对乡村教师的监督指导。

① 李景汉：《定县社会概况调查》，上海：上海人民出版社，2005年，第212页。

② 安徽省政府教育厅编译处编辑：《桐城县教育概况》，《一年来之安徽教育》，1930年，第4页。

③ 廖泰初：《动变中的中国农村教育》，山东省汶上县教育研究院，1936年，第69页。

④ 《岫岩县教育局训令第一〇五号》，《岫岩教育月刊》1929年第65期，第3—4页。

## 三、乡村教师的薪俸

教师教学效能的发挥，除了自身的文化素质与教学技能的因素外，其薪俸待遇也是影响其工作效能的重要因素。教师从事学校教育，必须有相当的报酬来维持他们的生活。只有让乡村教师感到自己的教师地位“物有所值”，才会全身心地投入到教学工作中去。否则的话，要么心猿意马，时刻想着跳槽，要么得过且过。然而，民国时期乡村经济凋弊的现实，自然会影响到乡村小学的经费，影响到乡村教师的待遇，使许多乡村教师的生活陷入窘境。

我国小学教师的薪俸，各处相差很大，穷乡僻壤，甚至少至每年俸金仅四五十元者；繁华都市，亦有多至每月月俸五六十元者；唯普通在城镇乡各小学中，以月俸二十元左右，为最常见。民国教育部改进初等教育计划中，规定小学教师最低俸给标准，为“每人每月饭食费的两倍到六倍”①。

### （一）乡村教师的薪俸状况

民国时期，乡村教师的薪俸来源有多种途径，主要有：一是由政府直接拨款；二是部分学校自有的校田和基金等收入，可解决一部分教师工资；三是由乡民自己出钱负担，甚至在民国初期还有乡民以物代薪，以食代薪的状况。关于乡村小学老师的待遇，民国政府教育部也有规定。据1917年2月6日教育部订定小学教员俸给规程中对教员月薪的规定。

**表3.1.6　教育部订定小学教员俸给规程**　（单位：元）

| 职别＼级别 | 1 | 2 | 3 | 4 | 5 | 6 | 7 | 8 | 9 | 10 | 11 | 12 | 13 | 14 |
|---|---|---|---|---|---|---|---|---|---|---|---|---|---|---|
| 校长及正教员 | 60 | 55 | 50 | 45 | 40 | 35 | 30 | 26 | 22 | 18 | 15 | 12 | 10 | 8 |
| 专科正教员及专科教员 | 40 | 35 | 30 | 26 | 22 | 18 | 15 | 12 | 10 | 8 | 6 | | | |
| 助教员 | 22 | 18 | 15 | 12 | 10 | 8 | 6 | 4 | | | | | | |

资料来源：李桂林，戚名琇，钱曼倩：《中国近代教育史料汇编·普通教育》，上海：上海教育出版社，2007年，第513页。

---

① 袁哲编述：《世界各国小学教育概观》，上海：儿童书局，1930年，第30页。

国民高等小学校校长教员月俸，依表3.1.6规定，根据地方情形，由主管行政长官就第二条附表的级数，定所属各地方校长及教职员工俸额标准。具体到地方，如20世纪30年代山西省乡村教员的薪俸情况，可见表3.1.7。

**表3.1.7　山西乡村教员全年薪金统计表（单位：元）**

| 全年教育薪金 | 教员人数 | 百分比（%） |
| --- | --- | --- |
| 20—50元 | 9 | 8.73 |
| 50—100元 | 30 | 29.15 |
| 100—150元 | 25 | 24.27 |
| 150—200元 | 25 | 24.27 |
| 200—250元 | 9 | 8.73 |
| 250—300元 | 5 | 4.85 |
| 总数 | 103 | 100 |

资料来源：宋震寰：《山西乡村教育概况之调查》，《新农村》1934年第13—14期合刊，第11页。

由表3.1.7可见，教员年薪五十元至百元者，占29%，百元至二百元者，几占50%，按总平均数为一百二十八元弱，教员年薪在此总平均数下者五十四人，占52.4%。超过此数者仅四十九人，占48.6%。小学教员，每年薪金在五十元下者，有家室的教师生活会难以维持，即使是个人生活的，也是达到了最低限度。因此，乡村学校得不到良好的教师，势必使然。

1935年左右，江西鄱阳县“设在县城之县立十八坊小学校长月薪二十六元，教师二十三元至二十五元，事务员十二元，其余设在乡间之各完小校长教师月薪均各二十元，助教十四元，县立景德寺初小校长教师月薪各十六元，船湾初小校长兼教师月薪十四元，县立职业学校校长由县立完小校长兼任，不另支薪，仅设主事一人，县城职校主事月薪十二元，乐亭职校主事兼教师十四元，其他各初级小学校长教师月各十四元”①。20世纪30年代，福建小学乡长教员每月最低之待

① 《视导鄱阳县教育报告》，《江西教育》1935年第9期，第45页。

遇，校长：高小，6元；初小3.2元。教员：高小，5元；初小，2.8元。松江小学教师每月薪金收入最低为5元。四川小学教师每月薪金低至6元。浙江小学校教员月薪平均不过七八元。① 可见，各地乡村教师工资水平都不高。

待遇之低让人对乡村教育望而生畏，使得一些有才华的人不愿从事这一职业。据前江苏省立第四师范农村分校之调查，其毕业生服务之报酬，月薪中数为十四元；内中除去膳食交际书报衣服及维持家庭等费外，恐剩余者有限矣。若遇婚丧疾病灾害变故，必难担负，于是不得不出于负债。以身任教师而负债，其偿还之难，概可想见。广西平县的教师待遇太薄，不能罗致长材，在职教育人员，月薪最高者小洋三十元，甚有全年薪膳不满百元者。②

吴可在《中国乡村小学教育的危机》中列举了很多乡村教师生活困难的事实，如四川省“巴县在本年九十月间，当地方银行钞票打八折时，估以地钞作十足支给各小学教职员；合用各区立完全小学于二十三下期末，教职薪金因学款支绌，无法挹注，减少开支者甚多，并有减支者甚多，并有减支至五折者；广安岳池蓬溪渠县营山各县二十三年下期各校学款折扣开支，高小八折，初小九折。如此少数既受折扣和纸币低落的影响犹不足，尚不能按期领到”。如岳池各区小学教育经费，向极支绌，兼以近年军阀之剥削，益濒破产，因此一般小学教师，深受痛苦，每期之薪金多者不过六七十元，少者三十余元。薪金既少且不能兑现，各小学教师常自备伙食，或枵腹从事。至于教师之洗浆，剃头，零用等费，亦系自备，近日（二十四年四月）各区小学教员数十人，竭蹶异常，各校咸有关门之象云；巴县教育经费支绌，迩来（二十四年四月）更形拮据。据督学上科长一文中，看出小学教师之惨状，令人洒同情之泪。

其文云：“……各乡教育经费来源已绝；主办教育之各项教育委员，虽属巧妇，万难为无米之炊。故去岁至今，各乡教委到本科领款不得，

---

① 吴可：《中国乡村小学教育的危机》，《新农村》1936年第29期，第4—5页。

② 李瑞骧：《拟本年度县教育行政计划书》，《广西教育》1929年第1卷第11—12期合刊，第17页。

不但往往与会计处人员发生冲突，且因领款无着，无支付各教员薪金及购买书籍等费，亦常有被迫不敢返家赶场，困守城中者。至各乡教员每期薪金少者三四十元，多者不过七八十元，全数收得尚不足维持生活，其不能收足艰窘情形不言可知。年来督学查学到乡，耳闻目观教员因不能领薪，有终日断炊者，有日食一餐者，有无米而仅食蔬菜者，甚至因寄食人家，无钱支付伙食，而主客纠纷教员被驱逐者。……各乡教员，势不能枵腹从公，学校不免有立即停闭之虞。……邛崃县本期（二十四年上期）开学迄今虽曾由教科商陈县府，借用社食谷三百石，拨给各校，发给零用。以后授课已十余周，则一钱莫名，各教职员匪惟仰事俯蓄，无所从出，即瀚衣，理发等零用亦感缺乏，近且有断炊之虞。因此既所得少而又拖欠，各教职员生活不能维持。便发生罢课情事。如：民国二十三年（1934 年）十月十日大晚报载常熟近三年来教费常闹拖欠，叠叠层层不易理清，仅说今年，自一月起至九月止，仅发放三个半月经费，共欠五个半月，县中各小学罢课怠课的事常有发生。民国十七年（1928 年）十一月三日申报载嘉定教职员自十月二十六罢课。民国十七年（1928 年）十一月三日申报载如皋教育界，近数月来顿呈不安之象，教育局长四旬三易，教职员索欠薪不得。最近磨车石江四区职教员忿当局漠视小学教员生活，坐视教育之危急而不救，遂议决于十一月一日实行罢教。民国十九年（1930 年）十一月三日时报云常熟学前小学全体教职员，因教育局欠薪金四月，于旧历秋日，全体总请假一天，当时校长无法维持，只得宣布停课。民国二十三年（1934 年）十一月四川月报载华阳教经无着，本期自开学以来，现已满十周，经费无办法，各校向当局表示无法维持；并拟在下周的一致停课。民国二十四年（1935 年）十月十八日新属报载梁山县第一区区立小学校教职员，因肉税附加停征及薪金停支，向县府请愿，答以候上峰处理，现已匝月，仍无法解决。昨晨教育委员到该校，又申明无法负经费之责。该校教职员，遂于万分失望中宣布停课云。① 由此可见四川地方乡村教师的困苦状况。

① 吴可：《中国乡村小学教育的危机》，《新农村》1936 年第 29 期，第 5—8 页。

再看经济状况较为发达的苏南无锡一带的乡村教师薪俸状况。如表 3.1.8 所示，1934 年前后，县府规定每年薪俸最高额是一百五十元，最低亦不得低过一百元，这种定额当然不高，但是乡村教师年俸在五六十元之间的非常多。

**表 3.1.8　无锡各区小学教职员月薪统计表**　（单位：元）

| 月薪 | 人数 |
|---|---|
| 3 | 2 |
| 4 | 0 |
| 5 | 6 |
| 6 | 3 |
| 7 | 12 |
| 8 | 10 |
| 9 | 17 |
| 10 | 23 |
| 11 | 46 |
| 12 | 59 |
| 13 | 45 |
| 14 | 92 |
| 15 | 83 |
| 16 | 103 |
| 17 | 75 |
| 18 | 44 |
| 19 | 29 |
| 20 | 34 |
| 21 | 8 |
| 22 | 9 |
| 23 | 8 |
| 24 | 5 |
| 25 | 2 |
| 26 | 0 |
| 27 | 1 |
| 28 | 0 |
| 29 | 0 |

续表

| 月薪 | 人数 |
|---|---|
| 30 | 1 |
| 31 | 0 |
| 32 | 1 |
| 总计 | 718 |
| 中数＝14.53 | |

资料来源：古楳：《乡村教育新论》，上海：民智书局，1933年，第340页。

1930年前后，江西省县属小学，因各地经济情形不同，教员薪俸也是多寡悬殊。贫瘠县份县城教职员月薪最高数为30元，最低数为6元，平均约为12元；此外，还有以“年俸”计酬的。县属公立小学教职员也有优待办法，但多数县因经费支绌不能发给。①

还有一些农村地区，教师薪俸干脆是用稻米等实物形式来支付。新中国成立前的湖南省永兴县，据老人们回忆和李氏家谱记载：当年老师的年薪大约每年大米20～30担，由家族中的义学会和通户学会的田产收入负担。学生对老师的孝敬体现在开学的聚餐上，每个学期开学之初，老师和所有的学生及其学生家长搞一次大聚餐。届时，每位家长备上好酒一壶、菜四样送往学校老师住处。②

因为回忆年代及数字比较模糊，加之物价涨落无定，我们无法考证其待遇高低。但是从民国年间教师待遇的整体状况来看，乡村教师待遇较低应是不争的事实。有两段歌谣生动地反应了乡村教师的无奈：

（一）查学甚紧而不发薪金　又叫马儿跑，又叫马儿不吃草，又叫小鸡多下子，又叫小鸡不吃米，又叫工人多做活，又叫工人不吃馍，又叫先生教学好，又叫先生不吃饱。

（二）教学得薪金，我今教了小学堂，成了一个孩子王，一年

---

① 《江西省教育志》编纂委员会编：《江西省志·教育志》，北京：方志出版社，1996年，第145页。

② 李红婷：《社会变迁中的乡村小学——永兴县碧塘乡中心小学的百年历程》，湖南师范大学硕士论文，2003年，第9—10页。

惩罚皆由己，临走还落三石粮。①

### (二) 乡村教师待遇问题的影响

民国时期乡村教师待遇低下必然会给乡村教育带来直接的消极影响。

第一，聘不到好老师，只能以不合格者充任。

时人写道："乡村生活的简陋也足使师范生裹足。一些师范毕业生一跨出师范校门，即烦恼到乡村教育的苦闷，向都市方面钻营，欲获得优良的生活。"② 一督学视察福建省小学教育时谈到："至教员一方面其教授之乏兴趣，考原因亦有二端：一为薪俸太少。闽省学款支绌，教员薪俸本不甚优，而待遇小学教员为尤薄，有学校每年经费支出三四千元，而担任修身、国文、算术正教员，每周二十余钟功课，薪俸仅十二元，宜人之有去志也。一为去留无定。小学教员之进退权皆操之校长，每当校长易人，则全体为之变动，故教员多存五日京兆之心，而无挚爱学校之想，欲谋小学教育发达，不可不于此加之意焉。"③

因为薪金低，乡村教师的生活贫困不堪，势必会影响着教学质量。老师平常不在学校住，一放学就锁上校门。在校住的老师，如房子够用就有一个所谓的教员室，不够用的时候，白天上课的教室晚上就是教员的卧处。老师除普通课本外，很少有其他参考书籍，杂志、仪器、挂图等是没有，标本罕见，四书五经间或有保存；此外纸、笔、墨、笔架、算盘、间缺或存，除棉被一床，衣服两三套，破书几本外，老师亦不过两袖清风吧。④ 说到师资，师资在从前是退伍商人和落第秀生童生等来把占这把交椅的，从来都市学校教育发达起来了，由学校

① 廖泰初：《动变中的中国农村教育——山东省汶上县教育研究》，山东省汶上县教育研究院，1936 年，第 58 页。

② 沈鸿绪：《复兴农村经济运动中的农村教育问题》，《教育与农村》1933 年第 28 期，第 2 页。

③ 李桂林，戚名琇，钱曼倩：《中国近代教育史料汇编·普通教育》，上海：上海教育出版社，2007 年，第 545 页。

④ 廖泰初：《动变中的中国农村教育——山东省汶上县教育研究》，山东省汶上县教育研究院，1936 年，第 58 页。

陶冶出来的新人物也渐次多起来了，于是乡教情形，顿时也呈现着一种新陈代谢的活动气象。然而卒以经费困难的关系，使新人物的既来者望“洋”兴叹，未来者蹙首难前。①

“各县乡村教师之最低俸额，竟有月薪（连膳在内）不过五六元者，个人之餐食尚虞不给，遑论赡养家庭，可见服务乡村教育之人员，大多数感觉生活之困穷，不能制止其厌倦无聊与见异思迁之观念。”②如河北定县，20 世纪 20 年代因薪金原因，教师队伍极不稳定，在被调查的 78 个教师中，从事教育工作 5 年以上的仅有 17 人。③ 20 年代浙江宁绍一带的调查显示，小学教员任职年数，平均不到 2 年。④ 教员待遇过低，优秀者不能安心本职，某些省级政府不得不出台相关措施规定师范生服务年限。⑤

另外，这些乡村教师不但待遇微薄，而且生活环境、生活条件又比较差。同时，乡村教师的工作又相对比较繁重，所以，乡村教师的苦恼：“因为功课太多了，几乎休息是不可能，待遇又不好，简直不能维持生活。要想干下去，恐怕将来有啼饥号寒之虞，不干吧，又无枝可栖，那不也就处于两难之间了，我终于干下去了，这样糊糊涂涂地就瞎胡混了两年。”⑥“乡村交通不便，通邮的地方很少；书报不流通，消息很迟慢。愿意研究学术的人，苦于无书报阅读，往往不愿在乡村做事。”⑦

如此低的待遇，再加之工作、生活环境的恶劣，想要留住人才，自然很难了，留下的人，则以不合格者为多。“报酬既极低廉，良好教

---

① 《乡村小学教育现状之观察》，《教育季刊》1934 年第 1 卷第 2 期，第 83 页。

② 徐宗恺：《推行乡村教育的重要问题》，《教育与职业》第 103 期，第 1032 页。

③ 朱玉湘：《中国近代农民问题与农村社会》，济南：山东大学出版社，1997 年，第 537 页。

④ 中央教育科学研究所：《杨贤江教育文集》，北京：教育科学出版社，1982 年，第 177 页。

⑤ 《第一次中国教育年鉴》，台北：传记文学出版社，1977 年，第 766 页。

⑥ 赵庆云：《我的教师生活》，《教育动向》1934 年第 19 期，第 291—292 页。

⑦ 卢海珊：《农村教育实施的商榷》，《教育杂志》第 15 卷，第 1 页。

师自不易聘”，河南济源县“小学教员大多数为小学毕业者，次为中学毕业者，师范生任教师者，其数甚为寥寥”①。广武县“现有师资之一百八十六人中，则不合格者计有九十四人之多”②。

第二，乡村教师不能安心工作，人心浮动。一种职业不能靠他维持生存，一方面会引起人不安于职，同时也会使人不忠于职，至于兴趣问题，更谈不到了。乡村里的小学教师，每周授课时间多至三十小时，而小学教师全年收入，仅百元左右，初小教师仅五十元左右，过去因政费支绌，并曾七折支领，且发生欠薪。作教师而不如一机关内公差所得之收入，加以生活程度与日增高，父母妻子之赡养，必须设法供给，以教书所得，维持一己之温饱尚感不足，自不得不另营副业，用维现状，于是在乡镇上作小本经营者有之，农忙时因回家从事农作，请假数日或十余日者亦累见不鲜。影响所及，乡村儿童得着好教师已不容易，万一得着好的教师，每期亦不能避免旷课时间，因之有的儿童读了几年书，仍无成绩可言，遂逐渐失掉家长送子弟上学的信心，认为读书既无长进，不如留在家里帮同农作，于是儿童失学的现象剧增，而小学教师待遇太低实为重要因素。③

“就乡村小学教师而言，则年仅得七八十元者，亦滔滔皆是。以此等过于菲薄之薪金，平日不折不扣，按月发放，在生活费极低之四川，尤嫌不足以糊个人之口，不能仰事俯蓄；若遇七折八扣，故意拖欠之时，始则告贷无门，典衣鬻物，而感生活苦痛，继则妻号其寒，儿啼其饥，必演求生不能，欲死不得之一幕悲剧。”④ 俗话说得好：“巧妇难为无米之炊”还有两句说，“穷教员的工资，叫花子的性命。”这几句话，确是不错，拿来对乡村小学教员说，更加切合。“我们中国的乡村小学教师，自九点钟上课起，差不多每天要上二百四十分钟课；拿

---

① 河南教育年鉴编辑委员会编：《十九年度河南教育年鉴》，河南教育厅1933年，下编：地方教育，济源。

② 王春元：《广武县教育视察报告（二十三年四月）》，《二十三年上期河南地方教育视察报告》。

③ 唐庐锋：《训政时期乡村教育的实际问题》，《广西教育》1929年第1卷9—10期合刊，第112页。

④ 瓊玖：《为四川小学教师请命》，《教育谈》1937年第5期，第1页。

一个月来计算，大约六千分钟以上。而每月所得的工钱，至多不过三十块钱，少的二十块钱还不到。试问这几块钱，要吃饭，穿衣，都不够，像这样儿，任他怎样热心，总不能专心服务了。”①

所以现在初级小学之教员，势必自抱“得过且过”主义，常存“五日京兆”之心，而优良之教员，将日形减少，滥竽充数者皆必“弹冠相庆”②。

“校长兼课九百分钟，月支十八元，其他教员兼课千分钟，月支十七元者一人，十元者一人；教员课一二三年级合班算术，教态嫌过严重；课四六年级公民，亦欠自然。”③ “每日课前有早操及朝会，星期六下午举行周会，教员胡人傑课四年级公民训练，讲解详明活动，教法颇合，林省立课五六年级合班音乐，合唱声调略高，又课一年级国语，黑板上画课内狗与虎颇佳，时金桥课四年级常识，讲解尚可，三年级默写国语，二年级举行测验，六年级课外活动，精神动作均欠佳。”④

**（三）改善乡村教师待遇的探讨**

乡村教师任务繁重而待遇菲薄，使得他们大多不能乐业，从而对乡村教育造成不良影响。民国教育家李建勋分析师范生不愿意服务于乡村的原因之一是城市待遇教员薪水较优。⑤ 一般来说，改变这种状况最好的办法是直接提高乡村教师的薪金以安定其生活，进而激励他们努力教学工作。但事实上，各地教育经费皆非常竭蹶，欲求增高，实为空望。为了改善这种局面，一些地方想尽办法来改善乡村教师的待遇，吸引他们专注教学，一些关注乡村教育的学者也提出改善乡村

---

① 王清溪：《乡村小学的几个根本问题》，《教育新刊》1930 年第 1 卷第 3 期，第 61—62 页。

② 鸣稚：《改进中的山西农村初级小学教育》，《新农村》1935 年第 24 期，第 8 页。

③ 周克刚：《南康县教育视察报告》，《江西教育》，1935 年第 10 期，第 76 页。

④ 同上，第 81 页。

⑤ 陈宝泉等编：《孟禄的中国教育讨论》，实际教育调查社出版，中华书局，1922 年，第 64 页。

教师待遇的措施，总的来看，主要有以下几个方面①：

一是供给膳宿。乡村学校膳宿，素食漏寝，甚至这样的条件也不具备。如此，自难使人乐于从事，故必先改善此种待遇。肥甘餐食，与夫华屋轩居，固不必奢望，然而滋养卫生之膳宿，则不可不有。天下未有能枵腹从公者，故为减轻乡村教师之担负，使生活安适，学校中应供给相当之膳宿。

二是津贴进学——膳宿为物质的待遇，固当力求改善，然精神的待遇亦不可忽，此知识改进之所以重要。如教师的知识永无进步，势必变为守旧，甚至发生知识恐慌，而萌去职之念。津贴进学，即可以调剂此弊。其津贴办法，可按服务久暂定之；而津贴之费，则由学校或教育行政机关负担，而私人团体能赞助者尤妙。至于进学之机关，或为暑期学校，或为大学专科。

三是补助医药。乡村教师应有强健之身体，不但可免种种疾病，且可担任纷繁劳苦之事。如果不幸而罹此灾，亦无可奈何，唯有设法治疗。但乡村所得既微，今若以意外之医药等费，则更难于担负也。故为优待乡村教师计，在疾病期间，学校方面非但不当扣除原薪，且宜补助医药等费，使其在经济上不致受极大之损失，然后可以照常服务。

四是年功加俸。乡村教师所得的报酬甚薄，往往有不及童仆工匠之收入者（前江苏师范农村分校毕业生服务之报酬，竟有月薪低至七元者），毋怪人多不屑就。彼童仆工匠等若能尽职，尚有逐年加薪的办法，而乡村教师勤劳有加，反无丝毫增益，实不免令人灰心。为鼓励努力起见，亦不可无奖赏，是则年功加俸为不可少。唯须分别其年与功之增加：一则为奖励任职之长久；一则为奖励努力之成绩。年功加俸可鼓励服务的努力，并安定其生活。年是奖励任职的长久，功是奖励服务的努力。如浙江奉贤县小学校长教员年功加俸办法草案中就规定：

1. 小学校长及级任教员，在一校连续任职满五年而成绩优良者，加月俸二元。

① 古楳：《乡村教育新论》，上海：民智书局，1933年，第340—345页。

2. 小学校长及级任教员，在一校任满十年而成绩优良者，加月俸四元。

3. 小学校长及级任教员，在一校任职满十五年而成绩优良者，加月俸六元。

4. 小学校长及级任教员，在一校任职满二十年而成绩优良者，加月俸八元。

5. 小学科任教员，每周任课满一千分钟者，同级任教员每周任课不满一千分钟者，其年功加俸按照比例递减之（例如，每周任课五百分钟再一校连续任职满五年成绩优良者加月俸一元余类推）。

6. 经局明令中途调任他校者，其任职年期仍得连续计算。

7. 助理教员，不得享受此项待遇。①

五是储金奖励。教师应当有相当储金以备缓急之需。只是乡村教师所得之报酬极有限，欲其有余款为储蓄实不易得。然若有相当之奖励方法，亦未始不能稍事储蓄也。采用储金奖励，即为一种办法，其法视教师每年终能存余若干薪俸于学校，即由学校或其他机关于学校，即由学校或其他机关给予相等之数，作为储金奖励。如此，一方可使教师实行节俭，一方又可以增加教师之收入；而学校平日不必完全支付薪俸，更可将该款移作发展事业之用。

六是营业分红。即主张乡村教师不但当正其谊，且须谋其利；不然徒为消费而不事生产，殊不合于现代经济效率之原则也。教师之主要业务为教育指导儿童，固人所共知；但除此之外，亦可兼营其他副业，藉以取得相当之利益。在乡村地方，如养蚕、养鸡，养蜂，养鱼，以及栽植蔬菜花果等，皆甚合宜。设学校能划分一部分之经费作为营养之资本，供给相当之地方作为营业之场所，由师生合作经营之，将其赢利分为学校师生之红利，亦可略增教师之收入。其事业在教育上之价值尤多，如养成合作之精神，供实际之视察训练等，乃其最大者也。

---

① 奉贤县教育局：《新奉贤教育周刊》1932年第9期，第6—7页。

七是退老赡养。壮有所用，老有所养，此为吾人企图实现之政治理想，而乡村教师尤为适用。盖其平日尽瘁教育事业，不治家产，一旦年老告退，非赖公家之赡养，则无以为生。今日青年教师所以不愿终身从事教育者，因原虽多，而恐日后无所赡养，亦其重要者。况我国普通社会以年老无养尤甚凄凉，故于壮年时莫不亟思图谋积聚。徒事乡村教育事业，既不能获得厚利，若不设法赡养其老年，则实难使人愿意终身从事也。赡养之法，可依年功加俸制而给予养老金。

八是提高小学教师的精神待遇。

一般来说，优秀的小学教师在教育界是留不住的，固然有些是生活不能维持，可是考究起来，大部分是精神上受了大的打击，而离开工作的占大多数。如过去某县因为学生家长送学生的毛驴在学校拉了些粪，而牵连到教员也要挨县长的马棒；再如因为征兵时不能免服兵役，因为这许多原因，使得家庭里瞧不起，地方人也瞧不起，开口便说："老师不及保甲长。"致使许多的小学教师被逼迫着忍心地离开了一群天真活泼的小天使，而谋他业去。优秀一点便跑到政界里去，劣一点的便去干保甲长去。① 所以，我们特别提出给小学教师以精神上的待遇。

以上八项措施的设想是好的，但是在当时的情况下，真正地实施起来还是有很大难度。一般来说，尽可能增加乡村教师的薪金是当时管理部门最重要的措施。如民国十七年（1928 年），广东省教育厅《关于提高小学教员薪水问题》中提到："查内地小学教员有的月薪甚少，几至不足糊口者。"当时广东省颁布的《小学教员薪水制度三原则》规定："一、最低薪俸：衣食住（以舒适为度）三事之所需最低限度两倍；二、学历薪：每增 1 年，加 6%；三、教学经验加薪数：经验年有增加，薪水亦随之增加。"同年 10 月，广东省教育厅又颁发《规定增加小学薪俸办法》，规定每人每月白银 36 元，年薪 432 元为最低基数，凡合同师资不能少于此数，再根据学历、经验、工作效率以

---

① 宁夏教育史志编纂委员会办公室编：《宁夏教育史志资料集》（上辑），内部资料，1996 年，第 173 页。

定增减。① 可以说，上述文件的出台，对于乡村教师待遇的提高，激励教师努力、安心工作提供了保障。1929 年，山东省齐东县教育局局长张茂萱，热心教育事业，上任伊始，便酌手整顿传统教育体系：一是为每个在职教师和将获取教师资格的人设立了一个为期 3 个月的培训计划，并确保只有培训合格的毕业生才能获得在初级小学教书的资格。更重要的是 1929—1931 年间，长山、齐东、梁邹 3 县各自每年从新增税款和附加税中拿出近 3 万元用于教育预算，其中齐东则拨出 2.1 万元用于发展小学教育。②

综上，民国时期，尽管政府采取各种各样措施来改善乡村教师的生活处境，但囿于当时的现实环境，改善程度有限。很大一部分人还是不愿做乡村教师，在某种程度上，乡村教师在数量上依然严重缺乏，在质量上的低劣也制约着乡村教育的发展。

## 第二节　乡村学校教师的培养

民国时期的中国乡村，生活贫困简陋，对在都市师范学校的毕业生来说，没有足够的吸引力，所以他们毕业后，大都想方设法留在城市，而不愿回乡村工作。因此，乡村教师的缺乏远远不能满足乡村教育的需要。据时人黄敬思在其《乡村学校师资问题》一文中，对于中国所需乡村师资数目进行统计：乡村教员数目之最低限度，1. 约计乡村小学校教员的总数目（以每人数四十个学生计算）需 1028600 人；2. 约计每年需要乡村小学教员的数目（每人任期作为十年计算）需 102860 人；3. 乡村师范每年需要的学生数（三年课程）需 306480 人；4. 每年师范生服务乡校之数目为 9855 人；5. 每年缺乏之乡校教员为 93005 人；6. 需要之乡村师范学校或师范科（每校或每师范科以五百学生计算）为 613 校；7. 现有之师范学校及讲习科为 275 处；8. 缺乏

① 广东省地方志编纂委员会编：《广东省志・教育志》，广州：广东人民出版社，1995 年，第 85 页。

② ［丹麦］曹诗弟：《文化县——从山东邹平的乡村学校看二十世纪的中国》，泥安儒译，济南：山东大学出版社，2005 年，第 85－86 页。

之乡村师范学校或师范科（假定现有之 275 校，能增至每校或每科 500 人，而毕业生专为乡村小学校小学服务者）338 校。①

根据黄敬思的估计，中国此时乡村小学教师缺少 93005 人，乡村学校或师范科缺少 338 校。要想改变这种状况，需要加大对乡村教师的培养力度。民国时期，对乡村教师的培养主要通过两种途径：一是设立乡村师范学校；二是乡村教师的进修。“要想乡村教育办得好，必须有良好的乡村教师；欲想有良好的乡村教师，非多办乡村师范不可。”②

乡村师范学校是根据地方需要，培养乡村人民与儿童者敬爱的导师的场所。乡村师范是乡村教师的制造所，是乡村教育的策源地，是乡村社会改造的中心，是乡村自治的动力。③ 在实施义务教育计划中，在乡村小学服务，约计一百二十万人左右，应由各县设立乡村师范训练。县立乡村师范的师资，由省立乡村师范学院及乡村师范专修科或现有师范大学或各大学校教育学院，分科负责训练。乡村师范是以培养乡村教育人才为目的，不过乡村教师要负担指导农民改造乡村的责任，所以也注重农事。这些教师受过在乡村设立之师范毕业的训练。其体格，其习惯，须农民化，养成农夫的身手，然后才能跋山涉水，向田里去教人。其观念，其志愿，须农村化，养成俭朴的性质，然后才安于乡村生活，以乡村教育为终身之职业。其思想，其头脑，须革命化，然后才有改造农村之能力，为社会之领袖。④

## 一、乡村师范学校的设立与发展

《师范学校规程》指出，乡村师范学校，是“以养成乡村小学师资为主旨之师范学校，得称为乡村师范学校”。一般来说，乡村师范包括省立乡村师范、县立乡村师范、县联立乡村师范、私立乡村师范和教

---

① 卢绍稷：《乡村教育概论》，上海：大东书局，1932 年，第 98—99 页。

② 张振国：《改良乡村教育的我见》，《伍农》1928 年第 4 期，第 2 页。

③ 《伍农发刊词》，《伍农》1928 年第 1 期，第 1 页。

④ 蒙暄：《理想中之乡村小学》，《广西教育》1929 年第 1 卷第 11—12 期合刊，第 82—83 页。

会立乡村师范。

早在1913年8月，教育部通令各县设立小学教员讲习所，强调："除由省行政长官斟酌财力，分年扩充省立师范学校外，可由各县参照小学教员讲习科办法，设立小学教员讲习所，或一县或联合数县，酌量情形，分别设立，以县经费济用，其规程由省行政长官定之，务令切实办理，并于毕业之前，就近指定小学校实地练习，兼须注意单级教授，俾收实益。"① 表明政府开始重视乡村教师的培养。当时的一些教育学者对乡村教师的培养也进行了探讨和呼吁。

余家菊于1919年发表《乡村教育的危机》一文指出：乡村教育之所以不振是与从事乡村教育的人有关，是他们自己不愿意从事乡村教育。"教育的发源地是师范学校，教育的根本是师范教育。"② 1921年，余家菊又发表了《乡村教育运动的含义和方向》一文，文中强调："师范教育的课程应该'乡村化'，各科教学应着眼于乡村。譬如，博物应多讲点农家的园艺畜牧；地理应教学生研究各国农民的操作状况和生活情况。师范学校的设置应该关注乡村，在师范教育体制中应分设师范教育科甚至是单独的乡村教育学校。各师范学校应设立乡村试验学校。师范学校的训育制度亟须'乡村化'，注重培养师范生服务乡村的精神。"③ 可见，对如何开办乡村师范学校，具体到课程设置要"乡村化"，余家菊为师范教育的发展做了很好的规划。

同年，陶行知在《关于师范教育的意见》一文中指出："现在师范多设在城市，因之乡村受益少。因乡下学生入师范后，都不愿在乡下做事而愿在城市做事。我以为有好多师范学校，应当设在小的镇上，一方面宜可与乡下的环境相接近，一方面要有实地教学的机会。中国的农民占85％，设立师范学校宜顾全农家子弟。"④ 可见，陶行知对乡

---

① 璩鑫圭，童富勇，张守智：《中国近代教育史资料汇编·实业教育 师范教育》，上海：上海教育出版社，2006年，第826页。

② 余家菊：《余家菊先生论文集》（下），台北：台北慧炬出版社，1997年，第418页。

③ 同上。

④ 华中师范大学教育科学研究主编：《陶行知全集》，第一卷，长沙：湖南教育出版社，1984年，第168页。

村师范学校的“乡村化”发展很关注。

在《改造全国乡村教育宣言书》中，陶行知主张，“乡村学校做改造乡村生活的中心，乡村教师做改造乡村生活的灵魂”①。即提倡“师范教育下乡”运动。他说：中国的师范学校多半设在城里，对于农村儿童的需要苦于不能适应。城居的师范生平日娇养惯了，自然是不愿到乡间去的。就是乡下招来的师范生，经过几年的城市化，也不愿回乡服务。……我认为，乡村师范学校负有训练乡村教师、改造乡村生活的使命。师范学校在乡村里设分校，在乡村的环境里训练乡村师资，已经是朝着正当的方向就行了。②

可见，当时培养乡村教师成为一种需要。正如陶行知所说：“好的乡村教师，第一有农夫的身手，第二有科学的头脑，第三有改造社会的精神。他足迹所到的地方，一年能使学校气象生动，二年能使社会信仰教育，三年能使科学农业著效，四年能使村治造成，五年能使活的教育普及，十年能使荒山成林，废人生利。这种教师，就是改造乡村生活的灵魂。③ 我希望除省立积极开办外，最低限度，要以县为单位，能够每县开办一所，毕业后分派各村办学，那么，乡村的改良，教育的普及，可指日而待了！”④

在教育学者的呼吁下，各省份开始建立一些乡村师范学校。江苏首先在省立师范学校中设立了农村分校，各县又先后设立县立师范。⑤在 1932 年，全国兴办的乡村教育事业很多，如河南，安徽，山东，福建，江西，湖北，广东，广西，河北诸省都创办省立乡村师范。在江苏，原有乡村师范得以扩充，并实行每县征收八分亩捐，以扩充乡村

---

① 《中华教育改进社改造全国乡村教育宣言书》，华中师范大学教育科学研究所主编：《陶行知全集》（第一卷），长沙：湖南教育出版社，1984 年，第 98 页。

② 《师范教育下乡运动》，《陶行知全集》（第二卷），成都：四川教育出版社，1991 年，第 296 页。

③ 陶行知：《试验乡村师范学校答客问》，中央教育科学研究所编：《陶行知教育文选》，北京：教育科学出版社，1981 年，第 52 页。

④ 张振国：《改良乡村教育的我见》，《伍农》1928 年第 4 期，第 2 页。

⑤ 方与严：《乡村教育》，上海：大华书局，1934 年，第 34 页。

教育。① 其他各地乡村师范学校建立及发展的具体情况如下：

湖北省：1928年5月，第一次全国教育会议通过《提倡乡村教育设立乡村师范案》，次年4月，国民政府颁布《中华民国教育宗旨及其实施方针》，强调师范学校必须“于可能范围内，使其独立设置，并尽量发展乡村师范教育”②。1928年8月，湖北省教育厅长刘树杞“本其普及教育，改进乡村之计划”，其后几年湖北乡村师范学校培养人才如表3.2.1所见。

**表3.2.1 湖北省乡村师范学校五年来毕业学生人数一览表**

| | 二十一年 | 二十二年 | 二十三年 | 二十四年 | 二十五年 | 总计 |
|---|---|---|---|---|---|---|
| 省立武昌乡村师范学校 | 25 | 84 | 42 | 56 | 70 | 277 |
| 省立宜昌乡村师范学校 | | 26 | | | 30 | 56 |
| 省立襄阳乡村师范学校 | 33 | 42 | 64 | 41 | 39 | 219 |

资料来源：湖北省政府教育厅：《湖北省教育厅二十五年度办理义务教育报告》。

河南省：1927年，河南设省立乡村师范学校1所，县立师范学校96所（男校84，女校12；3年制91，2年制2，1年制1，短期训练班2）、县立师范多系简易性质。③ 河南信阳共有信阳、罗山、潢川、光山、固始、息县、商城、经扶（今新县）8个县，设有9所乡村师范学校。④

江西省：1928年，江西省在南昌县莲镇的乌龙岗建立一所以晓庄师范为楷模的新型乡村师范学校。同年，在上饶开办江西公立信江乡村师范。1932年，省教育厅以“中学、师范合并，流弊甚多”，经省务会议通过，决定恢复师范独立设置制度，并注重发展乡村师范。按赣东、赣南、赣西、赣北四区域，将省立十四中、第一农业职业学校、

① 方与严：《乡村教育》，上海：大华书局，1934年，第35页。

② 《教育部公报》，第1卷第5期。

③ 王日新，蒋笃运：《河南教育通史》，郑州：大象出版社，2004年，第196—197页。

④ 郑大略，等：《信阳地区教育志》，郑州：中州古籍出版社，1991年，第156－158页。

七中、四中分别改为省立贵溪、赣县、宜春、九江 4 所乡师；设立饶州 7 县联立芝阳乡师于波阳，广信 7 县联立信江乡师于上饶，吉州 10 县联立阳明乡师于吉安。龙南、定南、全南、安远联立乡师于龙南。1934 年，增设大余、崇义、上犹 3 县联立乡师和高安县立简易师范学校。1936 年，增设省立吉安、宁都 2 所乡师；省立十二中改为省立南城乡师。①

福建省：1928 年，省立乡村师范成立，分甲、乙、丙三类招收初中毕业生。甲、乙类招收具有初中水平的小学在职教师，修业年限各 2 年；丙类招收高小毕业生，修业年限 4 年。1928 年，福建省教育厅在福州洪山乡创办省立福州乡村师范学校。并将省立龙岩中学改为省立龙岩乡村师范学校。随后，宁德、建瓯、晋江、长汀、龙溪、南安、德化、大田、上杭、松溪等县也都办起乡村师范学校。② 1930 年，黑龙江省又成立三所师范学校：绥化初级师范学校，2 个班，学生 63 人；呼兰县立女子乡村师范学校，1 个班，学生 50 人；巴彦县乡村师范学校 1 个班，学生 25 人。③

广西省：民国二十年（1931 年），教育部规定师范教育要以设立乡村师范为原则。20 世纪 30 年代末至 40 年代初，广西省教育厅先后创办 9 所省立中等师范，有 10 个县办简易师范学校，但师范毕业生仅占当时小学教师总数 10％左右。④ 本年开办男女甲种师范讲习所各一级计师范生 110 人而现任教员计 190 人。拟逐年增加男女甲种师范讲习所及保选高小毕业生入省立师范肄业计其学龄儿童已入学者 483 人，未入学者 32800 人。其原有学校数八年度为 101 所，九年度增设 1 校

---

① 《江西省教育志》编纂委员会编：《江西省志·教育志》，北京：方志出版社，1996 年，第 262 页。

② 福建省地方志编纂委员会编：《福建志·教育志》，北京：方志出版社，1998 年，第 490 页。

③ 黑龙江省地方志编纂委员会编：《黑龙江志·教育志》，哈尔滨：黑龙江人民出版社，1996 年，第 415－416 页。

④ 广西壮族自治区地方志编纂委员会编：《广西通志·教育志》，南宁：广西人民出版社，1995 年，第 141 页。

十年度增设2校。①

山东省：山东省教育厅自1929年起，分期筹设乡村师范学校二十二处，并按各地需要之缓急以定实行举办之先后。② 1929年8月省城济南开办起了山东的第一所省立乡村师范学校，此后三年内全省共建立起八所省立乡村师范学校。省教育厅在1931年3月举行的山东省第二次教育局长会议上议决分区设立多县共立乡村师范学校。会后，教育厅根据山东各县之小学数量，及教育经费之多寡，将全省划分为二十五个区，规定每区至少设立共立乡村师范学校一处。③ 据统计，抗战爆发前，山东省共设立县立简易乡村师范学校17所。④

广东省：民国十八年（1929年）3月，在番禺成立乡村师范学校，命名为“省立第一师范学校”，何剑吴为校长，并招收小学师资科一班，开本省乡村师范学校之先河。⑤ 民国十八年（1929年），省教育厅通令各县最少应设立乡村师范学校一所。此后，中山、顺德、吴川等26县相继成立县立乡村师范学校。高要、恩平、澄海、琼山、安定、德庆、乐昌等7县则于县立中学校各附设师范科，以培养乡村师资。民国十九年（1930年），增设惠阳女子简易师范学校、高要县湖山简易师范学校、大埔第一简易师范学校。⑥ 在加强小学教育的同时，划分师范学区，推广乡村师范教育。民国二十一年（1932年），编制了《职业学校课程标准》，强调发展和办好初级和高级职业学校；同时举办简易师范学校和简易师范班。到抗战前（1936年7月以前），广东省有2.4万多所，在校学生153.6万多人；师范学校48所，学生约

---

① 章慰高：《太仓县》，《义务教育》1922年第3期，第1—2页。

② 《筹设乡村师范纪要》，载陆兴焕编：《山东省政府教育厅第一次工作报告》（自民国十七年六月至民国十八年十月），海口海南书局印刷，1929年，第131页。

③ 《推广各县乡村师范教育纪要》，载《山东省政府教育厅第二次工作报告》（自民国十八年十月至民国二十年六月），1931年，第177页。

④ 赵承福主编：《山东教育通史》（近现代卷），济南：山东人民出版社，2001年，第208页。

⑤ 广东省地方志编纂委员会编：《广东省志·教育志》，广州：广东人民出版社，1995年，第97页。

⑥ 同上。

6000人。①

四川省：民国十三年（1924年）秋，四川省教育厅拟具《四川省实施义务教育大纲》及《各县实施义务教育规程》呈准省政府令遵行。根据四川省政府的要求，各县大办师范教育，宜宾师范教育逐渐得到较大发展，从1924—1949年，第六行政督察区各县及屏山县、古宋县共办有师范传习所1所：宜宾县师范传习所。附设简易师范科13所。②“自民国十九年（1930年）起四川乡村师范由南泉，北岩两校（即巴县县立南泉乡师，涪陵县立北岩乡师），增加到四十二所之多，以性质论有县立三十所；区立二所，设附十所；以性别论有男校二十二所，女校八所；男女合校十所。当时，全国有乡村师范共三百四十五所。河北最多，一二四所；山东四所；四川则居第三位。到了近年来四川简易乡村师范多已停办，仅存九所。”③

辽宁省：1929年，辽宁省全省58县中，只有15个县设立了师范学校（其中海城、辽阳、铁岭各2所），其余43县均设讲习科。④

1934年全国乡村师范学校有327处，至少有17个省份建立乡村师范学校。具体情况见表3.2.2。

**表3.2.2 1934年全国十七省份乡村师范学校数量统计表**

| | 省立 | | 联立或区立 | 县立 | | 私立 | | 累计 |
|---|---|---|---|---|---|---|---|---|
| | 乡村师范 | 简易乡师 | 简易乡师 | 乡村师范 | 简易乡师 | 简易乡师 | 未备案乡师 | |
| 江苏 | 8 | 1 | 1 | | 5 | | | 15 |
| 浙江 | 1 | 1 | | | | | | 2 |
| 安徽 | | 2 | | | | | | 2 |

① 广东省地方志编纂委员会编：《广东省志·教育志》，广州：广东人民出版社，1995年，第4页。

② 宜宾教育局编：《宜宾教育志》，重庆：西南师范大学出版社，2005年，第140页。

③ 张鑑虞：《发展四川乡村师范议》，《四川教育》1937年第1卷第1期，第59—60页。

④ 胡玉海主编，郭建平著：《奉系教育》，沈阳：辽海出版社，2006年，第247页。

续表

| | 省立 | | 联立或区立 | 县立 | | 私立 | | 累计 |
|---|---|---|---|---|---|---|---|---|
| | 乡村师范 | 简易乡师 | 简易乡师 | 乡村师范 | 简易乡师 | 简易乡师 | 未备案乡师 | |
| 江西 | 5 | | 3 | 1 | | | | 9 |
| 福建 | 8 | | | | | | | 8 |
| 湖南 | | | 5 | | 33 | 3 | | 41 |
| 湖北 | 3 | | 1 | | | | | 4 |
| 四川 | | | 2 | | 16 | | | 18 |
| 广东 | 5（附设） | | | 2（混合） | 16 | | 3 | 26 |
| 广西 | | | | 1 | 8 | | | 9 |
| 云南 | | | | 4 | 28 | | | 32 |
| 河北 | | | | | 70 | | | 70 |
| 河南 | | | | | 41 | | | |
| 山东 | | 9 | 5 | | 14 | | 1 | 29 |
| 察哈尔 | | | | | 11 | | | 11 |
| 热河 | | | | | 5 | | 1 | 6 |
| 贵州 | | | | 1 | | | | 1 |
| 累计 | 31 | 13 | 24 | 4 | 247 | 3 | 5 | 327 |

资料来源：据教育部普通教育司编《全国中等学校校名地址一览表》(1934 年)。

与城市的师范学校相比，这些乡村师范学校具有鲜明的特色：

第一，从校址的选择上看，这些乡村学校大多设立在乡村。县立师范讲习所，设于县城，殊非培养乡村小学之道，应改迁乡间，设备实际环境，从事练习，庶可造就有“农人的身手，科学的头脑，改造社会的精神”之师资。①

如河南省立乡村师范学校“一是全校分总务部，指导部（主持训教等事），研究部（主持全校设计实验研究等事）。二是废除一切假期，

① 《拟本年度县教育行政计划书》，《广西教育》1929 年第 1 卷第 11—12 期合刊，第 4 页。

如暑期，星期日，各种纪念日……。三是训练学生的目的，为乡村整个建设的人才，绝不偏重学校儿童教育。四是学程分普通必修和分组必修，计分学校，社会，农艺三组。五是学生功课，注重学生自学，课堂讲解时间减少，含有道尔顿制的一点精神。六是学生到了第四五两学期，完全到乡村学校实习。功课全由自学，星期日回校研讨。七是试验机关有农场、医院、工厂、合作社、实验区等。八是实验区到学校附近十乡，设有乡村学校七所，整个乡村事业，即以学校为中心。九是教职员与学生共生活，同甘苦。十是注重纪律的生活，一律制服。① 从而尽量与农村生活接轨”。

第二，从生源上看，大部分乡村师范的学生来自乡村。田瑾在《乡村教育与农村师范》中指出，理想的农村师范的招生对象应为乡村子弟曾受完全小学教育，品行端正，性情优美。堪于造就者，或现任乡村教师希望发展者均可入学。② 如湖南省立衡山乡村师范学校在招生广告中说："本校以培养乡村小学师资及农村改造民众教育实施人才为宗旨。"投考资格必须是"初中毕业、熟悉乡村情形及农民生活、志愿终身在乡村服务、身体强健、能吃苦耐劳者"③。1928 年春，江西省立乡村师范成立，分甲、乙、丙三类招生：甲类招收初中毕业生，乙类招收具有初中水平的小学教师，修业年限均为 2 年；丙类招收高小毕业生，修业 4 年。1930 年，乙类停止招生，甲类改为一部，招收初中毕业生，修业 3 年；乙类改为二部（后称简师），招收高小毕业生，修业 5 年。1932 年，全省师范学校独立设校，省教育厅规定：师范学校招收初中毕业生，简易师范招收高小毕业生，入学年龄为 15～22 足岁。④

可以看出，乡村师范主要招收高级小毕业生，年龄在十六岁以上，

---

① 仝菊圃君来函：《河南省立乡师近况》，《教育与职业》第 150 期，第 817—818 页。

② 田瑾：《乡村教育与农村师范》，《农学杂志》1924 年第 8 期，第 12 页。

③ 吴相湘：《晏阳初传》，长沙：岳麓书社，2001 年，第 293 页。

④ 《江西省教育志》编纂委员会编：《江西省志·教育志》，北京：方志出版社，1996 年，第 289 页。

基本上初级中等学校、高级中等学校、专门大学校后一年半的学生和在职教职员有相等程度的都可以报考。根据1932年山东省立第一乡师的统计，当时在校学生共180人，其中有166人来自农民家庭，占到了学生总人数的92%。又如平原第五乡师的大部分学生是鲁西北各县的乡村农民子女。① 设于临清的六县联立乡师招收的学生大部分是来自六县农村的高小毕业生和具有同等学历的无业青年。对于乡村子弟来说，一方面，乡师收费低廉，每月还能领到五元钱的伙食补贴，读书不会给家庭增加太多负担；另一方面，乡师毕业后，即有资格获得一份相对稳定的工作。这些都是吸引乡村学子入读乡师的积极因素，因此多地皆出现了众乡民子弟踊跃报考乡师的局面。②

第三，从教学内容上看，教学内容明显有别于城市师范教育。乡村师范学校培养的是为乡村服务的教师，如省立第一乡村师范学校“开办初始，即以养成优良乡村小学教师，并能改进农民生活，指导乡村自治之人为宗旨”。所以，在课程设置及教学实习活动中相应地增加了乡村教育的课程，如：《乡村教育》、《农村社会学》、《乡村小学实施法》，1931年9月，国民党中央第三届执行委员会第十七次常务会议通过的《三民主义教育实施细则》对乡村师范的宗旨及实施原则也做了明确的规定：“乡村师范教育应注重改善农村生活，并适应其需要，以养成切实从事乡村教育或社会教育的人才”，“乡村师范课程应注重农业生产及农村改良教材”。

第四，乡村师范学校更多地强调乡村的社会实践。同时乡村师范学校附设一二所乡村小学，作为教育实习之地。

正如张含清在《时代教育讲稿中》谈到的：乡村师范学校筹办方法：（1）范围最好每县成立一处，造就本县小学及民校师资；如必不得已，可由数县联合办理。（2）学生——须家境贫苦而有志力，程度

---

① 德州地区教育局教育志办公室编：《德州地区教育史志资料》，1987年，第107页。

② 李洪珍，许启然：《临清乡师概述》，载中国人民政治协商会议山东省临清市委员会文史资料研究委员会编《临清文史》第三辑，1988年内部发行，第158页。

相当而会做事者，年龄至少须在十八岁以上。(3) 期间——修业期间，至少三年；毕业后派出实习期，至少一年。(4) 职员——特聘总务、政治、经济、文化、(或为语文，技术) 四位导师，不另请教员。其他学校事务如文书会计庶务等，可由学生负之。(5) 办法——完全采用大队组织教学及综合活动。(6) 事业——在第三学年，每小队学生包办一个村教育建设事业，作为实习场合；在第一二学年，亦可作稍有进项的活动，作为生活费及购书费之补助。(7) 其他——师资训练班之全部办法，应包括无遗，唯扩大并加深其研究活动的量与质。①

## 二、乡村师范学校的课程设置与教学方法

### (一) 乡村师范的课程设置的探索

民国时期，乡村师范的课程到底应该怎样设置才能适合乡村教育的发展？时人有过诸多讨论。顾克彬认为：“农村师范学校，是专培养乡村小学的教师，不是培养城市小学的教师，有特立的性质，其课程、训育、设施，一切等皆和其他师范学校不大同。”② 在《伍农》杂志中，涂闻政有这样一段《答客问》中就论述了对乡村师范课程设置的思考：

> 乡村教师要怎样才算好？
>
> 乡村教师不但负有促进乡村教育的责任，并且应当指导农民改造乡村，所以好的乡村教师，应当有农人的身手，科学的头脑，艺术的兴趣，改造乡村社会的精神，促进乡村教育的知能。
>
> 用什么方法可以养成这样好的教师？
>
> 我们在乡村中设备了种种农事的，科学的，艺术的，改造社会的，教育的场所，利用这种环境，由各指导员与学生共同工作，将教育与生活打成一片，实行“做学教合一”。我

---

① 张含清：《时代教育讲稿》，宛西：师资训练班代印，1935 年，第 77—78 页。

② 顾克彬：《农村师范在师范教育中之地位》，《中华教育界》1926 年第 15 期。

们以实验小学为改造乡村生活的中心，同时又为乡村师范的中心，“从乡村实际生活产生活的实验小学，从活的实验小学产生活的乡村师范，从活的乡村师范产生活的教师，从活的教师产生活的学生，活的国民”。我们所到的乡村都是我们教育的场所，乡村中的人都是我们的学生或师友，乡村的生活和事业都是我们的课程，我们相信这种办法可以养成好的乡村教师。

现在世界潮流是要改良衣食住行的；而乡村师范的生活一切均求简陋，岂不和进化潮流相反？

我们要用科学的方法，改良农业，增加农产，与乡民组织乡自治机关，办理一切公益事业，使一般乡民的衣食住行日渐改良。但是我们学校的生活要适合地方的经济能力，适应乡村的环境。将这种习惯养成，才能在乡村中不感受物质上的痛苦，而能从事于乡村教育，现在中国有知识的人，大半是生产力不增加，消费力偏要增加，以致钱少的事不愿干，得的钱不够用，乡村中不愿去，要是再不回头，全国的人只有富的变穷，穷的更穷，日本人对于生产制造的方法，精益求精，而他们普通国民的生活，仍是力求节俭；所以它虽然是国土狭小，还能立足于世界。我们希望全国农村增加生产，然后提高生活，希望全国国民增进公共的幸福，节制自己的浪费，所以生活应当简约一点。

乡村师范为甚么要办医院商店等呢？

乡村师范是改造乡村的中心，是促成乡村自治的动力，他的教育即是人生，他的教育场所即是乡村社会，他有限的学生是师范生，幼稚生，无限的学生是乡村一般民众，他的学生不但要有常识，并且要有烹饪、耕种、修路、医病、做工等常能；可以不但要有图书馆、仪器室、运动场，凡是新村组织应有的场所都要逐渐举办，我们希望全国每个乡村都有一个乡村学校，乡村学校便做改造乡村的中心，将全国的乡村一律刷新，建设三民主义的新中国。①

上段谈话实际上包括了乡村师范要培养什么样的教师，培养这样的教师需要哪些训练和方法，也就是乡村师范应该设置何种课程的问题。其他学者也指出，乡村师范课程主要应该是本着教育与农业并重的原则，除普通课外，均列农课（约占50%）。而农课视本区域需要情形，采集教材。对于当地特产，尤应注意，更须予以充分之实习，务期学理与实在吻合，学生明了可以实行，平时发挥其自动研究，及观察能力，俾出校后，于孤陋寡闻之乡村，有增进智育之欲望。进而养成生活简易，能忍耐，不畏难之服务精神，及诸种高尚美德。又指导演习，集会讲演，游艺等。为他日改进乡村，提倡乡村事业之预备。②

**（二）乡村师范学校的主要课程**

乡村师范课程的设置基本上是一般师范学校规定的课程之外，还要根据乡村实际需求开设相关课程。除授以农业课程外，学生要到农场实习农事操作，养成身手农民化的习惯。社会科教员还要领导学生举行造林、筑路、识字、卫生等运动，并设立消费合作社、信用合作社，以完成对学生社会科学的切实指导等。

南京国民政府时期，师范学校的设置有过调整。具体教学课目有：公民、国文、历史、地理、算学、物理、化学、生物学、体育、卫生、军事训练（女生习军事看护）、劳作、美术、音乐、伦理学、教育概论、教育心理、教育测验及统计、小学教材及教学法、小学行政及实习等，基本课目及专业课兼顾并重。乡村师范学校则增设关于乡村及农业课目。③

南京中学乡村师范校的宗旨是：一是参照乡村环境适应地方需要养成优良乡村小学教师暨改进农民生活之人才；二是根据学区内乡村

① 涂闻政：《答客问》，《伍农》1928年第1期，第8—10页。

② 田璀：《乡村教育与农村师范》，《农学杂志》1924年第8期，第12页。

③ 于述胜：《中国教育制度通史》（第七卷），济南：山东教育出版社，2000年，第147页。

生活实际情形切实研究乡村教育之实施与改进；三是尽量协助农民组织与建设并改良生活；四是作乡村小学之指导与联合研究。课程：分公民及三民主义、国文国语教育、农业教学、理科、历史、地理、体育、图画、手工、音乐、童子党军、医药。该科主张教学做合一，惟所收学生系高小程度，基本科目仍须班级教授学生，一切生活注重实事求是严格致验。训育：学生除研究正课外，各派洗衣、理发、挑水、担柴、运砖及农事工作等均视为重要工作学生借此可以锻炼体魄，唯不可矫枉过正，故作穷态。①

浙江乡村师范教育的宗旨则是：在依据乡村实际生活，培养乡村人民儿童所敬爱之导师并运用最少经费，树立乡村师范标准以资本省各地设立师范之参政。目标：一是培养农人的身手；二是培养科学的头脑；三是培养革命的精神。方法：本校实行师生共同生活得生活与教育打成一片，故如何生活即如何教育教学做合一为本校生活法亦即为本校教育法。课程大纲：本校课程大纲规定如下：一共同教学做。三民主义每周五小时；纪念周每周一小时；晨会每周二小时；国语每周七小时；农事每周四小时；自然科学每周三小时；手工每周四小时；算术每周二小时；图画每周二小时；音乐每周二小时；军事每周三小时；清洁卫生每周二小时；中心小学每周七小时。二轮流教学做。轮流教学做暂定左列种其时间依人数多寡及事务繁简友配之。教务、庶务、会计、文牍、图画、编辑、烹饪、招待、娱乐、看护、校具保管、民众教育。三、自决教学做。自决教学做如写信看书笔记访友加习等由各人自拟每日每月计划交指导员核准施行。②

1935 年 6 月 22 日，国民党教育部公布《修正师范学校规程》第 27 条，规定了乡村师范学校的教学科目如下：公民、体育、军事训练（女生习军事看护及家事）、卫生、国文、算学、地理、历史、生物、化学、物理、伦理学、劳作、美术、音乐、农业及实习、农村经济及合作、水利概要、教育概论、教育心理、小学教材及教学法、小学行

---

① 张寿山：《考查江浙乡村师范教育报告》，《伍农》1928 年第 2 期，第 20 页。

② 同上，第 22 页。

政、教育测验及统计、乡村教育及实习等。简易乡村师范学校的教学科目为公民、体育、卫生、国文、算学、地理、历史、植物、动物、化学、物理、劳作（农艺、工艺、家事）、美术、音乐、农业及实习、水利概要、农村经济及合作、教育概论、教育心理、小学教材及教学法、教育测验及统计、乡村教育小学行政及实习等。[①] 规程中有师范学校教学科目及各学期每周教学及自习时数附表甲和乙两个，都是针对乡村师范学校的教学科目及乡村特点而规定，内容比较详细。详见图 3.2.1。

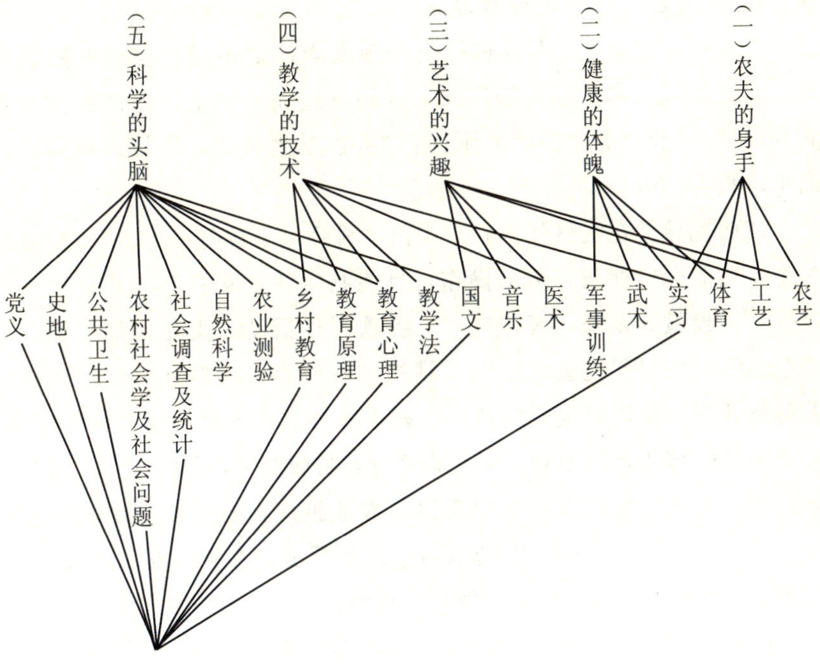


**图 3.2.1　乡村师范学校教学科目**

### （三）乡村师范学校的教学方法

民国时期，各地乡村师范学校根据不同的情况，大多采取了课内与课外、校内与校外、理论讲授与实践结合、教师讲授与自学辅导、参观讨论等多种教学方法，力图培养适合乡村教育的人才。

---

① 国民党教育部编：《教育法令汇编》第一辑，1936 年，第 197 页。

1912年12月10日，教育部公布的《师范学校规程》要求："教师教授时常宜注意于教授法，务使学生于受业之际，悟施教之方。为学之道，不宜专恃教授，务使学生锐意研究，养成自动之能力。"① 明确了教师在讲授课程中应使用的教学方法。1928年，福州乡村师范和龙岩乡村师范等学校改革注入式教学，采用自学加辅导的教法，颇受学生欢迎。各师范学校一般每月召开一次学科会议，研究教材，确定教学内容的目的要求和讲授方法。民国二十八年（1939年），福建师范学校采用实验、讨论、研究、演讲、操作、表演、练习、问答、记诵、设计10法，培养各种能力。②

有这样的记载："因各科教员兴趣及教法之不同，教材亦随而各异，或选现成书本，或自编讲义。或随堂述而令笔记，此三种方法各有利弊。"学校教务坚持的原则为："务以学生利益，教员兴趣为前提而推进教务。"③

江西视导员在视察江西省立南昌乡村师范学校时指出："该校教师学生，均能勤俭朴实，劳动操作，且能共生活，共甘苦，其精神殊为可嘉。该校教导设施，规律谨严，各项课外活动，支配允称妥善，进修会组织，各科研究会方法以及精神讲话内容，均颇有可取。该校工艺劳作课程，课以制造日常器具，教学用具及儿童玩具等，颇切实用，且著成绩。该校推广事业，如民众教导，村政改进，公民训练，已著成效。此后应注意民众组织与训练以及农业推广，与生产合作事业之进行。该校农场设备尚可，农场地面，开关颇多；农事设施，亦有进步，惟因土质不佳，不易有显著成效，亦环境使然。该校学生农事实习，及劳动服务，成绩均佳，学生参加，兴趣浓厚；教师指导，亦颇得法。"④

九江乡村师范学校"查阅该校日课表，普三班物理实验以人数计

---

① 璩鑫圭，唐良炎：《中国近代教育史资料汇编·学制演变》，上海：上海教育出版社，2007年，第687—688页。

② 福建省地方志编纂委员会编：《福建志·教育志》，北京：方志出版社，1998年，第499页。

③ 李崇武：《半年来的回顾》，《乡村改造》1932年第1卷第2期，第6页。

④ 《江西省立南昌乡村师范学校视察报告》，《江西教育》1935年第10期，第88页。

似可不必分组；初中三年级物理，二年级代数，一年级算术，各科每周四小时已够讲授，可不必各增加一小时。又该校高初中三年级课程似觉偏重于毕业会考与升学之准备，均应分别加以修正”。

## 三、乡村师范学校的实践活动

乡村师范学校的课程除了对各门课程的理论学习外，更加注重课外的实践活动，即对乡村师范生的实际训练。有人这样说：“师范教育，除学识技能之授与外，尤宜注重训练，养成艰苦卓绝，勇往无畏，使师范生个个有耶稣教徒牺牲传道之精神。毕业以后，深入乡村，忠诚服务，开发创造，乡村教育，才有希望。”①

时人认为：“乡村师范对于学生的训练，应当分为四个阶段：第一是基本学科的训练，第二是公民的训练，第三是农业的训练，第四是专业的训练。有了基本科学的训练，然后才能满足农村的成人和学龄儿童们都有读书写字，接受和传递思想的机会。有了公民训练，然后才能改革农村，以谋社会进步。有了农事训练，然后才能使农业得以改良。有了专业的训练，然后才能办出良好的事业。”② 乡村师范学校的实践活动主要目的是积累实践经验，应用于日后的教学。为此，一般来说是通过以下几种方式来进行实践活动：其一创办乡师附小以供师范生实习；其二开办农场；其三参观考察。

### （一）学校实习

一般来说，乡村师范学校都有一所或几所附属小学，一方面可以解决附属小学的师资缺乏问题；另一方面可以为师范学生提供实习场所，为日后的从业奠定基础。这些师范学生可以定期在师范附属小学做管理工作，进行教学实践，并且制定实习考查办法。如省立龙岩乡村师范、省立闽侯师范定有教育实习考查办法，考查内容包括：教材研究、参观、见习、试教四项目的要求，试教占实习成绩的40%，其他三项各占20%。实习成绩不及格不准毕业，必须留级复读，直到实

① 唐庐锋：《训政时期乡村教育的实际问题》，《广西教育》1929年第1卷第9—10期合刊，第114页。

② 韩文庆：《乡村师范教育之新生命》，《江苏教育》1932年第1卷。

习成绩合格方准毕业。①

师范学校的附属小学是师范生见习和实习的主要场所。“实习为师范教育之主要作业，校内既设有小学部，相距咫尺，学生实习时，应由所实习之学科教员，教育学科教员及小学部教员到场指导；现该校规定教学实习仅由小学主任指导，尚欠周密，似有改善之必要。该校依照设计试验，各科教学，以知能并进，应用于农村生产为原则，不偏于课堂工作，注重试验实习，每日四时授课，三时练习及劳作，由教员拟定教学商榷表，依照设计，自编教材，颇能切合实际，每日学生分组填送学业日报表，由教务主任审核成绩，批改亦属认真，试行以来，已见相当效果。”②

乡村师范的学生，通过在附属小学实习，能够将所学知识运用到具体实践，在实践中得到锻炼。（江西）省督学程宗宣视察宜春乡师附属小学时看到：“教师皮锦章课六年级上下期复式国语，六下练习书法，六上直接教学，讲解明晰，条理井然，指导发问，均具适当。胡国栋课六年级珠算指示说明，均极清晰，用笔算引证，尤有可取。又课一年级下期国语，先用故事看图引起学生动机，继令学生诵读，试讲，讲师随加指示说明，方法甚好。晏蔚文课五年级社会讲述课义，颇有发挥，发问技术，亦甚妥适。张烈课五年级国语，讲解透澈，且能提出语句文法，引伸发挥，学生甚饶兴趣，钟镇藩课四年级国语，先解说语句文义颇觉生动，继令学生就课文试解，教师提难解词句，并加说明，均得体。魏安课四年级美术，题为朝会时的升旗式，令儿童自由设计作画，方法甚当。谭纯洁课三年级自然，利用实物示教，指示明白，发问适当，解说亦佳。施广厚课三年级国语，先利用看图引起学生动机，继练习默读，并令学生试讲，方法甚合。袁善元课二年级国语，先引起学生动机，继指示解释字义，尚能启发学生注意。李秋课二年级自然，解释明白，指示适当，易观光课一年级上期国语，

① 福建省地方志编纂委员会编：《福建志·教育志》，北京：方志出版社，1998年，第501—502页。

② 邵德基：《视导饶州七县联立芝阳师范学校报告》，《江西教育》1935年第11期，第77页。

授课前，所用序秩鼓励方法，颇为适当，练习默读方法亦合，向全体发问，而后指名回答，亦有可取，讲解时尤能引申发挥。戴毓琪，徐宝华课幼儿园作业游戏，儿童活泼而有秩序，教师指导亦甚周到。”①“教员黄慰民课一部一年级国文，讲解清楚，鲍树宏课二部三年级一学期国文，缺少发挥，杨劲秋课二部三年级二学期国文，王君逸课二部一年级乙组地理，讲解尚可，卢贻谋课二部一年级一学期植物，黑板图示尚佳，唯教法欠灵活，敖英课二部二年级一学期动物，解释条畅。”②

可见，经过这样的实践练习，这些学生积累了丰富的教学经验，是其日后更好地开展教学活动的重要前提。经过这样的实习锻炼，相信这些乡村师范的学生在以后的教学工作中会有更加出色的表现。

**（二）农场实习**

作为乡村师范学校，贴近农业生产的实习是必要的，于是一些学校组织学员赴农场等单位实习，起到了较好的效果。在江西省，1928年，省立乡村师范改革传统的从书本到书本的视听讲授法，提倡手脑并用，注重劳动教育，实施“教、学、做、用合一”，以做为中心，用为目的，实行“做中教、做中学，学以致用、用以治学”的教学方法。教师在课堂传授理论知识，并带领学生到校办工艺工厂、实验农场进行实地教学、操作训练、制作标本，整修教具和教学用品；平日开荒、整地、除草、运肥、筑路、布置校舍、清洁卫生环境等都由师生自己动手。除了设立附属小学，还同附近乡村各小学建立辅导联系，举办农民夜校，为学生提供尽可能多的教育教学实践场所，为农村小学培养新型师资。③

为贯彻陶行知的教学做合一思想，学校设有农场和工厂。在课程设置上，除了文化科学课和教育专业课外，还特别设置了“农事及实

---

① 《视察宜春乡师附属小学报告》，《江西教育》1935年第6期，第99页。

② 欧阳魁：《饶州县联立信江乡村师范学校视察报告》，《江西教育》1935年第11期，第78页。

③ 《江西省教育志》编纂委员会编：《江西省志·教育志》，北京：方志出版社，1996年，第280页。

习”和“工艺”课。“学校规定，新生一入学，每人都要购置一套农具（铁锹、锄头和耙子），还要购置一套工具（斧头、篾刀、凿子和锯子）。‘农事及实习’除课堂教学外，还要参加农业生产实践。‘工艺’则在工厂上课，先后学习木工、竹工、藤工、泥工和石膏工等，实行在做中教，在做中学。在方圆十里的乡村，设立了小篮、墨山、淡溪三所附属小学，在敷林、灌薮设立了两所特约小学，为师范生提供了较多的教育实习场所。同时又在冈上熊村和杰家楼村分别设立了民众夜校。师范生利用晚上时间轮流到民众夜校教课，帮助农民识字。农民脱盲后，又帮助他们学习基本的文化科学知识。”①

“农场实习，备有日记，查二十二年度，农场生产统计有九百零四元三角五分，关于栽培苗木，登记亦详，至陈列各种植物标本，多由师生搜集制作，甚为可嘉，唯农业副产物，如养猪、养牛、养鸡等，设备嫌太简单，似可先行择一注意，俾有显著之成绩表现，以增社会上之信仰。学生课外活动，除校内已有体育会及各科研究会之组织外，关于社会活动事业，亦应计及，或组织劳动服务团，订定假期服务办法，期以新生活之推行为目标。”② 一教育者在参观栖霞乡村师范学校后指出：“劳作，每日下午三点至五点，亲见有割豆子的学生 40 人，抬料建筑房屋的十余人，制陶器的二十余人，作园艺工作的有三十余人，女生均练习线纫烹调等。在服务上，图书馆，阅报室，民众茶园，厨房，均有学生服务。在食住上，供给伙食，每日三元二角，菜蔬很能合口。训育上，注重团体生活，食堂正面，设群体生活概况指南数表，以六十度为及格，百度满格。改造环境上，每一师范生应对农民一人，负责教学，以备一切顾问，乡政研究会。每月十五日开会一次，秘长充当主席，附近各乡村长出席，议决案均能实行。”③ 该校师二班学生分两组轮流赴谭家畈实验区服务，每组约有九周实习时间，据师范科主任吴亦忠报告，学生兴趣甚为浓厚。此种办法能使学生体认乡

① 李兹高：《对江西中等师范教育的回顾》，《江西教育史》，南昌：江西高校出版社，2001 年，第 154 页。

② 《省立赣县乡村师范学校视察报告》，《江西教育》1935 年第 10 期，第 90 页。

③ 张授青先生讲演，范文衡纪录：《乡村教育》，1934 年，第 124 页。

村之实际情形，且养成其服务之精神与习惯，甚为可取。但亦须事前计划周详，临时指导得法，方能使学生始终不倦，获得实际之效果。①

**（三）参观考察**

除了到乡村师范附属小学实习，到农场实习外，乡村师范学校的学生还有机会到乡村教育开展的比较好的地方参观、考察、观摩、学习，这也是他们积累经验的一个重要方式。在《津南农声》中有这样的记载："本县县立简易师范第一班，于本年寒假卒业，当局为使增广教育设施及研究教学方法，而资借镜起见，特订十一月十四日，由该校教员李蕴辉、刘余如等，率领学生赴津参观，一行三十五人云。"②

"本着教学做合一的精神，确有多数学生感到至大兴趣，表现至高精神，如北关村离校远至七里，而学生白日上课、晚赴实习，往返跋涉，不辞劳瘁；而直接受教学生皆为方圆七里以内，失学之男女乡民，为数足在两千以上，每散步野外，常见负薪挂角歌读田野者，比比皆是。偶有疑难！必群集相问，百二十余名之师范部学生，和三十八位教职员，均成该地乡民之导师，所有乡民儿皆为本校之良友。"③

总之，各地乡村师范学校，因地制宜，开展了一些教学实践活动，突出了乡村师范的特色，贴近了乡村教育的实际，为乡村教育培养人才付出了努力。

## 四、乡村师范学校的成绩与不足

### （一）乡村师范教育的成绩

1. 为乡村教育培养了大批师资力量

乡村师范学校是适应农村发展的要求，不仅为乡村学校培养了大量的师资，而且也为广大乡村社会发展提供了人才储备。这些乡村师范学院的毕业生，大多毕业后能在乡村任教。据江苏省立黄渡乡师所说："每年暑假，各县来函聘任者，纷至沓来，大有不敷应付之大

① 《视察省立九江乡村师范学校报告》，《江西教育》1935年第10期，第89页。

② 《农村教育》，《津南农声》1936年第2卷第2期。

③ 李崇武：《半年来的回顾》，《乡村改造》1932年第1卷第2期，第6页。

势。"① 乡村教育家古楳根据各校的报告和他本人的调查，发现乡村师范毕业生的出路大致如表 3.2.3 所示。

**表 3.2.3 乡村师范毕业生出路调查表**

| 学生出路 | 黄渡乡师 | 洛社乡师 | 灌云乡师 | 吴江乡师 | 滋阳乡师 | 湘湖乡师 | 合计 |
|---|---|---|---|---|---|---|---|
| 升学 | 7.9 | 4.2 | | 5.8 | 9.0 | | 4.5 |
| 小学校长 | 11.1 | 15.8 | 12.0 | 23.3 | 6.0 | 18.8 | 14.5 |
| 小学教员 | 47.3 | 74.8 | 56.0 | 62.1 | 76.0 | 57.8 | 62.2 |
| 其他机关 | 4.8 | 5.2 | 32.0 | 6.8 | 9.0 | 21.1 | 13.2 |
| 病故 | 1.6 | | | 1.0 | | | 0.5 |

资料来源：古楳：《乡村师范概要》，上海：商务印书馆，1936 年，第 168 页。

从表 3.2.3 中可以看出这些乡村师范毕业生，他们毕业后，76.7%的学生均能成为乡村教师，4.5%的学生能够继续深造，13.2%的学生能够到其他机关任职，也就是基本上所有的毕业生基本都能够就业，这些毕业生对乡村各项工作的有效开展起到非常关键的作用。如蓬莱县的李伯溪 1933 年从师范讲习所毕业后，到该县义成小学主持教学工作。在他的积极努力之下，学校的教学质量有了明显提升，要求入学的人数日渐增多。②

2. 培养了一批乡村建设人才，促进了农村社会的发展。正如陶行知所言："我以为乡村学校负有训练乡村教师改造乡村生活的使命。师范学校在乡村里设分校，在乡村的环境里训练乡村师资已经是朝着正当的方向进行了。"③

晏阳初就认为，乡村师范的创办，是为了使每一学生经过三年教育与训练及实习以后，具备乡村小学教师与乡村领袖的双重能力；在课室是一优秀教师，在村务会议是一活跃有力的领导人。④ 事实上，

---

① 古楳：《乡村师范概要》，上海：商务印书馆，1936 年，第 166 页。

② 赵作信：《蓬莱私立义成小学简史》，载山东省蓬莱市政协文史资料委员会编《蓬莱文史资料》第七辑，1992 年内部发行，第 152 页。

③ 陶行知：《师范教育下乡运动》，《新教育评论》1926 年第 1 卷第 6 期，第 3 页。

④ 吴相湘：《晏阳初传》，长沙：岳麓书社，2001 年，第 293 页。

乡村师范教育也确实有这样的成效。如梁漱溟所主持的山东乡村建设研究院，历年培养、训练的学生累计达3000多人。这些学生毕业后大部分深入到实验区的各个乡村，从事社会教育和学校教育，对于促进当地乡村建设起了积极的作用。①

黄源澂也在参观晓庄乡村师范后谈到："该校既极力求学校之乡村化，同时并极力求附近乡村之学校化，其与宁敏合作办自卫军，并捉蝗虫等事，前段已略言之，其在附近各村，又办有中心民众学校，使失学农民，亦有机会受教育，今闻其并租各村草庐，为学生宿舍，意在使学校乡村打成一片。当余初往参观，见该校附近乡民每遇该校师生于途，辄表示最亲爱之敬礼，余甚异之，以为一切学校所无，该校何以独能致此？后见其全校志极力与民众联络，乃知其来自有也。"②

昆明实验县高副局长这样说："自己感到农村破产，民生凋敝，有如江河日下，而农村一切建设事业，不能走上轨道，其原因皆归各于农村教育不发达，刚才杨秘书所讲的'教养卫'，是农村最重要的工作，教就是如何去诱导儿童；如何去训练民众，使多识字，有科学的常识。养就如何改良农业，使之增加生产品。卫就是办理保甲，维持社会秩序，三者中，若忽视养，则农民衣食交迫，安得团结一致？所谓'饥饿起盗心'，社会必紊乱。故三者关系，有如毛相连。各位将来到社会服务，要审查社会病根，然后对症下药，使不景的气象，归于消减。各位要认清自己地是乡村师范出身，负有改进乡村之责任，切实领导去做；位则农村衰落，自可挽救。并且要随时宣传对于生产方法、改良、虫害病害之遍逐预防，则生产品无形增加。英之雄之霸全球，美之富亚五洲，孰不归农业发达之结果。这点要希望大家出去之后，本着精神，切实领导，则农村发达不难矣。"③

此外，乡村师范学校培养的学生，具有强烈的爱国主义思想，很多学员日后自觉地为中华民族的抗日战争贡献了自己的力量。

---

① 熊明安：《中华民国教育史》，重庆：重庆出版社，1989年，第194页。

② 黄源澂：《参观晓庄乡村师范以后于改进江西乡村教育刍议》，《伍农》1928年第2期，第11－12页。

③ 《高副局长训词》，《昆明实验县教育》1937年第4卷第2期，第8页。

### （二）乡村师范教育的不足

乡村师范教育自兴办以来，确实为近代中国乡村教育提供大量的乡村教师，一定程度上解决了乡村教师贫乏的状况，对乡村社会的各项工作开展亦有推动作用。但是，近代中国的乡村师范教育无论是在教学内容、教学方法等方面仍然存在着一些问题，在很多方面还存在不足之处。

一个师范毕业生的自述很好地反应了乡村师范学校存在的各种问题。

他说："毕业工作两年半的感想，就是自己的知识、技能、以及教学的技术，不够应用。他深深感觉到过去所受的师范教育太差。"他说："当我们去投考师范学校的时候，对于师范学校的性质，根本也没有认识清楚，不过是因为师范学校，可以省几个学膳费；而学校里在招生的时候，对于报考的新生，也不会将师范学校特殊的性质向大家提示，在报告的条件上，也无特殊的规定，因此投考师范学校和投考普通中学完全一样。"

"我是初中毕业，才考进高中师范科的。师范科第一年的课程简直和普通中学是一样；到了第二年的时候，才添了几样教育科目，大家这时虽然知道师范生的出路，是做小学教师的，但是大家都不甘于做小学教师，因此对于教育功课，并不注意，所注意的还是那些准备升学的功课，到了上教育课的时候，几乎没有一个人听，用功的学生，便在上教育课的时候，做别的功课，不用功的，便看小说或者打瞌睡，教育教员无可奈何，只有照本宣科地讲下去，不管学生听不听。因此全班同学都把上教育课当做休息……"

"我们的学校，虽然是一个师范学校，但是教育的空气，极其淡薄，校长自己虽然是学教育的出身，但是对于教育并没有什么兴趣，几个教育教员，也从没有把'怎样做教师'、'怎样做好教师'向大家提示过，研究、讨论、观察，那更不必谈了。间或有几个同学，有志研究教育的，因为没有人领导，也找不到途径；加以同学的态度很坏，万一知道你喜欢研究教育，便群以'教育家'喊你。因此便没有一个人对于做教师有了很好的准备……"

“说到实习，那更是滑稽，附属小学的校长，看见我们，总是‘鞠躬如也’，特别表示‘敬鬼神而远之’的意思。到了我们上课的时候，小学里原担任的教师，好像很怕我们，都不敢来看我们上课，那里还谈到指导，其实当时我们那样盛气凌人，实在令人有些可怕……。这样每人上了八百分钟课，实习便完了，我们便算毕业了。”

“毕业以后，我为经济、法令、家庭的种种限制，升学的梦不能够实现，只有到乡村来做教师。到乡村里做教师，我便感觉到：我自己实在不知道做教师究竟应该怎样做法，平时又没有人来指导，一切的一切，只有自己去瞎摸。自己从前所学过的东西，好像用处很少，要用的东西，差不多都没有学过，都要从头学起，真是痛苦极了。这样摸索了两年半，似乎还不曾有个头绪，那里有什么心得？……”①

从自述中可以看出当时乡村教师培养过程的一些问题，有如下几点：

一是学生的学习目的不明确。学生入学的目的大部分不是为乡村教育的发展，更多的是从个人的情况和发展来考虑，如乡村师范不收学费，上学更多是为升学等。所以在学习过程中，并未真正学到师范的知识。

二是从师范学校的管理上看，作为乡村师范学校的领导和教师本身就对教育不感兴趣，在教学的过程更没有把专业知识传授给学生。乡村师范养成的教师，要是活的教师，不但能和乡村实际生活相适应，并且能负担改造乡村社会的使命，除了教育家能负担起来还有什么人能担负呢？所以乡村师范应该是乡村的中心，是乡村生活的灵魂。总之，乡村师范的责任，第一就在养成实际生活的乡村教师，第二就要把学校当作改造乡村生活的中心，是乡村生活的中心。因此，乡村师范一要使学生的经验社会化；二要使社会的经验教育化。用具体的话，应如陶行知先生所说：一年使学生气象生动；二年使社会信仰教育；三年使科学农业著效；四年使村治告成；五年使活的教育普及；十年使荒田成林废人生利。②

三是教学内容与中学重复。所以，有人提议改良乡村师范课程的

---

① 刘百川：《乡村教育实施记》，上海：黎明书局，1936年，第73－75页。

② 陈礼江：《乡村师范的使命》，《伍农》1928年第2期，第3页。

编制——对于课程的编制，不但要注意升学者的课程，同时要顾及毕业后不能升学的学生，能在社会上做教师或谋生的才力。所以现在的前期师范，应该特别注意教育一科，因为凡是师范生，都有从事教育的志愿，无论升学与否，都应该以教育的为必修课，至于每周的时数，应占总计时数的六分之一，或八分之一，其他的课程编制应分为：1. 对于升学的学生方面：多注重升学的课程；增加英文的选修钟点。2. 对于不能升学的学生方面：前期毕业即不能学者，①多用于注意实教初小的课程，②增加手工为必修科；后期毕业却不能升学者，①多注重实用于高小的课程，②增加手工图画商业作为选修科。①

这种状况虽然不是代表全部，但是确实有这样的问题存在，所以，乡村师范的成效在某种程度上受到限制。当然，这些问题的存在，并非全是师范教育带来的弊端，在一定程度上也与学生个人的学习态度、学习能力有很大的关系。

民国时期，除了创办乡村师范学院培养乡村教师外，还通过举办小学教师讲习会、县立小学教师训练班等方式来培养教师。如 1924 年，全省县办小学师范讲习所 7 所，对小学教师和社会闲散知识分子进行三个月至半年的讲习训练，派往小学任教。1933 年，省教育行政会议，讨论并通过《地方小学教师进修计划》：一是暑期分学区举办小学教师讲习会，由各师范学校主持之；二是分学区举办小学教师征文活动；三是由各县教育组织教师读书会，以 10～20 人为 1 团，指定书籍，限期阅读，轮流报告；四是每学期举行某项教育科目考试，由教师自由报名应考，成绩优秀者予以奖励。从是年起，全省中学校长、教师（每校 1～3 人）暑期讲习会在南昌举办。1935—1936 年，省教育厅在南昌举办县立小学教师训练班，学习 3 个月，共办 4 期，为各县保立小学培训教学示范之教师。② 通过这些方式，也为乡村学校培养了大量的师资力量，缓解了教师缺乏的压力。

---

① 章毅：《小学师资缺失的缘因及其补救的我见》1929 年第 1 卷第 17 期，第 45—46 页。

② 《江西省教育志》编纂委员会编：《江西省志·教育志》，北京：方志出版社，1996 年，第 293 页。

# 第四章　乡村学校的招生与管理

1930年，袁哲在《世界各国小学教育概观》一书中有这样一组数据：美国人口11349372（1925年），其中小学生数为22372075（1924年），小学生占人口的19%；英国人口43783032（1925年），其中小学生数为7960000（1924年），小学生占人口的18%；德国人口62539098（1925年），其中小学生数为8930070（1923年），小学生占人口的14.3%；日本人口83456929（1925年），其中小学生数为10758570（1925年），小学生占人口的12.9%；法国人口39209518（1921年），其中小学生数为4288565（1924年），小学生占人口的10.9%；俄国人口147013600（1926年），其中小学生数为10502964（1928年），小学生占人口的7.2%；中国人口436094953（1925年），其中小学生数为6408321（1923年），小学生占人口的1.5%。①

由上可见，中国入学孩子所占人口比例之低，同时映衬出当时失学儿童比例之高。而失学的人数，尤以乡村儿童为多。以河北省为例，据1931年的调查数据显示：河北省有学龄儿童3236313人，其中失学儿童竟有2088844人，失学率高达64.54%。② 江苏省松江县学龄儿童已入学者10212人，未入学者46701人，失学率为93%。③ 虽然上述二例不能完全代表当时整个中国乡村社会儿童的失学实况，但可以提供一个了解儿童失学状况的参照。为什么会有如此多的失学儿童呢？

---

① 袁哲编述：《世界各国小学教育概观》，上海：儿童书局，1930年，第114页。

② 河北省政府秘书处编制：《河北省统计年鉴（民国二十年度附十八十九年度）》教育类，第38页，河北省各县学龄儿童就学及失学人数统计表。

③ 章慰高：《松江县》，《义务教育》1922年第3期，第4页。

我们有必要考察一下民国时期乡村学校的招生与管理。

## 第一节　乡村学校的招生

招生情况是衡量乡村教育发展的关键指标之一。当时乡村学校为了招到足够数量的学生，采取了各种各样的办法，但是各乡村学校在真正的招生过程中还是遇到了招生难的困境。那么，有哪些因素制约了乡村学校的招生？乡村学校又采取了哪些方法来吸引学生入学？本节主要探讨民国时期乡村学校招生难的原因及其应对的措施。

### 一、乡村学校的招生状况

#### （一）乡村学校的招生对象

教育部颁布的《小学校令》中第五章，对就学儿童有具体规定：儿童达学龄后，应受初等小学校之教育。儿童满六周岁之次日起，至满十四岁止，凡八年，为学龄期。儿童未届学龄时，不得令入初等小学校。高等小学校之入学儿童，以初等小学校毕业及与有相当程度者为合格。①

但全国各地区教育水平差异巨大，所以，各地可以根据自己的情况，制定相关的规定。如广西不少儿童是10岁以上才入学。1933年，因广西经济落后和急需普及国民基础教育，于是规定国民基础学校学制为四年，并划分前期班后期班各2年。另外规定12足岁至未满18足岁的失学儿童，修业期限1年，必要时得延长一年。② 1937年，广西省政府规定："8足岁至12岁的儿童须受两年的基础教育，有条件的可入中心国民基础学校继续；13～18岁的失学者，须补受一学年的短期基础教育，有条件的可读满两年；18～45岁的失学成人，需要学

① 《视察第一区（直、奉、吉、黑）学务总报告，直隶部分》（1913年），舒新城：《中国近代教育史资料》（上册），北京：人民教育出版社，1981年，第447页。

② 广西壮族自治区地方志编纂委员会编：《广西通志·教育志》，南宁：广西人民出版社，1995年，第137页。

习6个月，结合民团训练完成补充识字教育。山岭重叠，住户稀散的乡村，儿童不便集中一校施教者，由当地国民基础学校巡回辅导。因此，小学教育发展很快。”①

1935年，江西省制订的《江西省保立小学暂行办法》，规定可吸收6～15岁儿童入学。同年，在76万多小学生中，有12万多为13岁以上学生，高年级12岁以下的学生为万余人。在校学生，一般是一年级为最多，以后逐年减少，至高年级，学生数约占一年级学生数的4%～6%。②

从乡村学校招生情况来看，入学儿童有这样两个特点：一是男生多，女生少，即乡村女子入学率低；二是学生之间的年龄差较大。

近代中国，由于长期受封建思想影响，尤其是在闭塞的广大农村地区，“女子无才便是德”的传统观念根深蒂固，女孩很少有机会走出家门，去读书，而且要成年的妇女去上学，做父母的怎能不看作是件危险的事，男女授受尚且不亲，要在晚间男女同室受教，是绝对不允许的。崔作林在易县农村小学教育概况中指出：“本县农村受教育的儿童，约计三千五百余人，仅占儿童总数百分之十三，大部分儿童不能得到受教育的机会，实在太可惜了！对于女子教育更不注意，如有某家女子出乡上学，农民以此为奇闻，思想腐败之程度，已可见一斑了，他们认为女子根本就没有受教育的权利，故女生仅占男生百分之五。”③

有材料显示，1918—1919年，全国73%的县没有高小女生，29%的县没有初小女生。1923年，全国23%的县没有初小女生，64%的县没有高小女生。④ 在内地教育更为落后的地区，如西部的甘肃省，直

---

① 广西壮族自治区地方志编纂委员会编：《广西通志·教育志》，南宁：广西人民出版社，1995年，第129页。

② 《江西省教育志》编纂委员会编：《江西省志·教育志》，北京：方志出版社，1996年，第150页。

③ 崔作林：《易县农村小学教育概况》，《津南农声》1935年第1卷第1期，第198页。

④ 中央教育科学研究所，厦门大学合编：《杨贤江教育文集》，北京：教育科学出版社，1982年，第174页。

到1935年全省受初等小学教育的男子计110447人，女子则仅4500人，占学生总数的0.4%。在景泰、宁定、康县等17县内，女子竟无一人入学。① 下表江西省与福建闽侯县江口中学的男女小学生数据就能说明问题。

**表4.1.1　民国时期几个年度江西省小学生性别构成一览表**

| 年度 | 学生数 | | | 女生占学生总数的% |
|---|---|---|---|---|
| | 计 | 男 | 女 | |
| 1931 | 207029 | 175095 | 31934 | 15.42 |
| 1936 | 846751 | 689139 | 157612 | 18.61 |
| 1944 | 1104249 | 844189 | 260060 | 23.35 |

资料来源：《江西省教育志》编纂委员会编：《江西省志·教育志》，北京：方志出版社，1996年，第151页。

**表4.1.2　福建闽侯县县立江口中心小学各期儿童数比较表**

| 年度 | 二十三年度上期 | | 二十三年度下期 | | 二十四年度上期 | | 二十四年度下期 | |
|---|---|---|---|---|---|---|---|---|
| 性别 | 男 | 女 | 男 | 女 | 男 | 女 | 男 | 女 |
| 学生数 | 121 | 17 | 201 | 23 | 211 | 31 | 216 | 82 |
| | 138 | | 224 | | 242 | | 248 | |
| 附注 | 本期增设短小两级学生数男78女12共80人故本校本期学生数为328人。 | | | | | | | |

资料来源：宋敦曾，翁重源：《县立江口中心小学实施概况报告》，《闽侯教育辅导》1936年第1卷第5期，第4页。

以上二表清晰地反映出乡村学校女生的数量，与男生的数量相比有很大差别。就学者的状况据调查所得，男生占90%强，女生不及10%，可知男女教育机会的不均衡。② 许宗衡、周秉儒在河北沧县姚庄子概况调查中指出："该村教育非常落后，高小毕业者仅有三四人，入大学一人，粗通文字者，占全村百分之十五；此就男子而言，女子

① 《甘肃文史资料选集》第28辑，兰州：甘肃人民出版社，1988年，第309页。

② 古楳：《乡村教育新论》，上海：民智书局，1933年，第154页。

教育更无论矣。”①

浙江兰溪县全县小学生之性别观察，第一学期男生占总数百分之八十四点一，女生占百分之十五点九，第二学期男生占百分之八十三，女生占百分之十七。女生增加的速度很快。

**表 4.1.3 浙江兰溪实验县 1935 年小学儿童性别比较表**

| | | 公立 | | | 私立 | | | 合计 | 百分比（%） |
|---|---|---|---|---|---|---|---|---|---|
| | | 完全小学 | | 初级小学 | 完全小学 | | 初级小学 | | |
| | | 高级部 | 初级部 | | 高级部 | 初级部 | | | |
| 第一学期 | 男 | 521 | 842 | 811 | 800 | 700 | 7005 | 10179 | 84.1 |
| | 女 | 61 | 240 | 164 | 71 | 177 | 1218 | 1931 | 15.9 |
| 第二学期 | 男 | 538 | 1147 | 947 | 275 | 822 | 8622 | 12249 | 83.0 |
| | 女 | 55 | 237 | 176 | 76 | 233 | 1783 | 2560 | 17.0 |

资料来源：《兰溪实验县二十四年度教育视导报告》，《教育改进》1937 年第 3 卷第 1 期，第 3 页。

除了女生入学比率低的特点外，学生年龄，亦多参差，最大者为 19 岁，最小者为 6 岁，且大者多，而小者少。② 河北易县“至儿童入学年龄，普通皆在七岁以上，在十四五岁入学者亦有之，不过是一种特殊情形”③。

据《宁夏教育史志资料集》记载，民国十八年（1929 年），全省小学共一百三十九所，学生共九千七百人，学生性别男生共九一九六人，占总数百分之九十五弱，女生为五零四人，只占总数百分之五强，于此足证女子教育，更为落后。学生年龄，竟有至二十二岁，不过其中仍以十一岁者占多数。④

之所以出现这种现象主要是因为乡村儿童大多因家庭贫困，在学

① 许宗衡，周秉儒：《沧县姚庄子概况调查》，《津南农声》1936 年第 2 卷第 2 期，第 163 页。

② 古楳：《乡村教育新论》，上海：民智书局，1933 年，第 154 页。

③ 崔作林：《易县农村小学教育概况》，《津南农声》1935 年第 1 卷第 1 期，第 198 页。

④ 宁夏教育史志编纂委员会办公室编：《宁夏教育史志资料集》（上辑），内部资料，1996 年，第 114 页。

龄时段不能及时入学。刘百川指出："各级学生的年龄，大半是超过学龄的，一年级的儿童，最大竟有十五六岁的，重要的原因有二：第一是因为入学太迟，第二是因为常缺课。所以不能按时升级。同是一年级的儿童，年龄相差到八九岁，以这样的年龄不同的儿童，在同一班级教学，而一班人数又在一百以上。"① 所以，当时乡村学校接受大龄儿童入学的情况比较普遍。如宛平县黄土店村小学校"其中有16、17、19岁小学生各一人，本非现行的教育制度所允许，只是乡间环境，有些富户偶感读书的需要，便不管是否合乎定章，必得教员施以特别教育不可"②。

### （二）学生入学的目的和出路

农村儿童入学的目的，一般为进一步升学及求得识字与计算技能。从20世纪30年代山西数个县份村庄的调查来看，乡村儿童入学目的，大多数为求写算的技能，少部分为追求进一步的升学，详见表4.1.4。

**表4.1.4　学生入学目的调查表**

| 县名 | 村名 | 全村入学儿童总数 | 为写算技能 | 百分比 | 为升学 | 百分比 |
|---|---|---|---|---|---|---|
| 应县 | 南上寨 | 45 | 40 | 88.8% | 5 | 11.2% |
| 文水 | 城子村 | 29 | 20 | 69% | 9 | 31% |
| 平遥 | 曹家堡 | 39 | 28 | 71.8% | 11 | 28.2% |
| 祁县 | 东左墩 | 14 | 14 | 100% | | |
| 太谷 | 阳邑村 | 163 | 163 | ,, | | |
| 沁源 | 阎　寨 | 58 | 35 | 60.35% | 23 | 39.65% |
| 长治 | 南池村 | 28 | ? | | ? | |
| 安泽 | 唐城镇 | 84 | 61 | 75% | 23 | 25% |
| 中阳 | 尚家峪 | 19 | 15 | 79% | 4? | |
| 保德 | 南河沟 | 20 | ? | | ? | |
| 灵邱 | 下关 | 53 | 26 | 49% | 5? | |

① 《拟本年度县教育行政计划书》，《广西教育》1929年第1卷第11—12期合刊，第16页。

② 李景汉：《北平郊外之乡村家族》，见李文海：《民国时期社会调查丛书·乡村社会卷》，福州：福建教育出版社，2005年，第208—209页。

续表

| 县名 | 村名 | 全村入学儿童总数 | 为写算技能 | 百分比 | 为升学 | 百分比 |
|---|---|---|---|---|---|---|
| 右玉 | 口前村 | 20 | 13 | 65% | 7 | 35% |
| 山阴 | 西沟村 | 26 | 22 | 85% | 4 | 25% |
| | 贺家窑 | 13? | 7 | | 6 | |
| | 八步堰 | 12 | 12 | 100% | | |
| | 安荣村 | 83 | 74 | 90% | 9 | 10% |
| | 快乐村 | 42 | 35 | 83% | 7 | 27% |
| | 安祥寺 | 45 | 25 | 55% | 10 | 22.5% |
| | 王家涧 | 25 | 21 | 84% | 4 | 26% |
| 清源 | 西马峪 | 141 | 120 | 85% | 21 | 25% |
| 静乐 | 大夫庄 | 50 | 13? | | 8? | |
| | 南峪村 | 20 | 7 | 35% | 13 | 75% |
| 阳曲 | 南白村 | 37 | 30 | 81% | 7 | 19% |
| | 柏板村 | 100 | 80 | 80% | 20 | 20% |
| | 思西村 | 137 | 137 | 100% | | |
| | 南路村 | 55 | 45 | 81.8% | 10 | 18.2% |
| | 高村 | 95 | 82 | 86.32% | 13 | 13.68% |
| | 权家庄 | 30 | 27 | 90% | 3 | 10% |
| | 赤泥社 | 47 | 35 | 76% | 3? | |
| 朔县 | 新磨村 | 33 | 22 | 66% | 11 | 34% |
| | 寺儿窑 | 9 | 4 | 44.5% | 5 | 54.5% |
| | 马邑城 | 30 | 25 | 83.4% | 5 | 16.6% |
| | 罗家町 | 13 | 12 | 92% | 1 | 8% |
| | 莺房沟 | 13 | 13 | 100% | | |
| | 南寺乡 | 20 | 20 | ,, | | |
| 平定 | 张家岭 | 30 | 23 | 77% | 7 | 23% |
| | 南蒿亭 | 15 | 15 | 100% | | |
| 黎城 | 段家庄 | 38 | 38 | ,, | | |

续表

| 县名 | 村名 | 全村入学儿童总数 | 为写算技能 | 百分比 | 为升学 | 百分比 |
|---|---|---|---|---|---|---|
| 怀仁 | 西下庄 | 35 | 20 | 100% | ? | ? |
| | 兴旺庄 | 33 | 33 | 100% | | |
| | 何家堡 | 57 | 55 | 98.2% | 2 | 1.8% |
| | 吴儿城 | 9 | 9 | 100% | | |
| | 大峪口 | 28 | 20 | 70% | 8 | 30% |
| 大宁 | 小冯村 | 20 | 20 | 100% | | |
| | 牧岭村 | 13 | 9 | 70% | 4 | 30% |
| 襄垣 | 故县村 | 80 | 60 | 75% | | 4% |
| | 郭庄 | 105 | 93 | 87% | 12 | 13% |
| | 范家岭 | 21 | 11 | 52% | 10 | 48% |

资料来源：宋震寰：《山西乡村教育概况之调查》，《新农村》1934 年第 13—14 期合刊，第 29—35 页。

至于学生毕业后的出路，同样以山西几个县份的调查为参照，从下表中可以看出，乡村学校学生毕业后的出路有升学者、在家务农者、务工者、从事商业者、当兵者、当差役者，部分没有任何职业。在所调查的大多数县村中，毕业后在家务农的较其他项职业为多，占 50%强。其次为业商者，占 17%。从商最多的县村为文水的城子村，太谷的阳邑村，清源的西马峪；阳曲的思西村及高村等。选择进一步升学的占 15%，人数较多者为沁源的阎寨，中阳的尚家峪，静乐的大夫庄，怀仁的大峪口等村。其余如小学毕业后当兵、当差役者和无职业者亦大有人在。①

**表 4.1.5　学生毕业出路调查表**

| 县名 | 村名 | 全村毕业生 | 升学者 | 务农 | 务工 | 商 | 兵 | 差役 | 无职业 |
|---|---|---|---|---|---|---|---|---|---|
| 文水 | 城子村 | 56 | 1 | 33 | 4 | 17 | | 1 | |
| 平遥 | 曹家堡 | 85 | 3 | 75 | | 6 | | | 1 |
| 祁县 | 东左墩 | 8 | 1 | 7 | | | | | |
| 太谷 | 阳邑县 | 129 | 14 | | | 78 | 3 | | 17 |
| 沁源 | 阎寨 | 58 | 22 | 28 | | 3 | 5 | | |

① 候永立：《谈谈乡村教育》，《教育》1937 年第 1 卷第 2 期，第 12 页。

续表

| 县名 | 村名 | 全村毕业生 | 升学者 | 务农 | 务工 | 商 | 兵 | 差役 | 无职业 |
|---|---|---|---|---|---|---|---|---|---|
| 长治 | 南池村 | 15 | | 5 | 5 | 3 | 2 | | |
| 安泽 | 唐城村 | 38 | 3 | 14 | 5 | 9 | 2 | 3 | 2 |
| 中阳 | 尚家峪 | 48? | 46 | | | | 1 | | 1 |
| 灵丘 | 下关 | 62 | 6 | 23 | 3 | 8 | 4 | 7 | 11 |
| 山阴 | 安荣村 | 53 | 11 | 28 | 6 | 7 | | | 3 |
| | 快乐村 | 21 | 7 | 14（原为35） | | | | | |
| | 安祥村 | 50 | 男5<br>女6 | 男15<br>女3 | 男3 | 男7 | 男3 | | 男7 |
| | 王家涧 | 115 | 5 | 96 | | | 6 | 3 | 5 |
| 清源 | 西马峪 | 109 | 2 | 18 | 7 | 79 | | | 3 |
| 静乐 | 大夫庄 | 49 | 15? | | 10 | 4 | 0 | 1 | 3 |
| | 南峪村 | 13 | 3 | 7 | 3 | | | | |
| 阳曲 | 南白村 | 19? | 7 | | | 4 | 1 | | 7 |
| | 柏板村 | 40 | 8 | 29 | 3 | 8 | | | 2 |
| | 思西村 | 128 | 19 | 86 | 6 | 17 | | | |
| | 南路村 | 20 | 3 | 15 | | 2 | | | |
| | 高村 | 153 | 13 | 82 | 8 | 25 | | 5 | 20 |
| 朔县 | 新磨村 | 149 | 16 | 99 | 6 | 11 | 7 | 2 | 3 |
| | 寺儿窑 | 5 | 3 | 2 | | | | | |
| | 罗家町 | 3 | 2 | 1 | | | | | |
| | 莺房沟 | 20 | 2 | 18 | | | | | |
| 平定 | 张家岭 | 80 | 7 | 57 | 3 | 4 | 4 | 3 | 2 |
| | 南蒿亭 | 10 | 1 | 9 | | | | | |
| 黎城 | 西下庄 | 7 | 3 | | | | | | |
| 怀仁 | 吴儿城 | 50 | 1 | 49 | | | | | |
| | 大峪口 | 53 | 18 | 20 | 2 | | 3 | | |
| 大宁 | 小冯村 | 6 | 4 | | | | | | |
| 襄垣 | 故县村 | 74 | 14 | 34 | 6 | 16 | 2 | 2 | |
| | 范家岭 | 3 | 1 | | | | 2 | | |
| | 总数 | 1729 | 275 | 869 | 80 | 306 | 45 | 27 | 87 |

资料来源：宋震寰：《山西乡村教育概况之调查》，《新农村》1934年第13—14期合刊，第36—40页。

## 二、乡村学校招生困难及原因

民国时期，尽管政府采取各种措施强迫乡村儿童入学，但是大部分乡村学校还是存在招生难的现象。贵州大定县“乡村有许多本来已设有县立的国民学校。可是历来办理学校的人，都不知道怎样才可以使农民的子弟肯来就学。所以学校开着，附近已达学龄的儿童多着，可是入学的仍然很少。……农人有已入学一二年，尚不能写出自己的姓名来的。农民们在这种状况之下，更认为‘教育是贵族的’，索性不教子弟入学，依然叫他们去放牛，打柴”①。

河北沧县乡民“宁愿使自己的孩子失学，给他个筐儿拾粪打柴，也绝不肯让他上洋学堂以坐吃山空”②。乡村儿童每到农忙时期，大半要随着家长上田间去工作；就是在平常时期，亦断不了旷课。正如时人指出，农民认为读书识字是升官发财的捷径，于生活无甚关系。故教育之有无，发达与否均不关己，不在意中。③

时人曾分析乡村儿童不入学的原因，有下列十五种：1. 乡村民众以为做人不读书，一样可以穿衣吃饭，何必多此一举；2. 从前读了书，可以做官，可以发财，现在读书，既不能做官，又不能致富。3. 读书要到中学，大学毕业，才可以有官做，有钱拿；小学毕业有什么出息，家中既无升入中学，大学的力量，小学便没有上的必要。4. 经济的贫困，三餐既不周全，入学以后，最低限度的纸笔费都负担不起，不如还是不入学的好。5. 帮助家庭操作、生产，不能够入学。6. 学校里只是跳跳玩玩，书没有读什么，“皮猴子”倒学成了。7. 书里面古时圣人的道理都去掉了，换上些什么狗叫猫跳之类的东西，不叫小孩去学圣人，倒叫小孩去学畜牲。8. 我们庄户人家，要读什么洋书，洋书读上，染上满身习气，那成什么样子；而且田也不能种，牛也不能牧，还要和老子讲平等。9. 教师品性不良或学力太差，失去村

---

① 《贵州省大定县的农民》，《东方杂志》1927 年第 24 卷第 16 号，第 10 页。

② 毕问尧，解质文：《沧县徐官屯村概况调查》《津南农声》创刊号，1935 年 1 月。

③ 余家菊：《乡村教育之危机》，《中华教育界》1920 年第 10 卷第 1 期。

民的信仰，不愿意送子女上学。10. 教师和地方上的民众处得不好，他们便不把子女送入学校。11. 学校设备简陋，使儿童不喜入学。12. 父母溺爱子女，不放心子女入学。13. 许多儿童因同伴不入学校，所以自己也随着不入学校。14. 家长信仰鬼神，深怕子女念了书，不敬天地，咒骂鬼神。15. 地方上绅士的捣乱，阻挠或唆使儿童家长，不使儿童入学校。① 20 世纪 30 年代，有人对山西乡村学校儿童失学原因的状况也进行了调查，如表 4.1.6 所示。

**表 4.1.6　山西乡村学校学生失学原因调查表**

| 县名 | 村名 | 全村失学儿童 | 家贫无暇入学 | 百分比（%） | 家长不愿 | 百分比（%） |
|---|---|---|---|---|---|---|
| 文水 | 城子村 | 9 | 9 | 100 | | |
| 平遥 | 曹家堡 | 11 | 11 | 100 | | |
| 祁县 | 东左墩 | 20 | 16 | 50 | 4 | 20 |
| 太谷 | 阳邑县 | 20 | 10 | 50 | 10 | 50 |
| 沁源 | 阎寨 | 15 | 15 | 100 | | |
| 长冶 | 南池村 | 32 | 32 | 100 | | |
| 安泽 | 唐城村 | 283 | 189 | 66.8 | 94 | 33.2 |
| 中阳 | 尚家峪 | 90 | 30 | 33.4 | 60 | 66.6 |
| 灵丘 | 下关 | 64 | 55 | 85 | 9 | 15 |
| 右玉 | 口前村 | 32 | 28 | 87.5 | 4 | 12.5 |
| 山阴 | 西沟村 | 62 | 62 | 100 | | |
| | 贺家窑 | 33 | 12 | 36.3 | 21 | 63.7 |
| | 安荣村 | 93 | 82 | 88.1 | 11 | 11.9 |
| | 快乐村 | 32 | 32 | 100 | | |
| | 王家涧 | 110 | 18 | 16.4 | 92 | 83.6 |
| 清源 | 西马峪 | 21 | 18 | 86 | 3 | 14 |
| 山阴 | 大夫庄 | 80 | 65 | 81.25 | 15 | 18.75 |
| | 南峪村 | 7 | 4 | 57.15 | 3 | 42.85 |

① 吕德三：《乡村儿童的入学问题》，《乡村教育》1936 年第 1 卷第 5 期，第 14 页。

续表

| 县名 | 村名 | 全村失学儿童 | 家贫无暇入学 | 百分比（%） | 家长不愿 | 百分比（%） |
|---|---|---|---|---|---|---|
| 阳曲 | 南白村 | 14 | 10 | 71 | 4 | 29 |
| | 柏板村 | 15 | 10 | 66.7 | 5 | 33.3 |
| | 思西村 | 69 | 69 | 100 | | |
| | 南路村 | 20 | 16 | 80 | 4 | 20 |
| | 高村 | 38 | 25 | 65.1 | 13 | 34.9 |
| 朔县 | 新磨村 | 115 | 60 | 52 | 55 | 48 |
| | 寺儿窑 | 11 | 8 | 73 | 3 | 27 |
| | 罗家町 | 32 | 24 | 75 | 8 | 25 |
| | 莺房沟 | 25 | 15 | 60 | 10 | 40 |
| 平定 | 南寺乡 | 12 | 10 | 83 | 2 | 17 |
| | 张家岭 | 4 | 4 | 100 | | |
| | 南嵩亭 | 43 | 39 | 97 | 4 | 3 |
| 黎城 | 段家庄 | 57 | 49 | 86 | 8 | 14 |
| | 西下庄 | 26 | 21 | 88 | 5 | 12 |

资料来源：宋震寰：《山西乡村教育概况之调查》，《新农村》1934 年第 13—14 期合刊。

上表是对山西省 23 个县乡村学校 1495 名儿童失学的原因进行调查，家贫无暇入学者为 1048 人，占 70%；家长不愿子弟入学者为 447 人，占 30%。可见，家长因经济困难，无力供给子弟读书。因而不愿送其子弟入学是重要的原因。当然，不愿送子弟上学的家长也很多，可以推测，家长本不重视教育加之家庭贫困的双重因素应该是乡村儿童失学的主要原因。

具体来看，影响乡村学校招生的因素主要体现在以下几个方面。

第一，乡村经济落后，乡民家庭贫困。

经济贫困使得农民无力承担学费，即便不收学费，也需要孩子承担家务或出去赚钱，无暇顾及上学。民国时期，内有外患，尤其是乡村地区，经济凋敝，乡民穷困，无钱上学。中国乡村的平民生活的普遍现象一为穷困，二为忙迫。忙于生计，无暇上学即为普象。乡村农民，大多生活困难，经济不甚充裕。多年来受战事的影响，经济竭蹶，更加利害啼饥号寒，艰苦万状，对于教育一项，当然谈不上了。

周天冲在调查一个母亲为什么不送小孩上学，她愁眉说道："先生，上学有什么用处呢？民馆（即私塾）里天天念'子曰子曰'，又不能饱肚皮；洋学堂（乡间的新式小学），今天教'大狗小狗'，明天念'黄猫黑猫'，还不是没有用场吗？我们现在连饭都没吃的，哪有钱念书呢？年来乡间天灾人祸继至迭来，已经闹到民不堪命了，现在乡村中惟一的问题是谋生救死。读书一时还谈不到。"① 可以说，这位母亲的想法代表了当时多数乡民的观点。有关宁夏教育资料也显示："宁夏省小学儿童多系农家子弟，年龄稍长，即从事于农业，故年级愈高，则学生愈少。最近三年，因受天灾人祸影响，民生极形凋敝，以故入学儿童，尤感缺乏。虽校数较前增多，各级学额恒苦不足。省会及各县城市人烟稠密，生活较裕之处，各小学招生，尚无困难。至于乡村，则因农民经济濒于破产，不特无力供给子弟读书，且儿童甫届学龄，即需帮助父兄，从事生产工作。"②

此外，农家子弟，往往八岁以上的儿童，即须令其看守门户或招呼弟妹，至十岁以上，则须令其帮助成人工作，因此没有时间求学。"中国的农夫，十居八九，多是无力求学的。他们每年所耕作的，若值丰年，仅可糊口而已；不幸遭遇歉年，衣食还不能供给，那有叫子弟求学的机会呢！加以农民子弟，在八九岁的时候，因为距离学校太远，自己无暇迎送子弟上学；逮其子弟长到十二三岁的时候，便是个生产分子了，满可以帮助他父母的耕作；或者佣于别人牧童。这是父母生子的最大的盼望，一旦勒令入学，不但缺少个生产者，反多添了一个专门消费者，或者因为子弟入学的缘故，还得另外佣人帮做，在此里外消耗情形之下，你说农人虽然知道读书是一桩好事，但是因为在贫穷之际，实在是心有余而力不足！因此，往往把子弟入学一事，看成

① 周天冲：《家庭设计与乡村教育》，上海：中华书局，1931年，第2页。

② 宁夏教育史志编纂委员会办公室编：《宁夏教育史志资料集》（上辑），内部资料，1996年，第47页。

极不幸的一回事了。”①

第二，乡民对教育的错误认识。

一是认为读书是特权阶级的专利，农家子弟读书与否不重要。一般乡民对于子弟求学，不啻如农业中之副业。其心理中每存有“书可不念，农事不可失”的观念。“读书不能就有饭吃，不读书也能发大财。”一般人的心目中，只是安居乐业，勤苦勤做，读书识字是被认作消闲的“玩意儿”。安静的乡村里，一生老死家乡，与外不相往来的人们使他们不感觉有读书的需要，这诚然是事实使然。要他们每晚抽出一两点钟来上学，其实也不是办不到的事，不过懒惰好闲，也不能不算是他们不想上进的原因。教育原为生活而谈，乡村里面，人才较少，对于教育的需要，较之城市更加迫切。而乡村学校的学生，往往受了数年小学教育，尚有不能写通顺的便条，计算粮食的买卖者。这种教育，自然是使农民失其信仰。信仰已失，学生就学，安得不发生影响。②

二是认为学校的放假制度不好。在乡民看来：“星期日放假是学校先生偷懒的方法。没有星期日，孩子们可以多读几日书，因此，他们不愿意把子弟送进学校里来念书。农人也反对放暑假：农人们以为放暑假，是学校先生由外国学来的，是一批熬不起暑气熏蒸的小姐公子们才需要，对于我们种田人的子弟，哪里用得着呢？并且在这时侯——暑假期间——农事不忙，正是我们子弟安心读书的时候，他们——学校先生——偏要放了假，于我们哪里会适合？”③

三是担心毕业后没有好的前途。农人供学生上学，主要目的是升官发财，可是随着毕业生的增多，往往学生一毕业就失业，成千上万的毕业生都搁了起来，但是他们的贵族习惯，流氓行为却是一成不能

---

① 岫岩县洪墨林：《怎样办〈乡村教育〉呢？》，《教育新刊》1930年第1卷第2期，第64—65页。

② 蓝洪瑞：《训政时期的农村教育》，《思明教育》1933年第1卷第3期，第12—13页。

③ 映仑：《乡村小学教育现状之观察》，《教育季刊》1934年第1卷第2期，第84页。

减去，因此一般送子弟入学而希望借以发家显贵的农家，不料竟致家家失望，家家受累，这种情形使乡民视学校为畏途。① 在昆明农村社会，“一般人都认为升官发财阶梯，虽然受了教育也不容易升官发财，所以对于学校的态度，不过迫于政府的命令，纯系敷衍；而衰落的农村经济，更使失学、辍学、旷课的逐渐增加，还有乡绅们的妄举，和那恶习的遍布，都与这脆弱的农村教育，背道而行”②。读书成本太大，出来非但没有官做，即教员位置，亦粥少僧多。③ 农民对于读书态度，可见一斑。“农人期望子弟读书，每为升官发财。如两者不能实现，则父兄对学校之信仰力遂失而诋毁，或以为学校为无用之物，而戒子弟继续求学。”④

民国时期一些毕业生的出路困难也使很多农家视就学为畏途。江苏乡村“有的学生，在校马马虎虎过了几年，校内的课程，应有尽有，但是不能应社会需要，学校当局只管令学生毕业，毕业后仍旧照样招生，对学生所学的如何？对社会应用如何？全不顾及，乡下人以为子女上学，可少受人家的欺侮，谁知学生毕了业，初回到家中，父兄心理很惊喜；亲戚朋友都来看看，本人还得吹吹牛，说某委员和我甚好；某主席也很器重我，邻里以为某人不久可以高升，家中以为可以得一官半职。谁知在家全无动静，父亲生了气，讲起花了许多钱，还不如不读书，现在毕业回来，什么都不做，还要拿毕业生的臭架子，这个时候，只有慈母从中说词，以为毕了业，在家也得休息休息，才算了事。再过了几天，他的事情全无消息，这时候母亲也容忍不了”⑤。

---

① 蔡衡溪：《呜呼——中国农村教育之前途》，《教育平话》1935 年第 1 卷第 2 期，第 5 页。

② 杨正祥：《昆明县农村教育的讨论》，《昆明试验县教育》1935 年第 2 卷第 8 期，第 13 页。

③ 《各地农民状况调查》，巫宝三：句容（江苏省）《东方杂志》1927 年第 24 卷第 16 号，第 106 页。

④ 赵博文：《乡村小学教育之缺点及其改进之方法》，《辽宁教育月刊》1929 年第 1 卷第 8 期，第 29 页。

⑤ 傅汝弼：《附调查江苏乡村教育报告》，《河南教育》1929 年第 2 卷第 9 期，第 3—4 页。

第三，农村交通不便。

近代中国的乡村社会，交通不发达，出行不便，又多有匪盗出没，师生之间，常被匪掳去，因此一般农民对于子弟的求学，常存戒心，不敢前进。以山东汶上县义桥为中心，周围十八里只有崔家庄一个小学。平常日子，远地的学生就没法走二三十里地到别庄上课，刮风下雨问题就更严重了；冬天是读书的时节，而偏遇天气冷，到校的学生仍然少。① 在宁夏农村，因为沟洫交错，田亩棋置的缘故，农村户口，多不集中，有时同村的甲户与乙户间相距约一二里，而一个五六十户的村庄，有时散布在一块很大的土地面积上，彼此相距很远，这种现象在宁夏是常常会遇到的，因之小学设立的位置，与儿童就学距离的远近，变成该省推进小学教育的一个重要问题。② 民国二十二年(1933年)，(广西) 全省仍有50.4%的行政村没有1所小学。③ 家庭条件好的人家，则图上学方便起见，或倾向于让子弟接受更好的教育，都设法让小孩走出农村，在外地上学。“凡是家事小康的人家都不愿让子弟在乡村读书，到了子弟自己能够料理起居的时候，就叫他出来，或是有人照料，就不管大小托付人家带出来。”④

因经费问题不能每个乡村都设立小学，只能在较适中的村庄上设置小学，使附近村上的儿童一起来就学，可是村庄与村庄之间的交通状况很差，没有道路，不满一尺阔的田岸，每遇阴雨，便泥溜没径；在水边又少桥梁的联络沟通。因这种通学不便，附近村庄上，有志入学的儿童仍多数失学。⑤

特别是乡间晚上行走不便就是很大的问题，加之学生上下学，往

---

① 廖泰初：《动变中的中国农村教育——山东省汶上县教育研究》，山东省汶上县教育研究院，1936年，第51页。

② 宁夏教育史志编纂委员会办公室编：《宁夏教育史志资料集》(上辑)，内部资料，1996年，第110页。

③ 广西壮族自治区地方志编纂委员会编：《广西通志·教育志》，南宁：广西人民出版社，1995年，第3页。

④ 余家菊：《乡村教育的危机》，《中华教育界》第10卷第1期，第84页。

⑤ 唐庐锋：《训政时期乡村教育的实际问题》，《广西教育》1929年第1卷第9—10期合刊，第112页。

往天未明即起，披星戴月，不安全的因素很多。直到今天，一些偏僻农村仍有因上学路途遥远而极不方便，甚至造成安全事故的情形。这自然影响了儿童的就学率。

第四，部分学生的负面影响。

一些农家子弟，进了学校见一些贪官污吏土豪劣绅的子女，非常奢华，自己觉得羞愧愤恨。时间久了，态度也就改变，由羞愧愤恨一变而为模仿学习，把父兄血汗金钱，尽消于无用之地，有时钱不够用，便写信给家长，说有病住院花了多少；甚至买一本洋装书价值若干，乡下人以为小孩子上学，是光宗耀祖的，不然在这个恶社会里，家里没有念书的人，就要受人家欺侮。因为这个缘故，所以学生用钱，家庭如何困难东挪西借，也得送去，可是不晓得学生得了钱以后，是任意挥霍，不知节省。本来是一个安分守己的小孩子，受了教育，就变成一个放荡不羁的青年，从前见亲友很是恭敬，受了教育以后，不但傲慢前辈；并且看不起父兄。由此看来，乡人有子弟的，谁敢送到学校念书呢，怎能使他信仰呢！

此外，乡村私塾与新式学校争抢学生，也是造成乡村新式学校招生难的原因之一。关于此点，在前述第二章第二节“乡村新旧教育文化的冲突”中已经述及，此不赘述。

## 三、乡村学校招生问题的解决措施

为解决招生困难的问题，各地乡村学校想方设法，采取各种措施来招揽学生上学。山东省安丘县的部分学校采用了发给学生糖果或铜钱的办法吸引儿童入学。山东省胶县也曾对报名入学的学生发给奖励金，男生可以领到制钱二吊，女生加倍为四吊。① 1923 年后，安丘县教育局每年视教育经费之余缺，对于有实力升学之贫苦学生给予适当补助，以帮助他们顺利升学。②

当时，有教育学者建议乡村学校招生应采取以下措施：其一接近

---

① 安丘县教育志编纂办公室编：《安丘县教育志》，1987 年内部发行，第 95 页。

② 诸城县教育志编纂办公室编：《诸城县教育志》（1840—1985），1985 年内部发行，第 95—96 页。

当地人士。当地人士对于学校的态度约可分三种：一种是赞成，一种是反对，一种是先反对而后赞成，反对的大半是无智乡绅，因为他恐怕没有领袖做，又有私塾塾师因生计问题也必反对，我们当要用教育力量去感化，不可用官厅力量去征服，就是要用王道，不可用霸道。其二教材当顺应环境，例如，乡人喜读三字经，我们就不妨编新三字经，如马牛羊，鸡犬豕，蚕叶丝，蜂酿蜜，那乡人自然欢迎，也渐了解。其三招生当采募化式的。我们自己一家一家去探问，可有学童上学，请他报告，如有就地人士同去最好。其四开校的日子，应适应旧俗，当捡吉日。其五开学日，请当地人参观，更可在仪式下试教一节，以表示教者的才能。①

此外一些教育工作者还指出应加强招生的准备与宣传工作，采取多种方法、利用各种关系规劝适龄儿童入学。

一是在招生之前做充分的准备工作。如举行一次精确的教育调查，统计已识字的有多少，失学的有多少，我们真正的对象有多少，他们的性别、年龄、职业、住址，以及家计情况如何，失学的原因何在，都应先有精密的调查，作为劝学招生的根据。

二是沿户上门劝导。廖泰初描述汶上县教育工作的情况时就说到："一者可以藉见面谈话而引起情感；二者可以讲说读书的好处，打动他们，并解释种种他们对于学校不明了或怀疑的地方。假如我们能化妆讲演，或在举行游艺会时，能用有趣的，警惕的故事，有声有色地表演出来，往往也能收有很大的成效。不唯用活的语言，容易打动他们的心弦，并且中国人是最讲究面子的，教师亲自到门，还有些情面难却哩。每到春秋二季，城内的完全小学就起始皱眉头，发愁招不到学生，开不了班，领不到现款。招生的初步方法是各教员到乡间初级小学游说探访，调查各校儿童，看看谁家有钱，够资格升学，然后再运用三寸不烂之舌，作种种式式的游说，甚或暗示相当便利。入学实验只是一种手续，自然是百发百中的，只怕你不来，来一个就是一个，来两个就是一双。每个可能升学的儿童，都被计算得清清楚楚，就像

① 杨效春：《乡村教育改进法》，《市政月刊》1929年第2卷第4期，第20页。

是买卖人见到洋钱，一个都不愿意放走。初级小学的学生，大半是不能升学，极少数能升学的，又往往不会毕业就被城里的完全小学招走了。学生程度这个问题是没有人管的。”①

三是利用在校儿童劝导。这也是当时乡村学校招生的又一重要办法。在时人看来，他们的小嘴，远胜于大人的力量。因为他们有不识字的家属，只要想办法激励他，他就会用小嘴去劝，千方百计地去拉，如这些都不行，他还会撒娇。结果往往能收特效。还可请已入学者辗转介绍——这也是一个很有效的办法。已入学的或已经毕业离校的成人，他们谁没有三亲四友，谁没有左邻右舍，为着友谊上的联系，能由他们去劝导，真不知亲切了许多，请他们每人找一个，当然不是难事，并且拉来互相作伴，一般都很愿意的。

四是请地方领袖协助。因为在近代的中国乡村社会，地方绅士作为地方的实质领袖，在地方是有相当影响力的，非常有威信。普通民众对他们既敬崇、信任又畏惧，如果能有他们的协助动员学生入学，往往会收获意外的成效。

五是加强与民众交流。这是最彻底最根本的办法。假如乡村老师能摆脱架子，深入到民众的队伍群中，真正与民众做朋友，在日常生活中可以利用民众贷款贷种或是利用代笔或看信件的时机，向他们讲述学习知识的重要性，没事时和他们谈谈天，增进沟通交流，可以让他们明白学习的重要性。

六是强制性义务教育。利用政府的权威，强迫适龄儿童入学，也是一种办法。如江西之保学，中原之抽丁，实是没有办法中的好办法，政府切实令行。在学校能容纳的范围内，选择学龄儿童中年龄较长者及家境较富者，劝导其家长送子入学，如家长不听劝导，没能够在限期之内送学龄儿童入学，就处以一元以上十元以下的罚金，这交由公安分住所执行；倘若处罚后能够遵令在有效期限内送孩子入学，仍然会退还其罚金②；如果超过规定期限，仍然未送孩子入学，不但罚款

---

① 廖泰初：《动变中的中国农村教育——山东省汶上县教育研究》，山东省汶上县教育研究院，1936 年，第 77 页。

② 青岛市教育局编：《青岛教育》第 1 卷第 1 期，1933 年 5 月。

不会退还，还会让警察强制家长令孩子入学。

此外，有的地方考虑到乡村百姓，文盲居多的现实状况，改变宣传策略，取得了良好的效果。如鄞县新河民众学校于民国二十年（1931年）八月二十九日，函邀年长毕业生，组织招生委员会，遵照决议案。于三十日及三十一日两天晚上，率领毕业生数十人，举行识字提灯大会，同时分发传单，加贴广告，轮流露天演讲。并佐以十番铁鼓，在江东区一带，广为宣传。第二夜天降大雨，仍冒雨游行，以资唤兴，时前又请公安分局，协助进行，以免隔膜。即于九月一日夕开学，并陈列历年成绩出品，以供观瞻，挂灯结彩，以凑热闹，学生报名，顿行踊跃，上课时一桌三人，室为之满，总计不下百人；“念乌合之众，唯恐不能持之有恒，精细选择，稍事淘汰，即行编排座次，分给书籍，计实到学生五十八人，两天铁鼓喧，文盲随我来”①。该校的招生办法受到政府的嘉奖，嘉奖称：“该校招生，方法切实有效。足证努力有方，殊堪嘉许！仍仰将办理情形，编成详细报告，俾使各校采行。”②

## 第二节　乡村学校的学生管理

乡村学校招生不容易，把学生招收进来，让他们受到好的教育，直至顺利毕业也不是一件容易的事情。乡村学校经常会有学生随来随去，迟到早退，旷课缺课。“春全夏半秋不齐”，“春满堂夏减半秋零落冬不见”是学生到课率最真实的写照。可见，对入学学生的管理也是办好乡村教育的重要一环。

对学生日常行为的管理主要是要求学生能够遵守校规、校纪，不迟到、不早退、不旷课，不在课堂上说话，打闹等。为保障正常的教学秩序，各乡村学校都采取了各种各样的方法来实施对学生的管理，但是，民国时期乡村学校的学生日常行为还是存在着诸多问题。

---

① 张令梯：《附录原呈》，《鄞县教育周刊》1932年第33－34期，第21页。

② 《鄞县县政府指令教字第一〇九七号》，《鄞县教育周刊》1932年第33－34期，第21页。

## 一、学生日常行为中的问题

### （一）迟到、早退及缺席

民国时期，乡村学校学生迟到、早退、缺课的现象比较普遍。一些教育工作者描述当时农村入学的状态时说道："学生缺课、迟到、早退外，还有乡间例行的节日。这是民间永远不会忘掉的高兴日子，普天同庆的惯例。阴历正月十六开学后，好好读上两个月书，这算是一年度最好的日子，学生最全；三月十四就是清明，墓一扫就从四天扫到七八天；回来后读一个月左右的书就来端午，端午前后，正赶着麦收，洋学的大门最少得关上两三个星期，家境较苦的孩子们就一直等到秋收后再上学了；秋收总在八月底，这一停就得到等到十月初三四上坟以后才算正式上课；以后就是阳历年，有些洋学也照例放假；学校开到阴历的十二月十五，就算一年的总结束，读洋书汉书都得等到明年了。总观起来，一年里能读书的月份实在不多，当中除去上学不上班的礼拜天外，正式在课室的时间，好的有五六个月，坏的就只三四个月。有时庄稼的早熟晚熟，都使上课的时间没有一定。校历这东西是用不着的，每天规定五小时上课也是白费。"①

民国时期，对乡村学校学生的管理，最关键的是如何减少学生的迟到、早退、缺席。与城市学校民众不同，乡村的民众，多为生计压迫，家事，农事，终年忙个不停。"在顶忙的时候，他们便叫子女停学，年纪轻的孩子，留在家里守门，看待弟妹，年纪大一点的，送饭到田里去，或者帮助大人做事，儿童自己不知道缺席的害处，又受到家长的命令，不得不缺课。总的来看，一年里头，春天是最好的，到了麦收秋收多半儿童得回家做活。五月至九月，学生少到可怜，冬天天气冷，穷苦的又正是拾粪拾劈柴的好机会。这样一个乡村小学的学生，经过一个长久的秋冬天，把春天认识的几个字全忘记了，也就更不愿意上学了。所以，一个乡间小学，常常是开办了十多年，仍然没

---

① 陆静山：《理想的乡村小学》，《辽宁教育月刊》1929 年第 1 卷第 5 期，第 113 页。

有一班毕业生。"①

一般来说，造成学生的迟到与早退的原因是多方面的。如儿童家庭设备不良，没有时辰钟来报时也是其中的原因之一，只靠着雄鸡和看太阳，哪里有那么准确呢？不是等着饭吃，就是帮助父母做事，因此乡村学校里的儿童常常迟到，绝不能按照学校规定的时间，准时到校受课。② 好学的儿童按照学校规定的时间，准时到校，但是还有些儿童，到校以后，还要早退的，因家贫早退的如回家烧火煮饭等事，或者到家中保护弟妹。富家里的孩子，就没有这种现象了，但也有逃学的。③

此外，还有其他原因都影响了儿童的正常上学秩序："有的是因为身有疾病；有的因为家庭贫困；有的因为农忙，要他工作；有的因为距校甚远，天时变化，就学不便；有的因为家长漠视，不知儿女教育的重要；有的因为学校腐败，得不到村人的信仰；亦有因为学校生活枯寂板滞，未能引起学生爱慕。"④

以汶上县境内的乡村学校为例，儿童吃饭的时间不同是导致学生迟到早退的重要原因。汶上县境内河西的农家，多半每天吃三顿饭，早上八至九，下午二至三，六至七；河东的农家，多半每天只吃两顿，早上九至十，过午四至五；除河东河西分别外还有贫富的分别，富有者三顿，贫苦者两顿。一个小小学校，一二十个学生，吃饭时间就很不划一。早上从八至十，过午从二至五，学生轮流回家吃饭，学校没有时钟，农家更没有时钟，这样一耽搁，就是几个钟头，父母再一不催促，孩子们自然乐得多玩个把钟头，回到学校撒个谎，什么都完了。结果学校课室坐不满人，查学时候见到的是零零落落不三不四的景象。学校的"金木水火土"时间表，只是一个样子，从来是不依功课表上

---

① 杨效春：《乡村教育纲要》，上海：中华书局，1934 年，第 112 页。

② 贾书英：《乡村小学儿童缺席问题》，《乡村教育》1936 年第 1 卷第 3 期，第 33 页。

③ 同上。

④ 杨效春：《乡村教育纲要》，上海：中华书局，1934 年，第 112 页。

课的。①

何为学生缺席？时人这样定义："狭义的——儿童缺席乃对出席而言，儿童依照学校规定作业时间，而按时到校从事各种活动者，叫做出席。不能依照学校规定之作业时间而按时到校从事各种活动者就叫做缺席。广义的——义务教育含有强迫的意味，已达学龄的儿童，应强迫入学。凡达于入学年龄的儿童已经正式入学的叫做出席。如有不按时到校受课者，叫做缺席。"②

至于乡村学校儿童缺席的原因，与迟到、早退的原因大同小异，不外乎是以下几个方面的原因：

首先是家庭的影响。影响儿童出席的因素里面，家庭的因素是最重要的。在一部分人看来，乡村儿童大多因事缺席。儿童的家庭，为农者居多。父兄都是愚朽不化，冥顽不开，有因着，春种秋收，农忙的时期，留家操作。有因着，他乡有事，留家以待前往的，又有因着，村中庆吊等事，强留家中，应酬人情的。在在多有，非止一端，赶到事完，才令就学受业，旧课程也生疏了，新课程也旷误了，长此以往，纵然聪敏的儿童，不免居人下矣。③

还有人认为："学生所以常缺席的，实在因为学生的担负太轻，家长以为上学与否，在经济上没有什么损失，所以就随便了。"相比之下，"如果在私塾里上学，要缴脩金，要供先生的饭，三节还要送节礼，因为在经济上他们已经有了责任，假使无故缺席，等于把钱白化了，所以无论如何不使学生缺席"④。

一些家长认为乡村小学儿童在学校里读书，好像到了学校里随便玩玩罢了。他们遇到农忙要不来，天雨路滑要不来，丧家吃饭要不来，亲属喜事要不来，率领弟妹要不来，看守家庭要不来，哥姊婚嫁要不

① 陆静山：《理想的乡村小学》，《辽宁教育月刊》1929 年第 1 卷第 5 期，第 113 页。

② 贾书英：《乡村小学儿童缺席问题》，《乡村教育》1936 年第 1 卷第 3 期，第 33 页。

③ 王有忱：《谈谈乡校儿童缺席》，《辽宁教育月刊》1929 年第 1 卷第 2 期，第 16 页。

④ 刘百川：《乡村教育实施记》，上海：黎明书局，1936 年，第 42 页。

来，加上自己和家长偶发事项如疾病，庆吊之类，乡村小学里儿童因事缺席的机会真多；“我在去年调查六个乡村小学的儿童缺席事由中，知道儿童因在家带领弟妹而缺席者，有四分之一。我去问他们，他们大多数说在家看门，带领小弟弟小妹妹”①。

从儿童方面看，影响学生的出勤因素有：儿童自己生病不能到校；儿童跌伤，尚未痊愈；儿童装病，故意缺课；儿童心理有缺陷；因迟到怕先生罚；儿童过生日；怕先生责罚无故逃学；病疫检查；儿童不高兴到校；贪恋不正当的游戏；受同学的欺侮和笑骂；成绩低劣，对于一切功课没有兴趣等。

从学校方面看，学校管束太严，使儿童对教师发生畏惧；学校设备不完美，使儿童在学校感不到兴趣；学校太放任，对于缺课没有严密的考查；儿童对学校没有感情；上课时没有趣味；读的书没有用处；读的书太难，儿童学不会；先生太凶；读的书太容易。教学安排与乡村农事日期相冲突也是一个原因。费孝通也曾指出学校放假安排与乡村农事的脱节之处。“村中上学的大多数是 12 岁以上的孩子，他们已到了需要开始实践教育的年龄。在农事活动的日历中有两段空闲的时间，即从 1 月至 4 月即 7 月至 9 月。但在这段时间里，学校却停学放假，到了人们忙于蚕丝或从事农作的时候，学校却开学上课了。”②

此外，上学路途太远，或路中有危险难行走；朋友的引诱、赴宴会、社会上无味的应酬、迎神赛会、演戏、宗教、当地人民不热心教育、当地的人民有懒惰的习惯；从自然环境看，落雨、路滑、下雪、严寒、刮大风、酷暑、阴天等气候因素也不可忽视。

缺勤使得儿童受教育的时间减少；影响儿童学业进步；此外，对学校教学秩序和教师正常工作也带来不便，做教师的担心儿童常常不来受课，阻碍教学程序的进行。家长如不知儿童的个性，喜欢逃学，反来校责备教师，教师格外容易灰心。同时儿童缺席，对于学校形式

① 陆静山：《理想的乡村小学》，《辽宁教育月刊》，1929 年第 1 卷第 5 期，第 113 页。

② 费孝通：《江村经济——中国农民的生活》，北京：商务印书馆，2001 年，第 51 页。

上不整齐，而做教学合一更是困难，因此在教育效率方面，也是一大损失。

**（二）扰乱课堂秩序**

民国时期，乡村学校的学生日常行为除了存在着迟到、早退、缺席等问题外，还有在课堂上不遵守纪律、说话、打闹等行为。叶圣陶的小说《倪焕之》中，生动地描写了乡村学校学生在课堂上各种行为，尽管是小说情节，但我们或多或少也能窥见当时学生在课堂上的状况。

“新春时节，学校开学了。焕之第一天当教员，正是个阴沉的雨天。走进那庙宇，只见许多孩子在中庭里乱窜。湿衣裳东一摊西一搭地放着，泥浆的鞋印一个个留在砖地上。有好几个十五六岁的学生，并不比焕之小多少，正站起在教桌上唱不成腔的京戏，这是他们新年游乐的余兴。”①

“焕之起初也想，别的不用管，自己教的是学生，就从学生里头寻点安慰吧。但不久便证明这只是妄想。他叫他们静听不要响，他们却依然说笑，争骂；他听见自己求救一般的讲说的声音，同时总伴着各种噪声，甚至自己的声音反而消沉在噪声里。他没法，只好停嘴。学生们起初觉得异样，像夏雨收点一般零落地叫住了声。但随后就是一阵带着戏弄意味的笑。这使焕之发怒了，便把教鞭扬起来，想在不论哪一个身上乱抽一顿（两个伙伴常常这样做，在当时似乎颇有点效验），然而手还没有这种习惯，要抽下去仿佛很不顺，半路里缩住了。只剩又愤慨又悲哀地喃喃斥骂：‘讨厌的小东西’！”②

小学生因其年龄小，自控力差，在课堂上打闹应该是普遍现象，尤其在当时中国广大乡村学校的学生，家长基本无暇管教，在课堂上经常说笑，争骂，这样势必影响教师的正常教学。

## 二、乡村学校学生日常行为的管束

针对乡村学校学生的迟到、早退、旷课及课堂说话打闹等行为，乡村学校也实行相应的措施对此加以管理，主要有三种方式：一是制

---

① 叶圣陶：《倪焕之》，北京：人民文学出版社，2000年，第17页。

② 同上，第18页。

定严格的校规、校纪；二是用思想品德教育规范学生的行为；三是学校与家庭联合应对。

### （一）制定严格的校纪校规

1912 年 9 月，教育部在《小学校令》中对违反校规有明确规定："小学校校长察知儿童中有患传染病及有可虞之情状者，或性行不良、妨碍他儿童之教育者，得停止其出席。"① 青岛"部分学校严格限制入学儿童请假，规定不得无故缺课，对不入学或提早辍学者同样处以罚金"②。如该市李村区王埠庄小学朱玉照等 6 名学生因长期旷课而各被罚金一元。③ 1934 年，李宗黄在青岛李村、九水两区参观考察发现"缺席甚少，参观各校，学生均到齐，缺席者极少，此其原因，闻系当局极重视缺席，列为重要考成，并规定详细办法四项，即遇有旷课者，由学生自治会或级会之调查员，到其家查询劝导，或由教员到家督促，并每月举行出席与旷课之比赛，定有褒奖，故有如此成绩"④。

一些地方制定了较具体的校纪校规，以约束学风。如辽宁开通地区新订之校风规定："（一）戒外出冶游；（二）戒赌博；（三）戒奢华；（四）戒吸纸烟。闻已通知各校遵照矣。"⑤ "学生平日在校之言行举止，应由管理员随时认真查察，切实训导，遇有劣等及性行不纯学生尤应特加注意，每学年或学期终时，各生操行评定，如操行过劣，应即退学。招新班或插班生时应注意考察，如品性不良或冒犯校规应不予收录。"⑥

例如，辽宁黑山县立第六高级小学的校规、校纪有：

---

① 《视察第一区（直、奉、吉、黑）学务总报告，直隶部分》（1913 年），舒新城：《中国近代教育史资料》（上册），北京：人民教育出版社，1981 年，第 447 页。

② 青岛市教育局编：《青岛教育》第 1 卷第 1 期，1933 年 5 月。

③ 据青岛市档案馆藏《李村乡区建设办事处七月份下半期工作报告表》，B32－1－780，1935 年。

④ 李宗黄：《考察江宁邹平青岛定县纪实》，南京：南京正中出版社，1935 年（影印版）。

⑤ 《整顿学风》，《盛京时报》，1923 年 1 月 16 日。

⑥ 《吉省整顿学风八条规则》，《盛京时报》，1931 年 2 月 26 日。

其一是遵守入校时间，进入校门不许随意外出，有事请老师许可，必要外出向老师请假；二是课堂严禁旷课，有事不上课者，小事可由同学代为请假，大事要有假条，三天以上必须由家长请假、送小学；三是不许吸烟、喝酒；四是不许打架、骂人；五是不许在校内吃零食、带东西吃；六是不许损坏公共物品；七是不许与女生打骂、戏耍、挑闹，提倡男女平等互助新风气。校纪七条对全校学生从严教育，无人敢违犯，从而振兴了校风。①

从以上黑山县立第六高级小学的校规、校纪中，可以看出学校对于学生行为的约束应当说还是比较严格的。此外，学校严格请假手续也是约束学生缺课的手段。注意请假手续。一些学校备有请假证和请假簿。如下图所示。

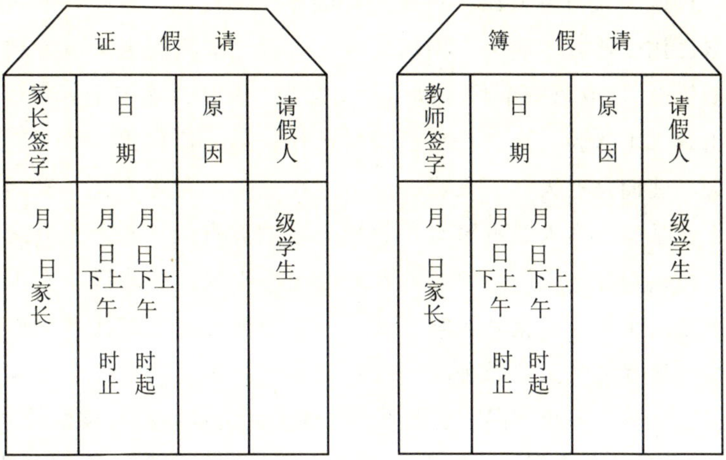


**图 4.2.1　请假证、请假簿**

资料来源：朱楚珩：《小学实际问题的解答》，《萧山教育》1931 年 29—31 期。

请假证在每学期开始前，印发儿童家长妥为保存，如遇请假，家长签了字交给儿童先一日送请学校核准，否则不准。这样一来，儿童对于缺课，就渐渐注意起来了。这种请假簿，是备给教师作考核的，

① 张连：《黑山县立第六高级小学校（一九二四—一九四五年）》，《黑山文史资料》第 10 辑，第 74—75 页。

以便随时注意缺课的原因，而谋补救之法。①

又如1934年，云南省教育厅令学校整饬学风，严格训管。要求学生谨守秩序，发扬自治精神。对学生中败坏学风，违犯校规及制服不一，出校滋生种种行为的力加注意；遇有不堪造就的学生，照章除名。② 可见，有很多学校制定了严格管理学生的规章制度。

### （二）实施奖惩制度

奖惩制度明确了学生的行为规范，哪些是该奖励的，哪些是该惩罚的。从而达到约束学生的目的。各学校的奖惩制度，奖的方法，有物质与名誉奖两种：物质奖或用文具，或用书籍，间或也有用金钱的。名誉奖或口头称誉，或挂牌记功等。如在学生中举行出席比赛。这是利用儿童竞争心，爱好心来鼓励在学学生天天出席的一种方法。此种比赛，可以一人与各人比，一级与各级比，一校与各校比，亦可以自己与自己比。比方，我第一周出席六天，第二周出席七天（乡校可以废星期例假），或第一个月（以四个星期为一月）出席二十五天，第二个月出席二十八天，这就是自己与自己比。第一周你出席七天，我出席六天，他们是七天，五天或一天，这就是各人与各人比。某周或某月，甲级学生出席人数占原有人数百分之七五点六，乙级百分之六九点五，丙级百分之八一，如此以各级的出席生数占各该级原有生数之百分率之大小相比，就是级与级比。一校与他校之出席比赛，亦可照此仿行。比赛之时只须教师费神统计，制图，画表，并提示全体学生注意就可，不必另想奖品，奖状了。③ 这实际上就是精神奖励的办法。

"惩的种类，有记过、扣分、责骂、体罚、斥革等。责骂的方式，有个别骂与当众骂之分：个别骂是教师发现儿童有了错过，就地责骂，或唤到另一个地点责骂。当众骂是召集全体儿童在一处，当众骂一个或几个儿童。体罚被经常使用。体罚的方法，常见的有立正、罚跪、拘禁、打手、打屁股数种。大概情节最轻的是立正，较重的罚跪或拘

---

① 朱楚珩：《小学实际问题的解答》，《萧山教育》1931年第29—31期，第70—74页。

② 蔡寿福：《云南教育史》，昆明：云南教育出版社，2001年，第456页。

③ 杨效春：《乡村教育纲要》，上海：中华书局，1934年，第115页。

禁，更重的打手心，最重的打屁股。”督学的视察报告中有记录：“前年陈留县立小学打死学生的消息，曾传一时。”① 当然，这就是惩罚得过头了。

教育部《小学校令》中规定：小学“不得用体罚”。一般来说，体罚是不常遇到，在村里最有势力的教员，许会对太顽皮不过的学生打个耳光，打次手心，罚跪站，限制小便次数，画个黑眼圈，太不近人情的不容易见到。奖励全席。在一学期内，永不缺席之儿童，或缺席三日以内者，酌给奖品，以资鼓励②。四区高里小学，还用记录的方法奖励学生，这算是积极引导最成功的了。③

当然，一味以威严来惩罚学生往往起到不好的效果。有文章记载这样的情况：“也有些教师，初到校时，为要树立自己的尊严，随时板起面孔，抱定严格的主张，是也骂，不是也打。学生见了老师，战战兢兢，连话都说不出来。聪明活泼的儿童，经过几次打骂，渐渐呆滞麻木了。学生在学校里或觉枯燥，对求学没有兴趣，于是相率逃课，各求其乐：携骰持牌，赌博为戏者有之；入人园圃，偷桃窃李者有之。由是流连忘返，将来瘟神流氓，就此造成。而教师在学校里，哪里知道，学生少了，尽管派校工去催，或是掉过头来，哈口冷气，放弃了严格主张，改施‘糖果教育’，采取奖励办法，但到了这时，儿童的脑海中，已留下一个牢不可破的恶印象，你就把他扛在头上，也不能挽救了。”④

所以，一般对待学校的顽劣儿童，提倡要耐心地对待他们，先分析他们顽劣行为的成因，是受不良环境的影响还是教师缺少对他们的特殊训导？弄清他们顽劣的成因后，再下一些工夫，考察他们的个性，

---

① 黄寿山：《小学教学上一束值得注意的现象》，《教育平话》1935 年第 1 卷第 6 期，第 2 页。

② 王有忱：《谈谈乡校儿童缺席》，《辽宁教育月刊》1929 年第 1 卷第 2 期，第 16—18 页。

③ 陆静山：《理想的乡村小学》，《辽宁教育月刊》1929 年第 1 卷第 5 期，第 113 页。

④ □霖：《小学惩奖问题》，《昆明实验县教育》1935 年第 2 卷第 10 期，第 1 页。

然后实施情感教育。如果疾言遽色，当众训斥，或施体罚；这样的处置后果非但不能改善他们的顽劣行为，并且使他恼羞成怒，反而助长他变本加厉的劣性。①

一些教师想方设法预防儿童缺课。如有的改变过去传统的单纯点名的方法，改革点名册。一教师决然废止点名册，而画一张表，定名为“儿童勤惰比较表”如图 4.2.2 所示。

**学级儿童勤惰比较表**

月　日____月　日

| 周别 | [redacted] | | | | | | | | | | | | 统计 | |
|---|---|---|---|---|---|---|---|---|---|---|---|---|---|---|
| 月日 | | | | | | | | | | | | | 出 | 缺 |
| 曜日 | 月 | | 火 | | 水 | | 木 | | 金 | | 土 | | | |
| 姓名 记号 时间 | 上 | 下 | 上 | 下 | 上 | 下 | 上 | 下 | 上 | 下 | 上 | 下 | 席 | 席 |
| 冯白强 | 01 (2) | 1 | 1 | 1 | 1 | 1 | 1 | 1 | 1 | 1 | 1 | 1 | | |
| 王爱华 | 1 | 1 | 10 (3) | 1 | 1 | 1 | 1 | 1 | 1 | 1 | 1 | 1 | | |
| 朱国光 | 1 | 1 | 1 | 1 | 1 | 1 | 1 | 1 | 1 | 1 | 1 | 1 | | |
| | | | | | | | | | | | | | | |

**图 4.2.2　儿童勤惰比较表**

资料来源：戴时敏：《改进农村小学的意见》，《教育与农村》1933 年第 27 期，第 8 页。

说明：这张图表是缩写的。(1) 是出席记号，(0) 是缺席记号。例如，第一周，月曜日，上午的一格里，已有缺席记号，又有出席记号，并且下而有一个 (2) 的记号，这就是表明学生冯自强在第二节时缺席的，又火曜日的上午一格里，已有出席记号，又有缺席记号，并且下面有一个 (3) 的记号，那是表明这个学生王爱华在第三节时早退。

儿童勤惰比较表贴在学习室里，每四周一换，以便核算，在每天的上午和下午第一次到校时，叫儿童拿了铅笔，在自己姓名下划一个出席的记号，缺席儿童由级长在第一节摇预备铃时，向表逐一检查。看到已经出席而忘画到的，便招呼他赶紧来画到。缺席的儿童，就在他姓名下，做一个缺席的记号。年纪初小的儿童，起先可请年长的儿

① 戴时敏：《改进农村小学的意见》，《教育与农村》1933 年第 28 期，第 6 页。

童代画，后来可由年长的儿童指导画到。使他明白画到是很重要的。这样每天检查学童的勤惰，十分容易。月终稽核起来，也很便利。同时更定一个奖励的方法：凡出席儿童，都有悬挂青天白日的徽章，迟到及忘画到的，都没有悬挂徽章的资格，让他们暗自惭愧而省悟。这种方法效果很好，“看那般小学生，都很兴高采烈个个出席，到校时刻，也较平日早，大家以挂徽章为荣耀”①。

对于缺课的学生，有的学校还规定了缺席要请假的制度，凡儿童有事缺席，必须填写请假单，经导师允准后，方得告假。对那些无故缺课的学生要实行处罚，但要注意讲究方法，不要当众训斥，使他们恼羞畏惧、逃学。当缺席儿童的面前，用和言悦色称赞一般不缺席的儿童或奖励。给他们一个暗示，引起他的竞争心，让他主动改过自新。② 可见，此时乡村的部分教师能够积极寻求科学的管理办法，来解决学生的缺席问题，是非常难得的。

### （三）思想品德教育

思想品德教育也是规范学生行为的重要方式。思想品德教育的主要手段有两种：其一为开设专门的课程如修身、读经讲经、公民训练、党义、童子军课、国语、历史、社会等课程；其二组织集会和社会活动，有朝会、演讲会、升旗仪式、纪念节日活动等，对学生进行思想道德教育。清末江西初、高等小学堂思想品德教育，主要通过修身、读经、讲经等课程的教学和教师的严教、严管和身教来进行。南京国民政府成立后，小学实施三民主义教育，推行训育制度，开辟多种途径进行公民训练。各小学一般每天举行朝会、夕会、升降国旗，每周星期一举行纪念周、周末举行周会，每月举行国民月会，进行精神讲话或其他活动，以学校计划中的训育项目为中心进行教育。同时要求教师随时随地注意儿童的举动，引用训育标准规定的训练细目，指导儿童遵守，对不遵守者给予处罚。各校还通过级会、学生自治会及各

---

① 戴时敏：《改进农村小学的意见》，《教育与农村》1933年第27期，第8页。

② 同上，第6页。

种纪念日进行团体训练活动，举办各种竞赛。①

孟承宪在回答江西南城县下夹城教师程允煜先生的问题时就讲道，“教导劣等生，宜先考查其家庭与环境，详究其不良行为之原因；然后积极的指导其活动，改变其习惯，徒事消极的禁遏无益”②。

民国时期，云南的一些学校非常重视加强对学生思想品德的教育，袁世凯时期，为发展儿童的做事能力，养成良好习惯，使其成为人格高尚、常识丰富、体魄健全、智仁勇兼备的青年，加强对小学五六年级的学生进行童子军训练，唐继尧时期，下令全省高级小学加授讲经、读经、背经进行思想教育。南京国民政府时期，云南各小学强调“党义”，继续对儿童进行忠孝仁爱义和平的国民道德教育。1932年，云南省根据《三民主义教育实施原则》，要求：“学风、校风及教风均以朴实、诚恳为重，注重启发及诱导，纠正因循与专用设备敷衍，养成学生的振奋精神；注重训育主任人选；实施童子军训练；注意教管联络；奖励恪守校规及成绩优异者。”③ 抗战爆发后，学校强化爱国主义教育，要求各校全体师生每天早上的6～7时均要举行露天朝会，除训话外，还要默念国难3分钟，高呼“团结奋斗，雪耻救国”、不愿做亡国奴等口号，以激起学生的抗日爱国热情。④ 从某种程度上来说，这实际上就是注重用思想品德教育来规范学生的行为。

**（四）注意家庭联络**

对学生日常行为的约束，离不开学生家庭的配合与支持，所以要注意通过与学生家庭联系和参加社会教育来对学生进行教育。家庭联系主要是教师的家庭访问、举行恳亲会，更多是通过口信联系，随时反映学生在校状况。

及时向家长传送通知单，用来通知缺席儿童的家长叫他们把缺课的子女，送到校里来读书，通过这种方式，可以使他们生出学校的观

---

① 《江西省教育志》编纂委员会编：《江西省志·教育志》，北京：方志出版社，1996年，第133页。

② 孟承宪：《小学教育问题》，《新教育评论》1926年第1卷第7期，第20页。

③ 蔡寿福：《云南教育史》，昆明：云南教育出版社，2001年，第456页。

④ 同上。

念，注意子女们的学业。那些缺席儿童，受着家庭的督促，自然可以常常到校读书。还有通过家访的方式到缺席儿童的家庭里访问，借此调查儿童缺席的原因，并请家长督促儿童无故不要缺席。① 还有些故意缺课的儿童，在学校谎骗教师说在家中帮助父母工作，在家庭谎骗家长说先生放学，这是因为学校和家属隔阂的缘故，还有一些家长，不顾大体，役儿使女，视为惯例，欲改掉这种弊病，教师宜在课余，实行访问家庭，调查儿童旷课原因，和家长多一次接触，便多一分联络，增一分感情，也就减少一层隔阂，使学校和社会沟通一线，那么家长对于儿童应受的义务教育，绝不疏忽。还有些儿童缺课，却是为了家长宠养的缘故，儿童稍感到一点头痛腹痛，父母就叫他休息一天，这样渐渐养成了学生怠学的弊病，故访问儿童家庭时，对于这一点，务须对家族作诚恳的劝告。总之要使儿童家族明白非至万不得已时，不使儿童请假，如此家庭与学校共同来注意的儿童的缺课，儿童缺课自然少了。②

总的来看，家庭访问的方式在某种程度能很明显地减少儿童缺课的次数。如某地一个杨姓老师就讲到他是如何通过和家长取得联系，劝导学生来上课的成功例子，“唐生缺课多天，我叫他的邻居陆生劝他来校；唐生不听，反怨陆生多事；第二天，我乃写信一封，叫陆生带去交给唐生。信中说：唐凤金：快快来上学，做个好学生。杨先生。信是写给唐生的。唐生的父亲知道了，极力要他自己的儿子来上学，勿缺课，唐生从此乃天天来校”③。还有一回，赵生多日不到校，听说是由于家长对着学校发生误会而起的。我就顺着“家庭访问”的便利到他家里去。自然地向着他的父亲说：“赵生很聪明，也很懂规矩；同学欢喜他，某某先生也都喜欢他。这几天，他没有到校，校内的先生和同学都很挂念咧。他年龄虽轻，但他的办事才干倒很好。他在班上确是个领袖！这几天，他没有到校，他的班上有许多事情都未曾完成哩！”刚巧赵生出来了。“赵勤！今天早晨，周先生还在记挂你，你多

---

① 戴时敏：《改进农村小学的意见》，《教育与农村》1933 年第 27 期，第 8 页。

② 《改进农村小学的建议》，《教育与农村》1933 年第 27 期，第 28 页。

③ 杨效春：《乡村教育纲要》，上海：中华书局，1934 年，第 114 页。

天没有到校了。他很欢喜你，你不欢喜他吗?”我的话还没有说完。他的父亲和他已经答应：明天来校了。①

囿于新式教育在乡村立足的初始阶段，加之乡村居民对新式教育的疑惑、观望，以及民国时期农家经济的普遍贫困，乡村学校在招生与学生在校管理方面都存在很大的问题，草创之中的各地乡村学校也采取了各种措施，力争使学校招生与管理走上正规化的道路，但这必定是一个漫长的过程。

---

① 杨效春：《乡村教育纲要》，上海：中华书局，1934年，第115页。

# 第五章　乡村学校的课程与教学

学校的课程设置与教学方法是教学体系里面除师资外最重要的环节。民国时期乡村学校的课程设置、教材选用、教学内容大部分是根据政府的统一要求制定的，但有部分地区也会根据自身的实际情况加以修改。至于教学方法大多采用传统的教学方式，随着条件和形势的变化，乡村学校的教学方法也在不断改进，这对乡村教育的发展起到了推动作用。本章主要讨论民国时期乡村学校的课程设置、教材选用、教育内容及教学方法，梳理其发展变化的状况，探明其存在的问题及原因。

## 第一节　乡村学校的课程设置与教材选用

### 一、乡村学校的课程设置

#### （一）对乡村学校课程设置的探讨

教育学者傅葆琛论述民国时期的乡村教育时强调说："我国的乡村小学课程，在各种乡村教育问题中，实居首要，课程为求达教育目的之工具，欲有良好的乡村小学教育，必须有最完善最适用的课程。"①

那么，乡村学校怎样来编制课程？时人提出了很好的建议：要顾到生活的活动，生活的活动可分为全体的活动，轮流的活动，个人的活动。编订课程的原则包括：第一，要有时间性，要不背时代；如讲

---

① 陈侠：《傅葆琛教育论著选》，北京：人民教育出版社，1994 年，第 46 页。

四书五经，就是背时代；讲声光化电，就是合时代。又如夏日编制课程，就当用游泳，种稻，雷电，纳凉等类。第二，要顾到地方，中国是民主，日本是君主，公民训练，当然不同，职业区域不同，其课程亦各有别。第三，要根据人的差异，有些事情，大人很以为有意义，儿童反以为没趣；又如职业不同，性别不同，智慧不同，课程均不能随之而异。所以编制课程要顾到三方面的生活不同而不同。①

“夫课程为求达教育目的之工具（欲有良好之乡村学校教育，必须有最完善最适用之课程），其编制随教育目的而定。”② 我们要知道学校对于儿童教育的目的：第一，要予儿童在乡村有生活的能力，使之能为独立的个人。第二，要予以国民常识，培养其公民之德性。第三，要培植儿童之创造能力，使其能改造农村，增进农村之生活。所以，选择课程，就要根据这几个目的来选择才行。③ 傅葆琛先生拟定乡村小学课程应守原则十一条：

> 一、编制课程者，要熟悉乡村地方的情形、源流及需要；要认明乡村华景的特质，并视察儿童的经验与活动，以作编制课程之根据而便提其儿童教育上的兴趣，尽量发展其个性。
>
> 二、编制课程者，应该了解小学的目的在于社会公民的基础教育，并给予各个分子之继续发展的机会。乡村儿童亦有基本技能之需要，与领受社会遗传的权能；故在试编课程之先，当有基本教育目的之厘定，与夫各科各题小目的之规划。而此种种目的，亦当明示教师，使求有合此目的的学业、习惯、态度、技能。
>
> 三、编制课程者，当采求乡村儿童生活上之优长与缺陷，课程的编制，当谋所以增其优长，而补其缺陷；最要是本其校外经验与生活环境。

---

① 杨效春：《乡村教育改进法》，《市政月刊》1929 年第 2 卷第 4 期，第 17 页。

② 卢绍稷：《乡村教育概况》，上海：大东书局，1932 年，第 63 页。

③ 蒙暄：《理想中之乡村小学》，《广西教育》1929 年第 1 卷第 11－12 期合刊，第 82－83 页。

四、编制课程者，选择乡村小学的课程内容，当求其最大的社会价值，与合乎乡村儿童的兴趣，而可以为其个别发展之导线者。

五、编制课程者，当竭力求乡村人与城市人关系之增进，并鼓励他们互相尊敬，互相了解，使其彼此欣赏其问题，而明其需要；故课程而外，应常有城乡人的亲密结合。

六、编制课程者，组织乡村小学科程中的材料，务在易得乡村学校上的效率；故课程当富有弹性，可以伸缩，然后教师得有余地利用地方本源，指出切要问题，编组新的课程，而为儿童创制教育的经验。

七、编制课程者，当于小学的课程中多暗示，以助教师的解决其教室的实际问题，而促其尽量采用各种有效的方法。

八、编制课程者，当特别注意卫生、园艺等科。

九、编制课程者，须知中国农村小学组织上特别困难的问题，而对于循环组织，与以代班的种种组织，务须多多建议。至各科的相关可能度数，又应明白指出。

十、编制课程者，在预备乡村小学课程时，不仅注意教师的职业态度，且应及于时间的支配与夫学校的组织管理。

十一、编制课程者，应明白编制课程之需要的步骤，编制课程之人才及其职分与责任的必应为何，此外更当有适当的准备，以期改进课程。①

可见，当时的教育工作者对乡村学校课程设置基本有了自己的认识，总体原则就是要结合中国乡村的实际情况，在新式教育中突出乡村特色。

**（二）课程设置的基本状况**

民国时期教育部对乡村小学的课程设置并无单独规定，其颁布的课程设置法规适用范围为城市和乡村。自从 1901 年创立新式学堂后，中国小学的课程开始改革。民国元年（1912 年），教育部改革教育宗

---

①　龙发甲：《乡村教育概论》，上海：商务印书馆，1937 年，第 75—77 页。

旨，将“忠君，尊孔”废止。1912年9月颁布的《小学校令》第十一条规定初等小学校之教科目，为修身、国文、算术、手工、图画、唱歌、体操；女子加课缝纫。遇不得已时，可暂缺手工、图画、唱歌之一科目或数科目。第十二条规定高等小学校之教科目为修身、国文、算术、本国历史、地理、理科、手工、图画、唱歌、体操；男子加课农业，女子加课缝纫。视地方情形，农业可以从缺，或改为商业，并可加设英语；遇不得已时，手工、唱歌亦得暂缺。① 民国四年（1915年），又定国民学校之宗旨为“国民学校施国家根本教育，以注意儿童身心之发育，施以适当之陶冶，并授以国民道德之基础及国民生活所必须之普通知识技能为本旨”。

从课程的设置上看，民国元年（1912年）有一个重大的改革：读经科一律废止，手工也改为正式科目，课程内容有不合共和宗旨的，均逐一改正，音乐也作为正课了。② 在教学方面，有人主张因地制宜，乡村小学的教学应做到以下几个方面：一是注重劳动教育；二是注重生产教育；三是注重科学教育；初等小学校修业期限为四年，高等小学校修业期限为三年。

1915年4月，在第一届全国教育会联合大会的有关决议案中，对小学教育的课程设置进一步做了说明。要求“初等小学教程科目，无本国历史、地理，于国文科附带课之。应于教授国文时，就关于本国历史、地理者，特别发挥，以养成儿童爱国之精神”③。

1922年，新学制采用“六三三”制，对于小学课程有重大改革，能够以儿童为本位，顾到儿童的生活和学习心理，例如，改文言文为语体文，改记事说明文为儿童文学等，都能顾到儿童方面。小学废止了修身科，增加了社会公民和卫生的课程，图书手工改作“工用艺术”

---

① 《视察第一区（直、奉、吉、黑）学务总报告，直隶部分》（1913年），舒新城：《中国近代教育史资料》（上册），北京：人民教育出版社，1981年，第445页。

② 同上，第444页。

③ 李桂林，戚名琇，钱曼倩：《中国近代教育史资料汇编·普通教育》，上海：上海教育出版社，2007年，第518页。

与“形象艺术”。可以看出，这次课程改革体现了“儿童本位”及“教育即生活”。具体课程设置见表 5.1.1。

**表 5.1.1 1922 年小学课程表**

<table>
<tr><td colspan="2">学科目</td><td colspan="2">百分比</td></tr>
<tr><td colspan="2"></td><td>初级小学</td><td>高级小学</td></tr>
<tr><td rowspan="4">国语</td><td>语言</td><td rowspan="4">30</td><td>6</td></tr>
<tr><td>读文</td><td>12</td></tr>
<tr><td>作文</td><td>8</td></tr>
<tr><td>写字</td><td>4</td></tr>
<tr><td colspan="2">算术</td><td colspan="2">10</td></tr>
<tr><td colspan="2">卫生</td><td rowspan="4">社会 20</td><td>4</td></tr>
<tr><td colspan="2">公民</td><td>4</td></tr>
<tr><td colspan="2">历史</td><td>6</td></tr>
<tr><td colspan="2">地理</td><td>6</td></tr>
<tr><td colspan="2">自然</td><td rowspan="2">12</td><td>8</td></tr>
<tr><td colspan="2">园艺</td><td>4</td></tr>
<tr><td colspan="2">工用艺术</td><td colspan="2">7</td></tr>
<tr><td colspan="2">形象艺术</td><td colspan="2">5</td></tr>
<tr><td colspan="2">音乐</td><td colspan="2">6</td></tr>
<tr><td colspan="2">体育</td><td colspan="2">10</td></tr>
</table>

资料来源：舒新城：《教育通论》，上海：中华书局，1927 年，第 105 页。

可以看出，小学校授课以分数计，初级前二年每周 1080 分钟，后二年至少 1260 分钟，高级至少 1440 分钟，乡村小学各科。不能独设得酌量合并，但国语、算术之授课分数不得减少。

南京国民政府成立后，对于小学课程又有三次改革。1929 年 8 月，教育部颁布小学课程暂行标准，在形式方面，将过去的科目，可合并者，尽量合并，以免科目之繁多，而求教材之联络。科目名称也有变动，如“形象艺术”改称为“美术”，工艺科改为“工作”科，以便使儿童学习劳动，为生产教育之主要课程。在内容方面，根据三民主义的社会主义，加入关于三民主义的材料；各科教材范围，富于弹性，以期能通行全国而不为地域所限。

1933年，国民政府教育部公布的《小学课程》中规定：高、初小均开设公民训练、卫生、体育、国语、社会、自然、算术、劳作、美术、音乐等十科，只是高、初小授课时数不同。1936年，国民政府教育部修定课程标准规定：初小的社会、自然两科并为常识课。一、二年级的劳作、美术并为工作课音乐、体育并为唱游课。取消卫生课，自四年级起添加珠算。①

### （三）课程设置的问题

民国时期初等教育课程设置无疑还是存在很多问题的。对此，一些教育工作者也已注意到。如认为"课程教材不分城市与乡村，完全以城市为主；完全抄袭外国陈法，未顾及中国国情；用许多无聊教材，未顾到实用"②。傅葆琛先生则把乡村小学课程的缺点归纳为四方面：科目多仿袭城市，不合乡村需要；教材太宽泛，不切生活实用；上课日期与时间太板滞，不顾社会情形；只重知识的灌输，忽略精神与身体的训练。③

寿价藩在《从南乡各小学跑回来——有些报告和意见要写》④中详细地记录了萧山县各乡初小在课程设置的一些具体问题，比较具有代表性，这些问题主要有：

第一，任意增减课程。在视察的过程，寿价藩发现一些学校任意增减课程，十之八九的小学把国语科里可以教的书信，特设尺牍科。长山乡私立启悟初小更设白话文范应用文字等科，桃源长山大同等乡的小学，把作文里的造句、聊字、填字、改作……特别定出科目来。河上乡私立承书初小时间表上的国默、国授多是各校喜欢效法的杜撰科目。紫霞乡私立养正初小尚沿用国文的旧名，还有许多意义不明白

---

① 刘九龙，韩平：《聊城地区教育志》，济南：山东省新闻出版局，1989年，第88页。

② 赵质宸：《乡村教育概论》，北平：著者书店，1933年，第171页。

③ 陈侠：《傅葆琛教育论著选》，北京：人民教育出版社，1994年，第225页。

④ 寿价藩：《从南乡各小学跑回来——有些报告和意见要写》，《萧山教育》1929年第10期，第23—24页。

的，如主义、形象……真是不一而足。桃源乡区立横岱初小的主义教科更是错中错了。桃源乡区立第十初小和河上乡私立养正初小时间表上既有常识，复有地理历史，却不晓得初小没有史地科，沈村乡区立启蒙初小和河上乡区立凤坞初小，既有常识，又有社会，却不晓得常识是包括自然社会的。长山乡区立镜湖初小，既有手工，又有工艺；苧萝乡区立民力初小，既有写字，又有书法、国书，更不知二五就是一十。还有许多小学当体育艺术等科是时间表上的点缀品并没有做，有的竟大胆地把这几种功课取消了。叩其所以答，以经费缺乏，只得如此，其实乡村里的麦秆、豌豆等，是艺术科里的好材料，筒萧胡琴，未始不可以代风琴。镜岩初小俞教员以自己不会笔算，索性把笔算科废掉自误误人，其害真不知伊于胡底呢！①

第二，常识时间太少。常识时间占各科中的重要地位。桃源乡区立第十初小和河上乡区立后觉初小只有六十分的常识教学时间，这未免和规定的时间差得太远了。有一位教师对我说，常识书都是图一教便教完了，实在没道理。这位先生误视常识为完全认识文字为目的的工具了。又无怪桃源第十三初小的常识在清明前教完了。②

第三，算术教授太机械。乡村儿童的家族，多是务农的。不得不加珠算，以适应设计需要。浦南乡区立中山初小罗先生和镜岩初小俞教员教珠算，始终用旧法子练习，绝对有应用题扫进去，学生只觉得机械乏味。③

第四，乡村学校的课程与乡村实际生活脱节。龙发甲在《乡村教育概论》中强调："乡村小学之课程编制与教学方法当根据于地方环境，儿童年龄以及其他地方要素为原则。乡村小学课程与教学当根据于：乡村社会之心理的状况与需要；乡村待解决之问题；乡村儿童之特质，天赋的才能和生活的环境；乡村学校之建筑设备以及财力师资之情形。根据这几个原则，然后才可以达到乡村教育之目的，而收教

---

① 寿价藩：《从南乡各小学跑回来——有些报告和意见要写》，《萧山教育》1929 年第 10 期，第 23－24 页。

② 同上。

③ 同上。

学之最大效率。”① 课程为实施教育目的的工具。乡村小学的教育目的为：农夫的身手，科学的头脑，艺术的兴味，健康的体魄，改造社会的精神。课程编制，即须向这目的走去。② 乡村小学的课程，应该根据儿童心理，乡村环境，乡村生活，及利用各科目使其联络。“以前乡村小学的儿童都向城市里跑，甚至鄙弃他的茅草屋，鄙弃家庭，鄙弃种田，鄙弃一切农夫生活。这种现象：就是课程不适合乡村的环境及生活所致。一切教材，都与乡村痛痒无关，使儿童的思想，渐渐地离开乡村，无怪儿童在小学出来后，要向城市跑了!”③

鉴于从前的乡村小学，很少带有地方色彩而适合于地方需要的课程，盲人看颜色，学游泳去爬山；一则无法明了，一则所学非所用，哪有不失败之道理，所以小学课程，非大加改良，采取活动的不可。④

## 二、乡村学校的教材

### （一）乡村学校的教材使用状况

课程设置当以教材为依据。民国建立后，清学部颁行的教科书一律禁用，小学均须用中国图书公司、商务印书馆、中华书局、文明书局编印的新教材。教材的使用一般由部颁教材和坊间自编教材。1912年1月，南京临时政府教育部公布的《普通教育暂行办法》中规定，“凡各种教科书，务合乎共和民国宗旨。清学部颁行之教科书，一律禁用”⑤。1912年5月，教育部于总务厅之下，设编纂、审查二处专司教科书的编审及管理事务。同年，公布了《审定教科用图书规程》，共十四条，其中规定：“初等小学校、高等小学校、中学校、师范学校

① 龙发甲：《乡村教育概论》，上海：商务印书馆，1937年，第74页。

② 陆静山：《理想的乡村小学》，《辽宁教育月刊》1929年第1卷第5期，第113页。

③ 同上，第114页。

④ 蒙晅：《理想中之乡村小学》，《广西教育》1929年第1卷第11—12期合刊，第82—83页。

⑤ 璩鑫圭，唐良炎编：《中国近代教育史资料汇编·学制演变》，上海：上海教育出版社，2007年，第597页。

教科用图书，任人自行编辑，惟须呈请教育部审定。”① 从当时初等教育用书来看，1912 年中华书局发行的“新中华教科书”系列、商务印书馆的“共和国教科书”系列及 1913 年中华书局出版的“新学制教科书”系列比较通用。

当时，乡村学校的教材基本是以部颁教材为准，间或有自编教材。河北易县：“当时普通小学都采用商务复兴课本，所有课程：国语、算术、常识、自然、卫生音乐、体育、手工、图书等数门。其外关于课外活动，自由作业，自治活动，各校很少此举动。”②

当然，还有少部分学校并未立即改良课本，有的课本选用也是变动频繁，甚至七拼八凑，版本不一。河北易县有些学校“他们的课程是一塌糊涂，有的还用纪元前的旧课本，有的上期用商务课本，下期便改换中华课本。有的地方，因为交通不便，进城实难，每遇书局货短，以致七凑八凑，或者买书人不识字，在同一次就买了数种不同的课本，也是免不了的。还有一部分私塾式的小学校，门外虽然是挂着初级小学校的招牌，其中内幕和私塾是同样的性质，没有一定的功课表，也没有上课下课的规定时间，天明了上学，天黑了下学，太阳正午了吃饭，这是他们学生生活的简单方式。他们的功课，多半是数千年前的旧东西，如三字经、百家姓、论语、孟子等，有的加上一门算术，因为农民知道算账是必要的”③。

1932 年，广西省政府重申全省小学使用统一教材，并将教育部审定或经过试验而有效的教科书列表公布。但在 1934 年广西推行普及国民基础教育运动之前，各地小学所使用的教材未能统一。有的教员自编讲义，有的学校甚至长期以清末小学堂所用的经书《孟子》、《论语》等为教材。④

---

① 陈学恂主编：《中国近代教育史教学参考资料》（中册），北京：人民教育出版社，1986 年，第 419 页。

② 崔作林：《易县农村小学教育概况》，《津南农声》1935 年第 1 卷第 1 期，第 198 页。

③ 同上。

④ 广西壮族自治区地方志编纂委员会编：《广西通志・教育志》，南宁：广西人民出版社，1995 年，第 166 页。

广西普及国民基础教育运动期间，小学主要采用由广西普及国民基础教育研究院自编的教材。各国民基础学校教员或县政府还可自编补充读物和实际生活材料等读物，但须由县政府转呈省政府审定。当时，广西省编印出版的国民基础学校教材有：前期初级班国民基础读本、算术课本各4册，音乐、工作课本各1册，国民基础读本教学法、算术课本教学法各1册，后期初级班国语、算术、史地、自然4科第一、二册课本各1册，以及上列4科之第一册教学法各一部分；短期班国民基础读本上下册，算术课本上下册，音乐、工作课本上册，算术课本教学法上册一部分。这是民国时期广西唯一的一次不用国定教材，大规模自行编用教材的尝试。与同时期国定教材相比较，广西自编教材具有结合本省实际，形式活泼多样，熔知识性和趣味性于一炉，简明通俗易懂等特点，特别是注重增加爱国主义和生产教育知识方面的内容，并且融入乡土气息和时代感、民族感。①

各地教材选用中突出自编的本乡本土的乡土教材，是20世纪30年代教材选用的鲜明特点。如安徽绩溪所用教科书大多采购于上海，或中华书局本，或商务印书馆本，或世界书局本。民国年间的自编教材有：《绩溪乡土地理教材》（胡在瀛编），民国十六年（1927年）油印本；《绩溪乡土历史教材》（汪稼云编）民国十九年（1930年）油印本；《绩溪县城市坊村经理风俗》（编者未详），民国抄本。②

江西省在民国成立后，规定"小学校所用教科图书，由省图书审会择定之"。1917年以前，小学教科书，均用文言文编写。1922年后，小学教科书全部改用语体文编写。1932年后，江西的一些小学根据课程标准要求，也陆续编写出一些乡土教材，如欧阳修、王安石、陆象山、文天祥、谢叠山等乡贤教材，乡上儿童文学（包括儿歌、谜语、谚语、故事、神话）等。1937年，省会实验小学韩祖德编出《可爱的南昌》、《南昌市的新建设》、《南昌市的交通》、《南昌市的大工厂》、

① 广西壮族自治区地方志编纂委员会编：《广西通志·教育志》，南宁：广西人民出版社，1995年，第167页。

② 《绩溪县教育志》编委会：《绩溪县教育志》，北京：方志出版社，2005年，第73页。

《南昌市的市政区域》等乡土教材21篇。①

相对于课程设置，教材选用的灵活性较大，所以一些地方的乡村学校依据实际情况，选用或编用了适合具体情况的教材，应该说是有进步意义的。

**（二）乡村学校教材选用的问题**

民国时期，乡村学校的课程设置，基本上与城市相同，实际这样的课程设置不适于乡村儿童，一些教材也与乡土情形隔绝十万八千里。所以，学生根本不感兴趣，反而觉得所学教材很麻烦。“因其教本多采用商务中华世界等书局出版，编辑教科书，安坐于斗室之中，全不知晓各地方情形。亦不顾及儿童心理，材料多收取江苏省内者。尤为偏重于城市，譬如讲电灯电话等于国民学校学生，乡间儿童从无此种印象，因其未曾见过电灯电话为何物。又书中常有外国人名外国地名古人名及许多科学专门名词，儿童记忆颇觉困难。又如自然科有列举外国产或他乡产之动植物名，反恍惚迷离，莫名其妙。在公民课程中讲政治法律等，儿童更不知其如何物。因其暂时与儿童不发生关系。总之现行乡村学校课程，全不能了解。更有教授英文者，更增加儿童之读书困难也。”② 如据宁夏省教育厅1933年小学教育调查结果：“宁夏乡村学校采用中华商务各书局教科书的，约占半数，其余大都是用中庸、大学、上下论、孝经、千家诗、百家姓等为教材，音乐，工艺等课程，十之八九是没有的，这大概是因为学生的父兄既不欢迎，学校也极难得有这一类的教师。至于自编的教材，那就踏破铁鞋在宁夏境内是找不到的。”③

实际上，早在1919年10月召开的第五届全国教育会联合大会有关议决案中，就强调指出：“我国中小学校现用课本，编定于数年以

---

① 《江西省教育志》编纂委员会编：《江西省志·教育志》，北京：方志出版社，1996年，第124页。

② 秦秉中：《乡村教育问题》，《中央大学农学院旬刊》1930年第50期，第3页。

③ 宁夏教育史志编纂委员会办公室编：《宁夏教育史志资料集》（上辑），内部资料，1996年，第92页。

前。其中关于实事实物之教材，往往甲省所有乙省或无，此地所同彼地或异，教授者恒觉普通教材之可减省，特别教材之时嫌缺略，非速谋改良不可。”① 1923年10月召开的第九届全国教育会联合大会有关议决案中又再次提及小学教材的编制问题，“查中国土地广大，或处平原，或临山海，气候、物产、风俗，在在不同，编辑小学教科书，宜因地因时，由近及远，使儿童有直观之兴味，不然虽有明师教授，亦恐难收圆满效果”②。进而为各省在编制、使用教材提供了依据。

在民间，部分教育学者也意识到乡村学校教材中的问题，当时有人呼吁道：“农村教育应该分析的而有地方性的，然而中国农村教育所用的教育材料却是一套千篇一律的极其笼统的东西，无论传至之于任何一处的农村，实施起来，总是会发生鑿柄的现象，这种材料根本就非为农村所有，怎能传给农村儿童去享受呢？再说其实施起来，一味指示儿童教训儿童羡慕外洋，喜欢都市，习奢侈，学表面，学贵族，以养成儿童不合农村环境的性能和习惯，以农村教育而至如此腐败。”③

由上可见，乡村学校的教材中最大问题是教材的编写没有从当时中国乡村社会的实际生活出发，教材内容与现实社会相脱节。这样的后果是教授者虽极恳切，而难使听受者也能恳切，学生以上课为苦，很难使他欢乐，学生对于教员演讲，常是“言者谆谆，听者藐视”，很难使他们注意。学生对于教员所授的课本，有懂，有不懂，有些半懂。“不切于民生日用，使生徒毕业者举其所学，与社会不相入。”④

一些乡村小学教材多用书坊间所所编成的课本，急于谋利，质量低劣。正如时人所述：“论书局的性质，目的在营业，故时局变迁，教

---

① 李桂林，戚名琇，钱曼倩：《中国近代教育史资料汇编·普通教育》，上海：上海教育出版社，2007年，第524页。

② 同上，第528页。

③ 蔡衡溪：《呜呼——中国农村教育之前途》，《教育平话》1935年第1卷第2期，第7页。

④ 《教育部整理教育方案草案（1914年12月）》，《中国近代学制史料》，第3辑，上册，第34页。

育制度更易，书局里的编辑先生加紧地工作，不到一月或半月的时间，就有了一部什么新学制、新课程的教科书出来。赶着投机性质，赚些利益，其实书的内容，仍然是东挪西凑、'换汤不换药'的东西。"①这也是值得注意的现象。

## 三、乡村学校的教学内容

### （一）乡村学校的基本教学内容

教学内容是为课程教学标准服务的，所以我们从课程标准就能看出教学内容的主要状况。1912 年 9 月，教育部确定小学的教育宗旨为："注重道德教育，以实利教育、军国民教育辅之，更以美感教育完成其道德。"② 正式遵循这一教育宗旨，小学的教育内容相应进行调整。从上面论述的课程设置中可以看出，民国时期，小学的课程主要包括：修身、国文、算术、手工、图画、唱歌、体操、缝纫、英语等。教育部在 1912 年 12 月颁布了各科教学内容的标准，为各省小学的教学内容的讲授提供了重要的蓝本。教育部 1912 年 12 月订定的小学校教则中对各科要旨作了详细说明，摘录如下③：

> 第二条　修身要旨在涵养儿童之德性，导以实践。初等小学校，宜就孝悌、亲爱、信实、义勇、恭敬、勤俭、清洁诸德，择其切近易行者授之；渐及于对社会、对国家之责任，以激发进取之志气，养成爱群、爱国之精神。高等小学校宜就前项扩充之。对于女生尤须注意于贞淑之德，并使知自立之道。教授修身，宜以嘉言懿行及谚辞等指导儿童，使知戒勉，兼演习礼仪；又宜授以民国法制大意，俾具有国家观念。
>
> 第三条　国文要旨，在使儿童学习普通语言文字，养成

① 林德曜：《本县小学急须改进的几点》，《思明教育》1932 年第 1 卷第 1 期，第 6 页。

② 教育部总务厅文书科编《教育法规汇编》，1919 年，第 87 页。

③ 璩鑫圭，唐良炎编：《中国近代教育史资料汇编·学制演变》，上海：上海教育出版社，2007 年，第 701—705 页。

发表思想之能力，兼以启发其智德。初等小学校首宜正其发音，使之简单文字之读法、书法、作法，并使练习语言。高等小学校，首宜依前项教授渐及普通文之读法、书法、作法，并使练习语言。读本文章，宜取平易切用可为模范者，其材料就修身、历史、地理、理科及其他生活必需事项，择其富有趣味者用之。女子所用读本，宜加入家事要项。国文读法，宜就读本及他科目已授事项，或儿童日常闻见与处世所必需者，令记述之，其行文务求简易明了。书法所用字体，为楷书及行书。

教授国文，务求意义明了，并使默写短句短文，或就成句改作，俾读法、书法、作法联络一致，一于熟习。凡语言文字，在教授他科目时亦注意练习。遇书写文字，务使端正，不宜潦草。

第四条　算术要旨，在使儿童熟习日常之计算，增长生活必需之知识，兼使思虑精确。初等小学校首宜授十以内之数法、书法及加减乘除，渐及于百数以内，更进至通常之加减乘除，并授小数之读法、书法及其简易之加减乘除，兼授本国度量衡币制之要略。高等小学校首宜就前项扩充之，渐进授以整数、小数、诸等数、分数、百分数、比例，并得酌授日用簿记之要略。算术宜用笔算及珠算。

教授算术，务令解释精审，运算纯熟，又宜说明运算之方法理由；在初等小学校，尤宜令熟习心算。算术问题宜择他科目已授事项，或参酌地方情形切于日用者用之。

第五条　本国历史要旨，在使儿童知国体之大要，兼养成国民之志操。本国历史宜略授黄帝开国之功绩，历代伟人之言行，亚东文化之渊源，民国之建设，与近百年来中外之关系。

教授本国历史，宜用图画、标本、地图等物，使儿童想见当时之实况，尤宜与修身所授事项联络。

第六条　地理要旨，在使儿童略知地球表面及人类生活之状态，本国国势之大要，以养成爱国之精神。地理首宜授本国之地势、气候、区划、都会、物产、交通，以及地球之形状运动等，进授各洲地志之梗概，并重要各国之都会、物产等，兼授本国政治经济上之状态，及对于外国所处之地位。

教授地理，务须实地观察，示以地图、标本、影片、地球仪等物，使具有确实之知识，尤宜与历史、理科所授事项联络，并使儿童填注暗射地图及习绘地图。

第七条　理科要旨，在使儿童略知天然物及自然现象，使知重要之名称、形状、效用、发育及其相互关系，与对于人生之关系；进授物理化学上之重要现象、元素与化合物之性质，简易器械之构造作用，人身生理卫生之大要。

第八条　手工要旨，在使儿童制作简易物品，养成勤劳之习惯。初等小学校，宜授纸豆、纽结、粘土、麦杆等简易细工。高等小学校首宜依前项教授，渐进授以竹木金属等细工。

教授手工，宜说明材料之品类、性质及工具之用法，其材料取适用本地者。

第九条　图画要旨，在使儿童观察物体，具摹写之技能，兼以养其美感。初等小学校首宜授以单形，渐及诸种形体，并得酌授简易几何画。

教授图画，宜就他科目已授之物体及儿童所常见者，令摹写之，并养其清洁缜密之习惯。

第十条　唱歌要旨，在使儿童唱平易歌曲，以涵养美感，陶冶德性。初等小学校宜授平易之单音唱歌。高等小学校首宜依前项教授，渐增其程度，并得酌授简易之复音唱歌。歌词乐谱宜平易雅正，使儿童心情活泼优美。

第十一条　农业要旨，在使儿童知农事之大要，养成勤勉利用之习惯。视地方情形，授以农事或水产，或二者并授。农事宜就土壤、水利、肥料、农具、耕耘、栽培及蚕桑、畜牧等，择与本土相宜而为儿童所易解者授之。水产宜就渔捞、养殖、制造等，择与本土相宜者授之。教授农业，须与地理，理科所授事项联络，并就本土农业实地指示，使其知识确实。

第十二条　缝纫要旨，在使儿童习熟通常衣服之缝法、裁法，兼养成节俭利用之习惯。初等小学校首宜授运针法，继渐及通常衣服之缝法、裁法、补缀法。视地方情形得兼授西式裁法、缝法及洗涤法。

第十三条　体操要旨，在使儿童身体各部平均发育，强健体质，活泼精神，兼养成守规律、尚协同之习惯。初等小学校首宜授适宜之游戏，渐加普通体操。高等小学校宜授普通体操，仍时令游戏，男生加授兵式体操。视地方情形，得在体操教授时间或时间以外，授适宜之户外运动或游泳。

第十四条　商业要旨，在使儿童知商事之大要，养成勤勉、信实之习惯。商业宜就贸易、金融、运输、保险及其他商业要项，择与本土有关系，为儿童所易解者授之。教授商业，须与国文、算术、地理、理科所授事项联络，兼授简易之商用簿记。

第十五条　英语要旨，在使儿童略解浅易之语言文字，以供处世之用。英语首宜授发音及单词短句，进授浅近文章之读法、书法、作法、语法。英语读本宜取纯正而有趣味者，其程度宜与儿童知识相称。

教授英语宜以实用为主，并注意于发音，以正确之国文译释之。

第十六条　教授各科时，常宜指示本国固有之特色，启发儿童之爱国心、自觉心，并引起其审美观念。

表 5.1.2 反映了初级小学四年的课程设置及课程具体教学内容。

**表 5.1.2　初级小学四年的课程设置表**

| 学年<br>教科目 | 每周教授时数 | 第一学年 | 每周教授时数 | 第二学年 | 每周教授时数 | 第三学年 | 每周教授时数 | 第四学年 |
|---|---|---|---|---|---|---|---|---|
| 修身 | 2 | 道德之要旨 | 2 | 道德之要旨 | 2 | 道德之要旨 | 2 | 道德之要旨 |
| 国文 | 10 | 发音简单文字之读法、书法及日用文章之读法、书法、作法、语法 | 12 | 简单文字之读法、书法及日用文章之读法、书法、作法、语法 | 12 | 简单文字及日用文章之读法、书法、作法、语法 | 14 | 简单文字及日用文章之读法、书法、作法、语法 |
| 算术 | 5 | 20 以内之数法、书法 | 6 | 百数以内之数法、书法及加减乘除 | 6 | 通常之加减乘除 | 5 | 通常之加减乘除小数之读法、书法及其简易之加减乘除等（珠算加减） |
| 手工 | 1 | 简易细工 | 1 | 简易细工 | 1 | 简易细工 | 1 | 简易细工 |
| 图画 | | | 1 | 单形<br>简单形体 | 1 | 单形<br>简单形体 | 男 2<br>女 1 | 简单形体 |
| 唱歌 | 4 | 平易之单音唱歌 | 4 | 平易之单音唱歌 | 1 | 平易之单音唱歌 | 1 | 平易之单音唱歌 |
| 体操 | | 游戏 | | 游戏　普通体操 | 3 | 游戏　普通体操 | 3 | 游戏　普通体操 |
| 缝纫 | | | | | 1 | 运针法　通常衣服之缝法 | 2 | 通常衣服之缝法补缀法 |
| 总计 | 22 | | 26 | | 男 28<br>女 29 | | 男 28<br>女 29 | |

资料来源：璩鑫圭，唐良炎编：《中国近代教育史资料汇编·学制演变》，上海：上海教育出版社，2007 年，第 706 页。

表 5.1.3 反映了高级小学三年的课程设置及课程具体的教育内容。

表 5.1.3　高级小学三年的课程设置表

| 学年<br>教科目 | 每周授课学时 | 第一学年 | 每周授课学时 | 第二学年 | 每周授课学时 | 第三学年 |
|---|---|---|---|---|---|---|
| 修身 | 2 | 道德之要旨 | 2 | 道德之要旨<br>民国法制大意 | 2 | 道德之要旨<br>民国法制大意 |
| 国文 | 10 | 日用文字及普通文之读法、书法、作法 | 8 | 日用文字及普通文之读法、书法、作法 | 8 | 日用文字及普通文之读法、书法、作法 |
| 算术 | 4 | 整数、小数、诸等数（珠算加减） | 4 | 分数、百分数 | 4 | 分数、百分数、比例（珠算加减乘除） |
| 本国历史 | 3 | 本国历史之要略 | 3 | 本国历史之要略 | 3 | 本国历史之补习 |
| 地理 | | 本国地理之要略 | | 本国地理之要略 | | 本国地理之要略 |
| 理科 | 2 | 植物、动物、矿物及自然现象 | 2 | 植物、动物、矿物及自然现象 | 2 | 通常物理化学上之现象、元素与化合物、简易器械之构造作用人身生理卫生之大要 |
| 手工 | 男 2<br>女 1 | 简易手工 | 男 2<br>女 1 | 简易手工 | 男 2<br>女 1 | 简易手工 |
| 图画 | 男 2<br>女 1 | 简单形体 | 男 2<br>女 1 | 简单形体 | 男 2<br>女 1 | 诸种形体 |
| 唱歌 | 2 | 单音唱歌 | 2 | 单音唱歌 | 2 | 单音唱歌 |
| 体操 | 3 | 普通体操<br>游戏<br>男<br>乒式体操 | 3 | 普通体操<br>游戏<br>男<br>乒式体操 | 3 | 普通体操<br>游戏<br>男<br>乒式体操 |
| 农业 | | | 2 | 农事　农事之大要水产<br>水产之大要 | 2 | 农事　农事之大要水产<br>水产之大要 |

续表

| 学年<br>教科目 | 每周授课学时 | 第一学年 | 每周授课学时 | 第二学年 | 每周授课学时 | 第三学年 |
|---|---|---|---|---|---|---|
| 缝纫 | 2 | 通常衣服之缝法、补缀法 | 4 | 通常衣服之缝法、裁法、补缀法 | 4 | 通常衣服之缝法、裁法、补缀法 |
| 英语 | | | | | (3) | 读法 书法<br>作法 语法 |
| 总计 | 30 | | 男 30<br>女 32 | | 男 30<br>女 32 | |

资料来源：璩鑫圭，唐良炎编：《中国近代教育史资料汇编·学制演变》，上海：上海教育出版社，2007 年，第 707 页。

虽然，民国期间政出多门，教育宗旨不断变更，为迎合时代潮流，适应生活需要，其课程设置和课程的教育内容也不断革新变化，由单纯变复杂，由简陋而完备。如，民国九年（1920 年），将国文改为国语。1922 年，新学制的实行，教育内容也不断更新。南京国民政府成立后，于 1929 年 8 月颁布了《小学课程标准》，其规定中提出简化课程。初小社会、自然合并为常识科，高初小三民主义改为党义科，图画、手工改为美术、工作。高小社会科包括公民、卫生、历史、地理四科。划出社会、自然两科中卫生部分，增设卫生科。工作改为劳作，并将劳作教材分为家事、农事、校事、工艺四类。

正如曹诗弟所评论的那样："按照 1923 年的新学制课程标准大纲，语文课从'国文'改为'国语'。这个专用词的发展表明，在所有的教科书中现代白话文已经完全取代了文言文，而且对于语言口语化的要求也将扮演着越来越重要的角色。社会学科得到了加强，'公民课'被引入以提高公民的社会道德和民族意识。课程还包括实践科目，如园艺课和手工课。此时的中国，至少在表面上，已经有了一个十分现代化的国家教育制度，这一制度不仅有利于民族凝聚力的提高，而且有利于经济的发展和现代思维方式的形成。"①

① ［丹麦］曹诗弟：《文化县——从山东邹平的乡村学校看二十世纪的中国》，泥安儒译，济南：山东大学出版社，2005 年，第 71 页。

乡村学校的教学内容，尽管有其自身的特点，但是作为新式教育，大体上仍遵循了全国统一的模式。民国时期，乡村小学教学内容上的变化主要表现在三个方面：一是各地初、高等小学把清朝占初等小学课时40%、高等小学课时30%的读经讲经课取消，代之以国文课。不再向学生灌输的忠君、尊孔思想，而代之以民主、自由思想。培养的学生不再是封建王朝的顺民，而是具有共和国道德基础的新国民。二是重视体育、美育教育。湖南的初等教育奖初等小学图画课由任意课改为必修课。湖南全省各地的初等、高等小学都相当重视小学生的美育培养。初等、高等小学都开设了唱歌、图画，以期引起学生审美观感。① 三是增强动手能力的培养。开设园艺、缝纫等农事实践课程，有意识地培养学生的生存技能，为将来的从业做好准备。

### （二）乡村学校教学内容的问题

课程的设置和教材使用中的问题直接反映教学内容的问题，乡村学校教育内容中的主要问题：一是教学内容陈旧；二是教学内容与现实脱节，以城市为本位的教育内容与乡村现实脱节，教育效果不明显；三是教学内容过于看重书本。“他在书本上所得到的知识与实际的生活相去更远，讲了两三本的科学常识，若叫他辩论五谷还是田间的农夫去告诉他们。”②

1. 教学内容陈旧

民国初年，虽然新学兴起，但许多学校私下仍在讲经书。如山西朔县初办新学时，“较为封闭的山区村庄的一些保守势力，对新办的学校不敢相信，仍迷恋经书”③。河北沧县徐官屯村，学校所教课本虽也有新的《国语》、《算术》、《常识》等，但“在每个学生们的抽屉里，都搁着《论语》、《孟子》、《诗经》之类的书籍”④。新式学校教学内

---

① 转引自周秋光，莫志斌：《湖南教育史》第二卷，长沙：岳麓书社，2002年，第309—310页。

② 侯永立：《谈谈乡村教育》，《教育》1937年第1卷第2期，第11页。

③ 中国人民政治协商会议朔州市朔城区委员会：《朔州市朔城区文史资料》，第2辑，1990年，第37页。

④ 毕问尧，解质文：《沧县徐官屯村概况调查》，《津南农声》创刊号1935年1月。

容，老百姓也一时接受不了，英文、理化等知识，于生活实际无益处。“这种形式的学校教育与他们的生活配合不起来，他们不能吸收，无从消化。所以学校制度在农村里至今还不能生根结实。”① 时人感叹，“几十年来之教育，形同虚设，成就毫无，尤其初等教育，为人所轻视，更为人所不屑为”②。

2. 教育内容与现实脱节

民国时期，一般民众已经看到农村社会与城市社会的环境是绝对不相同的。城市儿童和农村儿童的习性性情，也是不同的。而农村学校拿城市学校的课程为课程，是绝对的错误，大概农村小学的课程，自有他的特殊性，什么是他的特殊性，简括地说，就是“农业经营和农事训练分量时间的确定”③。所以，以城市为本位的新式教育，与乡村现实脱节是当时乡村教育中的一个普遍问题。

3. 教学内容偏重书本

教材是教学的依据，在具体教学中，我们不能离开书本，但也不能完全依赖书本。自传统时期的私塾教育起，教与学就几乎是完全依赖书本了，这种影响在民国时期仍非常普遍。“试观目今各校，自今各校，自上午八时至下午四时，无非上课读书写字，大有‘书中自有黄金屋，书中自有颜如玉’之概。虽然，书本亦非尽壤。但读死书，究有何益，因书本之智识，有真，有假，假的智识，是等于不兑换之纸钞，即使真的，亦属不正确。例如，教师讲马，有四足，是动物，步行甚快，能供乘骑。一日儿童遇见老虎，心想这是动物，这也有四足，这步行也甚快，遂以为马，欲骑之，那可遇险了。这不是书本教育的贻害吗？复古的。现在的教育大多保守的，是反革命的。把不合时代背景之经验与事实，硬来教学生，即使教学效率十分好，亦不过成了

---

①　潘光旦：《论教育的更张（讨论三・吴泽霖）》，《潘光旦文集》，北京：光明日报出版社，1999 年，第 483—500 页。

②　孟超：《参观日本教育后改进中国小学教育之我见》，《教育学报》1929 年第 3 期，第 42—45 页。

③　吴伯明：《农村衰落和农村教育问题》，《教育与农村》1932 年第 21 期，第 4 页。

一个古人的留声机，现代落伍者。”①

比如广东大良县城“各私塾改称代用学校，低年级用小学课本，高年级除仍教一点古典书之外，并教点算术和英文。授课方式照学校一样，教学进度一致，不搞个别讲授了。同时老师也由一人改为两人；老的多教旧书，中年的教英语、算术和低年级的国文”②。

在实际的教学中，因教师不了解学生，教授内容脱离实际。有许多教师，对于儿童心理、生活、经验以及社会需要的适应与否，全不注意。有的于很热的时候、讲爱斯基摩人生活、讲北冰洋状况；有的于下雪的时候，在那里讲热带情形；在吴县属的乡村中，有的拿了一本教科书，一句一句地讲广东蛋户生活，反把自己乡村中的农作状况，农产种类，农人生活，以及各地方特殊的工业和农产副业抛弃不讲。就吴县讲，像唯亭乡后戴墟的毛毯工业，东西山的果树丝蚕……等等，每年出产均值二十万元左右，与生活有密切关系的事情，却略而不谈。这种情形，不论在儿童方面，教材价值方面，社会方面，总是一个根本的重大错误。虽是教科书中所写，但教师应该活学活用，于民族生活共同需要之教材以外，随时随地，加入各地特殊需要之教材。并且在原理说，共同需要的教材之教学，也必须根据各地实际生活和儿童具体经验为出发点，引申阐发，才能了解，才有价值。照现在一般教师，死守教科书，凭空地讲解，机械地练习，决不是正当办法。③“现在的农村小学课程，太觉深泛，不切实际生活，应教的不教，不教的反而去死教。”④可见教学内容的推陈出新、联系实际也是民国时期乡村教育需要注意的问题。

总之，民国时期乡村学校的课程设置与教学内容都还体现出极不完备的状况，当然这主要是新式教育在乡村刚刚立足的不成熟状况所

---

① 杨效春：《乡村教育改进法》，《市政月刊》1929年第2卷第4期，第7页。

② 中国人民政治协商会议顺德县委员会：《顺德文史》，第6辑，1985年，第62页。

③ 唐庐锋：《训政时期乡村教育的实际问题》，《广西教育》1929年第1卷第9—10期合刊，第114—115页。

④ 江问渔：《乡村教育》，中华教育界，1930年。转引自吴擎华：《民国时期的乡村文化危机与乡村教育》，《历史研究》2009年第2期，第113—114页。

致，在当时的具体情境下，我们也不可能过于求全。实际上，结合新式教育在中国的整体状况来考察，我们对乡村教育的发展状况也能予以理解。

## 第二节 乡村学校的教学方法

教学方法也是教学过程中的重要内容。民国初年，因教师多由私塾塾师转化而来，其教学方法仍多采用注入式，即讲书、背书、默写、提问、回讲。随着小学教师由师范学校毕业生充任者渐多，教学方法日渐采取启发式，注意启发学生的学习兴趣，调动学生的学习积极性。不少教师能够课前熟悉教材，确定教法。

### 一、乡村教育中传统的教学方法

#### （一）传统的教学方法

传统教学方法注重诵读和强记，这种教学方法是纯以教师的活动为主，不管学生乐意不乐意学，能不能懂，一味把书本内容灌输给学生。这种教学过程一般是教师讲——学生听，教师做——学生看，教师写示——学生抄录，教师查——学生熟读背诵。这种教法纯以教师为本位，若遇次一些的教师，则学生前途，不堪设想；另一方面学生没有目的去学，不晓得要学什么，教师不顾学生有没有本领去领会这种教材，只管利用指示目的，提示教材，示范说明等方法引导学生。

当时的教育工作者认为，学生传统的不活动不自动，家长的反对，再加之教员缺乏领导能力的三个原因，使教学和管理全成为注入式的。注入式的教管和学生的不活动是互为因果的，学生不活动，需用注入式，用注入式则学生更不活动。① 正如时人评论：从前的学校是以教师为主体的，学生是附庸品，所以只有所谓教授法，教师是留音机，专事听讲，直到现在，感到学生是一个主体，教师是一个指导者，所以学生所要学的和教师所要教的中间应有个联络统系，所以就有教学

---

① 廖泰初：《动变中的中国农村教育——山东省汶上县教育研究》，山东省汶上县教育研究院，1936年，第76页。

法出来。① 传统的教学方法基本是："平常拿着课本上去念念讲讲，学生不明白的，问问我，答复了他，再让他们自己读，这就算完了。"②

如前所述，民国时期的乡村小学教师，许多未经师范训练，也不懂新式教育，教学方法较为落后。据民国八年（1919 年）教育厅视导员报告：（广西）桂平县城厢高小校长通晓学务，办事认真，兼授理科，于自然现象剖释甚详；教员授经学说理明达，授国文讲解细心、明白。授体操动作模范、正确，口令清楚，授修身讲解尚明，但联系实际事例少。教学方法多为注入式，管理不严格，缺乏实践训练。另据视导员报告：凤山土州州立高小及附设之国民学校，教师们对复式教学法不熟悉，因而有的学生呆坐以听，或离坐玩耍，或喧哗调笑。该校校长学识尚可，讲课明了，但未使用实物进行直观教学，教体操的教师示范略可，但学生步伐不争，亦未予纠正。该校教师采用启发式教学者少。③

有教育巡视员在巡视某乡村小学中发现了一些教师存在不注重教学方法的问题。如"教师胡觉知课三、四合常识，直接教学与间接教育时间之支配，尚称适宜，惟授三年级课时，照书讲解，一味注入，殊乖教学原则，应多采问答讨论方式，以资启发，黄昭声课一甲算术，分发簿卷，应用传述法，学生练习算题，应巡视指导，精神贯注，用笔以铅笔或石笔为宜，已交卷之学生，应指定其他工作，不可令其枯坐"④。

教师"教授时，除尽量解释文字意义外，如责令儿童熟读，但总觉得言者谆谆，听者藐藐，即自以为讲得极起劲之处，而儿童亦没精打采，有时已能背诵如流，似甚了解，偶一发问，则错愕相顾，至于应用，更茫然不知。当时颇怪儿童之愚鲁，与无心听授，实无法注

① 李楚材：《乡村教育的过去和现在以及将来》，《广西教育》1929 年第 1 卷第 9—10 期合刊，第 86 页。

② 赵庆云：《我的教师生活》，《教育动向》1934 年第 19 期，第 292 页。

③ 广西壮族自治区地方志编纂委员会编：《广西通志·教育志》，南宁：广西人民出版社，1995 年，第 143 页。

④ 《视导鄱阳县教育报告》，《江西教育》1935 年第 9 期，第 47 页。

入"①。一些教育工作者也认为："凡是儿童之旧有经验，及兴味才能，一概不显，专拿儿童去配书本，与教法，而儿童是活动的；书本是死板的；儿童头脑是简单的；书本是复杂的；以活动的配死板的；以简单的配复杂的；甚至教以儿童不易闻见之他方事务，则安能引起其兴趣，安能了解；安能不惊愕？"②

在萧山，俞煜焕认为，"教学方法多得很，什么道尔顿制、设计教学、协助教学、葛雷制、团教学，等等。我并不希望诸位都去采用最新的方法，不过总希望诸位不要再用天不变，道亦不变的注入式，而去采用学生有自动机会的方法"③。

一些教师甚至如以前的私塾先生一样，动辄击打学童。如蒋维乔视察衡阳县立第三初等小学时记录："一、二、三年级合班上唱歌、体操课，有一年幼生，似未满六龄，于进行步伐不能领会，教师手持按拍竹尺击其首，学生受痛而哭，而步伐仍不能如法。"④ "此次所视察的地方，约十余县，教师五百多人，学生二万多人，他们的缺点，多半是教法不对；其所以然者，皆归咎于师范教育不良，不切实去想法。他们的教法很随便，上课时只是读讲，仍旧是注入式的教法，丝毫引不起学生兴味。尤其以复式教学缺点最多，不只是时间分配不均，便是声音冲突；或者只顾教授一组，而别组没有管着；这样教法，怎能使学生成绩进步，所以我每到一处，即召集各教职员谈话，所谈的都是关于教法之改良；虽不使他们满意，但总觉得能使他们感觉得自己缺点。"⑤

**（二）传统教学方法的弊端**

首先，传统教学方法当然是违背了教育规律的。首先是抹杀了儿童天真活泼的个性。"教学上缺乏新的方法：因为教育界缺乏人才，所

---

① 刘连祥：《教学问题》，《广西教育》1929年第1卷第11—12期合刊，第44页。

② 同上。

③ 俞煜焕：《视察萧山全县各小学以后杂记》，《萧山教育》1928年第1期，第12页。

④ 蒋维乔：《湘省教育视察记》，《教育杂志》第8卷第5号，第33页。

⑤ 《夏老师训词》，《昆明实验县教育》1937年第4卷第2期，第8页。

以教学上受了不少的影响，过去的教学法，完全是注入式的、古板式的，天真烂漫的儿童，一旦进入学校，就是过那单调无聊的监狱式的生活，从来没有受过合于儿童兴趣的课程，以之陶冶，所以学校的学生，一年一年地减少下来，至于什么发展儿童的个性，儿童的本能，和适合环境的需要等问题，恐怕过去的罗源教职员，从未耳闻过呀。"①

其次，传统教学方法引不起学生的学习兴趣。一位乡村小学教师如是说："我起初教学的时候，总是依照课本去教，以为是'天经地义'不可移易的，上课时就说：'今天这一小时教某科某课'学生就拿书翻出某课来，以后就怎样怎样，如此如彼地演讲下去，这样陈陈相因，常常觉得我是被课本支配，而处于被动的地位，这是何等的拘束，同时又感觉到学生既受课本支配，又受教员支配；处于两种被动的地位；这又是何等的机械啊！我于厌闷之余，复考察学生的情况：觉得他们身在教室里坐着，心已不知去向：名为受课，实在是在那里欺骗教员罢！他们恨不得就到摇铃下课的时候，早早逃出这坐牢的困苦呢。"②

乡村教师在授课中也发现"教授者虽极恳切，而难使听受者也能恳切；学生以上课为苦，很难使他欢乐；学生对于教员演讲，常是'言者谆谆，听者藐藐'，很难使他们注意；……惟各科教学，拘守教本，殊欠生动，应极力改用启发式方式，以促进儿童个性之发展，复式编制之级，在课程之分配与教学之设施上，均有失当之处，应即研究改进"③。

可见，民国时期乡村学校的教学方法还停留在一个过渡阶段。当然，从整体上看，全国教育都存在这种情况，乡村教育只是表现得更为突出而已。

---

① 陈如玉：《罗源县过去的教育状况及其将来应有的改进》，《初等教育》1929年第7期，第2—3页。

② 莫蕴奇：《教学问题》，《广西教育》1929年第1卷第11—12期合刊，第6页。

③ 《视导鄱阳县教育报告》，《江西教育》1935年第9期，第46页。

## 二、新式教学方法的理论与实践

民国初年，随着教育课程与教育内容的变化。教育人士也开始关注教学方法的改进。一些乡村学校的日常教学中逐渐改变了传统的教学方式，教学过程中重视提高学生的主动性和创造性。一些地方的小学，教学方法逐渐改变过去死读、强记、硬灌的教学方式，代之以讲解、启发、问答。之后又采用了日本的预备、提示、比较、总结、应用的“五段教学法”，还有“自学辅导法”、“自动教学法”、“分团教学法”等。而采取的主要教学方法有：其一为启发设问教学法，目的在于避免教科书专用记诵之弊而注重发展儿童思维能力，使其擅于利用记忆以为思维的极据。其二为设计教学法，在于使用教学方法与日常生活接近。其内容有四点：一是选择教材，使儿童有长久的兴趣；二是养成儿童自动地组织调查及研究能力；三是探求设计须依儿童的理想与经验的范围，以能接近日常生活者为好；四是利用教科书为参考。其三为自学辅导式教学法，利用兴趣法即以儿童的兴趣为教学中心，培养学生的自学能力。其四为道尔顿式教学法，其目的使改造现实学校生活，创造一种自由活动的方式，使学生依其个别需要自行支配他们的时间与工作。道尔顿式教学法的根本原则：一是自由地研究；二是学校即社会；三是知而后行。简言之，即给学生以自由，使学校成为一种有机的社会生活。凡一切问题均由学生去感觉、去解决、去直接感受其趣味。①

在新式教学方法的指导下，各地一些学校积极进行教法改良。如江西条件较好的小学，相继试用赫尔巴特五段教学法、自学辅导法、设计教学法等，注意运用启发式。1928 年以后，省教育厅在改进教学上主要采取如下措施：其一，根据教育部颁行的小学课程标准和修订标准中提示的教学通则和各科教学要点，督导各校改进教学方法。继续倡导启发式及自学辅导法、单元设计教学法等。其二，在学校组织教学研究会。建立各级国民学校的层级辅导制。实行保学制度时，规

---

① 无极县教育志编纂委员会编：《无极县教育志》，石家庄：河北人民出版社，2004 年，第 103－104 页。

定区中心小学辅导保联中心小学及保学，保联中心小学辅导保学；实行国民教育制度时，规定乡镇中心学校辅导国民学校，订颁有辅导办法，要求定期召开校长会和教员研究会，讨论有关教学和训育问题，举办示范教学及学科成绩展览会、演讲会等。其三，组织各级国民教育研究会，研究和指导改进教学。其四，订颁保立小学、中心小学和其后的国民学校，中心国民学校设备初步标准和暂行标准，对各科教学应有的设备及教具作出规定。据民国时期各级督学视导报告，对教学方法妥善的教师，督学大都提出“应予嘉奖”的建议。①

浙江兰溪实验县教育研究会对一些学校的教学方法也提出了改进建议。详实具体，分科指导，对我们了解当时乡村教学方法的改进很有帮助，具体如下②：

**（一）关于一般教学通则者**

1. 问答时，教员有先指名，后发问者，多数儿童每不注意教师所发之问题，应改用先发问后指名，并勿当与一个或一部分儿童问答，以期普遍。

2. 问题之范围须明确，但不宜有显著之暗示。

3. 儿童之答语，不宜常由教师加以重述，应使儿童养成静听同学发言之习惯矫正错误及批评之能力。

4. 是非问答，不能发挥教学生之最大效能，以少用为是。

5. 教师地位过于移动，亦足以分散儿童之注意力，应加纠正。

6. 消极的批评，应竭力减少，多予积极的鼓励，如其斥责低劣之儿童，不若嘉许优良之小朋友。

7. 复式教学，各校似未能充分利用助手，应积极设法训练，以利教学。

---

① 《江西省教育志》编纂委员会编：《江西省志·教育志》，北京：方志出版社，1996年，第126页。

② 浙江兰溪实验县教育研究会：《教育改进》1937年第3卷第1期，第19—24页。

8. 复式或单级教学，年级愈低者直接教学实践宜愈多，普通有使一年级自动作业至一全节之久者，似非所宜。

9. 儿童之无谓举动，如自由谈话，做上课以外之作业，教师应随时加以纠正。

10. 注意常规训练，以增进教学之效率，如点名，出入教室，上课时先举手后发言等，均应积极加以训练。

11. 教师于上课前应有充分之准备，准备时须教材与教法并重。

12. 教师目光，应注意全体全级儿童。

13. 儿童伴送人，有坐在教室内儿童身旁者，应逐渐设法隔离，使其乐于学校生活，除去不见亲人就哭之坏习惯。

14. 教材应求适合时令。

15. 现有教具，应尽量搜集利用。

**（二）关于国语科教学者**

甲、关于读书教学者

1. 读书教学，应先全体而后分析，从全文中明了句，从中认识字和诗，勿从单字教学着手。

2. 使儿童明了一句一词，不需逐字分析者，可不必逐字分析，如“坐下去”使儿童晓得怎么是“坐下去”足矣，不必“坐”“下”“去”单独解说。

3. 朗读时，应改去老腔调，视课文之性质，以讲演会话吟唱等方式出之。

4. 默读时如有发小声或嘴唇动等坏习惯，应立即矫正。

5. 使儿童明了课文全部意思，不宜读一句讲一句，以方言逐句翻译。

6. 儿童试读或轮读时，如有错误，应俟读完后由教师儿童共同订正，教师不应再中途打断，订正时，订正之儿童指出错误所在，应令读错儿童重读一遍。

7. 低年级儿童，有只会随口读而不认识字者，应用卡片练习等方法，多多练习。

8. 注重儿童自动，三年级以上，评文之概览新字新词之检查解答，均应训练儿童自己进行，勿由教师一读一讲，或板示直抄。自动使用之各种工具，如字典、词典等应置办完备。

9. 读书教学之每个过程，均宜用心进行，欣赏，发表，练习等，尤不可忽略。

10. 默写是一种练习，应有明确之材料，并使全体儿童均有练习机会，若令一二儿童至黑板上默出全课之新字，新字数量各人既属不同，机会又不普遍，殊非良法。

11. 讲述故事时，应时常停顿提问，以增进儿童之想象能力。

12. 教学读书，应避免土音，以能用国语为最佳。

13. 读书笔记，多数只有新字整理等一二项，应力求完善，练习及读后感想，尤其注意。

14. 儿童无概述大意能力，教师以提高概要方法补救，固属可行，但问答后对于全课大意仍应作一有系统之归纳。

乙、关于作文教学者

1. 作文命题，应适合儿童经验与能力，题材宜具体，低年级并应注重作文基本练习。

2. 作文时应有确当之指导，低中年级应多用助作法及其作法。

3. 作文批改，应尊重儿童原意，用笔颜色，须求鲜明，字用楷书，常错字特别标明，标点符号之批改，亦须注意。

4. 四年级以上，可用符号订正，由儿童依照教师符号更正后，再交教师批阅。

5. 废除起稿习惯，养成儿童起腹稿之能力。

6. 作文次数，至少每星期应有一次，不宜过少。

7. 复式教学时，儿童写不出的字，应在教师巡视指导时，再行提问，不宜随时发问，妨碍另一直接教学。

8. 作文正在进行时，教师不宜问儿童临时意见，扰乱儿童思路。

9. 日记之批改，不宜间断。

10. 儿童日记中，有专记零碎琐事，缺乏系统发表能力者，应设法提问观察想象理解之能力，充实其日记资料。

丙、关于写字教学者

1. 废除映格描红等旧方法，低年级应多用硬笔练习。

2. 写字，应注意美观速度，其材料并应作有意义之组织。高年级方可采用字帖。

3. 写字时间，以分布练习为宜，练习次数要多，每次练习时间要短。低年级以随机练习为宜。

4. 写字教学时，应有写字方法之研究，如运笔方法，字之笔画结构等，写字之姿势卫生，用具之选择处理，亦须详加指导。

5. 写字练习，不宜偏重楷书大字，中小字用途较大，更应多加练习机会，行书之练习，俗体破体字以及草书之认识，亦须注意。

6. 练习之目标，应将正确、齐整、美观、速率四者并重，一般学校，不甚注意速率之提高，似非所宜。

**（三）关于算术科教学者**

1. 心算为算术之基础，应练习纯熟。

2. 应用问题题材，应注重日常生活所需要者，并须力求清楚浅显。

3. 解决简单计算法，应以儿童之经验，与常识为准。

4. 珠算、口算、固定算法，但尤须注意口算原理之说明。

5. 全级儿童算术程度过于参差，应分类或分开教学。

6. 九九表，是乘除法之基本原则，应用各种方法，使儿童练习纯熟。

7. 演算订正，应有适当步骤，务使儿童明了儿童错误所在和订正方法。

8. 成绩考查，应有适当之方法，并须注意考查后之处理。

9. 儿童练习算题，每有相互抄袭之弊病，英语纠正。

10. 自编补充教材，以适应儿童个别之能力。

11. 整数小数分数等基本运算，应多于练习机会，力求正确。

**（四）关于常识科教学者**

甲、关于社会教学者

1. 常和算术、自然、卫生、美术、劳作等科打成一片，以资联络。

2. 教材，低年级以本身与本地人生活为中心，高年级以本国人生活为中心。

3. 教师应与儿童共同搜集关于社会之实物，模型，标本，图画等，以为教学之助。

4. 问题之讨论或解决，应鼓励儿童自己活动及自由发表意见，使其发生兴趣。

5. 指导儿童组织各种机关，练习运用四权。

乙、关于自然教学者

1. 教学自然应充分利用本地环境，不要呆板依照教科书。

2. 不用钱买廉价之图书标本模型，须由教师与儿童共同搜集。

3. 利用实物，引起儿童之好奇心与兴趣，刺激儿童，使儿童发生需要解决之问题，作探讨或观察之活动。

4. 受自然科之儿童，对于教师所讲教材内容，应有亲自试验之机会。

**（五）关于劳作科教学者**

1. 劳作教学，应有相当之设备。

2. 劳作教学，不宜偏重工艺方面，校事、家事、农事等亦须并重。

3. 劳作教学，不宜偏于制作学习，调查研究方面，亦应切实实施。

4. 用具太少，教学生发生困难，应采用分组教学，或设计教学。

5. 每周时分，大部分未合标准，应予改正，务须按时上课，勿空费时间。

6. 教学前应有充分之准备与计划，教学应依照预定步骤进行。

7. 选择教材，应合于实际环境与儿童程度。

8. 儿童学习之经过，应备记载簿表，以便考查各项成绩。

9. 劳作教学，须以训练儿童劳作身手，科学头脑，并养成生活技能为目标。

10. 劳作教学，应注重实际操作之生产事业，以增进经济之效能。

11. 劳作教学时，对于制造法之说明应力求详尽。

12. 教学劳作，应有忠实之考查方法。

**（六）关于美术科教学者**

1. 画具用品，应依经济实力，设法购买，儿童用品，应由学校统为购买，以便教学。

2. 教学时，不宜偏重强画，应多采用写生法，故事画，想象画，自由画等，以增进儿童兴趣。

3. 各小学未免偏重绘画，欣赏研究方面，宜加注意。

4. 选择教材，应根据儿童程度及环境，并与各科发生联络。

5. 分发用品，应利用助手，或用传递方法。

6. 儿童作品批评欣赏后，应将优良者陈列，供众观摩，并引起儿童之竞争心。

7. 成绩考查，应有适当之记分及考查方法。

**（七）关于音体科教学者**

甲、关于音体科共同者

1. 须有释放之引起动机方法，唯儿童有自发之动机时则须依儿童之兴趣。

2. 须有适当之时间支配。

3. 秩序紊乱时，应先整顿秩序后再继续作业活动。

4. 注意旧教材之复习。

5. 于可能范围内，力谋充实设备。

6. 作业进行，应多变化。

乙、关于音乐教学者

1. 教学音乐时，应注意儿童姿势。

2. 表演歌曲时，场所应求舒适。教师中用旧式桌椅不能移动致妨碍儿童动作时，应至外教学。

3. 弹琴做节奏动作，可以改变儿童情绪，维持秩序，作教学的准备，应多多教学。

4. 音乐足以养成儿童优美的情绪，故教学音乐之所教宜明朗清鲜优美，普通小学多以最坏教室作音乐室，不甚合宜。

5. 在可能范围内，应用五线谱教学，曲谱知识亦应充分教学。

6. 练习方法，应多变化，勿过单纯。

7. 绝对禁止儿童故意发出高声，破坏整体和谐。

8. 低年级注重听唱，字小模糊的讲义，反足损坏儿童对于音乐的良好观念，以不用为是。

9. 低年级歌词不宜过长过深，应以合于儿童程度可以表演者为宜。

10. 万不得已不能置办风琴者，应以口琴胡琴笛等代用。

11. 教学音乐，不宜将大部时间化于准备动作，一年级儿童，无时不教，而用竖琴整队等方法，亦无不可。

12. 书里曲谱的拍子快慢，音调高低，应合于儿童的发声能力。

13. 教授新歌曲，教师应多听唱演奏，令儿童倾听。

14. 歌词的意义，须于练习延长前，预先让儿童明了。

15. 复式或单级音乐，应注意选材之程度，不宜偏重较高年级。

16. 儿童不注意歌唱时，不宜以唱歌作惩罚方法。

17. 教学音乐，应欣赏演习研究等顺序，普通小学，应过偏重演习一项。

18. 学校中应多备各种乐器，给儿童以欣赏练习的机会。

丙、关于体育教学者

1. 中年级不宜太着重于正式步伐，以致减少儿童兴趣。

2. 教学时，应注意儿童正确优美的姿态，活泼灵敏的动作，和团结守规的习惯。

3. 教学时，应顾到体格、姿势、技能、兴趣四方面。

4. 中年级应多教学模范操，少练习呆笨的徒手操。

5. 准备运动，在开始救学时，宜有相当时间的练习。

6. 天雨时，可在室内多讲体育知识，以作技术上之协助。

7. 游戏时，含有比赛性质者，最要手袋全体秩序。

8. 体育虽无课本，但应根据课程标准，拟定适合各年级的教材纲要，以免临时杂乱。

9. 采用运动技术标准测验方法，考查而体育成绩。

10. 宜提倡我国固有的儿童游戏。

11. 体操的教材，以简单为准。

12. 低年级游唱，宜多养成听琴动作。

13. 课外运动应分组举行。

14. 童子军十二条规律，宜充分使儿童明了实行。

15. 童子军各种技术，宜多方练习。

16. 高年级宜教学浅近的军事学识。

17. 每学期须有一次体格检查。

以上内容都是根据教学过程中经常出现的问题，有针对性地提出的改进建议，应该说很多还是符合乡村教学的实际情况的。

## 三、新式教学方法的推广

就教学组织方法来讲，由于受条件限制，当时乡村学校多采用复式教学方法，即一年级两个班以上的学生组成一个班级共同进行教学（一般按学生的年龄、学识水平分班）。多级复式教学则是以两个年级以上的学生组成一个班级共同进行教学。1913 年湖南省教育会的提案中指出："湘省财力、师资两行缺乏，而乡村办学尤为经费、校舍所限，不能延多数教员开多班教室，是非用单级编制不可。集年龄不一、程度不齐之子弟于一堂，课业无等之虞，费用收节省之益，全校事务一人主持，责任既专，教授管理收统一之效，此单级教授所以急宜推广者也。"①

之所以使用复式教学，这是从几个现状出发得到的结果："一是从社会环境上看，我国地方辽阔，除了几个省会和城镇之外，大都是聚族而居或少数烟户的村落，路政不修，交通不便，乡村小学学生又很不发达，要各村设立单式小学，自然是办不到的，复式小学就合于需要了。二是从社会经济程度看，各县教育经费，大都窘迫万分，十九县分积欠教薪，社会经济，更是艰苦，推设单式小学经费极大，复式就比较容易。三是从各地学级编制的现状看，凭我知道的吴兴、海宁、绍兴等县，复式编制的小学，大都在百分之八十以上，推之其他各县，恐怕也差不多，复式小学之有存在的必要，可以知矣。"②

这种复式教学在当时的乡村学校相当普遍，1916 年，蒋维乔在视察湖南教育时，对湖南一些学校复式教学的情况也作了记载："初等小学贺教员采用复式教学教授国文的过程，贺教员将该班分甲、乙、丙三组，甲读，乙抄生字，丙对黑板抄生字。甲读时，先齐读，次个人依序轮读，再齐读。教员在此时间一面巡视乙、丙组，矫正其抄写不合者；甲组读毕，使各抄课本于石板。是时，乙组读教科书，教员先泛读一通，学生，次各人轮读，再齐读如前。"③

就教学方法来讲，1903 年，学部规定凡教授儿童，"须尽其循循善诱之法，以讲解为最要"。但从清末至民初，小学大多沿用死记硬背的教学法，以注入式为主。教员的任务主要是领读课文，讲解其内容，学生的学习主要是背诵课文。随着新式教师的增多，乡村学校的教学

---

① 《湖南教育杂志·专件》第 2 年第 8 期。

② 彭晋豪：《关于复式和单级小学几个问题的商讨》，《吴兴教育行政周刊》1933 年第 94—95 期，第 5 页。

③ 蒋维乔：《湘省教育视察记》，《教育杂志》第 8 卷第 5 号，第 32 页。

方法也在逐步改变。

江西丰城县“教师万凤课秋六与秋五算术，秋五练习复习题时，秋六教材‘百分的应用’：1. 解释例题时，列式指示，均甚清楚。2. 解题所得小数结果，记入表内略去小数点，应行说明；3. 就习题发问讲清演算方法后，毋庸教师演板。4. 秋六直接教学时，秋五有交练习簿者。应令其演板”①。“教师宋明哲课秋二、秋三、秋四复式国语。秋二，秋三练习问答题时，秋四教材‘贺年片’：1. 就贺年情形发问引起注意。2. 提生字与学生共同讨论，均尚合宜。惟时间支配不适当。3. 本课文应移后一句于二十六年元旦接近时期教学。俾学生易发生兴趣、不必拘守课文次序。”②

浙江省督学报告关于初等教育意见中指出：县立招贤小学，教员上课时，能多方诱导儿童发问，三年级以上学生日记，批改认真。某县立第一中心小学，低年级采用设计，高年级国语算术等科，用能力分组，指导考查，颇称切实。③“当日我们所行教法，已非同一般教育者，注意于知识的堆积或储蓄，而转以注意于学生求知能力与习惯之养成……增加学生学习的兴趣……适应学生的能力……此为个性主义的教育方法之改进的初步，至今还有它的陈迹。”④ 某县立江口中心小学实施概况报告中指出：“本校各级段所采用的教学法：低级段注重表演法；中级段用问题法，并略采自学辅导的精神；高级没用自学辅导法。”⑤“低级部采二部教学法，每周根据儿童生活需要，选择中心单元。中级部用普通教学法。高级部采用自学辅导法。”⑥“施行教学之

---

① 《视导丰城县教育报告》，《丰城教育》1937年第3卷第3—4期，第5页。

② 同上，第7页。

③ 《省督学报告关于初等教育意见》，《鄞县教育周刊》1932年第41—42期，第2页。

④ 黄德安：《十年来教育方法之改进》(1912—1922年)，《湖南大公报十稘纪念册》，第56—57页。

⑤ 宋敦曾，翁重源：《县立江口中心小学实施概况报告》，《闽侯教育辅导》1936年第1卷第5期，第4页。

⑥ 杨伯祥：《县立洪山中心小学实施概况报告》，《闽侯教育辅导》1936年第1卷第5期，第3页。

方法，低年级采表演法，中年级采辅导自学法。高年级采自学辅导法。二年来采用之各种教学方式有：1. 分科活动。社会、自然、音乐、劳作等四科，为谋整个之环境设备起见，设特别教室四，举行分科活动教学。2. 分团教学。算术一科，以儿童程度参差不齐，于二十三年度上学期至二十四年度上学期，曾举行分团教学，藉以补救。3. 中心设计教学。二十四年度下学期分适应时令节庆等需要行全校大单元设计教学，一学期来会实施者有：新生活运动周，植树周，儿童节周，国耻周等四个单元。”①

在广西，省教育厅指示基础学校研究会，研究改进教学方法，还应将各种教学方法随时随地加以研究实验，教员之间应相互学习，取长补短。在国民基础学校曾提倡和推广“教学做合一”、“互教共学”、和“小先生制”。“教学做合一”，强调边教边学边做，教师在做中教，学生在做中学，把教学做紧密结合起来。“互教共学”，强调在教师的指导下，同学之间开展互教共学活动，相互促进，共同提高。“小先生制”即在国民基础学校内学生之间，实行能者为师，即知即传，并叫小学生把在校学到的知识教给父母兄妹等。此外，国民基础学校还注意运用直观教学法。为改进小学教学方法，省政府对各科曾规定不同的课堂教学步骤和方法。如《国民基础读本》第一册“教学须知”规定教学程序为：引起学生对该课堂之兴趣，概览全文，教授生字，练习课文，生字应用练习，温习。另外还要求教师在授课前编写教案，课后要将教学过程、教学存在问题及心得体会及时记录和总结。②

有一些教师在教学的过程确实能够灵活地、因地、因时、因人的不同采取相应的方法。他们在教学中本着以生活为中心的原则，做到教学做合一，取得了很好的教学效果。如一国文老师“他对于国语，不为课本所限。有时碰着学生需要写信，他就教起学生写信，或是碰着社会上有什么事要请他写种种契约，或者条据，他就捡学生能懂的，

① 陈傑：《闽侯县第二区县立岳峰中心小学二年来实施概况报告》，《闽侯教育辅导》1936 年第 1 卷第 5 期，第 4 页。

② 广西壮族自治区地方志编纂委员会编：《广西通志·教育志》，南宁：广西人民出版社，1995 年，第 168 页。

附带也教起他来。他对于算术，也常在书本外找题目。譬如甲生家里是做豆腐，他就多多按着时价，出些关于计算豆腐豆子账的题目给甲生做，乙生家里是卖杂货，他又多多出些关于计算杂货进出的题目给乙生做”①。

江西乐平县县立大寺上女子小学校的“教师蔡彩课三，四年级合班国语，挑写生字举例说明，学生颇感兴趣，惟生字生词，应由学生提出，不须由教师代提。李龙翔课一，二年级合班国语，教态尚诚恳，惟呆照教科书讲解，少有发问，是其缺点，又该级所用桌椅较高，对于年岁较幼，身材较矮之学生，殊有不便，应即掉换。张馥课五，六年级合班国语，讲解尚属详明，惟指导词句组织，篇法段落，均不合法，应加注意”②。“石奎垣课一，二年级合办国语，发问时学生随声附和，秩序欠佳，自应指名令答，并令先生举手而后发言，又授二年级课时，一年级生无所事事，足见对于复式教学，尚欠研究。”③

宁夏“各校除校教员讲授，多灌注而少启发，多书本讲解而鲜有实物指示，于儿童学下之兴趣，及智识之获得，皆足减低效率。又各校美术之图画教材，颇能采取抗战画材，以唤起儿童之民族意识，唯多出临摹，而少儿童自由意思之表现。又自然等科目，简单之动植物标本，均可由师生自制，以引起兴趣，体验真知。各校于此似皆未及注意，殆由囿于物质环境，并此简单者亦未易办耶？各完全小学高级学生，多有笔记，此后宜养成其自动记述之习惯。黄渠桥第二完全小学，以纺羊毛线为劳作教材，颇能适应环境。宝丰完全小学教育张君自制篮球，以替代舶来品，能用就地之出产作教育用具，殊为有识”④。

从以上记载可以看出，尽管很多乡村教师在教学过程中还存在很多的不足，但是运用新式的教学方法已经成了一种共识。

---

① 黄源澂：《黄乐三的私塾与小蓝试验小学》，《伍农》1928年第5期，第2页。

② 《视导乐平县教育概况报告》，《江西教育》1935年第7期，第127页。

③ 同上，第126页。

④ 范育初：《视察平罗各级小学之感想》，宁夏教育史志编纂委员会办公室编：《宁夏教育史志资料集》（上辑），内部资料，1996年，第170页。

## 四、新式教学方法的效果及评价

民国时期，乡村学校教学方法逐渐的由注入式向多样化转变，一部分教师对课堂教学进行了精心准备和设计，应该说还是取得了不错的教学效果。民国六年（1917年），省视学孙房视察广饶时就发现："县立高等小学教员焦梦花（梅清）课国文，教法周详，犹善启发，学生国文成绩斐然可观。该员所著国文讲义，于炼字、造句、谋篇等法，条分缕析，途释简明，殊堪嘉许。"① 可以看出，省视学对授课教师认真的备课态度，灵活的教学方法的称赞。一些回忆性文章中也记载了当时课堂教学的生动活泼，如烟台东华学校的史菁轩老师。担任修身，讲为人应备的条件，如礼貌、孝悌、公德、公益等。他不是坐在讲台上照本宣科，而是在台下来回走动。每讲必旁引些事实，来证明他所讲的道理之正确，挥臂作势，兴致见于眉宇之间，使听者如坐春风。②

有的小学能灵活变革，如大花园教育村的教学方式，以游戏、比赛、变化三原则为主要的教学方式，在一节课之内，变化的原则方式变化可有七八种之多。之所以实施这样三个原则，一是为了引起儿童学习的动机；二是引起儿童学习的兴趣；三是练习儿童身体活动；四是鼓励儿童好胜的心理；五是可以减少儿童疲劳。总之，这种多变的教学方式有着重要的特殊的价值。③

翁家山小学是附近几个村落中唯一的小学校，因此学生还有外村的，最多时有一百多学生。两个年级同在一个教室，一个老师同时上两个年级的课，上一年级的课时，就让二年级自习，然后再上二年级的课，让一年级自习。课程包括国语、算术、常识、音乐和体育，上

---

① 李月恒：《民国时期省教育厅视察广饶县教育述略》，中国人民政治协商会议广饶县委员会文史资料委员会编：《广饶文史资料选辑》第七辑，1988年内部发行，第185页。

② 孙毓瑛：《东华学校漫忆》，烟台市福山区政协文史资料委员会编：《福山文史资料专辑》第5辑，1989年内部发行，第10—11页。

③ 黄寿山：《大花园教育村参观印象记》，《教育平话》1935年第1卷第9期，第11页。

下午各四节课。上下课都是老师亲自摇铃，秩序井然。① 总的来看，多种教学方法的应用，增进了学生的学习兴趣。

邹晓青在《回忆三十年代我在邹平县从事教育工作的经历》中讲到教学改革时说："上课，老师不能光讲，要启发学生多想；不能光向学生灌输，要发挥学生的主观能动性，获取灵活的知识。我们除鼓励学生多看参考书，开扩知识面外，又办起地理、数学、自然等科的教学室。教学室陈设模型、挂上图画、图表等物，进行直观教学，并引导学生实际操作，从动眼、动脑到动手，获取全面的知识。课文的内容，也力求联系实际。"②

一个教授自然课程的教师叙述教师们是如何改进教学方法，从而提升了教学效果的。"起初教自然课的时候，看学生很不注意，多是打瞌睡，或是低头用手来玩把戏。"即便自认为认真备课准备，学生还是不注意，所以教师大发雷霆，又骂又打，可是学生的反应却是"任你打骂都不要紧，过了一会，已经恢复他们的原状了"。结果教师愤怒道："这班不堪造就的猴子！"经过探讨研究，教师得到这样的结论："我觉得我以前教自然的法子，单用讲演式是极错误的，教自然的方法，须有动机引起，实地的观察，再用讨论，整理，和实验应用等方法，使学生理解自然与人生有经济的、社会的、美满的、卫生的各种关系；才能引起其研究自然和爱好自然地兴趣。倘使课本的材料有与时令不符，或本处没有这种事物的；则可选教及删除之，或另行选择，辅以切合时令，和儿童常见的才可连用。"③

在王炳照的口述史中，记述了乡村学校新旧教学方法的变化对学生的影响："在大伯的主张下，我进入村里小学开始读书。实际上，这是一个半私塾性质的小学"，是由私塾改良而来的，设在村公所，是由

① 引自何德铭：《八十年前，翁家山的乡村教育》，《杭州日报》，2011 年 7 月 7 日，第 B06 版。

② 邹晓青：《回忆三十年代我在邹平县从事教育工作的经历》，山东省政协文史资料委员会，邹平县政协文史资料委员会编：《梁漱溟与山东乡村建设》，济南：山东人民出版社，1991 年，第 185 页。

③ 杜蕃光：《教学问题》，《广西教育》1929 年第 1 卷第 11－12 期合刊，第 46－47 页。

老祠堂改建的，光线不大好。老师是一个落魄的老秀才，五六十岁的样子，本村人，算是我们比较远的同族同宗，曾参加过几次科举考试，后来到县简易师范学校学习了两个月，混了个“出身”，回来后就成了小学的唯一教师，我们依然称之为先生。学费是用实物来充当的，入学时是两筐土肥，父亲直接挑到了先生的田里；过年时还需送一包猪肉或其他点心来孝敬先生，和私塾差别不大。老师对新式教学法、体育一知半解，糊里糊涂，“以其昏昏，使人昭昭”，基本采用的还是原本私塾的教学方法。所以，“我前两年的读书生活便是在‘之乎者也’。‘赵钱孙李、周武郑王’的摇头晃脑中读书、描红度过的，对于自然、科学，是一窍不通。家长们却没有什么意见”①。

“接受新式教育，进入小学第三年，从县里派来的新式师范学堂毕业的师范生代替了老秀才，废除了读经、描红。老师用白灰重新粉刷了老祠堂，把糊在窗棂上的旧纸全部撕去，装上了毛边玻璃，教室里光线好了不少，上午阳光一束束射进来，能看到好多微尘在阳光下翻舞、滚动，伸出手却什么都抓不到，感觉很新奇。鉴于我们的学校原来‘半私塾’性质，老师便从小学一年级课程教起，开始学习‘小猫叫，小狗跳’，体育、音乐学课程也像模像样地开设起来。学校不要学费，只用交课本钱。家长对他们到来以及新的课程、教法很摇头，但不要钱的教育也没什么可追究的。我们小孩子却喜欢得很，特别是音乐课。”②

萧军在《我的童年》里也回忆了儿童时代的老师是如何吸引他的：“这一所课室里竟容了三个或是四个年级成分的学生，我当然是属于第一年级第一学期了。国文是商务印书馆的课本：‘人，手，足，刀，尺……’这对我是无兴趣的，相反，我倒很喜欢听先生为那较高级学生所讲的课本，什么‘轩辕黄帝’教人做弓矢，打野兽，上古人住地洞，在树上像鸟雀似地架窝；‘茹毛饮血’，燧人氏钻木取火，人才懂得了把肉煮熟了吃；黄帝的老婆教人养蚕，织布，做衣服穿……这却

① 王炳照口述，周慧梅整理：《王炳照口述史》，北京：北京师范大学出版社，2010年，第16页。

② 同上，第17页。

引起了我很大兴趣和幻想，——很想回到上古去，看一看那个世界和那个世界的人。那多么洪荒，又多么辽阔；那些创造者们是多么神奇，又是多么不可思议的伟大！我幻想着那时期的人的状貌也一定和现在的人不同，那一定是要像庙前旗杆那样高，像关帝庙里泥塑像那般威严，穿戴着金盔金甲，手里拿着竹节钢鞭，青龙偃月刀……整天拉着姿势，瞪着眼睛……因此我就觉得自己周围的人们，太卑琐，渺小，平凡得不足道了，没有颜色也没有声音，同时也就觉得自己一只所处的那教室狭隘得如鸟笼子了——我要飞出去。"①

从一些视察报告中也能够反映出新式教学方法的应用对乡村教学工作的推动。如十一月二十七日，视查中乡第二高级小学视查概况：自然第四册第八课历和日月的关系，视查概况及意见，先由旧观念引起学习本课动机，次决定目的，最后用启发式，逐层讲解课文内容，言语清楚，分析明了，似此，学生得益匪浅。教态稳重，教音洪亮，目光亦能注视学级。学生注意力集中，足证平日训管有方。②

十二月六日，视查雄川堡第四初级小学。教授科目一年级授大楷，二三年级授算术四六册三十五面练习题，四年级授国语第八册三十八课德国孀妇的谈话：1. 查本时教授一年级之书法，教者先板书范字，次读讲其音形义，然后令学生临摹，手续周到；二三年级之算术，先板书习题，次挑生读讲，难则命全级学生自行演算，最后挑生挑演，共同订正，顺序不差，惟忽略算式及其合数，仅用演草计算出来，四年级之国语教学生字，步骤尚可。2. 学生秩序，训练极佳。3. 该员年级高，而精神矍铄，实属难得。讲解时之言语，含混不清，且时间分配不匀。③

十二月十一日，视查源嘉堡第一初级小学。教授科目三年级授算术第六册第十六面练习题。四年级授算术第八册第十六面磅和顺的计算：1. 三年级算术，教者先板书题目，次挑生读讲，然后用谈话式师

---

① 萧军：《我的童年》，哈尔滨：黑龙江人民出版社，1982 年，第 22—23 页。

② 李铭：《第一学区教育委员李铭视查报告》，《昆明试验县教育》1935 年第 2 卷第 8 期，第 30 页。

③ 同上，第 31 页。

生共同决定计算方法，再令学生演算，颇和乎自学辅导式。2. 四年级算术，教者先讲述磅吨是外国计算重法量之单位，及合中国斤两之数，次讲解磅吨之化法聚法，讲解极明了透彻，且有条不紊。3. 查该员每日均指导学生晚上自行演算习题，办法极佳，收效最大。4. 教法熟练，时间分配均匀，惟精神稍差。5. 查该员所授之各科，或仅及一半，或未及一半，恐至学期末难以授毕，以后须详加计划，庶免学科未能授尽之憾。①

十二月十七日，视察乐斯堡第一初级小学。教授科目：一年级授算术第二册三十一而加法补缺法；二年级授国语第六册四十课寻狗广告；三年级授大楷。视察情况及意见：查本时教授一年级之算术，先由心算入手，颇得教学要领。二年级之国语，用简明之言语提示生字，十分自然。三年级之书法，教者仅报书范字，即令生徒视写，似此手续欠周，学生作业之成绩效果必少。须知教授书法，最要紧之部分，在讲解其间架结构，次要之部分，在行个别指导。②

民国时期，乡村学校在教学方法得到改革，一些新的教学方法逐渐被应用的实际的课堂教学中，但是在一些偏远的乡村地区，传统的教学方法依然被广泛使用，一方面是因为教师缺乏经验，对新式的教学方法不了解；二是部分乡村民众对新式教学方法的不接受。

如一巡视员在宁夏各县视察时，得到的印象是："宁夏的小学校，复式及单级编制，占十之七八，就事实言，复式教学法自然是宁夏小学教育界最需要的方式，但是小学教师能了解复式教学法者极少，所以尽管学级是复式的编制，而教学仍作单式编制来看待，甚或应用旧时家庭教师所习用的点书背诵的老方法来塞责，教授时间像这样的不经济，实在痛心！二十二年七月，宁夏省教育厅曾办过一次小学教师暑期训练班，要借此一新全省小学校教训的方式；然以时间太短促（仅三星期）及担任教师的缺乏经验，似乎效果仍极有限。其他分团教学法，设计教学法。道尔顿制及哈沃特制等，在宁夏小学教育界不仅

---

① 李铭：《第一学区教育委员李铭视查报告》，《昆明试验县教育》1935年第2卷第8期，第32页。

② 同上。

没有推行过，就是懂得的人，恐怕还难得找到，这是多么的可怜呀!”①

山东汶上县某校自然课“教自然没有标本，材料又多半采自南方，学生一二十，一个课室内就有四班，每班又因入学的先后不同，资质年龄自是各异，春夏秋冬季始业都不一定；春天的时候，往往就到冬天的课文，时间分配上已感棘手，教授法更不能谈；如说出外参观，采集标本，老百姓们就满认为不当，好好关在屋子里读书才是，先生怎么倒领着孩子们乱逛，满街满处跑。此外体育唱歌美术劳作也是最难找到材料，同时也是最易受到抨击的，学校只应该好好读书识字，有规矩礼貌，孝敬父母知进退才是，怎么倒唱唱嚷嚷，手舞足蹈，这个样子还教得出好人来。课本上的‘物语’，也是最招老百姓们反对的，怎么猫猫狗狗全会说话，真是天下大反，和他们的‘王道’是不走同一路线的。所学非所用，课本的材料，打不入乡间，‘读洋书亦不能应酬洋人’，‘学算学不能通商’，不能立即适应目前的环境”②。

民国七年（1918年），（广西）省视学视察凤山土州学务以及其他视导报告均认为，教学方法偏重注入式，少行启发。少数学校试行设计教学法道尔顿教学法也只限于形式而已。20年代至30年代初，一些条件较好的小学曾在教学方法上改革探索：对程度低的学生，教员注意多用启发式教授，对程度较高的学生，则用自学辅导法，时或兼用设计教学。但绝大多数小学教学方法陈旧落后，教师讲课枯燥乏味，学生学习兴味索然，“下课或放学号钟响时，他们就如获大赦，离教室唯恐或迟”③。

可以看出，民国时期的乡村教育，就教学方法而言，仍是传统与现代并存、旧式与新潮并立，甚至体现同样的老师身上，也是新旧

---

① 宁夏教育史志编纂委员会办公室编：《宁夏教育史志资料集》（上辑），内部资料，1996年，第92页。

② 廖泰初：《动变中的中国农村教育——山东省汶上县教育研究》，山东省汶上县教育研究院，1936年，第72页。

③ 广西壮族自治区地方志编纂委员会编：《广西通志·教育志》，南宁：广西人民出版社，1995年，第168页。

并存。

由于经济条件的限制，也影响了教学方法的改进。比如一些课程困难之处还在于，有时教授时没有实物，又没有挂图和标本模型，很难使学生明了。有时课本里有挂图，板壁上有挂图，但是学生对于实物的观念，还是很模糊。但也指出：江西不少小学的教学工作“未能完全依照教育部颁发的课程标准教学通则及各科教学要点实施”，教学方法“因袭陈法，鲜有改进”，课堂授课多是“教师读讲，学生坐听”。“所谓辅导，不过循例视察，绝少方法指示”，学校“设备简陋，教具甚少”。①

总之，教学方法的改进，也只是一个循序渐进的过程，民国时期的教育正是处于新旧交替的年代，传统私塾式的教学方法还保留了很大的影响，新式的教学方法也是初步在国内传播，影响还很小。加之经济条件有限、教学设备之缺乏，教师个人素质、教学态度等因素的差异，教学方法的改进就是一个长足的过程了。但是我们应该看到，此时期新式的教学方法尽管在实践上还很有限，但在教育工作者的认识层面上已经普遍得到了认可，这也是非常大的进步。

---

① 《江西省教育志》编纂委员会编：《江西省志·教育志》，北京：方志出版社，1996年，第126页。

# 第六章　乡村教育的经费

资金是教育发展的物质基础，民国乡村教育的落后局面——校舍简陋、设备缺乏、教师素质低等问题，都与经费短缺直接相关。可以说，办学经费的短缺是限制乡村教育进一步发展的瓶颈之一。有学者对华北农村的研究表明：造成华北农村教育滞后的首当其冲的原因就是教育经费的缺乏。① 当然，教育经费缺乏的首要背景还是民国时期农村经济的凋敝情况，绝非短时间内能够解决的。

## 第一节　民国乡村教育经费概况

### 一、乡村教育财政体制的变迁

有关中国近代教育财政体制的研究表明，“通过教育财政机制筹措教育经费在近代教育筹资体系中占有相当重要的地位”②。所以，研究乡村教育经费问题必须先了解与乡村学校有关的教育财政制度。

虽然自清末就提出了义务教育问题，民国政府也继承了义务教育的理念，但由于各种原因，民国时期，乡村教育的财政投入体制是采用地方政府投入与乡村地方自筹资金相结合的办法，来解决发展乡村教育的经费问题。

地方政府对乡村教育的投入，大约可以从1934年国民政府实行县

---

① 朱汉国，王印焕：《华北农村的社会问题》，北京：北京师范大学出版社，2004年，第119页。

② 商丽浩，田正平：《中国教育财政制度近代化的历史走向》，《教育研究》2001年第4期，第76页。

自治财政，县开始具有独立财政权，县财政实行统收统支政策为界线分为两个阶段。前一阶段，在政府分级分区的办学体制下，乡村教育经费主要来自县自治财政和地方自筹经费；后一阶段，由于县级政府具有了独立的财政权，表面上各级政府对乡村基础教育的财政投入逐渐加强，但是事实上，县级政府借口财政统收统支，往往挪用占用原属于地方公产的经费，从而造成乡村基础教育经费更加短绌的现象。所以这时地方自筹教育经费一直还是维持乡村教育的一种途径，设立学校教育基金也被视为解决乡村教育经费困难的突破口。

### （一）分级分区的办学体制

自清末兴学以来，由于兴办现代学校教育成本之大，逐渐形成了分级分区负担教育经费的制度，教育经费主要来自县教育财政和乡村自筹经费。

民国政府建立后，沿用清末体制，中央、省、县政府分别负责办理高等教育、中等教育和初等教育。其中，初等教育由县及其以下的地方——区、乡、村负责办理。大体可概括为“国立学校出自国税，省立学校出自省税，县立学校出自县税”①。北京政府时期，“教育经费，规定中小教育以地方负担为原则，以中央补助为例外；高等教育以中央负担为原则，以地方补助为例外。其中，私人设立之高等教育学校，中央得酌量情形得以补助。此中央、地方教育经费分配之办法”②。分区筹措教育经费的制度，是指县级教育财政主要负担教育行政机关和各类县立学校的经费开支，县下的学区、乡镇村则承担本地区内的经费责任，但县以下的经费并不纳入县级统管范围，而是直接用于该区或该乡镇村的办学。这种办法主要是为了在乡村普遍推广小学教育。

可见，在这个财政资助体制中，国家财政支出的教育经费基本与乡村教育没有多大关系，因为国立、省立学校以高等教育、中等教育，以及少量初等教育（如省立小学、师范学校附属小学）为主，这些学校多集中在省城或府城等都市里，属于都市教育；只有省给予县的教

---

① 卢绍稷：《乡村教育概论》，上海：大东书局，1932年，第161页。

② 贾士毅：《民国续财政史》第三册，上海：商务印书馆，1934年，第212页。

育经费补助款才有可能与乡村教育有关系，而这种补助款不是经常性的，而且数额不大。所以，在分级教育经费负担体制中，只有县级财政支出的教育经费才与乡村教育有直接关系。县款支出的教育经费一般用于县立学校、社会教育和对区立、村立小学的补助款。县立学校包括县立中学（一般县立中学不多，许多县甚至没有自己独立的县立中学，只有与其他县共立的中学，而且，中学一般是设在县城的，不属于乡村教育）和县立小学。县立小学中包含有大量乡村初级小学和数量很少的乡村完全小学。总体来说，县财政对乡村教育的负担主要是对县立乡村小学的拨款和对非县立乡村小学的补助款两项。所以，可以看出乡村学校在政府的分级负担教育经费的体制中所占比重不大，乡村教育经费只是在县级教育财政中占有一定比重。

事实上，乡村学校在县级教育财政中所占比重也很低，许多乡村学校的生存主要是借助区、镇或村自筹的经费。“我国教育经费，只有‘国立学校出自国税，省立学校出自省税，县立学校出自县税’而已。乡村教育经费之来源，除少数县立乡校外，如区立乡校向为地方税，县教育局不过补助其一部分耳。乡村教育经费，既多为地方税，则与乡村经济自有密切之关系。”① 这种情况大约到南京国民政府初期开始有所变化。所以，民国乡村学校从经费来源划分，实际上只有受县款支持的“县立”和受乡村自筹经费支持的“区立”（包括镇立、乡立、村立和国民政府时期的保学等形式）两种形式的区别而已（民国乡村教育基本上都属于初等教育，当时的初等教育就办学形式来说，有所谓省立，市立、县立、区立、镇立、乡立、私立等多种类型，但所谓省立、市立和部分县立、私立小学属于都市教育，只有部分县立、私立小学和几乎全部区立、镇立、乡立、村立小学才属于真正的乡村教育）。

例如，山东汶上县的小学就按照教育经费来源的上述两种渠道，分为受官款资助的县立小学和靠民间自筹经费的区立小学两类。“创办的时候，地方能筹得点儿经费的就列为区立，地方不愿或绝无办法的

① 卢绍稷：《乡村教育概论》，上海：大东书局，1932 年，第 161 页。

就列为县立，算是县政府提倡教育的意思。"① 其他地方乡村小学的经费来源基本上也是这两个渠道，所以全国乡村小学的基本类型都可以分为县立和区立两类，只不过各地有不同的称呼，或办理方式上稍有差别而已。如浙江省县立和区立学校都由县款拨付经费，其中既有设在城市里的小学，也包括相当一部分乡村小学；镇立和乡立学校基本都是乡村小学（经费由设立人担任并受公款补助），经费主要由乡村自筹；私立小学主要受私人捐助，数量很少。② "地方教育机关之立别，以经费之来源不同，有县区私立之分，地方自治恢复以后，可益以乡镇（坊）立之名称。此外又以各县及区乡镇（坊）间之关系，复有共立联立之异。实际上乡镇（坊）立者不多，其经费来源之性质与区立相似，殆可包括于区立之内。共立联立者，其经费则为县与县，或区乡镇（坊）与区乡（坊）间所共负。"③ 再如山西，1930 年山西初等教育以经费来源划分，主要有以下两类：一、省立和县立的由省款和县款支出；二、区立和村立的主要由乡村自筹，主要方式为由村内依地亩分摊或以寺庙收入为底款。④

另外，县立和区立这两种类型的划分也并不是绝对严格的。一方面区立小学一般会多多少少得到一点县款的补助，有的地方是将县款补助均摊到每一所区立小学，如汶上县的情况；有的是县款只补助少数乡小，如定县东亭区，63 所乡小中，只有 14 所享有县款补助，其他乡小没有补助。⑤ 另一方面，因为政府拨款不足，所以县立小学实际上也有借助乡村自筹经费来补助的，比如地方上用田租给予教师一定数额的津贴、有时学生每年也缴纳一些学费，只是比区立小学收费少一些。乡村社会对当地学校的补助力度如何，是看当地的经济发展

① 廖泰初：《动变中的中国农村教育——山东省汶上县教育研究》，山东省汶上县教育研究院，1936 年，第 50 页。

② 《第一次中国教育年鉴》，上海：开明书店，1934 年，第 755—756 页。

③ 张仲慎：《区教育经费问题应如何处理》，《浙江教育行政周刊》第 6 卷第 34—35 期，第 61 页。

④ 《第一次中国教育年鉴》，上海：开明书店，1934 年，第 782 页。

⑤ 李景汉：《定县社会概况调查》，北京：中国人民大学出版社，1986 年，第 206—207 页。

水平和学董士绅的办学热情而定的。因为县立小学虽然主要靠县款，但也接受地方资助，区立小学虽然主要靠乡村自筹经费，但也接受少量的县款补助。所以有时会给人造成这样一种印象，“区立和县立实际上绝无分别”①。即乡村小学是由乡村民众与政府共同分担教育经费的。但是，这种微小的差别可能只是发生在乡村县立初小和乡村区立初小之间，真正的县城学校与乡村学校之间，在政府的待遇上还是有很大差别的。在20世纪20年代末安徽省东流县的学校经费方面就存在这个问题：“东流县学校经费之支给向无标准。如城区小学只办高级两班，初级一班，年支二千六百余元之多；乡区小学每校仅支一百三十元，相差过甚。”②

**（二）国民政府的乡村教育经费体制**

南京国民政府建立以后，仍然持续这种分级分区承担教育经费的制度，但南京国民政府对乡村教育经费的政策出现了两个趋势：一是中央和省级财政承担的乡村教育经费在加大；另一个趋势是增大县教育财政支出与薄弱的县财政力量形成冲突。国民政府采取的一些财政改革措施，如县财政统一，事实上使乡村教育经费更加困难。

南京国民政府从1935年开始推行普及义务教育，在各级政府的教育财政体系中，乡村教育越来越受重视。近代教育财政投资的职能由高等教育向基础教育，由城市教育向乡村教育不断下延。

1929年，南京政府中央开始承担起补助短期义务教育的责任。从1935年开始，中央开始下拨义务教育补助经费，并督促省市地方按照教育部规定的比例划拨配套经费，教育职责落在初等教育的底端。“在国民政府成立后，中央教育财政的职能结构有小幅度的调整，中央在缩小中央承担的高等教育的职能的同时，增加区域补助和义务教育经费补助。中央职能部门和地方政府的教育投资不断成长的情况下，其功能一方面越来越集中于国际接轨的方向，一方面增添了平衡与协调

---

①　廖泰初：《动变中的中国农村教育——山东省汶上县教育研究》，山东省汶上县教育研究院，1936年，第50页。

②《东流县教育经费清理之概况》，《安徽教育行政周刊》第1卷第34期，第19页。

功能。”① 直到1935年，教育部所管中央教育经费款下才增设义务教育经费（1940年后，义务教育经费改称国民教育补助费），但中央政府还不是承担义务教育经费的主体，“各省市义务教育经费，中央虽历年补助，但主要在责令自筹”②。

南京国民政府时期，省级政府教育职能也向初等教育扩张。随着中央政府将权力下放于地方省级政府，地方省级政府对于义务教育经费的支持力度也逐渐加大。以湖北省为例，“1928年以前，设立在县里的由省款支出的省立学校屈指可数”，1929年湖北省教育厅在全省68县中的54县（另外14县因地方治安原因缓办），每县设立省立初级小学1至3所，共计100所，每月经费支出达10800元，全年共计129600元。“单独开设省立初级小学，并推广于省会以外的乡村地区，这一举措在当时为全国首创。”至1931年4月，开办在省会以外的省立初级小学合计共有152所，学生人数达到9028人，规模进一步扩大。为了推进各县义务教育的发展，1930年5月，全省义务教育委员会还拟定了一个《湖北省政府教育厅补助各县实施义务教育经费暂行办法》，办法规定：每月在省义务教育经费项下拨款2万元，用于补助各县初级小学，凡经县教育局核准呈报教育厅备案的县立、区立或私立初级小学，均可以申请补助费。直到抗战爆发，湖北各县的省立教育虽有反复，但基本保持以省款补助各县基础教育的倾向。③ 有些省虽然不是以在各县设立省立学校的方式来补助乡村基础教育，但都加强了省款对基础教育的补助。

但是，无论从教育经费结构内部，还是在财政结构中，地方政府的教育投入都占主要地位。从1933年教育经费的统计看，在各级教育财政投入结构中，中央、省、县各级教育财政经费支出的比重为15.2%、32.9%、51.8%。在财政结构中，各级教育经费占各级财政

---

① 商丽浩：《政府与社会——近代公共教育经费配置研究》，石家庄：河北教育出版社，2001年，第48页。

② 《第二次中国教育年鉴》，上海：商务印书馆，1948年，第195页。

③ 刘军：《民国时期县级教育发展的经费来源——以1928—1937年的湖北省为例》，《山西师范大学学报》（社科版）2008年第4期，第115页。

支出的比重，中央、省、县分别为2.5%、12.4%、38.7%。① 三级政府中，县教育经费占县财政支出比例最高，县政府对于筹措公共教育经费责任最大，对于乡村教育经费来说更是这样，乡村教育几乎可以完全视为地方事业。

1940年1月，国民政府实施新县制，新县制下的行政组织分为四级——县、乡（镇）、保、甲。教育部根据新县制精神，主张义务教育要与民众补习教育合流，各乡镇要设立中心学校，各保要设立国民学校，普遍推行义务教育及失学民众补习教育。3月21日由教育部公布《国民教育实施纲领》，决定从后方四川、云南等十九省市先行实施。

关于国民教育经费，其中规定各省市筹设国民学校及中心学校经费不足时，得在中央拨助之经费项下酌予补助，但国民教育经费仍以由地方自筹为原则。第四章规定："第十五条，保国民学校之经费，应以由保自行筹集为原则，不足时，应由县市经费项下支给之。第十六条，保国民学校应由保在一定期限内筹集相当之基金，为扩充学校设备之用，基金筹集办法另定之。"② 所以虽然从1935年开始，中央开始下拨义务教育经费和国民教育经费（在非战区的中央补助费由义务教育经费改为国民教育经费），中央教育财政逐渐向基础教育倾斜，但是保——这一乡村基层组织仍然是筹集义务教育经费的主要承担者。而且，保国民学校及乡（镇）中心学校基金的筹集也要依赖乡村地方。1943年教育部公布的《修正保国民学校及乡（镇）中心学校基金筹集办法》规定："（一）筹集区域　国民学校为学校所在地之保，中心国民小学之初级部为学校附近不设国民学校之各保，高级部为学校所在地之乡镇。……（四）筹集方法　（1）整理原有教育款产；（2）劝勉当地寺庙祠会捐拨财产；（3）分工生产；（4）采集天然物品；（5）征集买卖双方共同认捐之手续费；（6）由居民依其富力自认捐款；（7）劝募等七项，依照各地情形，斟酌办理。（五）经济保管　由中心学校

① 商丽浩，田正平：《中国教育财政制度近代化的历史走向》，《教育研究》2001年第4期，第74页。

② 《教育部·教育法令汇编》（国民教育部分），湖南省政府教育厅编印，1947年，第1—5页。

乡镇保及地方人士，组织委员会办理之。”①

南京国民政府一方面加强了中央财政向基础教育的倾斜，另一方面，一些财政改革措施对乡村教育经费的稳定又有一些触动。大体以1941年前后国民政府实行新县制，特别是县财政开始统筹统支为界，南京政府的乡村教育经费制度又划分为两个阶段。县财政统筹之前仍然沿袭分级分区的经费负担体制；县财政统筹之后，县财政汲取能力加强，原属地方的教育款产被划入县财政统一支配，但县财政预算中的教育费经常被挪用侵占，乡村学校经费反而不如之前有保障。

1941年新县制改革后，县市财政获得自主权，区、乡、镇财政也由县市统管。于是区、乡、镇教育经费则普遍被县政府以财政统一收支为借口侵占挪用。国民政府虽多次重申保障地方教育经费，但因教育部与内政、财政部门之间意见不一，保障地方教育经费的问题一直未得有效解决。为此，国民政府提出以设立“教育特种基金”的办法来解决地方教育经费不足的问题。关于教育特种基金的经费来源，教育部坚持将战前原指定作为教育经费的田赋附加、契税附加、印花税及各种赋税，依照历年分配成案，就现有收入，按照百分比例，全数划归教育特种基金。但财政部坚持教育特种基金之划拨，应以自1942年自治财政独立以后依法指充的教育经费收入为限，不同意将原有教育经费全部划归特种基金。1946年国民政府再次改定财政收支系统，“今后县市教育经费当可由各县市自行宽筹，原拟教育经费筹措办法，可无庸实施”。自此，教育特种基金之说不了了之。由于县市财政困难，“国民学校经费，多不列入县市预算之内，而责令乡保自筹”②，此举对于本就紧张的乡村义务教育经费无异于雪上加霜。

## 二、乡村教育经费的来源

总体上来说，民国时期是由乡村民众与政府共同分担乡村教育经费的，主要来自县教育财政与乡村自筹经费两项。以湖北省为例：“本

---

① 《第二次中国教育年鉴》，上海：商务印书馆，1948年，第199页。

② 同上，第203页。

省各县教育经费，大别为县教育经费与区乡教育经费两项。”① “乡村教育经费之来源，除少数县立乡校外，如区立乡校向为地方税，县教育局不过补助其一部分耳。乡村教育经费，既多为地方税，则与乡村经济自有密切之关系。”②

**（一）县级教育经费**

中国传统的财政体制中，省、县并无独立的财政权，只是中央税赋代征代缴的一级单位。自清末新政以来至南京政府初期，随着地方性公共事业——学务、警务、实业的开展，县客观上承担着发展基础教育的重任，各地事实上存在着一种主要来源于本地公产公款、各种附加税、各种杂捐的县自治财政。“这种县自治财政与国家财政系统内部的县级地方财政不同，它独立于国家财政系统之外，在国家财政收入之外另行筹措各种地方款项作为财政收入，将之用于各种国家财政不负责开支的地方事业，即当时人所谓‘集本地之款项，图本地之公益’。”③ 县公署（政府）所经理的国家财政基本上没有建设性社会职能，其全部收入来源于国家拨款和省税附加，其支出则几乎全部用于官员薪俸、赋税征收和司法诉讼。而自治财政则是应地方社会的近代化建设而产生的。自清末至民国初期，教育一直是地方自筹款项来兴办的建设事业，国家财政一般不负责开支。县乡成为筹集基础教育经费的主力，所以乡村教育与县级财政密切相关。

清末至南京国民政府成立初期，县自治财政一直是县级教育经费、特别是乡村教育经费的主要来源。从经费渠道上看，县教育财政收入大体可分为自清朝遗留下来的学产收入（科举时代，各地都有一些由来已久的教育款产，如“其时津贴生员之膏火、卷烛、考课等经费，学署、书院、义塾、惜字等经费，文庙洒扫经费，均置有款产为其来

---

① 《湖北县乡教育经费与县乡小学教师待遇问题》，《新湖北季刊》创刊号，第 176 页。

② 卢绍稷：《乡村教育概论》，上海：大东书局，1932 年，第 161 页。

③ 魏光奇：《官治与自治：20 世纪上半期的中国县制》，北京：商务印书馆，2004 年，第 272 页。

源，及至科举废，学校兴，上项款产均拨充教育经费”）①、上级财政拨补费、各种教育附捐、各种杂捐等项。如有人谈到浙江省1934年各县的教育经费来源主要是以下几项：田赋特捐项下的四成教育费（即教育附捐）、学产租金和教育基金利息（即学产收入）、各项教育捐款（即杂捐）、省款拨补县属各县教育费（即上级财政拨补费）。② 湖北省的县级教育财政经费也大体分为这几部分，“本省各县教育经费，大别为县教育经费与区乡教育经费两项。县教育经费，约为田赋契税，牙帖屠宰等税附加中代捐款（即教育附捐）与旧有宾兴膏火学稞各项房地产业收益（即学产收入）”③。

各县的学产收入大同小异，基本包括学田租金、学款息金之类。“学田”、“学款”指的是像前清书院、县学遗留下来的产业、“膏伙”之类的教育公产、公款，或私人捐助的产业或钱款，或得自寺观的产业等。民国时期一般充作地方的教育基金。有些地方原有地方公产出租所得的房租、湖沼租金等也包括在这类学产收入中。

教育附加捐包括田赋附加（包括地丁、漕米、票券附加等）和契税附加（包括房契、田地契等）等各类国家税项下征收的地方附加捐，田赋附加一般数额比较大，往往是县自治财政收入中的大宗。自清末以来，各地都将一定比例的这种附加捐用于教育，成为教育附捐。这类教育附捐各地名称大同小异，而且种类繁多，湖北还有牙贴附加、屠宰附加、特税附加等其他教育附加捐税。而且这类教育附加捐有时全部留给地方，有的需要与省财政分成使用。如1928年5月，湖北省财政整理委员会命令，学捐中五厘归省，九五厘归县，所以湖北省各县教育经费的将近一半来自田赋附加。④ 汶上县的地丁附捐全部留县，所以汶上县教育经费的主要来源就是这种教育附捐，汶上县教育经费

① 《第二次中国教育年鉴》，上海：商务印书馆，1948年，第200页。

② 程风鸣：《谈浙江省各县教育经费问题》，《浙江教育行政周刊》第6卷第34—35期，第52页。

③ 《湖北县乡教育经费与县乡小学教师待遇问题》，《新湖北季刊》创刊号，第176页。

④ 刘军：《抗战前十年湖北县级教育研究——1927—1937》，华中师范大学博士论文，2009年，第41页。

"岁入最巨的是丁银附捐，占全收入约四分之三"①。

杂捐是指除了各种教育附捐之外，各地还有许多以教育名义开征的地方捐，名目繁多，因地而异，在各县少则十几项，多则几十项，不胜枚举。如湖北省有亩捐、鱼捐、轮票捐、车捐、灯捐等②；山东汶上有运河升科附捐、庙产地租、集租等③；山东齐河县1929年的各种教育杂捐包括：牲屠公益捐、官渡公益捐、马价充公、炭行津贴、号草折价、铁匠庄津贴、戏捐等④；四川万县的教育杂捐有桐油棉纱捐、丝称捐、土产糖捐、春式捐、置产卷等。⑤

这类教育杂捐有些是全部收入都用于补助县教育，有的则也需要与省财政分成，或是与其他建设机关分成，或是与下级的村镇分成。由于民国统计资料的不规范，在很多县级教育经费来源统计中，很难反映出这种分成情况，而且这类统计有时也将本属于村镇自有的杂捐、杂税与县财政所有的杂捐杂税一并列在一起，并不做严格区分。当然，也有这种情况，即有些地方像学田课租、庙产等教育款产，事实上在县有还是乡村自有之间并没有严格的划分。所以有人说"各县教育经费支绌，且多收支不符。考其原因，皆由于县乡教育经费不能划分，彼此牵制，两受困难，以致事业不能发展"⑥。

**（二）乡村自筹经费**

至于县以下的学区、村镇则要承担本地兴学和筹资的主要责任。所谓区立、镇立、村立小学的经费很多就是就地筹集的，县款只负责少量的补助。这类学校山东汶上县称为区立小学。所以许多研究者指

---

① 廖泰初：《动变中的中国农村教育——山东省汶上县教育研究》，山东省汶上县教育研究院，1936年，第54页。

② 刘军：《抗战前十年湖北县级教育研究——1927—1937》，华中师范大学博士论文，2009年，第40页。

③ 廖泰初：《动变中的中国农村教育——山东省汶上县教育研究》，山东省汶上县教育研究院，1936年，第55页。

④ 于相燕：《民国时期山东教育经费研究——1912年—1937》，山东师范大学硕士论文，2011年，第68页。

⑤ 李双龙：《民国四川教育经费探析》，四川大学硕士论文，2002年，第11页。

⑥ 赵质宸：《乡村教育概论》，北平：著者书店，1933年，第135页。

出这一时期乡村教育经费主要来自于乡村自筹。“乡村小学之经费来源，除了极少数的受县府补助以外，大多数还是仰赖于农村。”①

区教育经费的主要来源除了县教育财政的补助费之外，大体还包括乡村公有的教育基金性质的款产（各村镇都保有数量不等的属于村镇独立支配的公产或公款，清末以来多用于支持区立小学经费，如学田、庙宇、基金之类）、当地所定的教育捐税或摊派、以及学生的交费等三部分。

当然，具体到各个乡村，因各地经济水平不一，这三部分经费并不一定都有，以湖北省为例：“本省各县教育经费，大别为县教育经费与区乡教育经费两项。……区乡教育经费，约为祠庙产业收益（即公有的教育基金性质的款产）行捐斗息（当地的集市捐）与绅富教育捐（即当地所定的教育捐税或摊派）等项。”② 学费一项就不是乡村小学的主要收入。甚至有些乡村小学几乎是完全依赖一点点县补助费生存，或者只依赖学生纳费维持。而且上述三项经费来源在各地各自所占的比重是不一样的，具体款项和数额也有很大差别。特别是地方教育税捐一类，往往根据各地不同的经济条件而有很大不同，有些甚至属于非常规性的、民间性的教育税捐补助，“如甲校所在地因有义坡会（是乡村民众共同组织的一种看守田禾的社会）的组织而有义坡会补助；乙校所在地商店林立故有商会补助；丙校校址临近集场，因而有行集补助”，等等。③ 而且有些款产、税捐是乡村自有、还是县有，二者之间并无严格划分，特别是在有些民国教育统计资料上，对二者也是不加区分地混而论之，给后来的研究者带来很多困难。我们这里尽量借助一些较为清晰的统计资料来说明乡村小学的自筹经费情况。

以 1928 年对定县东亭社区 62 个自然村中共计 63 个乡村小学的调

---

① 焦镇儒：《乡村小学经费困难的情形及救济的实例》，《基础教育》1936 年第 5 期，第 262 页。

② 《湖北县乡教育经费与县乡小学教师待遇问题》，《新湖北季刊》创刊号三十年元月十五日出版，第 176 页。

③ 李盛春：《乡村初级小学经费之来源及其支配》，《基础教育》1936 年第 9 期，第 517 页。

查，得到它们的经费来源、及各自在总经费中所占的比例如下表 6.1.1。

**表 6.1.1　定县 62 村小学收入之来源表**

| 收入来源 | 小学数 | | 全年收入总数 | 百分比（%） |
|---|---|---|---|---|
| | 有此项收入 | 无此项收入 | | |
| 地亩租金 | 49 | 14 | 6，804.63 | 40.75 |
| 地亩摊 | 46 | 17 | 3，916.37 | 23.46 |
| 地用 | 50 | 13 | 1，838.50 | 11.01 |
| 补助金 | 14 | 49 | 1，451.00 | 8.69 |
| 基金利息 | 16 | 47 | 1，047.00 | 6.27 |
| 学费 | 44 | 19 | 1，020.85 | 6.11 |
| 牙捐 | 5 | 58 | 620.00 | 3.71 |
| 总合 | | | 16，698.35 | 100.00 |

资料来源：李景汉：《定县社会概况调查》，北京：中国人民大学出版社，1986 年，第 207 页。

因为定县的教育经费制度是“各村学校的经费，由各村董事会在各村自行筹划。但各村有高等小学校者，得由县款中八大镇牲畜一分牙用收入的八成，作为全县四乡高等小学校补助费，二成作为奖励优良高等小学校用”①。也就是说定县普通乡小的经费基本都是靠乡村自行筹划。就东亭乡的调查结果，就可见定县一般乡村自筹教育经费的来源情况。表中所列“地亩租金，就是学校学田租出所得的租金”；“基金利息，是学校基金所生的利息”，这两种大约属于当地公有教育款产。“地亩摊，是学校经费不足时，由村中各家按地亩多少，平均摊纳，以维持学校”；“地用，是农民买卖地亩所纳的经费费用，村中每年以 25%扫归各校，用在经费”；“牙捐，是由青菜类所得的牙捐内抽出一部分拨作学校经费”，这三类大约属于当地特定的教育捐税或摊派。学费是各校按照不同标准收取的学费，也属于当地自行筹划的一类教育费。“补助金，是县政府每年所补助各校的经费”，就表中统计

① 李景汉：《定县社会概况调查》，北京：中国人民大学出版社，1986 年，第 174 页。

反映，63 个村小中只有 14 所有县款补助，其中应该包括 4 所初高两级小学。①

据《村治月刊》对 20 世纪 20 年代末河北徐水县乡村小学经费情况的调查，“乡村的经费来源有三：（1）官地（没收于和尚道士者或从前村中富户捐助于庙中者）之税收。（2）监证戳记之牙用。（3）学生之学费。这三项是普通小学都有的，其他如教育局之补助与木材棉花等之税收，乃是一种特殊情形，并非普通小学都有，所以没有把他列在这里”②。显然，作者所列三项来源不是来自县款，而是乡村自筹经费。官地当属于当地的公产，牙用是当地的税捐，再加上学费，就是当地一般乡小的主要经费来源。

有人对民国时期浙江的“区”教育经费做过专门研究，指出区教育经费主要来自下列六项：“1. 租息——田地房屋等之租金基金之孳息等属之。2. 捐款——田亩捐货物捐营业捐奢侈捐迷信捐各项附捐及认捐等属之。3. 私人补助——私人或团体补助费等属之。4. 派捐——公有产息及捐款等应派得之款属之。5. 学杂费——学生之学杂等费属之。6. 县款补助——县教育经费预算中规定之补助费。”③ 大体上，“租息”和“派捐”来自于当地的教育公产，“捐款”属于当地的教育捐部分，再加上学费，就是浙江各区学校经费的主要来源。

至于山东乡村小学的经费来源，研究者指出主要有以下几方面：一是学田，“学田为乡村初小所有的不动产，是乡村初小的基金；以其每年租粮变价为乡村初小经费来源的大宗”。二是“二分抽收”，“二分抽收为购置不动产者纳给乡村初小（本庄）百分之二的补助费”。这类教育税捐往往根据各地不同的经济条件而有很大不同，有些属于非常规性的、民间性的教育税捐补助，“如甲校所在地因有义坡会（是乡村

---

① 李景汉：《定县社会概况调查》，北京：中国人民大学出版社，1986 年，第 206—207 页。

② 孙钰：《乡村教育之困难及其救济方法》，《村治月刊》1929 年第 1 卷第 8 期，第 3 页。

③ 张仲慎：《区教育经费问题应如何处理》，《浙江教育行政周刊》第 6 卷第 34—35 期，第 62 页。

民众共同组织的一种）的组织而又义坡会补助；乙校所在地商店林立故有商会补助；丙校校址临近集场，因而有行集补助”，等等。三是学生交费，“学生交费也是乡小重要收入之一，一切临时开支，实均赖于是项收入”①。由于山东所谓县立、区立小学在经费来源上都是既有县款、又有地方筹资，只不过县款、地方筹资各自所占比重不同而已，所以许多研究者，在研究乡村学校经费时并不将这两类学校的经费状况作严格区分，从作者上述的“二分抽收”只补助给“本庄”小学，和学费是学校重要收入的情况来看，作者所说的经费应该也是属于村有教育经费。显然，这里所述山东村小的经费来源主要就是原有的教育基金性质的公有款产、当地所定的教育捐税、以及学生的交费三部分，与徐水县、定县、浙江各区学校的情况类似。

据20世纪30年代初对山西22县50个乡村65所乡村小学（其中包括一所私塾）的调查显示，其经费来源概况如表6.1.2所示。

**表6.1.2　山西22县50个乡村65所乡村小学经费来源调查表**

| 经费来源 | 学校数目 | 百分比（%） |
|---|---|---|
| 摊款 | 48 | 74 |
| 摊款及学费 | 3 | 4.6 |
| 摊款及村基金 | 2 | 3 |
| 摊款及县助 | 2 | 3 |
| 村基金 | 2 | 3 |
| 桥款 | 2 | 3 |
| 县款 | 3 | 4.6 |
| 学费 | 2私塾平遥曹家堡小学 | 3 |

资料来源：宋震寰：《山西乡村教育概况之调查》，见李文海等：《民国时期社会调查丛编·文教事业卷》，福建教育出版社，2004年，第104页。

山西乡村小学的经费来源有这样几种形式：一是村民摊派，这是

---

① 李盛春：《乡村初级小学经费之来源及其支配》，《基础教育》1936年第9期，第517页。

主要的经费来源，因为有48所学校纯粹由村民摊派支撑。二是村款资助，称为“村款”、“河桥款”、“村基金”或“基金生息”。“所谓村基金者当然出诸村民。桥款一部分系往来过桥行人负担，然其主要来源，依然由于村民。”三是学费。四是县款。“完全由县款办理者仅3校，由县助款者2校，是以村民对教育经费之担负极重。”① 总体看来也不外乎当地的公有款产、教育捐税及学费三类。湖北省五峰县各区教育经费除县教育补助费和学费收入外，还有息金和名目繁多的租课，如硝课、差课、庙课、学课等，租率多少，依性质而定，均系各乡旧有公田划拨用作兴学之用，或由私人捐助。②

在乡村自筹经费中，除了学生的学费是比较固定的收入外，另两项来源各地差异很大，而且很不稳定。特别是地方教育捐税部分，往往“捐款名目繁多，重窗叠架，跡近苛细，往往不易征收”③，如河北徐水县村小经费中官地和监证牙用两部分，各村小基本都有，但各村官地之多少是不一样的，“监证牙用”之多寡也须视年景的丰歉程度而定，所以这两类收入都不稳定，只有“学生学费是固定的”④。而且有些地方因受农村经济衰落的影响，这类教育捐税根本就没有。廖泰初论山东汶上县各区小学经费问题时，就指出除了县款补助之外，“各区各地方没有特别的教育捐，各区的牙行斗捐不归教育经费，至于山东其他各县的祀孔捐，汶上是没有的”⑤。这种情况下区立小学的经常费显然只能依赖学生纳费，所以，区立小学的学费一般就比较高。“学生的费用须视其所入的学校而定，如属区立，普通年得纳一元至五元的

---

① 宋震寰：《山西乡村教育概况之调查》，李文海等：《民国时期社会调查丛编·文教事业卷》，福州：福建教育出版社，2004年，第104页。

② 刘军：《抗战前十年湖北县级教育研究——1927—1937》，华中师范大学博士论文，2009年，第48页。

③ 张仲慎：《区教育经费问题应如何处理》，《浙江教育行政周刊》第6卷第34—35期，第67页。

④ 孙钰：《乡村教育之困难及其救济方法》，《村治月刊》1929年第1卷第8期，第3页。

⑤ 廖泰初：《动变中的中国农村教育——山东省汶上县教育研究》，山东省汶上县教育研究院，1936年，第53页。

学费（也有不纳学费的），县立的多半就不收学费，也有每年纳一二元的，是当作津贴教员的意思。”① 县立小学由于有县款的资助，（汶上县是每校每月拨款十元），所以收学费就少，或不收；而区立小学虽然名义上也有县府的补助费，但数额很低，每半年按照成绩分三等（十八元、十五元、十二元）发放，而且由于“款项来时无定，数目亦不准确，常常拖欠折扣”②，所以区立小学对此款只当做额外收入，学费收入就显得重要多了。

国民政府建立后，中央虽然加大了对基础教育的财政补助，但教育部关于义务教育和国民教育的政策当中，也都以地方自筹经费办理基础教育为原则。为缓解县教育经费的紧张，国民政府还提出设立保国民学校及乡（镇）中心学校基金及教育特种基金，其经费来源也主要借助乡村自筹。正像有关研究所指出的那样：“中国近代义务教育筹款单位出现向上级政府集中的趋势，但学区仍是筹措普及教育尤其是义务教育经费的基本单位。”③ 但是，受乡村本身经济力量的制约，乡村自筹教育经费也很困难，教育特种基金最终沦为一纸空文。

## 三、乡村教育经费的严重不足

民国乡村教育经费存在的最大问题就在于经费的严重不足。无论受县财政支持的县立小学，还是自筹经费的区立小学，经费都很困难。

经费短缺首先受影响的就是乡村教师的薪金。民国时期有些地方乡村教师待遇低到几乎是难以为继的地步，甚至“不够一己生活之维持”④。以 20 世纪 30 年代汶上县的县立小学来说，“每校每月由县府支给十元”，以当时的生活水平论，这十元全充作教员的薪金，也只够他一个人生活的，“每年一百二十元的薪金，维持一家数口则不

---

① 廖泰初：《动变中的中国农村教育——山东省汶上县教育研究》，山东省汶上县教育研究院，1936 年，第 59 页。

② 同上，第 60 页。

③ 商丽浩：《中国教育财政近代化研究》，浙江大学博士论文，2000 年，第 111 页。

④ 柳均卿：《整理乡村教育发微》，《中华教育界》1930 年第 18 卷第 1 期，第 1 页。

足”。而民国二十四年（1935 年）之后，汶上县教育经费由独立局面改为一切经费由县府统支统收，这年七月份起，因水灾严重，县款收入锐减，所以“薪公一律七折发给”，县立初小还要裁减三分之一，结果七、八、九、十月，“每县立初级小学，每月只领得四元八角五分”①。

另一方面，许多人也指出乡村民众在负担教育经费和分享教育权益两方面所处的地位是不公的。他们认为乡村民众实际上负担了双重教育费，中国教育实际上在削贫济富。“讨论教育经费问题应该注意两件事：第一是够不够；第二是均不均。……就都市学校和乡村学校比较来说，北平的小学，一班的全年经费约七八百元，而乡村单级学校全年经费也不过百五十元，相差五倍。若说是乡村生活程度低是诚然，但生活程度低不能证明教育需要的经费少。因为教育上的用品用具全来自都市，这些用品用具贩到乡间，价格更要加贵；所以乡村教育要和都市教育同样设备的时候，则乡村学校需要更多的经费。事实上，乡村学校都因为经费的困穷而设备毫无，不得不演成教育即读书的形态。乡村学校穷并不是乡村人民缴纳的教育费少。乃是缴纳着两重教育费而享受着偏苦待遇。视为两重教育费，是随着田赋纳一层教育费，这层缴费是支付给都市学校而乡村不能沾润；乡村办小学还得从本村再纳一层教育费。都市的大学生和中学生都是花着乡村穷人的钱受教育；因为穷人也要纳点赋税，赋税中的教育费都用在高等中等教育，穷人家不能升到都市的中学大学去享受。这种教育经费制度才的的确确是刮贫济富制度。”②

第二，乡村教育经费短缺导致乡村教育质量和效率的低下。整个乡村教育的落后——校舍简陋、设备缺乏、教师精神状态的萎靡等问题，都与经费短缺问题密切相关。至少对华北农村的研究表明：造成

① 廖泰初：《动变中的中国农村教育——山东省汶上县教育研究》，山东省汶上县教育研究院，1936 年，第 58 页。

② 高希裴：《乡村教育的初步认识》，《经世》1937 年第 1 卷第 4 期，第 52 页。

华北农村教育滞后的首当其冲的原因就是教育经费的缺乏。①

首先，微薄的薪俸尚且要折扣发放，这种无保障的经济地位，自然会严重影响乡村教师队伍的素质和稳定。待遇低、薪金无着成为引发一些地区乡村学校危机的重要原因。在四川，“乡间小学校长，每月数次奔波城乡，领款辄无着落。教育界薪给本薄，而四川乡村小学教师为尤甚。每月辛勤所得，不过十数元，甚有不满十元者，纵如数照发，尚虑不能供家室之温饱，而并此区区复遭拖延折扣，试问枵腹从公安望其长期努力，于是紊乱日甚，纠纷迭起”②。

乡村教师待遇低，薪水甚至“不够一己生活之维持”，所以乡村教职的吸引力是很低的，乡村教师的整体质量也可想而知。“稍微有路可走的小学教员便扬长向外面跑了，对于教育有热心有研究精神的优良教师也就都不愿到穷乡僻壤去服务了。剩下的便多为无路可走或知识幼稚的分子，以这般精神涣散，知识贫陋的分子来办理教育，教育还会有成绩吗？还会有希望吗？”③ 有人分析民国乡村教育的根本问题还是在于经费困难，“有钱没有人，固然不会有好的建树，有人没有钱，究竟也是一种困难。办乡村教育的人才所以这样缺乏，大原因还在经济困难不能罗致好的人才”④。

其次，乡村学校由于教育经费短缺而因陋就简，甚至因经费无以为继而停办的现象也比比皆是。

大多数乡村小学的校舍都是借用或改用的庙宇或民房，这样的房屋在光线、通风等方面多不适合做学校使用。有专门特建校舍的乡村小学很少，据 1935 年对南京市郊 43 所乡村小学的调查结果，只有 7 校是特建房屋，“其余皆系利用民房或庙舍，……故除特建者关于光线

---

① 朱汉国，王印焕：《华北农村的社会问题》，北京：北京师范大学出版社，2004 年，第 119 页。

② 薛钟泰：《整理四川各县市教育纠纷刍议》，《新教育旬刊》第 2 卷第 2 期，第 7 页。

③ 柳均卿：《整理乡村教育发微》，《中华教育界》1930 年第 18 卷第 1 期，第 1 页。

④ 孙钰：《乡村教育之困难及其救济方法》，《村治月刊》1929 年第 1 卷第 8 期，第 3 页。

通风尚能差强人意外，余则皆系因陋就简，不合于学校之用使，为当然的事实”。而且“被调查的学校校址多数在南京城外附近，只有少数在市内的乡区中”①。也就是说被调查的学校并不全然坐落在乡村。地处教育历来发达的江浙，而且是京郊附近的小学，调查结果显然可以代表当时乡村小学的最高办学水平了，但结果仍然是不能让人满意。而其他地方的情况更不乐观，据对 20 世纪 30 年代山西乡村小学校址情况的调查显示，65 所学校中没有一所小学的校址是特建的；除了偶尔有一两所租用民房之外，65 所乡村小学中有 39 所明确标明设在各类寺庙里，有 21 所小学没有填注校址或对校址填注模糊（比如只含糊注明“村北”、“村南”等），并不排除设置在寺庙的情况。② “庙宇房屋古旧，深大而黑暗，一面有窗而小，故不论就空气、光线，那一方面说，均极不适宜。徒以外县小学教育经费，均不充裕，……是以学校不得不因陋就简，其办公、设备、杂费尚如彼之少，倘再新建校舍，则学校根本办不成矣。”③

1935 年对南京市郊 43 所乡村小学的调查还反映出由于经费拮据，所以乡村学校的绝大部分经费都不得不用于薪俸开支，所谓设备、建设、进修等开支都谈不上，这是民国乡村教育中又一个无奈的现实。“经费支配，总计各校用在奉给工食一项者在 92.4％以上。只有受政府津贴 20 校，以经费 6.8％～13.4％用做购买设备及维持费。”④ 而山西的情况也类似，或者更糟。“设备和办公杂费一共在内，每年 4 元至 50 元者有 19 校，占全数 36％。每年 50 至 100 元者，有 18 校，占 34％，合计之则恰为 70％。以如此些微之经费，除办公杂费外，尚能

① 赵石萍：《南京市郊乡村小学之调查》，李文海主编：《民国时期社会调查丛编·文教事业卷》，福州：福建教育出版社，2004 年，第 65 页。

② 宋震寰：《山西乡村教育概况之调查》，李文海主编：《民国时期社会调查丛编·文教事业卷》，福州：福建教育出版社，2004 年，第 97—102 页。

③ 同上，第 117 页。

④ 赵石萍：《南京市郊乡村小学之调查》，李文海主编：《民国时期社会调查丛编·文教事业卷》，福州：福建教育出版社，2004 年，第 65 页。

谈到设备吗？宜乎各乡村小学均简陋不堪也。”①

由于经费的限制，有些地方的乡村办学几乎到了荒唐的地步。据1929年出版的《村治月刊》中一篇文章对河北徐水县乡村教育经费状况的反映：“据徐水县教育局的调查，现在这种生活程度，教员年薪竟有五十元者，连自己的生活都不能维持，还谈什么尽心教务！还有一个最可笑的学校，每年收入共一百六十吊（京钱），教员薪金与办公费均在内，几时花完几时就放学。有时四月里就放了年假，一直等到第二年正月里才开学。这个年假总总有七八个月的工夫，真是教育上的奇闻！这样学校还谈到什么教育？还能请到什么人才？”②

经费不足往往是限制乡村小学教育发展的症结所在，也成为某些人不认真办学的借口。“办理乡村小学教育的人，假借经费困难的名目，一切都不肯努力去做；指导和督促乡村小学教育的人，也因为经费困难的问题不能解决，不肯认真去指导和督促。长此以往，试想中国国民之基础教育，将演至如何程度？”③

## 第二节 乡村教育经费中的问题

许多教育研究指出民国时期县级地方经费的预算中，教育经费所占比例实际上是不少的，《第二次中国教育年鉴》中就指出“教育经费在地方经费内为数最大”④，廖泰初指出：汶上县“历年教育经费的支出，约占全县支出的百分之三十，这个比数实在是很有可观的”⑤。按照这个比数，教育事业的成绩应该不会太差。但事实上情况并不好，

---

① 宋震寰：《山西乡村教育概况之调查》，李文海主编：《民国时期社会调查丛编·文教事业卷》，福州：福建教育出版社，2004年，第105页。

② 孙钰：《乡村教育之困难及其救济方法》，《村治月刊》1929年第1卷第8期，第3页。

③ 焦镇儒：《乡村小学经费困难的情形及救济的实例》，《基础教育》1936年第5期，第261页。

④ 《第二次中国教育年鉴》，上海：商务印书馆，1948年，第201页。

⑤ 廖泰初：《动变中的中国农村教育——山东省汶上县教育研究》，山东省汶上县教育研究院，1936年，第60页。

“汶上县教育经费的极度紧张，是随着年月增重的”①。

办学经费短缺是造成民国乡村教育落后的最直接原因，那么又是什么原因造成民国乡村教育经费的短缺呢？当然原因很多，从根本上来说，近代中国社会的普遍贫困、乡村社会经济的破产，以及中国社会的政治动荡、战乱频繁是根本原因。但是，就直接原因来说，造成乡村教育经费短缺的因素无非是经费来源不足和现有经费管理不善；这就要到乡村教育经费投入和管理的两个主体那里去找原因。这两个主体，一个是政府，一个是乡村社会。

民国乡村教育经费的来源和管理都是双轨制，政府（特别是县级政府和教育局）和乡村社会是乡村办学和投资的主体，县行政当局和教育主管部门，以及乡村地方领袖都是乡村学校的管理者，因此有关乡村教育经费的问题应该从这两个主体身上入手。下面就分别来看一下，政府在对乡村教育经费的投入和管理方面存在哪些不足，乡村社会在对乡村教育经费的投入和管理方面存在哪些不足。

## 一、教育财政体制的忽视

关于中国近代教育财政史的研究已经说明，“通过教育财政机制筹措教育经费在近代教育筹资体系中占有相当重要的地位”。而且，中国近代教育财政的历史趋势之一就是从支持精英教育向支持普及教育过渡②，应该说乡村教育经费在中国近代教育财政制度上的地位是越来越重要了。但是仍然可以说民国教育财政体制对于乡村教育经费的投入是非常细弱和不稳定的。

### （一）分级分区的筹款制度对乡村教育的忽视

在县级教育财政体系中，乡村学校所占比重较低，乡村社会自筹经费一直是民国时期大量乡村学校生存所依赖的筹资渠道。

民国初期虽然政府在办学主体上实行分级办学，但对于中央、省、

---

① 廖泰初：《动变中的中国农村教育——山东省汶上县教育研究》，山东省汶上县教育研究院，1936 年，第 52 页。

② 商丽浩，田正平：《中国教育财政制度近代化的历史走向》，《教育研究》2001 年第 4 期，第 76 页。

县的教育财政并无明确划分。有人就指出各国对于小学教育经费都有法律规定，或者由国家负担，或者由省与地方分担，国家予以补助；或者由中央和地方分担一个成数，其余由地方负担；或由国家负担全部乡村教育经费者。但是中国小学经费负担却并无明确划分。“今论小学经费，由国家负担乎？亦由地方负担乎？所谓地方负担者，由省负担乎，抑由县自筹集乎？惟此先决之问题，第一当划分中央政府省政府及地方三种财政之收入，确定税源独立及征收权限。第二当从中央省地方三种收入中，规定各部行政支配之成数，以确定小学经费基础。”①

县级教育财政对于乡村教育的投入主要分两部分：对县立乡村小学的投入是县教育财政对乡村教育的主要投入部分。但是，与全县乡村教育的规模相比，这部分投入并不算大。首先是因为受县教育财政支持的县立乡村小学数量少，乡村自筹经费开的区立乡村小学数量多，这是民国时期县级基础教育方面的普遍情况。以山东汶上县为例，全县 136 个小学中，6 个是县立完全小学，其中 4 个在城区（其中包括 1 个私立学校），2 个在乡村（二区的李伊和九区的梁宝寺）；其他 130 个初级小学基本都在乡镇，都属于乡村小学，其中 71 个是区立，59 个是县立［民国二十四年（1935 年）十一月三十日统计］。所以汶上县乡村学校大约共计 132 个，其中 61 个属于县立，71 个区立，也就是说直接受县财政支持的学校只有这 61 个，其余 71 个是乡村自筹经费所办，只受政府的少量补助，这是单从学校数量上的比较。湖北省也有这种情况，“大体言之，县立小学，实比区乡小学数量少，县小教员待遇，比区乡小学略优；故增加小学教师待遇，县小比区乡小学易，因区乡小学数量较多，区乡小学经费，零星琐碎，无人注意及之并设法整理也”②。即使在地方教育经费比较充裕的浙江，乡村学校方面也存在这种情况。“况各县乡村私立小学（其经费除了依赖地方祠庙产息

---

① 李步青：《小学教育经费问题》，《中华教育界》第 14 卷第 2 号，中小学研究号上，第 2 页。

② 《湖北县乡教育经费与县乡小学教师待遇问题》，《新湖北季刊》创刊号三十年元月十五日出版，第 176 页。

和学费之外，还受政府津贴，所以与廖泰初所说的汶上县的区立小学属于一类性质，即主要依靠地方社会资助的小学），多于县立乡村小学数倍或十百倍，以此众多之私立小学之健全，纵使县立小学办理完善，终难收普及之效，故欲谋乡村私立小学之健全，去经费急应充裕。”① “县立教育机关之数量，远不及区私立教育机关。据本省二十年度教育统计，县市立小学八一零所，区乡镇立小学五七一七所，私立小学五一八三所。这就足以证明县教育经费之不能维持地方教育，非仰赖于区教育经费及私人或团体之经费来维持不可。”②

县级教育经费对于乡村教育投入的另一部分，是县财政对于所谓区立或私立乡村学校的补助，这部分投入数额更小。

从汶上县对县立和区立学校的经费投入对比来看，县立学校每月由县府发维持费十元，而区立的则看办学成绩，分为三等，每半年由县府发给补助费十八元、十五元、十二元不等。③ 以此粗略推算，61个县立学校至少每年占用教育经费 7320 元（实际数目一定更多，因为 61 个县立学校中包括 2 个完全小学，完全小学获得的经费要超过普通乡村初小），71 个区立学校如果按照最优等的补助费十八元计算，最多也只能获得 2556 元补助费，其他不足的经费就要靠乡村自行筹划了，更何况，不是每个区立小学都能得到最高额的补助。对区立小学的补助不仅少，而且不稳定，以至于地方上经常将它忽略不计。“除完全小学和师范所外，各初级小学对县府的补助费都似觉不甚注意，尤其是区立如此，款项来时无定，数目亦不准确，常常拖欠折扣，对县府早已失却信心，一年半载不发文钱也认为是常事。”④ 这种情况不是汶上县的个案，至少在山东是普遍现象。“此项奖金（如同汶上县区立乡小的补助）多数乡小视之为意外之得；因而多用之于不当之处。故

① 徐晓春：《我浙多山县份应速办乡村私立小学学校林以济经费之蹶竭》，《浙江教育行政周刊》第 6 卷第 34—35 期，第 72 页。

② 张仲慎：《区教育经费问题应如何处理》，《浙江教育行政周刊》第 6 卷第 34—35 期，第 61 页。

③ 廖泰初：《动变中的中国农村教育——山东省汶上县教育研究》，山东省汶上县教育研究院，1936 年，第 50 页。

④ 同上，第 60 页。

此奖金在乡小便等于没有。”①

不仅区立乡小数量多、补助少是民国教育财政上的问题，其实县立乡村小学的经费也是时常处于不足状态的，县教育行政对城内小学的重视程度，远远大于对乡村小学的关注。

“近今各地教育之无进展，多因致力于县有事业之发展之，忽视下级组织之区教育事业之建树，殆为重要原因之一。”② 这是浙江的县级教育行政倾向。按廖泰初对山东汶上县从 1928—1934 年的教育经费支出情况的研究，“岁出最巨的要算完全小学的经常费，约占全支出四分之一”，也就是说汶上县 5 个县立完全小学得到了汶上县教育经费总数的四分之一，而这 5 个县立完全小学中只有 2 个算是乡村小学。所谓县立乡村初小名义上也是由县款供给，但实际上县款拨付的学校经费已经少到最底线了。以汶上县为例，每月每校十元的经费，全充作教员的薪金，也仅够教员个人的生活，连他养家糊口都不够。而且 1935 年后县立初小还“奉令减去三分之一学校”，余下的教育经费在按七折发放，“是以去年（1935 年）七八九十四个月，每县立初级小学，每月只领得四元八角五分（因尚未减足三分之一），十一月后，每校每月增至五元八角，困苦情形，可以想见了”。至于县政府给予区立乡小的补助，更是少到可怜的程度。以汶上县为例，“县府的供给前分三等，十八、十五、十二元，二十四年度上半年，每校只领得九元，这实在是个大笑话，中间亦有穷到每月只落着二三元的，甚而至无法维持教员一人生活的也有”③。

虽然，政府的教育财政拨款也存在许多弊端，但乡村自筹经费在收支管理方面更加私人化、民间化，主要依靠乡村传统习俗惯例来维持，缺乏现代教育管理必须的制度规范性。特别是这种带有自治性质

---

① 李盛春：《乡村初级小学经费之来源及其支配》，《基础教育》1936 年第 9 期，第 517 页。

② 张仲慎：《区教育经费问题应如何处理》，《浙江教育行政周刊》第 6 卷第 34—35 期，62 页。

③ 廖泰初：《动变中的中国农村教育——山东省汶上县教育研究》，山东省汶上县教育研究院，1936 年，第 56—58 页。

的乡村自筹经费制度很容易为乡村营利型经纪所把持操控，乡村教育经费中的许多问题都与此有关。所以，虽然县财政对于乡村教育的支持力度不足是一个事实，但是，官费毕竟比乡村自筹经费要稳定一些，所以官费办学还是比民间办学更具权威。以汶上县为例，正因为县立小学与区立小学经费来源不同，不仅造成教师待遇上的差别，而且使县立与区立教师在身份认定上也几乎产生差别，这被认为是当时的一种不公正现象。“论教员程度，论学生数目，论办理的优劣，区立和县立都没有分别；往往区立教员还有比县立好的，应守的条规，得到的自由都是一般多，待遇上就有这些不同，区立教员都羡慕嫉妒县立的，县立的也自以为高人一等，甚有看不起区立的。”①

**（二）县财政改革的影响**

国民政府在 20 世纪 30 年代为配合县制变革，谋求县财政独立，相继在各地推行一系列县财政改革，其中有推动普及义务教育的一面，但其中的废除苛捐杂税、县财政统收统支等财政制度改革，对于原来的地方教育经费触动很大，由于没有相应的、有效的抵补办法，许多地方的乡村教育也因此受到不良影响。

地方苛捐杂税之多，影响人民生活是民国财政上的一个大弊端，为救济社会经济衰落，培养人民元气，国民政府于 1934 年第二次全国财政会议上，确立裁废苛捐杂税的原则。其实，仅就地方教育税源来说，也有“繁”、“杂”之弊。“江苏在民国十七年（1928 年）前，教育税源之属于苛杂者，有一百三四十种之多，其中最令人注意的，是灰粪捐和义冢捐，竟苛杂到‘在灰粪堆里和死人身上打出主意来。’……安徽的苛捐杂税，据最近统计，约共三百余种，其中属于教育税源的，计一零六种。”② 国民政府奠都南京后相继裁撤了厘金、废除苛捐杂税，应该说是大快人心的举措，但是废除苛杂后地方教育经费，主要是县教育经费却发生了大问题，“因为苛捐杂税大抵都是县地方的收

① 廖泰初：《动变中的中国农村教育——山东省汶上县教育研究》，山东省汶上县教育研究院，1936 年，第 50 页。

② 程谪凡：《废除苛杂后地方教育经费的整理问题》，《中华教育界》第 24 卷第 4 期，第 51—52 页。

入”。地方教育经费主要依赖这部分收入，“以安徽为例，安徽全省各县苛杂收入共计七十五万余元，其中属于教育经费的有二十五万余元，占苛杂总数三分之一。安徽各县地方教育经费，通常每年约收二百四十万元，近年因灾荒迭见，综计每年收入仅及半数——约为一百二十万元，而苛杂所入，则占县地方教育经费五分之一以上”。国民政府废除苛杂后，定有拨补教育经费的办法，但大多行不通，即使有拨补也远远不及原数。“废除后，中央虽以芋酒牌照税及三成印花税拨补安徽二十五万元，然仅及非常的苛杂收入三分之一，其有补于教育经费者，更属有限。”所以，废除苛杂而没有适当的抵补办法的局面成了“只破坏而不建设的局面”，各地的学校只有用“合校并班”来应付，事实上“这还不是关门吗？”①

废除苛杂的不利影响也波及一些历来教育经费比较充裕的地区，如浙江省各县教育经费中，田赋附捐项下四成教育费是其中的最大项，这项收入“系从民国元年（1912 年）起到民国二十二年（1933 年）止逐年由地方教育人士辛苦谋划，呈请省厅核准的；亦有由省行政机关通令加征的。取得这种来源的时候，觉得比别种经费来得艰难”。但是，到民国二十三年（1934 年），这项收入遭到了一个大变故，南京国民政府明令核减田赋附捐和废除地方苛捐杂税，这对于严重依赖各种教育附捐的地方教育经费来说是个重大冲击。政府规定田赋附捐至多不能超过正税一倍，而事实上“浙省的田赋附捐，超过正税总数是实在的，有多数的县份，超过至数倍之多，也是实在的”。如照中央命令核减，各县教育经费势必发生很大困难，所以浙省教育厅不得不出面一再向财政会议恳请“概免核减”，来保障教育经费。②

对于乡村教育经费影响最严重的还不止废除苛杂，自 20 世纪 30 年代后半期开始，县统一财政的形成，对于基础教育经费，特别是乡村教育经费来说是一个转折。县政府借口县财政统收统支破坏了原先

---

① 程谪凡：《废除苛杂后地方教育经费的整理问题》，《中华教育界》第 24 卷第 4 期，第 54—55 页。

② 程凤鸣：《谈浙江省各县教育经费问题》，《浙江教育行政周刊》第 6 卷第 34—35 期，第 52 页。

约定俗成的教育经费专款专用制度，造成有些地方侵占挪用教育经费的问题更加严重。

自清末至南京政府初期，各地虽然产生了自治财政，但国家财政系统内部依然没有省与县之间的划分，没有独立的县财政，县政府仍然如同国家财政系统内的一个征收和出纳机关，没有独立的财政收支。在县财政机构方面，民初不少地方虽然有县自治财务所的设置，但同时地方的教育、实业或警务自治机关又往往自开财源，自筹经费，自行保管，自行开支，甚至有些县根本没有统一的财务机关。针对这种情况，国民政府从建立之初就开始采取措施，力求将县财政统一于财政局管理。1928 年 12 月国民政府第一次民政会议上就提出了整理各县地方财政问题，内政部会同财政部制定了《县财政整理办法》，规定各县地方财政必须“统筹统支”，“均由县财务局掌管之”，“除财务局外，无论何种机关，均不得自行筹款”等七条办法。此后南京政府又多次出台过类似措施法令，力争统一县财政收支，但有些地方各机关、法团、乡镇自收自支现象仍未能杜绝。直至 1939 年新县制实行后，县政府各个履行财政职能的科局一律裁撤，统一设立县政府下属的财政科，并建立预算制度、公库制度、审计制度，县财政统一的改革才告一段落。

县财政统一收支之前，县级教育经费一直沿用清末新政以来的将地方教育经费列为专款的制度。

对乡村小学来说，无论是县立还是乡村自立的，其经费的主要来源都是自前清沿袭下来的地方公款公产，以及田赋等教育附加捐税，这部分公款公产及附捐自清末至民国初期都专门用于发展地方教育，这已经成为地方社会约定俗成的观念，一定程度上形成了教育经费独立的事实。“上述款产（指清朝遗留下来的教育款产）在当时均为专款，不得挪用，拨充教育经费后，仍沿袭专款专用之精神，故在民国初年，国家对地方教育经费虽未有保障独立之规定明文，但事实上均为独立之专款，鲜见有挪移别用之事实，并以教育经费有此历来公认应保障之一贯精神，后来各地为教育而加征之田赋等各项附加，以及各种教育捐税，莫不成为专款。”①

在地方，有不少省市事实上形成了教育经费独立。为保障教育经费的专款专用，各地在经费的征收和保管方面都有一些相应的措施。自清末以来各州县事实上形成了县自治财政，各县也设立过各种名目的财政局所，负责经理县地方自治财政，但这种统一经理的形式之外，还存在着其他多种经理形式，据魏光奇的研究：“作为地方财政收支大宗的教育和警察经费由财政机构之外的专门机构经理。以直隶为例，昌黎县清末‘所有高小底款一律拨归该校自行发商生息，自收自支，理财所不为遥制’；静海县 1915 年以前，学产租金、附捐、基金生息等城镇各校经费，也均自行收支，此后改为由县署统一支发，而至 1926 年，又实行学款独立，成立教育基金董事会经理；冀县于 1923 年‘划定亩捐杂税收入为常年兴学经费，凡分拨各学堂及村立初等小学酌与津贴，均归（教育）局长经理’。”②

湖北在 1933 年各县大都建立起教育经费审查委员会或教育经费稽核委员会，管理和规范各县教育经费的收支，防止对教育资产的侵占、贪污、滥用。山东汶上县虽有县级财政部门——经征处，但教育经费的收支在很长一段时间里也是独立的，成立了专门的县教育经费监督机构，甚至有过部分教育经费由教育局直接征收的时期。“丁银附捐（约占全部教育经费收入四分之三）前由县政府经征处直接征收，结束后再拨归教育局，其余杂捐由教育局直接征收。民十八年度成立教育经费委员会，由县政府职员与地方人士共同组织，规划全县教育经费预算，一切开支均须经该委员会通过；及后局改科，教育经费委员会仍然存在。直至二十四年九月，由五科改为三科，全县经费实行统支统收，一切财政统由第二科与经征处直接管辖。”③

从袁世凯执政到北洋军阀政府，再到南京国民政府初期，基本都

---

① 《第二次中国教育年鉴》，上海：商务印书馆，1948 年，第 200 页。

② 魏光奇：《官治与自治：20 世纪上半期的中国县制》，北京：商务印书馆，2004 年，第 273 页。

③ 廖泰初：《动变中的中国农村教育——山东省汶上县教育研究》，山东省汶上县教育研究院，1936 年，第 53 页。

保持这种教育专款专用的做法。袁世凯时期规定“各地方固有学款，宜分别保存，不得移作他用，并将国家地方税项查明厘定，确实学款支出范围，以防混淆。在两税未分以前，暂照各地方习惯，以部款、省款、县款三种支配之”①。在20世纪20年代初，由于北京政府侵占挪用教育经费现象严重，也曾经造成教育经费困难，以北京国立八校为首的教育界人士发起教育经费独立运动；督促政府保障教育经费独立。南京国民政府初期也明文规定保障教育经费独立。国民政府行政院于1929年通饬各省教育经费须保障独立；1930年行政院又颁发地方教育经费保障办法。②

虽然事实上，由于政局的混乱动荡，从中央到地方侵占挪用教育经费的事件不断发生，各地教育经费基本上都处于短缺状态，甚至在20世纪20年代，北京、湖南、四川、福建等地还引发过比较激烈的教育界索薪运动，但是至南京国民政府初期，在乡村教育经费的保障方面也不是一无是处，比如县级教育经费不仅占县自治财政的大宗，而且地方教育经费一般还是由教育主管部门或专门机构，如教育基金董事会、教育经费委员会之类独立管理的，不受县政府所辖的理财所或财政局的节制。这种教育经费专款专用精神的存在，使得县级教育经费的来源相对比较固定，对于民初乡村基础教育体系的初步建立是有促进作用的。“这一时期（清末至国民政府初期）县自治财政对于中小学基础教育体系建立的促进作用尤为显著。从清末至20世纪30年代中期，由于县自治财政的形成使得各地的教育经费得到了稳定的来源和可靠的保证。”③

随着县财政统一收支的改革，各种专款制度就与县财政统一政策必然发生冲突。

虽然在分级负担教育经费体制中，乡村基础教育经费所占比重不

① 宋恩荣，章咸：《中华民国教育法规选编》，南京：江苏教育出版社，1990年，等32页。

② 《第二次中国教育年鉴》，上海：商务印书馆，1948年，第200页。

③ 魏光奇：《官治与自治：20世纪上半期的中国县制》，北京：商务印书馆，2004年，第283页。

大，但对于县级财政来说，“教育经费在地方经费内为数最大”①，“教育经费系当时县自治财政的一项重要支出，在有些地方比重可占到30%～50%”②。由于新县制下，各县自治事业都需要钱，教育经费又是县级地方财政收入的大宗，所以，南京国民政府统一县财政的政策成为县政府破坏教育经费独立，侵占挪用教育经费的借口。“自二十八年县组织纲要公布实施后，县地方教育经费，受各地方政府误解其第二十一条：‘县之财政均由县政府统收统支’之规定，破坏教育经费之独立，与其他经费统收统支，无形中加以侵占，其事态甚为严重，且逐年在不断加甚。”“其款产被县接收，与其他公产合并管理，田赋等附加，并入正税并征，另换名义变为普通税收，地方教育事业因之受莫大之打击。”③

许多县教育经费比之前更加困难。

廖泰初指出汶上县自1935年就实行的县财政统收统支，事实上对于保障汶上县教育经费来说是一个破坏。“直至二十四年九月，由五科改为三科，全县经费实行统支统收，一切财政统由第二科与经征处直接管辖。”④“自二十四年度起，全县一切经费统支统收，完全由县府经征处和第二科办理，教育经费由半独立的局面，一变而为倚靠式、牵连式的。以前特别为教育的学田税契基金等收入，都成为县共有的了。又因是年水灾惨重，县款收入锐减，按财政救济会议议决案第五第七项，自廿四年七月份起，薪公一律七成发给。结果全年教育经费由四万余元一降而为一九〇八五六〇元。”⑤ 教育经费制度的变化，对于教育事业的实际影响是很大的，“最近的统支统收，七折发薪，教育经费失了保障，穷苦的教员，经年处在一种和生活奋斗的状态中，问

---

① 《第二次中国教育年鉴》，上海：商务印书馆，1948年，第200页。

② 魏光奇：《官治与自治：20世纪上半期的中国县制》，北京：商务印书馆，2004年，第278页。

③ 《第二次中国教育年鉴》，上海：商务印书馆，1948年，第200—201页。

④ 廖泰初：《动变中的中国农村教育——山东省汶上县教育研究》，山东省汶上县教育研究院，1936年，第53页。

⑤ 同上，第57页。

题更倍加严重了”。①

国民政府的财政改革造成乡村教育经费的减少，在浙江也已经成为不可逆转的事实。“晚近政府整个政策之设施，如过去之裁厘及恢复自治，最近之废除苛杂，无形中使区教育经费减短不少。虽则保障教费非惟见之政纲，且亦迭奉明令，而县长之考成，教费列四重要之一，实则政令同于具文，下级政府格于困难，无力奉行，因之在未有抵补以前，区教育经费之减短，事实终于实现。”②

1941 年的湖北各县教育附捐已经归入县财政统一收支，失去了独立性后，有人质疑：“究竟每项教育附捐是否与县政保甲各捐，按原定成数分项登记？其交库保管是否分收分管其拨付各部分，是否各按款项性质及来源分别领用？恐有不少县份，还是统收统用，利用款目不分，争收争用，强者其经费虽未征起，不免夺教费为己用，可怜教员跋涉领款，主管者总以‘教费未征起应该静候发放’对，其实教费是否征起？各项教育附捐，已收若干？实支若干？何曾公开宣布。”实际上湖北各县教育经费如果按照县财政预算支配的话，多数县的教育经费是有结余的，“实际此项结余之数，多被移作他项之用”，为避免这种教育经费被挪移的弊端，有人呼吁应该切实遵照政府颁布的《整理各县地方教育纲要》，“实行统编分立教育经费预算，统收分存教育经费”等措施，目的很显然都是想在统收统支的县财政体制下，尽量为教育经费争取一个较为独立和稳定的保管体制。③

对于中央明令核减田赋附捐，虽然教育界表示理解，但是对于教育界辛苦奋斗、来之不易的教育专款就这样被吞没，教育界也心有不甘。以浙江省的教育田赋特捐来说，“现查甲项就赋税或田土所出之一九九〇〇〇〇元之来源，系从民国元年起到二十二年止逐年由地方教

① 廖泰初：《动变中的中国农村教育——山东省汶上县教育研究》，山东省汶上县教育研究院，1936 年，第 52 页。

② 张仲慎：《区教育经费问题应如何处理》，《浙江教育行政周刊》第 6 卷第 34—35 期，第 67 页。

③ 王介菴：《湖北县乡教育经费与县乡小学教师待遇问题》，《新湖北季刊》1941 年第 1 卷第 1 期，第 177 页。

育人士辛苦谋划，呈请省厅核准的；亦有由省行政机关通令加征的。取得这种来源的时候，觉得比别种经费来得艰难”。“教育附捐的来源，既比其他地方经费来得难，用途似乎格外来得切要；如果要同用于他项经费的附捐，一样的核减，恐怕事实上要发生困难。”所以在全国财政会议之后，由省地方举行的财政会议上，浙江教育界提议“要依保障教费办法，将教育附捐，概免核减”①。

为争取原有教育经费保障，教育界与财、政两界展开了长期争论。国民政府虽然早有保障教育经费独立的政纲，也出台过对地方教育经费“抵补”的命令，但都成为一纸空文。所以，争取原有教育款产，保障教育经费独立的呼声再次高涨起来。

地方教育经费遭受如此打击之后，纷纷向省、省又向教育部请示，请求杜绝挪移教育经费现象，中央掌握财政实权的财政部和内政部，以县财政统收统支为借口，反对恢复教育专款制度。在教育界的极力反对下，1942 年国民党中央执行委员会第九次全体会议通过了“地方行政机关误解财政统收统支办法挪用教育经费妨碍教育事业请予纠正议案”，议案规定“原地方学款学产租息，因物价增高之溢收，及原指定教育经费各种赋税因征实之溢收，均应全部拨充地方国民教育经费，绝对不得借口统收统支，移挪别用。”此案后由国民政府行政院通令各省及有关各部遵照执行。但上述办法只是一般原则，缺乏具体的执行办法，后财政、内政、教育三部会同商议，决定县教育经费在统收统支原则下，应成立特种基金，以为保障。但事实上由于各省财政拮据，直至抗战结束，所谓特种基金都没有下文。“故截至三十三年底止，名义上县地方教育经费已成立特种基金者，亦仅有三省，其余各省因种种阻碍尚均未成立。”②

总之，南京国民政府成立后，随着政府控制能力的不断增强，政府逐渐对地方财政加以整理，但裁厘、废除苛捐杂税、县财政统收统

① 程凤鸣：《谈浙江省各县教育经费问题》，《浙江教育行政周刊》第 6 卷第 34—35 期，第 52 页。

② 《第二次中国教育年鉴》，上海：商务印书馆，1948 年，第 201—202 页。

支等措施在无形中使原来属于地方、用于教育的公产公款及各种教育附加捐税等乡村教育经费减少。这样，一方面从体制上看乡村教育经费原来主要依赖地方社会自筹转变为民众和政府共同负担，教育的供给逐渐由民众负担转变为政府职能，教育国家化的趋势加强。另一方面，公共资源和政府权力的介入并未能按照预期来保证乡村教育的公平发展和普及。实际上，原来专门用于教育的公产公款被划入县统一财政，由县政府统一支配之后，由于地方政府将这些经费挪用为其他自治事业，所以基础教育经费反而不如之前教育经费独立时更有保障了。

## 二、政府职能管理上的缺位

廖泰初总结汶上县的教育经费问题时，指出“历年的欠整理，处置的不当，拖欠，随便开支，中饱，收不齐，无法追讨，暗吞漏报，能够收到八九成就算是了不得的成绩。整个县政府的经费如此，县教育经费也如此。这是地方事业无法发展的最重大的一个原因”①。无疑，廖泰初将乡村教育经费的问题矛头指向了县政府在教育经费征收、管理上的失职、渎职。在全国范围内，同样也是存在这种问题的。

### （一）教育经费管理混乱

民国时期政局动荡，牵连着整个国家的教育管理也不上轨道。首当其冲的表现就是教育经费被侵占挪用做军费、政费的现象严重，尤其是在20世纪20年代北京政府时期，这种现象在中央和地方频频出现，激起了教育界强烈的反体制冲动，教育经费独立运动就是在这种背景下发生的，其目的就是力争教育经费能够脱离政府普通行政的控制，由教育界或社会力量独立管理。政教关系的不和谐，使得本来就方兴未艾、基础薄弱的义务教育深受其害。这个问题在1918年即已受到人们的注意，成为束缚教育发展的主要障碍了。“试思民国成立以来，凡政费用之不得其当者，如帝制问题，不知消耗若干万矣。复辟

① 廖泰初：《动变中的中国农村教育——山东省汶上县教育研究》，山东省汶上县教育研究院，1936年，第52页。

问题，不知消耗若干万矣，而自去秋与西南构怨以来，闻每月军费骤增七百万，几倍平时政费，劳师经年，毫无成效。若以此一月之军费，改为学校之临时开办费，则专科大学可增七所；专办实业专门学校可增三十五所；……若改为学校之常年经费，则专办单级小学，以每校年经费四百计，可敷二十一万所；专办多级小学……化无用为有用，以有余补不足，较之浪费金钱饱充囊橐者，其结果自有霄壤之殊矣。"①

"义务教育经费，东西各国无不占国家预算之大部，我国岁入除军费政费外，义务教育费用，所值几何。乃近年来，并此区区之数亦尽饱入武人政客之私囊。最痛心者，即此种人民膏血之涓滴，以期苟延精神生活之残喘者，反转而以养兵，养兵以祸国，祸国以秧民，是不仅吾人精神生活因此破产。"② 教育经费独立的呼声就是为避免教费被政治当局侵占而兴起的。"义务教育飘荡于此卑污龌龊政治军事之旋涡中，风雨飘摇，几溃破产。能走出此误区的路径有二点：一是国家和省级政府从财政上应给予义务教育经费以补助和奖励；二是迫切指定教育基金，使义务教育基金独立管理，不让其他部门染指于此，更不能让义务教育基金被军阀政党挪用于军费或其他方面。"③

清末民初以来各县公款当中，教育经费占最大宗，军阀混战当中对地方款项的侵吞以学款受影响最大。"各县公款，向以学款为大宗，自清季讲自治，继以民国用兵，因保卫之事，或其他托名之公益，往往侵及学款，影响于教育者甚大。"④ 安徽于 1923 年举办六种义务教育特捐，其中之一是厘金附加一成特捐，安徽省教育厅从财政厅领取到的 1928 年一月的厘金附捐只列有七局带征之款，而安徽省厘卡共三十七局，因"不符原案"，教育厅特地咨请财政厅查明另外三十局的附

---

① 幻龙：《告新大总统》，《教育杂志》第 10 卷第 11 号，1918 年 11 月 15 日。

② 《全国教育独立运动会宣言》，《新教育》第 4 卷第 5 期。

③ 邰爽秋，黄振祺：《中国普及教育问题》，上海：商务印书馆，1938 年，第 161—162 页。

④ 李步青：《小学教育经费问题》，《中华教育界》第 14 卷第 2 号，中小学研究号上，第 2 页。

捐之款，财政厅的回复是“谓一年来皖北各厘局税款，均由注在各军悉数提用，从未解库。所开送一月份七局带征义教特捐，系照以及报解到厅者开列云”。涡阳县新任教育局接管前任，查接管卷内，由十六年禁烟罚款项下指定拨给教育费未曾拨到，“屡次催索，据云前县长供袁军提用，业已呈报省政府，有案可稽”。有时候，大军过境造成的混乱，让人都无从整理稽核。由于军阀混战使安徽巢县政治当局更迭，时过境迁，许多教育款产信息都无从追查了。前任教育局长声称下拨的厘金教育附捐“分文未领”，不仅教育局无从查考，而且由于“去岁鲁军陷巢，县政府被捣毁，案卷残缺，亦无法稽核”①。

混乱政局牵连乡村教育的又一表现是，教育主管机构或人员更迭频繁，无暇顾及乡村教育。

教育主管部门和人员受政局的影响而动荡不定或腐败不堪，是民国教育系统从中央到地方的一个共同现象。特别是北京政府时期，教育部被军阀政府视为分赃的一块筹码，派往教育部主持教育的长官有些根本不是来办教育的，只是沾了军阀的余荫，在政府中谋个官做，分一杯羹而已。有些人甚至对教育一窍不通，根本没有任职教育界的一点资格，如 1924 年段祺瑞上台，委派王九龄为教育总长，王是一个鸦片贩子，广大教育界人士将对他的任命视为对教育界的极大侮辱，群起反对，最后王竟在段祺瑞的命令下，由警察护送到任，成为当时一大社会丑闻。整个 20 年代从奉系军阀政府到直系军阀政府，政权更迭频繁、内阁换了又换，教育主管当局自然也随着政潮起伏而动荡不安，自 1912 年至 1926 年的 14 年中，先后换了 38 个（次）教育总长，24 个（次）教育次长。② 县教育局由于对地方教育款项拥有比较大的处分权，有些地方教育局是县教育经费的保管单位，所以，县教育局长成为一个美差，成为各派势力争抢的对象。“学款之巨，为地方人所

① 《地方教育消息·安徽义务教育经费之缘起及其经过》，《安徽教育行政周刊》第 1 卷第 2 期，第 12—13 页。

② 陈学恂：《中国教育史研究》现代分卷，上海：华东师范大学出版社，1994 年，第 85 页。

注目，因之引起教育局长问题。”①

有人谈到二三十年代各地相继办起的乡村教育实验区时，指出无论政府所“经营”还是“私人团体所经营”的实验区，都存在受政局牵连，“人存政举人亡政息”的现象。“现在法治系统尚未完成的时候，政局变迁不定，官吏无保障，往往有‘人存政举人亡政息’之叹。即私人经营，亦多不能逃脱此公例。”② 柳均卿以自己的家乡黄陂县为例，“自十六年九月至今年九月，两年之中，教育局长更番迭替，计前后有六个人。这样教育界有如传舍，局长有如过客，真所谓‘席不暇暖’，请问还有闲心来整顿和改良教育吗？因为教育局长时有更动，便影响及于经费之整理，常常引起不能按月发薪的恐慌，于是各校教员也就无心去上课了”。本来这时湖北军事冲突渐告平息，民众迫切希望乡村教育能够得到建设，“而夷考其事实则殊难令人满意”③。教育主管部门的敷衍，动荡政潮的牵连，都造成政府办学效力下降。“教育局长对学生多少，办理如何，一切都不在乎；只顾例行公事，懂得敷衍，懂得剩几个钱。一年内说不定换几个县长，接收未清，就得准备交代，谁都存着五日京兆之心。教育局长督学轻易不到乡间走一趟，走一趟亦只潦草完结，到区部绕个圈子已是不得了。”④

教育行政不仅责任重大，而且专业性强，非得学识和人品能够深孚众望者才能胜任，但事实上，民国时期地方教育长官的遴选非常不正规，而且常随政潮的波动而更迭频繁，所以难有教育当局有长远的计划。“现在每以其人之势力为标准，外面有有力者说话，便有局长之希望。有力者倒台他也就随之而被人打倒了。这样只见教育局成为地盘争夺杀伐之场，如何谈得到建设发展呢？”所以“这个县长切实整理

① 李步青：《小学教育经费问题》，《中华教育界》第14卷第2号，中小学研究号上，第2页。

② 王衍康：《中国乡村教育前途之展望》，《中华教育界》第22卷第4期，第47页。

③ 柳均卿：《整理乡村教育发微》，《中华教育界》第18卷第1期，第1页。

④ 廖泰初：《动变中的中国农村教育——山东省汶上县教育研究》，山东省汶上县教育研究院，1936年，第46页。

财源收入与教育局的人选问题是整理乡村教育的生死关键”①。

### （二）经费体制的弊病

名义上大家都知道乡村教育是教育的根本，但各级教育行政主管部门对乡村教育都是忽视的。县级政府一般是基础教育的管理主体，而县政府在教育经费征收和管理方面的不尽职，有法不依，也是造成乡村学校经费困难的直接原因之一。

首先，教育行政当局的一般执政思路也侧重城市，而忽视乡村。“现在无论中央教育机关和地方教育机关，却似乎只把全力用在中学以上的教育方面去了，只偏重在城市文化方面去了，所谓北京大学和师范大学的恢复原有状况和其他八校的复大运动，已闹得个教育部手忙脚乱；省教育厅为应付教职员的风潮也是弄得头昏眼花。真正的乡村教育却无人过问了。所谓改良小学教师待遇，也未尝不成为一个流行的口号，也未尝不见其施之实行，然而只是在我所说的城市一方面。”作者以湖北教育厅的工作为例，指出自民国十六年（1927 年）以来，教育厅长一履任的唯一革新举动，就是合并学校或将一校拆分为数校，及更换校长。“他们似乎以为这是教育厅长唯一的建设事业改革事业。他们翻来覆去也只在一个武汉方面，至于乡村教育便毫不过问了。”只看到教育厅添设了几所中学和整顿某大学而已，“至于各县的地方教育，则只放一个教育局长便算了事，随他们怎样办，有成绩无成绩在所不计”。“近虽有武汉增设小学二十二所之举，亦只偏于城市方面。”新换的教育厅长为求政绩，也只会“涂饰耳目”，只在武汉市内教育上用功夫，市内小学教师的薪水至少在八十元以上，而乡村小学教师的待遇则与市内待遇“隔如霄壤”，“其他小县不说，以黄陂而论算是头二等大县，教员月薪不过十五元”②。所以改造乡村教育经费状况，教育当局需要做的事还很多。县教育行政当局重城市，轻乡村的倾向是全国各地比较常见的现象。“再各县教育往往偏重城市，忽视乡村，畸

---

① 柳均卿：《整理乡村教育发微》，《中华教育界》第 18 卷第 1 期，第 2 页。

② 同上，第 2—3 页。

重畸轻，殊与教育应求大众普及之原则大相背谬。”①

其次，教育行政机关的敷衍苟且，不能履行责任也会人为地造成乡村教育经费的困难。比如为补助教育经费，山东原定对购置不动产者征收百分之二的公益捐，但政府机关在这方面也多有法不依，“收税机关多不照正式手续，置产者更是得漏且漏；此外更有情面关系，少收或免收；致乡小此项收入年少一年了”②。而且，各县教育经费的困难，还与县与区乡村在教育经费上没有明确划分界线有关。“各县教育经费支绌，且多收支不符。考其原因，皆由于县乡教育经费不能划分，彼此牵制，两受困难，以致事业不能发展。”③

再次，具体到各县制定的乡村教育经费政策上，税源的苛杂，及征收不稳定是一个比较突出的缺陷。

有人对浙江区教育经费研究后得出结论是“可以知道区教育经费名目之繁，数目之细。吾人给以检讨，便感觉其苛杂而不可靠，无时不在动摇中，区教育事业行将破产，整个教育之前途，亦有不堪设想之虞”④。以海宁县为例，全县五个区的教育经费中就共包括如下 46 个名目：除了款息、田租、房租、学杂费之外，大多数属于教育捐税，计有茶捐、屠附税、砖灰捐、戏捐、埠捐、过塘捐、小猪捐、青叶捐、丝附捐、坑肥、乡货米捐、客栈捐、善愿特捐、丝吐捐、茶碗捐、鱼捐、甘蔗捐、柴捐、枯叶捐、称秤捐等名目，这些捐税中只有两项是五个区都有的，其他的都是各区根据自己的情况而设立的，有的只为某一区所独有，其中一区所设过塘捐收入只有 17 元，第二区的善愿特捐只有 30 元，第四区的荡租只有 20 元收入。根据对吴兴县 1928 年的调查，情况与海宁类似，全县包括城区在内的六个区中，共有区教育

---

① 詹纶章：《一年来整理全省教育经费概要》，《河南教育》1929 年第 1 卷第 13 期，第 9 页。

② 李盛春：《乡村初级小学经费之来源及其支配》，《基础教育》1936 年第 9 期，第 517 页。

③ 赵质宸：《乡村教育概论》，北平：著者书店，1933 年，第 135 页。

④ 张仲慎：《区教育经费问题应如何处理》，《浙江教育行政周刊》第 6 卷第 34—35 期，第 67 页。

经费36项，其中只有茶碗捐和屠宰捐两项是各区都有的，龙湖区的菱捐和螺丝捐都只有20元收入，蓉湖区的小猪捐和桑秧捐都只有24元的收入。① 乡村教育捐税项目过于繁多、苛细，不仅不易征收，“且其中一部分捐款，不能比拟正式捐款，实关于乐输性质，经费之收取，多少含有感情的成分，非和颜卑辞，不易收取。或以主持易人，此种捐款即根本无着，于事难诉以法”②。

除了教育捐税来源过于苛细外，“其征收的手续‘繁杂’，易生中饱，迟宕不稳定等现象”，也是弊端之一。因为“手续越繁杂，控制越困难”，中间人从中渔利的问题更易发生。③

## 三、乡村社会的投入不足

除了来自政府的重视和支持不够之外，乡村社会自身对新式教育的冷淡也是造成乡村教育经费短缺的原因。“现乡村经费支绌，各处皆然，其原因：一则由一般人不注意乡村教育，未筹到相当之经费；再则由乡村人未受到教育之利益，不愿尽力投资于教育事业。结果经费支绌，教育事业难有发展。”④

首先，由于乡村教育经费主要来自乡村社会自身，所以乡村经济破产是造成民国时期乡村教育经费投入不足的首要原因。近代乡村经济落后，并日益走向崩溃，从而造成乡村民众的普遍贫困化，这既直接影响乡村民众对教育投资的意愿，也影响着乡村学校来自地方公款产的收入。

王衍康指出民生问题与教育关系密切，中国自古就有“富而后教”、“衣食足而后知礼义”的说法，“实际从事乡村教育者，断不能为教育而办教育，至少要顾虑到农民的生计状况”。而中国农村经济的现

---

① 张仲慎：《区教育经费问题应如何处理》，《浙江教育行政周刊》第6卷第34—35期，第62—67页。

② 同上，第67页。

③ 毅夫：《如何宽筹地方教育经费》，《教学生活》1936年第2卷第2期，第8页。

④ 赵质宸：《乡村教育概论》，北平：著者书店，1933年，第135页。

状是“从各地精确的统计报告的数字中，我们更不难推测全国农村经济崩溃的状态”。农民的日常生活是“无论南北，在一般的农村里，处处显露着穷困窘迫的现象”。他认为中国农村经济破产的主要原因：一为国内的政治经济问题，一为外来的经济侵略。对中国经济的内部问题，他引用了古楳的研究结论，指出了十大问题：“即（1）人口繁密，（2）耕地不足，（3）租税苛重，（4）灾害频仍，（5）农产不丰，（6）副业不昌，（7）买卖不公，（8）雇工费大，（9）农业资本缺乏，（10）利率过高。”从国际方面看，他指出列强的经济侵略加剧了中国农村经济的崩溃。“中国在经济上，是一个被处分的国家”，“也可以说关税主权上，早已被人缴了械的国家。因此，洋货在中国市场上倾销，深入中国的农村，而使中国农村破产，日益尖锐化”①。

卢绍稷则是从农户个体的经济能力角度来分析乡村经济与乡村教育之间的关系。他指出“乡村经济之艰窘”对“教育事业之发展”有五方面的影响：“（1）农民因为家境窘迫，不能负担学膳书籍等费，多使其子女无受义务教育之机会；（2）农民又因经济关系，更使其子女无受中等教育与高等教育之机会；（3）农民无捐款兴学之能力；（4）现今乡校经费之来源，大半由于一族祠产拨出，农民金融既形窘迫，祠产拨出难望增加；（5）农民又因生计关系，常于农事余暇，兼习小工小贩，带其子弟出门，更使其子弟无受乡村补习教育（如冬期夜校）之机会。”② 乡村经济破产必然影响到农户个体对教育投资意愿，显然乡村子弟不能入学的主要原因是因为经济困难。有人做过这样的具体估算：“乡村学校的学费，一年也不过一元，普通只是几角；书籍用品费一年也不过一两元；在富人看来，几元的教育费的确不成问题；但是贫农们为人佣工，一天只能赚二十几个铜元，赖佣工薪资而担负教育费，需要一两个月的苦力；家里吃盐点油穿布都仰仗佣资，哪里能废衣绝食去供给儿女入学。……教育费之外再加上服装费，贫

---

①　王衍康：《中国乡村教育前途之展望》，《中华教育界》第22卷第4期，第45—46页。

②　卢绍稷：《乡村教育概论》，上海：大东书局，1932年，第164页。

农们便更负担不起了”。就是不收学费或津贴书籍用品，也还有些贫农子女不能入学；“因为六岁以上的儿童在贫农的家庭经济上已经能作有效的助力；……贫农们因为生活的压迫，需要儿女们在家帮助工作，所以不纳学费也不能让子女入学”①。更何况，对于许多乡村学校来说，学生交纳的学费是学校最主要的经费来源。

相关社会调查的结果也证明，贫困是造成农家无力进行教育投资的根本原因。据对山西22县50个乡村65个学校的调查，“因家贫不能入学者，一般说来，当占80％上下也”。“当农村破产之目前，农民救死抚亡之不暇，奚遑送子弟入学！”② 据一位乡村教师对自己任教的短期小学学生的家庭（山东长清县务滋庄）经济情况所做的调查，可以看出经济条件是如何影响乡村教育的。“全校学生的家庭经济状况：八十余人中有六十人的家庭是在五亩（中亩）以下，在二十亩以上的仅有十家，按研究统计，每人如欲维持适当之生活必须耕地十亩。现在务滋庄小学生家庭财产统计有八分之六是在五亩以下；假设每家以五人计算，每人仅摊地一亩；实际情形大有活不下去之势！好在本村有三分之一以上的人家是以烧窑为副业，窑口的收入常超过正业的三分之二以上。人民的生活赖得维持。所以务滋在全县八百多村庄中情形还不能算是最坏。”即使务滋庄经济情况还不算太坏，但由于学生忙于劳动，经常缺课也是一个问题。“因为农家经济凋敝，儿童须从事劳动几无入学的余暇；所以学生旷课成为乡间教育极大的困难。”③

李景汉1928年对河北定县东亭乡的调查，则反映了一个乡村社区中，民户的受教育程度与其家庭的经济条件是成正比的关系。

---

① 高希裴：《乡村教育的初步认识》，《经世》1937年第1卷第4期，第53页。

② 宋震寰：《山西乡村教育概况之调查》，李文海：《民国时期社会调查丛编》，福州：福建教育出版社，2004年，第117页。

③ 陈剑恒：《乡村教育访问记》，《基础教育》1936年第1卷第6期，第332页。

**表 6.2.1　定县东亭镇 515 家内受教育之家庭与田地亩数之关系表**

| 家中田地亩数 | 家数 | 有受教育者之家庭 | | 平均每家学生数 | 开始入学之平均年龄 | 平均入学年限 |
|---|---|---|---|---|---|---|
| | | 数目 | 占总家数之百分比（%） | | | |
| 50 亩以下 | 417 | 236 | 56.59 | 1.08 | 8.81 | 3.92 |
| 50～99.9 亩 | 80 | 79 | 98.75 | 3.48 | 7.82 | 6.11 |
| 100 亩及以上 | 18 | 18 | 100.00 | 4.50 | 7.15 | 7.26 |
| 总合 | 515 | 333 | 64.66 | 1.57 | 8.31 | 4.96 |

资料来源：冯和法：《中国农村经济资料》，上海：黎明书局，1933 年，第 673 页。

调查结果显示，乡村家庭，其子弟的入学率与其家庭的富裕程度是成正比的，而且越富有的家庭，其子弟入学的年龄越低，就学的年限也越长。

从乡村学校具体的经费收入上看，民国时期乡村经济的日益破败，直接影响着乡村教育公款公产的收入，进而影响到乡村学校经费。

因为民国时期乡村学校经费的来源除了县款的补助之外，相当一部分收入是要仰赖于乡村自理，比如基金生息、学田租金和学生纳费，等等。而随着近代乡村经济衰落，百业凋敝，农村经济处在破产的边缘，乡村学校的经费自然面临更多的困难，原有的教育公产也面临着朝不保夕、或日益减少的危险。“譬如以前之仰赖于基金息者，每年每千元有二百元之息金。现在因为百业萧条，生意不佳，商民经营一年来，所得的不够学校的息金，因之不愿意再出此高息。学校自不得不将利息降低，以往每千元有二百元之息金者，现在仅可百余元。是无形中学校经费亏损三分之一。他如以前之仰赖于学田租金者，每年每亩可租十元。现在因为经济衰落，农产品不能高价出售，农民耕种一年来，所得的不够学校的租金，因之也不愿意出高价租地。学校自不得不将租价降低，以往每亩租十元者，现在仅租五六元。是无形中学校经费减少一半。以前之仰赖于学生纳费者，现在因为农村经济破产，农民的财力减低，有许多的贫农，连自己生活都难维持，还顾得什么教育，所以皆不愿意子弟入学。入学的人数少了，自然收费也就少了。

诸如此类，可以说无一不足以使乡村小学之经费走上破产的道路。”①

下面是山东长山县焦家桥小学1932年、1934年、1935年经费收入一览表。可以看到本来该村小学收入中，以对当地牲畜市场所征收的教育附捐为主要来源，但“不幸近年来农村破产，牲畜落价，以前值百元者，现在不值五十元，因之捐收锐减，而该项捐收，为该校经费之主要来源，因之学校经费渐感不支”②。

**表6.2.2 焦家桥小学三年经费收入一览表**

| 总计 | 图书馆基金生息 | 县补助费 | 屠宰捐 | 学费 | 学田租 | 斗行捐 | 牲畜捐 | 项目 |
|---|---|---|---|---|---|---|---|---|
| 2075元 | | 400元 | 24元 | 425元 | 109元 | 112元 | 1005元 | 二十一年度（1932年） |
| 1476元 | | 400元 | 24元 | 280元 | 109元 | 112元 | 551元 | 二十三年度（1934年） |
| 1637元 | 34元 | 400元 | 60元 | 260元 | 174元 | 158元 | 551元 | 二十四年度（1935年） |

资料来源：焦镇儒：《乡村小学经费困难的情形及救济的实例》，《基础教育》1936年第5期，第264页。

浙江省各县教育经费曾经在1934年因为中央要求核减田赋附捐而受到很大冲击，由于教育界的努力争取，好不容易获得一个“在名义上虽然一样的减免，但在实际上仍没多大短少”的局面。“但该年份突然遇到了一个大旱灾，统扯收数不过四成；而此四成之中尚需缓征；其幸而不在缓征之列的，亦多征不起色，那各县的教育经费真就没有办法了。”从这次看似“意外”的事件中，也可见农村经济的脆弱是如何制约着乡村教育发展的。③

其次，乡村社会对新式教育的不理解也直接影响着乡民投资教育

① 焦镇儒：《乡村小学经费困难的情形及救济的实例》，《基础教育》1936年第5期，第262页。

② 同上，第264页。

③ 程风鸣：《谈浙江省各县教育经费问题》，《浙江教育行政周刊》第6卷第34—35期，第52页。

的热情。乡村子弟除了家贫无力入学之外，乡村民众对新教育的不认可，也使家长不愿送其子弟入学。

乡村民众对新教育的冷淡，原因很多，比如，乡村民众对教育的重视程度本来就不够；新式学校办理不善，收效极小；新旧教育文化观念的冲突，等等。但“一经深究，即知最重要者，则为毕业之后，仍不免务农，甚至为差役，反不如不学之为经济也”①。也就是说新式教育不能满足乡村民众实用性很强的教育目标，是影响乡民对新教育态度的最直接原因。新式教育文化不被农民理解还有一个原因，是出于对政府的不信任，“二十三年来，政府措施，不能使民众信仰，于是养成人民厌恶惧怕政府的心理。任凭政府说得冠冕堂皇，总不易使人民相信。乡村教育之窒碍难行，也就是这种观念从中作梗。其实，这并不怪‘老百姓’不辨好歹，实在是因为好政府太不多见的原故”。有人以办理村政最久的山西为例，指出在乡间民众对包括新式教育在内的所谓新政怨言很多，究其原因，很多人都认为在于“政府愈管，则人民愈被动；愈被动愈不动”，还是“凡乡下事，万勿使官府过问”为好。总之，政府或知识分子包办、代办的乡村教育，其结果是受到质疑的。②

种种现象证明民国乡村社会对新式学校还远未了解和接受。一个乡村出身的师范生在对自己家乡学校进行一番观察后，指出乡村领袖们还在信仰着圣人，认为孩子念了新式学校反而会学坏；村民也看不到开办新式教育的实利，所以上上下下对设立学校是不感兴趣的，“但是为了命令的强迫，事实上又不能不成立，而成立了不用说就是马马虎虎，敷衍塞责了事”。村里开办学校的办事原则就“省钱”，聘请教员也是本着这个原则。③ 因为乡村学校的经费非常依赖学费收入，学

---

① 宋震寰：《山西乡村教育概况之调查》，李文海主编《民国时期社会调查丛编》，福州：福建教育出版社，2004 年，第 117 页。

② 王衍康：《中国乡村教育前途之展望》，《中华教育界》第 22 卷第 4 期，第 48 页。

③ 韩学文：《一个需要觉悟的乡村小学教员》，《基础教育》1936 年第 8 期，第 459 页。

生少则经费就更少，所以，乡村民众的态度也直接影响着乡村教育经费。

## 四、地方士绅的消极作用

地方士绅自古就有积极兴学的传统，对于发展乡村教育，民国以来政府一贯的政策就是“以地方的财力，办理地方的教育”，所以，在筹措乡村教育经费方面，地方士绅一直也承担着相当重的责任。这种社会自筹经费的制度行之虽久，但弊端很多。尤其是那些实际处于乡村办学领导地位的乡村领袖们，他们所起的作用是往往是具有两面性的：一方面，由于政府向基层渗透的能力有限，所以乡村办学不得不依靠地方势力；另一方面由于乡村豪绅本身现代素质的不足，甚至有土劣化的倾向，使得现代乡村办学实际上又受到他们的阻碍。以乡村学校经费问题来说，“由于上层政权缺乏激励措施，同时也缺乏控制这些人员（负责办理义务教育职责的村庄领袖）贪污舞弊的能力，基层教育经费的筹措遭遇挫折”①。

客观地讲，对于乡村领袖来说，他们在筹措乡村学校经费时确实面临着很多实际困难。安徽凤阳县的某教育局长曾陈述：“各短期小学之开办费及设备办公费，照章由联保自筹。因不敢收捐税，又无从指拨学产，遂不得不出于摊募。但联保主任洁身自好，或见好于地方者，奉接此项令文，多置诸不理；因而结果是一文无着。且各地联保主任，职务罗身，一切公事，胥感困难，地方义务，辞不可得；果如联保主任筹款不力，呈由县府惩处，不外申斥与撤换；申斥不为其所注意，撤换更为其所乐愿。惩处之道既尽，筹款之方亦穷。况地方灾患频仍，摊募此种经费，有力者固无伤毫末，而贫穷者实同割肉，其事之困难，有非上级机关在办公室中拟定计划时所可想象而及者。”但是，这位教育局长也指出这类乡村领袖的另外一面，“复有狡黠之徒，奉到此令文，行之唯恐不速，筹划唯恐不力，盖彼等乃借机敛财，遑问教育。上方规定短小设备费与开办费，共计不过百元，经若辈以豪劣高压之

---

① 商丽浩：《中国教育财政近代化研究》，浙江大学博士论文，2000年，第131页。

手腕，鱼肉乡民之惯技，强摊勒派小民之所出，甚有达三倍以上者”①。不幸的是，“狡黠之徒”常常是民国乡村教育研究者眼中对乡村领袖们的常见形象。

乡村领袖在民国乡村教育领域中的地位是很重要的，其权力很大。由于许多乡村小学的经费是来自乡村自有的公款公产，而这部分款产的实际数目、清册账目历来都只有乡村领袖掌握；对这部分公产公款的租金、息金的征收、管理和分配，也都由当地乡村领袖负责。而民国时期许多对地方教育经费问题的研究中，都指出这部分来自地方公款公产的教育经费，无论是属于县有的，还是归区乡自有的，在筹款、管理和分配方面都存在大量腐败和不规范的行为，人为地造成经费的浪费和流失，矛头所指就在于乡村豪绅土劣在管理教育公产时的贪污腐败行为。“其他学产，亦每为地方劣绅地痞所把持，等于他们的私产。故整理地方原有教育经费，以杜绝中饱，实为目下筹措义教经费最迫切之举!”② 20世纪20年代末河南整顿各县学款收入时遇到的也是这类问题：“各县教育经费仰给于公产房地之收入者甚多，惟此项收入多系劣绅蠹吏所把持，或任意拖延，抗不缴课，或故定低价，阻挠换租，以致地方教育经费常陷于困难之境。”③ 1941年的湖北各县地方教育公产问题上，无论是县有还是区乡村所有的教育公产方面，还有这种情况，“再就区乡与县教育经费之房地田产而言，此项产业，无论区乡或县所有，均系指定作教育用途，历年来册据散失，公家无可稽考，土劣侵占，私人吞没甚多，虽经政府一再严令清理，迄无普遍效果”④。

由于乡村自筹经费办学是属于乡村社会自主的事务，并无严格制

① 王学孟：《我国义务教育经费问题之检讨》，《中华教育界》第24卷第8期，第44页。

② 毅夫：《如何宽筹地方教育经费》，《教学生活》1936年第2卷第2期，第9页。

③ 詹纶章：《一年来整理各县教育经费概要》，《河南教育》1929年第1卷第13期，第8页。

④ 王介菴：《湖北县乡教育经费与县乡小学教师待遇问题》，《新湖北季刊》1941年第1卷第1期，第177页。

度规定，也无严格的政府或社会监督，所以造成实际负责乡村校产管理的管理员、校长或学董之类乡村领袖，在征收、管理学田租金、教育捐税时，有许多机会可以舞弊，可以随意照顾世俗人情，甚至自己从中渔利。

乡村领袖把持侵吞乡村教育款产的方式，除了直接贪污，另外主要是靠他们实际了解和掌握地方教育公产的优势，在征收租金方面做手脚。“各村校产租税由管理员负责征收，其弊有三：（1）租价低廉——因为本村人对本村人都有情面相关，长租是一件很困难的事情。（2）租税征收不齐——管理员因无多大权势，村人对应纳之租税，往往支应搪塞。（3）管理员易吞食校款——收支款项都由管理员自主，其中既无确定数目，又不按月报告，所以最易生弊。”①

学田租金一般来说是乡村自有教育公产中的大头，其中的黑幕也最多。“现在地方原有的教育经费来源，除田赋外最普遍者，恐怕要算是学田收入；但既成了公田，面积每因年代悠久而模糊，生产照例年年是荒歉，纳租照例要比私田少，其中黑幕，不言可喻。”②

由于学田等当地公产多被乡村有权势者所把持，所以租金收多收少都由他们说了算，结果是各地学田数目因年代久远数目不清、租金定得过低、以荒歉名义少收、或转租转佃等舞弊现象层出不穷，最终的学租收入根本没有保证。如“其（学田）租种之权，往往被本村有势者把持；租粮之少，常低过普通租粮的一倍；所交租粮又多成色稍逊，交纳日期是多以粮价涨落而定。故此影响于乡村初小经费收入者匪浅”③。安徽省在20世纪20年代末曾经清理各县教育款产，以东流县为例，在学洲学湖方面转佃转租现象常见，“查县学洲向多永佃，经年已久，百弊丛生；佃户中竟有将田转租他人，从中渔利者，亟应改

① 孙钰：《乡村教育之困难及其救济方法》，《村治月刊》1929年第1卷第8期，第6页。

② 毅夫：《如何宽筹地方教育经费》，《教学生活》1936年第2卷第2期，第9页。

③ 李盛春：《乡村初级小学经费之来源及其支配》，《基础教育》1936年第9期，第517—518页。

革，以示尊重学产之道”。另外还有学洲地租过轻、学洲学湖所定纳租标准不合理等弊端。在学款方面，也应严格规定学款的收支手续，以避免中间人从中渔利。在学产方面，“东流学产所有契据向多遗失，无从稽考。现查东流县志载明已失学产多处，是项学产或被人侵占，或被人盗卖，经久难稽”①。

有人专门分析过四川各县地方土劣在教育公款公产方面做手脚的几种手段：“（一）亩数之被蒙混　各公学产之确数，各县人士知之者甚少，据金堂县长严光熙氏（二十九年）说：公学产之被蒙混在民间者为数甚巨，该县于二十八年实行整理，只从调养蒙混之亩数着手，则全年之教费即由十一万元增至十八万元，若能加以丈量与重新竞佃，打到包佃，实行公仓和取缔虚报等弊，则发费之数决可增加数倍。（二）包租　各县公学产类多为地方土豪劣绅之所把持，单独或联合包租，然后再分佃于二佃户三佃户，甚且有四佃户者，如此的层层剥削，到了政府的手，约只有原租之半数了。所以各县之租额不能十足征收者，此为其重要原因之一。（三）租额　各县公学产的租额大多为若干年前之所定，且往往不能照十足成数收租……（四）仓库　租谷之堆存，各县至无公仓，大多由殷实民户代为收藏，此中可产生的弊端极多，谷质之变异与盗卖为其最普遍者。（五）低价报销　各县负责人员往往将公学谷实行低价报销，从中可渔厚利。譬如去年最初谷价每老石为九十余元，而至年底激增至五百元矣，各县之学谷即有高价出售，而少有不低价报销者（江北县曾因此正酿成教潮）。”②

除了侵吞、隐匿、舞弊等行为之外，许多乡村学校的管理者在日常的管理中往往奢靡浪费，从中渔利，更加重了乡村教育经费的困难。

一些乡村教师反映有些乡村教育经费的支出是很不当的，比如乡小管理员经常会以学校开学、解馆、踏青等借口，招集“乡村领袖于一堂”大开宴席、大吃大喝，此项消费常常超过教师两月的薪俸以上，

---

① 《东流县教育经费清理之概况》，《安徽教育行政周刊》1928年第1卷第34期，第17—19页。

② 袁伯樵：《整理公学产以救济地方教育经费之献议》，《教育半月刊》1941年第6卷第5—6期，第3—4页。

或占用三四个月的办公费。管理员也经常以接待教委视察人员的借口占用乡小经费，或者竟胡乱谎报，“管理员赴城不一定是为了学校，也支用旅膳费若干；赶会看戏的茶饭费也载入学校的账簿；更有以少报多，妄情虚报等弊端，随时可在多数乡小的支出簿上发现”。即使学生交纳的学费这一项，其实也存在不合理的地方，各村庄学生交费各不相同，一村里不分贫富，学生交纳数额相同，这些都是不符合乡村教育实际的做法。①

由于乡村领袖在管理各地教育公款产方面的舞弊行为受人诟病，清理各县乡的公有款产和慎选乡村学校负责人就成为改革和整顿现有经费管理方式方面，经常被提起的两项建议。特别是在政府教育财政投入无力迅速增长的前提下，清查学产成为民国时期宽筹地方教育经费的最可行措施。国民政府多次督促地方政府清理各县地方教育款产。1933 年湖北省按照“复兴地方教育三年计划”，实行清理地方学产时，襄阳县清出已失学产在千亩以上；沔阳县清理学田，其收益竟达一万五千元以上，此前其全年学田课租收益不过二千元，甚至少至七八百元。“可见教育产业因积欠失业被占或原租额拖欠不缴或被豪劣中饱，其应收而未收之教费，实不在少数。”② 也有人建议提高教育管理效率，在杜绝经费管理上的腐败行为方面献计献策。对于学田被乡村豪绅把持，学田租金过低、且租粮数额不稳当的问题，可以用“投标招租”和“改租粮为租金”的方式来改革，以减少对学校经费的影响。更有人献计，为避免学校管理者的不正当开支，应对乡村小学各项收支详加预算。③

为彻底杜绝乡村领袖在学校经费管理方面的舞弊行为，许多人认为将政府权力引入乡村自治的领域是一个解决办法。他们建议将乡村

---

① 李盛春：《乡村初级小学经费之来源及其支配》，《基础教育》1936 年第 9 期，第 517—518 页。

② 王介菴：《湖北县乡教育经费与县乡小学教师待遇问题》，《新湖北季刊》1941 年第 1 卷第 1 期，第 177 页。

③ 李盛春：《乡村初级小学经费之来源及其支配》，《基础教育》1936 年第 9 期，第 518 页。

教育公款公产的管理权由乡村自主收归县政府统筹管理，这样才可以实现乡村教育经费管理的规范化。“如果乡村学校校产县有，由县中征收，成立乡村学校经济管理委员会，视各学校人数而发学款请教师，如此则税价不至低落，征收亦不至参差不齐。校产少的村庄不至于无学校，校产多的村庄亦不至被管理员吞食，结果可达到全县教育的平均发展。”① 有人不仅提议“凡向由各市县自治机关管理之教育公款公产，统行收归教育局管理”。甚至认为对一些地方性教育杂税的征收上，也应该由县统一征收。“将各县原有独立性质之教育杂税，统归教育局直接派员征收。”②

1931 年 5 月 9 日，国民政府行政院公布《地方教育经费保障办法》14 条规定：第一，各省市及各县市政府对于现有的教育经费总额，应切实保障，不得任其减少。第二，自民国二十年（1931 年）起，各项新增教育地方捐税，由省市政府酌定提留若干成，作为地方教育经费。第三，各地方现有教育财产，应由各该地方教育行政机关，切实整理之。旧有款产由地方绅士私人保管者，应一律归还公家；……第七，义务教育经费由财政局征收者，应按所得数，随收随交当地教育行政机关，不得挪用延欠。第八，私人侵占教育经费时，除政府责令赔款外，并得申请司法机关依法惩办。第九，义务教育经费收支及保管人员舞弊时，除撤职惩戒外，仍应责令赔偿。第十，无论何机关对于教育经费任意玩忽，致有损失时，应受相当之惩戒，等等。③ 希冀用这些措施来加强对经费的管理，杜绝乡村劣绅的舞弊行为。

民国时期，在乡村教育经费问题上实际发挥作用的主要就是两股力量：政府和以乡绅为主导的乡村社会。如果只从分析乡村教育经费的困境出发，可以看到，乡村教育在政府教育财政体制上的缺位和乡村社会对教育投资的冷淡，直接导致了民国乡村教育经费投入的严重

---

① 孙钰：《乡村教育之困难及其救济方法》，《村治月刊》1929 年第 1 卷第 8 期，第 6 页。

② 詹纶章：《一年来整理全省教育经费概要》，《河南教育》1929 年第 1 卷第 13 期，第 9 页。

③ 《教育法令汇编》第一辑，上海：商务印书馆，1931 年，第 36—37 页。

不足；政府在乡村教育管理职责上的失职渎职，以及乡村劣绅在乡村教育管理中的腐败行为更进一步加剧了乡村办学经费的紧张。经费是发展教育的物质基础，在经费极度短缺的状态下，民国乡村教育自然举步维艰。

在民国乡村教育筹资体系中，政府和乡村社会二者的地位都很重要，可以说缺一不可。但这两股力量在中国教育转型过程中扮演的角色应该是有差别的。在民国乡村教育领域，政府虽然是外源性的因素，但它是代表着现代方向的、比较有权威的力量。中国作为一个现代教育起步较晚的国家，政府通过教育财政、教育行政的力量来推进国民义务教育应该是必要的。有关中国近代教育财政史的研究也说明，“通过教育财政机制筹措教育经费在近代教育筹资体系中占有相当重要的地位”①。但是从乡村教育经费的困境来看，显然民国政府在推进乡村教育方面做得还远不到位，事实上它把部分乡村教育主导权让位给了乡村社会自身。而近代的中国乡村还停留在前现代社会，对新教育的态度是排斥的，没有形成内在的自发的突破意识。尤其是事实上把持着乡村教育的乡村权势阶层——乡绅，总体上已被后来的研究者视为中国现代化的“天然仇敌”②，他们给民国乡村教育带来的消极影响不能否认。民国乡村教育就在政府“心有余而力不足”的推动，与乡村社会“半推半就”的呼应中磕磕绊绊地前进。如何调整政府与乡村社会在乡村教育中的角色地位，充分发挥它们各自的积极作用，是民国乡村教育领域没有解决好的问题。

时至今日，乡村教育中的经费问题仍是乡村教育发展中的关键性问题之一。新中国成立后，乡村教育经费投入体制也是多有变动，但是仍没有很好地解决乡村教育经费问题。因为经费的投入差异，特别是重点学校、示范性学校与普通学校的投入差异，城市与农村、发达

---

① 商丽浩，田正平：《中国教育财政制度近代化的历史走向》，《教育研究》2001年第4期，第76页。

② 许纪霖，陈达凯：《中国现代化史》，上海：上海三联书店，1995年，第20页。

地区与落后地区的教育水平存在着相当的差距。这些其实都是在民国时期已经存在过，并引起各界关注过的问题，总结历史，关照现实，我们希望通过对民国时期乡村教育经费问题的研究，可以为我们解决今天乡村教育所面临的同类问题提供历史上的借鉴。

# 第七章　发展乡村教育的认知与对策

民国时期，面对乡村教育发展中的内外困境，社会各界，从知识精英到政府，再到乡村教育事业的承载者——乡村教师，都从自身的角度贡献了各自的见解和对策。

## 第一节　知识界对于乡村教育的推动

知识界是乡村教育最早的发起人和最积极的鼓吹者。20 世纪二三十年代风起云涌的乡村教育运动就是首先由一些民间知识分子提倡和发起的，民国八年（1919 年）余家菊撰写的《乡村教育危机》是提倡乡村教育比较早的声音。到 1923 年之后，一些乡村教育的实际工作逐渐开展，许多乡村教育实验也是由以知识分子为主的社会团体主办，或由社会团体与政府合办的，知识分子的一些教育理念得以付诸实践检验。如江苏省将各省立师范学校附设农村分校，培养乡村小学教师；陶行知在南京创办了晓庄师范学校；晏阳初的平民教育开始转向乡村，以河北定县做乡村平民教育实验区，等等。知识界对乡村教育问题的认识，一定程度上反映了民国乡村教育的理论水平，甚至预示着民国乡村教育发展的方向。

民国时期，知识分子对于乡村教育的推动主要表现在对乡村教育重要性的提倡、对现行乡村教育不足的反思，以及对于知识分子责任的认识上。

### 一、知识界对乡村教育的认识

在新教育的兴起和发展过程中，知识界是最早注意到乡村教育问题的。从宏观角度上来说，他们一般从社会公平意义和教育救国的理念出发来肯定发展乡村教育的必要性和紧迫性。

**（一）肯定乡村教育的公平意义**

许多人批评都市教育与乡村教育发展的不平衡。

城市教育的优先发展是近代中国教育转型的结果。自清末新教育兴办以来，政府主导的教育改革方向就是精英教育，教育培养目标就是培养国家急需的各种人才，这就造成有限的教育经费和资源集中使用到某些特定的领域。由于城市人口多、交通便利，再加上城市民众权利意识的发达，"城里人会争，事事抢先"，"因此设立小学，先及县城，后及市镇，最后才到乡村"。县城、市镇人口多，学生多，学校规模大，渐渐占据了越来越多的教育资源，"乡村学校分润残羹，所余已无几了"①。一直到民国初期仍然存在这种忽视乡村教育的现象，所以一些有识之士批评乡村教育只是"教育当轴"的一种装饰品，无论在质、还是量方面，"乡村教育都不过是都市教育的附庸"。"即号称文化发达的省份，如江浙广东，也不把乡村教育当作主要的教育。在教育行政方面，他们以最多的钱，最好的设备，优良的师资，供给都市学校；而乡村教育所分润者，仅其余沥而已。"新教育发展了几十年，也还是远远没有打入乡村。"新教育在中国，虽有四十多年的历史，但是它的足迹，多徘徊都会城市之间，远不如煤油、香烟、仁丹、太古糖一类的东西，能深入乡村，而和一般农家结不解缘。这实在不能不令我国教育家惭愧。"②

从中国现代教育自身的发展规律来看，乡村教育的落后显然是一种畸形状态，是中国教育发展不均衡和总体落后的表现。有人做过"由人口分布状况估计乡村教育"的调查，所得结论为："我国人口据邮政局最近统计，为四亿两千六百万，其人口分布状况：一、居于城市者二千五百万人，占全人口6%强。二、居小村落者三亿人，占全人口70%弱。三、居于未成市集之乡村及已有市集之乡村者，一亿一

---

① 甘豫源：《乡村教育》，上海：中华书局，1935年，第35—36页。

② 王衍康：《中国乡村教育前途之展望》，《中华教育界》第22卷第4期，第41页。

百万人，占全人口25%强。据此人口分布状况看来，都市人口尚不到全人口十分之一，乡村教育之重要为何如乎？”① 还有人指出：“我国国土面积约为四千万方里，人口的总数约四万万，以土地论，乡村当居90%以上，以人口论，乡村当居80%以上。国家以土地人口为主体，岂可忽视乡村？故论教育，乡村教育实居首位。”② 可见，乡村教育应该在中国教育发展中占据重要位置，这是一个常识性的认识。

从社会学意义上看，乡村教育落后还是社会缺乏公平和正义的表现。在教育经费负担与收益对比上，对乡村民众也是很不公的，形成了农民出资，城里人消费的现状。“今日的情形，教育的经费由农民负担，而教育机会由城里人享受；教育费用由穷人负担，而教育机会由富人享受。”③ “就一县而论，乡区人民负担多，何以支配教育经费，城区反比任何一乡多些？（各省各县差不多都偏重城区）”④ 而且，乡村教育的落后现状也不符合现代社会教育民主化的潮流。傅葆琛所编《乡村平民教育大意》中曾经将农民与市民已受教育与未受教育的人口做了一个数字比较，指出全国人口以四万万计算，“城市人民已受教育的，占城市全人口平均数的百分之四十，未受教育的，占城市全人口平均数的百分之六十；而乡村的人民，已受教育的，只占乡村人口平均数的百分之十，未受教育的，却占乡村全人口平均数的百分之九十，所以，这些数据足以证明中国现在的教育，完全是贵族化；换句话说，中国的教育是资产阶级的教育，对于所谓平民主义的教育，已无立足的余地了”⑤。总之，中国的教育乃是为少数人所独享的贵族化教育，这种不公平的现象必须改变，发展平民教育才是历史趋势。

---

① 《由人口分布状况估计乡村教育》，《中华教育界》1930年第18卷第8期，第100页。

② 陈侠编：《傅葆琛教育论著选》，北京：人民教育出版社，1994年，第24页。

③ 甘豫源：《乡村教育》，上海：中华书局，1935年，第35—36页。

④ 王衍康：《中国乡村教育前途之展望》，《中华教育界》第22卷第4期，第43页。

⑤ 陈兆骏：《对于中国乡村教育的一点意见》，《晨光》1933年第1卷第45期，第6页。

### （二）肯定乡村教育的救国意义

民国时期在知识分子中间兴起的乡村教育思潮，还出自这样一个现实逻辑，即对教育社会功能的极高预期，他们深信通过发展教育可以达到挽救国家危亡、实现民族振兴的目的。

如何改变中国乡村社会的落后面貌，特别是防止农村经济崩溃，是建设现代化中国的一个重要内容。教育界的有识之士认为通过发展乡村教育，可以起到振兴乡村经济、改良乡村社会的作用，进而可以“救济”衰败的中国社会。“乡村教育运动乃所以救济社会的危机，直接是救济乡村的危机，间接就是救济全社会的危机。”① 他们之所以把乡村教育提到如此优先的位置，其思想依据就是对思想文化在改造社会方面的力量深信不疑。救中国必先救乡村，救乡村必先“救济”乡村教育，被许多人认为是改造中国的必经之路。“照平常想来，乡村教育与中国改造，不会发生关系，改造中国是政治家、经济家、社会家的事，不是教育家的事，更不是乡村教育的事。但实际上，乡村教育在人类事业中，占极重大的位置，负极重大的责任。不要说改造中国是乡村教育的事，就是改造世界，也是乡村教育的事。”论者指出造成国家贫弱的六个主要原因是“吏治不良”、“内争延长”、“道德堕落”、“思想腐败”、“民穷财尽”、“人浮于事”等，包括政治、军事、文化风俗、经济等各方面的因素，论者认为“这六种原因，皆因为乡民无智的缘故”。论者认为：民主政治的不成功首先是由于占据国民绝大多数的乡民智识程度太低；乡民当兵和国家贫穷的原因也是由于乡民不懂得科学种植，机器生产，农业生产太落后；道德堕落和思想腐败问题更是有赖于发展乡村教育。论者坚信：“智识原是权力，可以改造一切，所以改造中国，先要给大多数人有相当的智识，人民能获得智识，当然要靠教育。”②

乡村的崩溃使人们认识到拯救乡村的必要性和迫切性，但对于如

---

① 余家菊：《景陶先生教育论文集》（下），台北：慧炬出版社，1997 年，第 402 页。

② 周尚：《二年来之晓庄乡村教育运动》，《河南教育》1929 年第 2 卷第 4 期，第 33—38 页。

何拯救乡村，乡村建设的责任属谁的问题，中国社会其实也有争论。可以用教育方法，也可以用政治力量，经济的力量。比如有人认为政治力量所发挥的作用是更明显的，而用教育的方法来改造乡村速度太慢。但总体来说，知识界是教育救国论的信奉者，他们认为教育力量更为深厚，它潜移默化的力量更具优势，可以“化”人民。“政治力量似乎是大于教育力量，但他不能深入，不为人民所接受。虽速而不达。结果是扰民，而不是教民。教育官办不如民办，民办更能使人民接受，人民自动。其效似缓而实速。”① 乡村教育在发展现代民主政治上的意义也得到肯定。“教育是改进人生，完满人生的。而我人口，居于乡间者，占百分之八十五以上，要想创造互助的社会，独立的个人，就不能不以乡村教育为急务为前提。况现在我们三民主义的国家，是完全建基于乡村农民身上，倘乡村教育不能实施，不能普及，恐怕那些不识不知的农民，对于什么民族的团结，民权的使用，民生的改进，这些名词都不能了解和认识，还能期其怎样地团结，怎样地使用，怎样地改进吗？照这样看来，乡村教育在教育本身上已占重要地位，即在政治上也是刻不容缓的活动，乡村教育的意义，是多么辉煌！乡村教育的价值，是多么伟大啊！”②

20 世纪二三十年代的乡村教育派尤其重视乡村教育，他们将乡村教育的重要性提高到了极端的位置，认为中国的问题归结起来就是乡村的问题，而乡村问题的解决几乎都可以依赖于“万能的”教育。

陶行知认为，“乡村学校是今日中国改造乡村生活的唯一可能的中心；他对于改造乡村生活的力量大小，要看他对于别的方面势力的联络范围而定。乡村教育关系三万万四千万人民之幸福，办得好，能叫农民上天堂；办得不好，能叫农民下地狱”③。傅葆琛则提出“中国的前途，还要靠这大多数乡村的人民”；“教育是人类生存进化必不可少

---

① 《乡村建设运动中几个基本问题》，《中华教育界》第 22 卷第 4 期，第 61 页。

② 黄君实：《怎样去发展乡村教育》，《安徽教育》1931 年第 2 卷第 4 期，第 1 页。

③ 陶行知：《中国乡村教育运动之一斑》，《陶行知全集》第二卷，长沙：湖南教育出版社，1984 年，第 3 页。

的工具，无论什么民族，要想在世界上占一个位置，必得先有这样的工具”①。

教育如何才能改造乡村呢？或者什么样的教育才能发挥改进乡村的作用呢？乡村教育派也很务实地指出，单纯从教育谈教育是不行的，必须发展“富政教卫”合一的乡村教育，发挥教育引导乡村政治、经济、文化建设及健全民族性的作用。“中国农村教育之改进，只有循‘富政教卫’之教育途径以迈进。且唯有‘富政教卫’之整个改革农村教育方案，方足以医治中国农村社会之一切病症。亦惟有此种整个方案，方足以使农村社会之生产发达，民主政治实现，文化水准提高，教育机会均等，以及民族健全，民族地位之独立自由平等。”② 总体来说，二三十年代的乡村教育运动都不仅局限于教育范围之内，这些乡村教育试验多具有社会改造和振兴乡村的倾向。如著名的晏阳初平民教育实验。

通过教育来改造乡村社会，进而救中国，显然乡村教育派对于教育社会功能的认知有些理想化了，但他们努力付出和专注实践的精神确实是值得赞赏的。

## 二、对乡村教育现状的反思

民国时期乡村教育的落后，促使知识界不断反思和批评。当时，知识界对现行乡村教育的批评主要集中在以下问题上：

### （一）乡村教育的空疏浮夸

民国时期，教育界和政府在发展乡村教育问题上存在着形式化、表面化的倾向，缺乏实际内容。

首先，对乡村教育夸夸其谈的人多，埋下头来踏踏实实做实际工作的人少。有人批评中国的乡村教育是“提出的有声，实行的无人”，

---

① 陈侠：《傅葆琛教育论著选》，北京：人民教育出版社，1994 年，第 1—5 页。

② 刘伯英：《中国农村教育改造之途径》，《中华教育界》第 22 卷第 4 期，第 83 页。

“尽管报纸杂志，说得天花乱坠；然而实际上，乡村教育还是依然如故”①。还有人指出这是中国人的老毛病，“中国人的大毛病，向来是说话的人多，做事的人少；愿意当指挥官的人多，愿意当小兵的人少”②。王衍康认为，在中国办乡村教育的人中，除了少数是“有热情”，“有主张的”的实干家，其他大多数是属于有名无实的三类人：“（1）呐喊派，只会摇旗呐喊，高唱入云，天天喊下乡，自己却躲在帝国主义的怀抱里——租界。天天喊解除民众的痛苦，自己却干的是压榨人民血液，出卖人民灵魂的勾当。（2）鬼混派，这种人本来无志于乡村教育，只因吃饭问题，随着命运转变，将他推入了乡村。而自己却怨天尤人，一百二十四分不愿意。于是就一天一天地混，一年一年地混，混到不能混，或不必混（高升了）时为止。（3）救世派，自己以为是知识分子，是杰出人才，而抱悲天悯人之怀，下乡经营教育事业。他自视为聪明绝顶的人物，而视农民和农村儿童，为一群没有受过教育的蠢东西。……他和群众中间隔了一座高墙，永远不能打成一片。”③

乡村教育思潮兴起后，乡村教育被一些人当成时髦的装饰品，人人追逐，但仍然缺乏实质性的内容。就像有人批评的那样：“模仿、虚伪、浅薄、爱做表面文章，仅此数语，足以概括中国数十年来教育史。而目前高唱入云的乡村教育，其实也不能逃此例外。”“从表面上看，现在政府，教育家、出版界、一致合作，同为乡村教育而努力，认定这是目前救国唯一的道路，难道这还不是好现象？可惜这是表面浅薄的宣传。”“时髦的官吏”谈乡村教育是为了“迎合‘潮流’”；教育家、出版界谈乡村教育是为了避免被视为落伍，许多人“是身在都市，或有时高兴下乡游览，或根本就没有下过乡”。

在如此环境下办理的乡村教育往往是浮夸和脱离实际的，只不过

① 王秀南：《怎样才是标准的乡村小学》，《中华教育界》第22卷第4期，第89页。

② 王衍康：《中国乡村教育前途之展望》，《中华教育界》第22卷第4期，第41页。

③ 同上，第44页。

是充斥着八股气的、徒有其名的表面文章。“而今提倡乡村教育的一个课题，也无非像从前‘南北闱场’大主考所出的策题一样，出题的人和做文章的人，一样胸无成竹，无非照例搜索枯肠，找些陈辞滥调，点缀成篇而已。……模仿、虚伪、浅薄、爱做表面文章，仅此数语，足以概括中国数十年来教育史。而目前高唱入云的乡村教育，其实也不能逃此例外。”①“普通讨论小学行政实际问题者的‘实际问题’，有的根本就不大实际”，因为“这些问题好多是教育家们所想到的‘实际问题’，或者说是比较少数进步的或城市的小学教师们所感到的实际问题；并非大多数真正服务乡村而被抛弃于教育圈外的小学教师们所能感到的实际问题”②。

即使是20世纪二三十年代热火朝天的乡村建设运动也存在“趋时尚”、“徒事铺张不重实际”的缺点，充斥着空疏、浮夸的风气。各地的实验区热衷于搞“五花八门，形形色色”的活动，“真可谓‘有美皆备，无丽不臻’，且时时唯恐我们的货色，少过于人家，我们的活动不及人家的多，于是人家开挑水比赛，我们开拉车比赛，人家举行农事展览会，我们便举行群芳展览会。这种不问农村情形，不问农民需要，不计地方经济能力，不顾实验所负使命，而徒事铺张，岂得谓之实验乎？”③ 一些教育主管部门也是徒事敷衍，对乡村学校的实际问题视而不见。“要解决小学教员的问题，需要先抓住他的问题在那里，是什么？若在一位省督学或县督学的督察记录簿上去看，恐怕是没有一位有问题的。不但是没有问题，他还说如何的顺利，如何的得到农民的信仰。”甚至一些乡村教师本身，出于懦弱或其他原因，在面对督学视察或向杂志报刊投稿时，也故意媚俗，说一些粉饰太平的话。④ 在这

① 王衍康：《中国乡村教育前途之展望》，《中华教育界》第22卷第4期，第42页。

② 赵钟骏：《乡村小学教师所感到的小学行政实际问题》，《儿童教育》1937年第8卷第1期，第39页。

③ 徐旭：《从读“乡村建设实验”说到乡村建设实验》，《中华教育界》第22卷第4期，第74—75页。

④ 刘俊田：《不可忽视的几个小学教师的问题》，《基础教育》1936年第12期，第712页。

种风气下，乡村教育不可能取得什么实效，所谓乡村教育实际上在一些“洋翰林”、“洋举人”（博士、硕士）的“辗转裨贩，互相抄袭”之下，无非是“制造出许多‘四体不勤五谷不分’的‘白面书生’”，根本不能培养出乡村所需要的人才，改变乡村落后面貌。①

### （二）乡村教育与乡村的疏离

民国时期的乡村教育照搬城市模式，而脱离乡村社会实际，也是当时教育界反思的一个重点。

首先，许多人都指出民国乡村教育是抄袭都市的，完全脱离了乡村民众的生活经验。“因为都市教育是抄袭的欧美资本主义教育，而乡村教育又是抄袭的都市；辗转抄袭到乡村，教育设施和乡村需要简直成了风马牛不相及的形态。”② 抄袭来的制度自然很难与乡村社会组织相适应，如寒暑假的设置、上学放学的时间等都很难配合乡村农业生活的节奏。再以教科书为例，乡村学校的教科书也与都市教科书一样是偏重于都市生活经验的，完全不符合乡村儿童的心理兴趣和生活经验；再以各学年的课业设置为例，小学的珠算是设置在第四学年的，这对于都市的完全小学来说，是没有问题的，但对于乡村小学生来说，就很不恰当，因为一般乡小都是四年制的初级小学，乡村子弟一般读完初小也就走向社会了，在小学最后一年里才学的珠算，学生毕业时连珠算的基本四则方法也学不会。而珠算可以说是乡村社会生活中除了文字之外最具实用性的技能，“从小学毕业后连珠算也不会用，无怪乎乡农指责学堂无用！”③ 由于民国乡村教育没有现实针对性，所以有人尖刻地指出，即使把备受赞颂的丹麦民众教育经验照搬到中国来，也难有成效，因为“我们的时代和环境，都十百倍严重于丹麦”④。

乡村教育生搬硬套西方模式、城市经验，使得本来应该极具乡土

① 王衍康：《中国乡村教育前途之展望》，《中华教育界》第22卷第4期，第41—42页。

② 高希裴：《乡村教育的初步认识》，《经世》1937年第1卷第4期，第51页。

③ 同上，第54页。

④ 王衍康：《中国乡村教育前途之展望》，《中华教育界》第22卷第4期，第44页。

特点和创造性的乡村教育，充斥着僵化的八股气。张宗麟在考察了七省的乡村教育运动以后，指出乡村教育运动中的一个不良倾向就是“依样画葫芦”，把乡村教育工作变成了“做八股文章”。他认为从事乡村运动的目的“就是要谋农民出头”，让农民做社会的主人、国家的主人，识字运动，识字不是目的；生产运动，生产不是目的，但在实际的运动中，最终的目的却被忘记了，乡村教育变成了生吞活剥的、失去实际内容的运动。他说有些人依样画葫芦只是为了赶时髦，赚薪水；有些人则变成了帝国主义者、军阀、资本家剥削贫民的工具；有些“有心人”虽然抛却了个人利益，但却墨守某种学说主义，“所有的力量都花费在争论与喊叫”上，不能切实工作，沦为“革命八股先生小姐”。不改变这种空疏的作风，乡村教育运动只会徒然增加农民的痛苦。①

其次，现行乡村教育不能满足乡村民众的教育需求，与乡村民众的教育目的相去甚远，所以得不到乡村民众的“信仰”，或“无民众之同情”。

有人指出乡村民众受教育的心理动机是务实的，“农人教他的子弟入学，分析起来有两种目的。一种是自用的，一种是职业的”。所谓“自用”的目的，是指农民多目不识丁，如果子弟入学几年，可以写文书、写帖、写信、算账，家人就可以不受人欺负；所谓“职业”的目的，是指农民生活辛苦，子弟入学读书，将来可以找到比较优越的职业。而这两种目的，新式学校教育都不能满足。农民子弟入新式学校几年后，往往对乡村礼俗社会需要的写帖、看日子等事务不熟练；初等教育结业后又不易找到优越的职业，“甚至连农人耕种的事情都不会做了（实际上也有些不屑做）。这样还能得到民众的同情?”② 有人甚至将新式教科书视为是“一种比八股更没有用的新八股”。因为在乡村，一个七八岁的孩子俨然已经是半劳动力了，可以替父母看门、看

① 张宗麟：《中国乡村教育危机》，《中华教育界》1933 年第 21 卷第 2 期，第 6 页。

② 孙钰：《乡村教育之困难及其救济方法》，《村治月刊》1929 年第 1 卷第 8 期，第 4 页。

鸡、照顾弟弟，他父母送他进小学，是指望他毕业后可以升官发财，至少能多赚些钱补贴家用，但事实是让他父母失望的，孩子小学毕业以后不仅没得到谋生的本事，反而多半只学会了都市的繁华，和不合乡村环境的思想习惯。所以乡民往往觉得送孩子上学“上当”①。对此问题，有人建议乡村教育应该有明确的、不同于城市教育的目的，有了合宜的目的才能有合宜的方法。“城市有城市的环境，乡村有乡村的环境，所以他们的目的亦不能完全一致。”②

再次，现行乡村教育的昂贵，或者“贵族化”也备受诟病，被认为是妨碍乡村贫寒子弟就学的重要原因。

对于乡村民众来说新教育贵而无用，所以被批评为培养社会寄生虫的教育，不会具有什么改良乡村社会的积极作用。有人批评，新教育兴办几十年培养出的依旧是一些“五谷不分、四体不勤”的“白面书生”，与过去的八股教育一样。有人甚至批评乡村教育是培养土豪劣绅的教育。“乡村教育一方面应当指导乡村的儿童，一方面亦应指导乡村的社会。乡村学校就是指导社会的中心，教师就是指导社会的灵魂。现在的乡村教育，不用说指导乡村社会谈不到，就是指导乡村儿童，也离实际太远。”③ 张宗麟在考察了七省的乡村教育工作之后，总结现行乡村教育的弊端之一，就是不适应乡村民众的经济条件。他指出“农民的财产，除土地房屋牲畜以外，最重要的财产是劳力”。一个半成年的孩子对于许多贫农家庭来说就是重要的劳力，一个家庭送孩子入学，除了损失了劳力之外，每年至少还要花费几十元，经济上显然是划不来的。更何况学校内部的许多设置——寒暑假的设置、教科书内容、学生的长衫鞋袜等也都是为有钱人设想而脱离乡村民众需要的，所以张宗麟认为“老实说，现在的学校教育，不适宜于穷人，也或者

① 王衍康：《中国乡村教育前途之展望》，《中华教育界》第22卷第4期，第49页。

② 孙钰：《乡村教育之困难及其救济方法》，《村治月刊》1929年第1卷第8期，第4页。

③ 王衍康：《中国乡村教育前途之展望》，《中华教育界》第22卷第4期，第42页。

可以说要想以劳力换饭吃，没有相当盈余的人是不能受现代任何程度的学校教育的”①。当时有人认为，新教育在这一点上甚至还不如中国传统的私塾教育。“中国当着新教育还未开始的时候，教育还有与劳苦大众接近的机会，在那时受教育不需要多量的金钱，穷酸们还有受教育的可能。但是现在的新教育，整个的独占化了！有钱的人可以受教育，甚而至于高等教育，没有钱的人只有‘高山仰止’，‘心向往之’，望尘莫及，甚而至于连那种念头也不敢存！”②

民国时期乡村社会的最紧迫问题就是经济的破产、农民的贫困化，当时的乡村教育运动对此虽有关注，但总体效果也很受质疑。对于民生问题，办理乡村教育和乡村建设的人，有的提倡对农民开展生计教育，利用举办农事试验、开设信用合作社等方式来改善农村经济；有的主张借鉴苏联的经验，鼓吹乡农革命。对于乡村生计教育，有人指出“这虽于农村经济不无小补，但究属杯水车薪”。对乡农革命说，有人指出：“中国现在的问题，是生产问题，而不是分配问题，纵然流血而成功，生产仍然是落后的生产，也是无济于事的！”③

最后，除了乡村教育本身的缺陷外，乡村教育的办理方式也存在如何与乡村社会相结合的问题。

有人指出民众对乡教运动非常冷淡的原因之一在乡村教育的举办主体——政府和知识界身上。首先，民众对政府不信任，“二十三年来，政府措施，不能使民众信仰，于是养成人民厌恶惧怕政府的心理。任凭政府说得如何冠冕堂皇，总不易使人民相信。乡村教育之窒碍难行，也就是这种观念从中作梗”。所以即使是实行村政最久的山西，在村民对公共事务的态度也是“政府愈管，则人民愈被动；愈被动，愈不动”。其次，有些乡村教育实验也被办成了“知识分子代办或包办一

---

① 张宗麟：《中国乡村教育危机》，《中华教育界》1933年第21卷第2期，第4页。

② 王培祚：《中国新教育批判与改革》，《山东省立文登乡师校刊》，1936年6月出版。

③ 王衍康：《中国乡村教育前途之展望》，《中华教育界》第22卷第4期，第46页。

切”的运动，“现在中国的乡村教育，好像从前中国代议制度一样，一班办乡村教育的人，好像是议员一样。他名为代表，但究竟代表什么人？连自己也莫名其妙！同样是少数知识阶级干的把戏？和一般‘老百姓’无干”①。20世纪二三十年代热火朝天的乡村建设运动中也存在“徒事铺张不重实际”的态度，更有甚者，是一种“实验为主民众为奴”的态度，一些所谓民众教育专家“只顾实验自己的理想和技术，而忘记了民众的需要和福利。像医生解剖尸体一样，拿民众作试验品。理想试验成了，乃置民众于不顾。理想试验不成，乃再拿民众为他试验方法的牺牲品”②。

总之，现行乡村教育运动脱离乡村实际，造成“所谓乡村运动，其结果是乡村不动”的状况。

## 三、乡村教育中知识分子的定位

关于乡村教育中知识分子的作用问题，民国时期一些学者们也多有探讨。在整个民国时期的乡村教育事业中，知识分子总是很自觉地承担起乡村教育领导者的责任。

### （一）乡村教育运动的引领者

知识分子事实上成为民国乡村教育最积极的鼓吹者、发动者，甚至是主持人，知识分子下乡也被认为是任何乡村事业的第一步。

之所以出现这种情况，原因就在于知识分子对于当时乡村民众素质的基本判断。一方面他们认为乡村民众知识薄弱，没有自我拯救的能力。“目前中国的乡村居民，因历史与地理，政治与经济的种种原因，已使得他们无知无识。不特他们自己找不到出路，不知道自救，反而有开倒车去自寻死路的。既是这样，若是让他们自己去建设，没有人帮助，如何能够建造出新的社会组织来?”另一方面，他们又认识到乡村民众作为一种潜在社会力量的强大，期望能够以知识分子的力

① 王衍康：《中国乡村教育前途之展望》，《中华教育界》第22卷第4期，第48页。

② 徐旭：《从读“乡村建设实验”说到乡村建设实验》，《中华教育界》第22卷第4期，第74—75页。

量将它引导到现代化道路上来。乡村建设需要先进的知识分子下乡，而都市里存在过剩的人才，所以，梁漱溟乐观地认为，即使是最无知识能力的都市过剩的知识分子，到乡下去的话，至少也可以发挥“耳目”和“喉舌”的作用，进一步还可以发挥为乡间谋划一切的如同“脑筋”的作用。①“但这不是说他们（乡村民众）没有力量。他们有的是力量，可惜这种力量没有组织，没有方向，没有使用的方法。举凡这一切缺点，都非特一般忠诚的知识分子予以帮助不可。”但是知识界也知道，乡村运动不能由知识分子代办，必须还要依靠乡村民众自身的力量。“然力量非可由外铄；乡村建设之事，虽政府可以作，社会团体可以作，必皆以本地人自作为归。”所以“乡村建设天然是中国社会的一种社会运动；要靠知识分子来引导，要靠乡村自身为主力”②。

另外，知识分子身上自古以来的强烈的社会责任感，在其中也起到一定的作用。即使是生存环境极端困苦的乡村教师，也具有为了国家民族的生存，而牺牲个人利益的思想觉悟。他们说，面对微薄的待遇、艰苦的工作，“我们应当这样想：我们是在为民族求生存为国家求生存。我们的事业是伟大的，劳苦是应该的”③。一位乡村教师指出一些乡村教师精神状态的颓靡，与这些教师没有理想信念、意志薄弱有关，他认为乡村教师应该明确教育的意义、明确自身负有“启发大众、组织大众、训练大众”的责任，不要与社会“少数人畸形的动向”同流合污，不要无条件地迎合社会，也不要“碰不上几个钉子，便屈服了，恶化了”。在现实大环境让人无可奈何的情况下，应该坚守自己的信仰，坚定自己的意志，从我做起、从身边的小事做起，担负起救国救民的责任。“我们可以做主的，惟有充实自己，充实自己的办法，最好从做中去找，我们要先将这救国的重担，自发地负担起来，推动这

---

① 徐旭：《从读“乡村建设实验”说到乡村建设实验》，《中华教育界》第22卷第4期，第76页。

② 唐现之：《乡村建设运动中的几个基本问题》，《中华教育界》第22卷第4期，第59页。

③ 刘佩璋：《读了“寄给感觉苦闷的小学教师们”以后》，《基础教育》1936年第7期，第401页。

个社会大车轮，要以内心发生原动力。”①

### （二）乡村教育的协调者与践行者

虽然知识分子有承担乡村教育的自觉意识，但他们对自己的职责范围与能力局限也有比较清醒的认识。既要借助政治力，又要培育乡村自身的能动性，同时知识分子自身还必须要做出必要的牺牲或调整。

首先，知识界认识到争取或借助于政府或地方实力派的支持是必需的。在当时的情况下，不可能完全撇开政府而活动。“所以从消极方面说，如果以县为单位而帮助农民，救济农村，非改革政治不可；从积极方面，要把我们研究实验的结果——教育的内容及乡村建设的方案——推到民间去，亦非利用政治机构不可。”②

尽管如此，知识界在发展乡村教育问题上基本倾向还是尽量发挥民间和社会的力量，避免受到政府的过多干预。知识分子自觉地做出这样的选择，既有他们对教育功效的主观自信方面的原因，也有一些现实原因。从理念上来说，民国时期教育救国思想影响下，许多人认为用教育的方法建设乡村比用政治力量去建设乡村，看起来速度慢，其实功效更加深厚。从现实经验来看，民国时期由政府提倡主导的乡村自治并不成功的结果，使人民对政府更加失去了信任。“中国的人民最怕统治者，最不信任统治者，所以由统治者来办的教育不能化一般的人民。由此我们更可以得到一个结论。政治力量似乎是大于教育力量，但他不能深入，不为人民所接受。虽速而不达。结果是扰民，而不是教民。教育官办不如民办，民办更能使人民接受，人民自动，其效似缓而实速。”③

其次，知识界还注意到许多乡村教育实验就像过去的代议制度一样，成为政府和知识分子包办的事业，知识分子“越俎代庖”，成了议

① 任福山：《小学教师的精神陶练》，《基础教育》1936年第11期，第643—645页。

② 宋恩荣：《晏阳初全集》（第1集），长沙：湖南教育出版社，1989年，第391页。

③ 唐现之：《乡村建设运动中的几个基本问题》，《中华教育界》第22卷第4期，第61页。

员一样的人，而真正的乡村民众却根本无所触动。所以，他们认识到乡村教育要真正深入到乡村民众中去，必须致力于培养乡村自身的力量，要使乡村民众从一种被动力量转变为一种自觉主动的力量。

20世纪二三十年代许多乡村教育实验区或乡村建设实验区，都是由民间社会团体或政府兴办的，主要是一些知识精英来经营。他们对于乡村教育运动如何处理与政府之间的关系问题面临着矛盾。如果由民间团体兴办经营，则经常要受到经济条件、人才和官厅的限制和掣肘。特别是在当时法制不健全、政局变换不定、官吏更迭频繁的情况下，"往往有'人存政举人亡政息'之叹"。无论政府经营还是民间团体经营的乡村实验区"多不能逃此公例"。但如果像阎锡山在山西办村政似的，过度借助政治力，又会出现"因纯系被动，非出自自愿，怨言甚多"的局面；或者出现乡村民众对所谓新事业无动于衷、冷漠敷衍的情况。就像旁观者总结的那样，"政府愈管，则人民愈被动；愈被动，愈不动"。那么，如何解决这种困窘呢？根本方法还是培养乡村精英，把由知识分子代办、包办的乡村教育事业办成乡村自己的事业。"政府推动力量却不可少，但亦不可完全、永久用政府的力量去推动。要凭借政治的力量，培养一班人才出来，这种人才，最好是土著的，道地的青年农人。他们渐渐地能接替知识分子所做的工作。一旦政治变迁，知识分子离开之后，不至于中断瓦解。这才是培养基础的工作。"这就是从事乡村教育的城市知识精英们"拯救"乡村的路线，这揭示的一个现实是，挽救乡村的工作还得靠乡村民众的自觉。①

再次，对于立志从事乡村工作的知识分子来说，必然会遭遇到的一个障碍就是"怎样到民间去"，即怎样与乡村民众接触，融入乡村。经验证明，知识分子要想走入乡村，与乡村民众打成一片，就必须过简朴的生活，即如他们所说那样，必须先农民化，才能化农民。

对于知识分子如何走入乡村问题，最简单的方法是"联络地方领袖"，但这个方法在实践中所得的结果却不理想，"岂知愈联络地方领袖，真正的民众离你愈远，终至于绝对不睬你了"，其中的深层原因

---

① 王衍康：《中国乡村教育前途之展望》，《中华教育界》第22卷第4期，第47—48页。

是，真正的农民认为“这些地方领袖都是土豪劣绅，是我们的敌人”，与他们联络，在农民看来是“县衙门的老爷惯用的法儿”。“要想抓着真正的劳苦民众，非自身先农民化而后才可化农民，要想取得民众的信仰，非自身吃苦不足以感动民众。”① 民国乡村教育的实践证明，能够胜任乡村工作的合格人才并不易得，那些“投机的知识分子和过剩的留学生”来到农村，并没有给乡村带来益处，农民贫苦依旧，甚至因为捐税增加，反而给民众增添了麻烦。那么，乡村建设和乡村教育运动需要什么样的人才去领导呢？“乡村教师，兹事体大，所以需要有学问，有卓见的专家们来领导；和能耐劳，能牺牲的智识者去苦干。”只有过得了“简约的生活”，能与民众同甘共苦者，才能得到农民的信任，也才能有实际的贡献。②

## 第二节　政府推动乡村教育的努力

进入20世纪以来，乡村教育呈现的一个重要发展趋势就是，随着国家政权不断向乡村延伸，政府在推动乡村教育方面扮演着越来越重要的角色。所以，民国乡村教育的兴衰与政府的态度和政策有直接关系，政府重视乡村教育、推行乡村教育的力度大一些，乡村新教育的局面就振兴一些；政府局势动荡一些、对乡村教育忽视一些，乡村教育也会随之衰落。

民国政府的乡村教育政策主要包括发展新式学校教育和改良私塾两方面。另外，整个民国时期，政府关于乡村教育的政策主要分为北京政府时期和南京国民政府时期两个阶段。中国近代教育的历史走向是从精英教育走向普及教育，虽然清末已经提出了义务教育的概念，但从清末至民初，中国新式教育的发展基本都停留在精英教育的层面，都市教育、高等教育受重视，而广大的乡村则仍然是旧式的私塾教育

---

① 喻任声：《从摸索中所得到的教训》，《中华教育界》第22卷第4期，第66页。

② 徐旭：《从读“乡村建设实验”说到乡村建设实验》，《中华教育界》第22卷第4期，第76页。

占主导地位。这种状况在南京国民政府时期得到了改善，南京国民政府凭借政府权威向基层社会大力推进新式教育，义务教育进入实质性阶段，乡村教育也得到一定的改观。所以，南京国民政府成立是中国乡村教育的转折点，乡村教育的发展进入了一个新阶段。就像廖泰初所说的那样，“民国十七年（1928 年）新教育才算站稳了脚，老百姓们对洋学也渐渐知道是怎么一回事了，洋学是渐渐脱离了私塾的形态，穿上了洋装。是以严格的说起来，汶上县的新教育，应以十七年为一个起点，以前只是一种风气一种玩意罢了”①。

## 一、扶植乡村新式教育

自清末以来，新式学校教育已经成为中国教育现代化的方向，“无论从教育形式、教学内容、还是从教育宗旨、教育的管理体系等方面，新学教育都体现出一种完全不同于旧学教育制度下的私塾和书院的新文化品格，其在乡村社会的确立，本身就是现代性生成的重要组成部分”②。

民国初期，由于政局的混乱和文化保守主义思想的影响，教育领域长期保持着旧式私塾与新式学堂并存的二元格局。以新式教育比较发达的浙江来说，民国初期小学校和小学生人数在 1921 年之前有较快增长，而之后增长的速度则大大趋缓，直到 1928 年才出现大的回升。③ 尤其是在乡村，私塾事实上占据主动地位。南京国民政府建立以后，政府推动义务教育的力度加大，乡村教育全面进入政府的视野，乡村新式教育从此才迈上了一个新台阶。

### （一）北京政府时期乡村新式教育

有人认为 20 世纪二三十年代乡村教育思潮的兴起就发源于义务教

---

① 廖泰初：《动变中的中国农村教育——山东省汶上县教育研究》，山东省汶上县教育研究院，1936 年，第 44 页。

② 郝锦花：《新旧之间——学制转轨与近代乡村社会》，山西大学博士论文，2004 年，第 101 页。

③ 蒋纯焦：《一个阶层的消失：晚清以降塾师研究》，上海：上海书店出版社，2007 年，第 241 页。

育。“说到乡村教育运动的起因，原极复杂，并不是单纯的。惟归纳起来，可以得到两点：其一为推广义务教育；其二为救济乡村教育。换句话说，就是由于教育落后和教育不适合。因为中国以前的教育走错了路，忽略了百万个乡村，直到民国八年（1919 年），才有人觉得义务教育的重要，不仅在少数的都市城镇，而尤其这百万个乡村，由于这样的一种觉悟，乃正式地起来提倡乡村教育运动。”① 乡村教育与义务教育在教育目标、教育内容、教育方式等方面有许多一致的地方，所以，研究民国政府的乡村教育政策，可以先从民国政府的义务教育政策上入手。

清末乡村新式教育取得了法律依据，但真正的乡村教育还尚未起步。张百熙、张之洞上奏的《学务纲要》中第六条“小学堂应谕绅富广设”，其中如是云“初等小学堂为养正始基，各国均认为义务教育。东西各国政令凡小儿及就学之年而不入小学者，罪其父母，名为强迫教育”。1907 年，清政府颁发了《强迫教育章程》10 条，其中有“各村须设蒙学一所”、“幼童至七岁须令入学”、“幼童及岁，不令入学者，罪其父母”② 等项。1910 年 1 月，学部颁发《简易识字学塾章程》，同年 12 月，钦准学部《奏复陈普及教育最要次要办法折》和《奏改订两等小学堂课程折》，将初等小学学程一律改为 4 年。1911 年规定小学四年为义务教育。普及义务教育逐渐由思想主张付诸法律实践，在乡村推进新式学校教育获得了法律依据。

中华民国自建立伊始，便开始在义务教育上进行改革，颁行法令，督促实行。1912 年 9 月 10 日，教育部公布《学校系统令》，即“壬子学制”，其后又颁布的《小学校令》、《中学校令》，丰富和完善了“壬子学制”的内容，经过修订，形成了“壬子癸丑学制”，这个学制规定“初等小学四年，为义务教育。毕业后得入高等小学校或实业学校”③。

---

① 古楳：《乡村教育》，上海：商务印书馆，1935 年，第 61 页。

② 朱有瓛主编：《中国近代学制史料》第二辑上册，上海：华东师范大学出版社，1987 年，第 372 页。

③ 《教育部公布学校系统令》，中国第二历史档案馆：《中华民国史档案资料汇编》，第三辑教育，南京：江苏古籍出版社，1991 年，第 59 页。

“壬子癸丑学制”实施后，义务教育未见起色。

袁世凯掌握北京政权以后，认识到义务教育的重点在于推进乡村教育，开始在县以下划分学区，并且开始确定推行义务教育的年限。1914年12月，教育部颁发的《整理教育方案草案》，提出整理义务教育的方案二十则“确定义务教育年限，明白宣示，使地方知建学为对于国家之责任；各县暂就原有区画，分为若干学区，于一定期限内必须设置学校……”①《草案》将推行义务教育的重点置之于县，并将县再划分为许多学区，这说明教育部已经认识到兴学的关键在于推进乡村教育。“关键知富强莫先于教育，教育莫先于小学；中央以是责之省，省以是责之县；县奉文书筹款若干，办一二小学斯已矣，镇乡莫应也。即有应者，或踊跃于先而竭蹶于后，或敛财其实而办学其后；病在无办学机关以经营之；一县之大，其耳目之所周者有限，未可以坐谈学务也；故自治会成立前，必先分画学区。其分画标准，以前清城镇自治区域为率，过大者得设分区。每区设学董一员及学务委员若干员，以当整理董率之任。”② 1915年2月，袁世凯颁布《特定教育纲要》，提出“施行义务教育，宜规划分年筹备办法，务使克期成功以谋教育之普及”③。《纲要》提出了按计划分年推进义务教育的主张。同时，对义务教育的组织形式也提出了改革主张，将初等小学分为两种，一为国民学校，一为预备学校。据统计，从1912年—1915年间，初等小学的学生数量有很大增加。1912年—1915年间初等小学的学生数量从2795475人，增加为3921727人；学校数量从86318所增加到121081所。④

1922年由教育界参与制定的“壬戌学制”，成为民国时期义务教育的基本体制。“壬戌学制”将初等小学四年定为义务教育。但是由于

---

① 《教育部公布学校系统令》，中国第二历史档案馆：《中华民国史档案资料汇编》，第三辑教育，南京：江苏古籍出版社，1991年，第30页。

② 朱有瓛主编：《中国近代学制史料》第三辑上册，上海：华东师范大学出版社，1990年，第31页。

③ 《教育部公布学校系统令》，中国第二历史档案馆：《中华民国史档案资料汇编》，第三辑教育，南京：江苏古籍出版社，1991年，第43页。

④ 同上，第30页。

各省事实上分裂割据，所以中央关于义务教育的法令徒有虚名。但是地方上对义务教育的重视则各有不同，例如，山西省和江苏省在义务教育的普及方面做了许多工作，乡村教育也随之有些成绩。山西省从1918年开始履行义务教育，全省计划分7期，用三年半时间将义务教育普及全省。根据其颁布的《施行义务教育程序》，山西义务教育的重点在乡村，第一期办理区域在省城，第二期为县城，第三期为各县乡镇及300家以上之村庄，第四期为200家以上之村庄，第五期为100家以上之村庄，第六期为50家以上村庄及不满50家毗连之村庄能联合设学者，第七期为凡人家过少之村庄而附近又无村庄可联合者。① 据教育专家袁希涛于民国九年（1920年）的调查，山西全省入学儿童占全省儿童总数的60%强。② 在山西的示范效应下，再加上新文化运动所造成的民主潮流的辐射作用，义务教育、乡村教育更受重视。1920年4月2日，教育部参照山西分期分区次第筹办义务教育的办法，也颁布了一个分期筹办全国义务教育的区域和期限表，以8年为期全国一律普及义务教育：1921年——省城及通商口岸办理完竣；1922年——县城及繁镇办理完竣；1923年——500户以上之乡镇办理完竣；1924年——300户以上之市乡办理完竣；1925年和1926年——200户以上之市乡办理完竣；1927年——100户以上之村庄办理完竣；1928年——不及100户之村庄办理完竣。③ 江苏、山东、浙江、江西等省也纷纷效仿，规定各省兴办义务教育的程序，务期在一定时限内将新教育由都市推进到最基层的乡村。但是，由于这一时期，各省政局不宁，教育经费匮乏，许多政策很难落实。

### （二）国民政府时期乡村新式教育

随着南京国民政府的政权的稳定，乡村教育进入国民政府的视野，并成为国家建设事业的一部分，乡村教育有了实质性的进展。这一时

---

① 《山西国民教育计划》，《申报》1918年12月20日。

② 袁希涛：《民国十年之义务教育》，陈学恂主编：《中国近代教育史教学参考资料》中册，北京：人民教育出版社，1987年，第348页。

③ 陈宝泉：《我国义务教育之经过及进行》，陈学恂主编：《中国近代教育史教学参考资料》中册，北京：人民教育出版社，1987年，第344—345页。

期的乡村教育，主要是在国民政府的义务教育及政策的推进中得以开展的。

1. 推进乡村义务教育

1928年5月，国民政府大学院在南京召集了由政府各部、各省市及特聘专家参加的第一次全国教育会议，通过了《厉行全国义务教育》一案。会议还通过了一些有关乡村教育的议案，陶行知的《乡村小学师范学校标准案》和《推广乡村幼儿园案》、欧元怀的《提倡乡村教育设立乡村师范学校案》、韩安原的《请大学院明令各省注重训练乡村教育师资案》。另外还认可了一些被认为可供参考的乡村教育方面的提案。这次会议使得之前主要由民间社会力量推动的乡村教育运动，进入政府执政的考察范围内，陶行知等人提出了一些关于乡村师资培训、乡村师范学校标准化方面的建议对政府的教育决策发生了重要影响。

1930年，全国第二次教育会议通过了《改进全国教育方案》一案，规定“义务教育普及期限为20年，在这20年中拟造就师资148万人、扩充教室100万间、筹集经费398.607万元……”① 同时，在由陈布雷起草的、蒋介石批准的会议宣言中指出：“在训政六年期内，对于义务教育和成年补习教育，主尽量推进。”义务教育进入国民党训政的内容当中。② 由此，使义务教育受重视程度进一步提高，义务教育进一步有力开展。在20年间完成4年义务教育的规定，虽然比之前规定的8年完成普及的年限要长，但更加务实。各省随后出台的具体实施程序就更加灵活务实，结合各地区的实际情况，安排了实施义务教育的不同年限程序。1932年6月，教育部订定《短期义务教育实施办法》及《第一期实施义务教育大纲》，同时推行一年制和四年制普及义务教育。《第一期实施义务教育大纲》提出：“在城镇和经济性相对发达地区推广以四年制初等小学为主的普及教育；同时提出在偏僻乡

① 教育部教育方案编制委员会编制：《改进全国教育方案》，1930年6月份印行，第1页。

② 中央教科所编：《中国现代教育大事记》，北京：教育科学出版社，1988年，第205页。

村地区普及一年制短期小学，最终达到在全国普及四年制义务教育目标。”① 同时提出了分期办理短期小学。1933 年国民政府颁布的《小学规程》规定为了弥补普通小学的不足，各地可以设简易小学和短期小学。“简易小学招收不能入初级小学之学龄儿童。其修业期限，以授课时间折算，至少二千八百小时。短期小学招收十足岁至十六足岁之年长失学儿童。其修业期限为一年，以授课时间折算，至少五百四十小时。”② 简易小学和短期小学的设立对于在乡村推进义务教育是一个务实而灵活的变通方式，对于推进乡村教育起到了积极作用，也使得普及教育的成效日益显著。

1935 年 5 月，教育部重订《实施义务教育暂行办法大纲》，此后又出台了一系列与之相关的法令，如《义务教育暂行办法大纲施行细则》、《市县划分小学区办法》、《二年制短期小学规程》、《全国义务教育委员会规程》、《二年制短期小学规程》、《全国义务教育委员会规程》，等等，开始推行两年制短期小学；并计划分三期实现全国普及四年制义务教育；为适应一些贫困偏远乡村的需要，在教学组织方式上规定采取更灵活的变通，例如，采用二部制和巡回教学法，等等。

当时政府还是比较重视发展乡村教育的。在 1930 年 3 月的国民党三中全会上，胡汉民、刘庐隐、陈立夫等联合提出《实施三民主义的乡村教育案》被大会通过。提案将三民主义与乡村教育结合起来，认为若要以三民主义建国，必须能将三民主义深入广大乡村民众当中去，实施三民主义乡村教育，才能培植中国政治的基础。该提案还就培养训练师资和开办乡村学校提出了具体建议。国民政府行政院于 1933 年 4 月议决成立“农村复兴委员会”，其主要目标虽然是为了振兴农村经济，但它所做的许多调查统计工作也包括乡村教育问题。政府方面所主持或提倡的乡村教育工作开始进入一个新阶段，由国民党中央政治学校政治系主任梅思平担任县长的江宁自治实验县，有以金陵大学美籍教授卜凯和中央大学农学院邹秉文为代表的农业技术改良派，有以

---

① 邰爽秋，黄振祺等：《中国普及教育问题》，上海：商务印书馆，1938 年，第 64 页。

② 《第一次中国教育年鉴》，上海：开明书店，1934 年，第 27 页。

高践四主持的无锡教育学院为代表的民众教育农事教育派，还有以河南内乡别廷芳等为代表的乡村自治派。这些乡村教育实验的开展，也可以看做是政府对 20 世纪 20 年代由民间开始的乡村教育运动的回应。

此外，国民政府加强了对义务教育的立法保障力度，1931 年国民政府公布的《中华民国训政时期约法》就有“国民教育”专章。1937 年抗日战争爆发后，全国进入了战时状态，义务教育遵循着蒋介石“平时作战时看，战时作平时看”的方针，将抗战与建国合二为一，义务教育有如以往照常进行。1947 年 1 月 1 日国民政府公布的《中华民国宪法》中也有类似专门规定。这之前，政府虽然出台过一些义务教育方面的法规，但都属于宪法之下的二三层级的法令法规，南京国民政府时期，义务教育在民国宪法层面已然占据突出地位。

2. 实施乡村国民教育制度

1940 年 1 月国民政府实施新县制，教育部根据新县制精神，实施国民教育制度。国民教育的原则是主张义务教育与民众补习教育合流，国民教育制度系统中，将小学改为国民学校和中心国民学校，“每乡镇设中心学校，每保设国民学校，均包括儿童、成人、妇女三部分，使民众教育与义务教育打成一片”①。

1940 年 3 月，国民政府公布《国民教育实施纲领》，开始在全国范围内实施国民教育制度，义务教育向国民教育转化。另外，还规定了义务教育年限及其分期普及义务教育的程序。国民教育制度是在战争初期义务教育基础上推行的，同时把义务教育的范围扩大，将初等教育的普及与民众教育的推广结合起来，广泛动员社会组织和力量，整体上推动教育的普及。

1944 年 3 月，国民政府又公布了《国民学校法》，规定“6 岁至 12 岁之学龄儿童，应受之基本教育”，“地方有特殊情形者得增设之，或联合数保共设一所；一乡镇内国民学校，应以一校为国民中心学校，设于乡镇适当地点，兼负辅导各保国民学校之责；乡镇区域辽阔或国

---

① 《第二次中国教育年鉴》，上海：商务印书馆，1948 年，第 183 页。

民学校数较多者，得增设中心国民学校”①。为了使国民学校得以贯彻实行，1944 年 7 月，国民政府又公布了《强迫入学条例》，规定了国民学校实行学龄儿童的强迫入学。

随着制度的完善，义务教育体系不断健全与完备，也是中国义务教育有力实施的保障。因此，即便是在抗日战争的动荡中，义务教育的发展仍然达到了较高的水平。

抗战胜利后，国民政府又提出了全面普及国民教育的方案。1946 年 11 月 22 日，教育部颁布《实施国民教育第二次五年计划》。计划自 1946 年 1 月起，于五年内“使全国各地所有学龄儿童和成年失学民众，均能分别受相当时期之义务教育与补习教育”。已实施国民教育的四川等 19 个省市，另订第二次实施国民教育五年计划。尚未实施国民教育的江苏等 23 个省市及台湾省拟定第一次实施国民教育计划。在此期间，以教育部为核心的教育行政机关也积极进行政策实施工作，在具体措施上，由教育部拨发专业补助款，充实国民学校设备；改善和提高国民学校教师及师范生的待遇。但是由于内战的爆发，政府的人力、财力、物力都用于内战，关于发展义务教育、乡村教育的计划就此中断。

## 二、改良私塾

民国时期，私塾仍然星罗棋布。由于私塾教学内容陈旧、教学方法不良、设施简陋，特别是它所传达的价值观不符合现代民主教育观念，所以民国时期政府发展乡村教育的一个重要侧面就是改良旧式私塾教育，使之最终与乡村小学日趋并轨。

### (一) 民国私塾改良历程

私塾属于民间的私人性质的教育行为，民国中央政府或地方政府由于各种原因对于这些行为有时是无能为力或置之不理的，这样一来，纯粹的旧式私塾往往暗地里大量存在，成了“法外逍遥的教学机关”。

私塾按照它筹设的程序和教授范围分为以下几种：义塾、书塾、

---

① 宋恩荣，章咸主编：《中华民国教育法规选编》，南京：江苏教育出版社，1990 年，第 292 页。

家塾、设馆。民国时期所存在的私塾多数属于第三或第四种，因为它们比前两种私塾具有比较少的公共性，有点属于私人行为的意思，所以较少受到政府的干预和管理，能够存在比较长的时间。1941 年有人考察江西地方基础教育中的私塾时，讲道："这次所看到的私塾，仅有两个是属于第四种，大多数都是属于第三种。这批私塾，都是没有遵照规定改良的，仍用古法虔教，道地蒙馆。县以下教育行政当局，置之不理，各级教育视导人员也不登门问道，因此私塾成了法外逍遥的教学机关。"①

民国时期，城镇虽是私塾密集区，但乡村亦不稀少。而且"私塾的走向是向下延伸，因而地方县乡的私塾有增无减呈发展态势"②。其程度绝大部分相当于小学，而又以初等小学居多。从数目上看，其数虽不比公立小学多，但其绝对数目之大是非常惊人的。20 世纪初年乡村社会在数量上占统治地位的教育机构仍然是私塾，俞子夷认为清末民初的小学教育发展，"忽忽十六年大家也不好算没有努力，办小学的成绩也不好算完全失败，不过离普及的程度却是很远很远。并且一到乡僻，私塾要比小学多；有时私塾的成绩还可以在小学之上"③。据民国教育部 1915 年年底统计，该年全国初等小学性质的私塾共有 29425 所，而同年公立小学总数为 69357 所，私塾几乎占公立小学的一半。高等小学性质的私塾总数为 1904 所，而该年公立高小总校数为 5459 所，私塾占高小总数的 30%～40%。私塾和公立小学之比虽然不高，但是私塾设置便捷，开办简单，以至天涯海角无处不有，因而影响极大。1936 年，教育部对 1935—1936 学年度全国私塾进行了统计，该年度全国私塾共有 110144 所，有塾师 110933 人，私塾学生 1878351 人。由此可知，私塾在民国后期所存数目仍然十分可观，并以公立小

---

① 梅焕湅：《闲话私塾》，《江西地方教育》1941 年第 215－216 期合刊，第 31 页。

② 熊贤君：《中华民国时期私塾的现代化改造》，《华东师范大学学报》（教育科学版）1998 年第 3 期，第 81 页。

③ 俞子夷：《一笔教育上的旧账》，董远骞等：《俞子夷教育论著选》，北京：人民教育出版社，1991 年，第 232 页。

学薄弱、或未曾设立学校的乡村居多。

民国时期政府对私塾的总体政策是通过种种改良和培训活动，使塾师们在教学上逐渐向小学校趋同。政府从新教育的普及出发，对于塾师们的资格、设塾、教学，政府都有一系列的制度化的规定，并对违反规定者有一系列配套的惩罚性措施。尽管这些制度的执行力度受到质疑，但至少摆脱了封建时代因制度空缺而对乡村基础教育不闻不问的状态。

其实，清末学部就于1910年出台了《改良私塾章程》二十二条，各地政府也有相应的政策出台，但清末改良私塾主要以奖励劝导为主，目的是为了使之与学校趋同，来弥补新式教育的不足。民国时期，随着政府教育职能的强化和控制能力的增强，对于私塾改良的推进力度明显加大。1912年教育部即定出整理京师私塾的四条办法，行知京师学务局切实实行，对于各省私塾，教育部也督促地方长官予以整理，但未对地方整理私塾颁布严格办法。“若言各省私塾情形，在本部虽未特别规定，而各省长官于次第扩充小学之外，并亦注意于私塾；无论其偏重取缔或偏重奖励，要皆以整理为主旨。”但教育部对于改良私塾的原则持“奖进主义”，以弥补学校不足。“盖当兹小学尚未遍设之时，自应依据经验纲要，对于私塾必取奖进主义，乃于事实适相应也。”①袁世凯时期，1914年12月颁布《教育部整理教育方案草案》三十条，其中关于私塾规定：“对于私塾采奖进主义，期渐同化于学校。”草案认为，当时社会对于私塾的两种态度——放任和排斥，都偏于极端。“果其所授为不良之教育，影响于国民者甚巨，在理不能置若罔闻；然苟可以设法改良，俾其渐就范围，足为异日代用小学之备，又何必遽行废止，转使社会有格不相通之疑，地方有猝难设学之叹？”所以该草案主张改良私塾，将考试合格的塾师甄录为小学代用教员，成绩不合格者入塾师传习所学习。②

---

① 《教育部整理私塾》，舒新城：《中国近代教育史资料》上册，北京：人民教育出版社，1961年，第113—114页。

② 《教育部整理教育方案草案》，陈学恂：《中国近代教育史教学参考资料》中册，北京：人民教育出版社，1987年，第214页。

有研究者总结："民国私塾改良虽然在时间上承接清末新政，但与清末有两个明显不同：其一，由于立国思想由儒家文化转向西方资产阶级文化，对私塾的态度较清末激进，于改良中增添了取缔之意，欲将旧式私塾尽归于新式学校，而最终全部消灭之；其二是不再借助于民间协会（私塾改良会），而完全由政府部门来组织推广。"① 其实，民国初期和后期，政府在私塾改良方面的作为也是有所不同。

教育部在民初对于改良私塾的总体态度持"奖进主义"，以弥补学校不足。民国北京政府时期，各地虽出台改良私塾的政策，对于私塾科目、设备、塾师培训等有所整理，但实际上清末民初，由于新式学堂无论在质还是量方面都不足以满足乡村学龄儿童的需要，政府以私塾作为学校补充的政策，不仅流于形式，未能认真实行，而且为私塾的扩充开辟了道路。另外，军阀混战，政局混乱，也给政策的贯彻执行带来困难。再加上，清末民初政治更迭，大批失去官位的文武百官隐退到乡下，"乡间回来了一大批失业而富有塾师资格的人物，不能下地耕种的人物，结果自然是私塾在数量上的增加"。所以，廖泰初说"清末民初恐怕是私塾的黄金期了"②。以民国初年的山东省改良私塾为例，"省、道两级教育行政机构，在1915—1917年间频繁视察各地学务，对私塾改良工作很重视。……1923年以后，山东省对普及初等教育，基本没有什么作为。对私塾的取缔、改良工作也基本处于停顿状态"。1926—1928年张宗昌督鲁期间推行尊孔读经，结果"各地学堂都变成了私塾"③。山东私塾改良的挫折和反复也是全国改良私塾工作的写照。

"这样私塾就继续发展着，一帆风顺，直到国民政府奠都南京，才

---

① 蒋纯焦：《一个阶层的消失：晚清以降塾师研究》，上海：上海书店出版，2007年，第214页。

② 廖泰初：《动变中的中国农村教育——山东省汶上县教育研究》，山东省汶上县教育研究院，1936年，第13页。

③ 王翠红：《近代山东私塾改良研究》，山东师范大学硕士论文，2007年，第24—25页。

开始感到问题的严重!”① 到南京国民政府成立之后，改良私塾工作才进入比较实质性的阶段，比如塾师培训、塾师的资格检定、取缔不合格私塾等工作才真正广泛开展。如1931年《教育部乡村小学充实学额办法及繁盛都市推广小学教育办法》规定：乡村小学学额不足时，其附近一公里内，不得另设招收九周岁以上儿童之私塾，其有私塾一些于学校招生者，得由校长呈请主管教育行政机关勒令停闭之。②

在国民政府1935年开始的四年制义务教育政策中，改良私塾以为代用小学仍然是普及义务教育的一个重要事项。教育部于1937年6月颁布的《改良私塾办法》规定，私塾可以在不妨碍公私立小学招生范围内设立，参照短期小学或普通小学课程教学；各地现有或新设立的私塾必须由当地主管教育行政机关核准设立，核准的标准是：“凡备具（1）不违背中华民国教育宗旨及其实施方针；（2）塾师文理清通，常识丰富；（3）塾舍宽敞，光线、空气充足，并有空场足资学生运动；（4）能遵用教育部审定之教科书；（5）收容学龄儿童及失学儿童，不妨碍当地小学学额之充实者，均得核准设立。”另外，塾师可以通过参加主管机关举办的塾师训练班或讲习班、参观优良小学、参加小学研究会等方式来提高自身水平。已经核准设立的私塾，经主管机关考核，成绩优良者可以改称改良私塾，并酌改短期学校、简易小学、或代用小学，享受政府补助。③ 这是一个较之前规定更加严格的私塾改良办法。

各地以教育部的改良私塾办法为依据，根据当地私塾的具体情况，纷纷制定当地具体的私塾改良办法。20世纪30年代从中央到地方政府曾经加强对私塾的打击力度，如汶上县政府在1935年连续两次发布对私塾的禁令，对私塾严加取缔，“用最强硬的手段，压迫村长、塾

---

① 廖泰初：《动变中的中国农村教育——山东省汶上县教育研究》，山东省汶上县教育研究院，1936年，第13页。

② 《教育法令汇编》，1933年3月教育部印行，第454页。

③ 《第二次中国教育年鉴》，上海：商务印书馆，1948年，第182页。

东、塾师、塾生，处以罚款，想使他们就范”①。但生硬的手段遭到民间抵制，政府的态度手段不得不趋向缓和，着力于私塾改良，在教材、课程设置、教学方法方面严格要求。同时举办私塾短期训练班，培训私塾教师，解决他们生计问题，以期私塾逐步转化为乡村国民学校。

总体来说，从国民政府成立到抗战胜利，受经济条件和师资条件的限制，政府对义务教育的推进不得不予以变通，从原先坚持四年义务教育，改从一年制做起，进而二年、四年，最后定为六年，实施的方式也从普通学校到短期小学、短期小学班甚至巡回教学。正因为推进乡村小学的工作存在许多困难，不得不以改良私塾做补充和辅助，所以私塾在国民政府时期仍然具备生存空间。但是，国民政府毕竟奉行三民主义教育方针，私塾自然被视为“封建时代之残骸，宗法社会之遗蜕”②。所以，这一时期比较能够尽力于私塾改良，私塾改良比较具有实质内容。特别是 1927 年到 1937 年，政府为普及义务教育，改良私塾力度加大，成效也比较明显，许多私塾所糅合的现代教育元素比以前增多。但私塾的势力和影响仍难从根本上消除。所以这个时期的私塾教育仍然呈现出新旧杂陈的特征，既是传统教育的载体，又是不断向学校教育转变的变体。1937 年后，随着抗战的爆发，私塾改良的良好势头被打断，私塾又有一定的复兴。

总之，由于各种历史和现实方面的原因，私塾在民国时期始终保持着一定的生命力，但民国政府改良私塾的力度也在不断加强。

### （二）改良私塾的办法

从民国北京政府到南京国民政府，陆续出台取缔或强制改良私塾的法规，如 1912 年教育部的《整理私塾办法》、袁世凯时期的《教育部整理教育方案草案》，1937 年南京国民政府教育部的《改良私塾办法》等。与此相应，各省市地方以上述中央政策为依归，在不同时期

① 廖泰初：《动变中的中国农村教育——山东省汶上县教育研究》，山东省汶上县教育研究院，1936 年，第 14 页。

② 《拥护党化教育运动大会宣言》，《广州民国日报》，1927 年 2 月 26 日。——转引自《近代中国私塾教育改革之研究 1901—1949》，台湾师范大学硕士论文，1990 年，第 70 页。

各自制定了一些具体的私塾改良办法。有人以江苏、湖北、江西三省为例，对国民政府时期各省与教育部私塾改良办法进行了对比分析①，结合其他相关研究，可以看出各省在改良私塾方面的具体内容如下：

第一，规范设塾条件。各省一般皆明令禁止在小学附近设塾，不得收容曾经肄业之学龄儿童，或收容失学儿童不得妨碍小学之进行。“乡村小学学额不足时，其附近一公里内不得另设招收9周岁以上儿童之私塾；其有设私塾影响于学校招生者，得由校长呈请主管教育行政机关勒令停闭之。”② 1936年山东省政府规定凡有初级小学之地，私塾学生一律并入初小。凡无初小之地其私塾一律依照短期小学或普通小学办理，称之改良私塾。③ 江西省规定：“私塾在城市不得设于小学附近1公里内，在乡村不得设立于小学附近2公里内。”④ 另外，政府要求塾师设塾须向政府部门登记注册，载明设塾地点、塾师信息、招生人数、课程、学费标准等信息。各地规定不完全相同，目的也是为了预备政府审查，防止私塾与学校重复设置，争夺生源。没有登记注册的私塾，则随时可能被教育行政部门查封。

第二，制定塾师资格标准。教育部的规定是比较原则性的，所以很宽松，到各省的具体规定就比较具体和严格，塾师必须达到一定的要求，经过考试合格才能执业。湖北颁布的《各县改良私塾暂行办法》规定的塾师资格是：“曾在简易师范学校或简易师范班毕业者；曾在初级中学毕业或与初级中学毕业资格相等者；曾经塾师检定委员会检定合格，领有证明书，尚未逾有效期间者；曾经在塾师训练班毕业，领

---

① 钟碧兰：《近代中国私塾教育改革之研究1901—1949》，台湾师范大学硕士论文，1990年，第86－87页。

② 《教育部颁布乡村小学充实儿童学额办法》，南京：中国第二历史档案馆：《中华民国史档案资料汇编》，第五辑，第一编教育，南京：江苏古籍出版社，1994年，第537页。

③ 《山东教育行政周报》，1930年10月第104期，报告第18页。

④ 《江西省改进私塾暂行规程》，转引自吴寄萍：《改良私塾》，上海：中华书局，1939年，第135页。

有成绩证明书者；曾经小学教员二年以上成绩优良者。”①

第三，改进课程内容。要求私塾尽量与小学校保持一致，各省一般皆规定塾师须有算术、常识、党义等新式课程。“教授科目须遵照小学定章，如技能学科，塾师有不能教授者，得请他人兼任，或暂从阙。”② 1931 年 12 月，福建省规定：“私塾之教学科目如左：（一）党义；（二）国语（读文、作文、写字）；（三）算术（珠算或笔算）；（四）常识（包括公民、争卫生、历史、地理、自然各科）；（五）体育。但亦得视学生之个性及程度，酌设其他选修科目。惟所设科目，须呈报主管教育行政机关核准。”③ 1933 年江苏省对私塾课程的规定则严格“参酌部颁及江苏省政府公布之小学、短期小学、简易小学等课程标准，求私塾课程取同一之效”。具体如下：

1. 相当于完全小学或初级小学者，须依照部颁小学课程标准之规定。2. 相当于简易小学者，须依照本省简易初级课程暂行标准之规定，为党义、国语、算术、常识四科。3. 相当于短期小学者，须依照部颁《短期义务教育实施办法大纲》之规定，为国语二科。其内容须包含史地、公民、算术、自然等常识。④

第四，改善教学和管理方式。由于新文化运动的开展和西方现代教育思想的引进，中国的普通中小学开始倡导个性化教育，要求在教育中尊重个人、尊重儿童。这些新的教育理念在私塾教育中也得到了反映。教育行政部门在改良私塾的过程中，要求塾师改变“死教死读”方法，做到：（1）依据循序渐进的规律，采取“逐步教学”。（2）“教学时须以引起儿童学习兴趣为主，并须注重理解，不得专重背诵”。（3）“绝对禁用体罚”。（4）“平时并须指导儿童作课外活动，以养成儿

---

① 钟碧兰：《近代中国私塾教育改革之研究 1901—1949》，台湾师范大学硕士论文，1990 年，第 86－87 页。

② 《教育部整理私塾》，舒新城：《中国近代教育史资料》上册，北京：人民教育出版社，1961 年，第 113 页。

③ 《第一次中国教育年鉴》，上海：开明书店，1934 年，第 179 页。

④ 同上，第 166－170 页。

童运动及守纪律之习惯。”① 另外，禁绝体罚学生是各省改良私塾教学方法中比较普遍的规定。此外，像分级分班教学、学期学年制的作息安排等与小学校相似的现代管理方式，也在有些地方改良私塾方法上有所体现。

第五，改善教学设施。一般都要求塾舍房屋宽敞、空气和光线充足，最好有运动场；还都规定塾师必须有党旗、国旗、总理遗像，必须有一定的纪念仪式，如总理纪念周。1928 年杭州市推出《改良私塾的计划》中，附设了一个“私塾改良之最低限度”，“关于设备者：一、须有光线充足之教室；二、须有可供游散之场所；三、须备黑板粉笔；四、须有适宜之厕所；五、须备学生茶饮；六、须备学生分数簿。关于教授者：一、必修科为三民主义、国语、算术、常识等；二、用书以本政府通告指定者为限；三、须讲解并令学生回×；四、须令学生练习或作答案，并给予分数；五、须定日课表；六、绝对禁止饭后作字；七、须依照学生程度酌分班级；八、高级程度之学生须教翻字典。关于训管者：一、绝对禁止体罚及帮理教师家务；二、须有休息时间，准学生做简单游戏，如拍球、踢毽子、滚铁环、打弹珠、捉迷藏；三、派值日生洒扫教室；四、须定上学及散学时间”②。从这个私塾改良的最低标准中可以看出私塾与现代教育存在距离，私塾在教学环境设施、教学内容和管理方式上都是简陋的，不太跟得上现代知识结构和教育模式的转变速度。

第六，组织塾师培训。1937 年 6 月，教育部颁布《改良私塾办法》，要求“主管机关应于寒暑假期或相当时期，举行塾师训练班或讲习班。其讲习学科，除国语、算术、常识外，并须注重公民训练、科学常识与各科教学法之实际研究。塾师训练班或讲习班，应委托县市立初级中学或县立师范学校，或规模较大之县市立小学举办之。其训

---

① 《教育部颁布改良私塾办法》，中国第二历史档案馆：《中华民国史档案资料汇编》，第五辑，第一编教育，南京：江苏古籍出版社，1994 年，第 678—680 页。

② 《附私塾改良之最低限度》，《市政月刊》1928 年第 1 卷第 4 期，第 7 页。

练或讲习总时期共计至少为三个月”①。各省一般都要求严格训练塾师，多利用寒暑假举办各种讲习会，但具体培训措施上有所差异。有组织塾师讲习会、研究会之类的训练班，或召集塾师赴小学校参观学习。

第七，各省还规定了比较具体严格的私塾奖励和取缔方式。如1932年青岛市取缔私塾时，规定“根据调查结果，择其最劣者会同公安局先行取缔；择私塾设备较优及塾师学力较佳者，准其暂时存在，由局规定其应授之课程，限令补授，逐渐改良并由局随时派员视察，如不能遵办者，仍执行取缔”②。

## 第三节　乡村教师的认知与期望

乡村教师是民国乡村教育的实施者，是实现教育理想、实施教育理念的载体。他们真正生活在乡村，生活与工作都与乡村民众和乡村儿童在一起，是乡村教育活动的第一当事人。但他们在乡村又是新文化的代表和传播者，他们在工作和生活中的切身经验和感受，能够反映民国乡村教育的真实现状和问题，能够为民国乡村教育问题的研究提供生动的资料。

### 一、乡村教师的亲身体验

由于乡村教师生活圈子狭小，所以提不出什么宏大的理论，他们主要是从自己的工作和生活经验出发，来认知乡村教育问题。其中，最有价值的信息主要来自他们对于自己工作和生活中面临诸多困难的感受。

---

①　《教育部颁布改良私塾办法》，中国第二历史档案馆编：《中华民国史档案资料汇编》，第五辑，第一编教育，南京：江苏古籍出版社，1994年，第680页。

②　青岛市教育局编：《教育行政报告》1932年，第21页。

## （一）乡村教师的内在困难

1. 设施环境简陋

乡村小学客观物质条件之简陋、教学环境气氛的恶劣是大家都知道的，但真正身处其境的感受还是让人有所触动。

“在多数乡村一个角落的破庙内，吵声、喊声、哭声、骂声、叱打声、猜拳声、谈笑声，其间还夹杂着背诵声、讲经声、铃声、钟声、犬吠声和鸡叫声；有时那声音像是要冲破了天；但有时也会寂静的一点动静听不到。那是一个特种组织吧？不然的话，为什么人们都冷言冷语对它那样地讽刺和歧视呢？若走近些看，‘党化教育’或‘教育英才’四字横贴在××庙匾的下面；这才明白原来是一个学校。进去看看，满院的粪便、垃圾、杂草和乱石，大殿中神像宛然存在，教室黑暗的看不到学生在哪里，只听到高高的读书声几乎要把他们的声带裂破；仔细看方见那满屋灰尘或竟是红花绿末，桌凳长短不适，高低不等，学生的脚高高地悬在半空中；学生看见你像是鼠见了老猫，用白眼向你瞅着，一动也不敢动。教员的精神颓靡，面色憔悴，现着苦惨的愁容。若在教室内站得长久些，那污浊的气息会使你头疼。这就是教育的组织，公民的培养场所，几乎每个乡村都有的乡村初级小学。”这就是李盛春描述的山东乡村初小“一般的真情”，而不是为应付上级检查紧张收拾预备了几天后的样子。①

民国时期大多数乡村学校都是借用的庙宇做教室，不仅光线不足、空气不流通，有的还是学生与神像共处一室，“北墙有三尊神，用布隔着占了一半的位置，就是后面便是和尚住宅与暮鼓晨钟的禅堂”。不仅教室简陋，许多学校等于根本没有院子，学生“上唱游时，只得到校外去，但往往会引起校外人的批评”。因为学校是占用了一个小庙，学校基金也是将庙产充公的一块地，所以仍住在庙里的和尚便对教师“说比桑骂槐的话”②，这些都是民国乡村小学的常态，设施如此简陋，

① 李盛春：《乡村初级小学经费之来源及其支配》，《基础教育》1936 年第 1 卷第 9 期，第 516 页。

② 姚斐然：《我的小学教师生活写实》，《基础教育》1936 年第 1 卷第 7 期，第 393 页。

一个原因是因为新式教育远没有得到乡村民众的接受，许多新式学校的开办都是为应付政府政令而已，学校办得好坏是不重要的。“这学校本不是因为教育儿童而立的，专以占据庙产应付政府，自是开了学，便无人过问了。”①

新式学校的这种条件和气氛竟与私塾在民国主流教育媒体中的形象多少有些相似：“提起私塾，我的头脑中就不假思索地联想到那个可笑的陈腐的疣物，光线不充足的房屋，几张缺腿的桌凳，衔着旱烟袋的老先生，几个垢面拖鼻涕的小猢狲，还有森罗殿似的案桌，厚沉的戒尺，脱落了石灰的墙壁上，洒满了黑墨水，空中的蜘蛛网，恰像替代了普通学校中的外国皱纹纸条，地上更有黄浓似的涕吐，还有……总之，比之它是一个人间的地狱，小孩子的牢笼，实不为过。”② 一个是现代新生事物，本来应该生机勃勃，另一个是面临政府取缔威胁之下，即将消亡的事物，二者的实际生存状态竟然差不多，这不得不说是民国教育的一个矛盾之处。

2. 工作繁重复杂

乡村小学的教学工作是不同于城市小学的，首先他们面对的教学对象——乡村孩子在适应现代学校教学方面就有特殊的困难。比如有的教师就觉得“乡下的孩子们大多数气质粗暴，没有城市里的孩子那样活泼柔驯，教学极感困难”③。有乡村教师反映，取消体罚以后，由于学校没有相应的操场等游戏场所和设备，造成如何管教学生成了问题，天天有学生打架的。而且乡村学校的孩子年龄参差不齐，学习程度也参差不齐，再加上乡村生活节奏与农事活动的配合使学生经常请假或旷课，从而更增加了教学的难度。

乡村初级小学一般是一校只有一个教员，由于学生程度不齐，所

---

① 冯汉臣：《一个乡村小学教师的经过》，《基础教育》1936 年第 1 卷第 10 期，第 590 页。

② 黄志成：《私塾在普及教育运动中之地位》，《中华教育界》1935 年第 22 卷第 7 期，第 93 页。

③ 翟芝轩：《一个乡村小学的实际写真》，《基础教育》1936 年第 1 卷第 12 期，第 708 页。

以多数乡村学校是复式级小学，一个教室里三四十个学生分成几个组，分别读不同年级、不同程度的教材，甚至入学两个多月，许多学生的书也没有买齐；再加上学生打闹等小摩擦不断，对于教师来说，那感觉确如姚斐然所说“实在说确可称得起，哄哄一堂”①。一个乡村小学教师要承担多门课程的教学，又要处理哄哄一堂学生所出现的管理问题，其工作量是非常繁重的。甄怀宸根据自己对小学教师同仁的通信调查，描述他们的生活工作情形如下：“每人每周至少任二十五节至二十七节，或三十节，总时间为一千一百七十分（部令）至千二百分左右，平均每日至少任课四节至六节（每节四十五分）”，每日的时间除去上课、批改作业、课下答疑辅导之后，教师的感觉就是“每天都感觉时间的短促，不敷应用，……长此以往，做小学教师的，只是呆板的，机械的，在铃声课本中讨定例的生活，没有津津有味的自修的余地，那么这样小学教师的知识，好像是沟浍之水，一天天地蒸发，一天天地减少。”结果在面临环境的各种挑战时，教师们会更丧失自信和应付环境的能力，只能感觉更加苦闷，整个教育环境也更加死气沉沉。②

由于小学教师报酬低，经费紧张，所以乡村小学总是尽量少聘教员，加重现任教员的任课钟点，结果使教师工作更加繁重。“普通一人班的小学不必说，就是一个单式的完全小学，教师至多也不过七八人。分配时间每周起码要二十钟点以上，多至三十余点的也有。除了管理监护订正簿册以外，一天的工夫就完全没了。要想休息运动娱乐，哪里还有什么时间？至于想自己研究点学问，那是更不必说了。”③

而且，乡村教师除了教学工作之外，还要充当乡村的“参谋长、顾问官”，应付乡村生活中的许多社会事务。如自卫、农业、公共卫

① 姚斐然：《我的小学教师生活写实》，《基础教育》1936年第1卷第7期，第393页。

② 甄怀宸：《小学教师感觉苦闷的来源与解决的途径》，《基础教育》1936年第1卷第7期，第403页。

③ 左绍儒：《乡村小学实际问题十四谈》，《基础教育》1936年第1卷第12期，第698页。

生、法律、合作，等等，就像乡村教师自己说的那样“一个教员就如同一个万全的杂货店，从黎明即开门头照应顾客，直到下午十点方才闭门。店内的记账也是他的，买卖货物也是他的……就算他有孙行者的本领，也总是忙得不了”①。

3. 教学难度大

一般人或许认为乡村学校的教学对于教师的要求不会很高，其实这是一种误解，乡村学校的教学复杂程度很高，对于教师职业素质要求也很高。

王炳亮作为一个师范学校的三年级学生，曾经因故停学在自己家乡做过半年的小学教师，以他作为科班生的眼光衡量，乡村小学教学存在这些“疑难”：一是“自然科教学的困难”，主要是缺少适当的教学设备，乡村自然科教学除了乡村常有的动植物可供实际观察外，一般很少有相应的教学仪器，但他就职的小学是那一区里唯一一个完全小学，学校有前一年教育厅发下来的一套理化仪器，数量虽然还不够用，“但是，问题并不在够用不够用，而是在会用不会用”。这套仪器中的一部分连王炳亮这样的师范学校的科班生都不知怎么用，“我们受过师范教育的尚且如此，那些大部分未受过师范教育的，恐怕困难更多吧”。二是“禁绝体罚后儿童管理的困难”，王炳亮指出这样一种现象，由于家长、儿童和教师习惯了传统的戒尺威慑下维持的课堂秩序，以至于“自从体罚禁绝后，没有经验的未及专心研究过儿童管理的教师们，时常感到没有办法维持秩序”。学校里几乎天天有打架的事情发生。三是“自习时的朗读问题”，这是指新式学校为了迁就乡民的认识水平，免得引起质疑，故仍旧保持着旧式私塾偏重朗读背诵的习惯，“乡村的社会，大半仍保存着私塾里高声背诵的风气，乡民对于学校的批评，完全看儿童的行动老实（死板）与否，及校中早晚嚷嚷的背诵与否；只要是出来的学生死板板的老人气，校内按时念书背诵，那即

① 刘俊田：《不可忽视的几个小学教师的问题》，《基础教育》1936 年第 1 卷第 12 期，第 713—714 页。

是好的学校，好的老师，这是何等大的错误”①。

乡村教师还经常遇到乡村儿童缺课难以补习的问题。乡村农忙时，儿童大多数都会回家帮忙，虽然乡村学校特别定出了麦假、秋假等，“但是学校里定的假期很短，缺席的儿童依然有十之七八。有时原有三四十人的学校，最少时竟只到十余人或五六人”。由于缺席的人多，而且所缺功课又不相同，所以教师很难给他们补习。②

另外，乡村小学课程内容也有需要改进的地方。乡村教师认为乡村小学选择教材，编订课程应该尽量合乎乡村环境的需要、儿童的需要，尽量在儿童的经验范围以内，才能取得好的教学效果。“假若采取的教材，是将那些东抄西袭的，南的北的，新的旧的，抽象的，特殊的，不合社会需要的，不在儿童经验中的，或现成的教材，拿来大编一套，不问头青眼肿，不管儿童明了不明了，就盲目地去教，强迫儿童来学，结果不但毫无裨益，反而把儿童弄得一塌糊涂，昏头昏脑，始终莫名其妙。”所以作者建议乡村小学课程的改进“还是照乡村社会的需要，及人民，儿童的需要，去向大自然里自找教材，自编课程为相宜，因为乡村需要什么，儿童就需要什么！那么他需要什么，我们就给他什么，教他什么！”这样不仅儿童有兴趣学，也比较容易与乡村社会打成一片，得到乡村社会的信仰。③

4. 知识视野狭小

乡村教师多数地处穷乡僻壤，受物质条件的限制，与外界接触不多，长此以往，乡村教师难免坐井观天，固步自封，知识落伍，批评“乡村小学教师缺乏研究精神”④、自暴自弃、自甘落伍的言论时常见到，但是，这其实也是乡村小学教师们自己比较忧虑的一点。

---

① 王炳亮：《在乡村小学我所感到的三个难题》，《基础教育》1936年第1卷第11期，第653—654页。

② 左绍儒：《乡村小学实际问题十四谈》，《基础教育》1936年第1卷第12期，第699页。

③ 华绍嶼：《乡村小学课程的改进》，《基础教育》1936年第1卷第11期，第650页。

④ 左绍儒：《乡村小学实际问题十四谈》，《基础教育》1936年第1卷第12期，第698页。

"各地小学教师，地处偏僻，生活清苦，经济时间人力均感不足，对于进修问题处处感觉困难。故虽有进修之志愿，而无进修之可能，自不得不自甘暴弃，任凭落伍。"① "小学教师的进修，目前已成一个严重的问题了。试看，现在一般小学教师的状况，委实令人痛心得很！有的根本是不合格，固然谈不到知识和技术"，就是那些受过师范训练的教师，也因为所受训练不适合实际需要，身边又没有适当的参考资料，不能了解新的教学方法，而不得不照本宣科，"这样敷衍了事，所以过了几年，在学校内所学的知识，也保持不住了"。进修如此重要，而乡村教师进修的困难在哪里呢？张建勋与朋友和同事们交流这个问题之后，得出的结论是："（一）没有时间进修：每周担任一千二百分钟课，课后又要去处理很多的课卷，儿童活动也要去指导，那里有工夫去进修？（二）经济困难：因为待遇菲薄，有时还要欠薪，简直生活都不能维持，那有钱购买书籍去进修呢？"② 工作繁重、经济困难使教师很难自购参考书自修或出去进修，其结果就是"身为五年教师，旧学全抛，身为十年教师，智识落伍矣"③。

解决这个问题最现实、也最经济的办法还得靠教师自己。比如，由附近各村的教师共同集资组织"读书会"、"研究会"之类，甚至"互相参观"也不建议去都市或江浙之类地方，而是在附近各小学参观，取长补短。原因一方面是因为先进地区的小学一般是单式学级，不一定适合乡村小学单级或复式学级的需要；另一方面的原因也是因为"可节省时间与旅费"，"是多么经济的一件事呢"④。

5. 教师待遇微薄

民国乡村小学教师工作繁重、环境艰苦，但待遇却出奇得低。

---

① 左绍儒：《乡村小学实际问题十四谈》，《基础教育》1936 年第 1 卷第 12 期，第 370 页。

② 张建勋《怎样解决小学教师的进修问题》，《基础教育》1936 年第 1 卷第 7 期，第 406 页。

③ 刘哲庵：《解决小学教师生活的一个小意见》，《小学教师》1936 年第 3 卷第 18 期，第 843 页。

④ 左绍儒：《乡村小学教师的进修问题》，《基础教育》1936 年第 1 卷第 7 期，第 370 页。

首先乡村教师所得报酬十分低，有时几乎低到不能自养，更谈不到奉养父母、抚恤妻子了。“小学教员因为受到农村破产经济压迫的缘故，恐怕得不着位置去谋生存，不论薪金多少，只顾得着一个地方去敷衍一下，因此就弄得小学教员滥价出卖了。年薪三四十元的就有，还不胜一个牧羊喂牛替掌柜的打扫猪圈的小伙计的代价。再遇到应受检定及受甄别受训的年限，耗费又加一些，差不多连买鞋子的钱就落不下了，还能顾及家口吗？弄到这步天地，还谈什么办教育。”①

不仅如此，乡村小学扣薪欠薪问题严重，也加重了乡村教师生活的困难。由于乡村教师的薪水基本是来自乡村自筹的经费（学费或当地的教育基金，如学田之类的收益），而这类经费的收缴在乡村存在季节性，而且由于这些经费多由乡村领袖们掌握，所以在发放上也存在许多不规范的地方，有的乡村甚至连教师的薪水多少都没有定额。有位乡村教师曾经面临这种情况：“至于我的薪水，到现在两个多月，才发我九块钱，钱数虽不多，要的次数却不少，若果问他一定数目，他却无正确答复。”② 所以，有人说“老实讲：目前小学教师在生活方面所感到最大困难的，实际还不在报酬的提高，只希望对于他们薪俸能按期发放，可是仅仅这样一个极小的希望，在眼前恐怕有好多县份，也就感觉为难”③。不仅按期发放是个问题，乡村教师的薪水还经常被折扣。“一遇灾荒年，税收短绌，于是教费困难，欠薪累月类年。又有一种县份，虽不欠薪而实行扣薪办法，即每月以七折或对折发放，以前数年，报载因索薪而请愿罢课之事实，时有所闻。”④

在这样的待遇条件下，多数乡村教师在生活中是负债的。“据调查松江小学教师支出中数为三六、六七元，以致入不敷出，债台高筑。

① 翟芝轩：《一般乡村小学的实际写真》，《基础教育》1936年第1卷第12期，第707页。

② 姚斐然：《我的小学教师生活写实》，《基础教育》1936年第1卷第7期，第393页。

③ 刘哲庵：《解决小学教师生活的一个小意见》《小学教师》1936年第3卷第18期，第840页。

④ 束荣松：《小学教师生活烦闷之原因及其解决方法》，《小学教师》1936年第3卷第18期，第843页。

所以小学教师负债的很多，据程其保先生调查四百几十个教师，其平均债务为每人二百五十元。”关于乡村小学教师待遇之微薄，可以从与其他社会阶层的对比中得到更直观的印象。“据调查松江县小学教师之教薪中数为二八、五四元，和三十一处劳动工人比较居第二十二位。”①“现在小学教师所得的物质报酬，尤其是乡村小学，和黄包车夫比拟，和旅馆茶园的茶房比拟，乃至和行政机关的门房比拟，都不如远甚！所获的报酬不如人们，而事实上的生活费，却实在高出人们几倍。”②

乡村教师待遇微薄使得乡村教职缺乏吸引力，从而也难以留住人才，这在事实上也成为乡村新式小学竞争不过私塾的一个重要原因。就像廖泰初在汶上县所见到的情况那样，“地方上有识之士，谁乐意去就那不足维持生活的穷教员。二区见到的，去年年底就有一部分比较上进的小学教员，已接受私塾的聘书了”③。

**（二）乡村教师的外在压力**

乡村教师除了面对工作本身的压力之外，还要面对工作以外的社会环境压力。与物质条件比起来，不规范的教育管理制度和乡村独特的人文环境也会给乡村教师的工作和生活带来不利的影响。特别是乡村人民对新教育的冷漠隔膜态度，以及乡村权势人物对这些外来的年轻教师的轻视、排斥，甚至刁难，会给这些在城里学校出身的年轻教师带来更大的精神压力。

1. 教育管理制度不规范

首先，虽然乡村教职本身工作艰辛，待遇低下，但从乡村教师们的反应看，谋取一个乡村教职也并不容易，主要困难在于乡村学校的用人制度很不规范。

---

① 束荣松：《小学教师生活烦闷之原因及其解决方法》，《小学教师》1936年第3卷第18期，第842—843页。

② 一青：《怎样改进小学教师的生活》，《教与学月刊》1936年第1卷第10期，第240页。

③ 廖泰初：《动变中的中国农村教育——山东省汶上县教育研究》，山东省汶上县教育研究院，1936年，第36页。

当然谋取教职的困难之一在于“事少人多”的现实。在乡村小学任教职的姚斐然向校长讨要薪水未果，便向给自己介绍工作的中间人抱怨，中间人一方面劝他不要急，另一方面也说了这样的一句话“现在是事少人多，你当然也明白”①。但是乡村学校的用人制度也是不健全的，师范生就业的环境不良。民国时期常见的一个怪现象是：一方面缺乏合格的小学教师，尤其是乡村小学教师，另一方面是大量的找不到工作的师范毕业生。“据江苏省民国二十年（1931年）的初级小学教职员资格统计，真令人吃惊，（一）师范学校毕业者仅占全数百分之二一；（二）非师范学校毕业者占全数百分之六一；（三）非学校毕业者占全数百分之一六。又据最近的调查（1936年），乡村教师，受过师范教育的，仅占全数百分之四六。其他则占全数百分之五四，不独江苏省如此，中国其他各省的教师，恐怕也不能例外吧！”作者分析何以中国如此缺乏师资呢？并不是真的缺乏，关键在于用人制度不规范、用人环境不良。“主要的原因还是现在一般小学校长用人问题，他们已经发表，便带着打牌的亲戚去接事，师范生想去当个教员，如果没有几个要人的荐信，一定被摒于大门之外的，所以师范生毕业而找不到工作的，多如过江之卿，怎能说师资缺乏呢？”用人制度不规范，造成结果是师资队伍素质的下降，“现在中国的小学校，可以说是一切失业人员的旅馆，凡是失业的人，只要朋友在小学里当校长或在什么教育机关当什么长，马上就可以找上教员干，便是橡皮饭盆，是不易打碎的”。小学校里充斥着这类教员，其教学质量可想而知。②

用人制度不规范，使得教师职业毫无保障，连带着教育质量也受影响。“教育局长之更动一位小学校长，和主持学校行政的校长辞退一位教师，同样的不算一回事。他们为了巩固私人的地位，为了容纳私人的饭碗，当然不能顾虑到社会和儿童的损失！于是在这种环境下的小学校长，小学教师，他会感到所预定的办学计划，怕的不能完成，

① 姚斐然：《我的小学教师生活写实》，《基础教育》1936年第1卷第7期，第393页。

② 王雨三：《乡村小学教师应有的反省》，《基础教育》1936年第1卷第12期，第706页。

于是怎能使他时时刻刻，在求教学效率之增进呢?”①

其次，教育主管部门的官僚作风。教育主管部门的官僚习气对乡村教育的发展也起着阻碍作用。乡村小学教师对政府主管部门的感受就是“政府官气太大”，坐在办公室内一天连下几个通令，通令不绝，根本不顾及乡村办学“万难”的实际情况。“政府人员下乡视察时，更露出他是治人的气度来，开了充满讪、讽、凌、辱的腔子来：‘这个太坏，那个太糟，这个办的太差，那个不好。’说一大套，毫未说出指导人的话来，就飘然而去了。”②

2. 对新式教育的抵触

首先，由于乡村文化观念落后和新教育自身缺陷的影响，许多农民对新式学校教育是不理解的。对于农民来说，学校只是官府强制摊派下来、与他们的生活无关，甚至只会给他们增添负担的东西，连带着乡村教师也不受欢迎。

一位刚到乡村小学就职的教师记述了开学之日，学校管理员当众说的几句话，很能反映民国乡村教师所面对的特定时代环境和乡土环境对新式教育的排异。“管理员开头几句话：‘这是到了什么世道，官家叫成立学堂，要是不办还是不行哩，您叫办学堂发给钱也好说，还得要乡下自己去敛，一年花费这样多，乡里没法负担都七言八语地说，还念了书吗？光挡公事吧！这样多的孩子怎么能够教的过来呢？也就是哄着小孩子不哭不打仗就是了。但是大几岁的孩子还是教他拔草喂牛拾粪上地现结利哩，整天念这样狗子猫子的书做什么用，这样书随便叫一个人来就会教，也用不着好学问的先生就行，光白花钱呐！’这一段话说得先生又忿又怒心里沸沸的开着热锅想与他们争辩几句。可惜他们是无识的民众，不配与他比较，也不生什么效力，就此忍气吞

① 刘哲庵：《解决小学教师生活的一个小意见》，《小学教师》1936 年第 3 卷第 18 期，第 840 页。

② 刘俊田：《不可忽视的几个小学教师的问题》，《基础教育》1936 年第 1 卷第 12 期，第 713 页。

声的耐着吧！”① 一个刚接触乡村学校实际的年轻教师，听着这样一番开场白，其未来工作的难度是可想而知的。

乡村社会对新教育的抵触，使得教师在乡村中的地位非常尴尬，甚至不如旧式塾师的文化地位。冯汉臣这样记述自己去邻村任教第一天的遭遇，他背着行李走了十几里路来到那个村庄，找到校长家里，校长连他饥渴都没有问，就把他领到充作学校和教师住所的关帝庙里，随后校长又领来了两位学董，两位学董“考试式的”询问了作者一些旧学问，然后就把作者冷落一旁，他们三人径自闲谈起来，“毫没有谈到学校的事情”，作者自己不得不提出一些迫切问题：教师在此怎样吃饭？校长交代了庄上哪里有卖锅饼的，那天有集市可以买青菜，以及学校里的油桶煤炭炉、铁瓢、菜刀、案板在哪里，然后三人便各自回家，作者被独自留在“又黑又矮”的关帝庙里，“幸我们来时，慈母为我包上了几个馍头，几个咸鸡蛋，由包内取出，各地捡了几片纸字，折了些树枝来，用几块砖头支起铁瓢来点火煮水，柴又不十分干的，只是冒烟，伏地去吹，熏得满眼流泪，这就是我们乡村小学教师生活的一斑”②。初涉教职即遭此冷遇，作者的境遇至今读来也令人同情。

3. 乡村“土劣”的刁难

其实，乡村普通民众的排斥态度还不是最让乡村教师最感困难的问题。许多初入乡村的青年教师因为社会经验不足，一般都对应付乡村中的那些权势人物最感头疼，而这些人物往往是乡村学校的直接或间接管理者，教员们的薪水能否按时、足额地领到，学校招生好坏等关键事务，都直接由这些人操办。他们对乡村教师的冷漠、抵触，甚至是刁难，给乡村教师造成了很大的精神困扰。

自古以来，中国乡村社会中的实际领导权就在豪绅手里。民国时期，由于政权向基层社会渗透的能力有限，乡村社会基本保持着前现代社会的半自治状态，乡村豪绅仍然是乡村社会的实际领袖。所以，

---

① 翟芝轩：《一个乡村小学的实际写真》，《基础教育》1936 年第 1 卷第 12 期，第 707 页。

② 冯汉臣：《一个乡村小学教师的经过》，《基础教育》1936 年第 1 卷第 10 期，第 589 页。

乡村新式教育的开展也必须借助乡绅的势力才行。“国内有许多干乡村教育的人想尽办法与豪绅联络，作为与民众接近的线索，希望收到速效。”① 乡村学校的实权一般也都是由乡村豪绅们掌握的。学校校长、学董或管理员几乎都由当地的头面人物担任或经他们首肯，学校教师的聘任、学校经费的筹集和分配、教学设施的筹措、教员薪水的发放、学校招生好坏等关键事务都要他们经手。如果他们对乡村教师采取不合作的态度，乡村教育几乎就难以发展。乡村教师也只有与这些“办公事”的乡绅打成一片，自己才能在乡村立足，学校事务也才能顺利开展。乡村教师们都知道如果把这些地方士绅伺候好了，“保管你的位置稳如泰山”，如果得罪了他们，“你的名片上得剥下上面的尊衔来”②。

乡村教师在与这类乡绅打交道时的普遍感受是“村中办事者太滑头”，哪怕是与他们商量一下置办个黑板之类的花钱不多的小事情，他们也会用“办不到”“没有办法”之类言词敷衍塞责、从中作梗。③ 特别是在学校校款的支用方面，教师受到的刁难最多。

因为乡村学校的经费主要来自于乡村自筹，学田租金和学生纳费是主要经费来源。而这类经费都是由本村学校管理员之类人来催收、代收的，教员要如期拿到这部分款项，靠的不是自己的教学本领和成绩，而是靠自己与这些乡村实权人物的人际关系。所以有人说：“在乡村小学里的教师，最需要交际术，而且是以交际费的多寡来作位置与声望的保障与转移的，只要手腕灵活，多花几块钱多打几角酒给管理员吃吃，应付得他的心好似经过了熨斗那么舒服，这几项校款还有痛快支用的希望；反之，任凭你教学怎样的高妙，而这几项校款就不用打算如期拿来，并且还要节外生枝，故意为难。”④ 有些地方教育管理者本身就身兼村长、乡长或其他行政长官的身份，他们对于乡村学校

---

① 张宗麟：《论述·中国乡村教育的危机》，《中华教育界》1933 年第 21 卷第 2 期，第 2 页。

② 老伧：《山西乡村小学教师生活速写》，《实报》1936 年第 2 期，第 34 页。

③ 刘俊田：《不可忽视的几个小学教师的问题》，《基础教育》1936 年第 1 卷第 12 期，第 713 页。

④ 张绳五：《乡村教育实地经验谈》，《基础教育》1936 年第 1 卷第 1 期，第 14 页。

就不仅是掌握经济实权这么简单了，事实上乡村学校本身的存废也要操纵于他们。“校长是政治兼教育，也就是乡长兼校长，终天提着百灵鸟，由北村逛到南村，学校当然他轻易不到（除了请他盖章），……学校基金，是和尚充公的一部分地，这笔款只有校长找得清，如果有人说他不尽责，他马上表示辞职，然而这小学就有马上停顿的可能，因之他的地位，稳如泰山。”一个外来的、年轻的、缺乏社会经验的乡村教师，在这些能在当地呼风唤雨的人面前无疑是卑微渺小的，甚至是诚惶诚恐的。有些教师不仅不敢得罪管理者本身，甚至他身边的人，教师也要恭维着，否则“马上有敲碎饭碗的危险”①。

乡村豪绅虽然是民国乡村教育的直接管理者，而事实上民国时期这类乡村领袖普遍素质不高，甚至有土劣化的倾向。“乡村中的富户或是安分守己的人，常是对于公家的事务推诿不办，抱着‘不惹闲气’的主张，所以一些穷极的无耻汉，乘机把个什么长什么元的头衔顶戴在自己的头上，满心里以为管管公家事，最低限度也弄些酒菜吃吃，省下回家啃窝窝；何况这又是所谓权利呢！全村的老少人等及学校的教师，那一个敢不听咱管呢？于是乎作威作福，小学教师就是受着他们任意的蹂躏了。”② 许多地方的乡村学校管理者就是乡村土劣。“乡村学校的管理员（亦有称为校长者），除去了很少的一部分，多数都是乡间的土劣，不用说他们没有教育的知识，连封书信都很少看得下来的。这样人来办教育，岂不是一个大大的笑话！”③

由于文化观念上的差距，乡绅们对新式教育并不知其所以然，所以他们对乡村教师的态度有轻视的、有刁难的、有利用的。本来，掌握着乡村社会实权、应该是乡村教育重要支持力量的乡村豪绅，有时竟会成为乡村教育发展中的最大障碍。

---

① 姚斐然：《我的小学教师生活写实》，《基础教育》1936 年第 1 卷第 7 期，第 393 页。

② 张绳五：《乡村教育实地经验谈》，《基础教育》1936 年第 1 卷第 1 期，第 14 页。

③ 孙钰：《乡村教育之困难及其救济方法》，《村治月刊》1929 年第 1 卷第 8 期，第 2 页。

由于对办新式教育并不热心，有些乡绅不仅是对学校的设备环境、招生情况等分内工作不过问，有时还反过来对教员的教学工作横加干涉，“管理差不多已经做了教员的导师”，搞得学校的课程总不能按部就班地开展。① 更有甚者，由于乡村青年教师一般缺乏社会经验，为缓和、拉近与乡村社会的关系，有时会主动与管理员拉人情、搞关系，时不时备些酒菜招待管理员，结果却使某些无良的土豪劣绅更加自抬身价，故意利用、欺诈教师，导致乡村教师事实上沦为他们的附庸。“今日办事者对教员态度，不是说的过分：真如他们的奴隶（同仁有用‘工友’、‘管家’等名辞来加在自己身上的）”② 以至于形成这样的社会习见——“校长视教师如属员如佣工；教师视校长若佣主，若上司。”③ 有些管理员经常向教员打秋风，吃蹭饭，阴天下雨，稍有闲暇便来学校猜拳饮酒，打发学生买酒肴，“学校成为茶坊酒肆，学生已经成了茶坊酒肆的小买办”，老师成了茶坊酒肆的招待。一般乡下民众自然对这种学校和教员没有好感，校务的开展自然也会受到影响。④

在这种“土劣把持学校”的局面下，乡村教师的地位更加可怜。由于乡绅势力的强大，教师的不满也只是在暗地里的，公开的批评反击是不敢的。“骂，也是只敢暗骂而已，心里恨，有时连说都不敢，害怕地方人士，害怕更深一层作难。”⑤ 土劣的刁难也常常成为乡村教师离职的一个原因，“就是近月来对我说此事（土劣把持学校、刁难教师）的有十余位朋友，因此而辞职已有三位，调换的也有二位，就是乡村建设研究院训练部下乡学生，遭他们难堪的，亦不为少数”。所

① 翟芝轩：《一般乡村小学的实际写真》，《基础教育》1936 年第 1 卷第 12 期，第 708 页。

② 刘俊田：《不可忽视的几个小学教师的问题》，《基础教育》1936 年第 1 卷第 12 期，713 页。

③ 左绍儒：《乡村小学实际问题十四谈》，《基础教育》1936 年第 1 卷第 12 期，第 701 页。

④ 翟芝轩：《一般乡村小学的实际写真》，《基础教育》1936 年第 1 卷第 12 期，第 708 页。

⑤ 廖泰初：《动变中的中国农村教育：山东省汶上县教育研究》，山东省汶上县教育研究院，1936 年，第 34 页。

以，“土劣”也成为乡村教师最为痛恨的人，被他们认为是发展乡村教育的最大障碍。“土劣是乡村事业的障碍物，致命伤，他是‘成事不足败事有余’的上等魔鬼。”①

在这样的情况下，教师的精神状态可想而知，“就上面所说，在我环境以内的物质与精神，简直到了零度”，“现在我可以不修饰地说，假如别处有较好的事情，我可以忍心马上离开这个学校，这是社会问题，绝不是我一个人的问题”②。

总之，民国乡村教育其实正是新旧教育文化冲突最激烈的地方，而乡村教师们则身处冲突的最前沿，所以他们感受到的压力最为强烈。但由于文化的冲突是往往隐性的，所以外来研究者的感受远不如教师们的亲身感受来得敏锐。

## 二、乡村教师精神的苦闷及对策

### （一）乡村教师精神的苦闷

既然乡村教职并没有给教师带来应有的生活保障和职业成就感，带来的反而是物质和精神方面的双重压力，那么乡村教师们工作状态的低迷和心情的烦闷可想而之，要他们热爱本职工作恐怕是过高的要求了。

严峻的生活压力使乡村教师们难以安心工作。“谈到教师的生活，的确是一个切要的问题，学校的内容，是否充实，教管的方法，是否改进，犹在其次，我以为第一步要叫小学教师能安心任事。谈到这一点，首先应当叫他们的生活问题，得到相当的解决才行。我们要明白，一个仰事俯蓄日患不足的人，决不会把他的全付精神，放在事业上去的，所以要想改进我国的小学教育，首先应当稳定教育经费，安定小

---

① 刘俊田：《不可忽视的几个小学教师的问题》，《基础教育》1936年第1卷第12期，第714页。

② 姚斐然：《我的小学教师生活写实》，《基础教育》1936年第1卷第7期，第395页。

学教师的生活。”①

苦闷和烦躁是乡村教师们比较普遍的心态。曾有研究者指出：“学校教师有一种很普遍的心理，教师烦闷的心理；从他们的思想上而言，是悲观的，从他们的态度上而言，是苦闷的，从他们的行为上而言，是消极的。”② 这一点从《基础教育》的教师来信中也反映出来。“乡村小学同仁信箱”的编者曾经发布通告，提醒乡村小学教师在投稿时应当注意几个问题，其中之一就是“关于文章的取材有两种应避免的态度——一种是牢骚，一种是诅咒”。因为“只是消极牢骚，结果徒增长人家的机会；一味像泼妇似的骂街，也何其无聊！”③ 显然，乡村小学教师的整体心态有些失衡。也有人做过调查，可以看出乡村教师低迷状态的普遍性和严重性。“我在一年内，曾写信给二百余同学（任小学教师的），详询感觉生活的情形，并嘱每一同学再负责询问他们的几百几十个做小学教师的同仁，总结起来说，得到的复信，他们都是异口同声地说：‘所感觉的苦闷，不外乎经济压迫，与任课太多，不能自修……’可是光这两条大的铁链，足能够紧紧地捆绑得小学教师的四肢，不能颤动，连血液的循环，也几乎要停止，这样怎能不形成半身不遂，或奄奄待毙，日趋坟墓里去呢？”④

对现实生活的失望导致乡村教师对自身职业的整体评价和认同感并不高。下面是一个师范学生对自己未来将要从事的乡村教师职业前景的描述，“从前我在曲阜师范求学的时候，常听同学们愁闷的说：小学教员的生活，真是再痛苦没有，再无聊不过！尤其在那穷寒的乡村小学里，设备简陋，待遇低微。一个人兼着校长、教员、工友三重职务，终天忙得七死八活，跟那些龌龊的木头似的孩子们在一起，心中

① 刘哲庵：《解决小学教师生活的一个小意见》《小学教师》1936 年第 3 卷第 18 期，第 840 页。

② 束荣松：《小学教师生活烦闷之原因及其解决方法》，《小学教师》1936 年第 3 卷第 18 期，第 842 页。

③ 陈剑恒：《寄给投稿的乡村小学同仁》，《基础教育》1936 年第 1 卷第 9 期，第 514 页。

④ 甄怀宸：《小学教师感觉苦闷的来源与解决的途径》，《基础教育》1936 年第 1 卷第 7 期，第 402 页。

话无可告诉者，已够苦恼的了；再加上一般乡愚们的百般纠缠，什么地亩文约咧、信咧、启咧、挽联咧、喜帖咧等琐碎的事，都来麻烦你，真是多么痛苦啊！我听了他们的话，当时心里也烦闷得慌，因为我是个师范生，将来也免不了要干这种苦闷的工作的，这正是我未来命运的象征阿！"① 这是师范生们的共识，从中可以看出当时对乡村教师这一职业的社会评价很低。

虽然 20 世纪二三十年代，社会主流舆论无不赞美乡村教育是很高尚、很重要的事业，但乡村教师的客观生活现状却使乡村教职在现实中缺乏吸引力。"一般青年教师，对于学校往往视为传舍，朝秦暮楚，能安于其位者，可说是十不得一。"② 有些乡村教师公开承认自己之所以从事这一行是迫不得已，一旦能找到别的职业，他们会毫不犹豫地离开的。"在我环境以内的物质与精神，简直到了零度"，"现在我可以不修饰地说，假如别处有较好的事情，我可以忍心马上离开这个学校，这是社会问题，绝不是我一个人的问题"③。

在乡村教师苦闷消沉的精神状态下，整个乡村教育事业的现状必然也是死气沉沉的局面。有人记述了一次教育会议上的一个尴尬现象，从中不难体会当时乡村教师和整个乡村教育事业的萎靡状态。"在一个视为全×的教育××会中，主席提出一个问题征求大家的意见，整整有十分钟全会场没有一个人说话，这时寂静的连一个鹅毛掉在地下也会听得到声音。"场面尴尬，最后有人提议"如果没人说话那就是通过了"。最后，几百件需要研究的问题都在这种"无异议"的状态下通过了。作者深感这种局面的可怕，认为"这是死的象征，这是最可怕的危机"，为了教育事业的生机，他呼吁"必须努力拼命打开这死的重围"④。

---

① 卢进之：《初次的小学教员生活》，《基础教员》1936 年第 1 卷第 7 期，第 396 页。

② 左绍儒：《乡村小学实际问题十四谈》，《基础教育》1936 年第 1 卷第 12 期，第 697 页。

③ 姚斐然：《我的小学教师生活写实》，《基础教育》1936 年第 1 卷第 7 期，第 395 页。

④ 陈剑恒：《寄给想解决自己苦闷的小学教师们》，《基础教育》1936 年第 1 卷第 5 期，第 258 页。

## (二)乡村教师摆脱苦闷的对策

1. 对教育管理部门的期待

面对工作和生活的困境，乡村教师们很自然地对教育主管当局有所期待。提高教师待遇、增强职业保障是他们最迫切的要求。乡村教师们希望："一是增高底薪，二是实行年功加俸，三是发养老金抚慰金，而在未能提高前，最低限度要能做到按时发薪，毫不拖欠。"① 为解决教师待遇微薄，生活困难问题，甚至有人还提出由教师做股东，自己出资"组织贷款所"，以贷款所取息金补助教师生活。②

减轻教师工作量也是乡村教师们的一个现实要求。有乡村教师指出：现在小学教师的工作量是"漫无限制"的，在不降低教学质量的前提下，降低教师的工作量，其实也是有法可想的。徐国荣提出了如下几方面可以改进：一降低小学课程标准，"我国小学课程的繁重，比东西文明各国皆有过而无不及，因为要求过奢，结果儿童和教师均有疲于应付之感，而教育的效率反形降低。所以降低课程标准，不独是可减轻教师的工作，且可增高教育效率"。二减少小学各科笔记，"凡是不必须笔记的就不必一定要记，非记不可的才记一记，记一点就要有一点用处，不要流为装饰"。三减少教师儿童的课外活动，教师的会议、儿童的比赛、练习等等，凡流于形式的，都可减少。③

有人提出教育行政部门应该提倡鼓励"夫妻学校"，以此来解决乡村小学教师工作繁重、精神苦闷的问题，并认为"这是解决小学教师的心理生活的最好办法"。"像一个小学教师只身跑到一个异乡去办一个单级学校，校长校工固是集于一身，并且饭要自己烧，衣服要自己洗，工作之忙，不待言矣。而精神上更是如何的单调而枯燥！假如有这一条法令，允许甚至奖励教师可以携眷住校，则就是妻子不会教课，

---

① 徐国荣：《怎样改进小学教师的生活》，《教与学月刊》1936年第9期，191页。

② 刘哲庵：《解决小学教师生活的一个小意见》，《小学教师》1936年第3卷第18期，第841页。

③ 徐国荣：《怎样改进小学教师的生活》，《教与学月刊》1936年第9期，191页。

但至少总可以分炊洗之劳，而教师遂以学校为家，精神上有了安慰，心理上自也安定多了。假如妻子也能教课，那是更好了，夫妇合作，一心一德，共同去创造他们的园地，实现他们的理想，什么苦痛烦恼总可无形的消逝了！"①

2. 适应乡村教育环境的对策

苦闷和颓靡虽然是乡村教师们比较普遍的状态，但乡村教师们并没有一味地怨天尤人，坐以待毙，除了寄希望于教育主管当局有所作为以外，乡村小学教师们也积极地自谋改进，主动寻求摆脱困境的出路和对策。许多乡村教师在实践中认识到乡村教育的乡土性特点，并总结出一些改进乡村教育的实用经验。

比如对于乡村教师如何与乡村社会打交道、取得乡民信任这一难题，教师们普遍认识到，所谓乡村教育绝不仅仅是学校和教室范围内的事，乡村小学教员"非有应付农民的灵活手腕，是不能够永久在乡村服务的"。有三年乡村教师经历的张绳五，以自己"移神拆庙"的故事，来说明懂得农民心理的重要性。村里小学校里有一座小庙，非常妨碍教学，他便利用村民敬神的心理，故意散布谣言说小学生们把庙里的偶像取出来表演傀儡戏，亵渎了神灵，于是管理员们就把神像移到了墙龛里，于是张绳五又提出"庙而无神，必也鬼居，不如除之"②，居然最终把庙拆除了。虽然上述做法有些值得商榷，但却真实体现了民国乡村教师的现实生存之道——必须懂得农民的心理，并对乡村礼俗妥协，才能逐渐使乡村接受一些新事务。

再比如小学教师进修难的问题，许多人建议由教师同仁组织"读书互助会"，大家分担购书，轮流阅读。"每人每季至少以一元作购书费用"，积少成多，"每人花费不多，收效很大"。其解决问题的出发点就是若不想坐以待毙，只能自己主动想办法，"在这农村破产，经济恐慌的时候，大家的进修问题，更非我们这般孩子王，自己努力挣扎不

① 徐国荣：《怎样改进小学教师的生活》，《教与学月刊》1936 年第 9 期，193 页。

② 张绳五：《乡村教育实地经验谈》，《基础教育》1936 年第 1 卷第 1 期，第 15 页。

成”。而且也正像作者所说的那样，“在此经济恐慌农村破产严重万分的时候，是唯一救济小学教员自修的办法”①。

乡村民众思想的落后和顽固是造成办学困难的一个重要原因，但有人则从另外一个思路看待这个问题，指出“因为乡民很忠诚，不办是不办，要办就出力办，只要是他信仰着的人，无论把什么事情去托付他，他绝对不会有丝毫的欺诈与不尽责”。所以只要办学者取得乡民的信仰，改变了办学者与乡民之间“冰炭不合炉”的现状，校务改进是很有希望的。至于如何与乡村民众接近，进而取得他们的信任和接受呢，作者就乡村中的三类人，分别介绍了各种接触办法，比如对于乡村中受过旧式教育且有相当成就的人，如老秀才之类人，“这一类人物，在乡间所占的势力最大，要把他们对付好了，与你有很大的帮助”，在与他们接触之前，教师就应该在衣装穿戴方面特别注意，“假使你的穿戴不对他们的眼，他看见你先有三分气，他哪里还有意思和你攀谈呢”？在与他们攀谈时，也尽量不要与他们争论，或用一些新名词来刺激他们。交往久了，他们出于人情面子，也会对教师的工作予以一定的尊重，甚至给予帮助。对于那些“稍识之无”，自以为斯文的一派，因为他们“字识的不多，数术不精，货识不宏，应酬乡党等杂物上，时常发生困难”，所以在他们向教师请教时，教师切不可吝啬或骄傲，应该悉心指导，而且在村里有婚丧嫁娶等事务时，不要与这些人争利。对待“诚恳的一般愚昧乡民”，因为他们知识有限，所以很容易盲从和附和，只要教师对于乡民们平时的一些写帖、信件、文契等请求，都尽心帮助，不摆架子，乡民们自然就会与教师关系亲近。作者还指出，教师在与村民的日常相处中，应该做到服装穿着平民化、举止要端正严肃、语言要通俗。教师无疑是要担负起启发乡村民众，移风易俗的责任的，但作者指出，教师要宣传自己的主张应该“抓机会”，在日常生活中，自然而然地传播科学知识、新文化。②

---

① 张建勋：《怎样解决小学教师的进修问题》，《基础教育》1936 年第 1 卷第 7 期，第 404 页。

② 国魂：《乡小教师取得乡民信仰的我见》，《基础教育》1936 年第 1 卷第 7 期，第 408—409 页。

3. 乡村教师的自我反省

除了贡献一些实践经验，也有些乡村教师从务实和理性的高度指出，乡村教师的生存困境，特别是他们苦闷的心态，也有教师自身方面的原因。而理想与信念的支持几乎是他们寻求自我拯救的唯一武器。

有人就指出乡村教师之所以不能融入乡村，是因为他们受传统身份意识的影响，不能主动放下读书人的架子，在自己与乡村民众之间划出了一道鸿沟。“有的教师尚存一种士为四民之首的旧观念，以为教师是清高的，是应当受农民供养的，把自己看做一个特殊阶级的人。”① 所以就难以安心从事乡村教育工作。卢进之认为小学教员之所以苦闷无聊，“那恐怕是由于你们的心理还没解放，太把自己看重了，觉得自己是了不起的人物，一般人是应当予以崇敬的；而实则适得其反，因为礼尚往来，你敬人，人才敬你，你小觑人，人怎能不小觑你呢？”②

明确自身的历史使命，坚定意志，主动地改造环境是有些乡村教师对自身的要求。他们能够自觉地把自己的工作与国家民族的命运联系起来，“国家似一架机械吧！小学教师就恐怕成了制造零件——农民——的工人”③。一些乡村教师明确提出为了国家民族的生存，牺牲一些个人利益是值得的。他们说，面对微薄的待遇、艰苦的工作，“我们应当这样想：我们是在为民族求生存为国家求生存。我们的事业是伟大的，劳苦是应该的”④，任福山就指出一些乡村教师精神状态的颓靡，与这些教师没有理想信念、意志薄弱有关，他认为乡村教师应该明确教育的意义、明确自身负有“启发大众、组织大众、训练大众”的责任，不要与社会“少数人畸形的动向”同流合污，不要无条件地

---

① 刘凤翔：《乡村小学教师怎样去接近农民》，《基础教育》1936 年第 1 卷第 3 期，第 128 页。

② 卢进之：《初次的小学教员生活》，《基础教员》1936 年第 1 卷第 7 期，第 399 页。

③ 张绳五：《乡村教育实地经验谈》，《基础教育》1936 年第 1 卷第 1 期，第 14 页。

④ 刘佩璋：《读了“寄给感觉苦闷的小学教师们”以后》，《基础教育》1936 年第 1 卷第 7 期，第 401 页。

迎合社会，也不要“碰不上几个钉子，便屈服了，恶化了”。

上述这些言论虽然乍听起来好像有点脱离现实，但实际上，在现实大环境让人无可奈何的情况下，对于有志青年来说，坚守自己的信仰，坚定自己的意志，从我做起、从身边的小事做起是一种清醒而积极的人生态度。就像他们说的，“我们可以做主的，惟有充实自己，充实自己的办法，最好从做中去找，我们要先将这救国的重担，自发地负担起来，推动这个社会大车轮，要以内心发生原动力”①。乡村教师面对艰苦的物质生活而意气消沉，虽然有情可原，“但是处在今日的中国，自己的环境只有自己来创造，希望着环境处处来替我们设想，这是不可能的事！况且物质所给人的只是人生的一部，人之所以为人除形体以外还有他比生命更重要的精神生活”。所以论者呼唤乡村教师应该对乡村教育抱有信念，无论是要改造乡村也好，救国救民也好，只有有信念，乡村教育生活才不会死气沉沉，才会有趣味。② 活力来源于使命感，“中国民族的生命，毫不客气的说一句：‘是在我们在乡村工作的小学教师们的肩上。’……我们的有无‘活力’，真是影响到整个民族的生命太大。……我们应当这样想：我们是在为民族求生存为国家求生存。我们的事业是伟大的，劳苦是应该的”。乡村教师的活力就应该来源于这种自信心。③

将解决乡村教育困境的出路完全寄托在唤起乡村教师的自觉意识和献身精神上，听起来有些迂阔和不切要。但它反映出巨大的物质困难也并没有完全压垮乡村教师的精神追求，即使在艰难困苦的条件下，他们仍然保持着一定的知识分子自觉意识，并没有把自己等同于普通衣食众生。也正是在这种信念的支持下，许多民国乡村教师们用自己的默默付出，奠定了现代乡村教育事业的基础。但是从另一方面看，民国乡村教育事业的低迷状态，也说明如果不采取切实措施解决乡村

① 任福山：《小学教师的精神陶练》，《基础教育》1936 年第 1 卷第 11 期，第 643—645 页。

② 陈剑恒：《寄给想解决自己苦闷的小学教师们》，《基础教育》1936 第 1 卷第 5 期，第 258 页。

③ 刘佩璋：《读了“寄给感觉苦闷的小学教师们”以后》，《基础教育》1936 年第 1 卷第 7 期，第 400 页。

教师们的实际困难，让他们能安于其位，仅仅高谈阔论理想、责任和意志是不可能增加乡村教职的吸引力，改变乡村教育现状的。

乡村教师作为乡村教育事业的主要承担者，事实上几乎是民国乡村教育事业中最默默无闻的一群人，很难听到他们的声音。作为推动民国乡村教育事业主导力量的教育专家、知识精英，虽然他们也倡导“乡村学校做乡村生活的中心，乡村教师做改造乡村生活的灵魂”①，但实际上，当时教育界和政府在乡村教育问题上都存在着重理论轻实践、流于空疏的倾向。在这种气氛下，乡村教师成为乡村教育事业中的被动群体，被单纯视为实施某种理念或政策的工具，有时还成为被批评和改造的对象，而他们的困苦和挣扎被漠视，其实践经验也未得到应有的重视，这不得不说是民国乡村教育问题上的缺失。

时至今日，通过对乡村教师生存现状的调查发现，虽然他们的工作和生活条件已经得到极大的改善，但是，乡村教师在工作环境差、工作本身负荷量大、工资待遇偏低、职业发展空间狭窄、精神压力大等方面②，可以说仍然面临着几乎与民国时期相似的问题。这就说明对民国乡村教师生存现状的研究事关整个中国近代乡村教育事业的发展。如何改变乡村教师群体在乡村教育事业中受忽视的弱势地位，如何造就一支稳定和高素质的乡村教师队伍，是保障乡村教育事业健康发展的关键。这无疑需要所有教育管理者和从业者们在工作中努力避免浮夸和空疏的作风，从关心乡村教师们的工作和生活，改善乡村办学条件等基础工作方面踏踏实实地做起。

---

① 陶行知：《中华教育改进社改造全国乡村教育宣言书》，《陶行知全集》第一卷，长沙：湖南教育出版社，1984 年，第 646 页。

② 陈琪瑶，等：《重庆两翼地区乡村中小学教师生存现状调查研究》，《教学与管理》2011 年 12 期，第 51—53 页。

# 第八章　践行乡村教育的案例探析

民国时期乡村教育中一个值得关注的现象就是，在20世纪二三十年代，以王拱璧、黄炎培、陶行知、晏阳初、梁漱溟为代表的一大批教育家或乡村建设工作者们，分别在河南漯河、江苏昆山、南京晓庄、河北定县以及山东邹平等地开展乡村教育实践活动，希冀通过自己的努力解决乡村教育问题，为中国的乡村教育发展探索出适合的路径。

## 第一节　王拱璧与河南的乡村教育

王拱璧，名璋，字拱璧，1886年出生。17岁中秀才，1904年进入河南高等学堂，在学习中阅读了大量的进步书刊，深受感染，从此立下救国救民之志。1917年留学日本，在东京早稻田大学学习教育。1920年，从日本留学回国，径自选择了回到家乡主持乡村教育，在孝武营村原有崇实小学的基础上，成立了青年公学，王拱璧在河南的乡村教育实践由此开始。王拱璧也因此成为了我国近代乡村教育的先行者和最早探索者。①

### 一、王拱璧的乡村教育思想

王拱璧的教育思想形成主要受当时国家现状和救国思潮的影响。辛亥革命后不久，王拱璧“脱离国民党，专事教育”②。在实践中，他

---

① 曲铁华编著：《中国教育发展史纲》，长春：东北师范大学出版社，2006年，第485页。

② 苗春德，申磊：《中国“乡村教育”的最早探索者——王拱璧》，河南职技师院学报（职业教育版）2001年第6期，第36页。

用于指导乡村教育实践的思想主要有“新村主义”和“大教育”思想。

### （一）新村主义中国化

日本武者小路实笃受欧文、克鲁泡特金和托尔斯泰的影响，提出了“新村主义”，他想创造一个“同伴的益，便是我的益；同伴的损，便是我的损；同伴的喜，便是我的喜；同伴的悲，也便是我的悲”①的大同社会。新村主义体现的精神、利益、事业都是大众化的。在留日期间，王拱璧接触到了小路实笃的新村主义，并且拜访过小路实笃本人，受其影响较深。回国后，二人仍保持联系，小路实笃还给他寄来了日本杂志《新村》。但是，王拱璧在中国农村开展乡村建设和乡村教育，并没有完全照搬小路实笃的新村主义，而是从中国的现实出发，走自己的路。

经过考察，王拱璧发现中国的教育不仅不符合中国当时的国情，而且还存在重城市轻乡村的问题。中国的学校和人才大多集中在城市，广大农村则缺学少教。这种现状对于中国这样一个农业大国发展极为不利。由此，他认为：中国农村首要的任务是普及农村教育，为以后农村发展培养建设之才。在这种认识的基础上，根据中国农村的现实，王拱璧开展乡村教育时实行了“农教合一”的教育体制。

### （二）“大教育”思想

王拱璧之所以创办青年公学是因为他看到了农村的弊病和年轻人的希望。同时他还认识到：仅仅靠成立一个学校是不能改变当时的农村现状的，必须从社会大环境为出发点考虑教育问题，这样才能达到乡村教育的真正目的。因此，在青年公学办学过程中，王拱璧并没有就教育谈教育，而是将学校教育与当时社会现实相结合，对症下药。针对青年村满目疮夷的惨状，王拱璧重视乡村自治，通过青年公学提高农民的基本素质，努力将青年村建成农村乐园；针对当时中国被外国侵略的现实，王拱璧依托青年公学在青年村与周边村以各种形式宣传抵制外国侵略、挽救民族危亡，以此唤醒民众的爱国热情；针对农村的旧风俗，王拱璧带领学生走出校园，向村民们宣传，劝说男子剪

---

① 周作人：《日本的新村》，《新青年》1919年第6卷第3号，第269页。

辫女子放足。此外，王拱璧还聘请老农、能工巧匠到青年公学来校担任教师，以培养学生从事农事的能力。

王拱璧的乡村教育以青年公学为基础，内外并举，他尽最大可能地将学校教育和社会教育联系在一起，这就是王拱璧的“大教育”思想。

## 二、王拱璧在河南乡村教育的实践

1920 年春，王拱璧回国后，没有考虑北洋政府教育部的“速来报道、听候任用”的电报，而是径自回到了河南家中。并于同年 10 月，将其父的“崇实小学堂”改名为“青年公学”，以“在全面发展的基础上，以‘劳动’、‘健康’为中心，把学校和农村建设成为幸福的乐园”为教学宗旨。面对当时中国内外交困，社会动荡不安的现状，王拱璧要在农村顺利开展乡村教育，如何保障乡村教育正常运行而不受干扰？乡村教育的办学经费、师资与生源、课本与课程设置等又当如何解决？如何实现学校教育和社会教育相结合的教育宗旨？这都是王拱璧创办乡村教育必须面临并且要妥善解决的问题。

### （一）外界干扰与护校措施

1919 年 5 月和 9 月，西华县分别发生了沙河决堤和虎疫事件。使得西华县所辖包括孝武营村在内各村村民的生活更加困苦。孝武营村和中原一般乡村一样，贫民多被迫背井离乡，外逃谋生；地富多携眷避难到城内。但是，在与当地青年农民的交谈中，王拱璧看到了振兴农村的希望和力量，他决定扎根家乡。于 1920 年开始了其乡村教育的实践活动。

开展乡村教育实践活动不是一朝一夕的事情，王拱璧的乡村教育实践不仅没有强有力的社会力量支持，而且还遭到了当时腐败政府和地方恶势力的重重干扰，可谓举步维艰。在动荡社会中，如何保证家乡的乡村教育实践活动有序进行？王拱璧采取了具体问题具体解决的办法，即面对不同的外部威胁，采取不同的应对方式。

第一，对官府和日伪的无理要求，王拱璧和学校老师们给予了坚决回绝，甚至以辞职、去留相抗争。青年公学的兴办，引起了社会的关注，也带来了官府的无理干扰。王拱璧在自序中写道："省政府派姚委到村'视察'，硬要我们把一切作法呈报侯批。驻豫大军阀吴佩孚派李副官驻村一星期，检查我们的动作。河南督军赵倜和省教育厅派王仙芳科长到校检查，不准青公自选自编教材。西华吴县长也曾赴村警告我们'不得提土地改革问题'等。"①

1945年，国民党军队还要求封闭青年公学，并且要逮捕青年公学的进步师生，这使学校教学活动无法正常进行。经过几个月的斗争，王拱璧先生辞去了校长的职务，并搬到了龚堂村居住。此时的日本侵略者及其代理人也想将"青年公学"变为他们的教育工具，伪教育局员刘某带着《新民课本》，要免费"颁发"给青年公学使用，并许从优补助经费，结果被拒绝。又提出修改学校体制，由于师生以去留力争，亦未改成。②

第二，应对武力来犯的恶势力。民国时期的河南农村，兵灾匪患非常严重，为了维持学校安全，王拱璧组建了"义勇队"，保护学校。这支特殊的武装在保护青年公学甚至是孝武营村的安全上起到了一定作用。例如，1923年夏在王拱璧指挥下与村保卫团在张庄合击了河南军阀赵倜残部，对维护学校稳定和安全贡献了力量。

第三，坚决回绝别有用心之人的恶意行贿。青年公学的开办得到了农民的拥护，但仍然存在校舍、设备等教学设施短缺的情况。青年公学所面临困难被一些居心叵测之人和不法之徒所了解，他们开始寻找各种各样的机会向王拱璧行贿，这些都遭到了王拱璧的坚决拒绝。如当时谭庄陈某，因为劫获一批海洛因怕遭来祸端，为了寻求庇护，托人给王拱璧送了四大包价值五千元的海洛因，被断然拒绝。由于当时青年公学处于十分困难的时候，很多人都不理解，王拱璧说："青公如何穷，也不能卖毒品办学！"③

面对外界不同的干扰，王拱璧和青年公学的教师们采取了相应措

---

① 《王拱璧自序年谱简编》，窦克武主编：《王拱璧文集》，开封：河南大学出版社，1991年，第308页。

② 同上，第336页。

③ 同上，第306页。

施各个击破，虽然方式不同，但是最后效果都是一致的，可谓是殊途同归，即保证青年公学的正常发展，将乡村教育开展下去。

**（二）经费紧缺与解决措施**

乡村教育仅仅靠一个人或一群人的热情是难以开展并维持下去的，办学并不能空手起家，更不能没有经费维持其进一步运行。

无论何时，教学经费都是教育创办者面临的首要问题。民国时期，公立学校的经费尚且不足，遑论乡村私立学校。民国时期，西华县教育经费几经波折才得以勉强维持当地学校的正常运作。“西华教育经费在民初，每正赋一两附收花红钱 100 文，连呈纸捐每张钱 200 文，戏捐每棚钱 5000 文，学田稞租每年钱 700 余千文，契纸每张附加洋五角，共合钱不过 10000 千之谱。不足由县府设法筹补，当八九年时，以学田以由房书经管，废弛收获太微，历经波折，始提交教育款产处接管，找出遗失地两顷余亩并增加稞价，年可收小麦 200 余石，以平常年可售洋 3000 余元（但查学田碑记据十年调查时尚差五十余亩年久益无法再找），十一年契纸发行所改组议定，缴教育公益捐洋 2000 余元，业奉教财两厅批准，有案嗣以物价日涨，教款不敷甚钜。十七年附收花红钱 100 文，改征每两银 4 角。二十年，奉令每两银改征 6 角。二十一年，奉财教两厅批准契税附加教育款三分，随将教育契纸捐每张五角取销。二十五年，奉令豁免杂税教款内所收呈纸捐戏捐因并停收，统计全年收入共 30000 元以上。”① 由此可见，西华县教育经费起伏不定，总体是不足。公立学校尚且如此，更别说王拱璧创立的青年公学了。

青年公学自成立之日起，办学经费就明显紧缺。为了添置校舍、教学设备，补充学校教育经费，王拱璧在其家人支持和朋友的帮助下筹集了部分经费，这部分经费主要来源于众人捐助。此外，学生所交的学费也是青年公学教育经费来源之一。

第一，众人捐款。王拱璧作为青年公学的校长，在青年公学刚刚成立之时，他家就为青年公学“捐田 30 余亩，粮 4000 斤，钱 300

---

① 潘龙光等修，张嘉谋等纂：《西华县续志》，《中国方志丛书（华北地方）第 101 号》，台北：成文出版社，1968 年（据 1938 年铅印本影印），第 413－414 页。

元”，“个人预定捐工资五年”①。此外，他还动员一个地主王道济捐给学校一部分土地和宅基。② 1923 年青年公学扩建校址，王拱璧第一次购买了田地，并把购得的 22 亩庄园地捐献给了青公。

1923 年 11 月，王拱璧在其二弟王黄石的襄助下，“以新型音乐舞蹈游艺形式募捐 600 余元”③。1923 年 8 月，王拱璧到北京，在其三弟王陵南协助下，“以游艺形式募捐 800 元”④。1930—1931 年间，王拱璧还曾以校董的名义“策动旅汴旅京同学及友人为之募捐千余元”⑤。此外，还有一些仗义捐助者也陆续为青年公学捐助钱款。冯玉祥就曾为青年公学捐款 3000 元，使青年公学“得以扩建校舍数 10 间，增添了一些设备”⑥。

第二，学费收入。青年公学收缴学生的学费也是其教育经费的来源之一。为了保证农村适学儿童和青年都能获得受教育的机会，学生家庭困难少收或免收学费，家庭富足者就多收。正如当时报纸宣传的那样，青年公学“除补习科及没产业者不收学费一并酌给书籍灯油，此外所有小学部高级、初级，一律按产业多少为收费标准。高级按每亩每年收费一角，至六十亩为止，即至多年费六元初级每亩每年收费五十文，至百亩为止，即至多年费五千文。两级底女生都照前数减收半额”⑦。

在青年公学成立伊始，“只设小学部，招收了三个班，学生 140

---

① 《王拱璧自序年谱简编》，窦克武主编：《王拱璧文集》，开封：河南大学出版社，1991 年，第 305 页。

② 同上，第 10 页。

③ 孙发义：《郾城县高级中学沿革》，《河南教育志资料选编》，1983 年第 9 期，第 7 页。

④ 同上。

⑤ 王拱璧：《王拱璧自序年谱简编》，《王拱璧文集》，开封：河南大学出版社，1991 年，第 315 页。

⑥ 《王拱璧自序年谱简编》，窦克武主编：《王拱璧文集》，开封：河南大学出版社，1991 年，第 307 页。

⑦ 同力：《介绍青年公学》，《晨报副刊》1924 年 8 月 19 日，第 4 版。

人，1921 年，增设农民补习部和职业高等补习部”①。经过几年的努力，青年公学的办学规模有了扩大，“学生逐步增加到 700 余人”②。

至此，青年公学的学生由最初的 140 人增加到后来的 700 余人，人数上有所增加，所需教学经费也随之增涨，但是由于青年公学对贫困农民子弟和参加补习班的人员免受学费，其余的则按产业多寡来收取学费，最多的一年只交 6 元，所收学费数量有限，很难维持学校的正常教学。即便如此，青年公学采用按财产收取学费的方式，对发展乡村教育仍有积极作用。这种做法不仅在一定程度上弥补了教育经费的空缺，还能保证贫困学子顺利就学。

总之，王拱璧的募捐、众人的捐助和富裕学生的学费是青年公学教育经费的主要来源。这些经费虽然数量比较少，但是能勉强维持青年公学的运行。青年公学筹集教育经费的方式在一定程度上为民国时期各地开展乡村教育提供了借鉴经验。

**（三）师资短缺与应对方案**

师资问题和教育经费一样也困扰着青年公学的创办者。在青年公学创立之初，学校只有 6 名教师，这样的人数远远满足不了乡村教育的需要。没有教师何来教育？王拱璧也认识到这一问题。面对教师短缺的现状，王拱璧一方面到开封等地聘请有识之士到校充任教师，另一方面在青年公学培训符合乡村教育所需的教师。

为保证学校正常开学，王拱璧奔赴开封等地延聘教师。青年公学从创办之初起，“任课教师都是校长王拱璧先生聘请的有学识、热心教育的人充任的”③。1925 年冬天，孝武营村附近各村“兵匪混杂，日夜横行。袭城破寨，日有所闻”④，受周围环境的影响，青年村人心不

① 召陵政协学习文史委员会编：《王拱璧的光辉一生——纪念王拱璧先生诞辰一百二十周年专辑》，2006 年，第 80 页。

② 《王拱璧自序年谱简编》，窦克武主编：《王拱璧文集》，开封：河南大学出版社，1991 年，第 9 页。

③ 召陵政协学习文史委员会编：《王拱璧的光辉一生——纪念王拱璧先生诞辰一百二十周年专辑》，2006 年，第 25 页。

④ 《王拱璧自序年谱简编》，窦克武主编：《王拱璧文集》，开封：河南大学出版社，1991 年，第 310 页。

稳。春节前，青年公学的部分外地教师辞职，这就为1926年春季青年公学开学带来了困难。为此，王拱璧奔赴开封为青年公学聘请老师，“始得吴、胡等三四人”①。

除了从外地聘请教师之外，青年公学还自己培养符合乡村新式教育所需的各科教师。值得一提的是：青年公学在培训教师时，不仅积极主动，还十分注重新教师的专业平衡。1921年，青年公学增设了职业高等补习部，“招收农村的知识青年和塾师50人，学期半年，培养农村初级小学教师、校长和新村干部”②。此外，为了使学生全面发展，1923—1924年青年公学又增设了夏令营学校“招体育、音乐师资短训班，为期半年，两期共培训70余人，毕业后分任各村小学体育、音乐教师”③。1921年到1924年前后仅4年时间，青年公学就培养了120多位教师。1925年8月，又增设了示范班，培养了40多名师范生。青年公学培养的教师为该校甚至周边地区开展乡村教育提供了良好的师资力量。

青年公学培养教师不仅充实了乡村教育的师资力量，保证了青年公学的师资，同时还为乡村学校实现学生的全面教育提供师资保障。与旧式私塾相比，青年公学的教师队伍实现了多元化。

综上所述，青年公学的师资方面随时会因社会动荡而缩减，致使教学活动无法开展，但是通过王拱璧等人的努力和社会各界的支持，在一定程度上克服了师资短缺的困难，勉强维系着青年公学教学的正常进行。

### （四）办学方式因人而异

青年公学根据实际情况采用多层次的办学形式，以满足社会对各层次人才的需求。该校办学方式因人而异，为满足农民子弟受教育的

---

① 《王拱璧自序年谱简编》，窦克武主编：《王拱璧文集》，开封：河南大学出版社，1991年，第310页。

② 召陵政协学习文史委员会编：《王拱璧的光辉一生——纪念王拱璧先生诞辰一百二十周年专辑》，2006年，第80页。

③ 苗春德：《中国近代乡村教育史》，北京：人民教育出版社，2004年，第82页。

需要，青年公学设立了幼儿园、小学、中学；为了满足不同人员培训的需求，青年公学开设了农村师范班、职业部、妇女部、农民补习部以及各种夏令营补习班与培训班、高等补习班；为了扫除农村中的文盲，青年公学开设了文化补习班。

因人而异的办学方式受到了农家子弟和村民的大力欢迎。青年公学开办后，各乡农家子弟纷纷要求入学，仅1923年一年青年公学的学生就达400余人。经过几年的努力，该校学生逐渐增加到了700余人。①

在实际办学过程中，青年公学并未囿于传统教育方式，而是根据当地农村和农民的实际需求，设立不同层次的教学班级，并在办学的时间上也根据受教育者的不同情况作相应调整。青年公学开办的各种夏令营补习班与培训班，利用晚上或农闲时间开办的文化补习班即属此例。为兼顾求学者的实际需要而采取不同的办学方式是民国时期乡村教育的共同特点，这在青年公学的日常教学中也得到了充分体现。

**（五）学校教育与社会结合**

在乡村教育伊始，王拱璧就认识到教育不能闭门造车，而是要适应时代和社会的需要。因此，在实际办学过程中，王拱璧将学校教育与乡村自治、劳动生产、中国革命以及移风易俗等社会现实问题相结合，通过乡村教育提高农民的爱国热情和促进社会发展。

青年公学与乡村自治密不可分。20世纪前期，中国动荡不安，人民生活难以维系，很多有识之士开始寻求救国救民的道路。在地方自治方面，孙中山形成了一套完整的思想体系。要想实现地方自治就要“首立地方自治学校”②。换句话说，不论是实现城市自治还是实现乡村自治，首要条件都必须是培养可以担任地方事务的人才。

王拱璧曾经指出：中国教育的根本错误之一就是重城市轻乡村。

---

①　召陵政协学习文史委员会编：《王拱璧的光辉一生——纪念王拱璧先生诞辰一百二十周年专辑》，2006年，第18页。

②　《在沪举办茶话会上的演说》，《孙中山全集》第3卷，北京：中华书局，1984年，第330页。

具体而言就是当时中国的教育是“只要市民，不要农民”①。王拱璧在青年公学的办学过程中，注重提高农民的基本素质，他提出了“人人爱劳动，人人爱学习”② 等口号，主张要对普通民众普及教育。此外，还在青年公学为贫民和妇女开设补习班，为扫除农村文盲提供可能。王拱璧通过青年公学为乡村自治培养人才，这样，乡村自治就成为青年公学的重要基础。此时，青年公学则无疑成为青年村自治的核心内容。

青年公学将教育与农、工劳动紧密结合。青年公学设立的十个部中，劳动部和农林种植部排在最前面；在青年公学开设的各种会社中，农会也位列其中。更值得强调的是：在青年公学校园中，不仅有供师生实验用的农林试验场，还有用于养蚕的桑园。农林试验场和养蚕的桑园都是师生进行劳动实践的场所，他们在桑园栽种桑树五百余棵。此外，针对“研究社会与辅助职业生”③ 教学的需要，青年公学还聘请了青年村附近 30 多位有农业种植经验、有专长的农人，这些农人有涉及农业的诸多方面，如晨作、养畜、野菜、果园、林业、养蚕、养蜂、种瓜。在木工、铁工和漆工等手工业方面也聘请了顾问。如此一来，青年公学的学生在学习文化知识的同时，不出校园就能学到实际生活中所需要的农业和手工业技能。青年公学将教育和农业、手工业相结合的教育方式突破以往私塾的教学方式，为农村培养了一批知识性人才。

青年公学的教育实践与中国革命结合。20 世纪 20 年代的中国处于北洋军阀统治时期。全国人民，特别是中国农民处于国内北洋军阀和外国侵略者的双重压迫之下。青年公学的教育着眼于中国现实，将乡村教育与中国革命相结合。1915 年 5 月 7 日，袁世凯接受了日本提出的“二十一条”。此后，每年的 5 月 7 日被定为国耻日。在这一天，王拱璧组织师生举行纪念活动，并创作了《莫忘国耻歌曲》，这大大提

① 王拱璧：《中国农村的病状》，《农科季刊》1930 年第 1 卷第 2 期，第 19 页。

② 《王拱璧传略》，窦克武主编：《王拱璧文集》，开封：河南大学出版社，1991 年，第 10 页。

③ 同力：《介绍“青年公学”》，《晨报副刊》，1924 年 8 月 19 日，第 3 版。

高了在校师生和青年村村民的爱国热情。

青年公学不仅在校内和村内开展爱国教育，还联合西华县的其他学校和乡村，进行反帝爱国宣传活动。1924 年 3 月 4 日，日本拒绝如期归还中国的旅顺和大连，消息传来以后，“青公学生、附近村庄的农民，便立即‘奋起力争’”。4 月 3 日，由青年村发起，在杨村庙召开了大会。商水、郾城等 260 余村，共 5 万农民参加。在会上，成立了“中原农民对日外交协会”，对日本的侵略进行抗议，并表示：若中国因此对日开战，他们“甘愿服兵役、助军饷”①。

1925 年，五卅运动中，青年公学组织学生张贴反帝标语。学生的一系列爱国行动鼓舞了青年村村民的反帝热情。随后，青年村联合当地 70 多个工商团体，以中原农人协会的名义通电全国，抗议侵略者的暴行，声援上海的爱国运动，这在当时中国农村实属罕见。

青年公学的教育与当时中国革命运动相结合，一方面显示了国人对外国侵略者的强烈抗议；另一方面激发了师生和村民们的爱国热情。

青年公学的教育活动冲击旧有习俗。为了扫除农村落后、愚昧的习俗，王拱璧带领青年公学的师生开展了旨在改变农村旧习俗的宣传活动。青年公学在移风易俗方面的主要措施有号召村民剪辫放足和宣传男女平等、婚姻自由等。在号召村民剪辫放足方面，王拱璧身体力行。他不仅创作歌曲——《缠足歌》，以通俗易懂的方式诉说了女子缠脚的痛苦，还亲自在青年村和附近农村集会时登台演讲，向村民们宣传旧习俗的危害，号召村民破除旧习俗。青年公学的学生在校长的影响下，纷纷从事移风易俗的活动。他们组织宣传队进行分区包干，“利用课余、假日、节日，四处宣传，破除迷信，移风易俗，剪辫放足，扒庙伐神，劝学息讼等”②。他们宣传的方式一般是传唱通俗易懂的歌曲和宣讲旧习俗的害处。此外，王拱璧校长登台演讲的时候，学生们在台下积极鼓励长辫男子剪辫、缠足女子放脚。在青年学生的影响下，

① 召陵政协学习文史委员会编：《王拱璧的光辉一生——纪念王拱璧先生诞辰一百二十周年专辑》，2006 年，第 21 页。

② 孙发义：《郾城县青年高级中学沿革》，《河南教育志资料选编》1983 年第 9 期，第 8 页。

青年村的农民在一定程度上摈弃了传统风俗，“青年村一带流传着这样的顺口溜：‘孝武营，真转窝，男剪辫，女放脚’”① 即为很好的佐证。

实现男女平等和婚姻自由成为青年公学摈弃传统习俗，树立新风尚的奋斗目标之一。1924 年，青年公学在青年村维护女子的继承权、倡导男女平等、婚姻自由。青年公学的师生在提高妇女地位方面做了不少工作。在维护女子的继承权方面，“王拱璧涉水渡河 80 里外的县城，两次邀同念雪庐县长予以支持”②，维护了青年公学女生于嘉的继承权；在维护女生婚姻自由方面，王拱璧断然制止了一起绑架抢婚的事件，保护了王芳蕈，使之当场解除了婚约。这事件影响了青年村的年轻人，1924 年青年村发生了数起女方解除婚约，其中以青年公学女生居多。

## 三、王拱璧乡村教育实践的反思

王拱璧在河南的乡村教育实践活动主要分为两方面：一方面是兴办青年公学；另一方面是成立青年自治会，对河南乡村进行改造。王拱璧乡村教育的两项实践活动并不是孤立的，而是有着紧密的内在联系。

首先，兴办青年公学，为改变中国教育脱离乡村的现状服务。青年公学自开办之日起就践行着王拱璧的“大教育”思想，该校全体教师不仅致力于学校的日常教学活动，还兼顾了改造学校周边村民和改造农村现状的工作，将学校教育和社会教育有机结合。青年公学在维系学校的日常教学活动方面采取了一系列举措，如武力护校、筹集办学经费、聘请与培养师资、采取因人而异的办学方式等。通过努力，青年公学在一定程度上改善了孝武营村乃至周围村庄村民的受教育条件，改变了西华县落后的教育现状，对推动河南西华县的乡村教育起到了积极的作用。

其次，成立青年自治会，以改造河南农村的传统陋习。王拱璧在

① 召陵政协学习文史委员会编：《王拱璧的光辉一生——纪念王拱璧先生诞辰一百二十周年专辑》，2006 年，第 31 页。

② 同上，第 30 页。

其家乡以孝武营村为主体，结合其周边的乡村，联合成立了青年自治会。“自治会的作用主要是移风易俗，开拓农村新风尚。”① 为了使自治会有效地发挥作用，以王拱璧为主委的青年自治会制定了旨在废除传统陋习的六项会规，在一定程度上冲击了中国传统的陋俗，对改造中国数千年的传统习俗，真正实现中国乡村的移风易俗起到了积极作用。

在乡村教育的实践活动中，青年公学和青年村自治会二者并不孤立。尤其是青年公学，它并没有仅仅局限于对在校学生的教育，还积极致力于对传统社会陋习的改造。青年公学在一定程度上改变了河南西华县农村的落后教育。

王拱璧在河南西华县孝武营村的乡村教育实践首开了中国乡村教育的先河，他在改造河南乡村教育和中国农村传统陋习方面的努力不容忽视，后人对王拱璧的努力给予了充分肯定。诚如河南省原副省长张柏园同志说道：“拱璧先生的一生是光辉战斗的一生，他鞠躬尽瘁为人民，呕心沥血办教育；他品德高尚，廉洁奉公，可谓当代师表，后世楷模，永远值得后人学习和纪念。”②

## 第二节　黄炎培与徐公桥的乡村教育

20 世纪初期，针对国内农村教育的弊端，著名的教育家黄炎培提出了实用主义和职业教育的思想。为了将其思想付诸实践，他带领中华职业教育社在江苏省昆山县徐公桥村推广乡村教育，以期改变中国农村落后的面貌。

### 一、黄炎培的乡村教育思想

黄炎培是中国近代著名的教育家，他一生都为教育救国而奋斗。

---

① 苗春德，申磊：《中国“乡村教育”的最早探索者——王拱璧》，《河南职技师院学报（职业教育版）》2001 年第 6 期，第 38 页。

② 苗春德：《中国近代乡村教育史》，北京：人民教育出版社，2004 年，第 89 页。

1913年，黄炎培通过对江宁、苏州、上海、镇江、靖江等五处公立、私立法政大学、法政专门学校的调查发现，中国“习政法者所为事业。分利事业也。其趋之也如彼。农工，生利事业也。其弃之也若此”①。换句话说，当时的求学者纷纷倾向于获利多的专业，而投考获利较少的卫生、教学专业的人数则很少。中国教育偏重法政专业，致使中国教育堪忧。为了改变中国教育的现状，黄炎培提出了他的教育思想，并且根据中国社会的实际需要不断地进行调整。总体来看，他的教育思想经历了最初的实用主义、职业教育思想发展到后来的大职业教育主义思想的过程。这是黄炎培对中国农村现实认识不断深化的结果，体现了其与时俱进的精神。

**（一）实用主义教育思想**

实用主义是黄炎培教育思想之一，何谓实用主义？1915年1月，黄炎培提出“所谓实用主义即学生在学校所学之知识，应注意其离校后的应用”②。黄炎培提出实用主义思想亦不是空穴来风，而是有其深刻的原因。

第一，传统教育中的学用脱节是提出实用主义教育思想的现实原因。民国时期的教育大多延续中国传统的教育体制，培育的人才不能用其所学的知识为社会创造价值，他们中的大多数人甚至不能自食其力，从而成为社会的负担。换言之，民国时期的旧式教育所培养的人才不能推动社会的发展，反而在一定程度上延缓社会的进步。在担任江苏教育司司长期间，黄炎培发现学生毕业后不能将所学的知识运用到实际工作中，现实教育中学用脱节的现象严重。“如学过算术的，但不能识别权衡；学过植物学的，但不识庭前的花草和室内的家具为何花何木。从图画科的写生教学中，因悟各种学科的教育，均应注重实际的应用，否则即是一大失败。”③ 针对学不能致用的现状，他在江苏省教育讨论会上指出：“如果我们仍照目前这样下去，所用的教材和教

---

① 黄炎培：《教育前途危险之现象》，《东方杂志》1913年第9卷第12期，第19页。

② 许汉三：《黄炎培年谱》，北京：文史资料出版社，1985年，第25页。

③ 同上，第12页。

法教出来的学生，不能在实际生活中发挥作用，那么这种教育又有什么用呢？它还有存在的必要吗？”① 通过对现实的反思，黄炎培深刻认识到旧式教育已经没有存在的必要，必须进行改革，实用主义就在这样的社会现实中被提了出来。

第二，杜威的实用主义理论为黄炎培实用主义教育思想提供了借鉴。杜威是美国实用主义创始人之一，他主张“教育即生活、学校即社会、教育方法应该依据‘从做中学’的原理”②。他的思想经过胡适等人的宣传，在中国产生了一定影响。五四运动以后，杜威来华讲学，黄炎培除了邀请他到上海讲学外，还一路陪同其奔赴南方各地演讲。经过与杜威接触，黄炎培受到了启发，依据中国教育的实际现状，提出了自己的实用主义教育思想。他从教育的功能和目的出发，坚决反对“‘虚名的教育’，‘蹈空的教育’，学生走上社会‘无以应’”③ 的传统教育。同时，还将实用主义教育具体化为大职业教育。1920 年，黄炎培曾讲过：“我们主张的实用主义教育，已经具体化为职业教育了。请看中华职业学校，学生上课，同时参加劳动。”由于两者提出实用主义的出发点不同④，黄炎培的实用主义教育思想与杜威的实用主义理论即使有着很大差别。但其实用主义或多或少受到了杜威思想的影响，这也是不容置疑的事实。

第三，辛亥革命后，民族资本主义经济发展的需要。辛亥革命后，特别是第一次世界大战期间，中国民族资本主义经济出现了发展的春天，民族资产阶级充分利用这一“黄金时期”大办实业。但是，发展民族工商业需要大量的技术人才和管理人才。清末民初的中国教育大多采用注入式教育，学生所学的知识不能运用到工作和生活中，更别提满足发展民族资本主义对人才的需求。民族资本主义的发展要求改

---

① 王华斌：《黄炎培传》，济南：山东文艺出版社，1992 年，第 92—93 页。

② 同上，第 95 页。

③ 苗春德：《中国近代乡村教育史》，北京：人民教育出版社，2004 年，第 100 页。

④ 黄炎培提出的“实用主义”主要基于中国教育的现状，主张教育应该为实用服务；杜威的“实用主义”则是建立在哲学基础上实用主义教育。

革中国的教育，黄炎培的实用主义思想应运而生。

为了详细地阐述实用主义的教育思想，黄炎培在当时的杂志上发表了一系列文章。1912年，黄炎培在《教育杂志》发表了《学校教育采用实用主义之商榷》①，这篇文章是他阐述实用主义教育思想的代表作，也标志着他首次将实用主义的教育思想运用到中国教育中。随后，又连续发表了《实用主义产出之第一年》、《实用主义之真谛与一年之实施状况》、《实用主义产出之第二年》、《实用主义产出之第三年》等文章，系统介绍了其实用主义的实质以及该理论提出以后所引起的强烈反响，正如黄炎培所说："实用主义今俨然成为吾国教育上一名词矣。"② 其影响可见一斑。

**（二）职业教育思想**

面对民族资本主义工商业对各类人才的需求和学校教学学用严重脱节的矛盾，早在1913年黄炎培就提出了"女子职业教育"和"寓职业教育于初等教育"的主张，开始在中国倡导职业教育。针对"实业益发达，而生计问题亦日以急迫"的现状，黄炎培强调"职业教育，则专重实用，纯为生活起见"③。他试图通过推行职业教育的方式来改变这令人堪忧的现状。其职业教育思想包含了教育目的、教育方法和教育方针等内容。

黄炎培职业教育的目的包含两个方面，"一使学生无力更受高等教育者，受此教育，得相当之职业；一使已就职业者，受此教育，助其业务之改良与进步"④。由此不难看出，职业教育一方面让无工作者学

---

① 目前学界所能见到著作中都认为《学校教育采用实用主义之商榷》是发表与1913年，但据大成老旧数据库查询结果显示，该文早1912年第7期《教育杂志》的附录中已经发表，且全文和发表于1913年《中华教育界》的内容完全一致。因此，我认为黄炎培最早提出实用主义教育思想的文章发表于1912年而不是1913年。

② 黄炎培：《实用主义产出之第一年》，《教育杂志》1915年第7卷第1期，第14页。

③ 《职业教育》，《黄炎培教育文选》，上海：上海教育出版社，1985年，第44页。

④ 同上，第45页。

习一门技术，获得赖以维持生计的工作；另一方面则是帮助已经有工作的人在工作中进行创新，推动社会经济不断进步。

为达到职业教育的目的，黄炎培在《中华职业教育宣言书》中提出了进行职业教育的方法，即“曰调查，曰研究，曰劝导，曰指示，曰讲演，曰出版，曰表扬，曰通信答问”①。他还指出政府、学校、社会既要创立职业学校和补习学校，又要改良普通教育，待到时机成熟的时候，还需要设立职业介绍部，通过调查、通告和引导等方式来推广职业教育。

黄炎培认为，职业教育有三个特点，即社会化、平民化和科学化。所谓社会化，是指职业教育与社会生产和人民生活紧密相连。重视教育与社会的联系是黄炎培教育思想中不可或缺的重要组成部分，他曾强调：“职业教育是绝对不许关了门干的，也绝对不许在书本里讨生活的。”“所以职业教育，绝对不许理想家和书呆子去干的。”② 社会化、平民化和科学化也就成为黄炎培等教育家们开办职业教育机构必须遵循的基本方针。

**（三）“大职业教育主义”思想**

职业教育推行了八九年也没有达到黄炎培等所希望的结果。正如黄炎培自己所说：“百分之七八十没有达到。”③ 具体来说，造成如此不理想结果的原因主要有以下两个方面：一方面，第一次世界大战以后，中国民族资本主义的“短暂春天”宣告结束，中国又重新陷入了西方国家的争夺中，社会政治混乱，经济凋敝，人们的观念陈旧；另一方面，职业教育中也有诸多“职业教育之礁”④，如师资短缺、经费缺乏、教材混乱、学生自身的陈旧观念等。

---

① 《中华职业教育社宣言书》，《黄炎培教育文选》，上海：上海教育出版社，1985 年，第 55 页。

② 《办职业教育须下三大决心》，《黄炎培教育文选》，上海：上海教育出版社，1985 年，第 166—167 页。

③ 《提出大职业教育主义征求同志意见》，《黄炎培教育文选》，上海：上海教育出版社，1985 年，第 154 页。

④ 刘桂林：《中国近代职业教育思想研究》，北京：高等教育出版社，1997 年，第 168 页。

痛定思痛，黄炎培认识到“只从职业学校做工夫，不能发达职业教育”；“只从教育界做工夫，不能发达职业教育”；“只从农、工、商职业界做工夫，不能发达职业教育”①。经过近十年的职业教育实践，黄炎培于1925年12月提出了“大职业教育主义”的教育思想。它要求“办职业学校的，须同时和一切教育界、职业界努力的沟通和联络；提倡职业教育的，同时须分一部分精神，参加全社会的运动”②。这就要求职业教育必须关注教育以外的社会。职业教育学校设立的科目、开设的课程、采用的教材也必须适应社会的需要，如果能够使整个职业界都认为职业学校是他们自己的学校，这样就达到了“大职业教育主义”的最终目标。

“大职业教育主义”思想是近十年的教育实践得出的理论，是黄炎培职业教育思想发展的结果，它使从事职业教育人员认识到职业教育不能脱离政治、经济、文化等社会因素而独立存在。由此可见，黄炎培通过近十年的教育实践，逐渐改变了以教育救国的思想。

黄炎培的乡村教育思想是随着时代发展而不断变化，从实用主义到职业教育再到“大职业教育主义”的演变，是他根据社会现实做出的调整，针对学用脱节的现状，黄炎培提出了实用主义、职业教育的主张；当职业教育推行近十年后没有取得预期的效果，黄炎培在职业教育的基础上提出了“大职业教育主义”思想。在他的推动下，中国先后出现了实用主义思潮，职业教育思潮，中国历史上职业教育制度由此产生。

## 二、徐公桥乡村教育实践

1925年，黄炎培在中华职业教育社第四届年会期间提出“就交通较便地方，划定一村，或联合数村，其面积以三十方里为度，其人口

---

① 《提出大职业教育主义征求同志意见》，《黄炎培教育文选》，上海：上海教育出版社，1985年，第154页。

② 同上，第155页。

以三千至五千为度，地方治安取其可靠者，水旱偏灾，取其较少者”① 开展乡村教育。徐公桥地处江苏省昆山县境内，其面积为40方里，人口为3597人，该地田畴交错，交通便利，是开展乡村教育的理想之所。1926年，以黄炎培为董事长的中华职业教育社发起，建立了江苏徐公桥乡村改进试验事业。最初，徐公桥的乡村教育是由中华职业教育社联合中华教育改进会、中华平民教育促进会总会、前东南大学教育科农科共同进行的，后因经费紧张，与中华职业教育社合作的单位相继退出，自1928年4月起，由职教社单独筹办。中华职业教育社在徐公桥设立了徐公桥乡村改进委员会，下设7个部，教育部就是其中之一。由此可见，乡村教育是徐公桥试验区的重要组成部分，需要强调的是：徐公桥的乡村教育侧重于职业教育。

### （一）增设各类学校

据统计，1929年，徐公桥有“中心小学1所学生100人，民众学校1所学生40人，学龄儿童的入学者42%，成人识字者28%”②。从上述材料不难发现：徐公桥现有的学校不能满足社会的需要。适龄儿童尚且不能全部入学，成人识字者的比例就更低了。自徐公桥乡村教育试验一开始，职教社采用露天识字和演讲的方式开展教育，但效果不佳。因此，在徐公桥增设各类学校就成了职教社的首要任务。

经过调查，中华职业教育社徐公桥乡村改进会发现造成徐公桥试验区大量适龄儿童与成人失学的原因之一是学校离家较远，学生就学不便。为此，时任中华职业教育社徐公桥村改进会干事徐伯才在制定《试办民众夜校计划》和《试办民众夜校规程》时，对拟增设学校的办学地点作了具体规定。《试办民众夜校计划》中规定：“鉴于乡村小学所办之民众夜校，往往发生困难，以致成功者少，爰拟除本区中心小学举办外，再行择定适当地点，划分数区，以期就近农民，便利就学，

---

① 《在山西三星期之工作》，《黄炎培教育文选》，上海：上海教育出版社，1985年，第152页。

② 《徐公桥模范村三年来之概况》，《复旦大学社会学系半月刊》1931年第4期，第18页。

补救其道路往来之不便，或届农忙等种种困难。”①《试办民众夜校规程》也规定“全区划分为6校，（或择失学较多者，先办3分校）”②。按照上述规定，徐公桥试验区被划分为五个区，设定了6个办校地点。这6个办学地点除中心小学外，其他5个办学点分别设在东区的王家库、南区的梅浦村、西区的南戴村和固巷村、北区的马泾村，将学校设在村里，缩短了家校之间的距离，为农村的儿童和村民就近入学提供了便利。

根据《试办民众夜校计划》和《试办民众夜校规程》的规定，1930年职教会联合昆山县中心小学先行开办了三个民众夜校，掀开了农民创办学校的序幕。从1928年到1934年，徐公桥的学校“由公立小学一，私立小学一；增为公立小学四，公立流动教室二，私立小学二”③。就学校的类型来看，职教会设立的学校有小学和民众夜校；就学校数量而言，经过6年的努力，职教社在徐公桥先后设立了各类学校共6所，为试验前的3倍。由于学校数量的增加，入学人数也必然随之增加。职教社在徐公桥开展6年半的时间，“适龄儿童的入学人数就增加到了535名，占全部适龄儿童的82.3%”④。同时，职教社创办的夜校也吸引了大批村民，“全区共有300多名成年村民长期坚持学习”⑤。职教社创立的乡村学校不仅是失学儿童和成人受教育的场所，更是其推广和宣传职业教育思想的平台。

### （二）教育经费来源

民国时期，教育经费的来源无外乎以下三种途径：一为国家拨给，二为学校自筹，三为私人捐赠。民国初期，内忧外患，民生凋敝，教育事业发展缓慢。就教育经费而言，一般都是创立者负责供给学校经费。

---

① 江恒源：《徐公桥》，中华职业教育社，1929年，第135—136页。

② 同上，第136页。

③ 黄炎培：《从六年半的徐公桥得到改进乡村的小小经验》，《教育杂志》1934年第2期，第27页。

④ 同上。

⑤ 陈学恂主编：《中国教育史研究（现代史分卷）》，上海：华东师范大学出版社，2009年，第164页。

民国时期，昆山的教育经费来源大致为以下六种，分别为："教育特税（亩捐、冬漕加征、中资捐、契纸捐、盐厘、验契代征）；教育附税（忙漕附税、屯芦荡灶附税、契附税、牙贴附税、屠宰附税、杂捐附税）；款产收入（田房租、息金）；学费收入；杂捐（营业杂捐、货物杂捐、其他杂捐）；杂收入（滞纳罚金、征入盈余、其他收入）。"① 到1927年，昆山县的教育经费占地方税收高达60%。从昆山县将半数以上的税收用于教育，可以看出：昆山县领导者对教育较为重视。该县教育经费的使用又分为教育行政费、普通教育费、义务教育费、社会教育费和特别费五项。从教育经费的支出来看，民国时期昆山地区的教育包括了普通教育、义务教育和社会教育等。

对于职业教育的经费，黄炎培在考察了英美以后，根据中国的具体国情曾提出："但须仿英格兰办法，许多地方公款酌量补助职业教育。苟更从国库岁出七万万元中，以十万元提倡奖励之。"② 这里黄炎培主张的奖励实际上是对职业教育的酌情补助，以此推动中国职业教育的发展。为此，黄炎培于1925年在中华教育改进社的第四届年会上提出："在试办时间，或由上级酌予补助，但经常费用必以当地担负为原则。"③ 职教社在1927年5月3日通过的《试验农村改进计划书》中对徐公桥试验区所需经费作了规定："用费以就地筹款为原则。虽在提倡时略加助力，总以试验期间终了后，能用当地经费继续进行为度。"④

随着徐公桥乡村教育试验工作的开展，取得了较好的成效。该地区的教育经费的增加就是其中之一。1929年，职教社在徐公桥正式开展职业教育时该地教育经费只有1116元。到1935年7月1日徐公桥

---

① 江苏省昆山县县志编纂委员会，王道伟主编：《昆山县志》上海：上海人民出版社，1990年，第650页。

② 《职业教育实施之希望》，《黄炎培教育论文选》，上海：上海教育出版社，1985年，第48页。

③ 田平正，李笑贤主编：《黄炎培教育论著选》，北京：人民教育出版社，1993年，第202页。

④ 黄炎培：《从六年半的徐公桥得到改进乡村的小小经验》，《教育杂志》1934年第2期，第28页。

移交地方自管时，教育经费增加到4702.08元，较1928年增加了4倍之多。这些经费大多来源于当地政府和民众。以1932年徐公桥试验区小学为例来考察其教育经费的具体来源。是年，全区共有5所小学，分别为徐公桥中心小学校、南戴初级小学校、珠翠初级小学校、私立观澜义务教育试验学校和私立陆景初级小学校。其中，徐公桥中心小学全年教育经费1667元、南戴初级小学校全年教育经费453.84元、珠翠初级小学校全年所需教育经费440.8元均由昆山县教育局拨发；私立观澜义务教育试验学校的教育经费均来自于私人捐助；私立陆景初级小学校是陆、高两家为了纪念高母陆太夫人而创办的，该校全年教育经费252元均由陆、高两家共同负担。由此可见，徐公桥教育经费的来源主要有政府拨给、私人捐助和校主自筹三种方式。

在具体实践过程中，职教社采用了给予适当经费支持的方式推动试验区职业教育的开展。因此，该社并没有向徐公桥投注大量的教育经费，而是酌情对试验区教育经费进行补助。在徐公桥六年试验期间，共拨给"经常费12000元，开办及临时费5309.42元，此外公私捐拨特种费用不在内"①。职教社拨给的这些经费中，虽然有些资金没有直接投入学校职业教育中，但都是间接地为职业教育服务。不给试验区投注大量的经费，是职教社考虑到地方财力的原因。当试办期间所用经费超过地方财力可以负担的程度时，就可能导致试验区移交徐公桥地方自管时，因负担过重难以为继。因此，徐公桥试验区的教育经费来源以本地区解决为主，外来补助为辅，地方解决有县财政拨给和校主自筹方式，外部补助主要有职教社划拨、个人捐款等方式。这样不仅保证了职业教育在徐公桥试验区顺利开展，还能保证当地人士接管试验区后，职业教育仍然能够维持并继续得到发展。

### （三）儿童就学与成人教育的扩大

职教社初到徐公桥时，该地入学儿童的数量很少，据1929年10月统计，各村入学儿童仅占适龄儿童的34.9%。为改变儿童入学人数少的现状，职教社除了将学校创办到村里之外，还采取多种劝学方式，

---

① 黄炎培：《从六年半的徐公桥得到改进乡村的小小经验》，《教育杂志》1934年第2期，第27页。

鼓励儿童接受教育；设置多重学制，满足不同农村家庭的需要。

多种劝学方式并存鼓励学龄儿童入学。中国农民的教育程度大多低下，人们的观念中对于学校和教育的概念非常淡薄，一般不送子女，尤其是女孩子去读书。职教社在了解了试验区的实际情况以后，就利用一切机会向农民宣传教育的重要性。徐公桥“每学期结束后，推定劝学员若干人，会同各校教职员分赴各学校区，劝导尚未入学之儿童入学”①。大多学校采取三种劝学方式，即集会劝学、相机劝学、访问劝学。

集会劝学，顾名思义就是将村民集中到一处向其宣传教育的重要性。由于村民们忙于劳作，大多不能到会，这种方式的劝学效果不好，观澜义务教育试验学校只举行了 3 次。

相机劝学是利用村民经过学校停留、观望时，主动、诚恳的向他们宣传让儿童接受教育的意义。有的学校地理位置较好，往来群众也很多，如观澜义务学校“地临观澜大道，校门口前有一杂货店，各村零星日用品，多购自该店，晨间晚上，三五成群，村友之往来校前很多”②。这样的有利条件不仅便于学校宣传教育的重要性，而且也让群众近距离了解到学校的教育。这种方式比集会劝学收到的效果要好。

访问劝学则是利用村民农忙休息与农闲时间，学校教师深入田间、农家进行谈话和访问，耐心、细致的向村民宣传儿童接受教育的重要性。这种主动深入农民群体中进行宣传的方式见效最佳。

面向农民的三种劝学方式让他们认识到了教育意义重大，是儿童入学数量不断增加的推动力之一。此外，在徐公桥的宣传标语中也有明显的劝学内容，如黄炎培 1928 年 6 月 6 日为徐公桥撰写的“学堂进的早，读书读的好，做人要做刮刮叫——劝学”③。成人教育分为学校教育和讲习所的人才培养。职业教育社进驻徐公桥之前，试验区内基本没有成人教育。职教社在徐公桥开展试验后，开始利用农闲时间，为 16 岁以上、30 岁以下渴望识字的农民设立民众学校。

---

① 《三周岁之徐公桥》，中华职业教育社，1932 年，第 73 页。

② 同上，第 98 页。

③ 黄炎培：《黄炎培日记》第 3 卷，北京：华文出版社，2008 年，第 74 页。

为了促使更多儿童和成人接受教育，职教社还采用奖励的方式鼓励农民和儿童入学。在徐公桥，农民及其子女进入学校接受教育就可以“在改进区合作社优先贷款，碾米、打水按九五折收费，如有困难可向改进区申请帮助”①。同时，为了避免学生在上学途中因下雨或天黑出现以外意外危险，保证学生按时上学，观澜义务教育试验学校为学生准备了灯笼和蜡烛。以劝说、奖励、分发灯笼和赠送蜡烛等做法，使得徐公桥农民切身感受到教育的益处，他们开始进入学校学习，推动了试验区教育的进一步发展。通过职教社的努力，当地学校给徐公桥输送了发展乡村所需的人才。1932 年，“设一班讲习所，训练得 10 人”②。这些受过教育的人员充实到试验区在一定程度上弥补了徐公桥人才匮乏的缺憾。

**（四）教学设施的完善**

教学设施主要包括校舍状况、教育设备、书报馆等。其中校舍是开设学校首先必须解决的问题；黑板、桌椅等教学设备是维持学校教学持续运行的手段；书报馆、陈列室则是增加学生知识的辅助设施。不论哪种教学设施都是教学过程中不可或缺的。

校舍问题是诸多亟待解决的最重要问题之一。在徐公桥，一般小学都有自己的固定的校址、校舍。其中，徐公桥中心小学的三间教室、两间办公室、一个操场、一个厕所、一个校园；南戴初级小学校的一间教室、两间办公室、一个操场、一个厕所；私立陆景初级小学校的一间教室、三间办公室、一个厕所、一个校园和另外的四间茅房等均是特意新建的校舍。而珠翠初级小学校的两间教室、一间办公室、一个操场、一个厕所、一个校园和私立观澜义务教育试验学校的一间教室、一个办公室、一个操场、一个厕所、一个校园则是根据原有的庵堂和庙宇改造而成。这些校舍等教学设施为小学的正常运行奠定了基础。

农民夜校和讲习所的校舍就没有这样固定的校舍，夜校的校舍一

---

① 王华斌：《黄炎培传》，济南：山东文艺出版社，1992 年，第 110 页。

② 黄炎培：《从六年半的徐公桥得到改进乡村的小小经验》，《教育杂志》1934 年第 2 期，第 31 页。

般都设在“每区的公共房屋，或村长家”①；讲习所苦于没有校舍，有的甚至在无奈中借用某大家族祠堂，为有充足的空间用于教学，需要将祠堂中的棺椁移走，但是祠堂主人提出“迁移灵柩，不成问题，但有一层，须得阴阳先生看过，能不能动”②。传统的阴阳先生决定中华职业教育社徐公桥乡村改进讲习所的校舍问题，反映了在人们的传统观念中，教育是极不被重视的事情之一。这种现象告诫职教社的成员宣传教育刻不容缓。

不论在小学还是成人学校中，连学生上课必备的桌椅都难以备齐，观澜义务教育试验学校中学生的课桌是由雇工将改进会的破木箱拆做而成的五只方桌，学生坐的凳子是“向村友们里借来，有的是学生自己带来，都是两人合坐的长凳”③；民众学校中的桌椅则是“借用家常普通方桌长凳”④。此外，这些学校部分的教学设施都难以满足教学需求，如民众夜校中仅有一台幻灯，在教学过程中只能轮流使用。

书报室和陈列室是徐公桥农民课后学习的好去处。这两处的开放时间均为每日上午 9 点～11：30 点，下午 1 点～5 点。在书报室中，乡村改进会准备了一些书籍供农民阅读，这些图书还可以借出，方便了农民阅读，虽然书报室中“书籍为数不多，好在照目前情形看，尚足以供农友的需要”⑤。在陈列室中，如果农民参观时有问题可以向乡村改进区教育会咨询，当有必要推广新农具时，徐公桥乡村改进区教育会还会派专人进行实地指导。由此可见，职教社在徐公桥开办的民众学校不仅教给农民文化知识而且还教给农民使用新农具的方法，民众学校成为了职教社在徐公桥推行职业教育的重要场所之一。

总体来看，徐公桥地区的教育设施相对缺乏。其中，当地小学的教育设施相对较好，也只有教室、办公室、厕所、操场和校园等；民众学校则面临校舍难寻、桌椅靠借、幻灯轮流使用的现状，筹备教学

---

① 江恒源：《徐公桥》，上海：中华职业教育社，1930 年，第 136 页。

② 齐生：《乡村工作的回忆》，《战时知识》1938 年第 5 期，第 14 页。

③ 《三周岁之徐公桥》，上海：中华职业教育社，1932 年，第 103 页。

④ 江恒源：《徐公桥》，上海：中华职业教育社，1930 年，第 137 页。

⑤ 同上。

设施困难重重，这无疑会给农民教育带来不便。更需说明的是，教学设施相对缺乏不单单是徐公桥的个别现象，而是现代中国乡村教育的共同面临的问题。

### （五）教学方式灵活适用

民国时期，中国受西方侵略严重，政治动荡，经济萧条。“值此外祸日深的现时代，对于中国现在的成人和未来的国民，应给以最适当的教育。”① 但是，农村中的大多数人难以受到教育，尤其是儿童难以在适龄时期就学，农民在“乡村农忙的时候，除自己操作外，须令儿女操作工作，就在平时，一般穷困的农家，也要想尽办法叫儿童生产，去解决他们最重要的生活问题”②。黄炎培等人认为农民的困苦是“贫第一，病次之。至于教育，乃是有饭吃以后之事。先富之，后教之”③。他们认为要在农村发展教育就必须首先帮助农民发展生产，从而提出了“富教合一”的方针。

为了不占用农民的生产时间，职教社根据农村实际需要，在徐公桥试验区的观澜义务教育试验学校实行了活动编制，即为满足农村生产的需要，将“全校儿童分成全日、半日、时间三组轮流上课”④，全日制的学生大多年龄较小不能从事过多的家务劳动，可以全天在学校接受教育。半日制的学生一般上午在学校学习，下午回家从事劳动。因此，为避免与半日制教学冲突，全日制的学生上午多从事户外活动。时间制则在晚上 7：30 以后才开始，这一时段“多系直接的指导时间”⑤。三个时段的教育轮流交替，互不干扰。既保证了学龄儿童能够按时就学，还可以满足了他们协助家庭生产的需要。更重要的是，这三个时段的教学都将教授学生文化知识与培养学生动手能力并重。

更值得一提的是：职教社还在试验区专门为不能进学校接受教育

---

① 金轮海：《徐公桥政教合一实验的新阶段——自管以后的徐公桥乡村改进会》，《教育杂志》1936 年第 10 期，第 201 页。

② 同上。

③ 《我之农村工作经验谈》，《断肠集》，上海：生活书店，1936 年，第 293 页。

④ 金轮海：《徐公桥政教合一实验的新阶段——自管以后的徐公桥乡村改进会》，《教育杂志》1936 年第 10 期，第 201 页。

⑤ 《三周岁之徐公桥》，上海：中华职业教育社，1932 年，第 98 页。

的学生设立流动教室，所谓流动教室“是按照受教者的实际情形而实行把教育送上门去”①。为了使流动教学取得较好的效果，职教社通过实地调查，确定不能到校学习的儿童人数，再根据路途远近划分教学区域设立流动教室。截至 1935 年 7 月，徐公桥的流动教室有 2 个。流动教室都是利用失学儿童空闲时间，聘请专门的教师对其进行教育。这样有效利用农民和儿童的空闲时间对他们进行教育，解决了学龄儿童生活和受教育的冲突。既满足了他们在需要的时候从事家庭生产，又保证他们在空闲的时间接受教育。

成人学校每天的上课时间一般为 2 个小时。民众夜校以“两个月为一期（农忙时间定办“应为停办”—引者注)”②，上课时间为晚上 7 点到 9 点。民众学校则根据农村实际需要“每年开办一期，或二期，每期以四个月为限”，“每日授足 2 小时，全期以授足 240 小时为满”③。在徐公桥，部分儿童都不能在全日制学校读书，更别提成年人了。因此，民众学校每天授课时间不长，大多在群众农闲和休息的时候开课。这种办学方式既使成年人受到教育，提高了农民的整体水平，又使职业教育得以推广。

根据农村不同群体的实际情况，职教社不仅在徐公桥实行活动编制，而且不同群体的教学方式、教学内容上也不同。在小学三种教育制度中，全日制主要是“养成学生团体生活的习惯”，半日制和时间制则是培养“适合农村社会生活及爱群互助精神兼备的中国公民”④。由于各自的教育方式不一样，在设计教学内容时，也是根据不同群体有针对性的开设相应课程，“儿童教育果当严格训练，养成优良习惯，而成人教育不仅以识字为目的，须使其有继续不断的长进”⑤。换句话说，儿童教育主要是养成良好的习惯，成人教育则是学习文化知识和

---

① 子系：《昆山徐公桥中心小学儿童年实施报告》，《小学教师》1936 年第 21 期，第 10 页。

② 江恒源：《徐公桥》，上海：中华职业教育社，1930 年，第 137 页。

③ 《三周岁之徐公桥》，上海：中华职业教育社，1932 年，第 76 页。

④ 同上，第 102 页。

⑤ 金轮海：《徐公桥政教合一实验的新阶段——自管以后的徐公桥乡村改进会》，《教育杂志》1936 年第 10 期。

全面进步并重。

在小学中，全日制学生大多是准备升学的儿童，学校对他们的教育一般以陶冶情操为主，具体教育过程不完全依照课本进行，而是根据具体环境设计活动，在活动中教给学生文化知识。职教社在小学教育中不仅仅专注于文化知识的传播，还注重在生活中培养学生养成良好的生活习惯。这种“寓教于乐”的教学方式激发了学生的学习兴趣，为他们以后接受更多的教育奠定了良好基础。半日制和时间制一般开设识字、算术、常识和党义四科。由于学生一般年龄参差不齐，有的相差很多，教育起来比较困难，所以在教育时大多先采用“‘启发’和‘活动分组’，继以‘个别指导’”① 的方式。通过教育，学生掌握了基本的读、写、造句、理解的能力，取得了较好的成绩。

成人学校的教材也不完全相同，民众夜校以平教会的《农民千字课》为主要教材，在此基础上“加授农民常识、公民常识、乡村信条”② 等内容。民众学校中，一般设“国语、珠算、常识三科”③。成人学校使用的教材和设立的课程充分说明徐公桥的民众教育并没有闭门造车，它一方面吸收外地平民教育的成果，一方面还结合农村生产需要和农村实际发展本地乡村教育。

在徐公桥乡村教育各种类型的学校中，职教社根据各地方的实际状况酌情增设了职业科目，将职业科目和普通科目同时囊括在学校教育课程里，在乡村中推广职业教育。在教学过程中，为培养学生的学习兴趣，民众夜校“留声机、丝竹、歌谣、笑话，间日举行”④ 娱乐活动；民众学校则组织了同乐会来举办娱乐节目。这种“寓教于乐”的教学方式是增加乡村就学人数的推动力之一，也推动了乡村教育的进一步发展。

---

① 《三周岁之徐公桥》，上海：中华职业教育社，1931 年，第 99 页。

② 陈学恂：《中国教育史研究（现代史分卷）》，上海：华东师范大学出版社，2009 年，第 164 页。

③ 《三周岁之徐公桥》，上海：中华职业教育社，1931 年，第 76 页。

④ 江恒源：《徐公桥》，上海：中华职业教育社，1930 年，第 137 页。

## 三、黄炎培乡村教育的成效

徐公桥是中华职业教育社组织和领导的第一个乡村改进试验区。江恒源在试验区创建后的第一次报告《徐公桥》中谈到了徐公桥乡村教育的目的是希望实现“人无不学”①。为了达到这一目标，从1928年到1935年7月，职教社为发展徐公桥的教育做了大量工作。除了根据实际需要增设各种类型的学校；采取劝学和奖励等方式鼓励儿童和成人进入各类学校学习；对在校学习人员关怀备至，还树立格言牌、识字牌，张贴标语，举办露天识字班、露天讲演班等。通过职教社全体成员的共同努力，试验区取得了以下成就：

第一，徐公桥试验区的学校教育和社会教育的教学规模扩大，教学设施增多。在学校方面的成就表现为学校数量、就学人数、学校教育经费成倍增加；在社会中则表现为农村教育机关从无到有。职教社在徐公桥工作三年后“入学儿童，已达到十分之六以上，民众识字，渐见增加，一些社教设施略备”②。经过6年半的努力，徐公桥的学校教育和社会教育取得了较大进步，具体成就见下表8.2.1。

**表8.2.1　徐公桥乡村改进试验区事业进展成绩比较表**

| 项别 | 事业 | 1927年4月 | 1934年6月 |
|---|---|---|---|
| 学校教育 | 学童 | 226名 | 650名 |
| | 入学儿童 | 160余名 | 535名 |
| | 小学 | 公、私立小学各1所 | 公立小学4所，公立流动教室2个，私立小学2所 |
| | 经费 | 1116元 | 4724.08元 |

① 江恒源：《徐公桥》，上海：中华职业教育社，1930年，第2页。

② 《三周岁之徐公桥》，上海：中华职业教育社，1931年，第11页。

续表

| 项别 | 事业 | 1927 年 4 月 | 1934 年 6 月 |
|---|---|---|---|
| 社会教育 | 成人识字 | 560 人 | 1524 人 |
| | 机关 | 无 | 民众讲演厅 2 处，青年服务团，小青年服务团，婚嫁改良会，省节会，民众体育场，民众公园，民众改良茶园 3 所，民众问字处，儿童幸福会，常识展览会，同乐，长寿会 |

资料来源：金轮海：《徐公桥政教合一实验的新阶段——自管以后的徐公桥乡村改进会》，《教育杂志》1936 年第 26 卷第 10 期，第 206 页。

从 1928 年 4 月到 1935 年 7 月，徐公桥试验区的学龄儿童增加了 2.9 倍，到校学习的人数增加了 3.5 倍；学校数量增加了 4 倍；投入的教学经费增加了 4.2 倍。在社会教育方面，成人识字的人数增加了 2.7 倍；社会教育机关从无到有，截至 1935 年 7 月，试验区共成立了 16 处社会教育机关。这些数字有力说明了职教社在徐公桥试验区的推广乡村教育取得了较大成就。

第二，徐公桥的村民逐渐开始接受现代教育。经过中华职业教育社的努力，徐公桥的学校教育逐渐走向社会，并与社会教育相结合。学校教育与社会教育结合一方面推动了社会教育的发展；另一方面社会教育的发展又反作用于学校教育，促进学校教育进一步发展。到 1933 年，试验区的“学校和社会打成了一片”①。徐公桥的小学大多附设了民众学校，学校校园成为了群众的集会地，村民可以自由到学校里读书、阅报、下棋、运动和集会。

除此之外，学校教师肩负双重任务，一是学校的教学任务，二是诸多的社会活动。学校教育与社会教育相结合，给农民创造了接受教育的机会，使他们从乡村教育中受益，因此他们对教育发起者颇有好

① 周浩如：《回转隔别二年的徐公桥》，《教育与职业》1933 年第 148 期，第 674 页。

感。洪殿扬在考察徐公桥时邀请当地一名村民谈话，该村民对“一个发起改进会的蔡望之先生十分佩服”①。同时，农民自身从社会教育中受益，他们对教育的认识由懵懂走向清晰，对学校教育也由排斥、抵制转向了接受、拥护。农民对教育态度的转变对乡村学校教育发展起了巨大的推动作用。

职业教育在徐公桥试验区的乡村教育取得这些成绩并不是偶然的，而是以黄炎培为首的中华职业教育社成员共同努力的结果。黄炎培、江恒源都曾等对发展乡村教育提出自己的观点，黄炎培提出要用“人格感化”的精神，并做到“公正无私，和衷共济”②；江恒源也认识到“普及教育”是改进乡村的三个重心之一。在这些思想的影响下，以黄炎培为首的中华职业教育社成员积极致力于徐公桥的乡村教育，这是徐公桥乡村教育取得良好成效的重要原因。

职教社在徐公桥试验中采取的措施和取得的成就，不仅为当地人士接管试验区提供了便利，还被作为其他地区发展乡村教育的典范加以推广，在当地乃至全国都产生了积极影响。

职教社在徐公桥办学时教育经费方面主要依靠本地财力。在试验工作初期，为促使乡村教育兴起与蓬勃发展，职教社“派去一批人才和资助一些资金”③，这样的支持是有限度的，以保证徐公桥试验区建立并能够继续发展为限。随着试验区的发展，职教社就着重以徐公桥本地财力为主要考量标准。

黄炎培就职教社在试验区的工作和经费问题就曾讲过：“我们很早决定我们的工作性质我们的立脚点很是分明的。徐公桥是徐公桥人的徐公桥，我们站在客位上帮助他们建设成功。我们是客即是剧场的票友，说明在先。若干时期以后，交还他们自办的。万不愿意招了许多人才，花了许多钱财，办的过花团锦簇，超过地方上继续维持的能力，

---

① 洪殿扬：《到徐公桥去》，《教育与职业》1930年第115期，第37页。

② 金轮海：《徐公桥政教合一实验的新阶段——自管以后的徐公桥乡村改进会》，《教育杂志》1936年第26卷第10期，第206页。

③ 苗春德：《中国近代乡村教育史》，北京：人民教育出版社，2004年，第112页。

使得极盛难继。今日所以还能移交地方接管，是我们很早注意的结果。”① 根据既定工作性质，职教社基本上是依据徐公桥的经济实力和人才发展试验区乡村教育。

当人们质疑试验区“用力多，成效少”时，黄炎培却不以为然。他认为职教社在徐公桥试验区没有大规模的投入钱财和人才有两层原因，“第一层，试验当然从一隅起，即或失败，损失不多，故规模不嫌其小。第二层，吾们是平民，没有政权的，就吾们的地位和环境来说，是不能扩大，并且不宜扩大”②。由此不难看出，徐公桥试验区只是职教社的一个试验区，并没有政府的支持，且只能依靠本地现有资源发展乡村教育，这样的试验区存在着失败可能。因此，这种试验区不宜扩大，否则将会注定试验区走向失败。以黄炎培为代表的职教社在试验初期就全面考虑徐公桥的发展和最终归属，这就为徐公桥当地人士接管并发展试验区奠定了基础。

1935 年 7 月，徐公桥地方人士顺利地接管了试验区，并在原来的基础上将其继续发展。徐公桥地方人士在接管试验区不到一年时间就试行了江苏省推行的“政教合一”新制度。在精神方面，以中心小学的校长为“政教合一”中的精神领袖，这个领袖通过领导和直接管辖小学教育，将许多新知识和新思想通过受教育的学生带到各自家庭中，间接对农民进行教育。在学校开设各种社会教育活动的同时，设立活动中心，直接对徐公桥的村民进行宣传教育，以进一步推动徐公桥社会教育的发展。

地方人士接管试验区后，借鉴了职教社开创试验区的经验，为发展徐公桥教育做了以下工作：（1）中心小学下面设立了两个研究区，指导乡村的 24 个学校；（2）强迫教育；（3）对个别学校的教育实行活动编制，设立工读班；（4）教育民众识字与培养民族意识并举；（5）采用固定和活动的两种教学方式；（6）编写民众读物等，这些工作有的是源于现实的需要，如强迫教学、教育民众识字与培养民族意

① 黄炎培：《从六年半的徐公桥得到改进乡村的小小经验》，《教育杂志》1934 年第 24 卷第 2 期，第 28—29 页。

② 同上，第 30 页。

识并举，有的则是借鉴了职教社发展徐公桥乡村教育的经验，如设立研究区和工读学校、采用两种教学方式、编写民众读物等。

总之，试验区自管后能够被顺利接管并继续发展离不开职教社在徐公桥之前的工作。一方面，职教社切实考虑试验区的财力，让徐公桥独自解决本地教育经费，为后来地方人士接管并依靠本地财力发展徐公桥提供了可能；另一方面，职教社在徐公桥的工作也为徐公桥自管后开展工作提供了借鉴。

职教社在徐公桥的乡村教育工作不仅使试验区的乡村教育取得了较大发展，而且对全国其他地区也产生了相当的影响。职教社在徐公桥开办讲习所在一开始就吸引了外省市人员。民国时期，从事乡村工作的人员供不应求，当时“政府尚无暇顾虑及此，只好由私人团体来办”①。1929 年，职教社在徐公桥试验区刚刚开展乡村教育时，就为了培养乡村工作人才而开办了一期乡村教育讲习班，教授农村经济等基础理论知识。这座讲习所不仅吸收了徐公桥当地的农民，还吸引“来自苏、浙、皖、鲁等省”② 的学员，全国各地报考者多达 100 余人，但是由于开办讲习所每年需要 2000 多元的经费，中华职业教育社难以维持讲学所大规模办学，只能培养少数人才。为此，职教社成员对求学人员进行了甄别，最终招收了 10 人，这些人来自全国 8 个省份。职教社对讲习所非常重视，董事长黄炎培、主任江恒渔以及当时著名教育梁漱溟等都曾亲临徐公桥开展调查、讲学。讲习所等教育机构不仅为徐公桥培养了人才，还惠及周边其他省份，徐公桥的乡村教育也为其他省份输送人才，在一定程度上推动了全国乡村教育的发展。

自 20 世纪初期起，全国各地纷纷开办学校，但由于中国现代教育处于探索阶段，各地在振兴教育时常常感到迷茫。徐公桥试验区在教学时间方面，根据不同群体的实际情况，对他们的教学时间实行活动编制；在教学内容方面，将文化知识和劳动常识等作为课堂教学的主要内容；在编制教学方面，引进了平教会的《农民千字课》。同时，徐

---

① 齐生：《乡村工作的回忆》，《战时知识》1938 年第 5 期，第 14 页。

② 江苏省昆山县县志编纂委员会，王道伟主编：《昆山县志》上海：上海人民出版社，1990 年，第 636 页。

公桥在购置学校用具、如何编制学生、如何布置学校等方面也有值得借鉴之处。正如黄炎培总结徐公桥试验区的乡村教育时说："所有订课程、定教本、办校具、如何编制、如何布置，大家都懂得了。"① 徐公桥试验区在学生编制、课程安排、教本设置、校具购置、校舍布置等诸方面为中国现代乡村教育提供了经验。

职教社除了在徐公桥开展试验外，还于1928年受江苏农矿厅的委托，在镇江市黄墟设立乡村改进试验区；1931年应浙江省余姚县地方人士的邀请，以小学为中心，在该地开展了包括乡村教育在内的乡村改进实验。到1935年，职教社还在吴县善人桥、丰县顾高庄、上海郊区的农村等地相继成立了农村改进区。在这些改进区在教育方面大多采取了和徐公桥基本相同的试验措施。职教社在江南其他农村继续推广和徐公桥相似的乡村教育试验，这无疑从另一角度证明了职教社在徐公桥试验的成功。

黄炎培及其中华职业教育社在徐公桥开展的乡村教育注重当地实际，并考虑试验的最终发展方向，他们在徐公桥等试验区取得的经验非常珍贵。它一方面为民国时期致力于乡村教育的教育家们发展乡村职业教育树立了榜样；另一方面还启迪着当今人们发展教育需立足于实际，因地制宜。

中华职业教育社从徐公桥的实际来发展乡村教育，在徐公桥的乡村开设学校、根据徐公桥的财力量身发展徐公桥乡村教育等工作经验给当时乃至现今致力于教育工作者以启发。

## 第三节　陶行知与晓庄乡村师范教育

处在新旧思想交替时代的陶行知以劳苦大众为中心考虑教育问题，被毛泽东誉为"伟大的人民教育家"。在20世纪二三十年代倡导乡村教育运动中，作为乡村教育运动代表人物之一的陶行知提出了以普及教育、终身教育和生活教育为代表的乡村教育思想，并创立了晓庄师

---

① 黄炎培：《从六年半的徐公桥得到改进乡村的小小经验》，《教育杂志》1934年第24卷第2期，第30页。

范学校，开展乡村师范教育。他的乡村教育思想和教育实践活动在我国教育史上可谓独树一帜。

## 一、陶行知的乡村教育思想

1917年，陶行知从美国学成归国后，在大学教课的同时还忙于中国农村教育的探索工作，在实践过程中他将毕生所学同中国农村的实际相结合，提出了自己的乡村教育思想。

### （一）乡村教育思想的形成

陶行知和同时代其他乡村教育家一样，在实践过程中提出乡村教育思想。他的乡村教育思想形成原因有两点：一是基于中国农村的社会现状；二是陶行知自身的理论基础。

固有的乡村教育与乡村实际脱节是陶行知乡村思想形成的社会原因。20世纪二三十年代，中华大地战火连绵，外有帝国主义侵略，内有新旧军阀混战。包括农村在内的中国整个社会都遭受了战争的重创，农村民生凋敝，农民生活困苦不堪。面对这样的令人堪忧的农村现状，也有人曾努力想改变之，他们要么沿用以前的做法，要么全盘搬用西方的理论和做法，没有从根本上解决中国农村存在的问题，教育亦是如此。传统教育模式只会培养只会读书不懂生产之人，教会学生“羡慕奢华、鄙视务农”，将学生都教成了书呆子，严重脱离了农村的实际。这样的教育不仅不能为农村培养需要的领导人才，也谈不上救农民于水火。基于教育与现实生活严重脱节的现状，陶行知曾提出：“中国乡村教育走错了路!”① 为此，他放下教授的架子，深入农村，在实践中提出了自己的教育思想。

陶行知的教育思想还深受中国传统思想的影响。和同时代很多学者一样，陶行知从小也接受了儒家思想的熏陶，其家乡是宋明理学的发源地。因此，对其教育思想影响最大的中国传统思想就以儒家思想和宋明理学为主。但是，他对中国传统思想的运用并没有生搬硬套，随着他在留学美国接受西方教育，西方的教育理论也对其产生了影响。

---

① 《中国乡村教育之根本改造》，《陶行知教育文选》，北京：教育科学出版社，1981年，第57页。

他运用西方现代教育理论将宋明理学中“知行合一”等理论进行改造，形成了一套“‘行是知之始，知是行之成’的唯物主义的知行观”①。

由此可见，陶行知提出的教育思想基本都融合了中国传统学说和西方现代教育理论，若没有深厚的理论功底是万万办不到的。陶行知依靠自身扎实的理论基础将中西方的思想融会贯通，是其教育思想形成的内在因素。

### （二）乡村教育思想的内容

由于对中国农村现状的深入了解，陶行知凭借自身的理论优势，在前后近 30 年的乡村教育运动中提出并完善自己的教育思想。主要有生活教育思想、普及教育思想和终生教育思想，其中生活教育是陶行知乡村教育思想的核心。

1. 生活教育思想

针对当时社会中只片面强调文字和书本的“老八股”和“洋八股”，1927 年，陶行知提出了以“生活即教育”、“社会即学校”、“教学做合一”为特点的生活教育思想。为了更好地说明自己的生活教育思想，陶行知曾指出：“从定义上说：生活教育是给生活以教育，用生活来教育，为生活向前向上的需要而教育。从生活与教育的关系上说：是生活决定教育。从效力上说：教育要通过生活才能发出力量而成为真正的教育。”② 这就较为深刻地剖析了生活与教育之间的关系。

陶行知的生活教育思想，按其在《生活教育之特质》一文中所归纳，有六个特点。第一，生活的。陶行知认为生活教育与传统教育最大的不同就是在生活过程中得出真理。随着时间的推移，人们会在生活的磨炼中得到教育。第二，行动的。他认为每一个人都必须靠行动获得知识，获得理论，然后将获得的理论用于指导以后的生活。“为了争取生活之满足与存在，这行动必需是有理论，有组织，有计划的战

---

① 顾伟：《陶行知教育思想研究》，徐州：中国矿业大学出版社，2011 年，第 182－183 页。

② 《谈生活教育——答复一位朋友的信》，江苏省陶行知教育思想研究会，南京晓庄师范陶行知研究室合编：《陶行知文集》，南京：江苏人民出版社，1981 年，第 694 页。

斗的行动。"[①] 第三，大众的。这是相对于精英教育总结出的特征。陶行知认为"大众只可以在生活里找教育，为生活而教育"[②]。人们既是学生又是老师，实现了真正意义上的"教学做合一"。第四，前进的。陶行知提出在人们的生活中，要用前进的生活区引导落后的生活，将前进的意识通过生活在广大群众中传播开来。第五，世界的。陶行知认为："为着要过着有意义的生活，我们的生活力是必然的冲开校门，冲开村门，冲开城门，冲开国门，冲开无论什么自私自利的人所造的铁门。所以，整个中国和整个世界，才是我们真正的学校咧。"[③] 第六，有历史联系的。一方面对于历史遗留的宝贵经验，必须有选择地接受；另一方面，面对现实，教育国人联合起来共同拯救国难。由此可见，陶行知在生活教育中不仅要求与历史和现状紧密联系，还明确倡导爱国教育。

生活教育思想是陶行知立足中国农村和教育的实际而提出的，其目的是最大限度地为人民服务。他站在新时代的角度，要求生活教育"应该面向广大的劳苦大众，为劳苦大众服务；教育必须和劳动相联系，只读书不劳动，只劳动不读书的脑体分家的教育应该结束；在教学方法上必须发挥受教育者的主动性和积极性，那种只许先生说不许学生说的方法应该彻底改造"[④]。

2. 普及教育思想

中国是以农业为主的国家，农民是国家的主体，只有彻底解决农民的读书问题才能实现教育的普及。但是，农民因为贫困难以获得受教育权利，接受教育则成了一些少数富商政客的专属权利。1917 年，陶行知学成归国后，认识到中国教育存在的严重弊端，提出了普及教育的思想。

在教育实践中，陶行知曾经从事过平民教育、职业教育、大众教

---

① 《生活教育之特质》，江苏省陶行知教育思想研究会，南京晓庄师范陶行知研究室合编：《陶行知文集》，南京：江苏人民出版社，1981 年，第 529 页。

② 同上。

③ 同上，第 530 页。

④ 李桂林：《中国现代教育史》，长春：吉林教育出版社，1991 年，第 304 页。

育等活动，虽然繁杂，但其目的只有一个，即以广大民众为教育对象，向他们提供其真正所需要的教育。“这十几年来，我有时提倡平民教育，有时提倡乡村教育，有时提倡劳苦大众的教育，不知道的人以为我见异思迁，欢喜翻新花样；其实我心中只有一个中心问题，这个问题便是如何使教育普及，如何使没有机会受教育的人可以得到他们所需要的教育。”①

那么，应该对平民普及什么样的教育呢？陶行知在立足于“中华民国简直要成为一个中华少爷小姐政客书呆共和国”的国情，提出他立志“普及的是：‘自动工学团’”②。何为自动？何为工学团？何为自主工学团？自动简言之就是大众自己干。工学团分别为工作、科学、团体。自动工学团就是通过大众自己动手劳动，达到“以大众的工作，养活大众的生命；以大众的科学，明了大众的生命；以大众的团体的力量，保护大众的生命”③ 的目的。要达到这一目的，必须采取“教学做合一”的方式，即将生产实践和社会生活融合到教学过程中。这样，劳苦大众不仅要学会读书写字，还要能够掌握现代生产和生活中必须具备的知识和能力，才能最终实现全民普及教育。

采用什么方式普及教育呢？陶行知提出了“小先生制”。他主张在教学过程中打破儿童教育和成人教育的界限，以就学儿童为失学儿童和成年人的老师，用儿童教育带动成人教育等，在组织方式上要灵活多样；在时间上也不应整齐划一。

为了能够在全国推行普及教育，针对全国人口增长速度十倍于学生入学的人数，即使用“小先生制”的新法普及教育也必须控制人口。1931 年，陶行知以“何日平”为笔名发表文章提出：“中国现代教育者之最大的责任是：教人少生孩子。④”可见，陶行知很早就根据从社

① 《普及教育运动小史》，江苏省陶行知研究会，南京晓庄师范学校编：《陶行知文集（下）》，南京：江苏教育出版社，2008 年，第 571 页。

② 同上，第 524 页。

③ 《普及什么教育》，江苏省陶行知研究会，南京晓庄师范学校编：《陶行知文集（下）》，南京：江苏教育出版社，2008 年，第 524 页。

④ 何日平：《中国民族之出路与中国教育之出路》，《中华教育界》1931 年第 19 卷第 3 期，第 23 页。

会现实出发，将控制人口增长作为普及教育的重要任务。

由此可见，陶行知普及教育思想从实际出发，除了教育儿童和失学成年人掌握识字的本领外，还教给他们足以养活自己的生产技能。为保证普及教育的效果，他还提倡控制人口增长。只有这样，教育才能从根本上改变农村落后的经济，真正地服务于中国广大农民。

3. 终身教育思想

终身教育是西方的教育理论和中国传统思想相互融合的产物。陶行知曾经师从美国实用主义大家杜威，杜威的教育理论对其思想的形成有一定的影响。杜威认为：教育不是一蹴而就，而是需要一个过程，并且这个过程是连续性的，不能因为学生离开学校就中止教育。陶行知吸收并发展了杜威的教育理论，提出了终身教育的思想。他认为：儿童的教育最为重要，成人和老人的教育也不可忽视。终身教育思想的提出对丰富和发展我国古代“学到老、活到老”思想起到了一定的作用。

陶行知早在 1919 年就曾提出过终身教育思想，他在浙江第一师范学校毕业生讲习会上讲道：“照杜威先生说，教育是继续经验的改造。我们个人受了周围的影响，常常有变化，或是变好，或是变坏。教育的作用，是使人天天改造，天天进步，天天往好的路上走；就是要用新的学理，新的方法，来改造学生的经验。”① 在谈到新学生的时候，陶行知进一步指出：“既然晓得教育是继续经验的改造，那末对于天然界和群界，自然受他的影响；天天变动，就是天天受教育，差不多从出世到老，与人生为始终的样子。你哪一天生存不是学？你哪一天学不是生存呢？”② 陶行知认为每个人都要根据外部环境的变化，为了生存都必须要学习新的知识，他的终身教育思想初露端倪。随后，陶行知在 1934 年发表的《生活教育》一文中提出“生活教育与生俱来，与

① 《新教育》，《陶行知全集》第 1 卷，成都：四川教育出版社，2005 年，第 266 页。

② 同上，第 269 页。

生同去。出世便是破蒙，进棺材才算毕业"①。人生有多长，教育就有多久。

随着时间的推移，社会的进步，人们获得的经验也不一样，接受的教育自然也就不同，人生需要发展教育就不能中断，就必须"活到老，学到老"，终身教育的连贯性特征由此体现。在现实社会中，人们大多以好事物和好生活作为自己的追求目标。美好的生活和良好的教育无处不在，但是要想过上美好生活就必须积极学习，要保证人们能够保持学习的热情就必须养成主动学习的习惯，唯有养成良好的学习习惯才能最终获得美好的生活。如果没有根据现实需要主动学习的习惯，终生教育无从谈起，追求的目标也难以实现。因此，主动学习就成为了终身教育的另一个重要特征。

## 二、晓庄师范的教育模式

陶行知从美国学成归国后，在对中国现状有了清晰的认识后，从中国实际出发在中国乡村兴办教育。1926 年年底，陶行知就在《中华教育改进社改造全国乡村教育宣言书》中提出："本社的事业范围很宽，但今后主要使命之一，即在厉行乡村教育政策为我们三万万四千万农民服务。"② 如何顺利开展乡村教育运动？陶行知将乡村教育运动分为试验、训练和布种三个时期。其中，试验是指创立试验学校用以试验新的教育方法和教育材料；训练是指根据试验的结果，培养适合指导乡村生活的老师和其他乡村教育人才；布种即推广，让受过培训的人员将乡村教育的新方法和新材料带到其他地区。这三个时期环环相扣，缺一不可。

1927 年 3 月，陶行知与东南大学教授赵叔愚共同努力，在南京和平门外劳山脚下的晓庄村里创建了晓庄师范学校，后更名为晓庄学校。晓庄学校在中国教育史上留下了浓重的一笔。

---

① 《生活教育》，华中师范学院教育科学研究所主编：《陶行知全集》第 2 卷，长沙：湖南教育出版社，1985 年，第 634 页。

② 《中华教育改进社改造全国乡村教育宣言书》，华中师范学院教育科学研究所主编：《陶行知全集》第 1 卷，长沙：湖南教育出版社，1984 年，第 646 页。

### （一）独特的招生考试方式

陶行知致力于中国农村的教育运动，他利用报纸、杂志作为宣传媒体，明确提出了晓庄师范学校具体招生要求、考试内容并公布了考试时间。由当时的招生广告可知：晓庄师范学校的招生和考试内容独具特色。晓庄师范学校在招生广告中明确提出了乡村师范教育的三点目标，即是“培养农夫的身手；培养科学的头脑；培养社会改造的精神”①。这不仅是要求学生通过学习达到的理想目标，也是要求教师具有相应的教学能力。晓庄师范学校的教育目标体现了该校将劳力和劳心相结合的培养方式。

“培养农夫的身手”即让学生具备和农民一样的劳作能力，这是晓庄师范学校教育的特色之一。晓庄师范学校在日常教学中注重学生的田间劳作能力。为了使学生能够充分学习农事，晓庄学校为之提供了方便，规定在“有农事教学做之日，免去其他粗工。俟新请工人来到，有农事教学做之日，烹饪也免学”②。此外，为了避免被烈日灼伤，还特意规定每个学生必须有一顶草帽。制订这样的教学目标，并对注意事项进行详细规定，不仅有利于学生全面发展，还能使教师享受办学的快乐，更能拉近学校师生和农民之间的关系，可谓一举多得。

“培养科学头脑”则表明了晓庄学校重视智力教育。在教学过程中，不仅注意让学生掌握农业生产的一些技能，还注重传授给学生科学知识。学生只有掌握了科学知识，毕业以后才能深入农村，教给农民科学种田的方法，从而达到学以致用的目的，为提高农民的生产技术起积极作用。

“培养改造社会的精神”是要求教师在平时的教学过程中将教育和改造社会联系起来。怎样才能将二者联系起来呢？陶行知认为通过邀请农民中有文化的人深入学校参与教学，让学生成为农民的朋友、同

---

① 《中华教育改进社设立试验乡村师范学校招生广告》，华中师范学院教育科学研究所主编：《陶行知全集》第 3 卷，长沙：湖南教育出版社，1985 年，第 680 页。

② 《农夫的身手》，华中师范学院教育科学研究所主编：《陶行知全集》第 2 卷，长沙：湖南教育出版社，1985 年，第 13 页。

志，立足农村实际培养所需人才，只有这样才能达到改造社会的目的。为了达到既定教学目标，晓庄师范学校招生考试的内容方面列出了以下五点："（一）农务或土木工操作一日；（二）智慧测验；（三）常识测验；（四）作汉文一篇；（五）三分钟演说。"① 从招生考试的内容上来看，晓庄师范学校要求学生具备以下能力：动手能力，动脑能力，写作能力，语言组织能力。此外，还要了解一些常识知识。由此可见，晓庄师范学校将劳力与劳心相结合，将一些只会死读书、读死书的少爷、小姐、书呆子等拒之门外。

1927 年 3 月 1 日，陶行知和赵叔愚在《告来本院应试的同志》一文中将晓庄师范学校的招生考试内容及时间公布于众。其中，笔试和劳动能力测试各占用一天时间。1927 年 3 月 11、12 日，晓庄师范学校正式开考。按照既定计划 3 月 11 日在燕子矶小学考智慧测验、常识测验、作文和演说。这四种考试中最突出的莫过于作文题目和演讲形式。作文考试题目是对中国几千年传统思想的挑战，考试时以演讲为必考内容更是别具一格。晓庄师范学校的开学考试以《孟子说"劳心者治人，劳力者治于人"，这话对吗?》为作文题目，对中国传统的孔孟学说提出了质疑，应试的学生也以自己的观点批判了孟子"劳心者治人，劳力者治于人"的观点。3 月 11 日，晓庄师范学校的主考官们给出了 20 个题目，由考生抽签决定演讲内容，以 3 分钟准备，3 分钟为限给农民和小学生演讲。这样的考试主要考察学生的语言组织能力和临场发挥水平。

3 月 12 日，首次报考的 13 名考生来到晓庄进行劳作能力考试。劳作考试的内容是开荒，时间为 3 个小时，考试的最终成绩"以垦荒熟练程度及垦荒多少而定"②。这种在山坡上划定垦荒区域，考生们挥锄开荒的考试方式在学校教育中实属首创。

晓庄师范学校的学生是要经过特别考试、确定具备深造的条件，

---

① 《中华教育改进社设立试验乡村试验学校招生广告》，华中师范学院教育科学研究所主编：《陶行知全集》第 3 卷，长沙：湖南教育出版社，1985 年，第 680 页。

② 周洪宇：《人民之子陶行知》，武汉：湖北人民出版社，2011 年，第 91 页。

求学者才能够被录取的，这样的招生方式和考试内容别具一格，与晏阳初、黄炎培等创立的乡村平民学校、职业学校有一定的差别。

### (二)“教学做合一”的教学方法

晓庄师范学校成立以后，陶行知等人在这里采用了多种教学方法，其中最具特色的教学方法是“教学做合一”，此外“以教人者教己”也是该校教学中的根本方法之一。

“教学做合一”是陶行知根据中国现实提出，并在晓庄师范学校中付诸实践的教学方法。这种教学方法在该校的众多教学方式中最具特色。1917年，陶行知回国以后对中国教师只管教，学生只管学的教育现象十分担忧。1919年“五四”运动发生以后，陶行知在南京高等师范以教学法代替了教授法，为“教学合一”的教学方法最终形成奠定了基础。新学制颁布以后，1922年，陶行知进一步主张“事怎样做就怎样学，怎样学就怎样教，教的法子要根据学的法子，学的法子要根据做的法子”①。至此，教学做理论最终形成。

什么是“教学做合一”？陶行知在回答叶绘恕的时候说道：“教学做合一有两种涵义：一是方法；二是生活的说明。在方法方面他主张教的法子根据学的法子；学的法子根据做的法子。不然，便要学非所用，用非所学了。在又一方面，他是生活的说明，在做上教的是先生，在做上学的是学生。从先生对学生的关系说，做便是教；从学生对先生的关系说，做便是学。先生拿做来教，乃是真教；学生拿做来学，乃是实学。不在做上用功夫，教不成教，学也不成学。”② 他认为参照物不一样的时候，教学做所代表的内容也不一样。“教”和“学”都建立在“做”的基础上，“做”的重要性就不言而喻了。什么是“做”呢？陶行知认为“真正的做只是在劳力上劳心”③。他主张在做任何事

① 《教学做合一》，中央教育科学研究所编：《陶行知教育文选》，北京：教育科学出版社，1981年，第77页。

② 《湘湖教学做讨论会记》，中央教育科学研究所编：《陶行知教育文选》，北京：教育科学出版社，1981年，第88—89页。

③ 《答朱端琰之问》，中央教育科学研究所编：《陶行知教育文选》，北京：教育科学出版社，1981年，第95页。

情之前，都必须经过全面的、成熟的思考，不仅要考虑到做好事情所要具备的条件，还要想到这事情和别的事情之间的关系，从点到面，从片段到系统的考虑，这都是在劳心基础上的劳力，只有这样才能真正的实现“做”的要求。

晓庄师范学校成立以后，陶行知将“教学做合一”作为根本教学方法之一贯穿到了整个教学中，将理论与实践紧密结合。该校以乡村生活为中心设置教学课程，在教学中全面实行教学做合一。其课程分为五部分：“（1）中心学校活动教学做；（2）中心学校行政教学做；（3）分任院务教学做；（4）征服自然环境教学做；（5）改造社会环境教学做。”① 陶行知主张师范学校的教育必须以生活为教育的中心，在实际教学中注重培养学生自己动手的能力。如在晓庄师范学校中除了挑水一事请校工担任以外，其余所有的事情都由学生亲自担任，以此促进学生全面发展。

在教学过程中，晓庄师范学校要求将理论和实践相结合；在最终考核中，将学生的动手能力作为能否毕业标准之一。他们有个口号是“不会种菜，不算学生”；“不会做饭，不得毕业”②。晓庄师范学校以培养师范生动手能力为课程设置的重要组成部分，这种做法根据农村实际情况而制定。由于中国农民生活非常贫困，农民的孩子由于忙于生计，大多连学都上不起，更别说供先生吃饭了。因此“晓庄学生有学习烹饪教学做，不会烧饭不得毕业”③ 的要求。这种要求看似与教育不相符，但却能满足当时农村的实际需要。

教学做合一的教学方式作为符合乡村教育的教学方式，被当时其他学校所效仿，有的学校还派员来晓庄师范学校学习。宝山师范学校就是效仿者之一，该校的管校长曾带领学生到晓庄师范学习。

除“教学做合一”这种最主要的教学方法外，晓庄师范学校还实行了“以教人者教己”的教学方法，正如陶行知在《以教人者教己》

① 周洪宇：《人民之子陶行知》，武汉：湖北人民出版社，2011 年，第 91 页。

② 《试验乡村师范学校答客问》，华中师范学院教育科学研究所主编：《陶行知全集》第 1 卷，长沙：湖南教育出版社，1984 年，第 666 页。

③ 朱泽甫：《陶行知年谱》，合肥：安徽教育出版社，1985 年，第 119 页。

一文写道："'以教人者教己'是本校根本方法之一。"① 何为"以教人者教己"？简言之，就是教师在教别人知识之前先教会自己，只有教师首先掌握或理解了所教的知识，这样才能将应传授的知识教给学生，实现"以教人者教己"。以教别人为目的进行学习，不仅能够学到以前没有掌握的知识，而且还能够将知识理解的格外清晰、深入。如邵先生年年交税，但是却不知道其中的内幕，由于要教学生纳税计算的方法，不得不进行深入学习，从而获得了比学生还多的好处。

在实际教学过程中，晓庄师范学校的教师还请有经验的人员深入课堂教学生相应的知识，姚文采就曾在实际教学过程中"把捉蛇的请来，教学生捉蛇，教识别治蛇咬伤的草药；把挖草药的请来，教学生认识各种中草药；把种花木的请来，教学生种各种花木的方法；又把中国科学社的专家请来，教辨认生物科别，定学名，采集动植物制标本"②。不论是自学还是请他人深入课堂传授经验，都体现了晓庄师范学校的教师采用了"以教人者教己"的方式传授文化知识和农业技能。

"以教人者教己"这一教学方法起到了教学相长之效，它是一种发挥人的，尤其是教师的内在动力的教学方法。在教学过程中，教师和学生一样学到了新的知识。由于要教给学生知识，教师不仅要提前学习以前不知道的知识，还要将以前了解的知识进一步理解、消化，从而深化自己原有的知识体系。陶行知认为"为学而学，不如为教而学之亲切。为教而学必须设身处地，努力使人明白；既要努力使人明白，自己便自然而然的格外明白了"③。

综上所述，"以教人者教己"的方法不仅使受教者受益，教人者也获益良多，拉近了教人者与受教者之间的距离，在教学过程中实现了教学相长。

---

① 《以教人者教己》，中央教育科学研究所编：《陶行知教育文选》，北京：教育科学出版社，1981年，第81页。

② 辛元，谢放编：《陶行知与晓庄师范》，南京：江苏教育出版社，1986年，第27页。

③ 《以教人者教己》，中央教育科学研究所编：《陶行知教育文选》，北京：教育科学出版社，1981年，第82页。

### （三）官方与民间共筹办学经费

1927 年的中国内忧外患严重，政府疲于应付帝国主义和国内各军阀间的战争，根本无暇顾及教育，更别提给教育以经济支持。因此，民国时期大多乡村教育的教育经费都是通过自筹途径获得，而晓庄师范学校的办学经费来源主要是官方拨给与民间捐助。

在办学初期，晓庄师范学校的经费非常紧张。由于受当时国内政治局势的影响，原本由中华教育改进社负责的钱款几乎没有到位。因此，筹款的事项仅仅依靠晓庄师范学校自己的力量。陶行知为了让晓庄师范学校能够顺利的开办并得以维持，他动用了自己的各种关系进行筹款。为了保证晓庄师范学校能够开办，陶行知在南洋筹集了 2.7 万元作为办学经费。但是，这些经费远远不够维持晓庄师范学校正常运行，筹款行动还得继续进行。直到 1930 年，在学校的计划大纲中还写道“拟筹款十万元”①，其中陶行知拟筹集一半的款项。由此可以得到两方面的信息：一方面，直到 1930 年，晓庄师范学校的办学经费还得依靠自己筹集；另一方面，陶行知为筹集晓庄师范学校办学经费的主力军。为维持晓庄师范学校的正常运行，以陶行知为首的晓庄师范学校开办者采取了多种方式筹集该校办学经费，社会各界也对该校伸出了援助之手。

第一是部分官方机关拨款与团体资助。陶行知根据晓庄师范学校中学生和教师的来源地，函请在校师生人数较多省份的省政府及教育厅为晓庄师范学校划拨办学经费，用以建造学生宿舍，供各省学生到晓庄求学时住宿之用。陶行知在信函中写道：“拟请各省及特别区域，各捐造宿舍一座，以资各省来校学生住宿之用”②，并以该省省名命名捐建的宿舍，称某某馆。在陶行知的提倡下，江苏馆、浙江馆在江浙两省的经费支持下都已经于 1928 年完成，安徽省教育厅也在接到陶行知信函后，鉴于晓庄师范学校的教育适合该省推行乡村教育的需要，报请省政府批准拨款。1928 年 4 月 25 日安徽省召开省政府第 42 次常

---

① 方与严：《晓庄一年计划》，上海：儿童书局，1933 年，第 7 页。

② 《本厅提案——请由教育预备费项下拨给一千元充晓庄乡村师范安徽馆建筑经济案》，《安徽教育行政周刊》1928 年第 5 期，第 35 页。

会，会议同意拨款1000元给晓庄师范学校以兴建安徽馆。

陶行知在《对于乡村教育及本校赞助人之总致谢》一文中谈到，"国民政府首先以行政财力鼓励本校（指晓庄师范学校——引者注），俾本校经常费增进来源的是第四中山大学行政院程伯庐院长、南京特别市教育局陈剑修局长、陈鹤琴课长。拨给公债实现本校乡村计划为本校今后开一新纪元的是中华民国大学院蔡孑民院长。冯焕章先生、浙江大学、安徽教育厅为发展乡村教育起见，特对本校捐建浙江、安徽、甘肃、陕西、河南五馆，以备学生留校学习"①。其中，"南京市教育局辅助费280元，安徽教育厅特别捐2000元，浙江大学特别捐400元，中华民国大学院拨助科学教育费公债20000元"②。

由此可见，由于晓庄师范学校的教学适应社会的需要，经陶行知的努力，省级政府等官方机构和官员都给该校一定的经费支持。虽然这些拨款不能完全维持晓庄师范学校长足发展，但是在短时间内解决晓庄师范学校的困境和师生住宿问题等方面起到了积极的作用。

第二是民间与个人捐助。和其他大多数乡村教育一样，晓庄师范的办学经费很大一部分来自民间捐款。晓庄学校从办学那天起，就吸收了大量来自国内外的款项。陶行知带来的用于兴办学校的2.7万元是其在南洋筹集而来的，晓庄的农民曾传言"南洋有个财主，带了五十万银子来，要在晓庄开洋学堂咧"③。随后大量来自民间的捐助注入晓庄师范学校，"刘鸿生先生特别捐200元，许秋帆先生学额捐二名210元，霍守华先生捐图书馆费3000元"④，冯玉祥也曾为晓庄师范捐建了陕西馆和河南馆。这些民间捐助补充了官方拨款的不足，保证了晓庄师范学校的正常运转。为此陶行知特意撰文向官方和民间资助者

① 《对于乡村教育及本校赞助人之总致谢》，华中师范学院教育科学研究所主编：《陶行知全集》第2卷，长沙：湖南教育出版社，1985年，第135—136页。

② 杨效春：《晓庄学校与中国乡村教育》，上海：爱文书局，1928年，第55—56页。

③ 《晓庄试验乡村师范的第一年》，华中师范学院教育科学研究所主编：《陶行知全集》第2卷，长沙：湖南教育出版社，1985年，第58页。

④ 杨效春：《晓庄学校与中国乡村教育》，上海：爱文书局，1928年，第55—56页。

致谢。

晓庄师范学校办学经费的解决不是某个人的功劳，而得益于政府与民间的合力，大量的捐助使得晓庄师范学校建起了教学与生活必须的校舍、宿舍和图书馆等基础设施，为学校教学正常运转提供了保障。

### （四）有特色的教师、学生与校舍

晓庄师范学校的教师、学生和校舍独具特色，在当时社会乃至当下都极为少见。教师方面，陶行知曾指出“本校只有指导员而无教师”①，而且这些指导员“来去自由”；学生方面，晓庄师范学校对投考的学生提出了明确要求，这些要求都是基于晓庄师范学校的教学目的而提出的，旨在为乡村教育培养人才；校舍方面，晓庄师范学校“以青天为顶，青山为帐，师生自己动手建校舍”②，这在中国各类学校的创办史上亦属罕见。

教师方面。晓庄师范学校的教员并不整齐划一。在创办初期，陶行知聘请了“吕镜楼、杨效春、邵仲香、朱葆初等为指导员”③。但是该校的指导员并不拘泥于这些名人、学者，在开学典礼上陶行知提出：“我们相信没有专能教的老师，只有比较经验稍深，或学识较好的指导。所以农夫、村妇、渔人、樵夫都可做我们的指导员，因为我们很有不及他们之处。”④ 也就是说，只要有一技之长者都可以成为晓庄师范学校的指导员，都能用自身的技能指导学生。冯玉祥曾作为该校的指导员为学生讲解射击，并在欢迎会上作演讲。让农夫、村妇、军人等进入学校对学生进行指导，为学生掌握农事、副业及军事技能等提供了可能。大批的普通劳动者进入晓庄师范学校充当指导员角色，在中国历史上实属首创。

教师在师范学校的地位也是非常特殊。他们并不是专门的教授者，

---

① 杨效春：《晓庄学校与中国乡村教育》，上海：爱文书局，1928年，第59页。

② 苗春德：《中国近代乡村教育史》，北京：人民教育出版社，2004年，第131页。

③ 辛元，谢放编：《陶行知与晓庄师范》，南京：江苏教育出版社，1986年，第7页。

④ 杨效春：《晓庄学校与中国乡村教育》，上海：爱文书局，1928年，第59页。

而是能与学生同甘共苦的指导员。“他们与学生共教、共学、共做、共生活。不但如此，高级程度学生对于低级程度学生也要负指导之责。”① 不仅如此，教师们还逐渐融合到农村的生活中，杨晓春曾谈到“我遂从青年的教师学为农人的朋友”②。

此外，教师们大多身体力行，深入农家、学生和学校活动中。在晓庄师范学校周年纪念大会举办的跑山运动中，“吴先生（吴稚晖——引者注）豪兴勃发，毫不迟疑地加入跑山竞赛的队伍里面，杨先生（杨杏佛——引者注）和陶校长也笑嘻嘻地一同加入竞赛了”。“这一次曾规定凡是指导员及在前方的同志们每人至少参加两种。”③

更值得一提的是：晓庄师范学校并不限制教师去留，让他们“来去自由”。办学初期，学校有专职教师 10 人，兼职教师 8 人。这些教师并不完全固定在学校，即使是专职教师也“去留自由”，例如，杨效春在晓庄师范学校工作了半年就离开了。

学生方面。晓庄师范学校对投考的学生有明确要求，最初，其投考资格为“初中、高中、大学末一年半程度学生；有农事或土木工经验；及在职教师，有相当程度，并愿与农民共甘苦，有志增进农民生产力，发展农民自治力者，皆得投考。倘有志兴办乡村小学者，为预备师资起见，选择合格学生，保送来校投考，尤所欢迎”④。杨效春也曾表示晓庄师范学校学生的招收标准是“只问程度不问资格，只看志趣不看文凭”⑤。并明确拒绝书呆子、文凭迷、小名士报考该校。晓庄师范学校对学生要求是根据学校教育的目的和宗旨确定的。总体来说，他们对学生的要求主要有两个方面：第一，要求学生有成为良好乡村

---

① 《试验乡村师范学校答客问》，华中师范学院教育科学研究所主编：《陶行知全集》第 1 卷，长沙：湖南教育出版社，1984 年，第 667 页。

② 杨效春：《从晓庄到邹平》，《中华教育界》1934 年第 4 期，第 142 页。

③ 《跑山竞赛》，程本海著：《在晓庄》，上海：中华书局，1930 年，第 85 页。

④ 《中华教育改进社设立试验乡村师范学校招生广告》，华中师范学院教育科学研究所主编：《陶行知全集》第 3 卷，长沙：湖南教育出版社，1985 年，第 680 页。

⑤ 杨效春：《从邹平到晓庄——八年来乡村工作概述》，《中华教育界》1934 年第 22 卷第 4 期，第 143 页。

教师的能力；第二，要求学生有为乡村教育尽力的志愿。只有具备这样条件的有志者才能被晓庄师范学校接纳。

学生进入晓庄师范学校必须经过考试，根据招生广告和考试安排，在入学考试中，文化知识和农业技能的考试时间各为一天。该校对农业技能的重视充分体现了陶行知等创办者立足乡村教育的志向，从而吸引了大量的学生前来投考。

晓庄师范学校开办了 3 年，先后共培养了 230 名学生，这些学生的来源大致可分为两部分，一部分是立志乡村教育的青年，主动放弃了原来的生活慕名投考来到晓庄；另一部分是由支持乡村教育的知名人士、教育团体等推荐和保送而来。就晓庄师范学校首批招收的 13 位学生而言，不管是主动投考者还是被推荐、保送的学生大多是社会中的翘楚人物。其中操震球原是清华大学二年级学生；程本海原为上海中华书局编辑所图书馆主任；王琳原是暨南大学二年级学生；李楚才和季时贤曾是上海爱国女校的教师；陈昌嵩和裴志发原是金陵大学农科工作人员。他们不顾当时战火纷飞的环境，冲破重重困难，按时从镇江、苏州、上海、杭州、安徽、湖北、江西以及北京赶到南京晓庄参加考试。该校的学生本身就具有一定的学历和相当的技能，他们投身到晓庄师范学校中继续学习陶行知生活教育理论等知识和农业技能，学成后投身中国农村造福乡邻。

在晓庄师范学校中，教师和学生都与其他学校不同。晓庄师范学校的教师一律为指导员，他们基本来自两个方面，一方面是富有实践经验的劳动者，另一方面是具有一定威望的名师。这些指导员在学校期间与学生共同学习、生活；该校学生则大多是立志于乡村教育的优秀青年，有的是在校学生，他们放弃原有的大学生活，有的则是在原工作单位颇有成绩的人员，晓庄师范学校的教师和学生放弃了安逸的工作环境，投身到农村，立志于乡村教育，成为了中国乡村教育的生力军。

校舍方面。晓庄师范学校在创办之初，正如陶行知所说“校舍上面盖的是青天，下面踏的是大地”①。换言之，此时的晓庄师范学校没有专门的校舍，但这并未影响学校正常开学。为了将教学活动和具体实践相结合，学生的上课地点会根据实际需要作调整。有时是在硝烟弥漫的战场上；有时是在农家的田地里；有时在广袤无垠的大自然中……为研究鱼类，课堂就设在学校内的池塘边；为了研究虫、鸟等动物，指导员将学生带进大自然；为了研究农业，学生就以农民的田地为课堂。该校开课的第一节课就是在燕子矶、尧化门和下关等受战争影响较深的地区。如此身临其境的学习，不仅践行了陶行知“生活教育”理论，还是“教学做合一”教学方法的真实体现。

在校舍没有建好之前，学校师生们的住宿也没有统一的地点，“先在燕子矶小学借住；次往黑墨营邵先生农场，又次借住晓庄农家”②，还有的使用帐篷露营，要么借宿在农民家中。在没有固定住宿地点的情况下，住宿条件更得不到保障。陶行知曾在农民家的牛棚中借宿过；在借宿黑墨营邵仲香农场时，吕镜楼先生和操震球等 8 名同学共住一个房间；葛尚德等住在犁宫房屋漏雨，有的甚至将床铺都淋湿。尽管如此，全体师生都没有灰心丧气，而是以乐观的心态面对所遇困境。

为解决校舍缺少的问题，陶行知在学校开学以后率领全体师生在晓庄盖起了宿舍、图书馆、科学馆、艺术馆等学校必须的校舍。这些校舍大多是由指导员朱葆初设计的，由陶行知题名。兴建的校舍以“茅草为顶，以泥土做成巨形砖块砌墙，外面再抹上石灰”③。此外，晓庄师范学校还进行了打破学校围墙的试验。与同时期其他学校相比，没有围墙的校舍缺乏学校校舍所具备的气派，但其外观与周围农民的农舍融为一体，是为其独有的特色。

教师、学生和校舍都具有显著的独特之处，他们与农民、农村紧

---

① 章开沅，唐文权：《平凡的神圣——陶行知》，武汉：湖北教育出版社，1992 年，第 197 页。

② 杨效春：《晓庄学校与中国乡村教育》，上海：爱文书局，1928 年，第 60－61 页。

③ 章开沅，唐文权：《平凡的神圣——陶行知》，武汉：湖北教育出版社，1992 年，第 197 页。

密结合，克服种种困难，推动了晓庄师范学校的正常发展。

### （五）“知行”并重的教学内容

民国时期的学校教育大多注重文化知识的传授，而晓庄师范学校则从中国农村实际出发制定了以乡村生活为中心的教学内容。晓庄师范学校之所以将知识与实践相结合，主要是基于农村实际，为农村培养师资力量。换言之，在晓庄师范学校的教学将知识与行动并重，做到了“知行”统一。

南京市教育局局长及各校校长参观晓庄师范学校时，陶行知向参观者报告了晓庄师范学校的教学内容，他介绍道：“我们全部的实际生活，就是我们全部的课程，我们的课程，就是我们的实际生活。我们每天早晨五时有一个十分钟至十五分钟的寅会，筹划每天应进行的工作，是取一日之计在于寅的意义。寅会毕，即武术，本校无体操课，及以武术代。上午大部分时间阅书；所阅之书，一为学校规定者，一为随各人自己性之所好者。下午工作有农事及简单仪器制造，到民间去等。晚上有平民夜校及做笔记日记等。这是本校全部大概的生活。”①

在学校的寅会上，校长、生活指导员和学生轮流担任主席。在寅会上，同学首先要唱歌，其中唱的最多的是《锄头舞歌》、《镰刀舞歌》等，通过唱这些与农村劳动联系紧密的歌曲，激发学生的热情，鼓舞他们在乡村教育的道路上奋进。随后，该校筹划每天的具体工作，使得学校的教育做到有的放矢，也使学生明了全天的学习任务与目的。陶行知还在晓庄的寅会上发表了许多重要的演讲，如《从野人生活出发》、《如何教农民出头》、《在劳力上劳心》等，这不仅奠定了生活教育理论的坚实基础，还使晓庄师生在思想上树立了生活教育的理念。

此外，晓庄师范学校的并没有固定的上课制度，也没有照本宣科完全传授书本知识。根据陶行知的介绍，晓庄师范学校多在上午安排学生阅读书籍。另外，陶行知主张学生要读活书。何为活书呢？“他认为花草树木、飞禽走兽等都是活书，活的人、活的社会、活的问题、

---

① 《南京市教育局长及各校校长参观本校记》，程本海著：《在晓庄》，上海：中华书局，1930 年，第 17 页。

活的文化，是活的知识的宝库，也都是活书。"[①] 基于这样的理念，该校供学生阅读的书籍与同时期其他学校的书籍有所不同。在晓庄图书馆中，供学生阅读的书籍种类繁多，"有古今中外的名著，有进步的社会科学书籍，有大批自然科学知识读本，有革命文艺家的作品，甚至还有马列主义的著作"[②]。这些书籍的内容涉猎广泛，无论是学校规定阅读的书籍还是学生根据自己兴趣选读的书籍都来源于晓庄师范学校的图书馆。陶行知反对读死书，提倡"做什么事读什么书，不为读书而读书"。在学生阅读的书籍中，有《设计组织小学课程论》、《明日之学校》、《医学常识》、《乡村教育经验谈》、《治蝇要览》等，这些都是为实践服务的理论书籍。学生通过阅读这些书籍掌握了足够的理论知识，为以后参与相应的农村实践奠定了理论基础。

该校学生除上午阅读书籍外，下午则还根据实际需要从事农村的劳动实践。在劳动过程中，学生学到了农艺、艺术、医疗卫生等实践内容。农艺科目包括的内容很多，有盖房、种田、种菜、养鱼、养猪、烧饭等。开学伊始，陶行知等就组织全校师生亲自动手兴建校舍、图书馆等必要的教学场所。在学校创建试验农场，请农民给学生作示范，教学生实际耕作的技能，学生们在学习农业技能的同时，还体验着农民劳作的辛苦和收获的喜悦。

艺术科目的内容则包括戏剧、唱歌、舞蹈、说书、双簧等。其中，戏剧在学生中影响较大，晓庄师范学校的部分师生曾在"犁宫"（晓庄师范学校的大礼堂）前搭建舞台，演出田汉的话剧作品，引发了全校师生的兴趣。

医疗卫生科目则是根据农村缺医少药的实际而设立的科目，其目的是培养乡村教师的医疗卫生知识，晓庄师范学校让全校学生到乡村医院中学习治病，在他们学习必要医疗卫生知识的同时还对医院病人进行救治，并取得了较好成绩。诸多实践科目的设置将学生所学的理论用于指导实践，使他们实现不做"书呆子"的最终目的。

---

① 辛元，谢放：《陶行知与晓庄师范》，南京：江苏教育出版社，1986 年，第 26 页。

② 同上，第 25 页。

与当时普通学校的活动有所不同，晓庄师范学校安排的教学活动还与社会现实相结合。这在该校成立后的第一节课就得到了印证。晓庄创办的第一天，陶行知就带领13名学生组织救护队、设立妇孺收容所帮助受战火之苦的难民们，并对难民们分别进行教育。这样的教育内容不仅让学校的师生受到现实教育，同时还让难民得到教育和帮助。

晓庄师范学校的教学内容真正实现了知识与实践并重，取得了非同凡响的效果。它不仅使学生学习了文化知识，并在实践中获得了符合农村的劳动技能，同时还教育了部分民众，使学校教学突破了学校的制约，开始面向农村，乃至社会。

### （六）组建试验场、小学和自卫团

晓庄师范学校是践行“生活教育”思想的基地，为了使所学知识在实践中得到检验，必须创建相应的试验场所；中心小学是师范学校学生的实习场所和毕业的去向，兴办对应的中心小学势在必行；为了阻止外界土匪对晓庄师范和周边农村的侵扰，该校组织了联村自卫团。

创办试验场。晓庄师范学校的教学内容将知识与实践并重，“每天下午都安排劳动实践，如种植蔬菜、绿化环境、卫生活动，或带领儿童赴农村访问家长及年长农民，使学校与农村紧密联系。农忙时师生还去农村参加劳动”①。但是实践需要相应的场所，除了将农田作为学习劳动技能外，晓庄师范学校还在校内创建了试验场。

为了培养学生种菜的技能，学校开辟了一个试验农场，为全校师生提供耕种的场地；在试验场地中划出部分区域作为饲养场，让学生们在实际中获得饲养猪、羊、牛等家禽牲畜的方法；为了教给学生养鱼的知识，晓庄师范学校在校内挖出了鱼塘；为了培养学生做家务的能力，该校不请厨师，将厨房等作为学生学做家务杂活的实验场所。晓庄师范学校为学生提供这些试验场所，从种菜、养家禽、养鱼和家务杂活等农村生活的诸多方面培养学生的劳动技能，为践行“生活教育”思想和实现“教学做合一”提供了必要条件。

兴办中心小学。陶行知认为：“中心学校是师范学校之中心，有哪

---

① 南京晓庄师范陶行知研究室：《陶行知先生与晓庄师范》，1980年，第26页。

一种的中心学校就有哪一种的师范学校。”① 为了培养合格的乡村小学教师，兴办中心小学就成为了晓庄师范学校的重中之重，陶行知甚至说过晓庄师范学校成败的关键在于如何建设中心小学。那么，如何创办中心小学？他曾构想通过两种方式创办中心小学，“一为寻找具备条件的学校加以特约改造，二为另起炉灶从头创设”②。晓庄师范在成立初期改造了燕子矶小学、尧化门小学，新建了晓庄中心小学等。不论通过哪种方式创办的中心学校都是晓庄师范学校学生实习的场所。

中心小学创办以后，师范学校的学生分组被派到中心小学实习，在中心小学教师的指导下包揽了小学的全部活动。实习时间由两周逐渐延长到 3 个月。中心小学为师范学校学生提供了学习实际教育技能的场所。此外，在实习结束时，实习者必须写出总结报告。随后被派出去的学生则不能因袭旧的“教学做”，必须在原有的基础上进行创新。

为了给师范学校学生实习提供良好的实习条件，1927 年 6 月，陶行知专门组织了“晓庄小学设计委员会”对小学的课程进行革新，将小学的课程划分为五科，分别为：语言文字、公民训练、自然农艺、健康卫生和正当娱乐。小学的老师对各科都制订了详实的教学计划供师范学校的学生们在实习时期施行。为保证师范学校学生最大限度的获得教学技能，1928 年，陶行知成立了“小学指导部”统筹指导晓庄师范学校学生在小学的实习活动。

晓庄师范学校的学生在中心小学的实践不仅提高了自身的教学技能，还实现了在教学技能方面的不断创新，取得的效果也非常有效。

组织联村自卫团。为了应对外部的战乱，防止土匪对学校的骚扰，陶行知倡议成立了联村自卫团。众所周知，晓庄师范创立于战火纷飞年代的农村，该校的正常教学活动在动荡中举步维艰。直接威胁晓庄师范学校的是因战争失败而流窜到农村为匪的散兵，这些土匪曾经于

---

① 《中国师范教育建设论》，华中师范学院教育科学研究所主编：《陶行知全集》第 1 卷，长沙：湖南教育出版社，1984 年，第 643 页。

② 章开沅，唐文权：《平凡的神圣——陶行知》，武汉：湖北教育出版社，1992 年，第 217 页。

1928年给该校送来了一封勒索3万大洋的恐吓信，他们扬言：若不按期交钱，就会血洗晓庄。这件恐吓事件最终被压制，土匪没敢行动。这不仅归功于当地治安机关，同时自卫队员的巡逻防范亦是功不可没。除了应对外部威胁，自卫团还向全校师生和村民们讲解作战的方法、组织军事演习等活动，以增强师生和村民的军事意识。

自卫团并不是晓庄师范学校单独创建，而是由周边农村联合成立的。该团主要由学校师生和附近农村的青壮年共同组成，配备必要的武器。这样的自卫团不仅保护着晓庄师范学校，而且还保护了周边农村的村民，自卫团是20世纪二三十年代晓庄师范学校的领导者为了应对外部动荡的环境，维护学校正常的教学秩序，保护周边村民的生命财产安全而创立的武装力量，这支武装力量在当时起到了应有的作用。

试验场和中心小学是晓庄师范学校学生获取劳动和教学实际技能的场所，而自卫团则是保护晓庄师范学校正常运转的团体，这三者在晓庄师范学校发展过程中必不可少。其中，试验场和中心小学是晓庄师范学校为了达到“教学做合一”而创建的场所，自卫团则是为了应对动荡的社会环境而组建的武装团体。作为晓庄师范学校教育的辅助场所和团体，试验场、中心小学和自卫团都在该校的发展过程中发挥了积极作用。

## 三、晓庄师范学校的特点与影响

从1927年3月15日到1930年4月12日，晓庄师范学校自成立到被迫停办前后只有仅有3年28天的时间，但是在陶行知、赵叔愚等人的共同努力下，晓庄师范学校“以万物为导师，宇宙为教室，生活为课程，实行‘教学做合一’，主张‘生活即教育’‘社会即学校’”①。晓庄师范学校具有与同时期其他学校不同的特点，在国内外取得了较好的社会反响。

### （一）晓庄师范学校的特点

晓庄师范学校是民国时期中国乡村教育诸多成就之一，它与传统

---

① 黄敬思：《四年来中国之乡村教育》，《教育杂志》1931年第23卷第7期，第87页。

教育有着诸多不同之处，它“破除教师与学生的界限，破除学校与社会的界限，破除生活与课程的界限，破除学生与民众的界限，破除劳心者与劳力者的界限，同时，它亦破除阶级的、政党的、学派的乃至民族的界限”①。概而言之，晓庄师范学校的特点主要体现在办学理念、日常教学和考核方式等方面。

第一，以“生活教育”的办学理念具有首创精神。面对中国85％的农民不能受教育以及传统教育中的诸多弊端，陶行知提出“建设适合乡村实际生活的活教育”②。要建设活的乡村教育，必须要培养符合农村需要的乡村教师，晓庄师范学校由此诞生。其目的就是为农村培养具有农夫的身手、科学的头脑和社会改造精神的乡村教师，通过这些优秀教师来改变中国社会的现状，以实现改变中国乡村教育的最终目标。晓庄师范学校是“中国教育史上的一次伟大创举，是对旧中国的半封建半殖民地教育一次巨大的冲击”③。

第二，日常教学都独具特色。晓庄师范学校没有教室和校门；课程设置、授课时间和考核方式异于传统教育。

晓庄学校的教室与众不同。传统学校中，教室都是用砖瓦等材料砌起来的四方天地，学生的教育活动也仅限于这特定区域。但是，在晓庄师范学校中，学生的教室会根据所学的内容而不断变换，整个大自然都可以作为该校学生上课的教室。简而言之，晓庄师范学校的教室在整个自然界不断迁移，这是该校最大特点之一。

不设校门是晓庄师范学校的又一特点。在当时乃至现今的传统学校中，校门都是学校必备的基础设施之一。但是晓庄师范学校却不设校门，晓庄师范学校一方面“欢迎一切人士随时来校参观指教”；另一方面“将学校所有一切设备如图书、仪器、标本、留声机及犁宫等贡

---

① 杨效春：《从晓庄到邹平——八年来乡村教育工作概述》，《中华教育界》1934年第22卷第4期，第145页。

② 《再论中国乡村教育之根本改造——在上海青年会的演讲》，华中师范学院教育科学研究所主编：《陶行知全集》第2卷，长沙：湖南教育出版社，1985年，第1页。

③ 南京晓庄陶行知研究室：《陶行知先生与晓庄师范》，1980年，第8页。

献于大众，给大众都得使用，享受或鉴赏”①。这样，外界人士不仅能够自由参观晓庄师范学校的教学实效，还能使用学校的仪器设备，这在中国教育史上实属罕见。

废除传统学校实行的诸多旧教育制度。晓庄师范学校废除了传统学校中的学科制、学年制或学分制。其中，以四种教学做代替了学科制；以时值制代替学年制和学分制。在晓庄师范学校的课程都是以生活为中心，体现了该校要求学生“学什么就读什么书”，不使学生读无用书；学生在晓庄师范学校学习的时间并未整齐划一，而是根据生活需要与学生的学习能力、兴趣爱好及当时社会需要做适时的调整；评判学生是否可以毕业的标准则是每项活动所需的时间。由此可见，从课程设置、授课时间来看，晓庄师范学校的教育无一不以社会实践为活动基础，体现了该校真正服务于中国农村实践的本质。

此外，晓庄师范学校“教学做合一”、“以教人者教己”等教学方式也是其特点之一。从教室、校门等硬件设施到实行新学制和新教学方法，都能充分体现晓庄师范学校的与众不同。

第三，考核方式与传统学校不同。在晓庄师范学校中，对学生的考核并不像传统学校那样“一张试卷定终生”，而是根据学生学习和从事的各项活动所需时间来作评判，从考核方式来看，晓庄师范学校仍然是立足于实践对学生进行考核，而不是就书本知识考书本知识。这样的考核方式在中国教育史上非常少见，也是晓庄师范学校的独特之处。

晓庄师范学校的办学理念、日常教学和考核方式都基于农村的实际，该校的所有教学活动几乎都和实践结合在一起，由此形成了自身独有的特色。

### （二）晓庄师范学校的社会影响

晓庄师范凭借其独特的特点和骄人的成绩引起了国内外的关注。在国内，蒋介石夫妇、冯玉祥等人都曾到过该校，教育界的诸多大教育家如蔡元培等也曾对晓庄师范给予关注，此外，还有大量民间团体

---

① 杨效春：《从晓庄到邹平——八年来乡村工作概述》，《中华教育界》1934年第22卷第4期，第144页。

和个人络绎不绝的前往参观，梁漱溟就曾在 1928 年先后两次到晓庄参观。

这些参观者对晓庄师范学校的评价主要集中在教育本身和社会影响两方面。曾在晓庄师范学校工作的杨效春对该校的教育这样评价道："晓庄学校，据一般人说它在教育上是革命的。它是传统教育的叛徒。它的办法与传统教育歧异冲突之处是很多。"① 江问渔对晓庄师范学校实行"教学做合一"、"以教人者教己"等教学方式进行评价时谈道："晓庄学校是一个革命的师范，他们见着过去以致目前的一般旧式学校，只是死读书本，一无实效，真的失望极了。失望之余，他们便树反叛之旗，另找路径。二年的成绩，非常可观，诚可为我国教育前途一生路!"② 此外，陶行知的乡村教育主张被当时许多学校所接受，正如时人所说"陶行知主办之南京晓庄师范，提倡镇村实验教育，颇著成效，一时全国各学校引为模范，参照仿形者为数甚多"③。

晓庄师范学校不仅在当时影响颇深，即使在停办后还对中国乡村师范教育存在一定影响，"晓庄试验乡村师范，历史虽仅 3 年，然实为 4 年来之重要史料。现时该校虽已不存，然其规模已流传全国，宗法之者不少"④。由此可见，晓庄师范学校虽然由于政治原因被蒋介石勒令停办，校长陶行知遭通缉，但它对当时全国乡村师范教育的影响可见一斑。

晓庄师范学校的教学活动和成就不仅吸引了国内的军政要员、教育精英和普通民众，还有吸引了大量的外国友人。1927 年，陶行知的一篇题为《中国乡村教育运动之一斑》的报告介绍了晓庄师范学校的新式教育，引起了全世界的关注。受陶行知报告的影响，国际自由平等同盟会就曾派两名代表到晓庄参观考察。1929 年秋，陶行知的老师

---

① 杨效春：《从晓庄到邹平——八年来乡村工作概述》，《中华教育界》1934 年第 22 卷第 4 期，第 144 页。

② 江问渔，王穆清，王沂清：《乡村教育》，《中华教育界》1930 年第 18 卷第 4 期，第 8 页。

③ 《晓庄师范筹备儿童科学暑假学校》，《安徽教育行政周刊》1932 年第 5 卷第 20 期，第 15 页。

④ 《四年来中国之乡村教育》，《教育杂志》1931 年第 7 期，第 89 页。

克伯屈曾亲至晓庄参观，回国后还在自己的国家宣传晓庄师范学校的经验。更值得一提是1929年春，泰国首府的华侨大学慕名直接到晓庄师范学校延聘教师。可见，晓庄师范学校的教育在当时影响甚大。

陶行知在南京晓庄创办的师范学校虽然存在时间较短，但是该校从中国农村实际出发，将文化知识的传授和劳动技能的培养融合为一体，采用“教学做合一”等独特的教学方式，由此取得的丰硕成果，为后来的乡村师范教育提供了范本。

## 第四节　晏阳初与定县平民教育

20世纪20年代，晏阳初就开始致力于中国的平民教育，成为了中国乡村教育的先驱者之一。基于他在中国平民教育史上的卓越贡献，人们将之誉为“世界平民教育运动之父”，与陶行知并称“南陶北晏”。他领导中华平民教育促进会在定县开展的“平民教育实践为定县乃至河北留下了大量的有形和无形的财产”①。

### 一、晏阳初的平民教育思想

自1918年起，晏阳初开始致力于平民教育和乡村建设运动。在近七十年的平民教育实践中，晏阳初形成了自己的平民教育思想。而他的平民教育思想正如其本人所说，是三“C”的有机结合。这三“C”分别为孔子（Confucius）的民本思想、西方耶稣（Christ）的博爱哲学理论和中国劳工苦力（Coolie）。在对这三者充分认识的基础上，产生了晏阳初的平民教育理论。

晏阳初出生在四川的一个书香门第之家，从小就受到了良好教育，在其父亲晏美堂的影响下，接受了中国传统文化的熏陶，对以孔子为代表的儒家民本思想有较深刻的了解。1903年，晏阳初被父亲送到保宁府的新式西学堂学习，在这里他的思想受到了新学的启蒙。1904年晏阳初在西式学堂接受了洗礼，皈依了基督教。1913年晏阳初又远赴

---

① 《晏阳初》http：//baike.baidu.com/view/112667.htm 访问时间：2012年9月18日。

香港求学，1916 年进入耶鲁大学学习。在这一过程中受到姚明哲、好友史文轩的帮助，晏阳初了解和学习西方耶稣的博爱哲学。孔子的民本思想和西方耶稣的博爱哲学是晏阳初平民教育思想的理论基础。

晏阳初深感中国人不识字的困苦是形成其平民教育思想的现实原因。第一次世界大战时期，中国曾派 20 万人参战，他们到西方战场往往从事筑路、挖战壕等苦力工作。晏阳初从耶鲁大学毕业以后，到战场参加战地服务，晏阳初深感中国劳工的不识字的痛苦，就地为中国劳工办起了识字班。晏阳初的平民识字教育在法国就发展起来了。

1920 年，晏阳初回国以后，通过一年的实地调查，发现中国人患有“‘瞎’、‘聋’、‘哑’三种病态”①。此外，鉴于全国民众有 85％以上生活在农村，晏阳初及同仁认为在中国尤其是中国农村开展平民教育非常重要。为此，晏阳初提出“平民教育的目的是教人做人。做什么人？做‘整个人的人’。什么叫‘做整个人的人’？第一要有知识力，第二要有生产力，第三要有公德心②”。根据中华教育改进社的调查统计，中国不识字的人民占全民的 80％，其中有一半多是青年和成人。

针对中国的现实，晏阳初在讲述平民教育时提出了六项原则。第一，平民教育必须是全民的，即所有超过学龄缺乏常识的青年人和成人都有接受平民教育的必要；第二，平民教育必须以平民需要为标准，平民教育要适应农民的实际需要，否则平民教育就起不到应有的作用；第三，平民教育必须适合平民生活状况，中国农民大多日出而作日落而息，劳动时间比较长且生活贫困。因此，平民教育必须以时间短、经费少为原则。第四，平民教育必须根据本国国情和人民的心理制定教育目标和教育方法等。对平民进行教育是根据我国特有的教育问题，没有外国经验可以借鉴，因此，必须从中国实际和民众的心理出发。第五，平民教育由地方自动负责。20 世纪上半叶，中国内忧外患，国家没有能力在全国开展大规模的平民教育，由某一个机关包办那也不可能。因此，晏阳初提出平民教育交由地方办理，“由本地的人，出本

① 苗春德：《中国近代乡村教育史》，北京：人民教育出版社，2004 年，第 141 页。

② 宋恩荣：《晏阳初文集》，北京：教育科学出版社，1989 年，第 26 页。

地方的钱，办本地方的事，不但可以持久，更可以养成本地责任观念和自立精神”①。最后，平民教育应保证每个人都能参加，只要民众愿意，每个人都可以参加到平民教育中来。

平民教育是一个长期的、全民性的工作。在晏阳初看来，“平民教育的基础是‘识字’，但核心内容却是‘公民教育’”②。为此，1928年，晏阳初在《平民教育概论》中提出了平民教育主要从以下三个方面培养平民：首先是文字教育，中国大多数的平民深受不识字之苦，而“文字是传播知识的工具，也是寻求知识的锁钥。欲传播知识，须先传授文字；欲得知识，必须认识文字”③，为“开民智”文字教育就成了平民教育的第一步。其次是生计教育，平民教育不仅要教给群众日常生活中所用到的文字，而且还得教给他们生产技能，这样才能使他们实现自立。所有的国民都能独立从事生产，那么国家必然能够富足，最终实现民生富裕。最后是公民教育，除了使民智提高、使民生富足外，还要教育群众养成良好的道德品质。因此，将平民打造成品德高尚、热诚奉公的公民是平民教育的又一重要内容。这也与平民教育运动“作新民”的使命基本一致。晏阳初在理论上提出了平民教育的内容，但是在具体实践中，晏阳初针对试验区的实际，不断调整其平民教育的内容。

中华平民教育促进会在定县进行调查后，晏阳初等人认为：农村问题纷繁复杂，其中最基本的四大问题分别为“愚”、“贫”、“弱”、“私”。因而必须要通过文艺教育、生计教育、卫生教育和公民教育这四大教育来解决。在理论的基础上，晏阳初在实践过程中增加了“卫生教育”作为平民教育的内容之一。

为全面推行平民教育，晏阳初提出了三种在平民中推行教育的方式，即学校式、社会式和表证式。学校式教育是针对适龄儿童开展的系统教育；社会式教育则使用讲演、戏剧、电影等群众易于接受的方

---

① 宋恩荣：《晏阳初文集》，北京：教育科学出版社，1989年，第33页。

② 晏阳初著，侯且岸选编：《平民教育概论》，北京：高等教育出版社，2010年，第21页。

③ 宋恩荣：《晏阳初文集》，北京：教育科学出版社，1989年，第27页。

式，对群众进行教育；表证式教育则是针对生计教育开展实验，让平民易于效仿。这三种方式互为补充，有利于全面展开平民教育。但是，在具体实施过程中困难重重。乡村学校虽然历史悠久，但是只能吸收极少数有能力支付学费的青年接受教育，不能适应普及教育的需要；中国乡村大多都是零星散落分布难以联合，各地交通和风俗习惯相异，社会式教育很难推广；表证式也只能面对少数平民，不可能大规模展开。

为了弥补这些教育方式的不足，必须采用能够胜任普及教育的方法，导生传习法应运而生。导生传习法顾名思义就是教导学生传授和学习的方法。为了克服农村的实际困难，使更多的农民能够学到文化知识和劳动技能等，从 1934 年开始，以晏阳初为首的中华平民教育促进会就采用了这种教育方式推广平民教育。他们不仅教给学生知识，还需要教给学生将所学知识教给别人的方法，这就要求“教的人要站在学生的地位教，习的人要站在教人的地位习”①。这是一种有组织地传授知识的方法，对农村开展普及教育具有积极作用。

晏阳初的平民教育思想是其所学理论和实践经验相融合的结果，中华平民教育促进会的调查实践也是晏阳初教育思想的来源之一。在理论与实践相结合的基础上，其平民教育理论在农村普及时被农民所接受。

## 二、平民教育在定县

定县的平民教育实践主要是晏阳初等人通过中华平民教育促进会开展的。1923 年 8 月，中华平民促进会在北京成立。它是以晏阳初为总干事，以“除文盲、作新民”为宗旨的推广平民教育的团体。在成立初期，该团体推广平民识字教育的工作重点在城市。自傅葆琛参加工作后，平教会的成员逐渐认识到：“（一）中国人民百分之八十住在乡间；（二）中国大多数不识字的，也都是乡下人；（三）中国以农业立国，农产为全国出品大宗。衣食住各种原料多半也是农产。因为中

① 《导生传习办法在定县的试验》，北京：中华平民教育促进会，1936 年，第 2 页。

国农民缺乏教育，所以农业也有衰败的气象，而农民自身，更是穷苦不堪。”① 基于农村的实际情况，1929 年，晏阳初等人将中华平民教育促进会移至河北定县，在定县建立了平民教育实验区。

## （一）平教会在定县的教育活动

晏阳初等平教会会员到定县以后，首先在该地开展了实地调查，以李景汉为首的调查会成员对定县地理、风俗习惯、交通、人口、教育等现状有了充分的了解，以晏阳初为总干事的平教会就能有针对性地在定县开展平民教育。针对定县农民“愚”、“穷”、“弱”、“私”的现状，平教会分别开展了文艺教育、生计教育、卫生教育和公民教育。在定县，晏阳初等人特制订了分 3 期完成的 10 年计划，“第一期 3 年偏重文艺教育，第二期 3 年偏重生计教育，第三期 4 年偏重公民教育，而卫生教育则贯彻 10 年”②。

### 1. 创办平民学校，推行文字教育

文字教育是晏阳初等平教会成员在定县推行的文艺教育的主要内容之一。文艺教育的意义在于“使人民能运用传达知识之工具，促进平民之文化生活，使平民对于自然环境，社会生活，有相当的欣赏与了解”③。因此，要更好地在农民中推广其他教育必须首先完成文字教育。

晏阳初倡导文艺教育的目的是培养农民的“知识力”。1935 年，他就明确提出：培养民力“要抓住民众中间最基本的人民，最基本的生力军。我们要抓住的，不是老头子，也不是儿童，而是青年”，“这班青年，不是学校里少数的青年，而是广大的民众中间的青年”，“这些民众，不在广州，不在上海，不在天津，也不在北平，而在农村

---

① 汤茂如：《平民教育实施的试验》，北京：中华平民教育促进会总会，1927 年，第 19 页。

② 河北省地方志编纂委员会：《河北省志》，北京：中华书局，1995 年，第 721 页。

③ 《中华平民教育促进会试验下的定县》，《清华周刊》1932 年第 37 卷第 12 期，第 94 页。

里”①。由此可见，在晏阳初的倡导下，平教会将教育重点放在了农村青年中。

晏阳初等人将平教会移至定县时，该县 7 岁以上的文盲有 27 万人，占定县全部人口的 67.5%，这些人成为了平教会在定县的主要教育对象。要在定县推行其他教育，扫除当地文盲是首要工作。为此，他们在定县创立平民学校推广文字教育，早在 1927 年平教会就派专人在定县专门负责推广平民学校，到 1929 年全县共有“平校二百二十七所。初级二百一十九校，高级八校。初级中，男校一百九九校，女校二十；高级中男校六所，女校二所”②。这些平民学校开办非常不易，几乎是白手起家。这主要表现为校舍靠借、教材要平教会编写、教员人数紧张。

晏阳初等人在定县创办的平民学校校舍非常紧张，227 所平民学校校舍有极少数是自建的，大部分是借用民房、祠堂、庙宇等。具体情况如表 8.3.1。

**表 8.3.1　定县试验区 223 处平校校舍性质统计表**

| 类别 | 校数 | 百分数（%） |
|---|---|---|
| 特建教室 | 2 | 0.90 |
| 借用小校 | 117 | 52.47 |
| 借赁民房 | 52 | 23.32 |
| 借用官房 | 31 | 13.90 |
| 借用庙宇 | 18 | 8.07 |
| 借用祠堂 | 3 | 1.34 |
| 总计 | 223 | 100.00 |

资料来源：汤茂如：《定县农民教育》，中华平民教育促进会学校式教育部，1932 年，第 139 页。

注：由于定县有 4 校是男女共用一个教室，因此上表中定县校舍仅按 223 处计算。

---

① 宋恩荣：《晏阳初全集》第一卷，长沙：湖南教育出版社，1989 年，第 430 页。

② 汤茂如：《定县农民教育》，中华平民教育促进会学校式教育部，1932 年，第 138 页。

1929年，晏阳初等人在定县创办的平民学校中只有0.9%自建校舍，是所有平民学校中比例最小的；借用小学作为校舍的平民学校则占52.47%，是所有平民学校中比例最大的。这些数据说明以下两方面：一方面，晏阳初等人在创建平民学校时，校舍很紧张。另一方面，他们在商借房屋作为校舍时，得到小学校的支持较大，民房次之，官方再次，庙宇和祠堂则居最后。由此可见，定县教育界对该县的平民教育支持最大，定县群众虽然支持晏阳初等人创立平民学校，但是还是囿于传统思想观念，出借庙宇和祠堂的仍属少数。

虽然有晏阳初等人的努力，但是平教会在定县创建的平民学校不仅校舍紧张，也没有现成的教材。为此，在孙伏园先生领导下，平教会平民学部负责编订学校教材的相关事宜，其主要工作分为五个方面，即选择文字、编订课本、编辑平民读物、出版定期刊物和研究平民文学。其中，选择文字、编辑课本是为平民学校提供教材。选择文字即是从中国汉字中选出适合平民所需的1300余字；编订课本是平教会以市民、农民和士兵为对象编订课本。他们先后编出了《市民千字文》、《市民千字课自修用本》、《市民高级文艺课本》、《教学用本》、《农民千字文》、《农民千字课自修用本》、《农民高级文艺课本》、《妇女千字课》、《妇女高级文艺课本》、《青年补习文艺课本》、《士兵千字课》（4本）、《士兵千字课自修用本》（4本）等课本。平民文学部这两项工作为平民学校教育提供了素材。

与此同时，定县平民学校师资也相对比较紧张，且分布不均匀。截至1929年，227所平民教育学校中共有教师262人，且这些教师比1928年相对专业。从教师和学校总数来看：平均每个学校能拥有1位教师，但实际上各学校教师分布不均匀。具体分布情况见表8.4.1。

**表8.4.1　1929年定县试验区平民学校教师分布情况表**

| 校数（所） | 教师数（位） | 比例（%） |
|---|---|---|
| 8 | 0.5 | 3.56 |
| 109 | 1 | 84.44 |
| 17 | 2 | 7.56 |
| 7 | 3 | 3.11 |

续表

| 校数（所） | 教师数（位） | 比例（%） |
|---|---|---|
| 2 | 4 | 0.89 |
| 1 | 5 | 0.44 |

资料来源：根据汤茂如：《定县农民教育》，中华平民教育促进会学校式教育部，1932年，第139—140页内容编制。

可见，3.56%的平民学校只有0.5个教师，84.44%的平民学校中拥有1位教师，12%的平民学校拥有1位以上的教师。为培养平民学校的教师，以晏阳初为总干事的平教会于1928—1931年分别创办了暑期平民教育研究会、平校教师研究会、平教教师讲习会、平校教师训练班等短期平校教师培训班。1930年秋天，平教会还成立了平民教育师范学院，对平民学校的教师进行为期1年的培训。通过培训，为平民学校输送了一些教员。

在定县，男子平民学校中的教师一般是通过训练聘定。晏阳初等人在选派男子平民学校教师时一般以地域为原则，尽量选派学校所在村的村民，这样就解决了教员的住宿问题。妇女平民学校的教师则"由十家的妇女中，选出一个受过相当教育者担任之"①。因为在定县农村难以找到正规教师，他们在妇女教育方面"着重培养她们从事初级平校的教学和管理工作"②。

定县平民学校的教育对象为12～25岁的青年，他们上课时间一般在晚上（妇女学校的上课时间在白天），每次上课2小时，每周上6次课，共上16周课。通过教育，"初级平校学生学完千字课4册，能阅读普通读物和农民报，能记账会写信等。高级平校学生要能运用文字增进技能和掌握三大教育常识"③。

---

① 《定县平教工作与战事影响及善后》（二），《晨报副镌》1928年第74期，第16页。

② 宋恩荣：《晏阳初全集》第一卷，长沙：湖南教育出版社，1989年，第260页。

③ 河北省地方志编纂委员会：《河北省志》，北京：中华书局，1995年，第723页。

学校文字教育是文艺教育的组成部分，仅仅在学校推广识字教育不足以让定县的农民都能接受文艺教育。因此，在郑褧裳主持下，平教会绘制图画；制造音乐乐器，搜集民间歌曲、乐谱等；利用无线电广播普及社会教育；在熊佛西主持下，平教会“组织农村戏剧，组成了农民剧团，举行公演和巡回演出”①。这些教育方式深受农民欢迎，到1935年“定县已经有好几处由农民自动建筑的露天剧场”②。同时，为方便农民识字，平教会还在定县“设立平民问字处，平民图书馆和平民阅报所并张贴标语图画”③。晏阳初等人，以平教会为依托，在学校和社会中同时向农民推广文艺教育，取得了良好成绩。

2. 推行生计教育，提高生产力

晏阳初等人在定县开展生计教育的意义在于“普及科学的知识与技术，改善其生活组织，以提高其经济生活”④。20世纪二三十年代，中国深受战争之苦，广大人民在战争中生活非常困苦，大多数人挣扎在死亡线上，河北定县的农民也一样。平教会在定县创办的平民学校里学生退学和缺席的人数较多，他们“都是忙于生计”⑤。为了帮助农民们改变目前的生活状况，晏阳初领导平教会成员一方面建立农事试验场，从事研究并对农民普及农业科学知识；另一方面编印生计教育书籍。他们推行生计教育的场所则包括高级平民学校、农民家庭和整个社会。

在高级平民学校中开设的课程包含有农业常识和家政常识。其中，农业常识有48课，家政常识中也有纺织等涉及生计教育的内容。这些内容囊括了种植和养殖等方面的技术，在种植方面，从选种到种植，从农具到农田环境；在养殖方面，基本包括了猪、羊、牛、鸡、鸭、鱼、蚕等农家常见牲畜。通过在学校的系统学习，高级平民学校的学

---

① 熊明安：《中华民国教育史》，重庆：重庆出版社，1997年，第164页。

② 老向：《定县的平民教育》，《人世间》1935年第27期，第5页。

③ 《中华平民教育促进会试验下的定县》，《清华周刊》1932年第37卷第12期，第97页。

④ 同上，第95页。

⑤ 汤茂如：《定县农民教育》，中华平民教育促进会学校式教育部，1932年，第486页。

生掌握了大量提高自身生产技能的理论知识，为他们在日常生活中不断提高生产技能奠定了理论基础。

在农民家庭中，他们开展生计教育的方式主要是建立表证农家。所谓表证农家就是选择率先试验平教会成果的农户。在定县，平教会将其研究成果卖给选择好的农家，让农民按照其所规定的科学方法进行饲养和耕种。在牛村，150 多家的农户有 96 家是表证农家。为区分各家表证的内容，平教会成员在“每家的门上钉有表证农家的牌号，如属于养鸡养猪的就称为畜牧类的第几号表证农家育种的就称为育种类的表证农家经济的就称为农村经济类的”①。虽然这些表证的内容不一样，但是通过设立表证农家取得的效果都相同，即通过“试验与表证将农业科学研究的成果普及于一般平民”②。

在社会上，晏阳初领导平教会成员先后在定县建立了两个农业试验场进行农业研究，并对农民普及农业科学知识。1926 年，在定县翟城村建立了一个试验场。1929 年，平教会移至定县后，他们又在定县县城西北设立了第二个试验场。两个试验场“详尽地调查了定县各种作物的经营方法、耕作方法，各种农作物病虫害的防治，果类、蔬菜的繁殖，园林栽培，农产品的制造、贮藏、转运、管理、肥料的收集和使用，家禽家畜的饲养、选种、病疫防治以及灌溉排水各式农具等”③。在调查的基础上，平教会成员“对农家进行改良猪种、鸡种、耕作技术，进行防病虫害的试验与推广”④。在畜牧方面，种猪的试验和推广较有成绩。由于平教会规定：“凡农家愿将本地猪与其种猪交配以得良种者，每次取洋二元。”⑤ 仅 1932 年一年，定县农户接受新型

---

① 《河北定县平民教育实验区考察记》，《中华教育界》1933 年第 20 第 7 期，第 124 页。

② 河北省地方志编纂委员会：《河北省志》，北京：中华书局，1995 年，第 722 页。

③ 同上。

④ 陈学恂：《中国教育史研究（现代分卷）》，上海：华东师范大学出版社，2009 年，第 169 页。

⑤ 梁容若：《河北定县参观记》，《山东民众教育月刊》1933 年第 4 卷第 9 期，第 110 页。

猪种就有710次。在园艺方面，以白菜改良成效最佳。通过改良，培育出了新型品种，使白菜的产量比以前增加了20.42%。

在向群众推广试验成果的同时，这两个试验场还将试验成果陈列出来，供农民们参观。因此，这两个实验场不仅为专家提供了试验农业技术、农作物和试养畜牧业的场所，还是农民参观仿行试验场研究成果的场所。

除了建立试验场以外，晏阳初等人还在定县成立了合作社。1931年冬天，在高头村成立了合作社。1932年春天，定县的尧方头、水磨屯、东建阳也成立合作社。合作社按照本地农民的需要，除了开展信用活动外，还进行了购买、生产、运销等活动。此外，为了便于储存货物，平教会还在定县“设仓库中心五处，分仓库十二处”①。为了保证生计教育的资金，银行也在定县开展抵押贷款业务。建立试验场、成立合作社、设立仓库以及吸收银行贷款等都促进了定县经济的发展，促使定县农村的经济由传统的、单一的个体小农经济向新型的、多样化的集体经济转化，这为提高当地农民的经济条件和生活水平起了较大作用。

此外，晏阳初等人在通过学校、家庭和社会向群众进行生计教育的同时还编印了一些生计教育书籍，供定县平民阅读。在编写教育书籍的过程中，他们注重编入生计教育方面的生字，如编写的《农民千字课》（4册）中就包括了大量生计教育的生字。截至1931年，平教会成员不仅编出了《乡村平民生计教育》、《城市平民生计教育》，还编订出版了《重要的庄稼选种》、《玉蜀黍摘穗表证说明》、《石油乳剂驱除棉花蚜虫的表证说明》、《改良定县猪种》、《养蜂经验》等7种向群众普及农业科学知识的书籍。这些书的售价为2分到1角2分之间，基本上是一般群众能够承受的价格。

平教会成员从学校、家庭和社会三管齐下着手对定县农民进行生计教育，通过在学校中开展理论教育、在农户设立表证农家、在社会上建立试验场、成立合作社、出版教育书籍等措施对定县农民进行生

① 高奇主编：《中国现代教育史》，北京：北京师范大学出版社，1985年，第152页。

计教育，这不仅向农民普及了农业科学知识，还促进了农村经济的发展。

3. 开展卫生教育，改善民众健康状况

中国农村卫生水平低下，农民生活条件艰苦、卫生意识薄弱，定县亦是如此。在定县，农民非常不注意个人卫生，他们几乎不漱口刷牙“洗脸也是隔好几天才洗一次”①，甚至“终年不沐浴”②。在饮食方面，“有许多农民以为凡是苍蝇落上吃过的食品人吃了更没病”③，“饮水井与厕所之距离 20～21 尺，占 24.8%”④。农民的生活环境也有待提高，他们居住房屋的气味让人难以忍受，房屋内桌椅上“灰尘则厚可盈寸”⑤。在房屋外面，“门旁设厕所，道旁掘臭坑。有时秽土烂柴都堆在街上。夏天一经下雨，浊气熏人，秽水满街”⑥。

定县农民的卫生状况令人堪忧，而该县的医院和医生难以满足实际需求，且分布不均匀。定县“453 村内共有医生 446 个，中式药铺 375 个”，“有 226 个村庄没有一个医生，多半是小村。有 119 村每村内有 1 个医生，有 52 村每村内有 2 个医生，有 27 村每村内有 3 个医生，有 18 个村每村内有 4 个医生，一村内最多之医生数目为 9 个”⑦。最严重的是这些医生并未受过专业训练。

妇产科方面，定县的医疗条件更差。“除城内有设备不完全之几处小诊疗所外，并无其他医药设备，对于产妇不但无良善之助产士，即

---

① 《河北定县平民教育实验区考察记》，《中华教育界》1933 年第 20 卷第 7 期，第 120 页。

② 梁容若：《河北定县参观记》，《山东民众教育月刊》1933 年第 4 卷第 9 期，第 92 页。

③ 李景汉：《定县社会概况调查》，上海：上海人民出版社，2005 年，第 271 页。

④ 《参观中华平民教育促进会华北试验区报告》，《教育与民众》1930 年第 2 卷第 1 期，第 7 页。

⑤ 《河北定县平民教育实验区考察记》，《中华教育界》1933 年第 20 卷第 7 期，第 120 页。

⑥ 李景汉：《定县社会概况调查》，上海：上海人民出版社，2005 年，第 132 页。

⑦ 同上，第 283 页。

旧式之产婆，亦无之所有助产之事，完全委之于目不识丁毫无知识之老妪，因其毫无产科知识，故对于顺逆产亦无术辨别，一遇难产即束手无策或施其粗劣之手术使母子俱伤又不知消毒灭菌之法定。”① 由于设备不齐全和农民卫生意识不强，定县新生婴儿死亡率高达19.9%②。

定县农民的卫生意识薄弱，生活环境卫生条件低下、医疗条件不能满足民众需求的卫生现状引起了晏阳初等平教会成员的重视。因此，平教会移至定县后，成立了“以促进民族的健康为目的”③ 的卫生教育部领导卫生教育。定县的卫生教育由此拉开帷幕。如何在定县开展卫生教育呢？晏阳初曾强调：定县的卫生教育“不愿意死搬西方的经验，也不想依附本国的传统，或是两者的折中而要吸取两者精华，制订出适应当前国情的建设计划”④。简言之，定县卫生教育必须从实际出发。因此，平教会成员在定县开展了旨在“普及卫生知识，训练卫生习惯，用公民的力量，谋公共的卫生，以提高其健康生活，使人人为强健的国民”⑤ 的卫生教育。这种教育分别通过学校式教育和社会式教育两种途径在定县农民中展开。

学校式教育是通过新式学校对在校学生实施教育。自1923年起“平民学校成立，于是另订课程规定上课时间，毕业时期，又特别编辑千字课本，实验教授方法，同时，小学课程与办法也有显著的改变(新学制)”⑥。这些学校满足了学校式教育的条件。为了保证学校式教育顺利开展，平教会特制定了《中华平民教育促进会定县实验区学校卫生实施计划大纲》。定县的学校式卫生教育主要在平民学校和小学中

① 《中华平民教育促进会定县实验区助产教育计划》，《卫生公报》1930年第2卷第5期，第256页。

② 光明网：http：//www.gmw.cn/content/2005-08/24/content_293901.htm，访问时间：2012年9月20日。

③ 《河北定县平民教育实验区考察记》，《中华教育界》，1933年第20卷第8期，第129页。

④ 《晏阳初致EC卡特》，宋恩荣：《晏阳初全集》第三卷，长沙：湖南教育出版社，1992年，第353页。

⑤ 《中华平民教育促进会试验下的定县》，《清华周刊》，1932年第37期第12期，第95页。

⑥ 张宗麟：《乡村教育及民众教育》，北京：商务印书馆，1940年，第131页。

展开。其中，平民学校，则重成年及青年人之卫生教育，小学则重儿童之卫生教育。①

平教会在定县开办的平民学校“每日早晚各一小时，以四个月为毕业之期”②。由于平民学校开课时间较短，难以进行系统的卫生教育，因此只得将卫生知识贯穿在课本中。在平民学校使用的《千字文》中，有 8 节完全讲卫生知识，有 12 节略为谈及。③ 同时，“初级平民劳动学校另有八次之卫生讲演，高级平民学校则有十六，并加以各种卫生实习，青年补习学校，则有五十次”④。此外，平民学校还为在校学员检查身体和预防接种。尽管平民学校开课时间短，卫生教育难成体系，但课本中包含卫生知识，在文化教育的同时还进行卫生教育确有成效。

初等小学不同于平民学校，小学生较强的感知力和 2 年到 4 年的教育时间使小学具备了系统进行卫生教育的条件。改变陋习从儿童着手会事半功倍，知识分子曾指出：“儿童之能否卫生，亦可影响家庭与社会。”⑤ 因此，定县小学卫生教育以 25 个小学校和自办幼儿园中 1500 多名儿童为教育对象。

教授卫生知识与举办卫生演讲会是小学卫生教育的主要措施。为满足各年级学生需要，以陈志潜为主任的平教会卫生教育部成员编写了两册《教授卫生教育指导》。一册适用于低年级，一册适用于高年级。低年级的课本采用故事体裁编写而成，旨在教育学生日常生活中注意个人卫生，达到预防疾病之目的。高年级的课本则以人体的发育为主要内容，配以音乐、图片、算术等。这两本书深受教师欢迎，都愿意用此教材为一二年级的学生传授卫生知识并取得了较好的教学效

---

① 《定县平民教育农村运动考察记》，出版信息不详，第 185 页，北京师范大学图书馆馆藏。

② 《定县平民教育促进会访问记》，《河北》1933 年第 1 卷第 5 期，第 3 页。

③ 《定县乡村学校之卫生教育实验》，《卫生半月刊》1934 年第 1 卷第 8 期，第 52 页。

④ 《定县平民教育农村运动考察记》，出版信息不详，第 185 页，北京师范大学图书馆馆藏。

⑤ 卢绍稷：《乡村教育概论》，上海：大东书局，1932 年，第 121 页。

果。此外，平教会还每星期举办1次卫生演讲会，对学生进行卫生知识测验奖励优秀者，以激发他们学习卫生知识的兴趣。

检查身体与矫治疾病是小学卫生教育的辅助手段。定县小学不仅教授卫生知识，还给学生进行健康检查并对患者进行矫治。由于学生较多，对学生的健康检查主要侧重于眼病、耳病、头癣、皮肤病、牙齿等项目。其中沙眼和头癣被列为特别检查项目。被纳入检查范围的25所村小检查结果显示："58%的儿童患沙眼病（粒性结膜炎），26.2%儿童的头皮有金钱癣。"① 发现病情后即着手矫治。为了防止家长反对，平教会专门与教师及村民进行卫生谈话，打通他们的思想。矫治工作开始后，平教会每周派一个护士到学校，对患者进行诊治，并教给"教师以简单治疗方法"②。这既减少护士到校次数，又保证矫治正常进行，还能培养教师的矫治能力，可谓一举三得。经过两三个月的努力，沙眼和头癣患病者大大减少，教师的治疗能力大为提高。据统计1933年3月到8月，经教师治愈或有明显好转者达46.4%。③

实行学生自主管理的卫生模式，积极改善学校卫生环境。组建学校卫生队，创建学生自主管理的卫生模式。学校组建卫生队，旨在促进学生养成卫生习惯和改善学校环境卫生。卫生队以教师和护士为顾问，以学生为主要成员，其中队长、副队长由三四年级学生担任，每年改选1次。卫生队首要工作是检查在校学生个人卫生。检查范围主要是双手和头皮，以查促改，一方面，督促学生做好个人卫生工作；另一方面，使学生养成卫生习惯。检查工作取得了较好成绩，与1932年4～8月份相比，1933年同月份学生的个人卫生有了明显改善。

1931年，晏阳初在定县学校卫生同乐会上强调了好环境对儿童养成卫生习惯的重要性，他指出："造了好环境，好社会，好家庭，好学

---

① 晏阳初：《晏阳初文集》，成都：四川教育出版社，1990年，第161页。

② 陈志潜：《定县乡村学校之卫生教育实验》，《卫生半月刊》，1934年第1卷第8期，第56页。

③ 该数据是根据刊载于1934年第8期《卫生半月刊》上陈志潜所著《定县乡村学校之卫生教育实验》一文中第二表数据计算而得。

校，使你们有好习惯，在二十年后，可以作好国民。”① 因此，定县卫生教育不忘改良学校卫生环境。他们不仅注重教室的清洁，还定期检查厕所，并将检查环境卫生列入日常工作。卫生队每月还召开一次会议，讨论与改善个人与学校环境卫生相关的问题。

总体来看，学校式卫生教育不仅教育了学生，还使教师们受益颇多。教师们在护士的指导下，学会了简单的矫治方法。在教授学生卫生知识过程中，教师也在一定程度上受到了熏陶。因此，学校式卫生教育的成效惠及了全体在校师生。

平教会在定县开展的社会式卫生教育可分为两个阶段，第一阶段是以姚寻源为首，主要在日常生活中通过宣传、督促等方式对农民进行教育。第二阶段以陈志潜为总负责，建立了三级保健机构，将卫生教育寓于诊病过程中。宣传与监督共用在定县开展卫生教育。以姚寻源为首的卫生教育部通过公众演讲、个人谈话、运动会、展览会、农村卫生演讲团、卫生戏剧、文字、标语、图画、影片等方法给农民普及卫生保健知识；深入农民家庭拜访以更好的向他们详细讲解卫生知识；建立了卫生会“督察他们清洁房屋和道路，指示他们各种预防疾病的方法”②。夏天，他们组织灭蚊小队；冬天，他们建立除虫蚤组织，以改善农村生活环境。

此外，这一时期平教会还致力于提高医生技能。卫生教育部一方面积极培训卫生指导员，以协助诊疗室工作、组织母亲会；另一方面“训练助产人员，召集乡间识字之妇女授以一月的训练”③ 教给她们一些简单的接生知识，实现全县每个村都能有一个具备基本接生知识的接生婆，推行科学化的助产方式，保证产妇与婴儿健康。这一阶段的卫生教育工作虽然对改善定县农民的卫生起到一定作用，但因其“与

---

① 宋恩荣：《晏阳初文集》第一卷，长沙：湖南教育出版社，1992 年，第 186 页。

② 傅葆琛演讲，周德之笔记：《定县平教工作与战事影响及善后》，《晨报副镌》1928 年第 74 期，第 16 页。

③ 《河北定县平民教育实验区考察记》，《中华教育界》1933 年第 20 卷第 8 期，第 130 页。

其他部门的实验工作联系不多，因此效果不佳”①。

为了弥补前期社会卫生教育的不足，以陈志潜为主任的卫生教育部在乡村建立了由保健员、保健所和保健院组成的三级保健机构。每级保健机构的规模和职责不同，保健员和各级医生为提高农民卫生意识和改善农村环境所做的工作也有差异。村级保健员在村里主要负责简易治疗普通疾病、报告出生死亡、进行普通种痘，改良水井建筑、向农民宣传卫生知识等，区级保健所医生的主要工作为灌输卫生常识、治疗较重疾病、施行预防注射、督率保健员进行每村工作。② 此外还组织卫生讲演，保健院的医师们除了在日常坐诊中“灌输卫生常识培养卫生习惯”外，还“创造卫生教育材料与方法”③。这三者分工各有不同，但它们环环相扣，缺一不可。

三级保健机构最大特点是寓教于医。陈衡哲在参观定县时，有一小孩到某保健所找主任王大夫治疗眼疾。根据病情，王大夫叫他天天去，但他却每三天去两次，经过一个月的治疗效果却不佳。经过仔细询问后，才知道由于药费短缺，医生就免去了挂号费，将省下的钱用于增加营养。“‘这样看了半个月’，王大夫说，‘眼翳已差不多全好了。’”④ 王大夫不仅帮助孩子减免了药费，更以事实告诉农民有病要及时医治。不仅保健所的医生这么做，保健员和保健院的医生也如此。这不仅弥补了前一阶段的不足，还探索出了符合实际的卫生教育模式。

平教会成员在定县开展的卫生教育在一定程度上扭转了农民的卫生观念，改进了农村卫生环境，提高了定县的医疗水平。这在当时和现今都有较大的意义。在当时，国民党中央卫生署在全国建立卫生机构就借鉴了定县的三级保健网制度，并加以推广。“每县县设卫生院，县以下乡镇设卫生所，保设卫生员”，“这种制度已经成为了全国通行

---

① 张照青，赵颖：《论定县农村卫生实验及其历史地位》，《保定师范专科学校学报》2007年第3期，第98页。

② 陈志潜：《定县社会改造事业中之农村卫生实验》，《卫生月刊》1934年第4卷第1—6期，第10页。

③ 同上，第11页。

④ 衡哲：《定县农村中见到的平教事业》，《独立评论》1933年第51期，第21页。

的‘公医制度’”①，这种制度在当时是合乎中国国情、既简单又经济、便于推广的方法，在我国前所未有。定县的卫生教育对当今都有着一定影响，据河北省 1983 年第 11 期《文史资料选辑》所载：“定县已消灭天花，卫生工作很容易推行，收效大。县卫生局长杨林肯定这是当年平教会打下的基础。”②

4. 实施公民教育，培育公共精神

在平教会十年工作计划中，公民教育被安排在第 3 期，它是平教会在定县实施平民教育的最终目标。但是，公民教育是对农民品质的改造，这种改造完全是抽象的。对公民进行心理教育的方法最困难，收功效却不能轻易显露。

为有效领导定县的公民教育，平教会成立了公民教育部，以陈筑山为主要负责人。目的是“养成平民的公共心，与合作精神，使根本上训练其团结力，以提高其道德生活与团体生活”③。他们还制定了向农民宣传的标准，即要“以大德无私、勇敢无畏为人民的基本道德；以友爱和睦、慈祥孝敬为对人之道德；以博爱大同、济弱扶强为世界之道德”④。为此，平教会公民教育部的主要工作有“国族精神的研究，农村自治研究，公民教育材料研究、公民活动指导研究”⑤。这些工作在具体实践中主要通过召开家庭会、举办村民村治讲习会、编写公民读物等方式向农民进行宣传。

晏阳初等人认为家庭是国家和社会的基础，他们在定县开展公民教育时就从家庭着手。平教会以“爱家之心，推而至于爱众”⑥ 为目

---

① 宋恩荣：《晏阳初全集》第二卷，长沙：湖南教育出版社，1992 年，第 293 页。

② 湖南省武冈师范学校主编：《晏阳初教育思想研究》，长沙：湖南教育出版社，1988 年，第 40 页。

③ 《中华平民教育促进会试验下的定县》，《清华周刊》1932 年第 37 卷第 12 期，第 95 页。

④ 《保定历代大事纪略》，北京：方志出版社，2002 年，第 154—155 页。

⑤ 梁容若：《河北定县参观记》，《山东民众教育月刊》1933 年第 4 卷第 9 期，第 113 页。

⑥ 《定县平民教育与促进会访问记》，《河北月刊》1933 年第 5 期，第 8 页。

标劝导群众召开家庭会。高头村率先推展家庭会。由于家主是在一个家庭中最有分量的人，平教会首先在定县召开家庭会，在家庭会上宣传男女平等、共谋生活。随着家主们逐渐接受平教会宣传的内容，妇女会、闺女会、幼童会等顺利成立。在宣传过程中，平教会将“家族道德、教育儿童、家庭经济卫生，及家与乡与国与世界之关系”① 相继定为宣传的主标题。通过教育，定县农村中婆媳关系和睦、各家各户间的互助意识增强。

在社会中，定县公民教育的主要工作是举办村民村治讲习所。其方法是将从平民学校毕业的学生组织起来成立“毕业同学会”，以该会会员为骨干，改进定县农村的事业。他们在农村举办讲演会，选用实用的、已经编辑的历史图片向农民宣传公共道德。这样的图片现在已经有 40 多种，这些图片所用的字都是用平民课本中文字，以便农民读懂并理解图片内容。1937 年“七七事变”后，毕业同学会的会员们还在平教会的号召下，与平民学校学生一起“每人扛一把扫帚和农具，上面贴有‘横扫日本’的标语，举行抗日示威”②。这种举办抗日示威活动也激发农民的爱国热情，在社会中产生了相当的影响。

平教会会员们在定县宣传公民教育，激发民众的爱国热情最有效的方式是出版壁报。壁报的内容是将每天广播播报的内容写在墙壁上，供人民阅读。这些宣传内容大多和当前时事有关系，壁报的内容就曾有当时中日双方交战的状况，群众的心情也随着中国军队的胜败而起伏跌宕。通过壁画宣传，农民对国家大事了解更多。

通过演讲、示威活动和壁画宣传，定县农民的爱国热情提高。仅高头村在给 19 路军捐款的时候，全村就捐了 20 多万。其中还出现了许多感人的事情，“有一个无产业在街上拾粪的人，听见说上海打仗，激动了他的爱国心，自己本来无钱，竟借了二十个铜子捐人”③。抗战

---

① 《定县平民教育与促进会访问记》，《河北月刊》1933 年第 5 期，第 8 页。

② 河北省地方志编纂委员会：《河北省志》，北京：中华书局，1995 年，第 722 页。

③ 《参观定县平民教育促进会报告》，《女师学院期刊》1933 年第 1 期，第 18 页。

军队从定县经过时“人民自动捐款购买慰劳物品者甚多，有夜半起身行数十里赶至车站者，其爱国之心，真不后于人矣”①。

平教会会员们在对定县农民进行公民教育的时候不仅采用举办演讲、出壁画等方式，还在农民中开展拒毒禁赌、灭蚊杀蝇、防疫救护活动，号召他们在思想上重视自身生活条件和生存环境。此外，为了锻炼群众的身体，平教会会员时常在广场上组织农民举办武术比赛。陈衡哲在定县就曾见到“两三位壮健的少年，拿着真刀真矛，往来比赛”②。虽然看到这样的武术比赛让人心惊，但是武术中体现出的中古韵味让观看者身不由己地将之看完。通过举办武术比赛，激发当地农民锻炼身体的热情。此外，平教会成员还在定县开展修路植树扫雪等活动以改造农民的生活环境。

平教会在公民教育部之下又设立了农民教育编辑部，将研究成果编写成公民读物。在国族精神的研究方面，平教会“将历史上的仁人志士之事迹，制成 40 套《历史图说》，出版了《国族精神论例浅释》一书”③。此外，平教会农民教育编辑部还“编辑了《公民课本》、《公民读物》、《历史图说》等，编辑方法是把某些历史人物的一生分为若干段，每段插绘一图，图下附以浅显的说明，并谱成曲子，以便歌唱”④。这种集文字说明、图片解说和谱曲歌唱为一体的读物，对农民有一定的吸引力。到 1933 年，公民教育材料编辑已经有“公民道德根本义，公民道德纲目，公民知识纲目，公民生活应改正之点，中国伦理之根据，公民课本，公民图说，公民讲演图说等”⑤。

同时，以晏阳初为首的平教会成员还注重联系国家时事对公民进

① 《定县平民教育与促进会访问记》，《河北月刊》1933 年第 5 期，第 9 页。

② 陈衡哲：《定县农村中见到的平教会事业》，《独立评论》1933 年第 51 期，第 21 页。

③ 苗春德：《中国近代乡村教育史》，北京：人民教育出版社，2004 年，第 156 页。

④ 河北省地方志编纂委员会：《河北省志》，北京：中华书局，1995 年，第 722 页。

⑤ 梁容若：《河北定县参观记》，《山东民众教育月刊》1933 年第 4 卷第 9 期，第 113 页。

行公民教育。1931年“九一八事变”后，晏阳初曾要求平教会的同事们把公民教育和抗日教育结合起来，以救亡图存精神在定县开展平民教育。平教会编辑部编写了约500种国难丛书，其中包括《卧薪尝胆》、《精忠报国的岳飞》、《杀身成仁的文天祥》等。同时，平教会还将公民教育的研究成果编写成公民读物，供农民购买阅读。这些研究结果“多半都有印刷品出售，谁要详细知道，谁可以到平教会的售书处去买”①。平教会编辑的公民读物内容丰富，定县平民购买也较为便利。

由此可见，平教会在定县开展的公民教育方式多样，在民众中也产生了较大反响。在一定程度上改变了原来“举国之人勇于私斗，而怯于公战，轻视公义，而重视私情，其团结力公共心如何更不待言”②的状况，定县民众的团结力和爱国心得到增强。

**（二）定县乡村教育的经费**

晏阳初等人通过平教会这一组织在定县对民众开展的教育基本上都是靠一己之力完成的，即使缺乏教育经费，定县平民教育举步维艰的时候都没有得到当地政府、北洋政府或国民党当局的财力支持。可见，平教会成员们筹集教育经费任务之重。1926年11月，定县实验开始时，“平教总会以经费预算之85%倾注于定县”③。晏阳初等人对定县实验区的重视程度可见一斑。

从1926年到1930年6月，平教会共用去教育经费22109.1元。在1929年，定县第一乡区平民学校每月所用经费平均为6.41元④，以当时227所平民学校计算，平民学校一年共需要教育经费1455.07元。由于定县平民学校的实际情况不同，各校所用的经费也不一样。据调查，1928年定县第一乡区平民学校每月所用经费都不一样“最高

① 老向：《定县的平民教育》，《人世间》1935年第27期，第5页。

② 马秋帆，熊明安：《晏阳初教育论著选》，北京：人民教育出版社，1993年，第29页。

③ 四川省政协，巴中县政协文史资料委员会合编：《平民教育家晏阳初》，成都：四川大学出版社，1990年，第287页。

④ 汤茂如：《定县农民教育》，中华平民教育促进会学校式教育部，1932年，第143页。

额为十一元八毛三分，最低额为三毛，中数为一元三毛六分”①。这些教育经费一分钱都没有依靠政府，而是通过晏阳初和平教会成员自己努力筹集而来。他们凑集教育经费的途径主要有：募捐和版税。

用于定县平民教育的捐款主要来源于国内有识之士、国外华侨和美国的某些基金会。在国内，虽然政府没有支持平教会的平民教育事业，但是一些有识之士却纷纷慷慨解囊，其中“有熊朱其慧其人，肯每年掏出三千六百元”②。因为只有部分人士，国内的捐款数目还是相对较少，不足以维持平教会在定县的平民教育。因此，晏阳初就利用出国参会等机会，在国外进行募捐。早在 1925 年 6 月晏阳初就利用到美国檀香山参加“中国的平民教育会议”的机会，在会上作了题为《中国的平民教育》的演讲，使与会的各国代表和国外华侨深受感动。檀香山的华侨们邀请晏阳初作了 30 多次演讲，并在 3 天内就为之募得了两万元美金。1928 年，晏阳初赴美接受耶鲁大学授予的荣誉学位时，“与美国全国教育会及一些大学组织了一个‘合作委员会’，从洛克菲勒基金会募得一笔基金”③。平教会的工作得到了华侨的大力支持，在募捐的过程中出现了很多感人事迹。在美国檀香山，一个买水果的华侨捐款后非常愧疚地对晏阳初说：“我是一个穷人，只能捐助一千美金。”④

不仅华侨支持定县的平教事业，外国友人也曾为定县平教事业贡献自己的力量。1929 年，晏阳初利用接受学位的机会，在美洲各地进行演讲，宣传中国的平民教育活动。在外国友人的大力帮助下，经过一年的努力，晏阳初募捐了一些补助金，但是这些补助金带有一定的条件。不仅如此，晏阳初还募得了一些个人捐款，曾经义务帮助他干杂活的费尔德为中国的平教会捐助了 5000 元。美国的社会学家甘博听

---

① 汤茂如：《定县农民教育》，中华平民教育促进会学校式教育部，1932 年，第 136 页。

② 老向：《定县的平民教育》，《人世间》1935 年第 27 期，第 6 页。

③ 河北省地方志编纂委员会：《河北省志》，北京：中华书局，1995 年，第 723 页。

④ 老向：《定县的平民教育》，《人世间》1935 年第 27 期，第 7 页。

闻李景汉在定县调查中生病，从美国“赶赴定县参加调查，且捐款一万余元”①。

最值得一提的是来自美国有关机构和基金会方面的捐款。从1930年起，美国的罗氏基金都对定县平民教育给予补助。因为看到了定县平教工作的成绩，美国的其他团体和基金会也对之伸出了援助之手。美国斯坦福大学的韦尔伯校长曾经盛情赞扬中国的平民教育，并建议成立中国平民教育美国合作委员会为中国平教事业进行募捐。经过各方面的不懈努力，定县获得了大量的国外捐款。除了上述的洛克菲勒基金会的捐款外，还有来自美国纽约市米尔班纪念基金会的捐助。这些捐助也为平教会发展的定县平民教育做出了贡献。

国内外的捐助是维持平教会工作的重要组成部分之一，平教会出版书籍的版税经费也被用于发展定县的平民教育。“每年可以收到一定的版税用作平民教育的开支。”② 平教会的教育经费大多来自民间，其中有部分来自国外。国内虽然有人支持平教会的工作，但是人数少、力量薄弱，不足以维持定县平民学校的教育。相对国内而言，国外的捐款相对多一些。此外，平教会的教育经费还有部分来自出版书籍的版税。在没有政府的支持下，平教会依靠自己的力量筹集了教育所需的经费，保证了定县平民教育正常、稳定的发展。

## 三、定县乡村教育的影响

1937年，抗日战争全面爆发以后，平教会在定县开展的平民教育也被迫停止，但是平教会在定县8年的平民教育活动是四大教育有序进行，取得了一定的成绩，在国内和国际上都产生了积极影响，定县平民教育的积极性甚至持续到当代。

### （一）国内影响

以晏阳初为总干事的中华平民教育促进会以振兴国家为己任，在

---

① 四川省政协，巴中县政协文史资料委员会合编：《平民教育家晏阳初》，成都：四川大学出版社，1990年，第289页。

② 河北省地方志编纂委员会：《河北省志》，北京：中华书局，1995年，第723页。

定县进行了平民教育实验。他们和黄炎培、陶行知等教育家一样致力于乡村平民教育，为一方百姓造福，也为时人发展乡村教育提供了借鉴经验。

1. 对定县民众的影响

平教会在定县开展的平民教育使当地民众受益颇丰。定县的平民通过文艺教育，使自己摆脱了文盲的困境；通过生计教育，掌握了生产技能，增强了劳动力；通过卫生教育，提高了自身卫生意识、改善了生存环境；通过公民教育，激发了他们的公德心和团结力。通过文字教育，平民学校的学生人数增加。据调查，1929 年，定县平民学校的学生人数为 5839 人，比 1928 年的 1125 人多了 5.2 倍。仅定县第一乡区的入学人数从 1928 年的 995 人增加到 1930 年的 1995 人，两年内就增加了 1000 人。

通过生计教育，定县民众的生产力得到相应提高。由于平教会研究并推广了新型猪种，使得“第一代改良猪于一年中较本地猪增长三十二斤十两”①，白菜等农作物的产量也有所提高，增加了农民的经济收入。通过卫生教育，定县民众逐渐开始注重个人卫生，水井改造等措施改善了他们的生存环境。

通过公民教育，定县平民的爱国热情高涨。他们纷纷为抗战捐款并组织游行示威。定县平民入学人数增加，说明定县平民开始积极要求摆脱文盲状态，生猪、白菜等产量的提高，为提高民众生活奠定了基础；卫生观念与医疗水平的提高，保证了民众的卫生条件；演讲、壁画等方式激发了定县平民的凝聚力和爱国心。虽然，在推行四大教育的过程中，由于生计等诸方面原因，定县民众在一开始并不认可平教会的某些工作，但由于平教会的四大教育连锁并行，从知识、生活、卫生、道德等多方面作用于定县民众，对提高他们的整体素质仍然起到了积极的作用。有的甚至还影响到当代的定县民众，尤其是卫生教育的成效对当代定县防治天花等传染疾病起到了积极作用。

---

① 梁容若：《河北定县参观记》，《山东民众教育月刊》1933 年第 9 期，第 110 页。

2. 对国内教育界的影响

定县的平民教育活动在全国范围内产生了较大反响，吸引了大批的参观者，很多有识之士慕名前来参观，定县的平民教育工作给他们留下了深刻的印象，也引发了他们更为深入的思考。当然，他们对此评价也是褒贬不一。河北省女子师范小学部主任马志道对之解释道："到定县参观的人，有的说平教会好，有的说坏，这完全是因为个人所处的环境不同，因之眼光也自然不同。"①

四大教育连锁并进的新式教育方式得到了很多人的首肯，这在中国乡村教育史上都具有创新性意义，为时人与当今教育者提供了丰富的经验。正如河北省女子师范学院院长齐璧亭说的："定县平教之特点，除应用科学方法外，则为其四大教育之联锁进行。如文字教育，附带授与生计、卫生、公民之知识。公民教育，同时可谓生计，卫生之运动。而戏剧、音乐、图画，（艺术教育）多为公民、卫生、生计之训练。经济合作（生计教育），保健，种痘（卫生教育），则助公民道德之养成。分工合作，互为辅助，收效甚大。现在一般学校之课程，科自为谋，不相联络，而全体课程又与生活不相关连，亟宜参照定县平教之办法，而加以纠正。"② 齐院长的这一番话不仅道出了定县平民教育中四大教育之间的关系和产生的功效，还指出了定县平民教育值得借鉴的积极影响。

陈衡哲在参观定县时，平教会的科学精神也给她留下了深刻印象。她看到："平教会的千字课本，是经过了若干次的客观与主观的选择而采用的"；"用简单的方法与简陋的设备，竟能自己动手制成了一个播音机的全部，以及许多收音机"；"卫生教育方面的事业与成绩，也是有系统的，是不但科学而且人道化的"③。

虽然平教会在定县的平民教育工作在教育方式等方面具有积极影

① 《参观定县平民教育促进会报告》，《女师学院期刊》1933年第1期，第18页。

② 同上，第19页。

③ 衡哲：《定县农村中见到的平教会事业》，《独立评论》1933年第51期，第24页。

响，但是也存在不足。时人在参观定县平民教育运动后指出："公民教育的理论完全是把中国过去历史上的志士仁人忠臣孝子（以左传史记参考材料）搬出来作为模型而没有新进的创造对于三民主义没有深切的信仰。据我个人看来他们所标榜的公民教育未免太唯心并且搀进了许多佛家的学说（心灵的解释），在理论上或许是可以讲得通但恐怕不易见诸事实吧。"① 还有人甚至认为定县平民教育工作是行不通的。《大公报》曾载一篇评价文章，"意思是说中国在帝国主义铁蹄之下，一切之一切，都被限制与束缚，这种锁链不去掉，无论怎样挣扎，都是无效的，也说平教会这种作法，是不通之路"②。

虽然定县平民教育工作存在瑕疵，但是并不影响它在全国的推广。1931 年蒋介石曾派人到定县学习，这些人学成后"回去还要在蒋介石的家乡浙江奉化去推行这种平民教育"③。不可否认，在全国推广定县教育一定程度上说明了平教会在定县开展的平民教育诸多举措有利于提高农民生活，促进农村发展。1933 年，陈衡哲在参观完定县后，全面了解了该县的平民教育，认识到有推广的必要。她提议通过培养青年人才将定县的平教事业进行推广。

**（二）国际影响**

定县平民教育事业不仅在中国有着较大的影响力，在国际上的影响力也不小。这主要表现为国际上资金的支持、接受定县模式和对晏阳初本人的奖励。

定县平民教育取得的成果引起了海外同胞的关注，有不少海外学者前来参观、学习，还有许多海外华侨、平教人士和异国团体从经济上支持定县平民教育。

海外人士亲赴定县参加或参观定县平教实验区。除了甘德、金淑英外，1930 年 8 月中国平教美国合作会秘书费尔德到定县参观平教会

---

① 《河北定县平民教育实验区考察记》，《中华教育界》1933 年第 20 卷第 8 期，第 131 页。

② 《对定县平教会的多角批评》，《深光》1933 年第 3 卷第 9—10 期，第 16 页。

③ 高奇：《中国现代教育史》，北京：北京师范大学出版社，1985 年，第 153 页。

的试验工作。这是西方人以官方身份第一次到定县参观平教事业。

海外华侨和平教人士全力帮助平教会发展定县平民教育。他们对定县平民教育的支持表现在两个方面，一方面，自己直接为定县捐款；另一方面，帮助中华平民教育促进会在海外进行募捐。对定县平民教育事业直接捐款的海外人士中既有学者、学生，还有小商贩。他们捐款的数额也是不相等，无论他们捐款数额多少，都是对定县平民教育事业的支持。此外，有能力的华侨和海外人士还帮助晏阳初进行募捐，1925 年，美国檀香山的华侨们就自动组织了募捐队为定县平民教育事业筹集资金。1928 年晏阳初在美洲募捐时，也得到了很多海外人士的帮助。“一年的光景，这些外国朋友，帮同晏先生设尽种种办法，募得了一点五年为限而附有条件的补助金。”① 除了捐款以外，还有一些人士因为感动于晏阳初平教运动的演讲，帮助晏阳初做一些杂务，有的甚至志愿来中国参与平教工作。如美国富家女金淑英（后取中文名）不仅亲自到定县参加平教工作，还写信请求她的母亲向平教会捐赠 5000 美元用以购置广播电台设备。

定县平民教育的成果也得到了外国某些团体的认可。维持平教会在定县发展平民教育的资金有一部分来自美国，但是美国团体对定县平教会的捐款并不是慈善性的捐款，他们捐款是冲着定县平民教育的成就，还有些基金在捐款时就有附加条件。

国际上对定县平民教育成就的认可还表现为接受定县模式和对晏阳初本人的奖励。从 20 世纪 50 年代起，亚洲、非洲和拉丁美洲的一些发展中国家重视定县实验的成果，这当中包括定县平民教育的成果。它们也准备效仿中国河北定县，在自己的国家发展平教事业。为了适应这一需要，晏阳初分别于 1952 年和 1967 年在菲律宾创设了乡建工作人员训练班和国际乡村建设学院，为国际乡村教育和乡村建设运动输送了大量人才。

还有一些国家接受了晏阳初的平民教育思想，在本国开展平民教育。1944 年 3～4 月间，晏阳初曾与古巴人士会谈商榷在该国发展平

① 老向：《定县的平民教育》，《人世间》1935 年第 27 期，第 7 页。

民教育的相关事宜，并亲临古巴协助完成开展平民教育的主要计划。他认为古巴之行实现了他的多年心愿，即将中国的平教经验传至海外，他希望能够出现一个“古巴人的定县”。

鉴于晏阳初在定县平教事业中的杰出贡献，国际有关组织曾对其进行了表彰。1943 年 5 月 24 日，在纽约举办的纪念哥白尼逝世 400 周年的大会上个，晏阳初作为唯一的东方人，与爱因斯坦等人一起被推举为“现代世界最具革命性贡献的十大伟人”。在给晏阳初的表扬状上，这样写道“杰出的发明者：将中国几千文字简化且容易读，使书本上的知识开放给以前万千不识字人的心智。又是他的伟大人民的领导者：应用科学方法，肥沃他们的田土，增加他们辛劳的果实”①。这一评价虽然不能全面反映晏阳初为平教事业，尤其是在定县平民教育运动中所做的贡献，但是它将晏阳初在文字教育和生计教育方面的突出作为清晰地呈现于世人面前。

自平教会移至定县开始，以晏阳初为代表的中华平民教育促进会在定县开展了为期 8 年的平民教育事业，加之 1926—1928 年三年在定县的前期工作，定县平民教育事业在一定程度上改善农民生活和农村环境，引起了当局政府和海内外人士的关注。尽管定县的平民教育活动不能根本上解决农民困苦的问题，但对定县平民逐步走出困境而言是有利的。因此，定县的平民教育，在国内外产生了重大影响，为立志乡村教育的有识之士提供了一份宝贵遗产，对国内外的农村平民教育有着重要的参考价值。

## 第五节　梁漱溟与邹平乡村教育

梁漱溟的乡村教育思想及理论的肇始应追溯自他辞去北大教员之时。② 在北大任教七年，他看到了新式教育的不足，遂逐渐有了不同

---

① 四川省政协，巴中县政协文史资料委员会合编：《平民教育家晏阳初》，成都：四川大学出版社，1990 年，第 297 页。

② 1917 年 10 月，梁漱溟开始在北大任教，研究并教授东西文化及其哲学，一直到 1924 年暑假辞职，前后长达七年。

的认识与设想。为此，梁漱溟毅然离开北大，去实践自己的教育思想。经过努力，他提出了较为完善的乡村教育思想并在山东邹平①开展了轰轰烈烈的乡村教育实践。

## 一、以乡村建设为本的教育思想

正如梁漱溟在“四不料”② 中所言，乡村建设运动并不是以教育为立足点，但却最终汇合到了民众教育、社会教育之中，这应该算作是主观理想与客观现实间的偏差。但不可否认，乡村教育的确是乡村建设活动中的重要组成部分。在邹平从事乡村建设期间，梁漱溟先后完成并发表了《山东乡村建设研究院设立旨趣及办法概要》、《中国民族自救运动之最后觉悟》、《社会本位的教育系统草案》、《乡村建设大意》、《乡村建设理论》（又名《中国民族之前途》）等文章或专著，系统而完备地论述了他的乡村建设理论，同时也将其独特的教育思想做了清晰而明确的阐述。

### （一）建设乡村，教育为先

梁漱溟虽然没有明确表述过“教育救国”的主张，但是其教育思想却始终都围绕着开辟新路，拯救中国的最高目标而进行。他指出，“中国原来是一个大的农业社会。在它境内见到的无非是些乡村；即有些城市（如县城之类）亦多数只算大乡村，说得上都市的很少。就从

---

① 这里需要说明的是：邹平县隶属于山东省滨州市，位于山东省中部偏北地区。它历史悠久，古称梁邹。民国初期，邹平与长山、齐东三县并属于济南道。1928 年废道制后，直属于山东省。民国时期邹平的行政区域面积不及今日。本文中所论述的邹平，为民国时期的邹平县。

② 梁漱溟曾在其《自述》讲话中概况了自己一生的“四不料”：一不料“当初最反对高玄最嫌厌哲学，以后反而到大学中去讲哲学，甚至还被视作哲学家”；二不料“小时候未尝读四书五经，而后来乃变为一个拥护儒家思想赞扬孔子的人”；三不料“自己生长于北京而且好几代皆生活于北京，完全为一都市中人，未尝过乡村生活，而今日乃从事于乡村工作，倡导乡村建设运动”；四不料“乡村建设运动与民众教育或说是社会教育终成为一回事”（梁漱溟：《自述》，《梁漱溟全集》第二卷，济南：山东人民出版社，2005 年）。

这点上说，中国的建设问题便应当是‘乡村建设’”①。他将纷繁复杂的中国问题集中于乡村地区，“只有乡村安定，乃可以安辑流亡；只有乡村产业兴起，可以广收过剩的劳力；只有农业增加，可以增进国富；只有乡村自治当真树立，中国政治才算有基础；只有乡村一半的文化能提高，才算中国社会有进步。总之，只有乡村有办法，中国才算有办法，无论在经济上、政治上、教育上都是如此”②。

在《乡村建设理论》一书中，梁漱溟完善了他的这一理论。他指出，乡村建设是起于救济乡村运动；起于乡村自救运动；起于积极建设之要求；起于重建一新社会构造的要求。③ 这其中，重建新的社会构造则是乡村运动的真意义之所在。故而“乡村建设，实非乡村建设，而意在整个中国社会之建设，或可云一种建国运动”④。由此可见，乡村建设的最终目的是建设国家、拯救中国。他的这一理论主要涉及经济、政治、教育（或文化）三大方面。⑤ 教育作为乡村建设的重要组成部分，自然也就服从于建设中国的最高目标。从这个意义上来说，梁漱溟教育思想的核心在于建设乡村，并统一于拯救中国的最高理想。那么具体而言，乡村教育是如何达到建设乡村这一最高目标呢？

梁漱溟认为，当时的中国社会，教育在都市过剩，在农村稀缺。故若将教育带到农村，则可体现出巨大的作用。当时农村最大的病症是愚蔽，最大的缺憾是有口难言。若有知识分子加以引导与教化，则

---

① 梁漱溟：《山东乡村建设研究院设立旨趣及办法概要》，《梁漱溟全集》第五卷，济南：山东人民出版社，2005 年，第 222 页。

② 同上，第 225 页。

③ 参见梁漱溟：《乡村建设理论》，上海：上海人民出版社，2006 年，第 9—19 页。

④ 同上，第 19 页。

⑤ 关于这一点，梁漱溟曾在《山东乡村建设研究院设立旨趣及办法概要》中提出：所谓乡村建设，事项虽多，要可类归为三大方面：经济一面，政治一面，教育或文化一面。虽分三面，实际不出乡村生活的一回事；故建设从何方入手，均可达于其他两方面。参见《山东乡村建设研究院设立旨趣及办法概要》，《梁漱溟全集》第五卷，济南：山东人民出版社，2005 年，第 227 页。

势必为乡村扩增了耳目；为乡村增添了喉舌；更是给乡村添了脑筋智慧。① 如此一来，农民便不再闭塞、盲目、愚钝，乡村建设事业的开展也就更加顺畅。那么“果真化除得几分乡村人的愚蔽，果真乡村人受到祸害能呼喊出来，中国民族前途便已有了希望；乡村建设便算成功了一半。其作用还不伟大么？②”但是面对相当落后和闭塞的中国广大乡村的现实，面对知识分子从都市来到乡村大兴建设这一特殊情况而言，若想开辟新路，顺利开展乡村建设事业，那么最紧要的便是取得众多乡村百姓的理解和支持。那么，开启民智也就自然成为当务之急。“倘于此多数民众不能有所开启振拔，则凡百俱不相干，什么都说不上。”③ 教育在乡村有着开化民智的重要作用，因此它可以称得上是乡村建设的“先锋军”。因此，乡村建设要教育先行。梁漱溟的教育思想正是围绕乡村建设层层开展的，是整个乡村建设理论中重要的先导和先决条件。

**（二）民众教育，“授民以渔”**

梁漱溟在《山东乡村建设研究院设立旨趣及办法概要》一文中指出：“乡村建设之教育一面，眼前可做之事甚多；而要以民众教育为先，小学教育犹在其次。民众教育随在可施，要以提高一般民众之知能为主旨。经济一面、政治一面之得有些微进行，统赖于此。”④

虽然此时梁漱溟没有对这一思想进行详细的阐述。但是仍可以看出其对于民众教育的重视程度，即将民众教育的功能作用定位在提高一般民众知能之上。在此后的实践中，他的这一民众教育思想不断发展成熟。在参加了1932年冬在南京政府召开的全国第二届内政会议及1933年夏在邹平举办的“乡村建设讨论会”（后改名为“乡村工作讨论会”）等会议后，梁漱溟提出了《社会本位的教育系统草案》，旨在大力推广乡村的民众教育。“乡村建设也就是民众教育。民众教育不归

---

① 参见梁漱溟：《山东乡村建设研究院设立旨趣及办法概要》，《梁漱溟全集》第五卷，济南：山东人民出版社，2005年，第227页。

② 同上。

③ 同上，第230页。

④ 同上，第229页。

到乡村建设就要落空；乡村建设不取道于民众教育将无办法可行。”①

民众教育（或曰社会教育）②，是针对当时学制下的学校教育而言的③，若从整体教育事业的发展上来看，学校教育与民众教育是密不可分，融合归一的。但就当时的教育状况而言，学校教育所传授的知识难见成效，国人虽然学了知识，但却与现实脱节。不仅如此，学校教育还因为受年龄上、课程上、体系上等种种限制，远不能满足提高国人素质，尤其是广大农村民众素质的需求。在这种情况下民众教育就显得更为重要，更加实用。“此刻的中国，天然的要注重民众教育，或说是社会教育。此民众教育或社会教育，即乡村建设。中国的民众多在乡村，故民众教育即乡村民众教育。中国是乡村社会，故社会教育即乡村社会教育。此种教育是很活的，很实际的教育，此教育即乡村教育。”④

那么应该如何进行社会教育呢？梁漱溟认为，兴办社会教育的关键是着重成人教育。⑤ 而实施成人教育则必须构造一种特殊的环境，

① 梁漱溟：《自述》，《梁漱溟全集》第二卷，济南：山东人民出版社，2005年，第32页。

② 梁漱溟在阐述其社会本位的教育系统时，同时运用了“社会教育”与“民众教育”两个称谓，但根据其行文论述，“社会教育”与“民众教育”在内容上似无本质性的差别，梁漱溟本人也时常将“社会教育”解释为“民众教育”，或将“民众教育”诠释为“社会教育”。由此可见，梁漱溟的“社会教育”与“民众教育”应是同一含义。

③ 根据梁漱溟的定义，学校教育是教育的中心、正统，主要指小学教育，中学教育，专门学校，大学校等。而社会教育则为有侧重面的补充设施，是非正规教育。包括民众教育馆、民众茶园、通俗讲演所、图书馆、博物馆、公共体育场、识字夜班、民众学校、职业补习学校、函授学校等（参见梁漱溟：《社会本位的教育系统草案》，《梁漱溟全集》第五卷，济南：山东人民出版社，2005年，第394页）。

④ 梁漱溟：《社会教育与乡村建设之合流》，《梁漱溟全集》第五卷，济南：山东人民出版社，2005年，第436页。

⑤ 在梁漱溟看来，教育的功用本在于“绵续文化而求其进步”。但在这乱世之中，旧的文化遭到破坏，新的文化尚待建立，因此教育的任务便是要改造文化、创造文化，也就是除旧布新。旧主要是在成年人身上，故除旧是对成人下功夫；而布新更是对成人而言，因为只有成年人懂得了生产的技艺才能帮助农村的发展。所以要创造文化，就一定要施行社会教育，尤其是成人教育。

“置受教育者于其地而教育之”，即不能采用城市学校教育的模式，而应在乡民原有的环境中创造新的教学模式，教以农业改良、乡村自治，从而达到乡村建设的目的。① 通俗地说，梁漱溟民众教育的主要内容就是“授民以渔”。这一点早在其撰写《社会本位的教育系统草案》中就有明确论述。在该文中，他将建设社会本位教育的原则清晰而详细地罗列出来，其主要原则有如下三点：“第一，社会本位教育的内容包涵了社会生活的基本教育、各项人才的培养训练、学术问题的研究实验等一切内容。在方式上可以运用学校教育、社会教育各种方式，而不明确区分社会教育、学校教育。第二，教育对象区域的厘定以自然条件、社会形势、行政区域便宜行事。每个地区设国学、省学、县学、区学、乡镇学等五级。各级教育设施职责不同。国学偏重学术研究，省学主于人才训练，乡学等则以基本教育为核心。第三，在这一方案下，原有的县立小学归入区学或乡学，省立中学师范院校归入县学，国立大学等则归入省学。将现有的教育体制化于社会本位的教育系统中。”②

这一教育理念具体到乡村教育就是要在乡村中广泛开设成人部、妇女部、儿童部等，并酌设大会堂、图书馆、体育场、音乐堂等配套设施。根据不同群体的不同需求，分别施以其生活必需的教育，使得乡村中的每一分子都有参与社会生活，从事乡村建设的能力。而在较高一级的县级教学机构中，则要设立升学预备部、职业训练部、自由研究部、乡村师范部等，给以专业和技能上的训练。一方面，为更高一级的深造夯实基础；另一方面，则注重培养专业人才，以便返回乡村地区带动当地的建设事业。至于市学、省学乃至国学则具有不同的职责与使命。③

之所以拟定这样的教育方略，是因为梁漱溟认为“中国旧日书房

① 梁漱溟：《社会教育与乡村建设之合流》，《梁漱溟全集》第五卷，济南：山东人民出版社，2005年，第436页。

② 参见梁漱溟：《社会本位的教育系统草案》，《梁漱溟全集》第五卷，济南：山东人民出版社，2005年，第401—404页。

③ 详见《社会本位的教育系统草案》中的相关论述。

教育，于科学知识实用技能完全没有”①，而从西方传来的新式教育“更为无目的之入学与升学，有如资本主义之盲目的生产”②。由此可知，无论是书房教育还是学校教育不是偏重于以读书为学，就是偏重于知识记背，并不能照顾人的整个生活。但是，社会本位的教育则刚好可以矫正此弊端。它是真正给予乡民认知，并帮助他们建设乡村的实用教育，有道是“授人以鱼，不如授人以渔”。给乡村带去福利和财富，不如教会农民如何去生产、获得财富。对于那些一心求取知识，心向学问的人而言，“学问以自己求得为真；自来名家每出于学校教育之外”③，他们需要的是更好的进修条件和硬件设施，而并非刻板学校教育，这也是梁漱溟所大力倡导的。

**（三）以教辅政，政教合一**

乡村教育除了要肩负开展教育的使命外，还要承担推行地方自治的实验。

梁漱溟认为，中国传统社会的组织特点是“伦理本位，职业分途”。在欧风美雨的侵蚀下，中国的伦理系统在遭到破坏的同时却没有建立起西方式的个人本位的社会，于是便有了中国社会的混乱与动荡。若要改变这种状况，必须要在尊重中国传统文化底蕴的基础上，有所创新。解决这一问题的关键就是要建设乡村，在农村中重建新的社会组织构造。而这一新组织便是在传统“乡约”基础上创造而成的乡学、村学体系。④

提到乡学、村学，则必须将另一概念一并提出，即“乡农学校”。事实上，在《乡村建设理论》中，梁漱溟在论及乡村组织结构造时，

---

① 梁漱溟：《丹麦的教育与我们的教育——读〈丹麦民众学校与农村〉》，《梁漱溟全集》第七卷，济南：山东人民出版社，2005 年，第 680 页。

② 梁漱溟：《社会本位的教育系统草案》，《梁漱溟全集》第五卷，济南：山东人民出版社，2005 年，第 408 页。

③ 同上，第 410 页。

④ 关于“乡约”问题的详细论述，参见梁漱溟《乡村建设理论》中的相关内容。此外，郑大华所著《梁漱溟传》中对梁漱溟对于传统“乡约”的认识亦有详细分析，可帮助理解、分析。这一问题与本节所阐述内容关系较远，故不再详细论述。

所运用的也是“乡农学校”而非“乡学、村学”的概念。在该书中，他将这两概念进行了大体上的区分，他认为：“乡学、村学，与乡农学校不十分相同。现在的乡学、村学已见出它是一种组织——从前的乡农学校已是一个组织，不过现在的乡学、村学，更可以明显的看出它是一种组织。在以前我所讲的，都是用乡农学校这个名称（乡学、村学是一新的办法），现在还是用这个名称来讲；因为乡农学校的办法，是在我们未取得地方自治实验权以前的一种办法，在一般的地方比较容易作，私人即能举办，绝不与现行法令冲突，所以现在仍用这个来讲。”① 由此不难看出，“乡农学校”可谓是“乡学、村学”的前身。只是后者具有更强的组织性与权威性，是在取得地方自治实验权后建立的一种地方组织形式。这是梁漱溟乡村建设思想不断发展、深化的结果，也显著地反映在了邹平教育事业的发展演变过程中。

梁漱溟在《乡农学校的办法及其意义》一文中提出了乡农学校的创建办法，即要在一定的乡村范围内成立此种学校，在成立之初应先成立乡农学校董事会，以起到领衔和领导的作用。再由校董事会出面聘请校长，之后招募教员、学生，由此组建一乡校。这样组建的乡农学校又与一般意义上的学校不同，因为：“乡农学校即是以此小范围乡村社会而组成的，同时乡农学校所作的工夫，还即以此乡村社会作对象。乡农学校的组成分子，就是此全村社会的人。”②

乡农学校包含了其辐射范围内的全体民众，并将他们组织起来，学习生活技能、生产知识、自卫本领，等等，通过这样的设置，最后达到“社会学校化”的目的。这便使得它与一般意义上的学校大相径庭，甚至带有一些政治组织的色彩。另外，这些众多的乡农学校并非互不相关，而是彼此联系的。在这些乡校之上还有一个大的团体或机关来进行指导、提携。乡农学校在运作中一方面要接收上级的指导和命令；另一方面也将基层遇到的问题向上反映，以求解决。这使得乡

---

① 梁漱溟：《乡村建设理论》，上海：上海人民出版社，2006 年，第 177—178 页。

② 梁漱溟：《乡农学校的办法及其意义》，《梁漱溟全集》第五卷，济南：山东人民出版社，2005 年，第 347 页。

校颇有些上传下达的组带意味。

那么，组织这样的乡农学校用意何在？梁漱溟以“推动（或推进）社会，组织乡村”八个字进行了精准的概括。① 言下之意，便是要以乡农学校来重新建立乡村社会的组织秩序，由此推进乡村建设。如此看来，乡农学校的政治色彩便更为凸显。寓政治于教育的独特思想在兴办乡农学校的这一设想中初见端倪。

随着乡村建设的推进，特别是乡村教育事业的发展，梁漱溟以教辅政的思想更为成熟。1933 年原乡村建设研究院的院长梁耀祖调往他处②，梁漱溟继任院长。他将原有的“乡农学校”转变为“乡学、村学”机构，更加凸显了政教合一的特点。

乡学村学的本质既是以整个乡（村）为基础的学校，同时它又可以视作是最基础的行政组织，总揽当地各项事务。乡即乡学，村即村学，乡（村）有多么大，乡（村）学亦有多么大。同时乡学作为村学的高级层次，又将所有村学包涵其中，成为一种自上而下的教育、政治体系。

由此，我们便不难理解，为何乡学、村学定位为一种亦教亦政的独特组织。这一组织一方面履行着教育的职责；另一方面又在进行着政治上的组织与自治，试看《邹平实验县区设立乡学村学办法》的具体条文：

(一) 本实验区为推进社会，促成自治，以教育的设施为中心，于乡设乡学，于村设村学。

(二) 乡学村学，以各该区域之全社会民众为教育对象，而施其教育。

(三) 乡学村学，以各该学董会，于县政府之监督指导下，主持办理之。学董会之组织，另订之。

……

① 梁漱溟：《乡农学校的办法及其意义》，《梁漱溟全集》第五卷，济南：山东人民出版社，2005 年，第 351 页。

② 在梁耀祖担任乡村建设研究院院长时，梁漱溟任研究院主任一职。

村学

（七）本实验县区各村，为改进其一村之社会，促成其一村之自治，依法组织村学学董会推举村学学长后，得成立各该村之村学。

……

（九）村学受县政府及乡学之指导辅助……

（十）村学为行其教学应有之分部、分班、分组、分班等编制，办法另定之。凡村学成立之村，其原有之一切教育设施，如小学、民众学校等，应分别归入前项编制中，以统属于村学。

（十一）村学学长为一村之师长；与村中弟子有不肖者，应加督教，勿使陷入咎戾；于邻里有不和睦者，应加调解，勿使成讼。

（十二）村自治事务，经村学倡导，以村理事负责执行；而村学学长立于监督地位。

……

乡学

（十四）本实验区各乡为改进一乡之社会，促成其一乡之自治，依法组织乡学学董会，推举乡学学长后，得成立各该乡之乡学。

……

（十八）乡学对于所属各村学之一切进行，应指导辅佐之。

（十九）乡学为行其教育应有之分部、分班、分组等编制，办法另定之。凡乡学成立之乡，其原有之一切教育设施，除应编归村学者不计外，如高级小学、民众学校高级部等，应分别归入前项编制中，以统属于乡学。①

① 梁漱溟：《山东乡村建设研究院县政建设实验区邹平县实验计划（节录）》，《梁漱溟全集》第五卷，济南：山东人民出版社，2005年，第382—385页。

从这些条例条款中可以看出乡学、村学的双重属性与使命。根据梁漱溟的设想一但各个地区的乡学村学成立起来，那么区公所、乡镇公所等机构便会随之取消。换言之，公所的职能便被乡学村学取而代之，肩负起团结村民、组织民众的行政管理职责。

故而从教育的角度来说，乡学、村学中设立之儿童部，类似于全国通行的学校教育；而成人部、妇女部则属于社会式教育，这样的设置令其成为十分完备的教育机构，而它的独特之处在于无论是对儿童还是成人，都要讲授乡村建设的知识，宣传乡村改良的意识。若从政治角度上看，乡学、村学又是改造乡村的机关和组织。学众有立法的作用，学董有行政职责。① 完全取代了乡区民大会与乡区公所的职能。此外它还具备前面二者所不具备的监督教训之作用，能够更好地从事自治运动。

那么为何要将原本分立的政治组织和教育事业杂糅在一起，使行政教育化呢？从主观上讲，梁漱溟始终强调的是通过乡村的“自力”，来实现乡村社会的改造。而若想激发乡村的自力，则势必得唤起农民的自觉意识。要达到这一目的，唯有通过教育一途才能达到最好的效果。而客观上看，要实现传统乡村社会的改良，必要引入和吸收外界的知识和方法。以政令强制推行，极有可能遇到民众的强烈抵触。但若是通过教育的方式先改变思想与认识，再引入新的方法和技术，则更容易推广。因此“社会的进步，必定用教育的力量引发其自力，而不能用政治的力量”②，因此若是“行政变成教育，不用硬的力量，而用软的工夫，是顶进步，顶好的③”。梁漱溟还举了一个生动的例子：“用教育的方式来组织乡村，有极大的好处；如同人不想吃饭，你给他

---

① 在乡村、村学中主要包涵四种群体，分别为学董、学长、教员、学众。学董是乡村中有办事能力的人，他们主要负责乡学、村学的公共事务与对外关系。学长是乡村中品德最尊的人，他们的主要责任是主持教育。教员是乡村运动者，教导校内的学生推进社会工作。人数最多的则是学众，它涵盖了乡村中男女老少一干人等，是改造乡村的主力。

② 梁漱溟：《村学乡学释义》，《梁漱溟全集》第五卷，济南：山东人民出版社，2005 年，第 445 页。

③ 梁漱溟：《乡村建设理论》，上海：上海人民出版社，2006 年，第 218 页。

开了胃口，让他很愿意接受外面的东西一样。若以自治为题目，则不啻挡住他的胃口。并且以求进步为题目，外面的新知识新方法随时可以使他接受。"①

正是这些主客观的原因令梁漱溟提出了将教育与政治融合在一起的大胆想法，以求达到乡村自治的目标，并为之实践提供了一个周密的方案。这便也成为其乡村教育理论中极具特色的一部分。

马勇在评价梁漱溟这一思想时提出，从教育观的角度看，梁漱溟这种政教合一的思想无疑体现一种"大教育观"，将生活中的一切事物都归入了教育范畴。② 尤其将行政管理融入教育之中，甚至带有了一些"教育王"的色彩，试图以教育手段来解决社会危机，重建社会秩序。③ 这一评价是对其教育思想的概括。

**（四）注重人情，疏远政权**

梁漱溟认为乡村是以伦理为本位的，"社会中每一个人对于其四面八方若远若近的伦理关系，负有若轻若重的义务，同时其四面八方与有伦理关系的人也对他负有义务"④。因此，他设计的乡学村学也正是在传统"乡约"基础上生发补充而来。

应该说梁漱溟的这一见解，抓住了中国乡村的一大特性。在乡村，社会秩序的建立倚重伦理而非国家法制，乡村建设也概莫能外。在中国，自给自足的小农经济使得乡村成为一个相对封闭、独立的社会，并具有独特的法则规范（即伦理人情）。当外界势力进入乡村后，若是将城市中那套民主法制的规则贸然应用于农村，势必引起民众的不满，甚至导致整个运动的失败。因此若要成功改变乡村，必须要"设身处地"，"入乡随俗"地推进乡建运动，也就是要尊重、运用乡村自身的伦理人情来促进乡建活动的开展。也正是有了这样的认识，梁漱溟始

---

① 梁漱溟：《村学乡学释义》，《梁漱溟全集》第五卷，济南：山东人民出版社，2005 年，第 441 页。

② 马勇：《梁漱溟教育思想研究》，沈阳：辽宁教育出版社，1994 年，第 207 页。

③ 同上，第 209 页。

④ 梁漱溟：《乡村建设理论》，上海：上海人民出版社，2006 年，第 31 页。

才将伦理人情摆在乡村建设的重要位置。相应的，其教育思想也就具备了同样重视伦理人情的特点。

如在《乡学村学须知》中，梁漱溟提出学众要知道敬长睦邻，要知道尊敬学长；学长要抚爱后生、调和大众，要督教不肖、调和不睦；学董要尊敬学长、接受规诫；教员要体察学长、亲切随和，等等。这些规定看似都与教育或政治没有太大关系，反倒是在道德上对众人的教诲，但却作为"须知"一一详列，告诉乡村民众，要"仁义"、要"守礼"、要"重道尊师"、要"长幼有序"，这些实际上都是乡村社会十分看重的伦理与人情。

在注重伦理人情的同时，梁漱溟却也疏远了政权与权贵。虽然乡村建设来自韩复榘的大力支持，虽然经费来自于政府划拨，但是梁漱溟却依然坚持着要与政权划清界限的原则。"乡农学校断乎不能由政府来办，顶多是要政府的承认与赞助。如果由政府来办，则将失其作用，不能发展成为一个地方自治组织。"①

不仅如此，包括学董、学长、教员等办学的人、教学的人，都不能是政府派来的。只有这样才能真正保证乡村的自治与独立，而不是成为政府机关。为了更好地让乡村建设独立起来，他希望不仅是办学、来学的是本地人，就是办学的经费也要以本地自筹为主："乡学村学之经费，以由地方自筹为原则；但县政府得酌量补助之。"②

为何梁漱溟如此坚决地拒绝政府的干预呢？一方面，梁漱溟认为若是政府插手乡学村学，那便不符合乡村自治自力的目的，对于乡村建设没有丝毫帮助。另一方面，他认为在当时社会环境中，官办教育实在是弊大于利。其一，官办教育有形式，不如社会自办教育有精神；其二，社会教育各有理想抱负、自由实验，但官办教育则有颇多规绳，难免束手束脚，有碍创造；其三，官办教育容易离开社会，不如社会自办的教育贴近社会实际；其四，官办教育多有虚掷浪费，不如社会

---

① 梁漱溟：《乡村建设理论》，上海：上海人民出版社，2006年，216页。

② 《邹平实验县区设立乡学村学办法》，参见《山东乡村建设研究院县政建设实验区邹平县实验计划（节录）》，《梁漱溟全集》第五卷，济南：山东人民出版社，2005年，第382页。

自办教育节省经济。因此他颇为感慨地表示："要想中国教育有生机，非打破推翻今日官办教育的局面，得一大解放不可，官办教育，教育愈办愈死。官不办教育，听社会上有志教育的人去办教育，才得愈办愈活。"①

不论这一设想能否完全实现，但就其理论本身而言，可谓大胆、独特。自近代以来从事教育事业、热心办学者甚众，但却没有谁如梁漱溟这般明确果敢地申明要摆脱政府束缚，拒绝政府干涉。如此兴办教育，进行乡村自治，他可谓是此中第一人。但是，理论毕竟只是理想层面上的设想或是推论，一旦放诸实践中，便会出现偏差，甚至是事与愿违。梁漱溟注重人情、疏远政权的教育设想，自然是为了建设乡村所开的一贴对症"药方"，但这"药方"上的"药材"，是否都能一一找到，并按其设想发挥功效，却是要到了实践中才能见分晓。

**（五）四处走访，兼收并蓄**

相较于国内其他从事乡村教育事业的同人来说，梁漱溟在邹平的乡村教育事业起步较晚。因此，他十分注重考察、吸收其他同人的经验和教训，为了学习各地的乡建经验，他不辞辛苦地四处走访，虚心求教。早在20世纪20年代，他就曾到各地参观学习，并撰写了《北游所见纪略》，详细评述各地乡村教育的成败得失。这些经验教训对其在山东开展的乡村建设、乡村教育提供了很好的帮助。

在山东从事乡村教育期间，他也十分留意其他地区的乡村教育动向。如1935年，梁漱溟回到广西，在了解了广西的教育情况后，他发表了题为《广西国民基础教育与乡村建设运动》的文章。对比了广西与山东的情况，阐述了其异同之处，最后提出希望："余愿国民基础教育进程中，注意启发社会力量，务使各地方有心人士出而担负其他地方教育及建设事业，庶乎一切工作不至于机械化，有名无实，而稍得养成社会真实进步之机。"② 这虽然是对广西乡村教育提出的希望，却

---

① 梁漱溟：《丹麦的教育与我们的教育——读〈丹麦民众学校与农村〉》，《梁漱溟全集》第七卷，济南：山东人民出版社，2005年版，第682页。

② 梁漱溟：《广西国民基础教育与乡村建设运动》，《梁漱溟全集》第五卷，济南：山东人民出版社，2005年，第636页。

也是梁漱溟在邹平乡村教育中一直强调的问题。立足社会力量而非官方兴办教育，开设学校。这一观点在其参观走访中得以强化，有了更深入的认识。

梁漱溟不但关注国内乡村教育的开展，还将目光投向到更广阔的天地，以完善其理论和实践。如在从事邹平乡村建设之前，他便已将目光聚焦到国外，对于杜威的教育思想，丹麦的教育制度等，他都有过深入的了解与分析。这些思想对其以后教育思想的形成产生了重要影响。1936年梁漱溟走出国门前往日本，考察了日本的乡村工作。他看到日本乡村正在流行一种“全村教育”。这种方法不仅是“要在统一指导乡村中各种组织的活动，鼓舞奖励其活动，使他有教育的意义”①，也是为了进行农村经济更生计划而开创的一种社会教育。在日本农村的所见所闻更坚定了梁漱溟提出这一理论的信心。但他同时也认识到“就工作说很多相似，就做的成绩说人家做得好得多。所以中国乡村工作，除了目标理想之外，与人家相比，只有惭愧”②。对于山东的乡村建设怀有谦虚而慎重的冷静思考。

从以上几个方面可以大致看出梁漱溟乡村教育的基本轮廓。这是一套气势宏大的教育理论，完备详实，且自成体系。这一教育理论围绕乡村建设这一总目标层层展开。他以全县乡村百姓为教育的对象，以乡农学校、乡学村学作为教育的基地来推广社会式的教育，传授给广大乡民生产生活的技能与本领。同时，这些教学机构又肩负着政治使命，逐渐引导乡民进行自治，最终达到重建乡村秩序的目的。在具体办学方法上，他强调注重当地人情风俗，通过社会行动而非政治力量推进教育，并注重吸收他人的办学方法。梁漱溟的教育主张与当时众多的教育思想与乡村教育理论相比，更为系统完备且独具特色。那么，这样一套教育思想应用于邹平的实际情况中，会达到怎样的效果，又会产生怎样的问题呢？

---

① 梁漱溟：《东游观感记略》，《梁漱溟全集》第五卷，济南：山东人民出版社，2005年，第828页。

② 同上，第832页。

## 二、乡村教育在邹平

梁漱溟系统全面的乡村教育思想，并非纸上谈兵或是空中楼阁。虽然其在广州、河南的建设事业先后因种种阻碍而惨淡收场，但是韩复榘的入主山东，给了梁漱溟又一个大展宏图的机会。因此，1931 年在韩复榘的支持和帮助下，梁漱溟来到山东，再次为他拯救中国、拯救农村的夙愿而积极行动。

梁漱溟到山东后，山东省政府拨款 10 万元支持筹办乡村建设研究院，并划定邹平县为乡村建设的实验区。梁漱溟则成为了这一建设的灵魂人物。在这场轰轰烈烈的乡村建设运动中，教育事业是其中的重要组成部分与先导力量，它充分显示出了梁漱溟的乡村教育思想与实践成果。

如果说，乡村教育的理论是梁漱溟自我的探索与建构；那么山东邹平的乡村教育实践，则是他和许许多多志同道合者齐心协力的奋斗与创造。他们有着拯救农村的共同理想，笃信乡村建设的理论，乐于为乡村的复兴贡献力量。事实证明：正是因为有了他们的努力，才使得邹平的面貌焕然一新。他们开展的乡村教育覆盖面广、内容繁多，概括而言主要有三大方面的内容：一是对乡村民众的教育启蒙；二是对乡村建设人才的培养；三是对邹平全体成员的精神教育。而乡村建设研究院则是所有教育实践活动的发动机，地位极其重要。

### （一）乡村教育的发动机——乡村建设研究院

1931 年年初，经山东省政务会议议决，山东省乡村建设研究院（以下简称研究院）正式成立。研究院设院长、副院长各一人，下设总务处、乡村建设研究部、乡村服务人员训练部等机构。梁仲华担任院长、孙则让担任副院长，梁漱溟任研究部主任。政府方面为其提供充足的经费保证，每月划拨经费一万。① 研究院即是乡村建设的研究机构，也是乡建人才的培养机构，更是乡村建设的执行机构。这其中与乡村教育密切相关的便是乡村人才训练部的种种工作，因为它肩负着

---

① 陈礼江：《邹平山东乡村建设研究院参观记》，《申报月刊》1933 年第 2 卷第 5 期。

为乡村教育培养人才在重要使命。① 乡村人员训练部（以下简称训练部）的宗旨是培养服务乡村的人才。本着这样的原则和宗旨，训练部展开了它的教育活动。

1. 乡村建设研究院生源

训练部以招收当地学生为主。这样，学生对于当地情况十分了解，且日后较易深入农村。训练部招生的要求是“初级中学毕业，或具有同等学历者”②，且设置了严格的考核过程。从报名到录取，学生必须过关斩将，经过层层选拔。下表为研究院第二届招生口试的表格，从中可以看出其考察之详细严格。

**表 8.5.1　山东省乡村建设研究院第二届招生口试表**

| 姓名 | | 年龄 | | 籍贯 | |
|---|---|---|---|---|---|
| 项目 | 成绩 | | | | |
| 性情 | | | | | |
| 资质 | | | | | |
| 言语 | | | | | |
| 思想 | | | | | |
| 仪容 | | | | | |
| 精神 | | | | | |
| 其他 | | | | | |
| 总评 | | | | | |
| 考试委员 | | | | | |
| 第　　　　号 | | | | | |

资料来源：《山东乡村建设研究院第二届招生简章》，《乡村建设旬刊·招生专号》1932 年第 1 卷第 19—20 期。

研究院的学制为一年。就读期间（除外省学员）膳宿制服、讲义

---

① 为了使文章紧凑，紧扣乡村教育主题，本文对于研究院的论述主要围绕与乡村教育事业有密切关系的乡村人员训练部展开。乡村建设研究院的其他部分的实践情况则暂不列入考察范围。

② 《山东乡村建设研究院学则及课程》，《乡村建设旬刊·招生专号》1932 年第 1 卷第 19—20 期。

等费用，一律由研究院供给。据记载，第一届训练部的学生共有280人，这其中既包括邹平本地的学生，也有山东省其他区县的学生。而他们的学历背景也有所不同：有的读过大学；有的从工商等职业学校毕业；有的曾读师范专业；有的只有中小学水平；还有一人出身私塾。他们的年龄也大不相同，最小的只有16岁，最大的则有40岁①，而这其中以20～30岁的学生居多，占到了80%以上。②

训练部由部主任总体负责，教学采取班级制③，每班设班主任，负有“指导学生言行及身心修养”的责任。班主任与学生同起居、共饮食，并时常都与学生相见、相处，以方便随时考察和帮助学生。班主任还要以身作则，为学生树立榜样，以人格感化之。

2. 乡村建设研究院学习内容

虽然训练部的学制只有短短一年，但是其学习生活却紧张而丰富。训练部的训练目标主要有三个部分：第一，实际服务的精神陶冶。即“要打动他的心肝，鼓舞他的志趣，锻炼他吃苦耐劳、坚韧不拔的精神，尤其要紧的，是教以谦抑，宽和，处己待人之道”。第二，为认识了解各种实际问题之知识上的开益。“非有一番开益共知识的功夫，则旁各种实际问题。恐上不易认识了解。”第三，为应付解决各种实际问题之技能上的指授。如“办公事用的应用文，办合作的应用簿记，办自卫的军事训练等”④。

根据这一目标，训练部开设了党义研究、精神训练、自卫常识、技能训练、乡村经济问题研究、乡村政治问题研究等课程。⑤ 在这些

---

① 研究院招收第二届学员时将年龄限定在了20～35岁之间，且只招收男生。

② 《本院第一年进行概况》，《乡村建设旬刊·招生专号》1932年第1卷第19—20期。

③ 第一届训练部学生共分为7个班。

④ 《本院第一年进行概况》，《乡村建设旬刊·招生专号》1932年第1卷第19—20期。

⑤ 党义研究包括：三民主义、建国大纲、建国方略等内容；精神训练即乡村服务人才之精神训练；自卫常识、技能训练包括自卫问题研究、军事训练、拳术等；乡村经济问题研究涵盖了经济学大意，农村经济、簿记、社会调查及统计、农业常识及技术、水利、造林等方面知识；乡村政治问题研究则涉及政治学大意，现行法令、乡村自治组织、乡村教育、户籍、土地各登记、风俗改良等问题。

学习内容中，“精神训练”（也称“精神陶冶”）尤其受到重视，每天的朝会①或课余时间都会开展。主要是以经史要义及历史上杰出人物的言行来教育学生、鼓励学生、感化学生。每晚完熄灯前，学生们还要将当天的所思所感以日记的形式记录下来，这也是研究院的一门主课，日记本由学校统一发放。据当时的学生回忆：“每次写完日记，全收起来交给班主任老师，逐一仔细批阅，老师主要曾日记上了解学生思想。”② 这使得学生在思想上有所进步，达到精神训练的目的。

除重视精神训练外，训练部学生的自卫训练也十分严格，理论教学与实地训练并重，并适时举行野外作战演习，颇具实战性。据曾到研究院参观访问的回忆：“他们的军事训练，和普通学校不同，每天有 2 小时。教官一人，助教六七人，实行严格训练，甚为认真。学生操练时精神饱满，步伐整齐俨如军队。我曾看到他们野外练习及所作防预工程，成绩很好。”③ 这就为乡村自卫与乡村教育的开展提供坚实的保障。

3. 学生日常生活

在生活上，训练部也同样采取军事化的管理，制定了严格的院内公共生活秩序规定，不论是学生还是教员都必须遵守。陈礼江参观研究院后尤为感触的是，每当吃饭时，有三百多人会集一堂，饭前先唱吃饭歌，谨记食饭来之不易。而后举箸吃饭，整个饭堂寂静无声。④研究院的管理严格由此可见一斑。

为了更好的管理和约束师生的生活，研究院学则中还制定了相应的作息安排，参见以下资料。

---

① 训练部的朝会分班举行，每日 30 分钟，由班主任对学生做精神陶炼的讲话。星期四、星期日举行全部朝会（总朝会），由正副院长各部班主任、各导师作精神陶炼的谈话。

② 刘溥斋：《我在研究院训练部学习和从事乡建活动的经过》，山东省政协文史资料委员会，邹平县政协文史资料委员会编：《梁漱溟与山东乡村建设》，济南：山东人民出版社，1991 年，第 58 页（注：下面注释中该书均为此版本，出版信息不再一一罗列）。

③ 陈礼江：《邹平山东乡村建设研究院参观记》，《申报月刊》1933 年第 2 卷第 5 号。

④ 同上。

第十四条：本院盖无寒暑假期及其他一切加例之规定……

第十五条：每日生活依昼作夜息为二大段——自早五时起迄晚八时五十分止昼作段，晚八时五十分至翌早五时为夜息段。届昼作段鸣钟起床，届夜息段鸣钟休息，不得后时……

第十六条：起床后二十分钟为盥漱时间，随即在礼堂举行朝会，鸣钟集齐，不得后时……

第二十三条：自院长以次，各教职员有因病因事于公共生活不能遵行，或于功课表排定功课缺席者，应于事前向总务处声明请假。①

为了便于记忆，制定者特绘制了一张便于识记的作息时间图，详细记录了每日的作息时间，见下图 8.5.1。

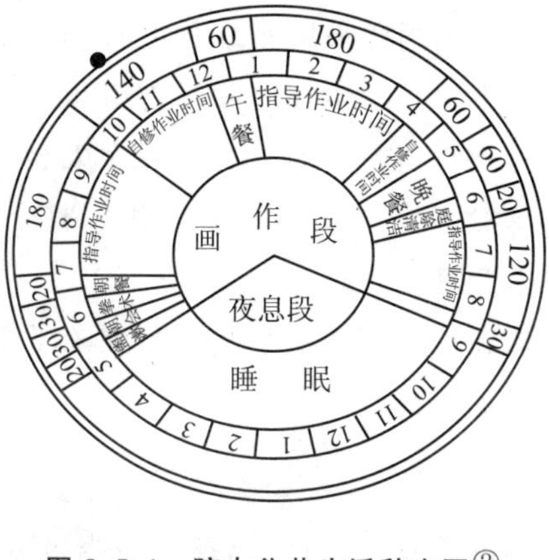


**图 8.5.1　院内公共生活秩序图**②

从上面的相关条文和作息表中可以看出，研究部不论是在课业要

① 《山东乡村建设研究院学则及课程》，《乡村建设旬刊·招生专号》1932 年第 1 卷第 19—20 期。

② 《山东乡村建设研究院学则及课程》，《乡村建设旬刊·招生专号》1932 年第 1 卷第 19—20 期，此为 3—10 月作息安排。11—1 月的作息，则在此基础上延迟一小时，早上 6 点起床，晚上 10 点休息。

求上还是在日常生活上都有严格的要求，并坚决实行，这使得训练部的生活充实且高效。

陈礼江在研究院访问时，曾参与他们的共同生活。据他记述："他们每晨六时一律起身，六时二十分到七时朝会……七时到七时二十分，大家扫除，凡寝室和教室附近的地方，都须由他们洒扫，因为室内不用工人。七时二十分早饭。八时到十一时五十分上课，十二时午饭。下午二时到二时五十分上课，三时到四时五十分，军事训练。五时半晚饭，六时到九时四十分自习。十时就寝。"

训练部的学习与生活既紧张也严格，一方面是由于制度的约束与管理；另一方面则是由于学生的自觉与主动。为了更好地学习与生活，每班在班主任的指导下，成立了自治团，在研究院许可范围内，进行学生的自主管理。自治团分设学术讨论、体育、游艺、卫生、炊事等部分。各班自治团又组成自治团联合会，以团结全部学生，共同处理自治的诸多事项，这一团体是学生提升自我素养的组织。他们组织德进会，注重人格感化，以身作则；亲爱和平，协作互助。同时这一组织又是院内的后勤管理组织。小到环境卫生的保洁，杜绝食物浪费等方面极尽其能。使得训练部虽带有准军事化和巴斯达式的色彩①，却也颇有大家庭的温情。

在这样严格的训练环境中，毕业的众多学员最终都要被输送到乡村地区，投身于乡村建设、乡村教育的实践中。训练部自成立起到1936年归并与第一乡村建设师范学校止②，共招收了三期学生，为乡村建设培养了一批乡村建设与乡村教育的优秀人才。

**（二）乡村建校，教育民众**

当训练部的学生如期毕业进入乡村时，乡村教育活动随之真正展开。根据梁漱溟的设想，乡村教育应以研究院为核心，以各地区的中心乡农学校为骨干，层层向下展开，在各乡县创办学校，最终实现政

---

①　马勇：《梁漱溟教育思想研究》，沈阳：辽宁教育出版社，1994年，第239页。

②　乡村人员训练部于1936年起，归并于山东省立第一乡村建设师范学校。原有训练部不再招生，改以研究工作为中心。

教合一的目标。其计划如图 8.5.2 所示。

图 8.5.2　邹平乡农学校系统计划示意图①

总的来说，邹平的乡村教育也正向着梁漱溟所期望的这个方向逐渐建立、发展起来。

1. 学校概况

（1）学校建制

根据梁漱溟的设想，邹平被划分为 7 个实验区，到 1931 年年底，各区都相继建立起了乡农学校。② 据统计，当时邹平全县 7 个区 16 镇 146 乡共设立乡农学校 91 所，入学学生 3996 人。其具体情况如下表 8.5.2。

表 8.5.2　邹平乡农学校概况

| 区别 | 二区 | 三区 | 四区 | 五区 | 六区 | 七区 | 特区 | 总计 |
|---|---|---|---|---|---|---|---|---|
| 学校数 | 14 | 12 | 17 | 11 | 14 | 17 | 6 | 91 |
| 学生数 | 786 | 718 | 694 | 347 | 624 | 596 | 231 | 3996 |
| 平均年龄 | 22 | 26 | 29 | 23 | 27 | 24 | 26 | — |

资料来源：《邹平的成年教育》，《乡村建设半月刊》第 6 卷第 15 期。

① 宋乐颜：《邹平的成年教育》，《乡村建设半月刊》1937 年第 6 卷第 15 期。

② 根据卢资平（曾参与邹平教育活动，在第 12 乡乡学任教）的回忆，当时邹平的乡农学校除了比较正规的乡农学校外，还有一类是乡农夜校（冬学），但是其规模较小，系统性较差，故此处不做详细论述。详见卢资平，《山东邹平实验县的片段回忆》，载山东省政协文史资料委员会，邹平县政协文史资料委员会编：《梁漱溟与山东乡村建设》，济南：山东人民出版社，1991 年，第 127 页。

乡农学校有中心乡农学校和一般乡农学校之分。中心乡农学校主要为各乡农学校的联络中心，是乡农学校与研究院联系的枢纽，同时也是研究院与当地联系的中心。至此，邹平的乡村教育已经初具规模。

乡村学校主要是由训练部师生联合地方开明人士合作开办的。学校的董事会成员由当地德高望重的人士出任，学校的教职则主要是由研究院训练部下乡实习的学生承担。虽然这是训练学员、教育乡民的两得之举，但却也有着极大的掣肘之处。训练部下乡的学生往往只是进行三个月的实习，实习期满后他们便会返回研究院，而乡农学校便也就此停办，其教育成果很难坚持并维系，也使得乡村教育难以深入发展，甚至陷入困局。这种情形到了 1933 年得到了较大改善。1933 年经政府批准，邹平正式划为山东省乡村建设研究院“县政建设实验区”，实验工作由邹平县政府直接受研究院之命令负责进行。此举无疑是给了邹平乡村教育的实验者们巨大的推助力。为了更好的进行乡村建设，建设者们将邹平原有的 7 个实验区划分为 14 个乡，乡下设村，共设行政村 336 个。乡村的划分完全按照自然地形、风俗习惯进行。这使得邹平县变成乡、村两级的行政区划，而乡农学校也随之改变为适应新环境的乡学、村学（乡学由原来的中心乡农学校演变而来，村学由原来的一般乡农学校转变而来）。① 根据梁漱溟的理论，本应在村学建立齐备的基础上再成立乡学。然而在实际运作中，由于前期中心乡农学校成立情况较好，使得由此转变而来的乡学反而比村学更好更快地建立了起来。② 乡学、村学既是教育民众的学校，又是当地的行政组织。由此，邹平开始步上政教合一的正轨。较之于之前的乡农学校，乡学村学突破了原本乡农学校的局限，将乡村的教学机构固定下来，设置更为完善，影响力增强，有助于更好地推进教育工作。③

---

① 郑大华：《梁漱溟传》，北京：人民出版社，2001 年，第 240 页。

② 根据郑大华的研究，邹平村学的建立十分缓慢。1934 年年底，全县设立的村学不足应设立数的 15%。到 1937 年 12 月乡村建设研究院关闭之时，邹平还有部分村落没有建立起村学。详见《梁漱溟传》一书 240 页相关论述。

③ 此时，研究院训练部的学生相继毕业返乡，在人力方面为乡村教学提供了保证。

（2）生源

无论是乡农学校或是乡学村学，都是按照梁漱溟的设想，希望将全体村民都纳入教育的范畴，即所谓的“教育社会化”。因此生源自然是所在辖区的全体百姓，即“学众”。他们“为乡人，为农人，为忙人——拾粪的人，推石的人，牧羊的人，裁缝的人，以及木匠瓦匠等人士凡来入学，吾人莫不竭诚欢迎”①。同时乡村教育还兼顾女子，力图兴办女子教育。② 故各校学生“以性别论有男有女；以年龄论有七八十岁之老农，亦有七八岁之小女孩；以程度论则有目不识丁之文盲，亦有旧日科举出身之附生，有今日高小，或职业学校毕业之学生。真可谓形形色色皆有，种种类类毕齐”③。然而因为这些农民的年龄、层次，甚至是性别的差异，故在招生时将其分编在不同的班级中进行学习。如在乡农学校阶段时，将学生分编到高级与普通二部。高级部的学生为“粗通文理，年在 18 岁以上，50 岁以下”者；初级班学生为“18 岁以上，40 岁以下”者，对文化知识水平没有具体要求。④

如特别区印台乡农学校共设普通部五所（每乡一所），共有学生 156 名，不论是青少年或是中老年均在此就学。高级部虽仅有一所且人数较普通部偏少，但年龄分布仍较为均衡，其中年龄最大者为 59 岁，最小者为 16 岁。其具体年龄分布如下表 8.5.3。

**表 8.5.3　印台乡农学校普通部学生年龄分布表**

| 地区＼年龄 | 15—20 | 21—25 | 26—30 | 31—35 | 36—40 | 41—45 | 46—50 | 51—55 | 总计 |
|---|---|---|---|---|---|---|---|---|---|
| 郎君庄 | 19 | — | 6 | 8 | 7 | 5 | 4 | 1 | 56 |
| 李家庄 | 5 | 4 | 10 | 6 | 7 | 4 | 2 | 4 | 42 |

① 杨效春：《第二区乡农教育实施报告》，《乡村建设旬刊·乡农学校专号》1932 年第 1 卷第 21—30 期。

② 但由于乡村风气未开、旧俗难改，故妇女教育的开展并不理想。

③ 杨效春：《第二区乡农教育实施报告》，《乡村建设旬刊·乡农学校专号》1932 年第 1 卷第 21—30 期。

④ 《本院第一年进行概况》，《乡村建设旬刊·招生专号》1932 年第 1 卷第 19—20 期。

续表

| 年龄<br>地区 | 15—20 | 21—25 | 26—30 | 31—35 | 36—40 | 41—45 | 46—50 | 51—55 | 总计 |
|---|---|---|---|---|---|---|---|---|---|
| 景家庄 | 3 | 4 | 4 | 3 | 4 | 3 | 1 | 1 | 23 |
| 崔家庄 | 3 | 3 | 3 | 2 | 11 | 8 | 4 | 1 | 35 |
| 抱印庄 | 6 | 3 | 5 | 4 | 1 | 3 | 1 | 3 | 26 |
| 总计 | 36 | 20 | 28 | 23 | 30 | 23 | 12 | 10 | 156 |

资料来源：马□固、漆方如等：《特别区印台乡农学校工作报告》，《乡村建设旬刊·乡农学校专号》1932 年第 1 卷第 21—30 期。

**表 8.5.4 印台乡农学校高级部学生年龄分布表**

| 年龄 | 16—20 | 21—25 | 26—30 | 31—35 | 36—40 | 41—45 | 46—50 | 51—55 | 56—67 |
|---|---|---|---|---|---|---|---|---|---|
| 人数 | 8 | 2 | 3 | 2 | 1 | 0 | 3 | 0 | 2 |

资料来源：马□固、漆方如等：《特别区印台乡农学校工作报告》，《乡村建设旬刊·乡农学校专号》1932 年第 1 卷第 21—30 期。

不仅印台地区，在邹平的其他乡农学校的情况也大都如此。乡民不论男女老幼都有机会到乡农学校中就学。学校也本着有教无类的原则，对所有乡民都一视同仁地给予受教育的机会与权利。

与乡农学校相比，乡学、村学建制在学众的因材施教方面表现得更为细致。村学里分设成人部、妇女部、儿童部，兼顾了不同层次的受众。乡学较村学程度高，接收从村学中升学而来的学众，进行进一步的教育，并按照才能不同开设升学预备部、职业训练部和高级班等。总之，邹平的乡村教育的确是贯彻了有教无类的原则，且因材施教，兼顾不同群体的需求。

(3) 教员

从事乡村教育的教员主要来自当地，其中的大部分由研究院培养输送。如表 8.5.5 所示。

表 8.5.5　霍家坡民众学校教师情况表

| 姓名 | 性别 | 籍贯 | 年龄 | 略历 | 在校时间 | 备考 |
| --- | --- | --- | --- | --- | --- | --- |
| 李星三 | 男 | 山东利津 | 25 | 山东乡村建设研究院研究部学生 | 20 年 9 月—12 月，共 3 个月 | 实习已去职 |
| 毕耀东 | 男 | 山东莱芜 | 42 | 山东乡村建设研究院研究部学生 | 20 年 9 月—12 月，共 3 个月 | 实习已去职 |
| 石深山 | 男 | 邹平 | 35 | 山东乡村建设研究院训练部学生 | 20 年 9 月—22 年 6 月 | |
| 漆方如 | 男 | 河南商城 | 27 | 河南村治学院学生 | 21 年 1 月—10 月 | 已去职 |
| 时尚常 | 男 | 邹平 | 30 | 山东乡村建设研究院训练部学生 | 21 年 2 月—22 年 6 月 | |
| 释修儒 | 男 | 邹平 | 26 | 山东乡村建设研究院训练部学生 | 21 年 7 月—22 年 4 月 | 去职 |
| 胡润芳 | 男 | 河南 | 30 | 山东乡村建设研究院武术教员 | | |
| 公竹川 | 男 | 山东蒙阴 | 28 | 山东乡村建设研究院研究部学生 | 22 年 3 月—6 月 | 实习 |
| 沈润生 | 男 | 山东新泰 | 37 | 山东乡村建设研究院附学生 | 22 年 4 月—6 月 | |

资料来源：公竹川：《本院霍家坡实验民众学校的办法及其意义》，《乡村建设旬刊》1932 年第 2 卷第 27—29 期。

这一表格反映了霍家村民众学校的教职员状况，它可大致代表众多民众学校的情况。即教师大都是当地人且出身研究院，他们大多是以实习学生的身份入乡执教。

值得一提的是，在民众学校阶段校内教员较不稳定，令民众学校的发展受阻的情况在乡学、村学阶段有所改善。一方面研究院训练部的学生逐渐毕业，他们被分配到各乡学村学执教，不再受到实习期的限制，可以较长时间的安定下来；另一方面为了壮大教员队伍提高教员质量，研究院也开始聘请全国各地有志于乡村建设的人才来邹平执教。如第二乡乡学高级小学部的教员中既有邹平当地人士，亦有来自于菏泽、泰安、莱芜等山东其他地区的教员、甚至是绥远省人士。① 此外，为了培养乡村建设的教育人才，研究院还着力发展师范教育，以培养师资。②

当然，乡村建设者也并未放弃邹平原有的师资力量（多为小学教师）。为了令其更好的开展教学工作，适应变化了的新形势，乡村建设者们对这部分教师进行了专门的培训。如利用假期的时间，举办小学教师讲习会，组织教师进行学习，让他们了解并认可乡村建设的精神，"使其对于生命与事业，发生新的意趣"③，如此便可与乡村建设者共谋乡村教育的发展。其所学习的主要课程有：乡村建设理论、教育原理、乡村学校改进法、合作、乡村自卫等。④ 从 1931 年起至 1934 年，共计有千余名小学教员参加了学习，了解并认识了乡村建设与乡村教育的种种理论。⑤ 这些教师不仅仅服务于小学教育，也为成人教育的开展贡献了力量。

（4）办学条件

在研究院的积极行动下，乡学村学较快地成立起来，教师队伍也在逐渐壮大。但相较而言，这些学校的校舍情况却相形见绌。虽然省政府为研究院提供了较为充足的资金，但这些经费对于广大乡村学校的创办建立，仍是十分吃紧。有鉴于此，研究院在选择校址时大多本着就地取材的原则利用已有房屋，一般不采用修建新校舍的办法。因此校舍或是沿用原来乡村内的学校校舍，或是利用庙宇、较为宽敞的民房加以改建。如第二乡乡学便设立在青阳县的万寿寺（后迁往醴泉寺），这一方面是因为此地曾是原来该村高级小学的所在，留有校舍

---

① 耿巨吾，宋一平：《邹平实验县第二乡乡学》，载山东省政协文史资料委员会，邹平县政协文史资料委员会编：《梁漱溟与山东乡村建设》，济南：山东人民出版社，1991 年，第 207 页。

② 下文将详细介绍，故此处不赘述。

③ 《本院第一年进行概况》，《乡村建设旬刊·招生专号》1932 年第 1 卷第 19—20 期。

④ 同上。

⑤ 张玉山：《邹平县政今昔之比较观（续）》，《乡村建设半月刊》1937 年第 6 卷第 5 期。

20余间；另一方面也是借用万寿佛殿的50间僧舍作为教学场所。① 即便是最高级别的邹平县学（后改为简易乡师）也只是借当地文庙（孔庙）所在地办学。②

不仅是校舍，教师宿舍、办公用房也往往因不愿大兴土木打扰乡民而借宿庙宇等处。例如，到第六区孙家镇乡农学校工作的研究院学生们，就住在该镇南门外的娘娘庙里，“庙虽不破烂，却是污秽得很厉害”，他们需得彻底打扫，方可入住。里辉庄的学生们则是办公、食宿在村东头的李氏祠堂之内。③ 卢资平回忆其第十二乡乡学的学校情况时曾言：“乡学校门坐北朝南，古老而庄严，外悬‘五子登科’的巨幅横匾，内挂‘兄弟同榜’和‘进士’两匾。自校门内向北约50米的墙上，挂着‘山东省邹平实验县第十二乡乡学’校牌。学校分东西两排大院。西排前院是乡理事、辅导员的办公室、寝室和教室……中院是乡队部、户籍室和教室。再往后有旧式转楼一幢，一楼是阅览室，二楼是教室。楼前的大操场是学生开会、朝操和晚会活动的场所。后院是卫生室、教室、夜校、贫儿夜校教室……后院是靠东西大街的后校门，这在当时是全村比较新式的大门。东排院前院是伙房和会计室……校门靠东路南……被开辟为乡学的体育场，体育场的北面是新建的乡学大礼堂，礼堂可容纳四五百人，供乡民集合开会使用。”④

这样的办学条件可算是众多乡学中的翘楚，但亦是借用了当地官宦人家的旧宅。与相对“气派”的十二乡乡学相比，多数学校望尘莫及，他们的条件更接近于第三乡东范庄乡农学校的实际情况——仅有

---

① 耿巨吾，宋一平：《邹平实验县第二乡乡学》，载《梁漱溟与山东乡村建设》，山东省政协文史资料委员会，1991年，第206页。

② 罗琪，戈华，程雨村：《邹平县简易乡村师范学校师生的抗日救亡活动》，载山东省政协文史资料委员会，邹平县政协文史资料委员会编：《梁漱溟与山东乡村建设》，济南：山东人民出版社，1991年，第231页。

③ 于鲁溪，高赞非：《第六区乡农学校工作报告》，《乡村建设旬刊·乡农学校专号》1932年第1卷第21—30期。

④ 卢资平：《忆邹平实验县第十二乡乡学》，载山东省政协文史资料委员会，邹平县政协文史资料委员会编：《梁漱溟与山东乡村建设》，济南：山东人民出版社，1991年，第212—213页。

几间教室以供教学使用：后街乡校教室三间，黑板一页，凳子十条，挂灯两个，中山像，三民主义表解，卫生挂图各一幅。前街教室三间，凳子十六条，挂灯两个，黑板两页，教桌一张。①

由此可见，乡学教学设施的好坏多寡与当地自身的经济条件息息相关，若当地条件较为富庶，那么乡学建设也随之较为完备；但若当地本身贫困，那么乡学也就难免因陋就简。但不论如何，乡学村学能够顺利地相继开设，都得益于当地乡民的理解支持，否则也不会让出庙宇、祠堂、宅院以供教育。虽是万般艰难，校舍却也逐步建立起来，为教学的开展提供了物质保障。

至此，邹平办学的基本情况基本清晰，它正是朝着梁漱溟的设想逐步发展建立，尽管有些地方不尽如人意，但是总的来说邹平的办学已初具规模，事事齐备。那么，在邹平这一处处社会化的学校中，又是怎样进行实际教学？当地百姓又学到了什么呢？

2. 因地制宜的教学活动

作为邹平乡村建设的领路人，在教育方面梁漱溟既不赞成西方学制体系下的学校制度，也不采用中国传统的私塾式的教育模式。他所倡导的教育是与乡村生产和自治息息相关。故其教育始终不离当地生产、不离本地条件，不离建设乡村的理想，因地制宜地采取不同教育方式。

（1）成人教育

实验县最重视的是对青壮年的教育，因为他们将是乡村建设的主体力量，能够直接为乡村建设做出贡献。因此，在办学过程中，不论是乡农学校或是乡学村学，都着重于对成人的教育。然而教育成人与教育儿童不同。作为家中的主要劳动力，成人一天里的大多是时间是在田间劳作，让他们离开田地到校学习是万万不愿也万万不可的。为了协调生产与教育的矛盾，建设者们尝试了不同办法。

如利用冬春农闲时在各村小学附设成人夜班。夜班的活动按照乡

---

① 叶剑星，茹春浦：《山东乡村建设研究院邹平实验县第三区乡农学校工作报告》，《乡村建设旬刊·乡农学校专号》1932 年第 1 卷第 21－30 期。

民的生活情形安排，一在傍晚的五点至七点或六点至八点上课两小时。① 其于 1932 年开始兴办，到 1934 年共计开办 214 处，共有 7566 人来学。② 但这种办学模式课程、学时没有明确规定，学生的流动性大，有些乡民甚至仅仅是为了来喝杯茶，茶喝了，身暖了，便离去了。因此效果不甚理想。又如研究院曾开办联庄会训练班，用征调的方式要求成年男子前来就学。训练班每年办理一期，每次每闾抽调一人，同样利用农闲的两个月集中到研究院训练，训练期满后便返回原村，协助乡村建设。但这种方法却又使得乡民脱离了乡村，甚至染上了城市的生活习惯，在村中耀武扬威。③ 有鉴于上述办学的问题，研究院于 1934 年后先后开办了青年义务教育训练班与成人部，以村学为单位，轮流训练该村成年乡民（尤其是青壮年）。时间仍是选择农闲时段，集合当地乡民学习各方面知识，只是在办学时不再脱离乡村。其效果日渐好转，逐步达到了开化民风，协助乡村建设的目的。

由上可见，成人教育的时间十分有限，这也就使得成人教育无法如同儿童学校教育一般自成系统，由浅入深，而是更重实践性、速成性，故成人教育的课程更贴近生活，对生产有直接的指导作用。

乡农学校成立初期，曾分别为高级部和普通部，其课程设计如表 8.5.6。

**表 8.5.6 乡农学校课程表**

| 班级 | 课　程 |
|---|---|
| 高级部 | 精神陶炼④、党义、国学、史地、自卫、农业问题 |
| 普通部 | 精神陶炼、党义、识字、自卫、农业问题 |

资料来源：宋乐颜：《邹平的成年教育》，《乡村建设半月刊》1937 年第 6 卷第 15 期。

---

① 杨效春：《写给准备入乡工作的同学》，《乡村建设旬刊》1934 年第 4 卷第 12 期。

② 宋乐颜：《邹平的成年教育》，《乡村建设半月刊》1937 年第 6 卷第 15 期。

③ 宋乐颜：《邹平的成年教育》（续），《乡村建设半月刊》1937 年第 6 卷第 16 期。

④ 1932 年发表的《本院第一年进行概况》中，对于乡农学校的课程介绍，将党义置于精神陶炼之前。而 1937 后发表的《邹平的成年教育》中，则将精神陶炼提升到党义之前。由此推测，在教育开展的过程中，领导者们越来越重视精神的重要性，甚至重于党义的教化。

若将这些课程划分类别，则可分为思想政治类、理论知识类、生产实践类。这些课程，如思想政治与理论知识类各地教学中都必须进行，这是研究院所规定的。但最重要的是生产实践类的课程，这一课程的内容没有定法，各区可根据实际情况在教学过程中酌情开设。如第七区乡农学校高级部设置的农业课程中有织染课，教授家庭的染织方法；有农业课，讲解养猪的方法，棉花病害虫的防治方法。① 霍家坡地区则注重向村民教授如何选种，如何改良农作物。② 第三、四、五乡主要种桑养蚕，于是当地乡学便开设养蚕训练班，研究养蚕制丝及合作等科目；第八、九、十等乡为棉业产区，则有开办棉业合作社讲习会，研究植棉方法，及合作运销合作簿记等课目。③

除了侧重农业生产，日常生活常识也是教授的重要内容，第五区仓廪庄乡农学校高级部曾开设专门的家庭课程，教授家庭卫生、家庭礼节、家庭教育等内容。④ 此外，算数中的珠算也是一门重要课程，因其不论是在生产还是生活中，都是必不可少的重要技能。⑤ 而在具体的教学过程中，教师们也注意方法上的贴近生活，从不照本宣科，常以闲谈故事，或当地实际情况说起，从而引起乡民的学习动机。正如《特别区印台乡农学校工作报告》中指出："我们农业问题所讲防旱与灌溉，谷类选种，玉蜀黍摘穗，草帽的编法，酱油醋的酿造法，催青合作，造林与开泉，等等问题，无一不是就本地实际情况去和他们讨论，因此他们都极高兴，不愿听讲的，只是极少数分子罢了。"⑥

可见，成人教育是生产的教育，生活的教育。那么随之也产生了

① 徐晶岩：《第七区乡农学校工作报告》，《乡村建设旬刊·乡农教育专号》1932年第1卷第21—30期。

② 公竹川：《本院霍家坡实验民众学校的办法及其意义》，《乡村建设旬刊》1932年第2卷第27—29期。

③ 张石方等：《邹平乡学概述》，《乡村建设半月刊》1935年第5卷第4期。

④ 时济云：《第五区乡农学校概况》，《乡村建设旬刊·乡农教育专号》1932年第1卷第21—30期。

⑤ 杨效春：《写给准备入乡工作的同学》，《乡村建设旬刊》1934年第4卷第12期。

⑥ 《特别区印台乡农学校工作报告》，《乡村建设旬刊·乡农学校专号》1932年第1卷第21—30期。

一个重要的问题——教材问题。因地制宜的教育必须有与之相匹配的教材作为辅助，为此研究院特意为成人教育编写了一些教材。在乡村教育工作中起核心和领导作用的杨效春就在教材设计编写方面做出了重要贡献。他曾编写课本《乡农的书》供乡村学校师生参考学习。此书内容浅显，主要涉及日常生活，以轻松的歌谣帮助乡民识字，并借以讲解一些日常生活知识，传授积极向上的思想。如《农夫歌》唱道："穿的粗布衣，吃的家常饭，腰里掖着旱烟袋儿；头戴草帽圈，手拿农作具，日在田野间，受尽劳苦与风寒，功德高大无边，农事完毕集合团练，将乡村建设完成，自在得安然，得安然，无有农夫谁能活在天地间。"① 又如《吃饭歌》唱道："一粥一饭，当思来处，粒粒辛苦，农民膏脂，哀鸣嗷嗷，遍地皆是，不劳而食，吾辈辱耻。"② 这些歌谣虽然十分浅白，但是其浓郁的生产生活气息，却较为贴近农民生活，更容易在潜移默化中近亲乡民，转变他们的思想。

尽管如此，研究院所编写的教材依旧十分有限，且无法针对各乡学村学的特点面面俱到。因此，研究院鼓励各区乡学村学除规定教材外，根据实际情况可自选、自编教材。如第五区仓廪庄乡农学校除精神陶炼、史地、平民千字课由院中供给外，其他各科则"斟酌学生之程度，自行选择"，生产方面选择农业常识（包括五谷选种法、庄稼施肥法、土地整理法、农畜育种法、庄稼除虫法、各地农谚等），传统文化方面讲论语、古诗文，等等。③

同时，一些教员也模仿杨效春的方式编歌谣调动学生积极性。如十二乡学编有朝操歌："淡淡的阳光照着，空气清且新，英伟的少年，兴起壮志定乾坤，好兄弟，好姐妹，大家有精神，一堂欢聚，来过这

---

① 范广镒：《我参加山东乡村建设运动的经过》，载山东省政协文史资料委员会，邹平县政协文史资料委员会编：《梁漱溟与山东乡村建设》，济南：山东人民出版社，1991年，第67页。

② 卢资平：《山东邹平实验县的片段回忆》，载山东省政协文史资料委员会，邹平县政协文史资料委员会编：《梁漱溟与山东乡村建设》，济南：山东人民出版社，1991年，第127页。

③ 时济云：《第五区乡农学校概况》，《乡村建设旬刊·乡农教育专号》1932年第1卷第21—30期。

美好的清晨。”① 印台乡农学校则组织教职人员集体编写教材：大家先将各门功课的内容商量一个大概，竭力搜集材料，再由各科主任斟酌取舍。每次所讲题目，事前均列有大纲或写一篇简单的文章，彼此讨论一番之后，再去和学生讨论。② 可见与生产生活息息相关的生产实践类课程在成人教育中有极重的分量，是授课的主要内容之一。

除了学习生产知识外，成人教育的另一部分重要内容是自卫能力。邹平地处乡村，社会治安虽然较为稳定，但仍有强盗土匪不时出没。因此，训练乡人的自卫能力同样不可或缺，它一方面可以加强当地的治安与稳定；另一方面也为实验县加强了军事力量。1933 年邹平县设立青年农民征训所（又称民团干部训练所），负责培训各乡学的军事骨干人员。③ 它当时招收了初中毕业程度的青年 40 名，学时为期一年。韩复榘特地从部队里抽调了七八名团长、营长前来帮助训练。这些学员毕业返乡后便在所辖区内成立乡队部训练各村青年，接受军训、学习武术。“以求达到村村为营，人人皆兵，保卫农村，抵御外侮。”④ 当时的建设者称其为“寓兵于农”。各村的自卫组织亦成为“联庄会”，它隶属于当地的村学或乡学，听从乡队长的指挥。凡 18～25 岁的男性乡民均需轮流来此参加训练。联庄会的训练周期为两个月，训练期满的乡民被编入乡队。但为避免其训练懈怠，乡队每月都会集合乡队队员举行乡射活动（亦称打靶会），“以为训练后之定期补习训练”。同时

① 卢资平：《忆邹平实验县第十二乡乡学》，载山东省政协文史资料委员会，邹平县政协文史资料委员会编：《梁漱溟与山东乡村建设》，济南：山东人民出版社，1991 年，第 214 页。

② 《特别区印台乡农学校工作报告》，《乡村建设旬刊·乡农学校专号》1932 年第 1 卷第 21—30 期。

③ 根据时人回忆，当时征训所还设计了校徽，图案是交叉的锄杆、笔杆、枪杆，意思是在农村拿锄杆种田、农闲拿笔杆学文化，有战争时拿起枪杆打仗。由此可以看出，军事自我训练并不仅仅是为了稳固地方治安，同时还要不脱离生产，不脱离乡村建设。详见卢资平：《山东邹平实验县的片段回忆》，《梁漱溟与山东乡村建设》，第 120 页。

④ 卢资平：《山东邹平实验县的片段回忆》，载山东省政协文史资料委员会，邹平县政协文史资料委员会编：《梁漱溟与山东乡村建设》，济南：山东人民出版社，1991 年，第 120 页。

还安排队员在这一活动中聆听师长训话，明晓政令实施，以达到“精神上之提振”，“助其智识日增”①。此外，每年春秋两季要举行分区检阅，由县长亲临指导。每逢双十节全县还要集合举行大检阅一次。②

除了专门的军事训练自卫组织外，各乡学村学也设有自卫或军事训练课程。如第五区仓廪庄乡农学校一方面设置自卫理论课程：历代自卫组织概况、现在自卫组织及训练之方法等；另一方面还设置有劈刀课，专门传授乡民以武艺。③ 第六乡农学校则开设自卫指导与拳术训练课等。④ 1936 年由成人部指导成人教育后，规定每日进行军事训练一小时，并列举了详细要求，见表 8.5.7。

**表 8.5.7 成人部军训教育进度表（节选）**

| 时间 | 训练内容 |
| --- | --- |
| 第一周 | 1. 立正姿势；2. 稍息；3. 立正及稍息；4. 向左（右）转；5. 向后转；6. 向后转及半面向左（右）转 |
| 第二周 | 1. 礼节演习；2. 便步行进；3. 齐步行进；4. 正步行进（慢步） |
| 第三周 | 1. 正步行进（慢步）；2. 正步行进；3. 跑步行进（慢步）；4. 跑步行进 |
| 第四周 | 1. 快步行进；2. 步法之互换；3. 停止间跪下及起立；4. 行进间立定 |
| 第五周 | 1. 停止间卧倒及起立；2. 行进间卧倒及起立；3. 行进间左（右）转；4. 行进间半面向左（右）转；5. 行进间向后转 |
| 第六周 | 1. 班之编成；2. 整齐及报数；3. 原地转法；4. 横队行进；5. 纵队行进 |

① 《工作纪实：邹平乡村自卫实验报告》，《乡村建设半月刊》1936 年第 6 卷第 4 期。

② 王冠军：《会议抗战前的山东乡村建设》，载山东省政协文史资料委员会，邹平县政协文史资料委员会编：《梁漱溟与山东乡村建设》，济南：山东人民出版社，1991 年，第 9 页。

③ 时济云：《第五区乡农学校概况》，《乡村建设旬刊·乡农教育专号》1932 年第 1 卷第 21—30 期。

④ 于鲁溪，高赞非：《第六区乡农学校工作报告》，《乡村建设旬刊·乡农学校专号》1932 年第 1 卷第 21—30 期。

续表

| 时间 | 训练内容 |
|---|---|
| 第七周 | 1 停止间变换方向；2. 停止间变换队形；3. 停止间队形及方向之变换；4. 行进间方向之变换；5. 行进间队形之变换 |
| 第八周 | 1. 排之编成；2. 整齐及报数；3. 转法；4. 停止间方向之变换；5. 停止间队形之变换 |
| 第九周 | 1. 行进间跪下及起立；2. 行进间卧倒及起立；3. 行进间方向之变换；4. 行进间队形之变换；5. 行进间队形及方向之变换 |
| 第十周 | 1. 连之编成；2. 整齐及报数；3. 步法之互换；4. 停止间队形及方向之变换；5. 行进间队形及方向之变换 |

资料来源：宋乐颜：《邹平的成年教育》（续），《乡村建设半月刊》1937 年第 6 卷第 16 期。

这样严格的军事训练，使得乡民精神振奋，整个乡村的气氛也随之焕然一新。然而训练中也曾出现一些乡民自由散漫的现象，对此乡队长往往不留情面，严厉惩戒。第十三乡在执行严格的军事训练时，有的学生出操时迟到了 5 分钟，被队长在隆冬飞雪的时节罚跪在操场，丝毫不容情；有位学生对于训练十分不配合，经常迟到早退，屡教不改。乡队长遂于出操时，历数其劣迹，并当场责打 40 军棍。①

在如此严格的训练下，十三乡的治安日益安定，犯罪分子无所遁形。“那时候大家白天干活，夜晚睡觉，走路外出，行商贩运，都有一种安全感……大有一种‘道不拾遗，夜不闭户’的景象。”② 不仅仅是十三乡，受益于广泛而有力的军事自卫训练，全县的地方治安都得到了很好的保证，“在乡队长、村队长的督导之下，盗匪及贩毒者基本肃

① 王峻明：《简述邹平实验县第十三乡乡学》，载山东省政协文史资料委员会，邹平县政协文史资料委员会编：《梁漱溟与山东乡村建设》，济南：山东人民出版社，1991 年，第 220 页。

② 同上，第 229 页。

清……全县为兵力者虽只有此数（40名①），却远胜于大批军警之驻扎”②。

以上便是成人教育的主要内容，本着因地制宜，因材施教，贴近生产生活的原则，邹平的成人教育开展得蒸蒸日上，欣欣向荣。“每天天不亮，全村青年、联庄会员集合列队，满街跑步，喊口号，做操、唱歌……晚上，村里锣鼓钟声齐鸣，通知村民上夜校，学校里学生上晚自习、开会，热闹非常。”③

（2）儿童教育

相对于邹平红火开展的成人教育而言，邹平的儿童教育④似乎并不出奇。以致有学者产生质疑：乡村教育的主要对象是广大基础较差的乡民，那么原来教育基础较好的乡民怎么办；乡村教育过于俯就大社会，不利于教育事业的持久发展；乡村教育水平参差不齐，如何与全国的小学教育接轨？⑤ 从时人的论述和回忆来看，成人教育的比重远高于儿童教育。但事实上，儿童教育与成人教育的关系并非厚此薄彼，二者在邹平的教育中是同等重要的。

由于邹平的教育体制并非新学制下的学校教育，因此邹平的儿童教育也是在乡村学校中展开的。早期，邹平各村设村立初小，各区设规模稍大的区立小学，最高级别为县立小学和县立女小，分设初级、

---

① 乡村建设者将邹平县原有的公安局、民团队部、政务警察三部分裁撤，只留其中30人，编为“行政警察队”负责催粮、传案、值岗、稽查等事务。全县武装力量仅有40人，从受训的乡民中选出，轮流服役4个月，期满归农。详见王冠军：《回忆抗战前的山东乡村建设》，《梁漱溟与山东乡村建设》，第10页。

② 王冠军：《回忆抗战前的山东乡村建设》，载山东省政协文史资料委员会，邹平县政协文史资料委员会编：《梁漱溟与山东乡村建设》，济南：山东人民出版社，1991年，第10页。

③ 卢资平：《忆邹平实验县第十二乡乡学》，载山东省政协文史资料委员会，邹平县政协文史资料委员会编：《梁漱溟与山东乡村建设》，济南：山东人民出版社，1991年，第216页。

④ 这里的“儿童教育”，是相对“成人教育”提出的，主要指小学程度的教育等。

⑤ 马勇：《梁漱溟教育思想研究》，沈阳：辽宁教育出版社，1994年，第264页。

高级班。1933年后邹平实验县正式成立，建设者们有了更大的自主权，也对儿童教育进行了进一步地完善。小学作为重要组成部分被附设在乡学村学中，村学中的儿童部相当于国民小学的初级部，学制四年，它主要教授的课程是国语、算术、常识、体育、唱歌。由于教育资源有限，村学多采用复式班的形式进行教学。乡学中的升学预备部则为小学的高级部，学制两年，相当于小学五、六年级的程度。主要学习内容是国语、算术、史地、自然、劳作、体育、唱歌，此外还开设乡土课程，如林业知识，棉花种植等。① 据统计截至1934年，共有村立初小308所，学生8903人（分设为328个班），教职员318人。②这些乡村小学为适龄儿童提供了较好的学习条件，他们不仅自此学习各科知识，还受到了乡村建设理论与精神的熏陶。

除了乡村中的普通小学部外，邹平乡村教育于小学教育方面的重要成果还有县立实验学校的成立。1933年县立小学取消，改制为县立实验学校。该校分为小学、妇女、成年三部。有学者认为，这一实验学校是梁漱溟所不喜的“新式学校”的一种代替。③ 而就儿童教育而言，它确实在发挥着这样的作用，且相较于乡村学中的小学，这所实验学校的小学部更具时代性。学校里的教辅设备齐全，有挂图、模型以及专科教室。在课堂上，教学内容贴近生活与社会现实，教师着重以启发的方式教学，以调动学生的积极性；同时还鼓励学生多读书，开阔视野。在上课之余，学生们的课外生活也十分丰富：唱歌比赛、体育活动，春游写生……不仅愉悦了身心，锻炼了体魄，也让思想愈发活跃。特别是男女合班合校的大胆改革，更是一扫陈旧陋习，令学

---

① 卢资平：《山东邹平实验县的片段回忆》，载山东省政协文史资料委员会，邹平县政协文史资料委员会编：《梁漱溟与山东乡村建设》，济南：山东人民出版社，1991年，第125页。

② 张玉山：《邹平县政今昔之比较观（续）》，《乡村建设半月刊》1937年第6卷第5期。

③ ［丹麦］曹诗弟：《文化县：从山东邹平的乡村学校看二十世纪的中国》，泥安儒译，济南：山东大学出版社，2005年，第115页。

校气氛焕然一新。① 此外，学校还注重培养学生的自理自立能力。不论是上课维持纪律，还是开展各项课外活动，都由学生主导完成，教师仅是从旁指点、提供帮助。在这样的训练中，学生们各方面的能力都得到了培养、训练。

小学教育的成就不仅在于对传统的突破与对新思想的吸收。它的另一重要成绩是将学生变为老师，发动学生教学生，以带动整个乡村的教育事业。这一大胆尝试被称为“共学处”（亦称共学团、识字班）。即挑选在校成绩优秀的学生来组织失学儿童、教育失学儿童的团体。虽然邹平倡导全民皆为学众，但仍有许多穷人家的孩子为帮助生产、照顾家庭而不能入学。正是看到了这样的情况，乡村建设者们想到了建立共学团来帮助贫困儿童普及知识、推广教育。于是教师们将学生分组，发动他们组织身边不能上学的同伴前来学习。利用午饭后、早饭前等农闲时间，在村头、树下等处挂上小黑板进行教学。每次 60～90 分钟，每组两位小老师（当时成为导友），教这些失学儿童（称学友）读书写字等基本技能、知识。为了更好地教学，他们还自编课文，这些“乡土教材”极富生活气息，拉近了学问与生活的距离。如一位周文山老师曾自编“落花式”的课文，帮助共学处的学生开展教学：

第一课：棉花白，真正好；摘下来，做棉袄。

第二课：棉花老，拾完了；大家来，进学校。

第三课：学校里，朋友多，大家来认字，大家来唱歌；大家欢喜笑哈哈。

第四课：共学处真方便，不费工夫不耗钱；大家快来把书念。

第五课：好哥哥，好弟弟，你教我我教你；大家共学真

① 根据当时担任小学教员的邹小青回忆，男女合校起初遇到了家长方面的阻力。于是学校采取了折中过渡的方法，即先在同一个校园里单独设立一女生班，经过一段时间相处、试行，家长渐渐认可男女合校的改革。详见邹晓青：《回忆三十年代我在邹平县从事教育工作的经历》，载山东省政协文史资料委员会，邹平县政协文史资料委员会编：《梁漱溟与山东乡村建设》，济南：山东人民出版社，1991 年，第 184—185 页。

欢喜。①

有时，共学处的小老师们也自编课文来教授前来学习的儿童：

九秋十月了，穿上大棉袄。家里事不多，田野活计少。大家到夜学：听听故事，练练算盘，学学识字，讲讲道理，你说好不好？

做到老，学到老，八十三岁还学巧；会的教别人，不会跟人学。大家都这样，日子才好过；我们办夜学，就是为这个。合村老少赶快来，机会莫错过！②

虽然共学处并非真正意义上的学校，但教师与学生无不怀着严谨的心态认真对待。而作为共学处的导友，这些学生都经过了严格的选拔与培训，并要进行定期考核：如他们的教学能力（讲解是否到位，有无错误）、教学语言（音量、语气是否适当）、教学态度（表情是否愉快、不呆板）等。他们还需要每周提交“困难问题表”与“教学进度表”以汇报教学情况，以便教师们随时了解实际情况，以作改进。③这样的教学方式，符合乡村的实际情况与需求，因此获得了十分显著的成果。许多乡村都相继成立了若干共学处，教育呈现出一片欣欣向荣的景象。如第十三乡花沟镇设有 10 个共学处，接收失学儿童 120 人；马家村共学处共有学友 50 余人，占全村失学儿童的一半；青阳店共学处的学友有 100 余人，在导友的帮助下，他们已经能够讲读课本上的内容，唱歌也学习了十四五首。这里的小黑板、坐凳等设备整齐有序。导友在上课时采用问答方式，气氛活泼，充满朝气。④ 这样的情形在众多乡村里普遍存在，也证明了共学处的作法获得了成功。

---

① 杨效春：《写给在乡工作同学的第六七八封信》，《乡村建设旬刊》1934 年第 4 卷第 15 期。

② 同上。

③ 鞠子政，雍慕农：《乡村通讯：共学处在邹平十一乡的实验》，《乡村建设半月刊》1936 年第 6 卷第 6 期。

④ 祝超然：《工作纪实：邹平共学处视察记》，《乡村建设半月刊》1936 年第 6 卷第 1 期。

正如当时的乡建者所言“在师资贫乏，经济支绌的现社会里，想多设立义务学校或民众学校来专做普及教育工作的功夫，实在是件难事”，故而他们想出了这个办法，相对于民众教育的开设条件而言，共学处“是到处可办的，因为在一个乡村里，差不多都有一个村立小学，而该村立小学的教师与优等生都可做这事情”①。因而共学处在乡村中广泛开展起来。这样的活动一方面让小学部的学生得到了锻炼；另一方面也提升了乡村的文化水平，让更多的人有机会学习，有机会识字，也对乡村建设的开展十分有利。由此可见，邹平实验学校小学部在小学教育中所体现出的开拓创新与锐意进取的宝贵精神。

即便如此，它也必须解决小学生毕业后的去向问题。由于儿童教育与成人教育为平行而非承接的教育，故小学毕业后的学生继续进入成人教育部并不妥当。他们若想继续更高一级的学习，则必须远赴省城或其他开办中等教育的学校就学，这既不方便，也不利于乡村建设事业。为了解决这一问题，1933 邹平县开办县学师范部，开创了邹平普通中等教育的先河。此后，高小毕业生可以就近在本县升学深造。而师范教育，也成为邹平教育事业中的重要一环。

### （三）师范教育，培养人才

曹诗弟认为：在乡村建设运动中，小学教育的收效总体微弱，但是教师培训则是“受乡村建设运动影响时间最长、范围最广的领域，在这方面，改革者的先进教学思想给许多未来的教师留下了深刻的印象”②。从留存下来的材料来看，小学教育未必收效甚微，但师范教育的确是成果卓著。在整个乡村建设中，它既是教育机构，又直接为邹平的乡村教育培养人才。

根据村有村学，乡有乡学，县有县学的设想，梁漱溟等人在邹平县设立县学。县学本拟设升学预备部、职业训练部、自由研究部、乡村师范部。但由于客观条件有限，最终只设立了乡村师范部，但却将

---

① 鞠子政，雍慕农：《乡村通讯：共学处在邹平十一乡的实验》，《乡村建设半月刊》1936 年第 6 卷第 6 期，

② ［丹麦］曹诗弟：《文化县：从山东邹平的乡村学校看二十世纪的中国》，泥安儒译，济南：山东大学出版社，2005 年，第 122 页。

升学预备、职业训练与自由研究都融入到了师范教育中。1933 年研究院创办邹平县学师范部，校址在县城南门外的一所孔庙内。它以“培养乡村人民与儿童所敬爱之导师”① 为宗旨招收了第一班学生，学制为 3 年。如图 8.5.3 所示，县学师范部有十分健全的组织架构。②

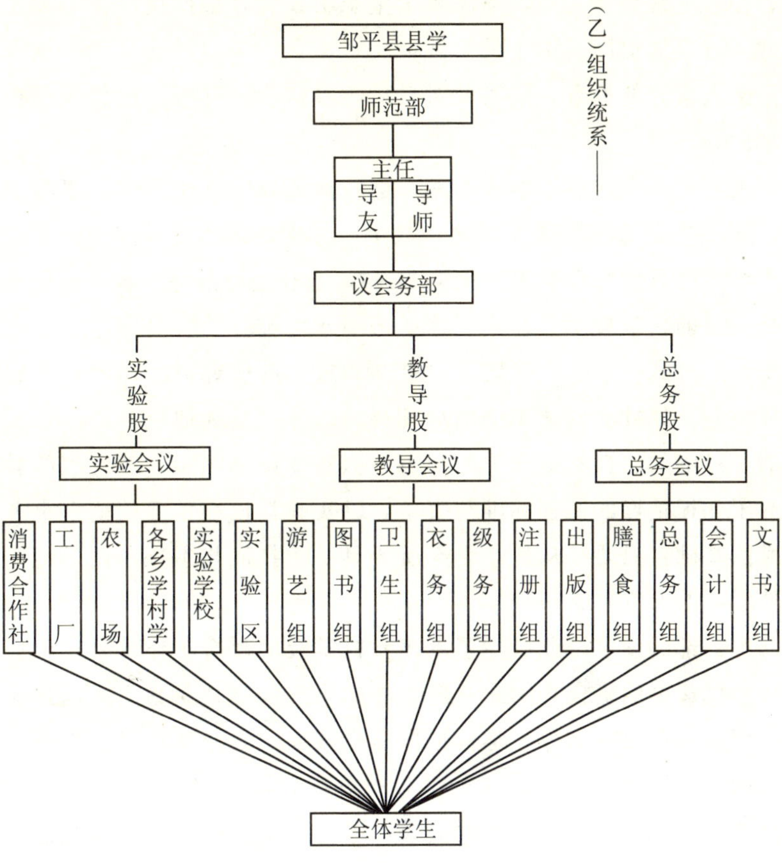


**图 8.5.3 邹平县学师范部组织系统**③

这种架构使得师范部层次分明，分工明确。学生不仅仅是学校中

---

① 《邹平县学师范班招生简章》，《乡村建设》1933 年第 3 卷第 5 期。

② 金步墀，张石方：《邹平的县学师范部》，《乡村建设旬刊》1934 年第 4 卷第 10—11 期。

③ 同上。

的求学者，也要分担校务，协助处理诸多事宜。该校倡导“一切校务都由学生参加，一切的校务皆为课程”。这样的教育方式符合邹平一贯的教育理念，也是师范部特有的教学方式，这种方式使得学生不读死书，不论是起草公文、编造预算、统计学籍，还是处理膳食、管理农场、办理消费合作社等，都需要学生亲历亲为，由此便在学习书本知识的同时更加提高了学生的实践能力，不至于脱离社会生活。这既有利于个人素养的提升，同时又对日后下乡执教，支援乡村建设有极大的帮助。

由于是为乡村建设培养人才，这些师范部的学生要学习多方面知识，除一些通识性课程如国文、数学、劳作、艺术等①，学校更注重组织学生进行研究性学习（分组学习），这在当时的邹平教育界应算是十分前卫的教学理念。在研究性学习中学生被分为社会科学组、自然科学组、教育科学组，打破了以书本为根据的研究方法，改以问题为研究中心。如社会科学组中的地理科，以邹平县为研究中心，探讨人生的、经济的、自然地理上的知识，积累知识和经验。教育组的教学抛弃了死板枯燥的课程标准与书本，以实验学校小学部的诸多事务为教学的基础，只要是从教小学部所要具备的技能与本领，便是他们的所要学习的课程。

师范部的学生毕业后除了承担乡村学校的教育工作外，还要肩负指导乡村建设的责任，因此“乡土性的生产技术之训练”② 也是他们所学课程的重要一部分。学校根据学生家乡的农业特点将学生分配到相应的小组学习。如产棉区的学生被分配到植棉组学习棉花的种植，品种改良，植棉与中国经济的关系，以及邹梁美棉运销合作社诸问题等（详见下表）；来自林木区的学生则被分派到造林组，研究造林问题、参加造林工作等。③ 这些教育并非纸上谈兵，而是真正的“乡土

① 这些知识，大家在一起上课学习，被称之为“共同作业”。

② 金步墀，张石方：《邹平的县学师范部》，《乡村建设旬刊》1934 年第 4 卷第 10－11 期。

③ 此外，还设有畜牧组、园艺组、机织组、木工组、印刷组、测候组、家事组、表本组等。

性之生产技能”的养成。① 使得他们不仅可以拿起教鞭启迪学生，更可以拿起锄头与乡民一起更好地指导与从事生产。

**表 8.5.8　植棉组的生产劳作历**

| 时间 | 内　容 |
| --- | --- |
| 第一、二周 | 棉种选择，垦地，株距的研究，注意施肥 |
| 第二、三周 | 棉之病虫害研究，草棉之叶的研究，草棉之茎的研究，除草、中耕、削株 |
| 第四、五周 | 棉之形态研究，棉之花的研究，各种棉的比较，注意施肥、害虫病 |
| 第六、七周 | 棉之果实研究，棉质织维研究，棉与气候土壤关系的研究，注意除草、中耕、削株、病害 |
| 第八、九、十周（植棉组的生产劳作历） | 棉种改良研究，棉之栽培改良，优良棉种的推广，棉种与社会经济的关系，邹梁美棉运销合作社研究 |

资料来源：金步墀，张石方：《邹平的县学师范部》，《乡村建设旬刊》1934年第4卷第10—11期。

此外，县学师范部的学生在校学习期间行军事化的管理。每日起居作息有严格的时间规定，因此他们每日的生活十分紧凑、忙碌。这样的生活不免十分紧张，但教育者认为这样的生活方式是对学生方方面面的训练，不论是饮食、学习、休息或是娱乐都是学习的一部分、教育的一部分。唯其如此，才能使学生得到身心意志的磨炼，智慧与情感的激发，这才是真正的教育。在这样的训练中学生们慢慢习惯、适应，并感受到其中的意义和乐趣。

可见，邹平县学师范部的确有其独特的办学特色。在这种严格却又极富生产生活气息的教育方式中，邹平的师范教育成功地迈出了第一步。到了1935年，因办学效果良好，县学师范部改称邹平简易乡村师范学校（简称邹平简师）②，并招收了第二期学生。根据时人留下的材料可以看出，在邹平师范教育的发展过程中，张宗麟起到了重要的

---

① 金步墀，张石方：《邹平的县学师范部》，《乡村建设旬刊》1934年第4卷第10—11期。

② 1935年后实验学校小学部成为邹平简师的附属小学。

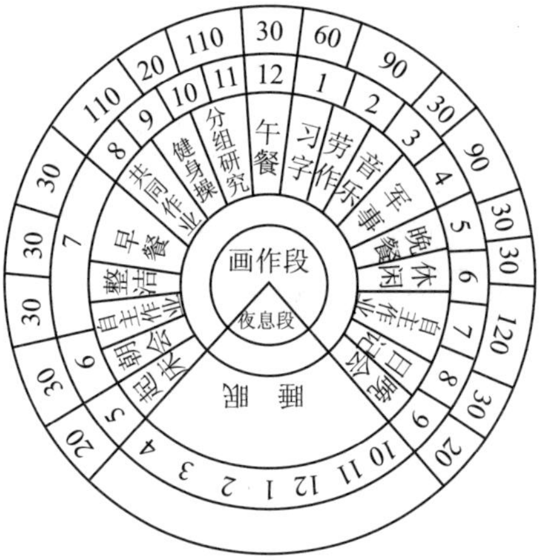

图 8.5.4　师范部学生作息时间表①

推动作用。很多当年从事乡村教育的工作者或曾在简师读书的学生，都对其印象深刻。

1935 年 8 月，张宗麟来到简师出任校长一职，继续积极贯彻“教、学、做合一”的教育思想，并锐意改革。他上任后的第一项重要举措便是拆除校内院墙，实行男女合校。不同于小学部男女合校的迂回与渐进，简师拆墙合校之举，雷厉风行，毫不拖泥带水。这一举动使得整个学校的风气为之一振，他不仅拆除了院内的墙，让简师更加宽敞美观；更是逐渐瓦解了学生们观念中陈旧的“墙”，引入了新的观念与思想。

在教学方面，张宗麟也并不赞同传统的“先生讲学生听”的老办法，为了培养学生自主研究的能力，他继续发展了研究性学习的教学方式，实行“道尔顿制”，以讨论的形式组织课堂。即在教室内设置四张长方形课桌取代一人一位的小课桌，让学生分组围坐。老师在上课前把教学内容告诉学生，学生经过自学，在课堂上提问，老师再进行

① 金步墀，张石方：《邹平的县学师范部》，《乡村建设旬刊》第 4 卷第10—11 期，1934 年。这一作息时间表与研究院训练部的作息时间表十分相似。事实上，根据梁漱溟的设计，邹平的乡村教育大都采取军事化的管理，不论各处的乡学、村学或是县学、实验学校和研究院。

解惑与总结式的讲解，通过这样的授课方式来训练学生的学习自主性，培养独立思考的能力。① 根据当时学生的回忆，张宗麟从来不讲课，他只是与学生谈话、讨论问题，并经常组织他们针对其所提问题去寻找答案。② 此外，他还注重培养学生的实践能力，如在军事课上组织学生到警卫队参观学习，以提高学生的兴趣与教学效果。③ 他还组织学校师生到乡里露营旅行，带着帐篷和行军锅，走遍全县 13 个乡。他们沿途进行社会调查或自然考察，同学们在增长本领的同时也增加了对乡村的深入认识。④

随着民族危机的加深，简师的课程中也带有了救亡图存的色彩。如在历史课上要思考历代农民起义失败的原因、辛亥革命的教训；地理课上要算一算我们被帝国主义侵占的领土有多少；军事课上要学习武器的使用方法、作战知识等。此外张宗麟还鼓励学生阅读进步书刊、唱进步歌曲、参加抗日救亡活动。但也正是因为他的这些略显激进的改革与行动，渐渐脱离了梁漱溟所设计的邹平乡村教育轨道，使其最终于 1936 年年初无奈离去。但是他给简师带来的先进的教育方式与理念，却为简师注入了新的活力，对邹平师范人才的培养，做出了巨大贡献。

张宗麟离去后不久，山东省第一乡村建设师范学校成立，原属于简易乡师的两个班遂并入这一师范学校的简师部，此外师范学校还设有特师部。简师部招收高小毕业生，学制为 4 年；特师部则招收初中毕业生，学制 3 年。不论是特师部学生或是简师部学生，毕业后都会

---

① 宋一平，王景五，耿巨吾：《邹平县简易乡村师范学校与张宗麟老师》，载山东省政协文史资料委员会，邹平县政协文史资料委员会编：《梁漱溟与山东乡村建设》，济南：山东人民出版社，1991 年，第 236 页。

② ［丹麦］曹诗弟：《文化县：从山东邹平的乡村学校看二十世纪的中国》，泥安儒译，济南：山东大学出版社，2005 年，第 124 页。

③ 范广鑑：《我参加山东乡村建设运动的经过》，载山东省政协文史资料委员会，邹平县政协文史资料委员会编：《梁漱溟与山东乡村建设》，济南：山东人民出版社，1991 年，第 68—69 页。

④ 宋一平，王景五，耿巨吾：《邹平县简易乡村师范学校与张宗麟老师》，载山东省政协文史资料委员会，邹平县政协文史资料委员会编：《梁漱溟与山东乡村建设》，济南：山东人民出版社，1991 年，第 239 页。

分配下乡，在乡学村学中任教。虽然在建制上有所改变，但这所学校大体上还是遵循着之前的教育方式招生办学。

**（四）精神陶炼，陶冶身心**

邹平的教育事业除了极富生产生活气息外，还有另一十分显著的特点，即对于精神教育的重视。因为梁漱溟认为中国乡村社会的落后不止是经济的落后，更是精神的破产。因此要使得农村发展，振奋精神也是十分重要的。故而他将“精神陶炼”作为一门必修课推广到邹平的教育中。梁漱溟指出，精神陶炼即“乡村服务人员之精神陶冶”，它主要讲明服务乡村的建设者应具备怎样的精神，就是要以此“启发大家的身心大愿”①。这门课最初开设在研究院内，但随着研究院的学生进入乡村，便也将这种精神冶炼带到乡学村学当中，成为训练品德，塑造精神的重要方式。

训练部的精神陶炼主要以朝会的方式进行。学生们每日晨起后的第一项重要事情就是进行30分钟的朝会。朝会有时以班级为单位进行，有时则全院一同举行。内容涉及经史要义、著名人物的言行以及乡村教育的理论与方法等。梁漱溟本人也经常在朝会上为全院师生做精神讲话，指导乡村建设，分享心得体会。如《真理与错误》、《真正的力量要乡村才能酝酿得出来》、《为人类开辟一新历史而奋斗》、《谈学问》、《朋友与社会信用》等，内容涉及面广泛，且具有一定的理论性与深度。它使得学生一方面提升了思想精神层面的认识；另一方面又加深了对乡村建设理论的理解，进而在日后将这种思想传播到乡村各处，推动乡村建设事业的发展。

相较而言，广大乡学村学中的民众文化素养程度低，故对于他们的精神训练较为通俗，往往以浅显的歌谣或故事为主要内容，以求逐渐达到开启民智的目的，如联庄会曾编有一首振奋精神的歌谣，即《精神陶炼歌》。其主要内容是：

“思想、思想、思想，养成纯洁与清高。升官发财自私

① 梁漱溟：《谨慎陶炼要旨》，《梁漱溟全集》第五卷，济南：山东人民出版社，2005年，第492页。

利，丝毫切莫要！救国救民此为本，应看作至宝。愿我同胞常自省，兽欲恶念全都消！

精神、精神、精神，养成牺牲和奋斗。直接献身与地方，间接把国救。本此精神去建设，丰功可立奏。愿我同胞齐努力，走此正大光明路！

……

目的、目的、目的，民团希望有两层。目前秩序能维持，社会得安宁。再为将来图建设，自治大功成。愿我同胞主意定，三民五权能实行！”①

除了编写一些朗朗上口的歌谣外，教育者们在进行精神陶炼的过程中，也注重朝会上的讲话。其内容较为浅白易懂，目的多是为了激起民众的意志、情感，传播新的思想、理念，如“今天对同学们讲的一个题目是‘创造力’——人之所以有文化有进步，全赖创造力而为之。文化进步之迟速高低，是创造力之大小而定……我国人之创造力，原来很强，所以才有四千年之光荣历史。如指南针啦，火药啦，拱桥啦……都是我们中国人发明的……中国现在为什么这样衰弱呢？原因虽多而创造力却占一大部分……西洋的社会不能说完全好，然究其富强的原因，大部分是由创造力得来的……而我们中国人，还是讲天命论气数（如像洋鬼子进了中原，这是天命啊！要是他们气数尽了的时候，我们不用杀了他，他会自己杀掉的），你想，这不是笑话么？我们要想挽救中国之危机与灭亡，就得将我民族固有的创作精神，恢复起来……”②

演讲者们用通俗易懂的语言与身边的例证，将乡村建设所需要的宝贵精神传达给乡村民众，使其逐步认识到建设乡村的重要性，以及如何才能更好地建设乡村，进而调动起他们建设家乡的热情。这样的

---

① 王建五：《忆邹平实验县自卫训练及第五乡乡学》，载山东省政协文史资料委员会，邹平县政协文史资料委员会编：《梁漱溟与山东乡村建设》，济南：山东人民出版社，1991年，第197页。

② 孙鸿亮：《朝会对同乡校讲的一段话》，《乡村建设旬刊·乡农学校专号》1932年第1卷第21—30期。

精神讲话内容与乡民的现实生活较为贴近，也更容易使其逐渐认可、接受，并随之学习、慢慢改变。同时，为了维护乡村社会的融洽氛围，使邹平的乡村建设顺利推进，传统的儒家思想也是精神陶炼的重要内容。有的乡农学校还编写了精神陶炼的教材以辅助学习，将孔孟的精神介绍给民众①：

忠第一

- 何谓忠
- 对事的忠
- 对人的忠
- 对己的忠
- 忠是何时都适用的
- 我们选出几个故事来讲忠②

孝悌第二

- 何谓孝？何谓悌？
- 孝悌为百行之原
- 事亲之道
- 修墓
- 睦族

那么这些精神、思想方面的熏陶与训练取得了怎样的效果呢？这可以从当时学众们记下的日记中找到答案：

> 今天我读了一篇孟郊做的《游子吟》，他用二三十字能把母亲待子的亲爱心肠，处处的挂念都活活写在纸上，叫我看了明白父母对子的情形……想想我们在小的时候，父母提携捧负，畏其不寿，至于成人，如不报父母之恩，岂不如豺狼

① 王平叔：《乡农学校两部共用精神陶炼教材》，《乡村建设旬刊·乡农学校专号》1932 年第 1 卷第 21—30 期。

② 作者列举了几个具体事例：李离尽忠于职守；豫让尽节；申鸣尽节；晏平仲不屈誓；诸葛亮生平事迹等。

一般吗？但是我们报父母之恩，用什么东西为最好呢？依我看来就是一个“孝”。①

今天听讲论语四段……三段“士志于道，而耻恶衣恶食者，未足与议也”，夫人心欲求道，志在道而已，又何以恶衣恶食为耻哉！足见好学之人，不为外物夺其志也！②

说话容易实行难，越小人越会说，我要认清楚见人善当学，见人恶当戒，虽人不是老师，何处不是学问，克勤小物，乃可曰起有功！孔子曰：“三人行，必有我师焉”，全在反省自身。③

从上述日记片段中可以看出，乡民们接受了儒家的忠孝仁义观念，并渐渐以此为参照反省自身，在日常的生产生活中衡量、约束自己的行为，甚至将其作为行动的标尺。总的来说精神陶炼得到了乡民的认可，在民众教育中取得了较好的效果。这样的精神教育方式，其效果甚至更优于普通学校中的思想政治教育，对于启发民智，提高乡村的整体素质，推动乡村建设的深入等都大有益处。

除了这些以课堂为基础的教育外，致力于邹平教育的建设者们还利用课余的机会深入乡村四处走访，通过实地调查、家庭访问、宣传演讲、建立社团、开展各种文体活动等办法开展教育活动，宣传乡建思想，以这样的方式补充和辅助课堂式教育无法辐射或深入的地方，以介绍新思想，转变旧风气，振奋乡村、复兴乡村。

从上述论述中可以看出，邹平的乡村教育在梁漱溟的设计指导下，不仅具有完备的理论体系，而且成功地付诸行动，在邹平逐步开展，取得了可喜的成就。但不得不指出的是：邹平的乡村教育仍然存在着诸多难解的不足与问题。这些缺憾在一定程度上制约、阻碍了乡村教育事业的开展。

---

① 时济云：《第五区乡农学校概况》，《乡村建设旬刊·乡农学校专号》1932年第1卷第21—30期。

② 同上。

③ 同上。

## 三、邹平乡村教育的难题与启示

1935年，梁漱溟在一次演讲中指出：乡村建设在邹平有两大难题，一是“高谈社会改造而依附政权”；二是“号称乡村运动而乡村不动”①。前者是说从事乡村建设，却不得不依赖于政府层面，没有政府的支援，改造无法推进。“实际上不是人民请我们到邹平，而是当时政府划邹平给我们实验。”② 这就脱离了站在农民的立场，从农民角度出发的初衷。后者则是指乡村建设者们所倡导的除旧立新，如放足、戒赌等农民很难接受，推行困难。③ 之后他又补充认为，其实难题不仅如此，还有乡村建设者自身存在的分歧与不统一也是一个难题。④ 因此乡村建设可谓有三大问题：“一是与政府应分而不分；二是与农民应合而不合；三是彼此亦不能合而为一。”⑤ 可见，乡村建设在取得显著成果的同时也存在诸多问题。乡村教育作为乡村建设的一部分，更为具体地体现了这些问题。

### （一）招生留生难

乡村建设者进入邹平之初，当地百姓无不打起十二分的提防，怀疑这些表面和善友好、言辞冠冕堂皇，甚至还穿着制服、携有武器的“不速之客”背后是不是隐藏着抽丁、征税的阴谋，因此即使开办了乡农学校，也往往很难招到学生。如第七区大官庄乡农学校在初入乡间时便遇到了乡民的冷遇，不论如何说明，态度如何恳切，都不能取得乡民的信任。最后只得将招生工作托付当地的学童和小学教员，才勉

---

① 梁漱溟：《我们的两大难处》，《乡村建设半月刊》1937年第6卷第14期。

② 成学炎整理：《梁漱溟先生谈山东乡村建设》，载山东省政协文史资料委员会，邹平县政协文史资料委员会编：《梁漱溟与山东乡村建设》，济南：山东人民出版社，1991年，第86页。

③ 同上，第87页。

④ 关于这一点，也可以认为是乡建派内部派系的矛盾与分歧，曾任邹平实验县长的徐树人，有较为详细的回忆，详见《我担任邹平实验县县长时》一文（出自：《梁漱溟与山东乡村建设》）中的相关叙述。

⑤ 徐树人：《我担任邹平实验县县长时》，载山东省政协文史资料委员会，邹平县政协文史资料委员会编：《梁漱溟与山东乡村建设》，济南：山东人民出版社，1991年，第105页。

强完成招生。①

为了拉近与乡民的距离，让乡民了解到乡村建设、乡村教育的真正意图。乡建者们可谓是煞费苦心。不论是着装、言辞、行动，甚至是态度，都尽量做到入乡随俗，以示亲近友好。曾就读于研究院训练部的刘溥斋便因为留着长发不利于入乡工作而最终剃成了光头。因为乡民会认为留长发的是洋学生，剃了光头反而会在心理上拉近距离。②下乡工作的同学若要取得乡民的认可，除要表现出友好和亲善外，更要急乡民之所急。如一些师范女生下乡工作时，便开办了托儿所，帮助农忙的乡民照顾其无暇看顾的幼小孩童，通过这样的方式来推进乡村教育工作。托儿所办了二十天，取得了良好的效果，渐渐取得了乡民的信任。③

乡民在渐渐认同接受了乡村建设者之后，开始到他们所开办的学校中进行学习。但是随之也产生了新的问题——学生流动性大、不稳定。学校学生最多时超过百人，最少则只有二十余人。④ 尤其是开设在乡村的基层学校，出勤问题更是令人堪忧。有从教者总结了当时学众不能按时上学的种种原因，具体有：

(1) 儿童班男生，天晴要砍柴，不能来。

(2) 儿童班女生，雨天无雨伞、油鞋，不能来。

(3) 成人班学生，晚上上课路远无灯，不能来。

(4) 在冬天，遇刮风落雨各班学生怕冷，不能来。

(5) 冬闲时，五谷收获，家给人足，男婚女嫁，吃喜酒忙，做客忙，不能来。

---

① 徐晶岩：《第七区乡农学校工作报告》，《乡村建设旬刊·乡农学校专号》1932年第1卷第21—30期。

② 刘溥斋：《我在研究院训练部学习和从事乡建活动的经过》，载山东省政协文史资料委员会，邹平县政协文史资料委员会编：《梁漱溟与山东乡村建设》，济南：山东人民出版社，1991年，第58页。

③ 高训：《山东十二校师范女生下乡工作报告辑录（1）》，《乡村建设半月刊》1936年第6卷第2期。

④ 徐晶岩：《第七区乡农学校工作报告》，《乡村建设旬刊·乡农学校专号》1932年第1卷第21—30期。

(6) 父母要较大的儿童照料较小的儿童，不能来。

(7) 妇女班学生，由妯娌嫉妒，互不相认，不能来。

(8) 父母或家中人有生病者，要在家中料理，不能来。

(9) 各地当场之日，要往赶场，不能来。

(10) 当场之前一日，要准备往赶场出卖的货品或准备往赶场交涉之事，不能来。

(11) 县府或区署奉令征集民工，植树、筑路、疏河、军事操练，不能来。

(12) 军队过境，各人要照顾家中的东西，不致乱拿遗失，不能来。

(13) 乡间民众，亦常有迁移情形，不能来。①

细看起来，这些原因不免好笑，如同是厌学的孩子为不上学而找来的诸多借口。然作者不厌其烦地逐条开列，从其措辞语气中不难感受到深深的不满与无奈。亦有一些从教者指出："我们对老农讲农业犹如班门弄斧，不仅技术上是不如人，便是智识上亦是不足。要讲农业种种术名，于乡农则不发生影响。"② 从这个现象来看，吸引乡民入学更是难上加难。

乡村中的男女老少，对于入校学习的认真与重视程度比不上城市中以求学为首要目标的学子。他们生活在乡村中，且世代以务农为本，早积累了丰富的经验。因此入校的学习不过是"业余爱好"甚或赋闲时的"消遣"。这样的观念便使得乡村中普遍存在着招生留生难题。这也正是乡村运动难以"动起来"的具体表现。面对这一问题，杨效春认为："动人的教育，不一定需要长久的时间，圣人一句话比之庸师千言万语，更能动人深处咧。如果，如果我们所讲的话真是道理；那么，招生、招生，继续招生，直至我们大家准备回院最后的一刹那吧！"③

① 还我：《在乡见闻杂记》，《乡村建设半月刊》1936年第6卷第6期。

② 杨效春：《第二区乡农教育实施报告》，《乡村建设旬刊·乡农学校专号》1932年第1卷第21—30期。

③ 杨效春：《写给在乡工作同学的第六七八封信》，《乡村建设旬刊》1934年第4卷第15期。

这一方面反映出，乡建者认为的教育的好坏在于质量的高下而非时间的长短。但是从中亦可看出，面对乡村学校招生与留生的问题，乡村建设者所能做的也只是千方百计地完善自身，将最有用的，最有利于乡村建设的知识宣传给乡民。但是，至于乡民对此会有怎样的反应和反响，在很大程度上是难以掌控的。他们所能做的唯有秉承锲而不舍的精神继续开展工作，这是一种令人敬佩的精神，却也是一种无可奈何的心情。

**（二）教育脱节问题**

邹平的教育体制与当时全国通行的学制大相径庭。它的建制虽然也是从小学部（高小部）升至中级教育，但是从小学部的教学来看其内容更贴近乡村生活而非教育部规定课程。对于这一点，梁漱溟有十分明确的认识与构想："照现在这样的小学教育，实非这大社会所需要的，尤其不适合大部分农村社会的需要。所以其结果，农村儿童不能从这教育里面得到什么长进，会使他们更有效益地参加他们的社会生活。质言之，从我们看，尤其是从农村父老看，儿童受了教育亦没有什么好处。"①

正是出于这样的考虑，梁漱溟改革了邹平的小学教育，并建立了县学师范部，以承接小学毕业的学生继续接受中等教育。当师范教育结束后，这些学生可以回到所在地区支援家乡建设。从乡村教育的角度来说，这样的安排无疑有助于壮大乡村教育的力量，推进乡村建设的开展。但是却也存在不容忽视的问题，即邹平的教育如何与全国的教育制度"接轨"。虽然根据梁漱溟的设想，是要将乡村教育的模式推广到全国，使得整个中国社会焕然一新。但是真正实践起来却并非如此，甚至正好相反，许多在小学部就学的儿童所考虑的是毕业后的发展情况，因为他们虽然学习了一些乡村生产生活的知识，却又不足以成为乡村建设的主力军，而他们所学的理论知识在乡村又丝毫派不上用场："毕业的学生已达两个班，他们回家后真成了问题，他们所学的功课，带回到家里，实在没有多少用处。升学呢？实

---

① 参见《乡村建设半月刊》"邹平乡师专号"序言（论小学教育问题），1935年第5卷第8—9期。

际上财力学力都不够，办不到。所以乡村青年在高小毕业后就成了一个大问题。”①

虽然为了解决“小升初”问题，县学设立了师范部接收小学水平毕业学生继续进行中等教育，但是相较于大量的小学程度毕业生，师范部的招生是相当有限的。根据1934年的统计数据来看，村立初小已达到308所，共有学生8903人。同年，从初小升入高小的学生共计620人。而师范部却是从1933年才开始兴办，且当时只招收了第一班学生共62人。此后直到1935年，简师才招收了第二班学生，此时共有学生105人。② 截至抗战前，师范部所培养的学生也不过400余人。这样悬殊的比例差距，注定会产生小学程度毕业生出路的难题。就当时的材料来看，这个问题并未得到妥善解决。

**（三）经费难题**

除了实际办学中的困难外，邹平教育中的经费问题，也是制约其发展的又一难题。研究院享有省政府每年划拨的相对宽裕的研究经费，因此梁漱溟最初的设想是，邹平的教育以“一切费用以不在地方筹款”③ 为原则，以免增加乡民的不满与负担。这在最初试办乡农学校时还是可以实现的，因为进入乡农学校从事教学工作的大都是研究院训练部派往乡村实习的学生，自然也就没有薪水开支。但是随着邹平实验区的成立，各地乡学村学相继开办，研究院自身的经费已经不能保证这些乡学村学的运作，但梁漱溟又不愿乡村的教育工作与政府有过多牵扯，故提出了经费应以在地方自筹为主的原则。以1931年第二区的经费状况为例，见表8.5.9。

---

① ［美］艾恺：《最后的儒家——梁漱溟与中国现代化的两难》，王中昱，冀建中译，南京：江苏人民出版社，1996年，第121页。

② 张玉山：《邹平县政今昔之比较观（续）》，《乡村建设半月刊》1936年第6卷第5期。

③ 孔雪雄编著：《中国今日之农村运动》，中山文化教育馆发行，1934年，第33页。

表 8.5.9　邹平第二区部分学校经费状况（1931 年）

| 校名 | 全部用费数 | 来源 | 备注 |
|---|---|---|---|
| 二校区 | 约 80 元 | 院给开办费 10 元；经常费 30 元；余由伏三伏四伏五各里公摊 | 煤炭、火油、纸张、文具由院给学生；伙食由地方给 |
| 贺庄校 | 21 元 | 由本地按地亩摊派 | 灯油、纸张由院给 |
| 会仙校 | 25 元 | 由鲁、石、樊三庄按银两摊 | |
| 成庄校 | 25 元 | 由教区内七庄按银粮均摊 | |
| 韩坊校 | 20 元 | 由西伏四里七庄花户摊 | |
| 南石校 | 约 25 元 | 由伏五里公出 | |
| 下娄校 | 25 元 | 由伏五里公出 | |

资料来源：根据《中国今日之农村运动》第 34 页中的相关数据整理而成。二区总计约 350 元，其中研究院出资 40 元，其他均由地方供给，教师不支薪水。

从这一地区的情况看，乡村办学的经费将近 90% 都是由地方自筹。自筹的方法则都是按各乡丁银多寡平均摊敛。可见，教学经费虽为地方自筹，但其实仍是使用了部分地方财政收入，若是没有县政府、省政府的许可，是决不能实现的。所谓“地方自筹”恐怕也并非名副其实。此外，从上表中也可以看出，地方自筹的办学经费中，有时并不包括纸张、灯油等消耗品的开销。且此时尚未给入乡的教师支出薪水，办学经费尚未达到一般水平。此后随着办学规模的扩大以及深入，开销随之增长，依靠地方自筹开始无法满足需求。特别是 1933 年邹平实验县正式成立后，这一问题逐渐凸显。

从表 8.5.10 中可以看出在 1933 年以前，地方的教育基本上可以做到收支平衡，最初甚至还有能力贷款给学生。但是由于邹平的教育几乎是免费向乡民开放的，故随着时间的推移，用以支撑学校运作的经费与日俱增（如学校辅助一项的开支节节攀升）。但每年学校能够利用的以丁银地租为主的经费来源却并未增加，甚至有所下降。与此同时，为了更好地开展教育事业，学校必须为从教的广大乡村教师解决生存问题，那么教职工薪水也是一笔不小的开销。

**表 8.5.10 邹平最近三年教育经费岁入岁出比较表**

| 项目＼年度 | | 1932 | | 1933 | | 1934 | |
|---|---|---|---|---|---|---|---|
| | | 元数 | 百分比/% | 元数 | 百分比/% | 元数 | 百分比/% |
| 岁入 | 地丁附捐 | 29214.26 | 79.64 | 40142.59 | 79.60 | 37086.00 | 78.84 |
| | 契纸附捐 | 809.00 | 2.20 | 1869.60 | 3.71 | 684.00 | 1.46 |
| | 学田租金 | 174.66 | 0.47 | 226.00 | 0.45 | 187.00 | 0.40 |
| | 基金生息 | 5364.04 | 14.62 | 8086.38 | 16.03 | 9072.00 | 19.29 |
| | 追加教育附捐 | 103.88 | 0.28 | — | — | — | — |
| | 戏捐 | 12.00 | 0.03 | — | — | — | — |
| | 渡口捐 | 30.23 | 0.08 | 27.34 | 0.05 | — | — |
| | 玉胜庵地租 | 11.60 | 0.03 | 10.42 | 0.02 | — | — |
| | 临时收入 | — | — | 68.67 | 0.13 | — | — |
| | 上年结存 | 965.14 | 2.64 | — | — | — | — |
| | 总计 | 36684.81 | 100.00 | 50431.00 | 100.00 | 47029.00 | 100.00 |
| 岁出 | 教育行政 | 4552.98 | 13.36 | 3885.30 | 8.18 | — | — |
| | 学校辅助 | 13807.50 | 40.51 | 31595.56 | 66.51 | 54235.00 | 87.84 |
| | 学校经费 | 8801.00 | 25.82 | 8837.07 | 18.56 | 5400.00 | 8.70 |
| | 社会教育 | 3978.00 | 11.67 | 218.66 | 0.46 | 2394.00 | 3.86 |
| | 预备费 | 2435.68 | 7.14 | 2850.64 | 5.99 | — | — |
| | 学生贷金 | 404.00 | 1.20 | — | — | — | — |
| | 杂项费用 | 103.75 | 0.30 | 135.92 | 0.29 | | |
| | 总计 | 34082.91 | 100.00 | 47532.15 | 100.00 | 62029.00 | 100.00 |
| | 结存 | 2601.90 | | 2902.85 | | | |

资料来源：张玉山：《邹平县政今昔之比较观（续）》，《邹平建设半月刊》1936 年第 6 卷第 5 期。

**表 8.5.11 邹平最近三年职教员薪金之比较表**

| 校别＼年度 | | 1932 | 1933 | 1934 |
|---|---|---|---|---|
| 乡师 | 最高 | — | 50 | 60 |
| | 最低 | — | 20 | 20 |
| | 平均 | — | 35 | 35 |

续表

| 年度<br>校别 | | 1932 | 1933 | 1934 |
|---|---|---|---|---|
| 实小 | 最高 | — | 35 | 35 |
| | 最低 | — | 20 | 20 |
| | 平均 | — | 28 | 28 |
| 乡学 | 最高 | — | 30 | 30 |
| | 最低 | — | 20 | 20 |
| | 平均 | — | 25 | 25 |
| 村学 | 最高 | — | 15 | 22 |
| | 最低 | — | 15 | 15 |
| | 平均 | — | 15 | 18 |
| 村小 | 最高 | 200 | 200 | 200 |
| | 最低 | 140 | 144 | 140 |
| | 平均 | 160 | 160 | 160 |

资料来源：张玉山：《邹平县政今昔之比较观（续）》，《邹平建设半月刊》1936 年第 6 卷第 5 期。

注：村小教职员薪金系年薪数其他均月薪数。

以 1934 年为例，若是取各级学校教师的平均工资加权平均可知：邹平教职员的平均薪金约为每月 24 元。① 再根据张玉山在《邹平县政

① 曾在第五乡乡学工作的王建五回忆当时的工资状况曾说："学长每月 8 元伙食费；乡理事每月 25 元；乡教务主任每月 25 元，乡学教员每月 20 元；乡队长、副队长每月 17 元；乡丁每月 12 元……按当时的物价计算，一元等于 8 吊，一吊等于 50 个铜元。在第五乡每人每月的生活费需 3 元。一吊钱可以买 3 斤馒头，买 1 斤猪肉也花不了一吊钱（参见王建五：《忆邹平实验县滋味训练及第五乡乡学》，《梁漱溟与山东乡村建设》，第 200 页）。"其他地区的教员所领薪俸也大抵如此，若按第五乡的物价水平衡量，教员每月 20 元左右工资还是可以保证日常生活或是较高的生活标准。但这仅仅是乡学状况，至于村学教师薪俸状况如何，则缺少充足材料作为佐证。但根据卢资平的叙述，教职工薪酬中乡学老师和村学中由院、县派来的老师开支省款（即政府的补贴款），其他初级部教师的薪酬则是开支县款（地方款）。因此村学老师的工资受地方经济条件限制，想来其薪俸较乡学教员水平低，且不稳定（参见卢资平：《山东邹平实验县的片段回忆》，载山东省政协文史资料委员会，邹平县政协文史资料委员会编：《梁漱溟与山东乡村建设》，济南：山东人民出版社，1991 年，第 126 页）。

今昔之比较观（续）》中统计的1934年邹平教师共有459人为参考数据，那么仅教师薪金一项的开支就有11000余元，而当年的教育岁入也不过47000余元，这样则势必出现入不敷出的情况。此时政府定期的资金支持就显得尤为重要，乡建者们也不得不因此向政府折腰。

政府补贴往往是依照乡的大小，事务的繁简，学生班次的多寡为标准酌情补助。在留存下来的材料中，有一份1934年各乡学经费情况的详表。通过这张图表并结合上文叙述的相关内容可以更深入地了解邹平的教育经费情况。

**表8.5.12 1934年度邹平各乡学经费一览表**

| | 自筹经费数目 | 县政府补贴数目 | 其他收入 | 总计 |
|---|---|---|---|---|
| 首善乡 | 312元 | 646元 | — | 958元 |
| 第一乡学 | 1189.08元 | 1210.92元 | — | 2400元 |
| 第二乡学 | 1729.8元 | 1210.2元 | — | 2940元 |
| 第三乡学 | 740.8元 | 1210.92元 | 息金10.68元 | 1962.4元 |
| 第四乡学 | 727.26元 | 1210.08元 | 村学津贴50元<br>息金38.4元 | 2032.14元 |
| 第五乡学 | 810.42元 | 1210.08元 | — | 2020.5元 |
| 第六乡学 | 414元 | 1210元 | 上年结余306元<br>学费60元 | 1990元 |
| 第七乡学 | 1876元 | 1210.8元 | — | 3086元 |
| 第八乡学 | 1622.04元 | 1290.96元 | — | 2913元 |
| 第九乡学 | 1380.06元 | 1210.92元 | — | 2590.98元 |
| 第十乡学 | 1331元 | 1210.92元 | — | 2541.92元 |
| 第十一乡学 | 1728.4元 | 1452.36元 | 学费123元 | 3303.76元 |
| 第十二乡学 | 867.54元 | 1290.96元 | — | 2158.5元 |
| 第十三乡学 | 2296元 | 1452元 | — | 3748元 |

资料来源：张石方等：《邹平乡学概述》，《乡村建设半月刊》1935年第5卷第4期。

上述表格较为明确地反映了自筹经费与政府补贴间的关系。尽管梁漱溟在乡村建设的构想中希望尽量依靠自身的力量筹措经费，但现实的情况却是乡村建设万万离不开政府的扶持。几乎没有乡学可以不依靠政府的资助而独立发展，只有少数的乡学可以筹集到多于政府补贴的经费。换句话说，邹平教育的普遍状况是依靠（甚至是主要依靠）政府的扶持才能持续开展不致中断。梁漱溟或许正是看到了这一点才在提出了要接受政府赞助的同时，强调要保持乡村建设的独立性。然而话虽如此，既然接受了政府的资助，那么势必会受到政府的干预与影响，在行动中遭遇掣肘，很多时候“并不能完全按着研究的办法去做”①。其中一个最直接的事例，便是“乡农学校”必须要改称“民众学校”后方能得到政府的支持并领取补助经费。② 资金上的不独立与缺乏势必会影响乡村教育的推行与效果。这个问题在当时也受到了建设者们的关注与反省：“追溯乡运进展形势，初时尚离开政府较远，入后则渐趋合一，及至现在则乡运工作于政府工作几已成为一体而不可分，此固事实之所必然，但其深此警惧者即在此，盖乡村工作本为一社会运动，既为一社会运动，天然要与政府有一相当的距离，而不能混为一体……”③

虽然邹平乡村教育的资金不完全独立引起了梁漱溟等人的注意和警觉，但却仍然无法摆脱这种依赖关系。乡村建设与政权的“应分而未分”不仅仅表现在政府对乡村建设行政上的绝对优势，更反映在建设者与政府密不可分的经济关系上。

**(四)“旁观者”的疑虑**

除了教育事业自身的问题外，当时热心教育与乡村建设的学者们也针对邹平的乡村教育现状积极表达了自己的看法。所谓旁观者清，从这些或是评述或是批评或是抨击的论述中，也可以看到邹平教育存在的另外一些问题。④

---

① 王伯平：《邹平实验县概况》，《复兴月刊》1933年第2卷第4期。

② 陈礼江：《邹平山东建设研究院参观记》，《申报月刊》1933年第2卷第5期。

③ 姚公直：《这尚不够警惕的吗?》，《乡村建设半月刊》1936年第6卷第8期。

④ 关于时人对于邹平的的评价与批评，美国学者艾恺在《最后的儒家——梁漱溟与中国现代化的两难》（王中昱，冀建中译，南京：江苏人民出版社，1996年版）；郑大华在《梁漱溟传》中都有较为详细且深入的论述，故这里不再赘述。但他们的论述均侧重于整体的乡村建设展开，故这里仅着眼于乡村教育进行论述。

1. 教育理论上的欠缺

在梁漱溟的乡村建设思想中，当以教育为先，通过教育推动经济、政治的变革。但有许多学者并不赞成这一点，有学者认为：按照邹平的实际情况来看，应先发展自卫力量，“先卫后养后教”，才能使得乡村建设达到良好效果。① 也有些学者认为：邹平乡村的主要问题并不是乡民素质的缺乏，而是乡村整体的经济欠发达，最难解决的问题是“穷”，而梁漱溟所开的“药方”并不能解决乡村的“穷病”，那么教育更无法解决这一问题。② 因此这一部分学者认为：“农村运动当先注力于农村经济之改善工作；由此渐渐达到改善组织，增进文化之目的，并收得彼此相互推进之效。”③ 总之，他们认为以教育为先导来改造农村、建设农村是“隔靴搔痒”，达不到切实效果的。

在众多批判的声音中，《中国农村》是批判梁漱溟及其乡村建设事业的主要舆论阵地。这其中学者千家驹对梁漱溟的理论与实践的分析较为深刻，值得反思。针对梁漱溟所言乡农学校是将乡民看作无差别的一个整体，千家驹提出异议，认为乡村中存在不同阶层的对立。那么乡农学校到底为哪些人谋利益呢？

“学董会是由乡村中有信用资望的领袖所组织的，这我们知道贫农和雇农决没有资格做学董。然后由学董会中推举一‘齿德并茂，群情所归’的人，经县政府礼聘为学长，这我们又知道学长更非绅士或地主阶级充当不可。村学乡学的基本人员是一般农民，即所谓‘学众’是，梁先生要求‘学众’的是什么呢……一言以蔽之，就是学众是要驯良，要服从！”④ 千家驹甚至认为邹平的乡学与村学虽然挂上了“组织民众教育农民”的新招牌，但其本质却是要维持现存的制度，维护旧有的纲常伦理。

---

① 任和声，毛绍儒，高启圭：《定县邹平两县教育参观报告》，《湖北教育月刊》1935 年第 2 卷第 8 期。

② 徐日洪：《梁漱溟主义批判》，《清华周刊》1934 年第 42 卷第 7 期。

③ 作者不详：《书评：中国乡村运动》，《政治经济学报》1935 年第 4 卷第 1 期。

④ 千家驹：《中国的歧路——评邹平乡村建设运动》，《中国农村》1935 年第 1 卷第 7 期。

署名“光一”的学者亦认为邹平的乡村建设者们非但没有解决农民的实际需求反而助纣为虐地激化了这一矛盾，他认为：“乡村改良工作者……以政治的力量，教育的方法，组织起握有土地的农民——地主富农——起来实行乡村建设，肩负起复兴中国农村的责任。他们完全没有顾到农村问题的主要原因还是土地关系。他们不但不把土地关系，加以彻底的改革，反而在保护地主的利益上，更加重土地关系的恶化。”①

除了批判乡村建设者没有解决农村的土地问题外，这位学者还批评邹平的乡村建设与乡村教育忽视了帝国主义的侵略，将中国乡村的破坏倒置在帝国主义的侵略，淡化了帝国主义的侵略之上，蒙混了中国农村问题的实质。他们认为：“乡村改良工作者，不承认中国有阶级剥削……把中国农村大大小小的吸血鬼轻轻放过；却在那里苦喊着秩序混乱，生产技术落后……而秩序的混乱，仅是帝国主义侵略和封建势力榨取的结果。”②

从上述论述来看，学者们对于邹平教育理论的抨击主要体现在两个方面：其一是不认同邹平的建设应以教育为出发点；其二是邹平的教育事业并不能促进乡村的发展，给广大乡民带来多少利益，甚至沦为维护旧秩序的工具。

客观地讲，这些说法有其偏激之处，但也反映出邹平教育理论上的一些问题。诚如这些学者所言，包括邹平在内的许多乡村地区的根本问题是乡民的生活穷苦，缺乏维持生计的土地，这也是乡民们最大的实际需求。尽管梁漱溟等人认为乡村社会中不存在阶级阶层的对立，但是乡村中确实存在着贫苦农民与富裕地主的差别，这就难以避免的会产生矛盾。忽视这一点，也就忽视了大多数乡民的实际需求，而为教育工作的开展增加阻力。“当大多数农民饿着肚皮没有饭吃时，能够优哉游哉的来上课读书吗？”③ 从这个角度看，解决农民的生计问题、推翻帝国列强的压迫，确是更为要紧的任务。如何平衡其与乡村教育

① 光一：《对于乡村改良工作的态度》，《中国农村》1936年第2卷第9期。
② 同上。
③ 徐日洪：《梁漱溟主义批判》，《清华周刊》1934年第42卷第7期。

的关系，是一个有待解决的问题。从这一角度似乎也较为容易理解为何乡村运动而乡民不动，如《如何使乡村“动”起来》写道：“像邹平那样的‘村学’、‘乡学’……不是农民的自动组织，而且因为村长乡长都是一班乡绅地主，当然也不能代表农民的利益。农民对于这种‘没大关系’的建设组织自然不会‘漠不关心’。”①

2. 教育内容脱离时代

除了从理论上抨击乡村教育外，关心乡村教育的学者对于邹平教育批评的另一大问题是其教育内容与时代的脱节，特别是随着民族危机的加深，越来越多的教育者（或关心教育的人士）开始对邹平埋头苦干不问时政的态度表示不满，甚至斥梁漱溟的理论与做法是“开倒车”，他们认为：“目前的中国，已经亡了一半。我们不能积极地来领导民众参加抗敌救亡工作；反而离开了抗敌救亡来讨论那些缓不济急的‘地方自治’和‘社会生产’问题，借以缓和空气，转移目标，这实在是件莫大的罪恶!”② 总之，他们认为，非常时期乡村建设工作的标准应重新衡量，教育目标也应做相应调整。

当然在批评邹平教育的同时，一些学者也对于如何改造邹平的教育提出了自己的意见与看法。如王泽南提出在教育文化上应“联合农村小学教员和失学的中小学生开办农民夜校，义务学校”。但这些学校不应只是高谈阔论种种救国理论，而应“改变方式，先从那切身问题谈起。只要农民的文化水平提高，民族观念加强，对于救亡运动一定会有极大的帮助”③。

然而面对这些或是温和或是猛烈的批判，梁漱溟本身却并不以为意。他认为：“我们要在敌人毁坏我们以后，能够容易恢复……就要农民有训练，有条理。否则，敢说不待敌人毁坏我们，我们自己都要毁坏……若舍此以外，而讲国防修军备，这个是来不及，不能抗敌的。那么，坐在屋里头喊抗敌，报纸上、杂志上喊抗敌，更是没有用处。

① 闵挽澜：《如何使乡村“动”起来》，《中国农村》1937年第3卷第6期。

② 作民：《中国社会教育社的第四届年会》，《中国农村》1936年第2卷第3期。

③ 王泽南：《农村工作检讨》，《中国农村》1937年第3卷第8期。

归结的话非到乡村工作不行。我们的乡村工作，就是为的抗敌!"①

但也正是有感于国内形势的日益危急与时人的批评建议，邹平的建设者们逐渐加强了对抗日的宣传，救国的教育。其中一个很明显的例证便是在其日常的教育内容上，添加了抗日救亡的思想教育与实际训练。如师范部要求学生"会战争科学常识、战事救急五种、会普通传染病预防法及治疗法五种"等。在理论知识上则达到"绘帝国主义侵略中国一套，懂得帝国主义侵略中国史，明了第二次世界大战防线"并要求他们在时事测验中的正确率必须达到百分之八十以上。而对于小学生的要求则是定期举行防空演习、野战演习，对于帝国主义尤其是日本侵略者的暴行有正确、深刻的认识，"能算出帝国主义侵略中国的账"等。② 高年级同学甚至还要掌握"新式武器制造大意（炸药毒气战斗机潜水艇军舰坦克车及新式枪炮等)"，并演习"防敌袭击工具之使用（如毒气飞机等)"。即使是幼儿园的小朋友，也要知道我们的敌人是帝国主义；知道日本惨杀山东人民的事略；会唱"九一八"等抗日歌曲，会做"打到帝国主义"的游戏。③ 从上述课程要求可以看出，邹平的教育已经在很大程度上加强了抗日救亡的教育。无论是从精神上、理论上还是实践中，都为抗战积极准备。

可见，民族危机的日益深重，与社会舆论的批评敦促，使邹平的教育内容发生了转变。曾经对乡村教育严肃批判的千家驹在邹平亲眼目睹了建设者对于民众意识、爱国情绪的唤起，看到了他们带领乡民为抗战做准备，如进行防空防毒的演习训练等。他对此表示了肯定与

---

① 梁漱溟：《我们如何抗敌》，《梁漱溟全集》第五卷，济南：山东人民出版社，2005 年，第 1031－1032 页。

② 如明了日帝国主义侵略中国简史；中国历年来丧失之土地及各种权利；帝国主义在世界上的凶暴行为等。

③ 《邹平县立简易乡村师范所拟的最低限度工作草案》，《中华教育界》第 23 卷第 12 期，1935 年。

认可①："我这次对邹平乡村建设最感觉满意的便是他们把抗敌问题在工作中公开地提出来了。这决不是一种形式的口号问题，是一个实质的进步。"由此看来，面对抗日救亡教育的问题，邹平的教育者们积极采取行动并最终在一定程度上改善了教育与时代脱离的问题。

上述种种问题，体现了邹平教育中的诸多不足与困境。有些难题在热心人士的积极建议，与邹平建设者的努力改进中得到了解决。但也有些问题囿于理论与认识，直至乡村建设因抗战爆发而终止时，也未得到很好地解决。但正如成就不能掩盖问题，这些问题也并不能否定乡村教育所取得的成绩。当时一些评论者对于梁漱溟及乡村教育近乎人身攻击的抨击，也是有失公允的，应注意甄别，客观对待。

### （五）梁漱溟乡村教育的现代启示

尽管乡村教育存在许多问题，但它的确为古老的乡村社会带来了一些改变，呈现出新的面貌。随着邹平乡村建设事业的蓬勃开展，乡村建设实验区的规模也在不断扩大。1933 年菏泽继邹平之后，成为第二个乡村建设实验县，到了 1935 年济宁和鲁西南等 13 个县被划为乡村建设的实验区，研究所管辖的范围一下子扩大了 7 倍。② 邹平乡村教育的模式也随之向着更为广阔的区域发展。若是没有战火硝烟，尽管还存在着这样那样的不足，相信乡村教育还是会给乡村带来不小的转变。梁漱溟所设计的"以教辅政，政教合一"的乡学村学体制，真的会建立起乡村的一种新秩序也未可知。但是日本侵略者步步紧逼，抗日战争终于全面爆发。此后不久，梁漱溟辞去研究院院长一职，南下重庆投入到另一股抗日救国的浪潮之中。1937 年年底，日军攻陷山

---

① 但同时他也表示，仅仅以这样的方式推进抗敌工作是远远不够的，还应在两个方面继续努力："一是在成年部之辅助教育训练中要充分提高他们的政治认识；在军事训练中，应使他们知道有一个假想敌，如此则一切的组织民众及教育民众的工作目标不至于落了空。二是要设法解除他们的经济痛苦，因为我们知道许多汉奸都不是自愿而是为生活所迫而被收买的，要保证民众之不做汉奸，同时还要保证他们最低限度的生活（参见千家驹：《我所见的邹平》，《月报》第 1 卷第 4 期，1937 年）。"可见千家驹虽然肯定了邹平在抗日教育中的改变与成果，但是他仍然认为，要取得农民对抗日的绝对支持，必须要解决农民的实际生存问题。

② ［美］艾恺：《最后的儒家——梁漱溟与中国现代化的两难》，王中昱，冀建中译，南京：江苏人民出版社，1996 年，第 272 页。

东，韩复榘临阵脱逃，退至河南。继任山东省主席的沈鸿烈下令撤销了山东境内所有乡学村学，恢复了从前的地方保甲体制，至此山东的乡村建设彻底终止，邹平的乡村教育也随之沉寂。

从乡村教育的层面来看，梁漱溟的理论与实践是与众不同、独具一格的。诚如梁漱溟所言，他最初与最终的目的都是为了进行乡村建设，进而为中国建立一种新的秩序，开辟新的面貌。从这个角度而言，他具有其他乡村建设者无可比拟的气魄与宏愿。因此邹平的教育事业便承担了更多、更重要的使命与任务。希冀以教育的方式最终达到重建政治秩序，改造文化的终极目标，这使得梁漱溟的教育思想有了类似于柏拉图“哲学王”的“教育王”的意味。

尽管邹平的乡村教育存在着种种问题，甚至并不能直接解决乡民的生计问题、土地需求。但是他的教育实践在提升乡民思想精神，提高乡民文化水平、生存技能，和加强乡村自卫能力等方面确实做出了卓著的贡献。梁漱溟希望“把‘乡村教育’建成一种专门化的、制度化的培训，从而使乡民为将来自己在当地的生活作好准备”①。但是很显然这一初衷并未达到目的，因为乡民并不认为乡村教育会给他们带来什么本质上的不同，于是便造成了乡民不动的现象。这也正是千家驹等人对于梁漱溟乡村教育批判的重要一环，也是他们的根本分歧所在。前者一直坚信，调动乡民必须要激发起他们精神上的共鸣，只要广大乡民在思想上认同了乡村教育、乡村建设，加之下乡知识分子的引导，那么乡村建设便是水到渠成之事。这也是为何精神陶炼一课在邹平教育中占有十分重要地位的原因。然而千家驹等人却认为，若想调动乡民的积极性，使其加入到乡村建设的浪潮中，必须要先解决他们的生计问题、土地问题。仓廪实而知礼节，衣食足而知荣辱，唯有乡民衣食无忧，才会认识到乡村建设的实惠之处，方才能积极地参与乡村教育，投身乡村建设。换言之，这是一个物质与精神的博弈，对于梁漱溟而言先要予乡民以精神，千家驹则认为应先予乡民以物质。通观历史的后续发展可以看出，在这个问题的认识上千家驹更胜一筹。

---

① ［丹麦］曹诗弟：《文化县：从山东邹平的乡村学校看二十世纪的中国》，泥安儒译，济南：山东大学出版社，2005年，第136页。

作为一名推崇传统、信仰儒家思想的哲学大家，梁漱溟深信贫贱不能移，匹夫不可夺志。但这在通常情况下似乎只出现在少数有气节的文士身上，以此来要求广大质朴的乡民则显得有些不切实际。这也正是梁漱溟乡村教育的瓶颈。

尽管乡村教育戛然而止，但是它却给后人留下了许多有益的教育尝试与宝贵的教育精神。如其对培养学生实践能力的看重；对学生精神教育的重视；课堂上启发提问式的教学；让学生参与校务管理；重视学生的个性发挥；鼓励学生对课本和信条提出质疑；等等，这些在如今看来，都是十分先进的教育模式，与所谓的素质教育有着许多暗合之处。① 我们不得不佩服以梁漱溟为首的乡村教育者们在这些方面的睿智与远见。

在肯定梁漱溟乡村教育事业成就的同时，也不应该忽略围绕在梁漱溟周围与其共同努力建设乡村的同志与追随者。他们更直接地将梁漱溟的思想带进乡村，并将其转化为现实。他们所做出的贡献，绝不亚于梁漱溟这位乡村建设的灵魂人物。乡村教育不是梁漱溟个人的教育，这其中渗透着很多知识分子的努力，更是广大乡村学校的教职员工以及训练部、师范部师生辛勤耕耘的结果，众多参与其中的乡民也是功不可没的。正是由于邹平地区各阶层各领域人士的同心合力、众志成城，才创造了邹平虽短暂却也十分卓著的教育成就。

综上所述，受时代和现实的影响，王拱璧、黄炎培、陶行知、晏阳初、梁漱溟为代表的教育家们纷纷提出自己的教育思想，并分别将自身的教育思想付诸实践。他们的教育思想指导了试验区的教育实践，而此时的乡村教育实践在改变试验区民众受教育状况的同时还促进了近代乡村教育进一步发展。

民国时期，虽然乡村教育实践发展曲折，但是各试验区都因地制宜地建立各类新式学校，这些学校大多依靠自身努力克服了经费、设

---

① 曹诗弟甚至认为邹平的教育方式与之后50年代里的斯大林式的苏联教育思想相比，更先进，更接近于西方的教学思想。马勇也对于梁漱溟的教育方式做出了较高评价，称之为“传统方法的现代运动”，并对此进行了详细的分析论述，详见《梁漱溟教育思想研究》一书的相关内容。

施、师资等方面的困难，为改善试验区民众受教育状况和开展乡村建设起到了积极作用。

同时，乡村教育实践还在一定程度上完善了中国近代教育。试验区的乡村教育模式与传统的旧式教育模式有很大差别，以王拱璧为代表的教育家们从中国实际出发，努力在传统教育的缝隙中发展近代新式教育。他们一改以往呆板的授课方式，而是根据实际需求、因地制宜的开展教学活动。

民国乡村教育的实践证明：经过教育家们的努力，乡村村民们逐渐开始接受他们提出的新教育思想和推广的教育实践。虽然这时期乡村教育在全国范围内刚刚起步，但是它们不仅改变了当时民众思想观念，还提高了民众素质。但是，不可否认民国时期的乡村教育实践仍存在地区发展不平衡等不足之处。因此，民国乡村教育实践取得的成绩是群策群力的结果，同时，如何克服乡村教育中的缺憾，从而进一步完善中国的近代教育，是民国乡村教育实践的遗留问题。这些问题的最终解决需要依靠安定的社会环境、强有力的政府支持和充足的资金扶持。

# 第九章　民国乡村教育的特点及经验教训

## 第一节　民国乡村教育的基本特点

### 一、乡村教育尚处于起步阶段

虽然新式乡村教育从数量上来说增长很快，质量上也有一定程度的提高，但整个民国时期，现代乡村教育尚处于起步阶段，所取得的成绩还是很初级的。

首先，从现象上来看，民国时期的乡村教育处于新旧教育的过渡转型期，新旧教育并存的局面长久持续，而且新式乡村学校规模、数量有限。

自清末学制改革以来，新式学校教育就借助政府的推动力从城市到乡村逐步开展起来，传统乡村私塾一统天下的局面被打破。乡村新式学校教育的开展较城市要滞后一些，清末民初乡村社会虽然出现了一些新式学校，但是客观说来，当时许多所谓新式学校其实与旧式私塾差不多，有些学校虽然自称小学，但实际上只是在教学内容上添设了一些算术、体育之类的新学科，教学方法上比旧式塾师稍稍有些自由之风而已。相当长的一段时间里、在相当大的范围内，乡村私塾与学校的分界并不明显、也不严格。北京政府虽然推出了一些如改良私塾、培养和检定教师的制度标准，但总体来说受政局动荡、政府权威薄弱的影响，乡村旧式私塾的改良和新式学校的标准化都没有太大成绩，乡村办学基本上处于一种比较放任的状态之下，私塾在乡村的主导地位是没有被撼动的。自 20 世纪 20 年代开始，乡村教育越来越受到时人的关注与重视，在知识界的推动下，发展乡村教育不仅成为一种舆论思潮，而且在特定的政治环境下，在少数地方开办了一些乡村教育实验区，形成乡村教育运动。但毕竟只是由知识精英发动的社会运动，由于知识精英掌握的社会资源有限，乡村教育运动对于民国乡村教育的实际影响是很有限的。这种情况到南京国民政府成立之后有了很大改观，随着国民政府权威的强化，政府层面普及义务教育的力度也前所未有的加强，乡村新式学校大量增加，私塾改良活动也大力推进。可以说在抗战爆发之前的三十年代中期，乡村新式学校的发展达到民国时期的顶峰，抗战期间，个别地区的乡村新式教育是有很大发展的，但广大沦陷区的乡村有旧式私塾回潮的趋势。即使以乡村新教育发展环境比较好的三十年代中期来看，由政府到民间、由中央到地方的一些统计数字对比上，可以反映出乡村旧式私塾仍然保有强大的势力，新式学校数量规模都很有限。如 1936 年全国初等学校平均每校学级数只为 1.75 级，每校平均儿童数为 57.38 人，每级平均儿童数 32.82 人，每名教师平均所教儿童数为 26.13 人。① 这是全国各省市县的状况，但就乡村学校来说普遍规模还要小，以单级独教的小学居多，学生数量也不多，从几人到几十人，比私塾学生稍多一些。

其次，从乡村办学的实际内容上看，其办学质量明显跟不上乡村学校数量的膨胀速度。一般乡村学校经常性地处于经费紧张、师资缺乏、学生失学、硬件设施简陋的局促局面之下；教学内容陈旧、教学方法简单、办学质量低下是乡村学校教学的实际情况，成熟的乡村学校教育尚在探索中。其中，乡村学校办学经费的紧张可以说是影响民国乡村教育办学质量的关键因素之一，乡村教育中的许多问题都与经费问题直接相关联。乡村学校从政府教育财政中占有的比重很小，所谓普及教育、义务教育在民国时期是一种理想，政府的整个教育政策还是倾向于培养精英的教育。大量乡村学校的经费来源还是依靠民间自筹，而乡村经济的衰落造成乡村自身的办学能力也很不足。在经费极端困难的局面下，乡村学校的办学条件非常差，不仅硬件设施，如

---

① 司琦：《中国国民教育发展史》，台北：三民书局，1981 年，第 260 页。

校舍、桌椅、教材、资料等非常简陋或短缺，而且师资水平也很低，多数乡村教师对新式教材教法一知半解。这是因为乡村教职待遇微薄，稍有资质的教师都不愿意任职于乡村，许多乡村小学的教员实际上是迫于生计压力不得已而暂时栖身于此，因而整个乡村教师队伍素质参差不齐。从乡村学校的招生情况看，虽然民国时期，乡村学校的学生入学率有大幅度提高，但乡村儿童的失学率更高。而且由于乡村经济的困难和文化的冲突等原因，整个民国时期，乡村学校还始终面临着招生的困难，许多乡村学校不得不努力与私塾争夺生源。再以乡村学校教学过程来看，一方面，在课程的设置及教材的编选上，虽然乡村学校也紧跟时代变迁，不断增加新内容；但其中的缺陷很明显，即乡村教育过于同化于城市，表现出脱离乡村实际的特征；另一方面，由于教师受到自身职业素质的限制或乡村文化环境的压力，许多乡村教师在实际教学过程中不得不使用落后于时代的教学内容和教学方法，将乡村学校与旧式私塾混同起来。总之，民国知识界对乡村教育现代化的迫切呼声与民间读书上进的传统习俗结合起来，共同造就了民国乡村基础教育的虚假繁荣；事实上，动荡的政局、无能的政府与贫穷的乡村，使得大量乡村小学其实在因陋就简，虽有办学数量，但无办学质量。

再次，从观念上来看，民国乡村社会的教育观念比较滞后。虽然从表面现象上看，新式教育也取得了不小的成就，特别是在乡村学校的数量方面。但考诸事实，乡村民众对于新式教育基本持一种排斥的态度，所以才会出现一方面乡村存在大量失学儿童；另一方面新式学校又普遍面临着招生困难的矛盾现象；甚至一些主持办学的乡村领袖，他们对于新式教育的理解也非常肤浅。新式教育之所以能够在乡村立足，除了来自政府、政治方面的强制力之外，乡村民众受读书做官传统观念的影响，仍然保持着习惯上的教育热情也是一个原因，但这种热情与现代教育价值观之间是存在相当大距离的，其最终结果往往是造成乡村民众对现代教育的失望和抵触。新式教育与过去科举教育的培养目标不同，从理论上说，现代教育的培养目标是为现代工商社会输送合格的劳动力，而不是像科举时代，读书的目标就是做官。虽然作为乡村基础教育来说，在过去的科举时代，它与最终的成功也距离很远，乡村贫寒子弟真正通过读书步入仕途的也很少，而且过程也很漫长，但毕竟不断有成功的例子，始终能给他们希望。而在现代乡村教育制度下，乡村子弟经历着比过去的私塾教育更长的修业年限，负担着更繁重的课业，但却在根本上丧失了一步登天，成为“人上人”的机会。而大量仅有能力完成基础教育的乡村子弟，受落后的近代城市经济的限制，也不能进入城市成为工商人才或上层知识分子，其最终往往还是要回归乡村，过着与他们的父辈相同的面朝黄土背朝天的日子。这样的现实自然使乡村民众对现代教育丧失兴趣，将它视为贵而无用、华而不实的贵族消费。所以，民国乡村民众的教育观念其实是停留在前现代社会的，虽然它可能会在一定时期推动乡村教育的发展，但读书做官的观念不改变，最终还是会限制乡村教育的发展。

最后，民国时期乡村教育还在探索阶段，各种乡村教育试验在流行，试验模式也很多元化，没有形成一个成熟和稳定的模式。既有以知识精英为主的社会团体，如中华职业教育社、中华平民教育促进会等，也有政府主导的试验，如山东乡村建设研究院，等等；还有一些高等教育机构。据《第二次中国教育年鉴》统计，到1935年，各种教育实验区有193处，遍及全国各地。其中影响较大的试验区有黄炎培的江苏昆山徐公桥实验区、晏阳初的河北定县实验区、梁漱溟的山东邹平实验区、陶行知所领导的晓庄学校和山海工学团；江苏省立教育学院创办的无锡民众教育实验区，等等。另外，各个实验区开展乡村教育的理论是不同的，所采用的路径和方法也是不一样的。但这些实验区都不单单从事教育活动，而是将乡村教育与乡村建设结合起来，成为一种乡村改良运动。比如中华职业教育社的实验以黄炎培的“大职业教育”思想为指导，乡村教育不仅只以职业教育为限，而是采取“富教合一”的方针，将职业教育与乡村社会改革结合起来，争取统筹解决问题。陶行知的乡村教育实验则以他的生活教育理论为基础，主张教育、学校、书本都以生活为中心，“过什么生活，便是受什么教育……我们要想受什么教育，便须过什么生活”①。他认为中国乡村教育的出路就是建设适合乡村实际生活的活教育。而晏阳初的平民教育思想，方法上深受杜威的实用主义教育思潮影响，在实行上重视社会调查，在调查基础上，他总结中国乡村的基本问题为愚、弱、穷、私，为此他提出了解决问题的四大教育，作为他改造乡村实验的路径。梁漱溟则深受儒家思想影响，把乡村社会的一切问题都归结为文化改造问题。所以，他主张通过乡农学校这种组织，把乡村社会组织起来开展自救。国民政府主导的乡村教育工作则以建立国民政府的政治权威和灌输三民主义政治信仰为目标，将乡村教育的发展与国民政府的权力下沉结合起来。

各种乡村教育实验虽然纷繁复杂，但各有特点，又互相借鉴，体现出现代乡村教育在起步阶段的活力和生机，但可惜的是，受动荡时局的影响，三十年代以后这些乡村教育实验大多销声匿迹，无果而终，并没能为中国乡村教育探索总结出一条成熟的、可行的道路，这一纷繁而短暂的过程也是乡村教育尚处于初级阶段的一种现象。

## 二、乡村教育发展曲折起伏

要在乡村普及新式教育，最有权威的推动力来自于政府，但民国时期政局动荡，政府对于乡村教育的政策起伏不定，造成民国乡村教育的发展历程也充满了曲折。

从整体来看，北京政府时期新式乡村教育只是获得了初步发展，学生人数和教育经费都有所增加，但由于北京政府的政治权威薄弱，对于发展乡村教育的政策力度有限，所以这一时期乡村教育的物质基础和社会基础都还十分薄弱。许多乡村小学与旧式私塾差别不大，乡村设学并不规范，甚至清末时有发生的乡村民众毁学事件还曾出现。特别是连年的军阀混战严重干扰了乡村教育的正常开展。战争使得地方社会秩序混乱，学校往往停课，成为驻军之所，校舍常常被毁，图书损失。特别是军阀混战往往侵占挪用教育经费，使得本来就基础薄

① 《生活教育》，华中师范学院教育科学研究所：《陶行知全集》第二卷，长沙：湖南教育出版社，1984 年，第 634 页。

弱的乡村学校大受影响。河南灵宝县“十五年，地方兵匪交灾，境内连旱三年，教育经费大受影响，甚至每年有收十五元之数者，因而一切教育无形停顿”①。这类现象比比皆是。

南京国民政府初期，特别是1931—1937年之间，可以称得上是民国时期乡村教育大发展时期。国民政府十分重视乡村教育，借助国民政府的权威，乡村教育在各方面都有所改观。首先，政府通过改良私塾，将大量私塾改造为代用小学，并实行开设短期小学和简易小学的方式力争普及义务教育，并且通过教师培训和资格检定制度来严格教师的培养、选拔和任用，以提高师资水平。所以，三十年代中期，短时间内乡村小学数量有比较大幅度的增加。其次，国民政府明确地方教育经费独立，各县地方一般通过成立教育款产保管和分配机关，使得地方乡村教育经费能够比较稳定，后来国民政府又通过整顿地方财政，实现地方财政统一收支，以规范地方教育经费分配。所以，三十年代初期，乡村教育也算是盛极一时，但可惜的是全面抗战的爆发中断了这一良好势头。

抗战期间及战后，全国乡村教育呈现乱象，总体来说抗战期间沦陷区的乡村教育比较混乱，日伪的奴化教育、政府和中共的抗日救亡教育、民间私塾并存或交替。首先，战争的爆发使沦陷区的教育事业遭受了空前浩劫，据统计：自1937年7月至1938年8月，沦陷区中高等学校遭侵略者破坏的达91所，占当时全国高校108所中的85%，财产损失达3360多万元；沦陷区中等学校1926所中，有50%的学校无法正常上课，财产损失达6556万元；受到破坏的小学、幼儿园达129700所，占总数的44%。② 其次，战前在华北和华东地区开展的乡村教育实验、乡村建设运动都被迫中断，只有少数实验得以内迁四川、湖南继续开展。战前国民政府的乡村政权建设中也颇注意乡村教育，但随着日本入侵，在广大沦陷区缺少了来自政府的督促和支持，原先一些新式乡村学校被迫停办，乡村民众重新选择了私塾这种形式来继

① 周祐光：《灵宝县教育视察报告（二十三年六月）》，《二十三年上期河南地方教育视察报告》，河南省教育厅编辑处印行，1934年。

② 孙培青：《中国教育史》，上海：华东师范大学出版社，2000年，第435页。

续教育。虽然抗战期间国民政府推行国民教育政策，对于维持大后方的乡村教育和适应抗战，取得了一些成绩。国民政府和中共在敌后游击区也艰难地维持着抗日救亡教育。广大沦陷区的乡村成为日伪政权推行奴化教育的阵地，但由于民众的抵制，日伪奴化教育和欺骗宣传也很难立足。据1940年年初战区视察报告记载，在日伪积极推进奴化教育的江浙地区，日伪所设立的小学数量仅相当于战前的25％，多的也不及30％。①

战后国统区的乡村教育处于极端残破的状态，国民党政权对于乡村基层社会的控制已经很困难，处于经费困境中的官方主导的乡村教育也未能恢复。中共领导的根据地教育经过总结逐渐走向正规化，随着国民党大陆政权的倾覆，中共乡村教育进入了一个新阶段。

## 三、乡村教育发展不平衡

自近代中国社会转型以来，在政治、经济、文化等各个领域都呈现出沿海与内地、城市与乡村分化的二元结构。在教育方面同样也有这种特点，特别是随着各地经济发展水平的分化，民国乡村教育也呈现地区发展的不平衡性，如乡村教育与城市教育、内地与沿海的乡村教育开始分明地呈现出不同的走向。

在传统农业社会中，虽然在全国各地的教育水平也不均衡，但在教育上几乎没有明显的城乡对立，也没有沿海与内地的概念。清政府审慎地把控着各省科举名额的分配，其目的虽然是通过调节各省绅士的数量来维护它在全国的政治控制，但由于科举制度的导向作用，使得各省教育，特别是边疆、内地的教育也维持着一定的热度，避免了教育的过度分化和集中。但是近代社会分化打破了全国教育的这种整体性。

首先，民国乡村教育的发展在地区之间是不平衡的，一般来说，经济发达地区的乡村教育也比较发达，经济落后地区的乡村教育也比较落后。就以同属江苏省的苏北与苏南地区相比较，因二者自然环境

---

① 沈岚：《抗战时期国民政府争夺沦陷区教育权的斗争》，《民国档案》2005年第2期，第131页。

条件、民间习俗传统的差异，特别是经济发展水平的差异，造成二者在乡村教育发展上的明显差距。苏北因地处黄淮之间，历史上洪灾频繁，所以经济发展一直落后于苏南，民风也比较保守，在文化氛围和传统文化教育资源上也不如苏南。对比民国时期苏北与苏南乡村教育的发展状况，可以看到，无论从学校种类、数量，规模、还是办学质量上，苏北都明显落后于苏南。“苏南无论从学校数量还是学生数量上都是苏北的几倍甚至是十倍之多。”“江苏农村学龄儿童的失学率普遍较高，而苏北区域更为突出。根据有关方面于 1930 年和 1935 年进行的两次调查统计，1930 年，全省的失学率为 87%，除了扬中县外，失学最多的县份都在苏北，特别是徐州、海州、淮阴所属的淮北地区 13 县。以 1936 年的涟水县为例，涟水全县的文盲率是 90.16%。而据该涟水县民众教育馆进行的调查，县城南门镇与县前镇的居民中 6 岁以上人口共有 1569 人，识字者有 722 人，占全体的 46%。识字者的人数近乎为居民的一半，这样高的识字率，与全县 91.16%的文盲率形成巨大的反差，说明该县绝大多数文盲都在农村。”① 从全国的情况来看，无疑沿海地区的乡村教育要比较内陆各省的乡村教育发展得好一些，与前现代社会相比，沿海与内地在乡村教育方面的差异显然在加大。据 1930 年的统计，未设中等学校的县占全省县数之比例在全国各省从 3.39%～98.46%不等，越是偏远省份，未设中学的比例越大；每平均一千人口得受初等教育的儿童数量在各省市从 70～0.17 人不等，越是内陆省份受教育者越少。②

其次，乡村教育与城市教育发展之间更加失衡。传统社会中的城乡教育也有不同，但主要表现为初等教育与中高等教育这种不同分工的区别。大量的分散在乡村的私塾等私学承担了蒙学和初等教育的工作，繁华城区都市里的书院等机构则承担了高等学术教育的职责，二者之间没有孰优孰劣之分。而自清末新式教育兴起以来，整个中国的教育结构和布局发生了很大变化。不仅高等学堂、专门学堂、实业学

---

① 杨娟：《苏南乡村教育研究 1905—1937》，华东师范大学博士论文，2009 年，第 200 页。

② 《第一次中国教育年鉴》，上海：开明书店，1934 年，第 1649 页。

堂、师范学堂、中学堂等中高等教育集中于都市，一些优良的、比较有规模的初等教育机构也大多开办在都市城区内，县城之外的区、乡、镇、村所开办的小学多十分简陋，办学质量低下，几乎与私塾无异，与城市差距明显。时人提起乡村学校、乡村教育就给人以简陋、低劣的印象，都市教育与乡村教育从此具有了优劣的分别。

## 四、学校教育与乡村疏离

民国时期，乡村新式教育总体上来说是照搬城市教育，体现出很强的国家意志、精英意识、城市化和工业化倾向；而依旧停留在前现代社会的广大乡村对这种异质化教育表现出很强的排斥性，而且新式教育的实施结果也进一步加大了城乡之间的分化。

首先，新式乡村教育非常不适应乡村社会的观念和需求，如何将现代教育嫁接于乡村社会，将现代乡村教育变为引领乡村社会发展的文化动力，还是民国时期未能解决的问题。在传统农业社会中，城乡几乎是同构的，中国城市没有像西方工商业城市那样明显的独立性，中国城市对乡村的依赖性、认同性很强，城市文化与乡村文化之间也是相通的。近代中国教育从起步以来也遵循着一种“城乡同构”的发展模式，但这种城乡同构是以城市为主导的，以乡村向城市看齐为目标方向的，也就是说乡村教育模式必须与以城市化、工业化为基础的城市教育模式保持一致。但民国时期乡村社会的发展速度和观念更新明显跟不上城市，乡村学校的教学内容、教学模式与乡村民众的教育观念和教育需求之间距离很远，甚至格格不入，所以才会出现乡村学校受到民众排斥，私塾却反而受欢迎的现象。在中国的现代化道路上，以先进的城市文化辐射于乡村，从而引领乡村现代化，从理论上是一条可行的道路，但事实上，如果新文化的载体——乡村学校不能真正深入乡村社会，为乡村民众所主动接纳的话，就很难发挥作用。这是民国乡村教育遭遇到的一个尴尬和严酷的现实。

其次，从新式乡村教育的实施效果来看，虽然对于改良乡村社会也发挥了一定的积极作用，但也同时带来了另外一个严酷而尴尬的结果，就是新式教育造成了大量乡村精英的离乡，从而加剧了乡村社会危机，进一步扩大了城乡之间的差距，而不是弥合城乡之间的差距。在传统科举制度下的乡村读书人在成功入仕之前，除了在城市学校短暂的读书生活之外，其绝大部分时间都是生活于乡村，一边继续自修，为下次科考做准备，一边也过着如一般乡村子弟的农业生活，即所谓“耕读”，这种生活可以持续到三四十岁，一直到他科考登第，成功入仕；或者最终接受科举失败的结果，放弃科举，转业做塾师或幕僚。各种初级功名的取得也不妨碍他的乡村生活，在城乡文化价值观一体化的传统社会，绅士的资格使他在乡村社会生活、文化生活中更具有一种引领作用，可以生活得更体面；甚至绝大部分退职官员仍然也要回归乡村。所以，传统科举社会，乡村精英人才的生活轨迹基本是不脱离乡村的，通过这些精英个人在乡村与朝廷之间的出入，国家意识形态与乡村基层社会实现了必要的沟通。而近代新式教育培养出的众多毕业生，其出路很社会化，但无论哪条路都是以城市为中心的，只有进入城市，才能获得对他们所受教育的认可。在乡村，他们所受的现代教育与乡村社会之间丧失了私塾与乡村的那种融洽性，新式学校的毕业生在乡村完全没有用武之地，再像传统读书人那样体面、有尊严地“耕读”为生是不可能的。这样一来，大量乡村精英都离开了乡村，同时还带走了乡村发展必须的资金、知识和文化，其结果是城市汇聚了越来越多的人才，而乡村则成为文化和人才的真空地带，缺少了知识和文化资源的支撑，乡村的现代化发展更加艰难，城乡之间的差距越来越大。

## 五、乡村教育中的国家意志鲜明

处在 20 世纪上半期国家内忧外患、中华民族面临危亡的非常时刻，无论是由政府主导、还是由知识精英发起的乡村教育，都表现出强烈的国家导向和民族意识。所以，民国时期乡村教育的含义往往不只局限于乡村学校教育，而是包括对乡村民众的社会教育在内的大教育；甚至不仅仅是教育题内之义，而是包括乡村移风易俗、发展经济、改良政治在内的一系列乡村建设活动。

首先，20 世纪二三十年代乡村教育思潮的兴起与五四运动以后教育救国思潮的风靡一时有密切关系，二者在对教育的功能和使命的定位上有内在一致性，甚至可以说，乡村教育思潮是教育救国思潮的派生物。教育救国论的核心内容就是在重视社会政治革新的同时，还强调教育文化的进步对促进社会进步的突出作用，认为通过发展教育，提高国民素质，也可以达到挽救民族危亡，实现国家独立和富强的目的。这种思想模式就是林毓生先生所指出的中国早期现代知识分子的惯常思维方式——“借思想文化以解决问题”。这种思路导致人们往往对教育功能和价值抱有非常高的预期，认为教育可以超越、甚至取代政治变革、经济变革发挥救国的功能。二三十年代的乡村教育思潮也是以这种思想逻辑为起点的，知识精英们所倡导的乡村教育运动从来就不只局限在教育范围之内，强烈的忧患意识使他们从挽救民族危亡的使命想到拯救即将崩溃的乡村，从挽救乡村的愿望注意到农民教育的重要性，认为只有将占中国百分之八十以上人口的农民动员起来，使他们有知识，有能力，中国才有希望。正像晏阳初所说的那样：“乡村建设，实非建设乡村，而意在整个中国社会之建设。”具体而言“他对于民族的衰老，要培养他的新生命；对于民族的堕落，要振拔他的新人格；对于民族的涣散，要促成他的新团结新组织”①。“中国其真正最大富源不是煤，也不是铁，而是三万万以上不知不觉的农民，要把农民的智慧发展起来，培养起来，使他们有力量自动地起来改造，改造才能成功；自动起来建设，建设才会生根；自动起来运动，复兴民族，民族才有真正复兴一日。”② 乡村教育运动本身有其脱离乡村社会主体需求的一面，而这一特征从某种角度来说，是乡村教育运动的重大不足。梁漱溟曾经总结乡村建设运动的难局在于“号称乡村运动而乡村不动”，他说其中的原因在于“农民偏乎静，我们偏乎动”；乡村建设运动与农民“从心理上根本合不来”。农民的心理是“多一事不如少一事”，“这多一事不如少一事，简直是他们最亲切的要求，这是

① 马秋帆，熊明安：《晏阳初教育论著选》，北京：人民教育出版社，1993年，第189页。

② 同上，第71页。

最没办法的”①。这从侧面反映出乡村建设运动不能满足农民的根本需要，缺乏对农民的吸引力，所以它不能调动农民的参与热情。

其次，对于政府来说，教育的首要作用在于社会教化，培养国民的认同度。所以民国时期政府主导的乡村教育活动具有更明确的国家意志，但是表面上的国家意志其实蕴含着深刻的一党专制的政治意图。抗战之前的南京国民政府时期是乡村教育开展的比较好的时期，而这一时期也是国民党通过普通教育将政治权力下沉到乡村的启动阶段。国民党政权建立之初就打出了赤裸裸的“党化教育”的旗号，后来南京政府建立之后，党化教育被改为比较含蓄的“三民主义教育”，并被国民政府确立为正式的教育宗旨。1929 年 4 月国民政府正式公布了《教育方针及其实施原则案》，规定“中华民国之教育，根据三民主义，以充实人民生活，扶植社会生存，发展国民生计，延续民族生命为目的，务期民族独立，民权普遍，民生发展，以促进世界大同”②。从此之后国民党的教育目标与国家普通教育职能结合在一起，官方意识形态通过各级教育组织贯彻到国民政府辖区的每一个乡村、每一个学校。在具体实施上，所谓三民主义教育体现出赤裸裸的一党专制色彩。如国民政府规定各级学校必须开设党义课，后来中小学的党义课改称公民科，授课内容仍然为党义灌输。党化教育不仅限于党义灌输，按照国民党的设想，学校的其他课程也要按照三民主义进行重新改造，特别是社会及人文学科，必须要与国民党的思想统一。所以，国民政府大学院与 1927 年公布了《教科图书审查条例》，规定教科书必须经过大学院审定才能发行和采用，而且教科书经进一步审查之后还得交国民党中央训练部再审，所以国民党党部才是教科书审查的最高裁决机关，那些与国民党党义不合的内容自然被剔除。作为党化教育直接承担者的党义教师，对他们的检选、任命和考核也都是由各级党部控制的，不受教育行政机关的干预，所以国民党中央训练部得以控制部分教育权，被人称为教育部之外的又一个“党教育部”。

---

① 《我们的两大难处——二十四年十月二十五日在研究院讲演》，《梁漱溟全集》第二卷，济南：山东人民出版社，2005 年，第 581 页。

② 《第一次中国教育年鉴》，上海：开明书店，1934 年，第 8 页。

总之，在20世纪上半期特殊的历史条件下，乡村教育的发展必然被赋予社会使命和国家意志，乡村社会自身的主体价值和诉求反而有些淡化。

## 第二节 民国乡村教育的基本经验与教训

民国时期中国现代乡村教育只是处于起步阶段，在这一阶段乡村教育所经历的挫折和面临的困境，对于中国乡村教育的进一步发展提供了宝贵的经验和教训。

### 一、要保持社会的稳定和持续发展

民国时期政局动荡、战乱频繁、乡村社会极端贫困与落后是造成乡村教育发展迟缓的最根本原因，政治上的无序状态使得任何新事业的开展都处于极端脆弱的大环境当中。作为一项需要政府和社会大力扶植的公共事业，乡村教育必须在一个政治稳定清明、社会经济持续发展的大环境下才能逐步发展。

民国时期对乡村教育最严重的破坏来自战争。民国北京政府时期，频繁的军阀混战以及由此带来的匪患，一方面，使从中央到地方的执政当局人人皆存“五日京兆”之心，满足于用少数高等教育、几个城市学校作为他们执政的点缀，投资大、见效慢的乡村基础教育，他们根本无心、也无力兼顾。另一方面，战争也往往使刚建立的脆弱的乡村学校处于停滞状态或发生倒退。特别是抗日战争的爆发，使全国的乡村教育陷入混乱，广大沦陷区的乡村学校沦为日本奴化教育的工具、私塾这种落后的教育方式又有回潮；国民党控制的大后方和中共领导的根据地则根据自己的政治需要兴办起各具特色的乡村教育，但受战争影响，像一些根据地的乡村教育是很不规范的，只是最基础的识字教育或是政治宣传。总体来看，民国时期乡村教育最好的发展阶段在20世纪30年代初期，也就是国民党政权基本结束军阀混战，实现了名义上的国家统一的短暂时期。这一时期政局的平稳使得政府能够集中精力搞建设，乡村教育能够得到国家政策和资金方面的实际支持，所以短时间内，乡村教育很有起色。虽然20世纪二三十年代有民间团体主持的乡村教育实验也看起来有声有色，但它们实际的作用主要还是在于思想引领，中国乡村教育的全面的、实质性的进步还是要依靠政府的力量。毕竟对于中国这个落后的农业国来说，乡村教育是一项规模宏大的公共事业，需要政府的统筹规划，统一调配社会资源，对乡村教育进行政策和资金扶持，一个具有现代素质的、有权威的中央政府是必要的前提。而且，由于中国其他各项社会生产也都是不发达的，所以仅仅依靠社会力量来发展乡村教育也不现实。从世界范围来看，落后国家发展现代事业，依靠国家的力量也是一条现实可行的道路。

总之，对于现代化起步较晚的中国来说，要发展乡村教育，首要的条件是建立一个统一的、有权威的、现代化导向的中央政府。

## 二、乡村教育导向的思考——从离农教育到为农教育

民国时期虽然开始注意教育普及，但乡村教育走的始终是精英路线，它造成的不良后果是乡村文化的荒漠化，乡村教育不能为乡村建设提供必要的文化和知识资源。为此，深入思考这样一个问题是非常有必要的，即乡村教育应该是离农的教育还是为农的教育？

从民国时期大的政治环境、经济条件来说，乡村教育走精英式的发展路线是有一定道理的。因为近代以来中华民族面临着内忧外患，富国强兵、挽救民族危亡的迫切任务，使得人们对于教育的期望也是相当功利的，以选拔国家社会需要的人才为目标的、以西方模式和工业化社会为榜样的乡村教育模式成为首选。所谓普及教育还只能停留在政府的宣传和知识界的期望层面上，这是受那个时代的各种客观条件所制约的，不仅仅是因为政府或某些教育家的主观选择所致。但是，精英式的乡村教育实施之后的效果却不尽如人意。乡村教育的国家化取向使之脱离了乡村民众的最基本的教育需求，造成普通乡村民众对新教育的冷漠；乡村教育的城市化、工业化倾向又造成精英子弟厌弃乡村，纷纷离开乡村，投入城市的怀抱。缺少了来自教育和知识分子的文化引领，乡村成为知识、文化和人才的荒漠，单从乡村社会的文

化、道德、习俗角度来说，民国时期的乡村反而不如前现代社会那样民风淳厚和谐。缺少了文化和知识资源的乡村更加缺乏发展的动力，在现代化道路上也越来越落后于城市，城乡发展的剪刀差最终成为制约中国社会现代化转型的最主要障碍。所以，新式教育既开启了乡村社会现代化之门，同时也造成乡村社会现代化的受挫。至少可以说，民国乡村教育对于促进乡村社会的现代化发展所起的作用是有限的，不仅没有及时弥合城乡发展之间的差距，反而进一步加剧了城乡分化。1949年之后，乡村教育的发展继续延续着“城乡同构”的模式，随着乡村学校和毕业生的增加，表面看来是乡村教育现代化取得了很大成绩，但从本质上来说，乡村教育脱离乡村社会主体需求的缺陷仍然存在，乡村教育不是为农村造血的教育，而是为城市输血的教育。乡村教育继续为城市源源不断地输送人才，乡村社会的资金和人才、智慧最终都进入了城市，而乡村社会则仍然处于从经济到文化全面落后的状态。

显然，中国乡村教育应该往何处去是一个具有持久思考价值的问题，乡村教育应该以城市为归依，以将农民改造为市民为目标呢，还是以农民和乡村为主体？单就教育的公平性来说，不可否认，农民子弟有走出乡村进入更广阔的社会领域的权力和愿望，城镇化也是中国现代化的一个必然趋向，通过教育，使大量农民子弟转化为城市人口也是现代化的一个标志。但是，毕竟农业、农村和农民是一种客观存在，即使进入现代工商社会，“中国社会正在从乡土中国走向离土中国”① 也仍然会有大量的农业人口，他们的生活重心仍然是在不同于城市的乡村小社区里。从社会发展史角度看，城乡差别的存在是持久的，当然，这种差别应该是横向的社会分工造成的，不应该像近代中国城乡教育那样成为历史发展阶段上的差别。所以，乡村教育必须具备乡土特征，必须与乡村社会生活有关联，不能只有对城市的单向认同，只有这样的乡村教育才能从中产生推动乡村社会发展的内在动力，从而实现乡村社会自身的快速发展，拉近城乡之间的差距，而不只是

---

① 熊春文：《“文字上移”：20世纪90年代末以来中国乡村教育的新趋向》，《社会学研究》2009年第5期，第137页。

为城市输出人才。就社会发展的客观历史进程来看，以牺牲乡村、优先发展城市的方式来实现国家现代化也是有问题的，它所造就的是畸形的、不均衡的社会，最终反过来会制约整个社会现代化的发展。

所以，将乡村子弟发展的需求与乡村社会的自洽性结合起来，需要中国乡村教育与乡村实际相结合，满足农民的教育需求。而且要注重发动乡村自己的力量，让农民积极主动参与乡村办学，只有这样才能促成城乡社会的综合、均衡发展。

## 三、注重乡村教育的实验与改革

民国时期是乡村教育不断实验和改革的时代，虽然这些多样化的实验和不断的调整和改革是民国乡村教育尚处于初级阶段的反映。但是，也正是由于民国乡村教育不断地实验和调整，从而使民国乡村教育保持了活力和生机，并为后来的乡村教育之路留下许多经验。

二三十年代的乡村教育实验虽然流派纷呈、理论各异、效果不一，但乡村教育实验的开展还是取得了丰富的理论成果和实验成效。首先，通过乡村教育家们的批评和反思，现行乡村教育的种种缺陷才得以被充分认识和反省。比如现行乡村教育脱离乡村社会实际，与乡村生活格格不入的问题、乡村教育经费的筹资问题，等等。其次，通过乡村教育实验，总结出许多有关现代乡村教育的理论经验，如整个教育过程如何与乡村生产、生活实际相结合，乡村教育的改革如何具体地依据乡村的环境、风俗、伦理开展不同方式的教育，学校、家庭、社会教育等形式在乡村教育中怎样实施等。其他还有乡村教育特殊规律的探索，如“生活教育”、“科学简化”；乡村教育中教学方法的探索如“小先生制”、“导生传习”、“表证农家”方法的试行等。最后，乡村教育实验对于民国乡村教育实践的影响也是显而易见的，据有关研究者总结，从宏观角度讲，乡村教育实验的现实影响主要发生在以下三个方面：一是推动乡村教育运动在全国甚至在海外轰轰烈烈地开展起来；二是对国民政府有关民众教育、成人教育、社会教育等方针政策的制度有一定影响；三是陶行知等教育家的乡村教育实验成果对解放区教育工作有一定启示。①

正是在这种实验和探索的气氛下，民国乡村教育充满了改革精神。民国乡村教育就是在不断的反省和调适中改进，越来越贴近中国乡村社会的实际，越来越具有中国特色和乡土特色的。无论是政府主导的乡村教育政策还是社会团体进行的乡村教育实验，都是在不断反省和改革当中前进的。以政府的乡村教育制度和政策来说，无论是对旧式私塾的改良还是对新式学校教育的推进，也都是一个不断调整的过程。总体来说，新式乡村小学逐渐受到政府的重视和政策扶植，旧式私塾则经历了从独步天下到日渐淘汰的过程。在这一过程中新式教育的具体改革主要发生在以下方面。其一，在学制方面增加了对于乡村学校的一些弹性改革，如乡村学生的入学年龄受学制限制就较少，乡村学校学生的收费制度也较为灵活。1927 年李景汉在定县就观察到，乡村学校有的按照学生家庭经济情况收费、有的按照学生年级不同收费，有的还按学生是否是本村子弟来收费。其二，新式学堂的教学安排按照乡村社会生产和生活节奏进行了调整。如乡村小学的假期安排就与正规城市小学不太一样等。其三，为取得乡民信任，乡村教师们比较尊重乡村社会习俗，有的还主动参与乡村社会生活，主动取代乡村塾师在乡村社会文化生活中的中心地位。民国时期乡村旧式私塾的改革更是剧烈的，无论是在教学内容还是教学方法上，私塾都不同程度地接受了一些新式学校教学的理念和方法。

总之，民国时期的乡村教育无论是新式的还是旧式的，无论是在内容还是在形式上，都处于不断改进调整当中。本来民国乡村教育是开始于盲目照搬西方和城市的教育制度，但凭借着这种改革探索精神，民国乡村教育才得以取得一些成绩。而这种实验、改进，再实验、再改进的精神，也是今后发展乡村教育的过程中我们应该自觉地加以继承和发扬的东西。因为只有这样，我们的乡村教育才能不断适应新形势，解决新问题。

---

① 吴洪成：《20 世纪二三十年代中国的乡村教育实验》，《四川师范大学学报》（社会科学版）2002 年第 5 期，第 105 页。

## 四、发挥政府与知识精英的共同作用

在发展乡村教育问题上政府无疑是主力军，但民国乡村教育的发展历程反映出知识精英是中国现代乡村教育的重要推动力量，政府的作用与知识精英的探索精神相结合，促成了民国乡村教育的起步。政府与民间社会二者之间的良性互动会为发展乡村教育营造一个良好的物质和舆论环境。

作为一个落后的农业大国，发展乡村教育是一个需要集举国之力才能完成的事业，不是一时、一地的实验改良所能成就的事业。我们看到，清末虽然已经提出了义务教育的理念，但一直到 20 世纪 30 年代初，由于政局混乱，政府在教育管理方面腐败、无能，所以乡村教育事业实际上一直处于民间自为的状态，乡村设学非常不规范，许多所谓的学校实质上等同于私塾。这种状况到南京国民政府稳定下来之后才真正有所改进，随着国民政府政治权威的建立和巩固，各种教育制度不断出台，也越来越能够贯彻到基层乡村中去，乡村教育的发展进入到一个制度化的新阶段。乡村办学越来越规范，乡村学校无论数量和质量方面都有比较大的改进，但随后的抗日战争和解放战争又将乡村教育卷入战乱的泥潭。所以南京国民政府时期乡村教育的历史经验证明，一个稳定和现代化导向的政府对于推动全国乡村教育事业的成败可以起到决定性的作用，因为只有政府能够提供乡村教育所需的政策环境和物质支持。但这不代表以乡村教育派为代表的民国知识分子的实验和探索就没有价值了，事实上，以知识分子为主体的民间团体是民国乡村教育的主要发起者和推动力。二三十年代乡村教育派所做的工作发挥了对乡村教育的思想启蒙和舆论宣传作用，实质上推动了整个中国社会对乡村教育现状的重视，将近代中国教育的发展方向从精英教育导向普及教育、基础教育。而且，他们主持的乡村教育实验对于探索中国特色的乡村教育道路具有现实意义。一方面，他们的实验贡献了许多乡村教育的具体经验；另一方面，南京政府稳定之后，政府关于义务教育和乡村教育的许多举措可以说是对民间乡村教育实验的回应。从南京国民政府召开第一次全国教育会议，通过多项有关乡村教育的提案，到国民党三中全会通过《实施三民主义的乡村教育案》；从南京国民政府对民间乡村教育家及其实验的关注和认同，到成立农村复兴委员会、调查农村实况、复兴农村经济、注重乡村教育的发展，再到重视乡村教育期刊、教科书和其他乡村教育书籍的出版，都可以视为是南京国民政府对乡村教育思潮进行的回应，标志着乡村教育全面进入政府的视野，并成为国家建设的一部分。①

当然，知识精英主持的乡村教育活动也离不开政府的合作与支持。乡村教育运动初期受教育救国思潮和教育独立思潮的影响，很多人夸大教育的功能，不屑于与腐败的政府合作，很多教育和学术团体所开展的乡村教育实验与政府关系不大。但事实上，不与政府合作，仅凭教育和学术团体的力量推动乡村教育是举步维艰的。比如没有地方当局的支持，单纯的教育团体很难在地方建立实验区，即使设立的实验区，没有地方政府的配合，许多事业也无法开展。所以，即使是在经费方面比较独立的定县实验，在总结其经验时，也承认“推到民间去，亦非利用政府机构不可”②。“由学术立场去建设农村是由下而上的工作；由政治的立场去建设农村是由上而下的工作。两者必须扣合起来，方可博收成效。”③ 比较具有民间性、社会性的定县实验都这样，更不用说那些经费主要来自政府的乡教实验了。梁漱溟主持的山东乡村建设研究院所设立的邹平实验区，经费就来自山东省政府。而且梁漱溟设想的乡村建设模式也是政教合一的，以村学、乡学、乡农学校作为乡村的自治组织，让其发挥基层行政组织的作用。所以，在近代中国，政府与知识精英和社会力量的合作是开展乡村教育的必由之路，但双方如何实现合作才能调动双方的正能量，却是一个值得研究的问题。以邹平乡村建设实验的结果看，按照梁漱溟的初衷，采用政教合一的

---

① 刘克辉：《南京国民政府对乡村教育思潮的回应》，《天中学刊》2011年第4期，第109页。

② 《平民教育促进会工作演进的几个阶段》，宋恩荣：《晏阳初全集》第一卷，长沙：湖南教育出版社，1989年，第391页。

③ 《二十五年平教工作概览》，中华平民教育促进会编印，第8页。转引自郑大华：《乡村建设运动》，北京：社会科学文献出版社，2000年，第477页。

方式目的是以乡校所代表的文化、伦理因素为主导来改造乡村社会、乡村政治，其结果却变成了乡村建设运动依附于政权，被政权利用的结局，乡校成为地方政府拉丁、派款、抢兵的工具，邹平的乡村建设运动走向了死路，梁漱溟的乡村建设理论也面临困境。由此看来，在乡村教育问题上，如何在政府与知识精英、民间社会之间构建一个良性合作的平台还是一个急需解决的问题。

## 五、以提高乡村学校的办学质量为重点

民国乡村教育的发展历程不仅为后人提供了许多宝贵的历史经验，同时也得出了一些值得反思的历史教训。其中最重要的一点就是：发展乡村教育的重点应当放在提高乡村学校的办学质量上，而不应该只重形式，只做表面文章。

从表面现象看来，民国乡村教育的发展是有相当成就的，乡村教育从受忽视，到逐渐汇成一股社会思潮；政府有关乡村教育的各类教育法令、法规不断出台，并逐渐完善；新式学校数量和规模在扩充，旧式私塾在减少；一些旧式塾师通过培训也逐渐改良成为新式教员，甚至有些私塾里也开始教授算术之类的新式科目；乡村小学的办学至少在形式上是遵守各种国家规定的，无论在师资的培养、任用方面，或是在课程设置、教材选用、教法改进方面，或是在学校的节假日规定、学生管理等方面，各种部颁标准、地方政府规定等都能直接规定着乡村小学的存在模式。但毋庸讳言的是，民国乡村教育的整体发展状况仍然是偏于形式主义的，正像有人指出的那样，“从表面上看，现在政府，教育家，出版界，一致合作，同为乡村教育而努力，认定这是目前救国唯一的道路，难道这还不是好现象？可惜这是表面浅薄的宣传”①。乡村教育的实际内容和内在品质十分令人忧虑。民国乡村教育的国家建构、社会期待与乡村教育的实际状况之间存在相当大的反差。

乡村学校的办学条件，从硬件设施方面说，完全可以概括为“粗

---

①　王衍康：《中国乡村教育前途之展望》，《中华教育界》第22卷第4期，第42页。

陋”二字。多数校舍都是原来的庙宇、祠堂改用的，地理位置、光线、空气极不适宜充当教室；许多乡村小学根本没有校园；学校除了必要的黑板、桌椅之外几乎完全没有其他辅助教学设施。从学校教学的软件环境看，乡村学校也仍然有名无实。

首先，乡村师资条件很差，虽然自二三十年代以来，各地也开办了一些乡村师范、简易师范学校，专门为乡村学校培养输送师资，但是，由于乡村基础教育领域师资的缺口很大，合格的师范生仍然不够用。可以看到民国乡村教师队伍里，充斥着各种各样的不合格师资，有旧式塾师、退职官僚，甚至也有本身就只是初小或高小毕业的人，也来充当乡村小学教员。三十年代中期，为大力推进义务教育和乡村教育，政府也曾经积极推进师资的培训，改良乡村师资状况，但有些地方的乡村师资素质仍然可以不客气地称为“低劣”。下面是廖泰初所记录的参加教师培训讲习会的乡村教师所写的《我教小学的几个困难问题》，就是民国乡村师资素质低下的明证。“我们教学困难的问题，最重要的。是私塾破坏学堂的说不是圣人之学是洋学生。不能在乡应答事故。于是我们学不能昌盛是第一困难问题学校中之学生多有农暇之时在校至农忙之时多有下学助的亦诱别的学生多半下学然后之质恪学识不齐班次复杂亦教学困难也。——（五区陈允中）”① 这些文理不通、基本文字功夫都不及格的短文，直观地反映出当时乡村师资的真实状况，如何能够依靠这样的师资力量来发展乡村教育呢？考虑到这一点，也就难怪乡村民众不信任新式教育、反而信任私塾了。

其次，除了缺乏合格师资之外，乡村学校在课程设置、教材教法、学生管理等方面也大都虚应故事，敷衍了事，造成乡村学校的办学质量堪忧。一方面，受客观条件限制，乡村学校的教学和管理都难以达到国家设定的标准，因陋就简是许多乡村学校办学的实际情况。乡村小学的许多课程只是设置在课程表上而已，对于那些只有一位教师的乡村学校来说，课程的任意增减是常有的事；有一些乡村小学明里摆着小学教材，以应付上级检查，暗地里仍然教授《三字经》、《百家姓》

① 廖泰初：《动变中的中国农村教育——山东省汶上县教育研究》，山东省汶上县教育研究院，1936 年，第 70 页。

之类。在学校招生方面也存在弄虚作假的现象，为套取上级补助费，一些乡村小学甚至有许多挂名学生。另一方面，由于乡村学校的办学方式完全照搬城市模式，存在严重脱离乡村社会实际这一致命缺陷，也造成一些乡村学校不得不对新式学校的办学规范进行变通办理。比如，乡村学校的假期制度、缴费制度，就不得不结合乡村生活的实际进行变通调整，再如民国小学课程中那些明显偏离乡村孩子生活经验的课程内容，也很难在实际教学中取得应有的效果。

总之，乡村学校的办学受主客观条件的限制，存在相当多的不足，其内在品质亟待改善，而这种重量不重质的结果的形成，是与当时的教育当政者敷衍了事、满足于表面政绩的执政理念有关，也与当时社会舆论在发展乡村教育方面存在急功近利的心理有关。这个历史教训在我们基本完成了普及九年制义务教育任务的今天仍然具有深刻的现实意义，义务教育的普及使乡村教育进入了一个全新的发展阶段，在这个阶段进一步调整乡村教育结构，提高乡村教育的质量更是不容忽视的任务。只有在发展乡村教育自身的基础上来缩小城乡差距，才是乡村教育和乡村社会现代化的最好出路。

# 主要参考文献

## 一、地方志

1. 北流市志编纂委员会：《北流县志》，南宁：广西人民出版社，1993年。

2. 德州地区教育局教育志办公室编：《德州地区教育史志资料》，1987年。

3. 福建省地方志编纂委员会编：《福建志·教育志》，北京：方志出版社，1998年。

4. 广东省地方志编纂委员会编：《广东省志·教育志》，广州：广东人民出版社，1995年。

5. 广西壮族自治区地方志编纂委员会编：《广西通志·教育志》，南宁：广西人民出版社，1995年。

6. 河北省地方志编纂委员会：《河北省志》，北京：中华书局，1995年。

7. 湖南省益阳地区教育志编纂委员会：《益阳地区教育志》，中国文史出版社，1991年。

8. 黑龙江省地方志编纂委员会编：《黑龙江志·教育志》，哈尔滨：黑龙江人民出版社，1996年。

9. 江苏省昆山县县志编纂委员会，王道伟主编：《昆山县志》上海：上海人民出版社，1990年。

10. 《绩溪县教育志》编委会：《绩溪县教育志》，北京：方志出版社，2005年。

11. 《江西省教育志》编纂委员会编：《江西省志·教育志》，北京：方志出版社，1996 年。

12. 宁夏教育史志编纂委员会办公室编：《宁夏教育史志资料集》（上辑），内部资料，1996 年。

13. 潘龙光等修，张嘉谋等纂《西华县续志》，《华北方志丛书（华北地方）第 101 号》，台北：成文出版社，1968 年。

14. 无极县教育志编纂委员会编：《无极县教育志》，石家庄：河北人民出版社，2004 年。

15. 宜宾教育局编：《宜宾教育志》，重庆：西南师范大学出版社，2005 年。

16. 郑大略等：《信阳地区教育志》，郑州：中州古籍出版社，1991 年。

17. 诸城县教育志编纂办公室编：《诸城县教育志》（1840—1985），1985 年。

## 二、资料汇编

1. 陈元晖主编：《中国近代教育史资料汇编·普通教育》，上海：上海教育出版社，2007 年。

2. 陈学恂主编：《中国近代教育史教学参考资料》（中册），北京：人民教育出版社，1987 年。

3. 陈学恂主编：《中国近代教育史教学参考资料》（下册），北京：人民教育出版社，1987 年。

4. 陈学恂主编：《中国近代教育文选》，北京：人民教育出版社，1983 年。

5. 郭卫，林纪东编：《中华民国宪法史料》，上海：大东书局，1947 年。

6. 璩鑫圭，童富勇，张守智：《中国近代教育史资料汇编·实业教育 师范教育》，上海：上海教育出版社，2006 年。

7. 璩鑫圭，唐良炎：《中国近代教育史资料汇编·学制演变》，上海：上海教育出版社，2007 年。

8. 教育部编：《教育法令汇编》（第一辑），上海：商务印书馆，1936 年。

9. 刘锦藻编：《清朝续文献通考》，上海：商务印书馆，1936 年。

10. 李文海主编：《民国时期社会调查丛编》，福州：福建教育出版社，2004 年。

11. 南京国民政府教育部教育年鉴编纂委员会编：《第二次中国教育年鉴》（第三编初等教育），上海：商务印书馆，1948 年。

12. 山东省政协文史资料委员会，邹平县政协文史资料委员会编：《梁漱溟与山东乡村建设》，济南：山东人民出版社，1991 年。

13. 宋恩荣，章咸主编：《中华民国教育法规选编（1912—1949）》，南京：江苏教育出版社，1990 年。

14. 舒新城编：《中国近代教育史资料》（上册），北京：人民教育出版社，1979 年，

15. 王燕来选编：《民国教育统计资料汇编》（第四册），北京：国家图书馆出版社，2011 年。

16. 《中华民国史档案资料汇编·第三辑·教育》，南京：江苏古籍出版社，1991 年。

17. 朱寿朋编：《光绪朝东华录》（第四册），北京：中华书局，1958 年。

18. 朱有瓛主编：《中国近代学制史料》（第二辑上册），上海：华东师范大学出版社，1987 年。

19. 朱有瓛主编：《中国近代学制史料》（第三辑上册），上海：华东师范大学出版社，1990 年。

## 三、著作

1. 白至德：《彰往知来：父亲白寿彝的九十一年》，北京：中国工人出版社，2008 年。

2. 程本海著：《在晓庄》，上海：中华书局，1930 年。

3. 陈宝泉等编：《孟禄的中国教育讨论》，实际教育调查社，上海：中华书局，1922 年。

4. 陈东原：《中国科举时代之教育》，上海：商务印书馆，1934 年。

5. 陈景磐：《中国近代教育史》，北京：人民教育出版社，1979 年。

6. 陈乃林，周新国：《江苏教育史》，南京：江苏人民出版社，2007年。

7. 陈启天：《最近三十年中国教育史》，台北：文星书店，1962年。

8. 曹诗弟：《文化县——从山东邹平的乡村学校看二十世纪的中国》，济南：山东大学出版社，2005年。

9. 蔡寿福：《云南教育史》，昆明：云南教育出版社，2001年。

10. 陈侠，傅启群编：《傅葆琛教育论著选》，北京：人民教育出版社，1994年。

11. 车形乡村教育社编：《乡村教育社概况》，安庆：车形乡村教育社，1933年。

12. 陈学恂主编：《中国近代教育大事记》，上海：上海教育出版社，1981年。

13. 陈学恂：《中国教育史研究》现代分卷，上海：华东师范大学出版社，1994年。

14. 陈兆庆：《中国农村教育概论》，上海：商务印书馆，1937年。

15. 董宝良，周洪宇：《中国近现代教育思潮与流派》，北京：人民教育出版社，1997年。

16. 董远骞，施毓英编：《俞子夷教育论著选》，北京：人民教育出版社，1991年。

17. 窦克武主编：《王拱璧文集》，开封：河南大学出版社，1991年。

18. 费孝通：《江村经济：中国农民的生活》，北京：商务印书馆，2001年。

19. 方与严：《乡村教育》，上海：大华书局，1934年。

20. 方与严编：《晓庄一年计划》，上海：儿童书局，1933年。

21. 古楳：《乡村教育新论》，上海：民智书局，1933年

22. 古楳：《乡村教育》，上海：商务印书馆，1935年。

23. 郭人全：《农村教育》，上海：黎明书局，1934年。

24. 高奇主编：《中国现代教育史》，北京：北京师范大学出版社，1985年。

25. 顾伟主编：《陶行知教育思想研究》，徐州：中国矿业大学出

版社，2011 年。

26. 甘豫源：《乡村教育》，上海：中华书局，1935 年。

27. 干藻：《乡村教育》，长沙：商务印书馆，1938 年。

28. 河北省县政建设研究院，中华平民教育促进会编：《定县农村教育建设》，1935 年。

29. 湖南省武冈师范学校主编：《晏阳初教育思想研究》，长沙：湖南教育出版社，1988 年。

30. 胡玉海主编，郭建平著：《奉系教育》，沈阳：辽海出版社，2006 年。

31. 黄炎培：《八十年来——黄炎培自述》，上海：文汇出版社，2000 年。

32. 黄炎培：《黄炎培日记》第 3 卷，北京：华文出版社出版，2008 年。

33. 华中师范学院教育科学研究所主编：《陶行知全集》第 1 卷，长沙：湖南教育出版社，1984 年。

34. 华中师范学院教育科学研究所主编：《陶行知全集》第 2 卷，长沙：湖南教育出版社，1985 年。

35. 华中师范学院教育科学研究所主编：《陶行知全集》第 3 卷，长沙：湖南教育出版社，1985 年。

36. 江恒源：《徐公桥》，上海：中华职业教育社，1929 年。

37. 江恒源：《徐公桥》，上海：中华职业教育社，1930 年。

38. 姜树卿，单雪丽：《黑龙江教育史》，哈尔滨：黑龙江人民出版社，2002 年。

39. 江苏省陶行知教育思想研究会，南京晓庄师范陶行知研究室合编：《陶行知文集》，南京：江苏人民出版社，1981 年。

40. 贾士毅：《民国续财政史》第三册，上海：商务印书馆，1934 年。

41. 孔雪雄编著：《中国今日之农村运动》，中山文化教育馆发行，1934 年。

42. 刘百川：《乡村教育实施记》，上海：黎明书局，1936 年。

43. 刘百川：《乡村教育的经验》，上海：商务印书馆，1937 年。

44. 刘大鹏：《退想斋日记》，太原：山西人民出版社，1990 年。

45. 龙发甲：《乡村教育概论》，上海：商务印书馆，1937 年。

46. 李桂林：《中国现代教育史》，长春：吉林教育出版社，1991 年。

47. 刘桂林：《中国近代职业教育思想研究》，北京：高等教育出版社，1997 年。

48. 李景汉：《定县社会概况调查》，上海：上海世纪出版集团，2006 年。

49. 乐嗣炳编：《近代中国教育实况》，上海：世界书局，1935 年。

50. 卢绍稷：《乡村教育概论》，上海：大东书局，1932 年。

51. 梁漱溟：《乡村建设理论》，上海：上海人民出版社，2006 年。

52. 廖泰初：《动变中的中国农村教育——山东汶上县教育研究》，山东省汶上县教育研究院，1936 年。

53. 李宗黄：《考察江宁邹平青岛定县纪实》，南京：南京正中出版社，1935 年。

54. 苗春德：《中国近代乡村教育史》，北京：人民教育出版社，2004 年。

55. 蒙荫昭，梁全进：《广西教育史》，南宁：广西人出版社，1999 年。

56. 马勇：《梁漱溟教育思想研究》，沈阳：辽宁教育出版社，1994 年。

57. 南京晓庄师范陶行知研究室：《陶行知先生与晓庄师范》，1980 年。

58. 潘乃穆，潘乃和编：《潘光旦文集》，北京：光明日报出版社，1999 年。

59. 曲铁华编著：《中国教育发展史纲》，长春：东北师范大学出版社，2006 年。

60. 乔启明：《江宁县淳化镇乡村社会之研究》，南京金陵大学农学院，1934 年。

61. 乔启明：《中国农村社会经济学》，上海：商务印书馆，1946 年。

62. 四川省政协，巴中县政协文史资料委员会合编：《平民教育家晏阳初》，成都：四川大学出版社，1990年。

63. 山东省立滋阳乡师编辑委员会编辑：《乡村教育汇刊》，滋阳乡师合作社发行，1934年。

64. 商丽浩：《政府与社会——近代公共教育经费配置研究》，河北教育出版社，2001年。

65. 宋恩荣编：《晏阳初全集》（第1集），长沙：湖南教育出版社，1989年。

66. 宋恩荣编：《晏阳初全集》（第1卷），长沙：湖南教育出版社，1992年。

67. 孙培青：《中国教育史》，上海：华东师范大学出版社，2000年。

68. 司琦：《中国国民教育发展史》，台北：三民书局，1981年。

69. 舒新城：《教育通论》，上海：中华书局，1927年。

70. 舒新城：《近代中国教育史稿选存》，上海：中华书局，1936年。

71. 汤茂如：《平民教育实施的试验》，北京：中华平民教育促进会总会，1927年。

72. 汤茂如：《定县农民教育》，中华平民教育促进会学校式教育部，1933年。

73. 田平正，李笑贤主编：《黄炎培教育论著选》，北京：人民教育出版社，1993年。

74. 邰爽秋，黄振祺等编：《中国普及教育问题》，上海：商务印书馆，1938年。

75. 陶行知：《中国教育改造》重版，合肥：安徽人民出版社，1981年。

76. 王炳照，阎国华：《中国教育思想通史》，长沙：湖南教育出版社，1994年。

77. 王炳照主编：《中国近代教育史》，台北：五南图书出版有限公司，1994年。

78. 王炳照口述，周慧梅整理：《王炳照口述史》，北京：北京师范大学出版社，2010年。

79. 魏光奇：《官治与自治：20世纪上半期的中国县制》，北京：

商务印书馆，2004 年。

80. 王华斌：《黄炎培传》，济南：山东文艺出版社，1992 年。

81. 王雷：《中国近代社会教育史》，北京：人民教育出版社，2003 年。

82. 吴洪成：《中国近代教育思潮研究》，重庆：西南师范大学出版社，1993 年。

83. 韦善美，潘启富编：《雷沛鸿文选》，桂林：广西师范大学出版社，1998 年。

84. 王日新，蒋笃运：《河南教育通史》，郑州：大象出版社，2004 年。

85. 吴相湘：《晏阳初传》，长沙：岳麓书社，2001 年。

86. 萧军：《我的童年》，哈尔滨：黑龙江人民出版社，1982 年。

87. 许纪霖，陈达凯：《中国现代化史》，上海：三联书店，1995 年。

88. 徐阶平：《乡村教育辅导记》，上海：黎明书局，1936 年。

89. 许汉三：《黄炎培年谱》，北京：文史资料出版社，1985 年。

90. 熊明安：《中华民国教育史》，重庆：重庆出版社，1997 年。

91. 辛元，谢放编：《陶行知与晓庄师范》，南京：江苏教育出版社，1986 年。

92. 余家菊：《乡村教育通论》，上海：中华书局，1934 年。

93. 余家菊：《余家菊先生论文集》（下），台北：慧炬出版社，1997 年。

94. 余家菊：《景陶先生教育论文集》（下），台北：慧炬出版社，1997 年。

95. 于述胜：《中国教育制度通史》（第七卷），济南：山东教育出版社，2000 年。

96. 叶圣陶：《倪焕之》，北京：人民文学出版社，2000 年。

97. 杨效春：《晓庄学校与中国乡村教育》，上海：爱文书局，1928 年。

98. 杨效春：《乡村教育纲要》，上海：中华书局，1934 年。

99. 晏阳初著，侯且岸选编：《平民教育概论》，北京：高等教育出版社，2010 年。

100. 袁哲编述：《世界各国小学教育概观》，上海：儿童书局，1930 年。

101. 张彬：《浙江教育史》，杭州：浙江教育出版社，2006 年。

102. 赵承福主编：《山东教育通史·近现代卷》，济南：山东人民出版社，2001 年。

103. 郑大华：《民国乡村建设运动》，北京：社会科学文献出版社，2000 年。

104. 赵德柔：《乡村教育问题》，东方书社，出版年不详。

105. 郑登云编：《中国近代教育史》，上海：华东师范大学出版社，1994 年。

106. 中国文化书院学术委员会编：《梁漱溟全集》（第五卷），济南：山东人民出版社，2005 年。

107. 朱汉国：《梁漱溟乡村建设研究》，太原：山西教育出版社，1996 年。

108. 朱汉国，王印焕：《华北农村的社会问题》，北京：北京师范大学出版，2004 年。

109. 章开沅，唐文权：《平凡的神圣——陶行知》，武汉：湖北教育出版社，1992 年。

110. 周秋光，莫志斌：《湖南教育史》第二卷，长沙：岳麓书社，2002 年。

111. 赵叔愚：《乡村教育丛辑》，上海：儿童书局，1933 年。

112. 中央教育科学研究所，厦门大学合编：《杨贤江教育文集》，北京：教育科学出版社，1982 年。

113. 中央教育科学研究所编：《中国现代教育大事记》，北京：教育科学出版社，1988 年。

114. 周予同：《中国现代教育史》，上海：良友图书印刷公司，1934 年。

115. 周洪宇：《人民之子陶行知》，武汉：湖北人民出版社，2011 年。

116. 朱玉湘：《中国近代农民问题与农村社会》，济南：山东大学出版社，1997 年。

117. 赵质宸：《乡村教育概论》，北平：著者书店，1933 年。

118. 朱泽甫编著：《陶行知年谱》，合肥：安徽教育出版社，1985 年。

119. 张宗麟：《乡村教育经验谈》，上海：世界书局，1932年。

120. 张宗麟：《乡村教育及民众教育》，北京：商务印书馆，1940年。

## 四、期刊文献

1. 毕问尧，解质文：《沧县徐官屯村概况调查》，《津南农声》创刊号，1935年1月。

2. 程谪凡：《废除苛杂后地方教育经费的整理问题》，《中华教育界》第24卷第4期。

3. 程凤鸣：《谈浙江省各县教育经费问题》，《浙江教育行政周刊》第6卷第34—35期。

4. 陈鹤轩：《改良一个农村小学的经过》，《浙江教育行政周刊》1932年第3卷第46期。

5. 蔡衡溪：《呜呼——中国农村教育之前途》，《教育平话》1935年第1卷第2期。

6. 陈傑：《闽侯县第二区县立岳峰中心小学二年来实施概况报告》，《闽侯教育辅导》1936年第1卷第5期。

7. 陈剑恒：《寄给想解决自己苦闷的小学教师们》，《基础教育》1936年第1卷第5期。

8. 陈剑恒《乡村教育访问记》，《基础教育》1936年第1卷第6期。

9. 陈剑恒：《寄给投稿的乡村小学同仁》，《基础教育》1936年第1卷第9期。

10. 陈礼江：《乡村师范的使命》，《伍农》1928年第2期。

11. 陈礼江：《邹平山东乡村建设研究院参观记》，《申报月刊》1933年第2卷第5期。

12. 蔡孟华：《江西私塾的严重性及管理之我见》，《江西教育》1934年第1期。

13. 陈如玉：《罗源县过去的教育状况及其将来应有的改进》，《初等教育》1929年第7期。

14. 陈兆骏：《对于中国乡村教育的一点意见》，《晨光》1933年第1卷第45期。

15. 陈志潜：《定县社会改造事业中之农村卫生实验》，《卫生月刊》1934 年第 4 卷第 1—6 期。

16. 陈志潜：《定县乡村学校之卫生教育实验》，《卫生半月刊》1934 年第 8 期。

17. 陈志端：《调查本县私塾后之报告》，《金山县教育月刊》1924 年第 2 卷第 4 期。

18. 陈志妫：《乡村小学招生的困难及补救的方法》《基础教育》1936 年第 11 期。

19. 翟芝轩：《一般乡村小学的实际写真》，《基础教育》1936 年第 1 卷第 12 期。

20. 陈琪瑶，等：《重庆两翼地区乡村中小学教师生存现状调查研究》，《教学与管理》2011 年第 12 期。

21. 崔作林：《易县农村小学教育概况》，《津南农声》1935 年第 1 卷第 1 期。

22. 瓊玖：《为四川小学教师请命》，《教育谈》1937 年第 5 期。

23. 杜蕃光：《教学问题》，《广西教育》1929 年第 1 卷第 11—12 期合刊。

24. 戴时敏：《改进农村小学的意见》，《教育与农村》1933 年第 27 期。

25. 傅葆琛演讲，周德之笔记：《定县平教工作与战事影响及善后》，《晨报副镌》1928 年第 74 期。

26. 冯汉臣：《一个乡村小学教师的经过》，《基础教育》1936 年第 1 卷第 10 期。

27. 傅汝弼：《附调查江苏乡村教育报告》，《河南教育》1929 年第 2 卷第 9 期。

28. 顾克彬：《农村师范在师范教育中之地位》，《中华教育界》1926 年第 15 期。

29. 风凉：《私塾怪现象》，《饭后钟》1921 年第 9 期。

30. 国魂：《乡小教师取得乡民信仰的我见》，《基础教育》1936 年第 1 卷第 7 期。

31. 高希斐：《乡村教育的初步认识》，《经世》1937 年第 1 卷第 4 期。

32. 高训：《山东十二校师范女生下乡工作报告辑录（1）》，《乡村建设半月刊》1936 年第 6 卷第 2 期。

33. 光一：《对于乡村改良工作的态度》，《中国农村》1936 年第 2 卷第 9 期。

34. 高馨圃：《什么是改良私塾的有效办法》，《小学教师》1936 年第 3 卷第 9 期。

35. 公竹川：《本院霍家坡实验民众学校的办法及其意义》，《乡村建设旬刊》1932 年第 2 卷第 27—29 期。

36. 郭增美：《一位由乡民反对而又得着乡民信仰的小学教师》，《基础教育》1936 年第 1 卷第 9 期。

37. 黄从义：《都安县立文裕小学校一周年历史》，《广西教育》1929 年第 1 卷第 17 期。

38. 黄德安：《十年来教育方法之改进》（1912—1922 年），《湖南大公报十稘纪念册》。

39. 洪殿扬：《到徐公桥去》，《教育与职业》1930 年第 115 期。

40. 黄君实：《怎样去发展乡村教育》，《安徽教育》1931 年第 2 卷第 4 期。

41. 黄敬思：《四年来中国之乡村教育》，《教育杂志》1931 年第 7 期。

42. 何日平：《中国民族之出路与中国教育之出路》，《中华教育界》1931 年第 3 期。

43. 还我：《在乡见闻杂记》，《乡村建设半月刊》1936 年第 6 卷第 6 期。

44. 黄炎培：《教育前途危险之现象》，《东方杂志》1913 年第 9 卷第 12 期。

45. 黄炎培：《实用主义产出之第一年》，《教育杂志》1915 年第 1 期。

46. 黄炎培：《从六年半的徐公桥得到改进乡村的小小经验》，《教育杂志》1934 年第 2 期。

47. 黄寿山：《小学教学上一个值得注意的现象》，《教育平话》1935 年第 1 卷第 6 期。

48. 黄寿山：《河南教育改进的一个根本问题》，《教育平话》1935年第1卷第8期。

49. 黄寿山：《大花园教育村参观印象记》，《教育平话》1935年第1卷第9期。

50. 华绍屿：《乡村小学课程的改进》，《基础教育》1936年第1卷第11期。

51. 韩学文：《一个需要觉悟的乡村小学教员》，《基础教育》1936年第8期。

52. 候永立：《谈谈乡村教育》，《教育》，1937年第1卷第2期。

53. 黄源澂：《参观晓庄乡村师范以后于改进江西乡村教育刍议》，《伍农》1928年第2期。

54. 黄源澂：《黄乐三的私塾与小蓝试验小学》，《伍农》1928年第5期。

55. 衡哲：《定县农村中见到的平教会事业》，《独立评论》1933年第51期。

56. 黄志成：《私塾在普及教育运动中之地位》，《中华教育界》1935年第22卷第7期。

57. 蒋伯谦：《论坛：南京特别市内私塾的前途》，《教育月刊》1917年第1卷第6期。

58. 金步墀，张石方：《邹平的县学师范部》，《乡村建设旬刊》1934年第4卷第10—11期。

59. 金轮海：《徐公桥政教合一实验的新阶段——自管以后的徐公桥乡村改进会》，《教育杂志》1936年第10期。

60. 蒋品鈖：《改良私塾的必要和办法》，《小学教师》1936年第3卷第9期。

61. 贾书英：《乡村小学儿童缺席问题》，《乡村教育》1936年第1卷第3期。

62. 蒋维乔：《湘省教育视察记》，《教育杂志》第8卷第5期。

63. 江问渔，王穆清，王沂清：《乡村教育》，《中华教育界》1930年第4期。

64. 焦镇儒：《乡村小学经费困难的情形及救济的实例》，《基础教育》1936 年第 5 期。

65. 鞠子政，雍慕农：《乡村通讯：共学处在邹平十一乡的实验》，《乡村建设半月刊》1936 年第 6 卷第 6 期。

66. 刘安国：《改进陕西各县私塾问题》，《陕西教育月刊》1935 年第 1 卷第 1 期。

67. 李步青：《小学教育经费问题》，《中华教育界》第 14 卷第 2 期。

68. 李邦龢：《优良小学之举例》，《广西教育》1929 年第 1 卷第 18 期。

69. 刘伯英：《中国农村教育改造之途径》，《中华教育界》第 22 卷第 4 期。

70. 李楚材：《乡村教育的过去和现在以及将来》，《广西教育》1929 年第 1 卷第 9—10 期合刊。

71. 老伧：《山西乡村小学教师生活速写》，《实报》1936 年第 2 期。

72. 李纯仁：《改良私塾的难点及其补救方法》，《小学教师》1936 年第 3 卷第 9 期。

73. 李崇武：《半年来的回顾》，《乡村改造》1932 年第 1 卷第 2 期。

74. 林德曜：《本县小学急须改进的几点》，《思明教育》1932 年第 1 卷第 1 期。

75. 刘凤翔：《乡村小学教师怎样去接近农民》，《基础教育》1936 年第 1 卷第 3 期。

76. 吕德三：《乡村儿童的入学问题》，《乡村教育》1936 年第 1 卷第 5 期。

77. 蓝洪瑞：《训政时期的农村教育》，《思明教育》1933 年第 1 卷第 3 期。

78. 卢海珊：《农村教育实施的商榷》，《教育杂志》第 15 卷。

79. 陆静山：《理想的乡村小学》，《辽宁教育月刊》1929 年第 1 卷第 5 期。

80. 卢进之：《初次的小学教员生活》，《基础教员》1936 年第 1 卷第 7 期。

81. 柳均卿：《整理乡村教育发微》，《中华教育界》1930 年第 18 卷第 1 期。

82. 刘俊田：《不可忽视的几个小学教师的问题》，《基础教育》1936 年第 12 期。

83. 刘连祥：《教学问题》，《广西教育》1929 年第 1 卷第 11—12 期合刊。

84. 林茂：《谈一谈济南市的私塾问题》，《基础教育》1936 年第 12 期。

85. 李铭：《第一学区教育委员李铭视查报告》，《昆明试验县教育》1935 年第 2 卷第 8 期。

86. 刘佩璋：《读了“寄给感觉苦闷的小学教师们”以后》，《基础教育》1936 年第 7 期。

87. 梁容若：《河北定县参观记》，《山东民众教育月刊》1933 年第 9 期。

88. 刘容亭：《山西阳曲县三个乡村农田及教育概况调查之研究》，《新农村》1933 年创刊号。

89. 李盛春：《乡村初级小学经费之来源及其支配》，《基础教育》1936 年第 9 期。

90. 梁漱溟：《真理与错误》，《乡村建设旬刊》1934 年第 4 卷第 10—11 期。

91. 梁漱溟：《真正的力量要乡村才能酝酿得出来》，《乡村建设旬刊》1934 年第 4 卷第 18 期。

92. 梁漱溟：《为人类开辟一新历史而奋斗》，《乡村建设旬刊》1935 年第 4 卷第 16—17 期。

93. 梁漱溟：《谈学问》，《乡村建设半月刊》1936 年第 6 卷第 3 期。

94. 梁漱溟：《朋友与社会信用》，《乡村建设半月刊》1936 年第 6 卷第 6 期。

95. 梁漱溟：《我们的两大难处》，《乡村建设半月刊》1937 年第 6 卷第 14 期。

96. 老向：《定县的平民教育》，《人世间》1935 年第 27 期。

97. 刘哲庵：《解决小学教师生活的一个小意见》，《小学教师》1936 年第 3 卷第 18 期。

98. 孟承宪：《小学教育问题》，《新教育评论》1926 年第 1 卷第 7 期。

99. 孟超：《参观日本教育后改进中国小学教育之我见》，《教育学报》1929 年第 3 期。

100. 梅焕涑：《闲话私塾》，《江西地方教育》1941 年第 215—216 期合刊。

101. 闵挽澜：《如何使乡村“动”起来》，《中国农村》1937 年第 3 卷第 6 期。

102. 莫蕴奇：《教学问题》，《广西教育》1929 年第 1 卷第 11—12 期合刊。

103. 鸣稚：《改进中的山西农村初级小学教育》，《新农村》1935 年第 24 期。

104. 欧阳魁：《饶州县联立信江乡村师范学校视察报告》，《江西教育》1935 年第 11 期。

105. 彭晋豪：《关于复式和单级小学几个问题的商讨》，《吴兴教育行政周刊》1933 年第 94—95 期。

106. 秦秉中：《乡村教育问题》，《中央大学农学院旬刊》1930 年第 50 期。

107. 千家驹：《中国的歧路——评邹平乡村建设运动》，《中国农村》1935 年第 1 卷第 7 期。

108. 千家驹：《我所见的邹平》，《月报》1937 年第 1 卷第 4 期。

109. 齐生：《乡村工作的回忆》，《战时知识》1938 年第 5 期。

110. 孙鸿亮：《朝会对同乡校讲的一段话》，《乡村建设旬刊·乡农学校专号》，1932 年第 1 卷第 21—30 期。

111. 任福山：《小学教师的精神陶练》，《基础教育》1936 年第 11 期。

112. 任和声，毛绍儒，高启圭：《定县邹平两县教育参观报告》，

《湖北教育月刊》1935年第2卷第8期。

113. 宋敦曾，翁重源：《县立江口中心小学实施概况报告》，《闽侯教育辅导》1936年第1卷第5期。

114. 邵德基：《视导饶州七县联立芝阳师范学校报告》，《江西教育》1935年第11期。

115. 沈鸿绪：《复兴农村经济运动中的农村教育问题》，《教育与农村》1933年第28期。

116. 孙发义：《郾城县青年高级中学沿革》，《河南教育志资料选编》1983年第9期。

117. 寿价藩：《从南乡各小学跑回来——有些报告和意见要写》，《萧山教育》1929年第10期。

118. 时济云：《第五区乡农学校概况》，《乡村建设旬刊·乡农教育专号》1932年第1卷第21—30期。

119. 束荣松：《中国农村教育的回顾与前瞻》，《小学教师》1936年第3卷第16期。

120. 束荣松：《小学教师生活烦闷之原因及其解决方法》，《小学教师》1936年第3卷第18期。

121. 宋乐颜：《邹平的成年教育》，《乡村建设半月刊》1937年第6卷第15—16期。

122. 单维藩：《北平私塾研究》，《新北辰》1936年第2卷第10期。

123. 沈西舟：《乡村教师应负的使命》，《余姚教育行政半月刊》1933年第19—20期。

124. 孙钰：《乡村教育之困难及其救济方法》，《村治月刊》1929年第1卷第8期。

125. 同力：《介绍青年公学》，《晨报副刊》1924年8月19日。

126. 唐庐锋：《训政时期乡村教育的实际问题》，《广西教育》1929年第1卷第9—10期合刊。

127. 田瑾：《乡村教育与农村师范》，《农学杂志》1924年第8期。

128. 邰爽秋：《念二运动——由提倡土货到民族复兴的一个具体方案》，《念二运动》1933年第1期。

129. 涂闻政：《答客问》，《伍农》1928 年第 1 期。

130. 唐现之：《乡村建设运动中的几个基本问题》，《中华教育界》第 22 卷第 4 期。

131. 王炳亮：《在乡村小学我所感到的三个难题》，《基础教育》1936 年第 1 卷第 11 期。

132. 吴伯明：《农村衰落和农村教育问题》，《教育与农村》1932 年第 21 期。

133. 王伯平：《邹平实验县概况》，《复兴月刊》1933 年第 2 卷第 4 期。

134. 吴鼎：《推广国民教育与私塾改良》，《教育通讯周刊》1940 年第 3 卷第 5 期。

135. 王拱璧：《中国农村的病状》，《农科季刊》1930 年第 1 卷第 2 期。

136. 王介菴：《湖北县乡教育经费与县乡小学教师待遇问题》，《新湖北季刊》1941 年第 1 卷第 1 期。

137. 王晋三：《乡村小学教师应具的条件》，《广西教育》1929 年第 1 卷第 9—10 期合刊。

138. 吴可：《中国乡村小学教育的危机》，《新农村》1936 年第 29 期。

139. 王培祚：《中国新教育批判与改革》，《山东省立文登乡师校刊》1936 年 6 月。

140. 王清溪：《乡村小学的几个根本问题》，《教育新刊》1930 年第 1 卷第 3 期。

141. 问天：《述内地办学情形（节录）》（1909 年），《教育杂志》第 1 卷第 7 期。

142. 王衍康：《中国乡村教育前途之展望》，《中华教育界》第 22 卷第 4 期。

143. 王秀南：《怎样才是标准的乡村小学》，《中华教育界》第 22 卷第 4 期。

144. 王学孟：《我国义务教育经费问题之检讨》，《中华教育界》

第 24 卷第 8 期。

145. 王显恩：《怎样做一个农村小学教师》，《地方教育》1929 年第 9 期。

146. 王有忱：《谈谈乡校儿童缺席》，《辽宁教育月刊》1929 年第 1 卷第 2 期。

147. 魏延春：《农村教育与农村小学教师》，《教育与农村》1933 年第 30 期。

148. 王雨三：《乡村小学教师应有的反省》，《基础教育》1936 年第 1 卷第 12 期。

149. 王泽南：《农村工作检讨》，《中国农村》1937 年第 3 卷第 8 期。

150. 徐国荣：《怎样改进小学教师的生活》，《教与学月刊》1936 年第 9 期。

151. 相菊潭：《改进本省地方教育意见》，《山东教育月刊》1930 年第 1 卷第 3 期。

152. 徐晶岩：《第七区乡农学校工作报告》，《乡村建设旬刊・乡农教育专号》1932 年第 1 卷第 21—30 期。

153. 徐日洪：《梁漱溟主义批判》，《清华周刊》1934 年第 42 卷第 7 期。

154. 娴生：《私塾先生》，《读书月刊》1935 年第 2 卷第 9 期。

155. 逊我：《论取缔私塾》，《新大声杂志》1934 年第 1 卷第 2 期。

156. 徐旭：《从读“乡村建设实验”说到乡村建设实验》，《中华教育界》第 22 卷第 4 期。

157. 徐宗恺：《推行乡村教育的重要问题》，《教育与职业》第 103 期。

158. 夏雨农：《私塾与地方教育》，《中华教育界》1932 年第 20 卷第 3 期。

159. 徐晓春：《我浙多山县份应速办乡村私立小学学校林以济经费之蹶竭》，《浙江教育行政周刊》第 6 卷第 34—35 期。

160. 许宗衡，周秉儒：《沧县姚庄子概况调查》，《津南农声》

1936 年第 2 卷第 2 期。

161. 薛钟泰：《整理四川各县市教育纠纷刍议》，《新教育旬刊》第 2 卷第 2 期。

162. 袁伯樵：《整理公学产以救济地方教育经费之献议》，《教育半月刊》1941 年第 6 卷第 5—6 期。

163. 杨伯祥：《县立洪山中心小学实施概况报告》，《闽侯教育辅导》1936 年第 1 卷第 5 期。

164. 毅夫：《如何宽筹地方教育经费》，《教学生活》1936 年第 2 卷第 2 期。

165. 姚斐然：《我的小学教师生活写实》，《基础教育》1936 年第 1 卷第 7 期。

166. 姚公直：《这尚不够警惕的吗?》，《乡村建设半月刊》1936 年第 6 卷第 6 期。

167. 余家菊：《乡村教育的实际问题》，《少年中国》1921 年第 3 卷第 6 期。

168. 严济宽：《我的私塾生活》，《学校生活》1935 年第 103 期。

169. 映仑：《乡村小学教育现状之观察》，《教育季刊》1934 年第 1 卷第 2 期。

170. 杨连璧：《作小学教师的实地经验谈》，《基础教育》1936 年第 1 卷第 7 期。

171. 于鲁溪，高赞非：《第六区乡农学校工作报告》，《乡村建设旬刊・乡农学校专号》1932 年第 1 卷第 21—30 期。

172. 一青：《怎样改进小学教师的生活》，《教与学月刊》1936 年第 1 卷第 10 期。

173. 喻任声：《从摸索中所得到的教训》，《中华教育界》第 22 卷第 4 期。

174. 袁希涛：《民国十年之义务教育》，《新教育》1922 年第 4 卷第 2 期。

175. 杨效春：《第二区乡农教育实施报告》，《乡村建设旬刊・乡农学校专号》1932 年第 1 卷第 21—30 期。

176. 杨效春：《乡村教育改进法》，《市政月刊》1929 年第 2 卷第 4 期。

177. 杨效春：《从晓庄到邹平——八年来乡村教育工作概述》，《中华教育界》1934 年第 4 期。

178. 杨效春：《写给准备入乡工作的同学》，《乡村建设旬刊》1934 年第 4 卷第 12 期。

179. 杨效春：《写给在乡工作同学的第六七八封信》，《乡村建设旬刊》1934 年第 4 卷第 15 期。

180. 英武：《现在山西的乡村小学教育》，《新农村》1934 年第 18 期。

181. 俞煜焕：《视察萧山全县各小学以后杂记》，《萧山教育》1928 年第 1 期。

182. 杨永颐：《中国乡村教育之锢疾及改进之方针》，《夜光》1931 年第 1 期。

183. 杨正祥：《昆明县农村教育的讨论》，《昆明试验县教育》1935 年第 2 卷第 8 期。

184. 赵博文：《乡村小学教育之缺点及其改进之方法》，《辽宁教育月刊》1929 年第 1 卷第 8 期。

185. 祝超然：《工作纪实：邹平共学处视察记》，《乡村建设半月刊》1936 年第 6 卷第 1 期。

186. 朱楚珩：《小学实际问题的解答》，《萧山教育》1931 年第 29—31 期。

187. 曾国权：《从二十二年度江西各县均有概况谈到改进私塾问题》《江西教育旬刊》1934 年第 10 卷第 2 期。

188. 周浩如：《回转隔别二年的徐公桥》，《教育与职业》1933 年第 148 期。

189. 甄怀宸：《小学教师感觉苦闷的来源与解决的途径》，《基础教育》1936 年第 1 卷第 7 期。

190. 张镜：《乡村小学之学额问题》，《基础教育》1936 年第 7 期。

191. 张建勋：《怎样解决小学教师的进修问题》，《基础教育》

1936 年第 1 卷第 7 期。

192. 张鑑虞：《发展四川乡村师范议》，《四川教育》1937 年第 1 卷第 1 期。

193. 周克刚：《南康县教育视察报告》，《江西教育》1935 年第 10 期。

194. 周克刚：《戈阳县教育视察报告》，《江西教育》1935 年第 10 期。

195. 张令梯：《附录原呈》，《鄞县教育周刊》1932 年第 33—34 期。

196. 詹纶章：《一年来整理全省教育经费概要》，《河南教育》1929 年第 1 卷第 13 期。

197. 作民：《中国社会教育社的第四届年会》，《中国农村》1936 年第 2 卷第 3 期。

198. 《论废科举后补救之法》，《东方杂志》第 2 卷第 11 期。

199. 赵庆云：《我的教师生活》，《教育动向》1934 年第 19 期。

200. 周尚：《二年来之晓庄乡村教育运动》，《河南教育》1929 年第 2 卷第 4 期。

201. 张士凯：《两个乡村教育问题的经验观》，《基础教育》1936 年第 1 卷第 2 期。

202. 张石方，等：《邹平乡学概述》，《乡村建设半月刊》1935 年第 5 卷第 4 期。

203. 左绍儒：《乡村小学教师的进修问题》，《基础教育》1936 年第 1 卷第 7 期。

204. 左绍儒：《乡村小学实际问题十四谈》，《基础教育》1936 年第 12 期。

205. 张寿山：《考查江浙乡村师范教育报告》，《伍农》1928 年第 2 期。

206. 张绳五：《乡村教育实地经验谈》，《基础教育》1936 年第 1 卷第 1 期。

207. 子系：《昆山徐公桥中心小学儿童年实施报告》，《小学教师》1936 年第 21 期。

208. 章毅：《小学师资缺失的原因及其补救的我见》1929 年第 1

卷第 17 期。

209. 张元隆：《民国教育经费制度述论》，《安徽史学》1996 年第 4 期。

210. 张玉山：《邹平县政今昔之比较观（续）》，《乡村建设半月刊》1937 年第 6 卷第 5 期。

211. 张振国：《改良乡村教育的我见》，《伍农》1928 年第 4 期。

212. 赵钟骏：《乡村小学教师所感到的小学行政实际问题》，《儿童教育》1937 年第 8 卷第 1 期。

213. 张宗麟：《中国乡村教育危机》，《中华教育界》1933 年第 21 卷第 2 期。

214. 周作人：《日本的新村》，《新青年》1919 年第 6 卷第 3 号。

215. 张仲慎：《区教育经费问题应如何处理》，《浙江教育行政周刊》第 6 卷第 34—35 期。

## 五、学位论文

1. 郝锦花：《新旧之间——学制转轨与近代乡村社会》，山西大学博士论文，2004 年。

2. 蒋纯焦：《一个阶层的消失》，华东师范大学博士论文，2006 年。

3. 刘军：《抗战前十年湖北县级教育研究——1927—1937》，华中师范大学博士论文，2009 年。

4. 司洪昌：《嵌入村庄的学校——仁村教育的历史人类学探究》，华东师范大学博士学位论文，2006 年。

5. 商丽浩：《中国教育财政近代化研究》，浙江大学博士论文，2000 年。

6. 杨娟：《苏南乡村教育研究 1905—1937》，华东师范大学博士论文，2009 年。

7. 袁滢滢：《民国时期山东乡村小学教育研究（1928—1937）》，北京师范大学博士学位论文，2011 年。

8. 张济洲：《文化视野中的村落、学校与国家——一个县教育的历史人类学考察》，华东师范大学博士学位论文，2007 年。

# 后　记

《民国时期乡村教育问题研究》是教育部重点研究基地南京大学中华民国史研究中心的招标课题，后经教育部社会科学司组织专家评审，批准为教育部重大研究项目，批准号：2009JJD770022。本书即是该项目的最终成果。

该项目由我主持研究。项目研究的设计思路，框架结构都由我确定。参与该项目研究的有姜朝晖博士（协助研究第二、六、七、九部分）、刘晓云博士（协助研究有第三、四、五部分）、李自典博士（协助研究第一部分）、庄秋菊博士和白杨同学（协助研究第八部分）。全书由我统稿、定稿。在该项目前期立项和启动期间，袁滢滢博士协助我做了较多的工作。在项目研究后期，孟文科博士协助我做了结项工作。全书成稿后，姜朝晖、刘晓云协助我做了全书的统稿和校对工作。

南京大学中华民国史研究中心张宪文教授、吕晶博士对该项目的立项和研究给予了大力支持。在此深表谢意。

朱汉国
2016 年春节

**图书在版编目(CIP)数据**

转型中的困境：民国时期的乡村教育／朱汉国等著．—北京：北京师范大学出版社，2016.4
（北京市社会科学理论著作出版基金资助）
ISBN 978-7-303-19903-7

Ⅰ．①转…　Ⅱ．①朱…　Ⅲ．①乡村教育—教育研究—中国—民国　Ⅳ．①G725

中国版本图书馆CIP数据核字(2015)第293066号

营销中心电话　010-58805072　58807651
北师大出版社学术著作与大众读物分社　http://xueda.bnup.com

ZHUANXINGZHONG DE KUNJING MINGUO SHIQI DE XIANGCUN JIAOYU

出版发行：北京师范大学出版社　www.bnup.com
北京市海淀区新街口外大街19号
邮政编码：100875
印　　刷：大厂回族自治县正兴印务有限公司
经　　销：全国新华书店
开　　本：730 mm×980 mm　1/16
印　　张：36.5
字　　数：500千字
版　　次：2016年4月第1版
印　　次：2016年4月第1次印刷
定　　价：88.00元

策划编辑：宋旭景　　责任编辑：薛　萌
美术编辑：王齐云　　装帧设计：王齐云
责任校对：陈　民　　责任印制：马　洁